MÉLANGES

DE

PHILOSOPHIE JUIVE ET ARABE

ACHEVÉ D'IMPRIMER
EN OCTOBRE 1988
PAR L'IMPRIMERIE
DE LA MANUTENTION
A MAYENNE
N° 367-88

BIBLIOTHÈQUE D'HISTOIRE DE LA PHILOSOPHIE

MÉLANGES DE PHILOSOPHIE JUIVE ET ARABE

Extraits méthodiques de la *Source de vie* de SALOMON IBN-GEBIROL (dit *Avicebron*), traduits en français sur la version hébraïque de SCHEM-TOB IBN-FALAQUÉRA, et accompagnés de notes critiques et explicatives. — Mémoire sur la vie, les écrits et la philosophie d'IBN-GEBIROL. — Notices sur les principaux philosophes arabes et leurs doctrines. — Esquisse historique de la philosophie chez les Juifs

PAR

S. MUNK

Membre de l'Institut

Second tirage

Ouvrage publié avec le concours de l'UNESCO

PARIS
LIBRAIRIE PHILOSOPHIQUE J. VRIN
6, Place de la Sorbonne, V°

—

1988

Printed in France
ISBN 2-7116-8169-6

AVIS

POUR LA PREMIÈRE LIVRAISON.

Les feuilles que je publie aujourd'hui, imprimées depuis plusieurs mois, forment la partie la plus importante de ces *Mélanges*. Elles renferment : 1° les Extraits hébreux faits par Ibn-Falaquéra de la *Source de vie* (*Fons vitæ*) d'Ibn-Gebirol ou Avicebron ; 2° la traduction française de ces mêmes Extraits, accompagnée de notes critiques et explicatives ; 3° une notice sur la vie et les écrits d'Ibn-Gebirol, et une courte analyse du *Fons vitæ*, pour laquelle je me suis aidé d'une version latine manuscrite.

Ce travail, promis depuis long-temps, a été commencé il y a déjà plusieurs années ; mais, à peine avais-je mis la main à l'œuvre, que mes travaux furent interrompus par la plus cruelle des infirmités. Depuis lors, la publication du tome Ier du *Guide* de Maïmonide a réclamé tout ce qui me restait de forces physiques. Encouragé par la bienveillance de quelques amis, j'ai profité des premiers moments de loisir pour reprendre mon travail sur Ibn-Gebirol, auquel doivent se joindre quelques autres essais relatifs à la philosophie des Arabes et des Juifs. Mais, comme les difficultés de ma situation actuelle ne me permettent de faire avancer l'impression de ces *Mélanges* qu'avec une extrême lenteur, j'ai voulu m'acquitter sans retard d'une sorte de devoir en publiant les documents que renferme cette *première livraison*, et qui, j'ose l'espérer, ne seront pas sans intérêt pour ceux qui se livrent aux études de la philosophie du moyen âge.

Les Extraits hébreux du *Fons vitæ*, quoique peu volumineux, nécessitaient un travail long et difficile ; le manuscrit *unique* sur lequel ils ont été publiés est malheureusement défiguré par des fautes et des omissions nombreuses. Chaque paragraphe, presque chaque ligne, demandait des rectifications importantes. Avant de pouvoir songer à la traduction de ce texte obscur, je devais le rétablir dans sa pureté primitive. Quelquefois réduit à corriger par conjecture, j'ai pu le plus souvent rectifier et compléter les

Extraits hébreux au moyen de la version latine; mais notre manuscrit latin est lui-même très fautif et d'un usage fort incommode à cause des nombreuses transpositions qu'ont subies surtout le IIIe et le IVe livre. (Voy. les notes, page 68.) Par une critique minutieuse, et en collationnant constamment les deux versions, je suis parvenu, j'ose le croire, à rétablir la version hébraïque telle qu'elle est sortie de la main d'Ibn-Falaquéra et qui peut parfaitement remplacer l'original arabe, dont elle est évidemment le calque fidèle. J'ai ajouté entre [ ] les mots e les passages omis par le copiste, en imitant le style du traducteur hébreu; et, toutes les fois que j'ai eu des fautes à corriger, j'ai mis au bas des pages la leçon du manuscrit : le lecteur hébraïsant pourra donc parfaitement se rendre compte de l'état du manscrit hébreu, en supprimant les passages ajoutés et en rétablissant les leçons fautives marquées au bas des pages; de cette manière il sera à même de juger de la valeur des leçons que j'ai adoptées et que généralement j'ai cherché à justifier dans les notes qui accompagnent la traduction française. J'ai cru devoir me borner à traduire les Extraits hébreux, dont, au moyen des procédés indiqués, j'ai pu établir un texte correct et sûr. D'ailleurs, ces Extraits, qui forment environ un tiers de l'ouvrage complet, en offrent toutes les parties essentielles et peut-être tout ce qui en mérite d'être lu. Plusieurs autres passages intéressants que j'ai rencontrés çà et là dans la version latine ont été donnés dans les notes ou dans l'analyse.

Dans la traduction française, je me suis appliqué à une stricte fidélité, et généralement le texte y est rendu presque mot pour mot (1). Dans mes notes explicatives, je n'ai pas eu la prétention de rien apprendre aux lecteurs versés dans la philosophie du moyen âge et dans le langage qu'elle emploie; mais je m'adresse à ceux qui, sans avoir le loisir de faire les recherches nécessaires, voudront comprendre ce document, à la fois si curieux et si obscur, de la littérature juive du moyen âge.

Puisse cet essai rencontrer auprès des hommes spéciaux, auxquels il s'adresse particulièrement, la même indulgence avec laquelle

(1) Ainsi que dans ma traduction de Maimonide, j'ai ajouté quelquefois entre ( ) des mots qui servent à compléter la phrase ou à la rendre plus claire; tout ce qui dans le texte même me paraissait devoir être considéré comme *parenthétique*, je l'ai indiqué dans la traduction par des [ ]. — Dans le ms. hébreu, le commencement de chaque paragraphe est indiqué par le mot אמר, *dixit*; j'ai préféré remplacer ce mot par des numéros d'ordre, et je ne l'ai conservé qu'au commencement de chaque livre.

il a été jugé par ceux qui en ont favorisé la publication ! Et ici, qu'il me soit permis d'exprimer ma vive gratitude à mon digne et savant ami M. Gustave d'Eichthal, qui a ranimé mon courage pour ce travail, et qui a bien voulu y intéresser quelques amis, guidés comme lui par la sympathie qu'ils veulent bien m'accorder et par un zèle réel pour la science. Ils n'ont pas voulu que les matériaux que j'avais préparés fussent entièrement perdus, et ils ont cru devoir satisfaire à l'ambition légitime qui m'avait fait désirer de publier un document important, que naguère encore on croyait perdu sans retour, et dont le premier j'ai révélé l'existence et fait connaître le véritable auteur (1). — Je dois aussi un témoignage public de reconnaissance à M. Samuel Brandeis, qui, avec un dévoûment et une patience au dessus de tout éloge, m'a assisté dans cette tâche difficile. C'est grâce à son concours intelligent que j'ai pu mettre en ordre mes matériaux, faire les recherches indispensables et achever la rédaction de ce travail.

La seconde livraison, qui paraîtra dans quelques mois, renfermera la suite du Mémoire sur Ibn-Gebirol et divers autres articles sur la philosophie arabe.

S. Munk.

Paris, mars 1857.

(1) Voy. les paroles de M. Ritter citées ci-après, page 153. Ma découverte, que j'ai aussi communiquée depuis dans le *Dictionnaire des sciences philosophiques* (art. Juif), a été également consignée dans le savant ouvrage de M. Hauréau, *De la Philosophie scolastique*, t. I. page 375, note 3.

FAUTES A CORRIGER DANS LE TEXTE HÉBREU.

Folio 2 *a* ligne 9 (et *passim*) י״ת וי״ת lisez ית׳ וית׳

— 3 *b* — 26 lisez ביסוד הכללי הגלגלי והיסוד הכללי הגלגלי

— 7 *b* — 14 מהסונים lisez מהסוגים

— 15 *a* — 24 כישקע — כשישקע

— 17 *b* — 6 (3) התבאר — מצד שהתבאר

— 17 *b* — 6 [כי] — [כי]

— 17 *b* — 7 ועל כן — על כן

— 21 *a* — 22 הולשת — חולשת

— 26 *a* — 15 העצם — בעצם

— 28 *b* — 1 מקום — מקיים

— 32 *b* — 10 קבול — קבוץ

— 33 *b* — 11 מתנועעי — מתנועעים

— 35 *b* — 16 ממנו — ממנה

DANS LES NOTES.

Folio 6 *a* note 5 כיפנג lisez כשיפנג

— 17 *b* effacer la note 3

— 28 *a* note 5 גולותס lisez סגולותס

PRÉFACE

Des circonstances indépendantes de ma volonté m'ayant empêché de hâter la publication de ce recueil, projetée depuis plusieurs années, j'en ai détaché d'abord une partie qui, annoncée depuis longtemps, était attendue avec quelque impatience par le petit nombre de savants spéciaux qui attachent un vif intérêt aux documents inédits relatifs à la philosophie du moyen âge. L'accueil si éminemment bienveillant que cette première partie a rencontré auprès des juges les plus compétents (1) m'a montré que je ne m'étais pas trompé sur l'importance des documents que j'y ai fait connaître, et qui, placés en tête de ce volume, en forment, sans contredit, la partie la plus saillante.

La première livraison de ces Mélanges (pages 1 à 232), publiée il y a environ deux ans, est consacrée tout entière à la philosophie d'Ibn-Gebirol ou Avicebron. Dans l'*Avis* placé en tête et dans le chapitre qui traite de la vie et des écrits d'Ibn-Gebirol, j'ai rendu compte des matériaux dont je me suis servi pour ce travail, et j'ai fait connaître les deux manuscrits, l'un hébreu, l'autre latin, que j'avais à ma disposition (voy. pag. 152 et 154). Depuis, j'ai eu connaissance d'un second manuscrit du *Fons vitæ*, découvert à la bibliothèque Mazarine (2) par un savant d'Allemagne, M. le Dr Seyerlen, qui en a donné une notice très détaillée dans les Annales théologiques (*Theologische Jahrbücher*) publiées à Tubingue par MM. les professeurs Baur et Zeller (t. XV, 4e cahier, et t. XVI, 1er cahier). Je n'ai pu, dans ma situation actuelle, aborder l'étude de ce manuscrit, qui n'a point les défauts que j'ai signalés dans celui de la Bibliothèque impériale, et qui, si je l'avais connu plus tôt, m'aurait évité les grandes difficultés

(1) Voy. le rapport de M. Ad. Franck dans le *Compte-rendu des séances et travaux de l'Académie des sciences morales et politiques*, 1857, IVe trimestre, pag. 45–58 ; l'article de M. Charles Jourdain dans la *Revue contemporaine*, t. XXXII (livraison du 15 juillet 1857), pag. 630–636, et l'article de M. Hauréau dans l'*Illustration* du 16 mai 1857, pag. 315.

(2) C'est le ms. lat. n° 510 de la biblioth. Maz. qui renferme (fol. 33 *recto* à 79 *recto*) l'ouvrage d'Avicebron. Le titre de *Fons vitæ* ne s'y trouve pas ; mais à la fin de l'ouvrage on lit : « Finitus est tractatus quintus, qui est de materia universali et forma universali, et ex ejus consummatione consummatus est totus liber, cum auxilio Dei et ejus misericordia, Avencebrol.

Libro perscripto, sit laus et gloria Christo,
Per quem finitur quod ad ejus nomen initur.
Transtulit Hyspanis interpres lingua Johannis
Tunc ex arabico, non absque juvante Domingo. »

On voit que le nom de l'auteur est écrit ici *Avencebrol*, ce qui est bien près du véritable nom d'*Ibn-Gebirol*.

que j'ai eu à vaincre dans mon travail. Je n'ai pas eu non plus l'occasion de me faire lire le travail de M. Seyerlen, qui, me dit-on, renferme de nombreuses citations de la version latine (1). D'ailleurs, les extraits d'Ibn-Falaquéra, que j'ai publiés en entier, et l'analyse que j'y ai jointe, en me servant du manuscrit latin de la Bibliothèque impériale, renferment des données plus que suffisantes sur la philosophie d'Ibn-Gebirol, et j'aurais craint de fatiguer le lecteur en revenant de nouveau sur un sujet auquel déjà j'ai consacré la plus grande partie de ce volume, et qui, comme on a pu s'en convaincre, a été traité par notre philosophe avec une trop grande prolixité. Cependant, j'ai cru devoir faire vérifier mes citations latines sur le manuscrit de la bibliothèque Mazarine, et notamment les passages sur lesquels le manuscrit du fonds Saint-Victor m'avait laissé quelque doute. Souvent mes conjectures se sont trouvées confirmées; d'autres fois, j'ai eu à rectifier les leçons que j'avais adoptées. Tout ce qui, sous ce rapport, peut intéresser le lecteur a été indiqué dans les *Additions et rectifications*, à la fin de ce volume.

Après avoir fait connaître en détail la philosophie d'Ibn-Gebirol, trop peu en harmonie avec le judaïsme et la théologie juive de l'époque pour être entièrement originale, j'ai dû, autant que cela m'a été possible, remonter aux origines historiques du système développé dans la *Source de vie*, et indiquer les sources auxquelles Ibn-Gebirol a pu puiser ses doctrines. Les documents que j'ai cités suffiront, je pense, pour convaincre le lecteur que les doctrines exposées dans le *Fons vitæ* sont empruntées pour la plupart à certaines compilations néoplatoniciennes, qui jouissaient d'une grande vogue chez les Arabes jusqu'au moment où les œuvres d'Ibn-Sînâ répandirent de plus en plus dans les écoles la connaissance de la philosophie d'Aristote. Enfin, j'ai esquissé l'histoire du livre d'Ibn-Gebirol; j'ai parlé notamment de l'accueil plus ou moins favorable qui lui fut fait chez les Juifs, et de l'influence qu'il a pu exercer sur la formation de la *kabbale spéculative* et sur la compilation de certaines parties du livre *Zohar*, qui, pas plus que la *Source de vie*, n'ont de racines dans le judaïsme et dans la pure tradition juive. En ce qui concerne l'influence du *Fons vitæ* sur la philosophie scolastique, ce sujet étant plus accessible et déjà mieux connu, j'ai dû me borner à quelques aperçus généraux, laissant aux hommes spéciaux le soin de faire connaître dans tous ses détails le rôle que joue la philosophie d'Avicebron dans les écoles chrétiennes, à partir du XIIIe siècle.

Mon travail sur Avicebron est suivi d'un résumé de l'histoire de la

(1) Quelques journaux allemands, par lesquels j'ai eu connaissance de la découverte et de la notice de M. Seyerlen, reprochent à celui-ci d'avoir complétement ignoré l'article que, dès l'année 1846, j'avais publié sur Ibn-Gebirol et son *Fons vitæ*, et ce que M. Ritter avait écrit au sujet de ce même article (voy. ci-après, pag. 153 et 154).

philosophie chez les Arabes et d'un aperçu des études philosophiques des Juifs aux diverses époques de leur histoire. J'ai réuni dans ces esquisses les principaux résultats de mes recherches, et je me suis attaché surtout à faire connaître, d'après les écrits originaux, ce qu'il y a de plus saillant et de plus original dans les doctrines des principaux philosophes arabes, généralement empruntées à Aristote et à ses commentateurs. Les détails biographiques que j'ai pu réunir sont puisés aux sources les plus authentiques; s'ils sont souvent incomplets, je puis du moins en garantir l'exactitude historique, et ils remplaceront avec avantage les fables souvent répétées par les historiens de la philosophie. Ce sujet avait déjà été traité par moi dans divers articles du *Dictionnaire des sciences philosophiques*, qui ont servi de base au travail que je publie dans ce volume; mais ces articles ont été ici rectifiés sur divers points, souvent considérablement augmentés et accompagnés de notes sur des détails qui ne pouvaient trouver place dans le *Dictionnaire*. La philosophie d'Ibn-Bâdja, jusqu'ici presque complétement inconnue, a été exposée avec un soin tout particulier, et j'ai donné une analyse détaillée et des extraits du principal ouvrage de ce philosophe, dont l'article du *Dictionnaire* ne renfermait que les linéaments. La notice sur *Ibn-Roschd* a également reçu des accroissements importants, et j'y ai cherché notamment à mieux préciser certaines dates biographiques et à augmenter les données au moyen de nouvelles recherches. L'article relatif aux études philosophiques chez les Juifs, également complété sur quelques points, a été accompagné de notes nombreuses, qui, puisées dans des documents inédits, font connaître une foule de données historiques et bibliographiques, en rapport avec l'histoire des sciences et de la philosophie, et qu'on chercherait vainement ailleurs (1).

Ce qui m'a encouragé à reproduire ici mes articles sous une forme nouvelle et plus complète, c'est que ces essais, quelque imparfaits qu'ils puissent être, ont été depuis, grâce à la pénurie des sources authentiques, mis à profit par plusieurs écrivains, dans des ouvrages importants où la philosophie arabe devait occuper une place. Je citerai notamment à cet égard l'ouvrage de M. Hauréau sur la Philosophie scolastique et celui de M. Ch. Jourdain sur saint Thomas d'Aquin; et tout récemment encore, M. Henri Ritter, au grand mérite duquel j'ai été heureux de rendre justice (pag. 336), a évidemment, dans son

(1) Ces notes avaient été publiées une première fois dans les *Archives israélites* (mars, juin et août 1848). Un savant distingué, M. le Dr B. Beer, à Dresde, a donné une traduction allemande de l'article primitif du *Dictionnaire* et des notes publiées dans les *Archives*, et auxquelles de son côté il a joint de nouveaux éclaircissements. Voy. *Philosophie und philosophische Schriftsteller der Juden, eine historische Skizze, aus dem Französichen des S. Munk, mit erläuternden und ergänzenden Anmerkungen, von Dr B. Beer*, Leipzig, 1852, in-8°.

nouvel ouvrage sur la philosophie chrétienne (*Die christliche Philosophie*, t. I, Gœttingue, 1858), rectifié et complété d'après mes articles plusieurs détails importants concernant Al-Gazâli, Ibn-Bâdja et Ibn-Roschd, et qui, dans son grand ouvrage sur l'Histoire de la philosophie, avaient été présentés d'une manière inexacte et incomplète. En outre, M. Ritter a cru devoir consacrer ici un paragraphe spécial à la philosophie des Juifs au moyen âge, en mettant à profit mon travail sur Avicebron. — J'ai dû être plus sensible encore aux paroles flatteuses d'un orientaliste distingué, M. Ernest Renan, qui, dans la préface de son excellente monographie sur *Averroès et l'Averroïsme*, a bien voulu mentionner mes articles parmi les écrits dont il a pu tirer profit. — Je ne me cache pas cependant, et j'en ai déjà fait l'aveu (pag. 338), que mes essais, tout en se présentant ici sous une forme plus développée, sont bien loin d'épuiser une matière qui, à divers titres, mériterait encore d'être l'objet de recherches nouvelles et de développements nouveaux. Mes esquisses peuvent être complétées çà et là par certains détails que j'ai pu exposer dans les notes jointes au premier volume du *Guide des Égarés* de Maïmonide et auxquelles j'ai eu soin de renvoyer le lecteur; d'autres détails encore trouveront place, je l'espère, dans les volumes suivants du *Guide* et dans les *Prolégomènes*.

Dans l'*Appendice*, j'ai donné, outre le texte arabe de deux passages traduits dans le cours de cet ouvrage, une note sur l'astronome Alpetragius (cité dans quelques passages de ce volume et sur lequel on ne trouve nulle part d'indication exacte), et j'y ai reproduit aussi l'article que, dans le *Dictionnaire des sciences philosophiques*, j'avais consacré à Léon Hébreu, auteur des *Dialogues d'amour*.

Tels qu'ils sont, ces *Mélanges*, j'ose l'espérer, seront accueillis avec bienveillance, grâce aux documents inédits et peu accessibles qui y ont été mis à profit et à la nouveauté de la plupart des faits que j'ai eu l'occasion d'y faire connaître.

S. MUNK.

Paris, février 1859.

I

EXTRAITS

DE

LA SOURCE DE VIE

DE

SALOMON IBN-GEBIROL

PRÉFACE DU TRADUCTEUR HÉBREU.

Schem-Tob, fils de Joseph ibn-Falaquéra, dit : Ayant étudié le livre composé par le savant Rabbi Salomon ibn-Gebirol et intitulé *la Source de vie*, il m'a semblé que l'auteur, dans ses doctrines, a suivi le système de quelques philosophes anciens, tel que celui dont il est traité dans l'ouvrage composé par Empédocle sur les *cinq substances* (1). Le présent livre est basé sur (ce principe) « que toutes les substances spirituelles ont une matière spirituelle, la forme venant d'en haut sur la matière qui la reçoit en bas ; c'est-à-dire, que la matière est un *substratum* et que la forme est portée par elle (2). »

Aristote a écrit, comme je le trouve dans le XIIe livre de la *Métaphysique*, que les anciens attribuaient une matière aux choses éternelles. Mais, dit-il, tout ce qui a une matière est *composé* et renferme une *possibilité* (3) ; par conséquent, dit-il,

(1) Le ms. porte très distinctement בעצמים החמשה ; mais il faut peut-être lire בעצם החמשי, *sur la cinquième substance.* Il s'agit sans doute de l'ouvrage mentionné par Lamprias sous le titre de περὶ τῆς πέμπτης οὐσίας. Voy. Sturz, *Empedocles Agrigentinus* (Lipsiæ, 1805, in-8), pag. 73.

(2) Voy. ci-après, liv. V, § 69.

(3) C'est-à-dire : c'est une chose *possible* et non nécessaire ; car la matière n'est que la *faculté* d'être, une chose *en puissance.*

il ne peut y avoir *matière* que dans les choses qui sont soumises à la naissance et à la destruction et qui se transforment mutuellement les unes dans les autres (1).

Je ne donne ici que des extraits de l'ouvrage (d'Ibn-Gebirol); mais dans ces extraits tout son système est contenu.

(1) Il nous semble qu'Ibn-Falaquéra, dans l'ensemble de ce dernier paragraphe, fait allusion à un passage du liv. XII de la *Métaphysique*, ch. II (édit. de Brandis, p. 241), où Aristote, après avoir dit que l'idée d'une *matière première* (ὕλη) se fait reconnaître dans les doctrines d'Anaxagore, d'Anaximandre et de Démocrite, semble reprocher à ces philosophes de ne pas avoir approfondi cette idée et de ne pas avoir distingué entre ce qui est soumis au changement proprement dit ou à la naissance et à la destruction, et ce qui est éternel et invariable, comme les sphères célestes. Tout ce qui est soumis au changement, dit-il, a une matière, mais de nature différente; car, même parmi les choses éternelles, tout ce qui ne naît pas, mais qui a un mouvement de translation (a une matière); cependant, ce n'est pas là une matière susceptible de génération, mais il s'agit là seulement d'un changement de lieu ou de position, ou, comme s'exprime Aristote, de la question *d'où* et *où*: πάντα δ'ὕλην ἔχει ὅσα μεταβάλλει, ἀλλ' ἑτέραν, καὶ τῶν ἀϊδίων ὅσα μὴ γεννητὰ κινητὰ δὲ φορᾷ · ἀλλ' οὐ γεννητήν, ἀλλὰ πόθεν ποῖ.

Aristote revient souvent sur cette distinction entre la matière de la naissance et de la destruction et celle des choses éternelles ou des sphères. La matière proprement dite ne peut être attribuée qu'aux choses qui *naissent* les unes des autres et qui se transforment les unes dans les autres; mais ce qui *est* ou *n'est pas,* sans qu'il y ait changement, n'a pas de matière. Voy. *ibid.*, liv. VIII, ch. V (édit. Brandis, pag. 172) : οὐδὲ παντὸς ὕλη εστὶν ἀλλ' ὅσων γένεσίς ἐστι καὶ μεταβολὴ εἰς ἄλληλα. ὅσα δ'ἄνευ τοῦ μεταβάλλειν ἔστιν ἢ μή, οὐκ ἔστι τούτων ὕλη.

EXTRAITS

DE

LA SOURCE DE VIE

EXTRAITS DU LIVRE I.

Observations préliminaires. — Idée de la matière universelle et de la forme universelle. — Différentes espèces de matières.

1. La partie intelligente étant la meilleure d'entre les parties de l'homme, ce que l'homme doit chercher c'est la connaissance. Ce qu'il doit (surtout) chercher à connaître c'est lui-même, afin d'arriver par là à connaître les autres choses qui ne sont pas lui-même; car son essence environne les choses et les pénètre, et les choses tombent sous ses facultés. Il faut avec cela qu'il cherche à connaître la cause finale pour laquelle il *est*, afin d'atteindre par là le bonheur suprême; car l'existence de l'homme a une cause finale pour laquelle (seule) il *est,* tout étant soumis à la *volonté* de l'être unique.

2. La Volonté est une faculté divine, créatrice et motrice de toute chose (1), et rien ne saurait être indépendant d'elle. Par la connaissance et par la pratique, l'âme s'attache au monde supérieur; car la connaissance rend nécessaire la pratique; celle-ci éloigne l'âme de ses opposés qui la corrompent, et la

(1) Sur la volonté divine et ses rapports à l'univers dont elle est la *cause*, l'auteur s'expliquera plus amplement au livre V. C'est là un des points les plus importants de la doctrine d'Avicebron; nous y reviendrons dans notre analyse.

ramène [1] à sa nature et à son essence. Je dirai en thèse générale que la connaissance et la pratique délivrent l'âme des liens de la *nature* et la purifient de ce qu'elle a de trouble et d'obscur [2], et alors elle retourne dans son monde supérieur.

3. Il n'y a dans l'être que trois choses, savoir, la matière avec la forme, la substance première (Dieu), et la Volonté, intermédiaire entre les deux extrêmes. La raison pourquoi il n'y a dans l'être que ces trois choses, c'est qu'il ne peut y avoir d'effet sans qu'il y ait une cause et (qu'il faut) un intermédiaire entre les deux [3]. La cause, c'est la substance première ; l'effet, c'est la matière avec la forme; l'intermédiaire entre les deux, c'est la Volonté. La matière et la forme ressemblent au corps de l'homme et à sa forme, qui est la liaison de ses membres; la Volonté ressemble, à l'âme et la substance première à l'intelligence.

4. Ce qu'il convient le plus d'étudier d'abord, dès qu'on connaît l'art de la démonstration (la.logique), et ce qu'il est le plus utile d'étudier, c'est l'essence de l'âme, ses facultés,

(1) Le texte hébreu porte le pluriel ומשיבים, *et ramènent;* nous avons cru devoir substituer le singulier ומשיב, car il est évident que ce verbe se rapporte à והמעשה, *la pratique.* Il est singulier que la vers. lat. présente ici la même faute. Voici la traduction de ce passage : *et opus separat animam a suis contrariis, quæ lædunt eam, et* REDUCUNT *eam ad suam naturam et suam substantiam.* Il faut changer *reducunt* en *reducit.*

(2) On est frappé de la physionomie indienne que présente ce passage, qui nous rappelle ce que le système *Védânta* enseigne sur la *délivrance* (moukti) obtenue par la pratique, ou les exercices pieux, et par la connaissance, ou la méditation. Voy. *Essais sur la philosophie des Hindous, par Colebrooke*, traduits par M. Pauthier, pag. 197, et cf. *Bhagavad-Guîta*, III, 3 et suiv. Voy. aussi ci-après, liv. III, § 37.

(3) Voy. ci-après, liv. III, §§ 1 et suiv.—L'auteur veut motiver ici la division de la science métaphysique en trois parties, dont chacune a pour objet l'une des trois parties de l'être, comme on le verra dans l'analyse du premier livre que nous donnerons plus loin.

ses accidents et tout ce qui l'atteint et s'y attache (1); car l'âme est le *substratum* des connaissances et elle perçoit toutes les choses par ses facultés qui pénètrent tout. Si tu étudies la science de l'âme, tu connaîtras sa supériorité, sa permanence et sa faculté de tout environner, de manière que tu seras étonné de sa substance, lorsque tu la verras, du moins en quelque sorte, porter toutes les choses. Tu sentiras alors que toi-même tu environnes tout ce que tu connais des choses qui existent, et que les choses existantes que tu connais subsistent en quelque sorte dans toi-même. En te sentant ainsi toi-même environner tout ce que tu connais, tu verras que tu environnes tout l'univers avec plus de rapidité qu'un clin d'œil. Mais tu ne pourrais le faire, si l'âme n'était pas une substance subtile et forte (à la fois), pénétrant toutes les choses et étant la demeure de toutes les choses.

5. La connaissance qui est le but de l'existence de l'homme, c'est la connaissance de l'univers tel qu'il est, et particulièrement la connaissance de la substance première qui le porte et le met en mouvement. Connaître la véritable nature de la substance, abstraction faite des actions qui en émanent, est chose impossible; mais il est possible de connaître son existence, désignée par les actions qui en émanent. Si la connaissance de la véritable nature de la substance est impossible, c'est parce qu'elle est au dessus de toute chose et qu'elle est infinie.

6. Si toutes les choses ont une (seule) matière universelle, celle-ci a nécessairement les propriétés suivantes : celle d'*être*, celle de *subsister par elle-même*, celle d'*être d'une seule essence* (2),

(1) L'auteur, avant d'entrer en matière, insiste de nouveau, comme il l'a déjà fait au § 1, sur la nécessité de l'étude psychologique, qui doit servir de point de départ à la philosophie. Cf. liv. III, § 37.

(2) Le ms. hébreu (qui, en général, est ici très corrompu) porte ואחרי העצם, et la vers. lat. : ILLIUS *essentiæ;* il faut lire évidemment, dans l'hébreu, אחד העצם, et dans la vers. lat., UNIUS *essentiæ*. Cf. plus loin והונחה לו האחדות, *on lui*

celle de *porter la diversité*, et celle de *donner à tout son essence et son nom*. On lui accorde la propriété d'*être* (1), parce que le non-être ne pourrait être la matière de ce qui *est;* on lui accorde celle de *subsister par elle-même*, car la chose ne peut pas se continuer à l'infini, (ce qui arriverait pourtant) si la matière (universelle) subsistait par autre chose; on lui accorde celle d'être *une*, parce que nous demandons une matière unique pour toutes les choses; celle de *porter la diversité*, parce que la diversité est dans les formes et que les formes ne subsistent pas par elles-mêmes; enfin celle de *donner à tout son essence et son nom*, parce que, portant tout, il faut qu'elle se trouve dans tout, et, se trouvant dans tout, il faut qu'elle donne à tout son essence et son nom (2).

*accorde l'*UNITÉ (ou la propriété d'être *une*), et liv. V, § 29 : והוא אחד במספר. Voy. aussi Abraham ben-David, *Emounâ Ramâ* (publié à Francfort-sur-Mein, 1852), texte hébreu, pag. 11, où, dans la citation de notre passage, on lit אחד בעצמות.

(1) Le texte hébreu porte והוא נותן לו המציאות (*il lui donne* l'être); de même, plus loin, והוא נותן לו הקימה et והוא נותן לו האחדות. Il faut substituer aux mots והוא נותן, qui n'offrent pas de sens, le mot והונחה ou un autre verbe passif analogue. Je suppose que le texte arabe portait وفرض له. La vers. lat. porte : *Materia dicitur habere esse.*

(2) Le texte hébreu de ce paragraphe est très corrompu, et j'ai dû le corriger dans plusieurs endroits, soit par conjecture, soit à l'aide de la vers. lat. — L'auteur a pour but, dans ce paragraphe, d'établir l'existence d'une matière universelle servant de substratum à tout ce qui est en dehors de Dieu. Si cette matière existe, dit-il, elle doit avoir certaines propriétés (cf. liv. V, § 29), et si dans tout ce qui *est,* nous pouvons, par l'abstraction successive de toutes les formes, découvrir un substratum ayant lesdites propriétés, il sera démontré qu'il existe une matière universelle pour toutes les choses. Cette matière universelle, comme on le verra plus loin, n'a d'autre catégorie que celle de la *substance,* et l'auteur la distingue de la matière qui porte les neuf catégories des *accidents* et qui est le substratum de la corporéité.

7. La diversité entre les êtres visibles ne consiste que dans les formes visibles, et de même la diversité entre les êtres invisibles (spirituels) (1) ne consiste que dans les formes invisibles; par conséquent la diversité n'a lieu que par les formes des êtres. Mais la *substance invisible* n'a pas de forme; je veux dire : *la matière première universelle* est une, sans diversité (2). On peut prendre pour exemple la boucle d'oreille, le bracelet et l'anneau qui sont faits d'or; car leurs formes sont diverses, mais la matière qui porte ces formes est une, et son essence n'est qu'une (3). De même les êtres diffèrent par la forme, mais la matière qui les porte est une.

8. Si nous disons que la matière (universelle) *existe*, c'est lorsque la forme spirituelle y est jointe; mais en elle-même elle n'est pas propre à l'existence à laquelle elle est propre quand la forme y est attachée, c'est-à-dire à l'existence *en acte*. Toutefois, quoiqu'elle ne puisse pas exister sans cela, elle est propre à une autre existence, savoir, à l'existence *en puissance*.

9. La matière est de quatre espèces, ainsi que la forme; savoir : la matière particulière artificielle (4), la matière particulière naturelle, la matière générale naturelle, qui porte (en

(1) Littéralement : *les êtres intérieurs;* le mot פנימי est la traduction du mot arabe باطن, qui signifie *intérieur*, *occulte*, *invisible*, et qui est opposé à ظاهر, *manifeste*, *visible*.

(2) Nous avons ici complété notre texte d'après la vers. lat., qui porte : « Similiter diversitas quæ est inter ea quæ sunt occulta non accidit nisi per formas *occultas; ergo diversitas non contingit nisi per formas eorum quæ sunt. Sed essentia occulta non suscipit formas*, hoc est materia prima universalis una non habet diversitatem. »

(3) La vers. lat. porte : « et non fuerit illa essentia materiæ aliud ab *essentia illorum*. » D'après cette version il faudrait lire עצמם (*leur* essence) au lieu de עצם אחד (*une* essence); mais la leçon de notre texte nous paraît préférable.

(4) C'est-à-dire, la matière qui est l'objet de l'art et qui sert à l'ouvrier ou à l'artiste pour former un ouvrage.

elle) la génération, et la matière des sphères (1). A chacune de ces matières correspond la forme portée par elle.

10. Ces différentes espèces de matières et de formes, quelle que soit leur diversité (2), se rencontrent toutes dans l'idée de matière et de forme. Il n'y a dans les choses sensibles de la nature, tant universelles que particulières, autre chose que la matière et la forme.

EXTRAITS DU LIVRE II.

De la substance qui porte la corporéité.

1. On parviendra à connaître l'existence de la matière corporelle, c'est-à-dire, de la substance qui porte la corporéité du monde, en ayant égard à ce qui a été dit précédemment des (différentes) matières. En effet, si le monde est une substance corporelle, comme le corps est une substance ayant figure et couleur, il s'ensuivra de cela que le corps (du monde) est une matière pour les formes portées par lui, savoir, pour les figures, les couleurs et les autres accidents, et que ces choses sont une forme pour lui. De même il faudra qu'il y ait une

(1) La troisième matière est celle de toutes les choses sublunaires, soumises à la génération et à la destruction ; la quatrième est celle des sphères célestes qui ne naissent ni ne périssent ; cette dernière a été quelquefois appelée *l'éther*. Voy. Aristote, traité *du Ciel* (liv. I, chap. 3), et ci-après, liv. II, § 3. Cette quatrième matière n'est point ce qui est en *puissance*, et elle ne subit dans son mouvement d'autre changement que celui du *lieu*. V. Aristote, *Métaphysique*, liv. IX, à la fin du chap. 8 (éd. de Brandis, pag. 188), et liv. XII, chap. 2 (pag. 241), et conf. ci-dessus, pag. 4, note 1.

(2) Vers. lat.: *Hi modi... etsi sunt diversi;* le ms. hébreu ajoute le mot במוחשים (*in sensibilibus*), que nous avons cru devoir effacer.

chose qui soit la matière de la corporéité et qui ait la corporéité pour forme. La corporéité sera donc à la matière qui la porte comme les formes générales, c'est-à-dire, les figures et les couleurs, sont à la corporéité qui les porte. Il faut donc qu'il y ait une matière du sensible, celle qui porte la forme de la corporéité. — Je vais te donner une règle générale pour parvenir à connaître les formes et les matières : Figure-toi les classes des êtres les unes au dessus des autres, s'environnant (1) les unes les autres, se portant les unes les autres, et ayant deux limites extrêmes, l'une en haut, l'autre en bas. Ce qui se trouve à la limite supérieure, environnant tout, comme la matière universelle, est uniquement matière *qui porte* (simple substratum) ; ce qui se trouve à la limite inférieure, comme la forme sensible, est uniquement forme *portée*. Dans les intermédiaires entre les deux limites, ce qui est plus haut et plus subtil sert de matière à ce qui est plus bas et plus grossier, et celui-ci, à son tour, lui sert de forme. Par conséquent la corporéité du monde, qui se montre comme une matière, substratum d'une forme qui est portée par elle, doit être elle-même une forme portée par la matière intérieure (invisible) dont nous parlons. De la même manière cette dernière matière sert de forme à ce qui la suit, et ainsi de suite jusqu'à la première matière qui environne toutes les choses (2).

2. Le nom seul du corps (3) est une preuve pour l'existence de la matière qui porte la corporéité ; car, si on qualifie la chose, (en disant) qu'elle est un corps, on établit une qualité et une chose qualifiée, de même que, lorsqu'on attribue au corps la qualité de la couleur et de la figure, on établit par là une qualité et une chose qualifiée. Pour le définir (le corps), on dit

(1) Sur ce qu'il faut entendre par *environner*, cf. liv. III, § 41.

(2) Cf. liv. V, § 38.

(3) Le ms. hébreu porte שהגוף לבדו (que le corps seul) ; la vers. lat. : *solum nomen generationis*. Il faut lire évidemment : שם הגוף לבדו, *solum nomen corporis*.

qu'il est ce qui a longueur, largeur et profondeur, et on établit une chose qui a longueur, largeur et profondeur.

3. La matière particulière artificielle est portée par la matière particulière naturelle (1) et celle-ci par la matière générale naturelle; cette dernière est portée par la matière générale des sphères, laquelle est portée par la matière générale corporelle, et celle-ci à son tour est portée par la matière générale spirituelle. Il s'ensuit de cela que la sphère céleste, avec tout ce qui s'y trouve, est placée dans la substance spirituelle et que la substance spirituelle la porte.

4. Il s'ensuit aussi que les formes particulières naturelles subsistent dans la forme générale naturelle, que celle-ci subsiste dans la forme générale des sphères (2), que celle-ci à son tour subsiste dans la forme générale corporelle, et qu'enfin cette dernière subsiste dans la forme générale spirituelle.

5. Si la substance de l'intellect se connaît elle-même, il faut que la forme de la vérité soit portée par cette substance même (3); c'est pourquoi l'intellect a de cette forme une con-

(1) Le ms. hébreu étant ici fort incomplet, nous avons dû restituer tout le passage d'après la vers. lat., qui est conçue en ces termes: « Materia particularis naturalis subsistit in materia naturali universali et materia universalis naturalis subsistit in materia universali cœlesti et materia cœlestis universalis subsistit in materia universali corporali et materia universalis corporalis subsistit in materia universali spirituali. » On voit que le commencement de notre paragraphe manque dans la vers. lat. Peut-être faut-il effacer les mots: *la matière particulière artificielle est portée par la matière particulière naturelle;* tout ce passage, dans notre texte hébreu défectueux, ne nous est révélé que par le seul mot המלאכותי, *artificielle*, et rien ne lui correspond dans le paragraphe suivant. Cependant, le § 9 du liv. I paraît favorable à la leçon que nous avons adoptée.

(2) Ces derniers mots ont été ajoutés dans notre texte hébreu d'après la vers. lat.: « Dicimus opus esse ut formæ particulares naturales sint subsistentes in forma naturali universali *et forma naturalis universalis sit subsistens in forma universali cœlesti,* etc. »

(3) La vers. lat. porte: « Necesse est ut forma veritatis subsistat

naissance (parfaite) qui n'a rien de douteux, cette forme étant portée par lui-même, de sorte qu'elle n'en est pas distante. C'est pourquoi aussi la substance de l'âme (rationnelle) connaît la forme de la vérité dans certains instants, à cause de sa proximité de la substance (1) de l'intellect, je veux dire, parce que sa nature est voisine de celle de l'intellect et lui ressemble. L'âme vitale n'a point de cette forme une connaissance parfaite; (elle la connaît) seulement par l'imagination, à cause de sa distance de l'intellect, je veux dire, parce que sa nature est distante de celle de l'intellect. Ceci ressemble à la vue; car, lorsque celle-ci est éloignée de l'objet sensible, la forme devient douteuse pour elle et elle ne la reconnaît pas bien. — Or, si la chose est comme nous l'avons dit, — c'est-à-dire, que l'intellect saisit la forme de la vérité par lui-même, celle-ci étant portée par sa substance, — et si, pour lui, *saisir* (ou *percevoir*) les choses et les connaître, c'est nécessairement les *environner* et les entourer, il est impossible que l'intellect saisisse une chose qui occupe un degré supérieur au sien. Cependant, cela ne doit pas se prendre dans un sens absolu; car l'intellect peut

in se ipsa », ce qui est inexact; le suffixe dans בעצמו (*dans sa substance* ou *dans lui-même*) se rapporte évidemment à שכל (*intellect*). Le sens est : si la substance de l'intellect est elle-même l'objet de sa perception et de sa science, elle doit être le substratum d'une forme qui est la vérité absolue. — D'ici jusqu'au § 8 l'auteur fait une petite digression. Il s'ensuit de ce qui précède que la matière qui porte toutes les choses *sensibles* est *une*, car toutes les choses sensibles se résolvent en elle et y sont ramenées par l'intelligence. Ceci amène l'auteur à montrer que toutes les choses intelligibles ou sensibles, unies dans une même existence, sont distinctes pour l'intellect parce qu'elles sont toutes dans lui.

(1) Le ms. hébreu porte מצורת השכל (de la *forme* de l'intellect); mais nous préférons écrire מעצם (de la *substance*) conformément à la vers. lat., qui a : « quia proximat substantiæ intelligentiæ. » — Le pronom suffixe dans קרבה (*sa* proximité) se rapporte à l'âme.

saisir ce qui est au dessus de lui comme ce par quoi il subsiste (1), c'est-à-dire, comme l'effet saisit la cause ; seulement il ne peut pas le saisir comme quelque chose qui soit environnée par lui, c'est-à-dire, comme la cause saisit l'effet. — Puis donc que l'intellect saisit toutes les substances, il s'ensuit qu'il est au dessus d'elles (2) ; (car) étant au dessus d'elles, il doit nécessairement les environner, et s'il les environne, il faut qu'elles soient toutes dans lui, et il doit nécessairement les saisir.

6. Plus une chose est subtile et sa substance pure, et plus sa faculté de percevoir et de saisir les choses est forte (3). L'intellect possède à un plus haut degré que ce qui est au dessous de lui la faculté de percevoir et de saisir toutes les choses ; il faut donc que sa substance soit plus subtile et plus pure que toutes les substances qui sont au dessous de lui

(1) Vers. lat. : « Secundum hoc quod fixa est (sc. intelligentia) in illo et stans per illud. »

(2) Cette dernière phrase manque dans la vers. lat., qui termine ainsi ce paragraphe : « Sed si intelligentia est super omnes substantias, necesse est ut comprehendat illas ; et si comprehendit illas, necesse est ut sint omnes in illa et sit illa *continens* illas. » Au lieu de *continens*, il faut peut-être lire *apprehendens*.

(3) La construction du texte hébreu est un peu irrégulière. Après les mots והשגתו לדברים (et son action de saisir les choses), il faut sous-entendre : יותר חזקה (est plus forte) ; c'est comme si l'on eût dit : יהיו קבולו והשגתו לדברים יותר חזקים (vers. lat.: « Illud est perceptibilius et comprehensibilius rerum »). La phrase suivante est également irrégulière, et il faudrait la construire ainsi : והשכל קבולו והשגתו לכל הדברים יותר חזקים ממה שתחתיו (vers. lat. : « Sed intelligentia omnibus quæ sub ea sunt perceptibilius et apprehensibilius est omnium rerum »). Le texte arabe original portait peut-être : يكون اشدّ قبولاً وادراكًا للامور والعقل اشدّ قبولاً وادراكًا لجميع الامور ممّا دونه. D'après cela il aurait mieux valu traduire en hébreu :

..... יהיה יותר חזק הקבול וההשגה לדברים והשכל יותר חזק הקבול וההשגה לכל הדברים ממה שתחתיו.

7. Comme l'intellect n'a pas de forme particulière à lui et qu'il saisit toujours toutes les formes, il en résulte que les formes de toutes les choses sont les (propres) formes de sa substance. Or (1), comme toutes les formes sont des formes pour la substance de l'intellect et que cependant elles sont distinctes pour l'intellect, il s'ensuit qu'elles sont distinctes en elles-mêmes.

8. Toutes les formes des êtres embrassées par le sens et l'intellect sont distinctes en elles-mêmes, parce qu'elles le sont pour le sens et l'intellect; et cependant elles ne sont pas distinctes dans (leur) existence, car tous les êtres sont unis et joints ensemble. Il en est des substances et des accidents intelligibles, distincts et divers en eux-mêmes et pour l'intellect, quoique unis par l'existence, comme il en est des corps et des accidents sensibles, distincts et divers en eux-mêmes et pour le sens, quoique unis dans l'existence (2), comme (le sont, p. ex.,) la couleur, la figure et le corps; car toutes ces choses sont en elles-mêmes distinctes les unes des autres, et cependant elles sont toutes unies dans l'existence (3). Il en est de même de la quantité et de la substance qui la porte; car la quantité, tant en elle-même que pour l'intellect, est distincte de la substance qui la porte, et cependant elles sont

(1) Nous avons effacé dans notre texte hébreu, au commencement de cette phrase, les mots וכשיהיו כל הצורות לעצמו, qui sont superflus. Vers. lat. : « Et postquam formæ omnium rerum sunt ibi formæ essentiæ intelligentiæ. »

(2) Ce passage était incomplet dans le ms. hébreu, et nous avons dû le compléter conformément à la vers. lat., qui porte : « .... intellige exemplum divisionis substantiarum et accidentium intelligibilium et diversitatem in semet ipsis *et apud intelligentiam, licet sint unita in esse, sicut exemplum separationis corporum et accidentium sensibilium et diversitatem eorum in se ipsis et in sensu* et si sint etc. »

(3) C'est-à-dire : elles existent ensemble et forment un seul être.

unies dans l'existence. Par conséquent, l'union de la quantité avec la substance est analogue à l'union de la couleur et de la figure avec la quantité, quoique celles-là (la quantité et la substance) soient distinctes en elles-mêmes et pour l'intellect, de même que la couleur et la figure sont distinctes de la quantité en elles-mêmes et pour le sens, bien qu'elles ne soient pas distinctes dans l'existence.

9. La quantité en général est portée par la substance ; de même toutes les substances *intelligibles* sont portées les unes par les autres, comme la figure et la couleur sont portées par la quantité et comme la quantité est portée par la substance.

10. Toutes les formes sont portées par la matière première, comme la figure, la couleur et les autres accidents semblables sont portés par la quantité, et comme la quantité est portée par la substance. Il est clair par là que les êtres visibles sont l'image des êtres invisibles (spirituels) (1). Tu comprendras ensuite que toutes les choses, existant dans la matière première, sont (en quelque sorte) ses parties, et tu verras que la matière première les embrasse toutes (2), et qu'il y en a de ces choses qui sont les parties d'autres choses. La première matière qui porte (tout) t'apparaîtra donc comme un livre portant l'écriture, et tu verras ton intelligence environner toutes les choses et (planer) au dessus d'elles (3), selon la faculté de l'homme.

11. C'est par cette substance qui porte les neuf catégories que doit commencer la recherche de ce qui est caché pour les sens, parce que cette substance occupe le degré le plus rapproché des choses sensibles ; en outre, la substance qu'on se figure avec les neuf catégories est l'image qui doit servir de

(1) Littéralement : *que les êtres* EXTÉRIEURS *sont l'image des êtres* INTÉRIEURS. Voy. ci-dessus, pag. 9, note 1.

(2) Littéralement : *est universelle pour toutes.*

(3) Au lieu de ועליהם (*et* au dessus d'elles), notre ms. hébr. porte עליהם, sans la conjonction ו. Peut-être faut-il lire : ומרומם עליהם, ou ajouter un autre mot du même sens ; vers. lat. : « et *excelsam* super illas. »

preuve pour ce qui est caché. Je ferai une observation générale qui sera un guide suffisant pour ce qui va suivre. Je dirai donc : Puisque l'âme, du moment où elle est liée au corps, est privée de la connaissance des accidents secondaires et des substances secondaires, qu'ensuite elle se les approprie, — après avoir vu les accidents premiers et les substances premières [1], — et qu'elle les traverse et les pénètre [2], il est clair par là que les accidents premiers et les substances premières, qui forment le monde de la nature (visible), sont retracés dans elle, et que les sens lui ont été donnés pour percevoir les accidents premiers et les substances premières, de sorte que l'âme, après les avoir perçus, arrive par là à percevoir les accidents secondaires et les substances secondaires. C'est pourquoi, à mesure que l'homme, depuis le moment de sa naissance dans ce monde, acquiert la connaissance des choses sensibles, son intelligence augmente et passe de la puissance à l'acte ; car les formes sensibles s'impriment dans les organes auxquels elles s'assimilent, et les formes imprimées dans les organes s'impriment ensuite dans l'imagination plus subtiles et plus simples qu'elles ne s'étaient imprimées dans les organes, et de même elles s'impriment dans la substance de l'âme plus subtiles et plus simples qu'elles ne s'étaient imprimées dans l'imagination. Les formes sensibles sont donc à l'âme ce que le livre écrit est au lecteur ; car, lorsque la vue en perçoit les caractères et les signes, l'âme se rappelle le véritable sens de ces caractères. Ceci prouve que la substance qui porte les neuf catégories est l'image qui doit servir de preuve pour ce qui est caché [3].

(1) Par accidents *premiers* et substances *premières*, il faut entendre ici tout ce qui est l'objet de la perception des sens ; par *secondaires* on entend les perceptions de l'intelligence qui ne viennent qu'à la suite et par l'intermédiaire de celles des sens. Cf. liv. V, §§ 65, 66.

(2) Vers. lat. : « et meditatur in illis et intelligit. »

(3) C'est-à-dire, pour les choses non sensibles ; en effet la vers. lat. a : « signum rerum insensibilium. »

12. Je te donnerai à cet égard un principe qui pourra te servir d'appui(1): Puisque nous avons pour but la connaissance, qui monte de l'extrémité inférieure des êtres à leur extrémité supérieure, et que tout ce qui est à l'extrémité inférieure vient de l'extrémité supérieure, il faut que tout ce que nous trouvons à l'extrémité inférieure nous serve de point de comparaison et de preuve pour ce qui est à l'extrémité supérieure, la partie inférieure étant l'image de la partie supérieure, dont elle émane; car, émanant d'elle, elle doit être son image. Nous expliquerons encore (plus loin) comment l'inférieur émane du supérieur. La chose étant ainsi, nous pourrons, après avoir compris la similitude qui existe entre les deux extrémités, arriver, par ce qui est visible, à la connaissance de ce qui est caché. Or, comme notre but est de monter à l'extrémité supérieure de l'être, c'est-à-dire, à la matière universelle qui porte toutes les choses, et à la forme universelle qui est portée par elle, et qui sont le terme de l'être par rapport à nous et son commencement par rapport au Créateur (2), nous trouverons, apres avoir examiné l'extrémité inférieure, c'est-à-dire, la matière qui porte les neuf catégories, que celle-ci correspond à l'autre (matière) et qu'elle est son analogue. De même nous trouverons que la forme de la quantité, portée par cette substance, correspond à la forme universelle, c'est-à-dire, à la forme de l'intellect portée par la matière première universelle. L'extrémité supérieure est, pour ainsi dire, comme le corps du soleil, et l'inférieure (3), comme ses rayons qui se répandent sur le globe terrestre.

(1) C'est-à-dire, qui pourra te faire comprendre comment la substance sensible peut servir d'image et de preuve pour les choses non sensibles.

(2) Vers. lat. : « ex parte *inventoris* eorum ». L'arabe avait probablement مُوجِدها.

(3) Le texte de ce passage a dû être complété d'après la vers. lat., qui porte : « Tanquam si supremus finis *sit corpus solis et infimus* radius ejus, etc. »

13. Tu verras (maintenant) comment ces deux extrémités correspondent l'une à l'autre. En examinant les propriétés de la matière universelle, tu les retrouveras dans la matière inférieure; je veux dire, la propriété de subsister par elle-même, celle d'être une, celle de porter la diversité, et les autres propriétés (1). Il y a de même un (parfait) parallélisme entre les deux formes (2). En effet (3), de même que la forme première fait naître, en s'attachant à la matière supérieure, l'*espèce* de l'intellect et en constitue l'essence, de même la forme de la quantité fait naître, en s'attachant à la matière inférieure, l'*espèce* du corps, et en constitue l'essence; la forme de la quantité est donc parallèle à la forme de l'intellect, avec cette distinction que la forme de l'intellect fait une unité simple, tandis que la forme de la quantité fait plusieurs unités composées ensemble (4). De même encore que la forme de l'intellect est inséparable de la matière supérieure, de même la forme de la quantité s'étend sur toute l'essence de la matière inférieure (5). — De même que la forme de l'intellect couvre la

(1) Cf. ci-dessus, liv. I, § 6.

(2) Vers. lat. : « Assimilatio duarum materiarum non est longe [ab] assimilatione duarum formarum. »

(3) D'ici jusqu'à la fin du paragraphe le texte hébreu est extrêmement corrompu et défectueux. Pour justifier nos corrections et intercalations, nous donnerons ici la vers. lat. de divers passages que nous avons cru devoir compléter, en mettant en lettres italiques ce qui manque dans le ms. hébreu.

(4) Vers. lat. : « Scias quod sicut prima forma quando conjungitur *altiori* materiæ *constituit speciem intelligentiæ et eam ducit ad esse, similiter forma quantitatis quum conjungitur materiæ* inferiori constituit speciem corporis et eam ducit ad esse. Ergo forma quantitatis erit conferibilis formæ intelligentiæ. Manifestatio autem hujus hoc est, scilicet quod forma intelligentiæ est una, simplex; forma vero quantitatis multæ unæ compositæ. »

(5) Au lieu de cette seconde comparaison on lit dans la vers. lat. ce qui suit : « Et sicut forma intelligentiæ est propinquior materiæ altiori inter omnes formas, similiter forma quantitatis est propin-

matière supérieure et l'environne, de même la forme de la quantité couvre la matière inférieure et l'environne.—De même que la forme de l'intellect porte toutes les formes et que toutes les formes sont portées par elle, de même la forme de la quantité porte toutes les formes du corps et ses accidents, qui existent dans elle.—De même que la figure est le terme de la forme de la quantité et la haie qui l'environne, de même la science est le terme de la forme de l'intellect et la haie qui l'environne. En effet, la science que possède l'intellect est une figure pour lui, parce qu'elle est le terme qui le limite tout autour, comme la figure (géométrique) qui environne le corps; car, de même que le corps, lorsqu'il rencontre un autre corps et s'y attache, le rencontre et s'y attache uniquement par sa figure; de même l'intellect, lorsqu'il rencontre un autre intellect (1) et s'y attache, le fait uniquement par la science.—

quior materiæ inferiori inter omnes formas. Et sicut forma intelligentiæ penetrat totam essentiam materiæ altioris, similiter forma quantitatis diffusa est per totam essentiam materiæ inferioris. »

Nous n'avons pas jugé nécessaire de modifier ici notre texte hébreu; car c'est peut-être à dessein que le traducteur hébreu a confondu les deux comparaisons en une seule et en a modifié les termes. En effet les mots אינה נבדלת « *est inséparable* » n'ont rien qui leur corresponde dans le latin.

(1) Le ms. hébreu porte כשיפגש או תבנית היה וידבק בו Les mots או תבנית היה n'offrent aucun sens; nous leur substituons les mots שכל אחר, *un autre intellect*, analogues aux mots גוף אחר, *un autre corps*. L'intelligence en acte a surtout pour objet ce qui est *intelligence*, soit les *formes abstraites* avec lesquelles elle s'identifie, soit les *intelligences séparées* (ou celles des sphères). Voy. mes notes sur *le Guide des égarés* de Maïmonide, t. I, chap. LXVIII, pag. 306. Toutefois, nous devons faire remarquer que la vers. lat. n'exprime pas non plus les mots שכל אחר, *un autre intellect*, et qu'elle présente ici le mot *figura* (תבנית) que nous voyons paraître dans la leçon corrompue du ms. hébreu : « Similiter (dit la vers. lat.) intelligentia quum conjungitur FIGURÆ non conjungitur ei nisi per scientiam. » Mais ces mots ne nous pa-

De même que la forme de la quantité se résout dans le point et dans l'unité, de même la forme de l'intellect se résout dans la matière et dans l'unité (1). — De même que l'intellect, en examinant la forme de la quantité, la trouve la plus élevée de toutes les formes et la plus proche de la substance, tandis qu'il trouve les autres formes au dessous d'elle, de même la forme de l'intellect, en s'examinant elle-même, se trouve elle-même la plus élevée de toutes les formes et la plus proche de la matière (universelle), tandis qu'elle trouve les autres formes au dessous d'elle (2). — De même que dans la matière (universelle) il y a des formes nécessaires qui en sont insépara-

raissent pas offrir de sens convenable, et nous croyons qu'il y avait ici dans l'original arabe quelque erreur de copiste qui a été reproduite par les deux traducteurs. En effet, l'original arabe ayant été écrit sans doute en caractères hébraïques (comme l'étaient en général les ouvrages des Juifs), on a pu facilement confondre les mots arabes עקל (عقل), *intelligence*, et שכל (شكل), *figure*, d'autant plus que ce dernier mot se trouve plusieurs fois répété dans ce paragraphe.

(1) On verra plus loin que l'intellect universel est la forme principale de la matière universelle (voy. liv. V, §§ 17, 18 et *passim*), et qu'il est placé immédiatement après celle-ci dans la gradation de l'être ; c'est la forme la plus élevée et la plus simple, et qui en même temps est comme le substratum et le centre de toutes les formes inférieures de l'être. La matière universelle peut donc être comparée à un point central où convergent toutes les formes ; sur ce qu'il faut entendre par l'*unité*, voy. ci-après, § 26. — Nous reviendrons ailleurs sur la gradation dont nous venons de parler, et que notre auteur a adoptée des néoplatoniciens, avec la doctrine des émanations. Cf. III, 42 ; IV, 25, 28 ; V, 13, 17, 26, 27, 59.

(2) Vers. lat. : « Et sicut quum intelligentia inspexerit in formam quantitatis, inveniet eam altiorem omnibus formis et propinquiorem substantiæ, et inveniet cætera *accidentia* et formas inferiores *in* ea ; *similiter forma intelligentiæ quum inspexerit in se ipsam inveniet se altiorem omnibus formis et propinquiorem materiæ, et inveniet ceteras formas infra se.* »

bles, comme la forme de l'intellect et des substances simples, et d'autres qui ne sont pas nécessaires, comme les formes des éléments, de même il y a dans la substance des formes non nécessaires, comme la couleur et la figure qui lui sont propres [1] et les autres accidents semblables, tandis qu'il y en a d'autres qui sont nécessaires, comme (la forme de) la quantité qui est nécessairement attachée à la substance. Enfin, de même que ce sont les formes de la matière (universelle) qui rencontrent l'intellect [2], de même ce sont les formes de la substance qui rencontrent le sens. — Et ainsi il y a encore d'autres analogies [3] entre les deux extrémités (de l'être).

14. Pour arriver à la connaissance que nous cherchons de la matière et de la forme, on n'a pas besoin de connaître des prédicaments autre chose que leurs genres, leurs espèces, leurs différences, leurs propriétés, ce que celles-ci ont de commun et en quoi elles sont diverses [4]; et il faut savoir que tous ces

(1) Vers. lat. : « .... et sunt quædam quæ non sunt affixæ, *sicut formæ elementorum; similiter ex formis substantiæ, aliæ non sunt affixæ*, ut color et figura propria, etc.» — On remarquera aussi que la vers. lat. a ici partout *affixæ* là où la vers. hébraïque a מתחייב, *nécessaire;* il paraîtrait que le traducteur latin a lu, dans l'original arabe, لازقة, tandis que le traducteur hébreu a lu لازمة.

(2) C'est-à-dire, *se présentent* à l'intellect ou le *frappent;* vers. lat. : *sunt obviantes intelligentiæ*, et de même, un peu plus loin : *sunt obviantes sensui.*

(3) Le ms. hébreu porte מהכמות (en fait de *quantité*), ce qui est évidemment une faute. Nous avons substitué מהדמות (en fait de *ressemblance* ou *d'analogie*). Vers. lat. : « et [sic] se habent quæcunque sunt sibi *similia* inter duo extrema. »

(4) Littéralement : *Tu n'as pas besoin, en fait de la connaissance des prédicaments, de connaître quelque chose de plus que leurs genres*, etc. La vers. lat. diffère un peu de notre texte ; on y lit : « non eges scientiâ prædicamentorum, sed scientiâ generum et specierum et differentiarum et proprietatum suarum et diversitatis. » — La manière dont l'auteur s'exprime offre un peu d'obscu-

genres (1) sont des formes pour la substance qui est leur substratum. Mais il faut surtout avoir soin d'examiner la substance qui les porte, et il faut que l'intelligence fasse à cet égard les plus grands efforts ; car cette substance est une chose intelligible, et non pas une chose sensible, et la connaissance (qu'on peut avoir) d'elle doit précéder celle de toutes les autres substances intelligibles. Mais, quoique cette substance soit une chose intelligible, elle n'occupe pas le même rang que les autres choses intelligibles ; car elle est placée à l'extrémité inférieure des substances et elle est passive, tandis que les autres substances (2) sont actives. La preuve que cette substance est passive, et non active, la voici : tout *agent*, à l'exception de l'*agent premier*

rité. Il paraît vouloir dire que, pour la connaissance de la matière et de la forme, il ne s'agit pas, comme pour la substance inférieure, de la connaissance des catégories, mais seulement des notions générales et abstraites, comme celles de *genre*, d'*espèce*, etc. Il semblerait que l'auteur fait ici allusion à ce qu'on appelle les *catégorèmes* ou les *quinque voces*, dont traite Porphyre dans l'*Isagoge;* il dirait donc que c'est de ces dernières notions seulement qu'il s'agit ici, et non pas des catégories proprement dites. En effet nous retrouvons ici les cinq *catégorèmes* à l'exception de l'*accident*. Le mot נאמרות, que nous traduisons ici par *prédicaments,* paraît s'appliquer à la fois aux *catégories* et aux *catégorèmes*. Les mots ושתופם וחלופם signifient leur *communauté* et leur *diversité ;* le pronom *leur* se rapporte, je crois, aux quatre catégorèmes qui viennent d'être énumérés, et le sens est qu'il faut aussi connaître ce que ces notions ont de commun et en quoi elles diffèrent. L'auteur paraît avoir en vue ce que Porphyre expose à la fin de l'*Isagoge*, chap. VI et suiv.

(1) Ici le mot genre est employé dans le sens de *catégorie* ou *prédicament.* Aristote lui-même donne souvent aux catégories le nom de *genres* (γένη), parce qu'elles représentent les notions les plus générales désignées par les mots. Voy. mes notes au *Guide des égarés* de Maïmonide, t. I, pag. 193.

(2) Par les *autres substances* l'auteur paraît entendre les *intelligences séparées* (c.-à-d. celles des sphères) et les substances simples. Voy. III, 42, et *passim*.

(Dieu), a besoin d'un substratum qui reçoive son action; or, il n'y a au dessous de cette substance aucune autre substance qui puisse en recevoir l'action, car cette substance est l'extrémité inférieure de l'être, et elle est comme au centre des autres substances intelligibles (qui forment des circonférences). Ensuite, la quantité l'empêche de se mouvoir et ne lui permet pas de marcher, car elle s'étend sur la substance qui est plongée dans elle; c'est pourquoi (cette substance) ressemble à une flamme de feu troublée par l'humidité qui y est mêlée et qui l'empêche de se mouvoir rapidement, ou bien à l'air troublé par les nuages qui empêchent la lumière d'y pénétrer. C'est pourquoi aussi l'impression que reçoit la substance est d'autant plus visible, quand, étant d'une complexion subtile, elle est apte à recevoir son impression [et par SON *impression*, je veux dire l'impression que font dans elle les substances intelligibles en y pénétrant] et alors se montre l'action que les substances spirituelles exercent sur le corps (1), en le pénétrant et en le traversant (2), comme le (rayon de) soleil qui pénètre à travers certains obstacles et les perce. Mais, outre que la quantité retient cette substance (3), et lui rend impossible d'être active, celle-ci est en elle-même privée de mouvement, à cause de son éloignement de la source et de la racine du mouvement, et parce qu'il ne lui arrive pas de la faculté active, qui meut les choses, de quoi devenir elle-même motrice et active; il en résulte donc qu'elle reste fixe, sans communiquer le mouvement, quoiqu'elle soit mue, c'est-à-dire passive. La preuve que la quantité empêche la substance qui la porte de se mouvoir, c'est que le corps, à mesure

(1) Nous avons ici complété notre texte hébreu conformément à la vers. lat., qui porte : « hoc est ut penetrare possint *actiones substantiarum intelligibilium in eam; tunc apparebit* actio etc.

(2) Plus littéralement : *en le regardant et en le déchirant.*

(3) Le ms. hébreu ajoute ושנה אותו, *et l'altère;* nous avons cru devoir effacer ces mots, qui interrompent la suite logique de la phrase et qui d'ailleurs ne se trouvent pas dans la vers. lat.

que sa quantité augmente, devient plus lourd et se meut plus difficilement.

15. Cette chose est appelée tantôt *substance* et tantôt *matière;* la différence entre le nom de substance et celui de matière est celle-ci : le nom de *matière* désigne la chose qui est disposée à recevoir la forme, mais qui ne l'a pas encore reçue, tandis que le nom de *substance* désigne la matière qui a reçu une forme et qui, par cette forme, est devenue une substance particulière.

16. Cette substance donc est la chose qui porte la forme de la quantité; la nature de cette substance émane d'une autre substance supérieure qui est la substance de la *nature* (1), et son essence dérive de l'essence de la nature. Tu peux dire, si tu veux, qu'elle est le plus bas degré de la nature, ou bien la faculté infime d'entre ses facultés. Toutes les fois qu'une chose dérive d'une autre chose, il faut qu'il y ait une similitude entre les deux choses; si donc cette substance vient de la substance de la nature, il faut qu'il y ait une similitude entre cette substance et la nature.

17. Lorsque l'homme connaît le *quoi* de cette substance il en connaît aussi le *pourquoi* (2); car le *pourquoi* se trouve à côté du *quoi*. Pour parler du *pourquoi* des êtres, il faut posséder la science de la *Volonté* (divine) (3). Le *pourquoi* implique la cause (finale) pour laquelle chacun des genres, chacune des espèces et chacun des individus passe de la puissance à l'acte, et le terme où chacune de ces choses s'arrête.

18. Puisque c'est la Volonté qui meut toutes les formes portées par la matière et qui les fait pénétrer jusqu'à la der-

(1) Conf. plus loin, III, 42, et *passim*, sur les gradations de l'être.

(2) C'est-à-dire : dès qu'il sait *ce qu'elle est*, il en connaît aussi la cause finale. Le mot מהות désigne la quiddité ou le τί ἐστι, למות est le οὗ ἕνεκα ou la cause finale. Conf. plus loin, V, 30.

(3) Littéralement : *Le discours* (oratio) *sur le pourquoi des êtres fait partie de la science de la Volonté.*

nière extrémité de la matière, — parce que la Volonté pénètre et environne tout et que la forme la suit et lui est soumise, — il s'ensuit nécessairement que les différentes parties de la forme, c'est-à-dire, les différences qui constituent les espèces et les divisent, s'impriment et se tracent dans la matière selon ce que la Volonté en possède dans elle (1).

19. Et ceci indique un grand mystère, savoir, que tous les êtres sont retenus par la Volonté (divine) et en dépendent, parce que c'est par elle que chacune des formes des êtres se trace dans la matière et s'y imprime avec égalité (2) [j'emploie ici en général le mot *égalité* pour (exprimer) l'opposition (3) et

(1) Littéralement : *Il s'ensuit nécessairement que l'impression des différentes parties de la forme .... et leur inscription dans la matière* (se fait) *selon ce qui est de cela dans la Volonté.* La vers. lat. rend ces derniers mots par *secundum hoc quod est in voluntate de hoc.*

(2) התרשמה doit être considéré comme l'infinitif avec le suffixe féminin se rapportant à צורה. Les mots מצוע התטבעותה signifient : *le juste milieu* ou *l'égalité de son impression*, c'est-à-dire, son impression également distribuée. Le mot בו se rapporte à רצון (*la Volonté*). Vers. lat. : « Quia quæcunque formæ eorum quæ sunt opus habent formari in materia et æqualiter sigillari ex eâ. » Les mots *opus habent* paraissent être de trop ; il faut peut-être lire : « formari *earum* in materia et æqualiter sigillari *est* ex eâ (sc. voluntate) », de sorte que les mots *formari* et *sigillari* seraient employés comme substantifs dans le sens de *formation* et *impression.* Le texte hébreu du moins ne me paraît pas admettre d'autre interprétation.

(3) Le ms. hébreu a כניגד, ce qui ne donne pas de sens ; il faut lire sans doute בנגוד, conf. plus loin והנגודים. Vers. lat. : « Et omnino æqualitas *opîonis* (i. e. *oppositionis*) formarum in materia et librationis in illa ex voluntate est quæ coarctat et stare facit [eas], etc. » D'après le latin les mots que nous avons considérés comme une parenthèse forment la suite de la phrase, et il faudrait traduire : *et je dirai en général que l'égalité de l'opposition et de l'équilibre des formes dans la matière vient de la Volonté qui les retient et les fixe.*

l'équilibre des formes dans la matière]. En effet, c'est la Volonté qui les retient et les fixe aux limites et aux extrémités où elles s'arrêtent, et c'est par la Volonté que les formes sont régulièrement disposées et égalisées (1), tout en étant sous sa dépendance et retenues par elle. — Ainsi, par exemple (2), la substance se divise en simple et composée; le simple, en intellect et âme et en forme et matière; le composé, en végétatif et non végétatif, en vivant et non vivant; et d'autres oppositions qu'on rencontre dans les différences qui divisent la matière et en constituent l'être (3).

20. On ne saurait comprendre le mystère de la Volonté qu'après avoir acquis la connaissance de l'universalité de la matière et de la forme; car c'est la Volonté qui fait la matière et la forme et qui les met en mouvement. La doctrine de la Volonté suppose celle de la matière et de la forme, comme celle de l'intellect suppose celle de l'âme, et (à son tour) la doctrine de l'intellect suppose celle de l'âme, comme celle de la matière et de la forme suppose celle de l'intellect (4).

(1) Le latin a : competentes (*sic!*) *materiæ;* il faut peut-être lire dans notre texte מתמצעות ביסוד (et égalisées *dans la matière*), de sorte que les pronoms dans לו et בו (*sa* dépendance, par *elle*) se rapporteraient à la matière.

(2) Cet exemple se rapporte à ce que l'auteur a dit de l'opposition et de l'équilibre des formes dans la matière.

(3) Littéralement : *et la constituent;* c'est-à-dire, en font un être déterminé. Vers. lat. : « et eam ducunt ad esse. »

(4) Plus littéralement : *le rang qu'occupe la doctrine de la Volonté vis-à-vis de celle de la matière et de la forme, c'est le rang qu'occupe la doctrine de l'intellect vis-à-vis de celle de l'âme*, etc. Nous devons noter la variante que présente la vers. lat. : « Et dictio voluntatis talem habet comparationem ad dictionem materiæ et formæ qualem comparationem habet dictio *animæ ad dictionem corporis et qualem habet dictio materiæ et formæ primæ* ad dictionem intelligentiæ. » D'après cette version il faudrait rétablir ainsi le texte hébreu :

ומעלת המאמר ברצון מהמאמר ביסוד והצורה מעלת המאמר בנפש מהמאמר בגוף ומעלת המאמר ביסוד והצורה הראשונה מהמאמר בשכל ·

21. Si tu demandes comment est l'existence de cette substance et en quel lieu tu dois te figurer son existence, — il faut que tu saches que toute chose n'a pas besoin, pour subsister, d'un lieu corporel; car ce qui n'est pas un corps, mais une substance simple, subsiste dans la cause qui le porte, et il faut que la cause soit également simple (1). La substance n'est pas en elle-même un corps pour qu'elle ait un lieu (où elle existe), mais elle est le lieu de la quantité, dans laquelle le lieu (l'espace) existe en réalité. On pourrait objecter : si le lieu (l'espace) est dans la quantité, comment peut-on dire avec cela que la substance est le lieu de la quantité, puisque le *lieu* suppose l'application de la surface d'un corps à celle d'un autre corps et que la substance, n'étant point un corps, n'a pas de surface pour pouvoir s'appliquer à la quantité?

22. Voici la réponse : Pour se figurer les choses dans leur réalité, il ne faut pas confondre les formes des choses inférieures avec celles des supérieures; que si tu trouves une qualité quelconque dans les individus, ou dans les espèces, ou dans les genres qui sont près de nous, il ne faut pas croire que tu trouveras cette même qualité dans les individus, ou les espèces, ou les genres qui sont dans les choses supérieures; car, bien que les qualités qui existent dans les choses inférieures émanent des supérieures, elles ne se trouvent pourtant pas dans les choses inférieures sous la même forme sous laquelle elles se trouvent (2) dans les choses supérieures. Ceci est

(1) Littéralement : *et il faut que la cause soit simple et (lui) ressemble.* Vers. lat. : « et ipsa causa debet esse simplex et *conveniens illi.* »

(2) Le ms. hébreu porte הנמצאת בהם, *laquelle s'y trouve*; nous croyons devoir substituer שנמצאים בה ou שימצאו בה. Le texte arabe avait peut-être بالصورة الموجودة بها ; le traducteur hébreu a rapporté le mot الموجودة à la *forme* et le suffixe dans بها aux *qualités*, tandis qu'il aurait dû faire l'inverse. La vers. lat. porte : « et non inveniuntur in inferioribus in tali forma *quali sunt* in superioribus. »

un principe général qui s'étend successivement sur tout ce qui vient du supérieur à l'inférieur (1).

23. Dans l'ordre, suivant lequel les êtres résident et subsistent (les uns dans les autres), on peut distinguer neuf degrés: D'abord les choses toutes ensemble résident dans la science de l'Éternel [qu'il soit loué!]; au dessous, la forme universelle réside dans la matière universelle; ensuite les substances simples résident les unes dans les autres; ensuite les accidents simples dans les substances simples; ensuite la quantité dans la substance; ensuite les surfaces dans les solides, les lignes dans les surfaces et les points dans les lignes; ensuite les couleurs et les figures dans les surfaces; ensuite les parties homogènes des corps (2) les unes dans les autres; ensuite les corps les uns dans les autres, et c'est là le *lieu* généralement connu (3). Plus (l'être) est bas et descend du simple au composé, plus il est épais et grossier; et plus il monte, plus il est clair et subtil.

24. Tu n'auras donc plus de doute sur ce que j'ai dit, (savoir) que la substance est le lieu de la quantité; car nous avons dit cela pour faire savoir que la substance porte la quantité, et que celle-ci réside et subsiste dans la substance. En effet, rien n'empêche de dire de la substance, qui n'est pas un corps, qu'elle est un lieu pour le corps, lorsqu'elle le porte, de même que

(1) Le texte ne me paraît pas tout à fait correct; il faut peut-être lire : וזה השרש כולל מתפשט בכל מה שנמשך מהעליון אל השפל. Le sens est : qu'à aucun des différents degrés de l'être, on ne peut conclure de l'inférieur sur ce qui lui est supérieur. Vers. lat. : « et hæc est communis radix de omni illo quod venit a superiore ad inferius. »

(2) Littéralement : *les parties des corps à parties semblables*. Vers. lat. : « et infra hoc subsistentia aliarum partium corporis similium sibi *in corporibus* in aliis partibus. » Il faut effacer les mots *in corporibus*.

(3) Vers. lat. : « et hic est locus cognitus »; c'est-à-dire : c'est là ce qu'on connaît généralement sous le nom de *lieu* ou d'*espace*.

rien n'empêche de dire que le corps est le lieu de ce qui n'est pas un corps, comme les couleurs, les figures, les lignes, les surfaces et les autres accidents corporels, quoique ce qu'on appelle généralement *lieu* nécessite l'application de deux corps (l'un sur l'autre) et que ces accidents ne soient pas des corps.

25. En général, le lieu est de deux espèces, spirituel et corporel. Si tu veux te figurer la manière dont la substance simple réside dans une autre substance simple, et comment l'une est le lieu de l'autre, figure-toi la manière dont les couleurs et les figures résident dans les surfaces et les surfaces dans les solides, et, ce qui est encore plus subtil, comment les accidents simples résident dans les substances simples, comme, par exemple, les accidents portés par l'âme; car ces accidents résident dans l'âme et l'âme est leur lieu. Rappelle-toi le principe que nous avons posé à cet égard, savoir, que les choses visibles sont l'image des choses cachées. Il résulte de ce principe que le lieu visible inférieur est l'image du lieu invisible (1) supérieur; et il en est de même de tous les degrés (de l'être) qui se trouvent entre les deux extrémités.

26. L'unité première, étant l'unité en elle-même (l'unité absolue), fait l'unité qui est au dessous d'elle, et, comme cette dernière est produite par l'unité première et véritable, laquelle n'a ni commencement, ni fin, ni changement, ni diversité, il faut que l'unité qui la retrace (2), c'est-à-dire, qui est produite par elle, ait un commencement et une fin, et qu'elle soit sujette au changement et à la diversité. C'est pourquoi elle n'est pas semblable à l'unité véritablement parfaite (3); il lui

(1) Littéralement : *le lieu extérieur .... du lieu intérieur*. Cf. ci-dessus, pag. 9, note 1.

(2) Littéralement : *qui a reçu son impression* ou *son action*.

(3) Vers. lat. : « Ac propter hoc facta est dissimilis ab unitate perfecta *prima quæ fecit eam. Et quia hæc unitas secundum hoc quod dixi est opposita unitati perfectæ* veræ et advenit ei multiplicitas et diversitas et mutabilitas, necesse fuit, etc. » Il est possible que le copiste hébreu ait sauté d'un mot השלימה (*perfecta*)

arrive la multiplicité, la diversité et le changement, et il faut qu'elle soit divisible et qu'elle ait des degrés divers. Plus l'unité s'approche de la véritable unité première, et plus la matière qui la représente est unie et simple; et, au contraire, plus elle est éloignée de l'unité première, et plus elle est multiple et composée. C'est pourquoi l'unité qui constitue la matière de l'intellect est une et simple, et n'est (en elle-même) ni divisible, ni multiple, quoiqu'elle soit accidentellement divisible. Cette unité est plus simple et plus unie que les autres unités qui constituent les autres substances, parce qu'elle se trouve à l'extrémité supérieure, près de l'unité première (1) qui l'a faite. C'est pourquoi la substance de l'intellect perçoit toutes les choses par l'unité de l'essence qui la constitue; car son unité environne toutes les unités qui constituent la substance de toute chose. C'est que (2) toutes les unités représentent le multiple (venant) de la première unité créée (3); celle-ci constitue leurs substances, et les substances des unités *multiples* subsistent par la substance (4) de l'unité *une*. Cette der-

à un autre השלימה (*perfectæ*). Cependant notre texte hébreu tel qu'il est offre un sens satisfaisant, et nous n'avons pas cru devoir le compléter d'après le latin.

(1) Littéralement : *au côté extrême de la supériorité de l'unité première*. Vers. lat. : « hoc est quia cohæret primæ unitati quæ fecit eam. »

(2) Vers. lat. : « hoc est *quia essentiæ unitatum quæ subsistunt in partibus materiæ, — unitates dico scilicet formas omnium generum et omnium specierum et individuorum, — habent esse et existere in essentia unitatis primæ* quia omnes unitates multiplicantur ex prima unitate creata, etc. »

(3) Littéralement : *sont multipliées et doublées de la première unité créée*.

(4) La vers. lat. a dans ce passage le mot *essentia* là où nous avons mis *substance;* il en est de même dans beaucoup d'autres passages. Le mot hébreu עצם s'emploie à la fois, par les traducteurs hébreux, pour rendre les mots arabes جوهر, *substance*, et ذات, *essence*, et nous nous sommes guidés dans les différents

nière, par conséquent, se trouve avec elles et réside dans elles ; c'est pourquoi les formes de toutes les choses existent dans la forme de l'intellect, qui les porte et les rassemble, car son unité simple (et absolue) rassemble dans sa substance toutes les unités, et les formes de toutes les choses ne sont que les unités multipliées. — La preuve en est, que toute chose intelligible ou sensible doit être nécessairement une ou multiple ; or, comme l'unité portée par la matière de l'intellect est, ainsi que nous l'avons dit, absolument simple et une (1), il faut que l'unité portée par la matière de l'âme soit composée et multiple, puisqu'elle est placée au dessous du degré de l'unité portée par la matière de l'intellect. De même, il faut qu'aux autres degrés de la matière qui la porte, l'unité soit plus composée et multiple et plus sujette à la diversité et au changement, à mesure que la matière descend d'un degré vers le lieu inférieur et qu'elle est plus éloignée du lieu supérieur, jusqu'à ce qu'elle arrive à la matière qui porte la quantité, c'est-à-dire, à la substance de ce bas monde. Là (les unités) se composent, se divisent, se multiplient et sont resserrées (2) par la matière qui les porte, car elles sont soumises à l'unité qui les fait (à l'unité créatrice) ; la substance, par conséquent, s'épaissit, se corporifie et est retenue par elle-même. Cette substance inférieure est donc, par son

passages par le sens de l'ensemble. Le traducteur latin, quoique traduisant sur l'arabe, nous paraît quelquefois avoir confondu ces deux mots.

(1) Littéralement : *est, en fait de simplicité et d'unité, selon ce que nous avons dit*, etc.

(2) Le texte hébreu ayant tous ces verbes au pluriel, sans exprimer le sujet auquel ils se rapportent, nous avons cru devoir suppléer les mots *les unités.* La vers. lat. a partout le singulier : « .... donec pervenit (unitas) ad materiam quæ sustinet quantitatem i. e. substantiam hujus mundi ; et est *augmentata* in eâ (sc. substantiâ) et *divisa* et *multiplicata* et *angustata* et *densata* materiâ quæ sustinet *eam* (sc. unitatem). »

épaisseur et sa grossièreté, l'opposé de la substance supérieure dans sa simplicité et sa subtilité ; car dans cette dernière réside l'unité dans son principe et dans son commencement, tandis que dans cette substance (inférieure) résident son terme et sa fin. Or, le terme ne saurait être semblable au principe ; car le terme doit être (la limite) où cesse et s'arrête la faculté du principe (1).

27. Ce que j'ai dit de la simplicité de la substance depuis son point de départ jusqu'à la nature, et de sa *corporification* depuis la nature jusqu'au centre (2), peut s'expliquer par l'exemple des eaux coulantes (3), dont la profondeur va toujours augmentant, et qui tantôt sont claires et légères, et tantôt troubles et épaisses [de même qu'un morceau de plomb fondu au feu se trouve, lorsqu'on le retire, en partie fondu et liquéfié, de sorte qu'il est pénétrable à la vue, et en partie à l'inverse] (4). Nous voyons à vue d'œil la diversité des unités dans la matière qui porte (tout) ; ainsi, par exemple, nous trouvons les parties du feu extrêmement unies, simples et égales, de sorte que sa forme paraît être *une*, sans multiplicité, tandis que nous trouvons les parties de l'air et de l'eau plus divisées et dissémi

(1) Voy. ce que l'auteur dit plus loin sur la diversité et la gradation des formes, liv. IV, § 29, et liv. V, §§ 17 et suiv.

(2) La nature, comme on le verra ailleurs, est la dernière des substances simples et leur limite ; de là jusqu'au centre de la terre, qui est en même temps celui de tout l'univers, s'étend, dans diverses gradations, la substance qui porte les catégories.

(3) Vers. lat. : « Exemplum autem ejus quod dixi .... est aqua decurrens et *princeps* ». D'après cette version il faudrait lire dans notre texte : המים הרצים הראשים, *des eaux coulantes et primitives*, c'est-à-dire, des eaux jaillissant d'une source.

(4) Ces mots, que nous considérons comme une parenthèse, se rattachent, dans la vers. lat., à ce qui suit : « *et sicut* plumbum quum de fornace exhibitur, et partim est lucidum et visui pervium, partim e contrario est, *similiter* palam possumus videre diversitatem unitatum, etc. » Le texte hébreu n'admet pas cette interprétation.

nées, de sorte que leurs parties et leurs unités peuvent être perçues à la vue de l'œil. Et ceci facilite l'intelligence (1) de ce que nous avons dit de la quantité portée par la substance, savoir, qu'elle se forme de la réunion des unités qui se multiplient. C'est pourquoi il a été dit que la composition du monde s'est faite par l'inscription du nombre et des lettres dans l'air (2).

(1) Littéralement : *Et en cela il y a un rapprochement* (קרוב) *vers l'intelligence*, etc.

(2) L'auteur veut dire que déjà les anciens ont fait allusion à la théorie qui vient d'être développée, en plaçant le commencement de la substance *composée* dans la région de l'air, dont les parties, comme on vient de le dire, sont plus divisées et disséminées que celles du feu. Il est évident que l'auteur veut parler du livre *Yecirâ*. On connaît le rôle que jouent dans ce livre les nombres (Sephirôth) et les lettres ; ces dernières, éléments de la parole ou du *verbe créateur*, se résolvent dans le souffle ou l'air, et se trouvent sur la limite du monde intellectuel et du monde physique (Cf. *La Kabbale* de M. Franck, pag. 149-154). Voici comment s'exprime le texte du *Yecirâ* (édit. de Mantoue, chap. I, § 10 ; chap. II, §§ 2 et 3) : « *Deux*, c'est le *souffle* (ou l'*air*) qui vient de l'esprit, et dans lequel il a gravé et sculpté les vingt-deux lettres.... Les vingt-deux lettres, il les a gravées, sculptées, pesées, transposées et combinées, et il a créé par elles l'âme de tout ce qui est créé et de tout ce qui est à créer.... Les vingt-deux lettres, qui sont la base, sont gravées dans la voix, *sculptées dans l'air* et fixées dans la bouche dans cinq endroits (organes), etc. »

C'est ce point que Rabbi Saadia Gaôn, dans l'introduction de son commentaire arabe inédit sur le *Yecirâ* (ms. de la bibliothèque Bodléienne, cod. Poc., n° 256), essaie de faire ressortir comme la doctrine fondamentale de ce livre. Énumérant, sur l'origine du monde, neuf systèmes différents, dont le dernier est celui de la tradition biblique, il s'exprime ainsi sur le huitième, qui est celui du livre *Yecirâ* :

ואלמדהב אלתאמן קול מן אתבת אלאשיא מחדתה אלא אנה
געל מבדאהא אלעדד ואלחרוף והו קול צאחב הדא אלכתאב
ודלך אנה יגעל אול מא כלק אלבארי תב' ותע' ל"ב שיא
אלעשרה אלאעדאד ואלכ"ב אלחרף והו פלים ידעיהא מחצה

28. Chacune des formes des substances simples est une, n'admettant pas la division[1]; car comment admettrait-elle la division, puisqu'elle est une seule chose et que l'unité ne se divise par la quantité qu'à cause de la substance (composée) qui lui sert de substratum? Ne vois-tu pas (en effet) que toutes les unités en lesquelles se divise la quantité ont de commun la forme de l'unité et ne diffèrent que par leur substratum? La preuve en est que c'est l'unité qui constitue (l'être de) la matière; c'est par elle que (la matière) est une, c'est elle qui l'embrasse (tout entière). Lors donc que la matière est subtile et simple et qu'elle est loin d'être disséminée et séparée, l'unité lui est conforme et est entièrement d'accord avec elle; elles sont alors une seule et même chose, qui est indivisible *en acte*. Mais lorsque la matière est épaisse et faible, l'unité, ne lui étant pas conforme, est trop faible pour l'unir et pour rassembler son essence; la matière donc se sépare et se dissémine, de manière à ne plus être retenue par l'unité, et l'unité (elle-même) se multiplie et se divise.

29. La manière dont la substance corporelle universelle réside dans la substance spirituelle universelle doit être com-

מפרדה ואנמא יקול אנה כ̇לק אלהוא ואודעה הדה אלל״ב שיא
וענדה אן̇ אלהוא אגזא מגזאה יקטעהא אלעדד ואד̇א סאר
פיהא עלי כ̇טוט מסתקימה ומנעוגה אחדת̇ אשכאלא ·

« Le huitième système est celui qui admet que les choses sont créées, mais qui cherche les principes des choses dans les nombres et les lettres. C'est l'opinion que professe l'auteur de ce livre; car il établit que ce que le Créateur a créé tout d'abord, ce sont 32 choses, savoir, les 10 nombres et les 22 lettres. Cependant, il ne les admet pas purs et isolés, mais il dit que Dieu a créé l'air et y a déposé ces 32 choses; et il suppose l'air divisé en parties coupées par le nombre, lequel, en s'y produisant en lignes droites et en courbes, fait naître certaines figures. » — Saadia entre à ce sujet dans de plus longs détails, en commentant les passages du *Yecirâ* que nous venons d'indiquer.

(1) La vers. lat. ajoute : « *et omnino omnis una non recipit partitionem.* »

parée à la manière dont le corps réside dans l'âme : de même que l'âme environne le corps et le porte, de même la substance spirituelle universelle environne le corps universel du monde et le porte, et de même que l'âme est en elle-même séparée du corps et s'attache à lui sans le toucher, de même la substance spirituelle est en elle-même séparée du corps du monde et s'attache à lui sans le toucher.

30. On peut se former une idée de l'attachement de la substance spirituelle à la substance corporelle, et en général de la manière dont les substances spirituelles s'attachent les unes aux autres et résident les unes dans les autres, par la manière dont la lumière ou le feu s'attache à l'air, la couleur et la figure à la quantité, la quantité à la substance, et les accidents spirituels aux substances spirituelles. Car, comme les choses visibles doivent être l'image des choses invisibles, il faut que l'attachement des différentes parties des substances corporelles [telles que la couleur, la figure, la quantité et la substance] les unes aux autres et leur existence les unes dans les autres soient l'image de l'attachement des substances spirituelles les unes aux autres et de leur existence les unes dans les autres [1].

31. Il n'y a dans les choses intelligibles, tant universelles que particulières, autre chose que la matière et la forme.

(1) Notre texte hébreu et la vers. lat. sont ici également corrompus et défectueux, et la leçon que nous avons adoptée résulte de la combinaison des deux textes, qui se complètent mutuellement. Voici la vers. lat. rectifiée : « hoc est, quum necesse fuerit ut manifestum rerum sit exemplum occultorum earum, necesse erit ut applicatio partium substantiarum corporalium, scilicet coloris et figuræ et quantitatis et substantiæ [aliarum cum aliis] et subsistentia earum aliarum in aliis, [sit exemplum applicationis substantiarum spiritualium aliarum cum aliis et subsistentiæ earum aliarum in aliis]. » En ôtant les mots que nous avons mis entre [ ], on a la leçon du ms. latin.

EXTRAITS DU LIVRE III.

De l'existence des substances simples.

1. Il faut maintenant établir par une démonstration qu'il y a une substance intermédiaire entre l'agent premier (Dieu) et la substance qui porte les (neuf) catégories. Nous posons le principe que voici : Si le premier des êtres est l'agent premier qui n'a pas d'autre agent (au dessus de lui), et si leur dernier est le dernier objet d'action qui n'a pas d'autre objet d'action (au dessous de lui) (1), il y a une séparation (une distance) essentielle et effective entre le premier et le dernier des êtres ; car, s'il n'y avait pas de séparation entre eux (2), le premier serait aussi bien le dernier, et le dernier le premier. Cette séparation n'est autre chose que la discontinuation de similitude ; et lorsque la similitude cesse, l'attachement cesse aussi, car l'attachement ne se fait que par la similitude.

2. La démonstration de l'existence des substances simples est très difficile ; nous alléguerons d'abord les preuves qui démontrent qu'entre l'agent premier et le dernier objet d'action il y a une substance intermédiaire. — *Démonstration :* L'agent premier est le premier des êtres, et le premier est séparé du dernier (3) ; la substance qui porte les neuf catégories

(1) En d'autres termes : Si l'être premier est la première cause efficiente, qui n'émane plus d'une autre cause, et si le dernier être est le dernier effet, qui n'a pas d'objet d'action au dessous de lui et qui ne produit pas d'autre effet.

(2) Le texte hébreu, qui est ici défectueux, a été rectifié d'après la vers. lat. : « tunc principium rerum distat ab ultimo earum in essentia et effectu, quia si principium rerum non distet ab ultimo earum, etc. »

(3) Littéralement : *et la première des choses est séparée de leur dernière.*

est le dernier des êtres : donc, l'agent premier est séparé de la substance qui porte les neuf catégories. Ensuite, nous prenons cette conclusion pour prémisse, et nous disons : L'agent premier est séparé de la substance qui porte les neuf catégories, et, toutes les fois que deux choses sont séparées l'une de l'autre, c'est-à-dire, qu'il y a entre elles une distance, il y a entre elles un intermédiaire, sans lequel elles seraient une seule et même chose et ne seraient point séparées : il y a donc un intermédiaire entre l'agent premier et la substance qui porte les neuf catégories.

3. L'âme (de même) est séparée (distincte) du corps, et sans l'*esprit*, intermédiaire entre les deux, ils ne seraient pas attachés l'un à l'autre (1).

4. Si l'agent premier était séparé de la substance qui porte les catégories, sans qu'il y eût un intermédiaire entre les deux, ils ne pourraient pas s'attacher (l'un à l'autre); et s'ils ne s'attachaient pas (l'un à l'autre), la substance ne pourrait pas exister un seul instant. — *Démonstration* : L'agent premier est l'unité véritable dans laquelle il n'y a aucune multiplicité, et la substance qui porte les neuf catégories est la multiplicité extrême, après laquelle il n'y a pas de chose plus multiple ; tout ce qui est multiple et composé se résout dans l'unité : donc, il faut nécessairement qu'il y ait des intermédiaires entre l'unité véritable et la multiplicité composée. — *Autre démonstration* : Tout agent ne fait que ce qui lui est semblable ; la

(1) Pour montrer qu'en général deux choses opposées ne peuvent s'attacher l'une à l'autre que par un intermédiaire, l'auteur cite l'exemple de l'âme et du corps, et il fait observer que c'est l'*esprit* qui leur sert d'intermédiaire et de lien. Par *esprit* l'auteur entend ici probablement l'ensemble des trois *esprits* admis par les anciens, savoir, l'esprit *physique* ou *naturel*, l'esprit *vital* et l'esprit *animal*. (Voyez mes notes au *Guide des Égarés* de Maïmonide, t. I, chap. LXXII, pag. 355.) Le mot רוח (spiritus) n'admet pas d'autre interprétation. Conf. ci-après, § 8, où l'auteur désigne expressément l'esprit *vital*.

substance simple est semblable à l'agent premier : donc, l'agent premier ne fait que la substance simple.

5. Plus la substance descend, plus elle devient multiple, et plus elle monte, plus elle prend le caractère de l'unité, de sorte qu'elle doit finir par arriver à l'unité véritable. Il faut donc que la substance multiple arrive à la substance véritablement une (1).

6. Le petit monde (l'homme) ressemble au grand monde (à l'univers) par l'ordre et la construction (2). La substance de l'intellect, qui est la plus subtile, la plus simple et la plus sublime de toutes les substances du petit monde, ne s'attache pas (directement) au corps ; car l'âme et l'esprit sont intermédiaires entre les deux. Il doit y avoir dans le grand monde un ordre analogue ; je veux dire, que la substance (3) la plus simple et la plus sublime ne saurait s'attacher (directement) à la corporéité, c'est-à-dire, à la substance qui porte les catégories.

7. *Démonstration* : Le mouvement de la substance qui porte les catégories se fait dans le temps ; mais le temps tombe dans l'éternité, et l'agent premier est au dessus de l'éternité :

(1) Le texte hébreu, que nous avons rendu aussi fidèlement que possible, est ici un peu obscur. Nous n'avons pas cru devoir le modifier ; mais nous joignons ici la vers. lat., qui est moins obscure et qui offre plus de suite : « Substantia quo magis ascendit fit unitior ; et quidcunque ceperit multiplicitatem descendendo et unitionem in ascendendo, necesse est ut perveniat ad unitionem veram. Ergo necesse est ut substantia multiplicata perveniat ad substantiam unitam veram. » Il faut peut-être corriger ainsi le texte hébreu : כל מה שיעלה העצם יהיה יותר מתאחד וכל מַה שיתרבה עם הירידה ויתאחד עם הסלוק מהחיוב וכול׳ ; c'est-à-dire : Plus la substance monte et plus elle est unie ; mais tout ce qui devient multiple en descendant et un en montant, doit finir par arriver à l'unité véritable, etc.

(2) Conf. ci-après, § 44, et le *Guide des Égarés*, liv. I, chap. LXXII.

(3) Vers. lat. : « *ergo* substantia, etc. »

donc, l'éternité est intermédiaire entre lui et la substance. Mais l'éternité est éternité pour quelque chose (qui est éternel)[1] et une mesure pour quelque chose qui se mesure[2] : il y a donc, entre l'agent premier et la substance qui porte les catégories, quelque chose d'intermédiaire dont l'éternité est la mesure, et par conséquent la substance qui porte les catégories ne s'attache pas (directement) à l'agent premier.

8. Comme le grossier ne s'attache au subtil que par un intermédiaire qui a de la ressemblance avec les deux extrêmes, et que l'un ne reçoit l'impression de l'autre que par un intermédiaire — [de même que le corps humain ne reçoit l'impression de l'âme rationnelle que par l'intermédiaire de l'esprit vital[3]; que l'homme ne reçoit l'intellect que par l'intermédiaire de l'âme rationnelle; que la faculté visuelle ne s'attache aux corps que par l'intermédiaire de la pupille et de l'air subtil, et que l'âme universelle ne s'attache aux corps que par l'intermédiaire de la sphère, placée au milieu entre la spiritualité et la corporéité[4]] —, il en résulte encore qu'il

(1) Vers. lat.: « Sed sempiternitas est sempiternitas *sempiterno.* » Peut-être faut-il changer le mot לדבר (pour quelque chose) en לדוהר ; le traducteur hébreu a pu former le mot דוהר (dans le sens d'*éternel*) d'après le mot arabe داهر.

(2) Vers. lat. : « et est mora morato » (et une *durée* pour quelque chose qui *dure*). Le texte arabe portait sans doute مُدَّة (espace de temps).

(3) Vers. lat. : « spiritus *animalis* »; l'arabe avait sans doute الحيوانية, adjectif qui, dans le sens qu'il a ici, vient de حياة, *vie*, et non de حيوان, *animal*. L'esprit *animal* ou *psychique* (ψυχικὸν πνεῦμα) s'appelle en arabe الروح النفسانية.

(4) Vers. lat. : « inter corporalia et spiritualia »; mais la leçon que nous avons adoptée se trouve aussi dans le *Moré ha-Moré* d'Ibn-Falaquéra, liv. II, chap. VI, où tout ce paragraphe est cité. Cette citation nous a servi à rectifier plusieurs fautes graves de notre ms.; nous nous sommes servi d'un des meilleurs manuscrits du *Moré ha-Moré* (ancien fonds hébr., n° 352).

existe des substances intermédiaires entre la substance qui porte les catégories et l'agent premier.

9. Comme les corps sont plus nobles les uns que les autres et que le supérieur est plus noble que l'inférieur, il s'ensuit nécessairement que celui des êtres qui est à l'extrémité supérieure est le plus noble et le plus fort et que celui qui est à l'extrémité inférieure est le plus vil et le plus faible. L'extrémité supérieure des choses sensibles est à l'extrémité supérieure des choses intelligibles comme l'extrémité inférieure des choses sensibles est à leur extrémité supérieure (1). Tu reconnaîtras par là qu'il y a des substances simples intermédiaires entre l'agent premier et la substance qui porte les catégories.

10. Les substances simples ne se communiquent pas elles-mêmes, mais ce sont leurs forces et leurs rayons qui se communiquent et s'étendent (2); car les essences de toutes les substances sont retenues dans des limites et ne s'étendent pas à l'infini, mais ce sont leurs rayons qui se communiquent et qui dépassent leurs limites, parce qu'ils sont sous (la dépendance (3) de) l'émanation première qui vient de la Volonté (divine). Il en est comme (4) de la lumière qui se communique

(1) Vers. lat. : « Ad ultimum inferius intelligibilium. » D'après cette version il faudrait lire en hébreu : ל׳ הקצה השפל מהמושכלות, ce qui ne modifie point le sens ; car l'extrémité inférieure des choses intelligibles est elle-même l'extrémité supérieure des choses sensibles.

(2) Vers. lat. : « quæ defluunt et *effunduntur* ». Peut-être faut-il lire ici והנשפעים au lieu de והנמשכים. Un peu plus loin le mot נמשכים est rendu par *extensæ*. — Après avoir démontré l'existence des substances simples, au moyen des propriétés de l'agent premier et de la substance portant les catégories, l'auteur montre maintenant comment l'existence des substances simples se manifeste par leur propre action.

(3) Peut-être faut-il ajouter dans le texte hébreu, après היותם, le mot עצורים. Vers. lat. : « propter continentiam earum sub etc. »

(4) Littéralement : *et elle* (l'émanation) *est au rang de la lumière* etc.

du soleil à l'air, — car cette lumière dépasse la limite du soleil et s'étend avec l'air, tandis que le soleil lui-même ne sort pas de sa limite, — et comme de la faculté de l'âme (vitale)[1] qui se communique de la faculté rationnelle, dont le siége est dans le cerveau, aux nerfs et aux muscles[2]; car cette faculté pénètre dans toutes les parties du corps et s'y répand, quoique la substance de l'âme en elle-même ne s'étende pas et ne se répande pas. C'est ainsi que s'étendent les rayons et la lumière de chacune des substances simples, qui (par là) pénètre ce qui est au dessous d'elle, et malgré cela la substance reste à sa place et ne dépasse pas sa limite.

11. Puisque les substances inférieures émanent des substances supérieures (seulement) comme la force émane de la chose forte, et non pas comme une essence qui émanerait d'une autre essence, il s'ensuit que les substances supérieures ne diminueront pas en faisant naître les substances inférieures. Il s'ensuit aussi que ces forces, je veux dire les substances inférieures, ne seront pas séparées des essences de celles-là[3], quoique les unes émanent des autres; de même que la chaleur du feu ne diminue pas et ne s'en sépare pas,

(1) Vers. lat. : « et sicut vis animalis ». L'adjectif *animalis* ne vient pas ici de *animal*, mais de *anima*, comme dans *spiritus animalis* (esprit animal).

(2) Vers. lat.: « in nervos et lacertos ». Notre ms. hébreu ajoute ici : לא בגידים עצל כי הגידים מתנועעים לא מניעים. Nous avons cru devoir effacer ces mots, qui n'offrent pas de sens et dont on ne trouve pas de traces dans la vers. lat. C'est probablement une glose marginale qui, par la faute des copistes, s'est glissée dans le texte. Il y avait peut-être dans quelques manuscrits ובגידים, *et aux veines* (au lieu de ובעורקים, *et aux muscles*); l'annotateur disait donc qu'il ne fallait pas lire ובגידים, *et aux veines*, l'arabe portant عضل, *muscles;* en outre, ajoute-t-il, *les veines sont mues et ne meuvent pas*, car ce sont les muscles qui donnent le mouvement.

(3) Littéralement : *de leurs essences*, c'est-à-dire, des essences des substances supérieures.

quoique ce dernier fasse naître une chaleur dans l'air qui est près de lui. C'est que cette dernière chaleur n'est pas la chaleur du feu elle-même ; car le feu pourrait être enlevé et la chaleur resterait néanmoins dans l'air ; les deux sujets (1) sont différents, et la chaleur qui naît dans l'air diffère en force de celle du feu. De même, la lumière du soleil qui se répand sur la terre ne diminue pas la lumière portée par le soleil lui-même, quoiqu'elle en émane, et la lumière qui se répand sur la terre n'est pas cette même lumière qui est portée par (le soleil) lui-même (2) ; la preuve en est que les deux sujets (3) et les deux lumières diffèrent par leur force et leur faiblesse (respectives).

12. En somme, la première *effusion*, qui embrasse toutes les substances, rend nécessaire l'effusion des substances les unes dans les autres. Ainsi, par exemple, lorsque le soleil s'épanche par lui-même, c'est-à-dire sans intermédiaire, et qu'il communique ses rayons, ce n'est que pour cette même raison, je veux dire, parce que tout tombe sous la première effusion et que tout lui obéit. Ensuite (4), comme la forme est plus subtile que la matière, et que le subtil a coutume de pénétrer et de s'enfoncer dans ce qui est en face de lui, il s'ensuit que toute forme pénètre et s'enfonce dans ce qui est en face d'elle et à sa rencontre.

13. La substance corporelle ne peut pas épancher son essence, à cause de l'épaisseur et de l'obscurité de la quantité ;

(1) C'est-à-dire, le feu et l'air, considérés l'un et l'autre comme *substratum* de la chaleur.

(2) Le texte hébreu de ce passage, qui est très défectueux, a été complété d'après la vers. lat. : « similiter quum lumen solis *diffunditur* supra terram, *non minuitur de lumine solis quod sustinetur in essentia ejus*, *quamvis hoc fluat ab illo*, *et lumen quod est diffusum supra terram* non est idem ipsum quod sustinetur in essentia ejus. »

(3) C'est-à-dire, le soleil et la terre.

(4) L'auteur indique encore une autre cause de l'effusion des substances les unes dans les autres.

néanmoins la quantité épanche son ombre sur les corps qui sont en face d'elle, de sorte que, lorsqu'elle rencontre un corps poli, elle lui communique sa forme. Il s'ensuit, à plus forte raison, de cet exemple, que la substance spirituelle, qui est exempte de quantité, sera plus propre à épancher son essence, sa force et sa lumière.

14. Si tu réfléchis que la substance simple est infinie, si tu considères sa force, si tu examines sa faculté de pénétrer et de s'enfoncer dans la chose qu'elle rencontre et qui est disposée à la recevoir, et si tu établis une comparaison entre elle et la substance corporelle, tu trouveras que la substance corporelle ne peut pas être partout et qu'elle est trop faible pour pénétrer dans les choses; mais tu trouveras que la substance simple, c'est-à-dire, la substance de l'âme universelle, pénètre le monde entier et s'y enfonce, et tu trouveras de même que la substance de l'intellect pénètre le monde entier et s'y enfonce. La cause en est dans la subtilité de chacune de ces deux substances, dans leur force et dans leur lumière; c'est pourquoi la substance de l'intellect s'enfonce dans l'intérieur des choses et y pénètre. A plus forte raison s'ensuit-il de ce raisonnement que la force de Dieu — qu'il soit glorifié et sanctifié! — pénètre tout, environne tout et agit dans tout sans (l'intervention du) temps.

15. Et comme cette substance (celle de ce bas monde) est un corps sensible et composé, il faut que l'impression que la substance spirituelle fait sur elle soit sensible aussi. Cette impression cependant n'est ni absolument corporelle, ni absolument spirituelle, mais elle est intermédiaire entre les deux extrêmes, comme (nous le voyons dans) la croissance, la sensibilité, le mouvement, les couleurs et les figures, qui, dans les substances composées, reçoivent les impressions des substances simples; ces impressions ne sont pas absolument corporelles, mais elles ne sont pas non plus absolument spirituelles, puisqu'elles sont perçues par les sens. Il résulte de ce que nous avons dit que toutes les formes sensibles, dans la substance corporelle, viennent de l'impression que fait

la substance intelligible et spirituelle; ces formes ne sont sensibles que parce que la matière qui les reçoit s'approche, par sa nature, de la corporéité, et que ces formes sont, dans la substance spirituelle et intelligible, plus simples qu'elles ne le sont dans la matière. Il en est de la communication de la forme par la substance simple et spirituelle et de ses impressions sur la substance corporelle, comme de la lumière communiquée par le soleil et qui s'enfonce dans l'air et y pénètre, sans pourtant y être vue, à cause de la subtilité (de l'air), jusqu'à ce qu'elle rencontre un corps solide, comme la terre; alors la lumière est perceptible pour le sens, parce qu'elle ne peut pas pénétrer dans les parties (de la terre) et s'y répandre, et qu'au contraire elle s'arrête à la surface du corps, de sorte que son essence se resserre et que sa radiation devient plus forte. C'est d'une manière semblable que pénètrent les lumières des substances simples et qu'elles se communiquent les unes aux autres, sans être perceptibles pour le sens, à cause de la subtilité et de la simplicité de chacune de ces substances; mais, lorsque ces lumières ont pénétré jusqu'à la matière (1), la lumière devient perceptible pour le sens, à cause de l'épaisseur de la substance corporelle. De cette manière l'homme arrive à reconnaître que toutes les formes portées par la matière universelle existent dans l'essence de la faculté qui les produit, je veux dire dans la Volonté (divine), d'une manière plus simple qu'elles n'existent dans la matière première qui les reçoit; mais, comme la matière première, par sa nature, diffère de l'essence de la Volonté, et peut, par rapport à celle-ci, être considérée comme un corps, il faut que l'impression que cette dernière fait sur la matière soit sensible, aussi bien que l'impression que les substances intelligibles font sur les corps; et il faut aussi que la Volonté fasse sortir ce qui est dans son essence, pour le donner à la matière, de même que

(1) C'est-à-dire, celle qui porte la corporéité. Vers. lat. : « usque ad materiam *corporalem*. »

les substances intelligibles font sortir ce qui est dans leur essence, pour le donner aux corps; avec cette différence, que la Volonté agit sans temps, sans mouvement, sans instrument et sans espace (1), tandis que les substances intelligibles agissent à l'inverse. C'est pourquoi les substances simples, et en général toutes les substances actives, exercent leur action par (l'impulsion de) l'action première (2), qui met tout en mouvement et qui pénètre tout. C'est donc de cette manière qu'on arrivera à comprendre comment la faculté première et l'action première pénètrent tout ce qui est; car, si les facultés des substances simples, et en général les facultés de tout ce qui est, se communiquent à tout, s'y enfoncent et y pénètrent, à plus forte raison la faculté de l'agent premier. C'est pourquoi nous disons que l'agent premier (Dieu) se trouve dans tout, et qu'aucune chose n'est vide de lui.

16. Toute action vient d'une faculté spirituelle, et toute réception d'une faculté corporelle; si donc une substance agit en même temps qu'elle reçoit, elle sera à la fois spirituelle et corporelle, et si une partie (de la substance) agit, tandis que l'autre reçoit, elle sera en partie spirituelle et en partie corporelle. La substance qui porte les catégories est tout entière corporelle; par conséquent, aucune action ne peut émaner d'elle (3).

17. *Démonstration* : Toute substance spirituelle a une forme, et toute substance spirituelle est subtile; la forme de tout ce qui est subtil se communique et s'épanche; par conséquent, la

(1) C'est-à-dire : l'action de la Volonté divine ne tombe ni dans le temps ni dans l'espace, et elle est la cause motrice non mue; les mots בלא כלי, *sans instrument* ou *sans organe*, manquent dans la vers. lat.

(2) C'est-à-dire, celle de la Volonté divine.

(3) L'auteur veut montrer que les formes qui existent dans la substance à laquelle s'appliquent les catégories émanent des substances simples, qui sont le siége des formes, ce qu'il va démontrer plus rigoureusement dans les quatre paragraphes suivants.

forme de la substance spirituelle se communique et s'épanche. Ensuite, nous prenons cette conclusion pour prémisse, et nous disons : La forme de la substance spirituelle se communique et s'épanche, et toutes les fois que la forme d'une chose se communique et s'épanche, cette forme se réfléchit sur l'objet qui est en face d'elle et celui-ci la reçoit; par conséquent, la forme de la substance spirituelle se réfléchit sur l'objet qui est en face d'elle, et celui-ci la reçoit. Ensuite, nous joignons à cette conclusion l'argumentation suivante : Toutes les fois que la forme d'une chose se réfléchit sur un objet qui la reçoit, cette forme pénètre dans l'objet qui la reçoit et environne (cet objet), si la substance (de laquelle émane la forme) est une substance subtile; par conséquent, la forme de la substance spirituelle pénètre dans la substance qui porte les catégories et l'environne. Prenant ensuite cette conclusion pour prémisse, nous disons : La forme de la substance spirituelle pénètre dans la substance qui porte les catégories et l'environne, et la forme portée par la substance qui porte les catégories pénètre (cette substance) et l'environne; par conséquent, la forme portée par la substance qui porte les catégories est la forme de la substance spirituelle.

18. *Autre démonstration* : Tout ce qui reçoit plusieurs formes n'a point en soi-même une forme qui lui soit propre. Les substances simples, telles que l'intellect, l'âme, la nature et la matière, reçoivent plusieurs formes; par conséquent, aucune d'elles n'a une forme unique qui lui soit propre.

19. *Autre démonstration* : L'intellect et l'âme savent toute chose; *savoir* veut dire que la forme de la chose *sue* subsiste dans l'âme et dans l'intellect : donc, la forme de toute chose subsiste dans l'intellect et dans l'âme. Si les formes de toutes les choses y subsistent, c'est par l'union : donc, toutes les formes sont unies à l'intellect et à l'âme. L'union se fait par la similitude : donc, les formes sont semblables à l'intellect et à l'âme.

20. *Autre démonstration* : Les choses sensibles existent dans l'âme d'une manière *simple*; c'est-à-dire, que leurs formes s'y

trouvent sans leurs matières (1). Dans l'intellect, les formes des choses se trouvent encore plus simples et d'une existence plus générale (2); il s'ensuit donc que toutes les formes inférieures se trouvent successivement dans les formes supérieures de divers degrés, jusqu'à ce qu'on arrive à la forme universelle qui renferme toutes les formes. Cependant, ces dernières formes (3) ne sont pas dans l'espace, tandis que les autres sont dans l'espace; les unes sont unies par l'union de la substance spirituelle, les autres sont divisées par la division de la substance corporelle.

21. On pourrait objecter (à nos raisonnements): S'il est vrai que le (monde) inférieur est semblable au supérieur et que l'inférieur existe dans le supérieur, comment se peut-il toutefois que les dix *genres* (4), qui sont corporels, soient dans la substance simple et spirituelle? — (Voici ce que j'aurais à répondre:) Examine l'extrémité inférieure de l'être, c'est-à-dire chacun des dix genres, et considère de même l'extrémité supérieure de l'être, et tu trouveras pour chacun des dix genres qui existent à l'extrémité inférieure quelque chose qui lui correspond dans l'extrémité supérieure. 1° Tu trouveras que la matière universelle correspond à (la catégorie de) la *substance*. 2° Tu trouveras, comme correspondant de (la catégorie de) la *quantité*, la forme de l'intellect, ainsi que les unités qui se trouvent

(1) Voy. Aristote, traité *de l'Ame*, liv. II, chap. 12: καθόλου δὲ περὶ πάσης αἰσθήσεως δεῖ λαβεῖν ὅτι ἡ μὲν αἴσθησίς ἐστι τὸ δεκτικὸν τῶν αἰσθητῶν εἰδῶν ἄνευ τῆς ὕλης, κ. τ. λ. Conf. ci-après, liv. V, à la fin du § 64.

(2) Voy. *ibid*, liv. III, chap. 4, et conf. mes notes sur le *Guide des Égarés* de Maïmonide, t. I, pag. 304, 305.

(3) C'est-à-dire, les formes supérieures.

(4) C'est-à-dire, les dix *catégories;* les philosophes arabes, à l'exemple d'Aristote, désignent fréquemment les catégories sous le nom de *genres*, parce qu'elles représentent les notions les plus générales désignées par les mots. Conf. le *Guide des Égarés*, t. I, pag. 193, note 2, et ci-dessus, pag. 23, note 1.

dans les formes des substances [1], et tu trouveras que ses sept espèces [2] correspondent au nombre des sept substances simples, — [qui sont : la matière, la forme [3], l'intellect, les âmes [4] et la nature] — ainsi qu'au nombre des facultés de chacune de ces substances [5]. 3° Tu trouveras comme correspondant de la *qualité* les différences de ces substances et leurs formes. 4° Ce qui correspond à la *relation*, c'est que (ces substances)

(1) Voy. ci-dessus, liv. II, § 26.

(2) C'est-à-dire, les sept espèces de la quantité, qui sont : le nombre, la parole, la ligne, la surface, le corps, le temps et l'espace ; voy. Arist., *Catégories*, chap. 6.

(3) C'est-à-dire, la matière universelle et la forme universelle qui se trouvent à l'extrémité supérieure de l'être. Voy. liv. V, §§ 1 et suiv.

(4) L'auteur subdivise l'âme universelle en trois âmes, correspondant aux trois facultés de l'âme humaine (Conf. ci-après, liv. V, à la fin du § 13). A la fin du deuxième livre (vers. lat., fol. 176 *a*) sont énumérées comme substances simples « natura et *tres animæ* et intelligentia ». Ainsi que nous l'exposerons ailleurs, ce que l'auteur dit des substances simples et de leur gradation, est en général emprunté aux néoplatoniciens, et ceux-ci considèrent également l'âme universelle à un triple point de vue : « Dirigée vers ce qui précède (c.-à-d. vers l'intellect), elle pense ; dirigée vers elle-même, elle est le principe de sa propre conservation ; enfin, dirigée vers ce qui la suit, elle sert à l'ordonner, à le gouverner et à le dominer. » Voy. Plotin, *Ennéades*, IV, 8, 3 : Βλέπουσα δέ πρὸς μὲν τὸ πρὸ ἑαυτῆς νοεῖ, εἰς δὲ ἑαυτὴν σώζει ἑαυτήν, εἰς δέ τὸ μετ' αὔτην, ὃ κοσμεῖ τε καὶ διοικεῖ καὶ ἄρχει αὐτοῦ.

(5) J'ignore quelles peuvent être les *sept facultés* que l'auteur paraît attribuer ici à *chacune* des sept substances simples ; la vers. lat. dit également : « et contra numerum virium ipsius uniuscujusque istarum substantiarum. » Peut-être ne faut-il pas prendre ces mots dans leur sens rigoureux ; il se peut que l'auteur désigne, en général, les différentes forces ou facultés qui résident dans l'ensemble des substances simples, et qui correspondent, selon lui, aux différentes espèces de la quantité. Cf. ci-après, §§ 27 et suiv.

sont des causes et des effets (1). 5° Comme correspondant du *temps*, tu trouveras l'éternité. 6° Le *lieu* aura pour correspondant les degrés de ces substances qui se précèdent et se succèdent mutuellement. 7° La *situation* y aura son correspondant en ce qu'elles se portent (les unes les autres). 8° A l'*action* correspondent l'impression (qui émane) de ces substances et leur faculté de produire et de créer. 9° A la *passion* correspond l'impression reçue par les substances, objets de la production (2). 10° Enfin à l'*avoir* (manière d'être) correspond l'existence de la forme universelle dans la matière universelle, et celle de chacune des formes des substances simples dans la matière qui la porte, ainsi que l'existence, dans chacune de ces substances, des facultés qui lui sont propres. — Tout cela montre que les formes de la substance composée émanent de celles des substances simples.

22. Si ces formes se corporifient et deviennent telles (3), ce n'est que parce qu'elles s'attachent à la substance corporelle. Elles ressemblent (sous ce rapport) à une étoffe blanche, subtile et transparente, qui, lorsqu'elle est appliquée sur un corps rouge ou noir, prend sa couleur et se transforme ainsi pour le sens, quoiqu'elle ne soit pas telle en elle-même (4).

23. Il est dans la nature de la forme de suivre la matière

(1) C'est-à-dire, que chacune d'elles est l'effet de la substance supérieure et la cause de l'inférieure.

(2) Plus littéralement : *et tu trouveras que l'*AGENT *correspond à ce qui d'entre ces substances fait une impression et à ce qui produit et crée ; et tu trouveras que le* PATIENT *correspond à ce qui d'entre ces substances est l'objet de l'impression et à ce qui reçoit l'action de produire.* מועיל est la traduction du mot arabe مفيد, *ce qui est utile*, *ce qui donne* ou *produit ;* de même תועלת correspond au nom d'action افادة, qui désigne l'action d'*être utile*, de *donner* ou de *produire.*

(3) C'est-à-dire, deviennent des formes de la substance composée.

(4) C'est-à-dire, quoique en réalité elle reste ce qu'elle était.

en s'imprimant (dans elle) et en prenant une figure (1), et comme la matière en elle-même est corporelle, il faut que la forme qui passe sur elle de la substance spirituelle devienne également corporelle. Ensuite, la forme a coutume de pénétrer et de s'enfoncer dans la matière qui la reçoit, dès que celle-ci est disposée à la recevoir, et cela parce que la forme première, qui contient toutes les formes, pénètre et s'enfonce dans la matière première. Si la matière est épaisse (2), la forme ne peut pas y pénétrer et s'y étendre ; alors l'essence de la forme se resserre et ne se répand pas, et en se resserrant elle se montre au sens ; car, à mesure qu'une chose se resserre elle se corporifie (davantage) et se montre au sens, et, au contraire, à mesure que son essence se répand, elle devient subtile et se dérobe au sens. La manière dont les formes spirituelles passent à la matière corporelle, de sorte que les formes corporelles deviennent alors visibles dans la matière corporelle, ressemble à celle dont la lumière passe aux corps, de sorte que les couleurs des corps deviennent visibles.

24. Comme l'âme (3) tient le milieu entre la substance de l'intellect et le sens, il en résulte que, lorsqu'elle penche vers le sens, elle est incapable de percevoir ce qui est dans l'intellect, et de même, lorsqu'elle penche vers l'intellect, elle

(1) C'est-à-dire, la forme, quoique spirituelle, se corporifie dans la matière corporelle au moment où elle s'y imprime et où elle prend une figure. L'auteur continue à expliquer comment il arrive aux formes spirituelles de se corporifier.

(2) La vers. lat. est plus explicite : « *Quia si materia fuerit subtilior forma diffunditur in ea et dispergitur et occultabitur et non apparebit sensui ;* si autem materia obtusa, debilior fiet forma ad penetrandum etc. »

(3) D'ici au § 30, l'auteur considère analytiquement les différentes substances simples et leur influence les unes sur les autres. Il explique d'abord comment l'âme, quoique substance simple, reçoit les formes des choses sensibles, et il montre que les formes sensibles sont *essentielles* dans l'âme.

est incapable de percevoir ce qui est dans le sens ; car chacun de ces deux extrêmes est séparé de l'autre, et lorsqu'elle se tourne vers l'un, elle se détourne de l'autre.

25. (Si nous disons) que toutes les formes sensibles subsistent dans la forme de l'âme, on doit entendre par là que toutes les formes se réunissent dans la sienne, c'est-à-dire, que la forme de l'âme, par sa nature et son être, est une essence qui renferme essentiellement l'essence de toute forme, toutes les formes se réunissant dans l'idée de la forme ; car elles sont toutes des formes, et l'idée de la forme leur est commune. Or, l'idée de la forme est une avec la forme de l'âme ; car l'une et l'autre sont des formes, et les formes particulières, savoir toutes les (formes) sensibles, se réunissent dans la forme universelle, c'est-à-dire (dans celle) qui renferme toutes les formes. Ces formes (particulières) se réunissent (par conséquent) dans la forme de l'âme, parce que la forme universelle qui les renferme (toutes) se réunit avec la forme de l'âme (1).

26. Ces formes, dans la substance de l'âme, sont intermédiaires entre les formes corporelles portées par la substance composée et les formes spirituelles qui existent dans la substance de l'intellect. La preuve en est que la substance de l'intellect perçoit *l'être* dans toutes les choses, c'est-à-dire la

(1) Cette dernière phrase est corrompue dans le texte hébreu, ainsi que dans la vers. lat. Celle-ci porte : « et hæc forma universalis unitur cum anima (*lis.* cum forma animæ) ; ergo formæ quas colligunt (*lis.* colligit) sunt existentes in forma animæ ». D'après cette version il faudrait rétablir ainsi le texte hébreu : וזו הצורה הכללית תתאחד בצורת הנפש ואם כן התאחדו הצורות אשר היא אוספת אותן בצורת הנפש. Quoique les premiers mots de cette phrase, dans notre ms. hébreu, s'accordent avec la vers. lat., nous avons cru devoir les corriger ; avec la leçon que nous avons adoptée, on obtient le même sens sans trop modifier la construction de la phrase hébraïque. Il y avait probablement ici quelque confusion dans le texte arabe primitif.

forme une [1] et simple, ou les genres et les espèces, tandis que la substance de l'âme perçoit *ce qui n'est pas l'être* [2], savoir, les différences, les propres et les accidents, pris dans les sens [3]. C'est pourquoi l'âme, lorsqu'elle veut connaître la *quiddité* d'une chose [4], s'attache à l'intellect et s'unit à lui, afin que celui-ci lui produise l'être simple [5]. Et lorsque l'âme s'est attachée à l'intellect, la forme de ce dernier s'assimile à celle de l'âme; car le genre est le (véritable) être, tandis que la différence réside dans la forme de l'âme, la différence étant ce qui n'est pas l'être. Elles (les deux formes) s'assimilent donc l'une à l'autre, c'est-à-dire, le genre qui réside dans l'intellect s'assimile à la différence qui réside dans la substance de l'âme. Alors l'âme perçoit la *quiddité* de la chose, parce que les (éléments) simples de la *quiddité* [6], c'est-à-dire le genre et la différence, s'attachent à l'essence de l'âme; elle connaît donc parfaitement la quiddité de la chose, c'est-à-dire sa définition.

27. Les formes ne passent pas dans l'âme comme la lumière passe dans l'air, et sans y être essentielles, comme plusieurs l'ont cru; car, si les formes n'étaient pas essentielles dans l'âme, elles ne s'uniraient pas avec elle et ne passeraient pas

(1) Plus littéralement : *la forme d'unité* ou *unitaire*.

(2) Vers. lat. : « et substantia animæ apprehendit *non esse* »; הזולת, en arabe الغير, signifie *ce qui est autre* (que l'être).

(3) Vers. lat. : « quæ *attinguntur* sensibus ». Il paraîtrait que le traducteur latin a lu dans le texte arabe التى تلحقها الحواسّ, ce qu'il faudrait traduire en hébreu : אשר ישיגו אותם החושים, c'est-à-dire : *que les sens atteignent*.

(4) Vers. lat. : « *esse* rei ». Le mot מהות, en arabe ماهية, correspond au τί ἐστι ou au τὸ τί ἦν εἶναι.

(5) Vers. lat. : « ut *adquirat* per eam esse simplex ». יועילה est la traduction du mot arabe يفيدها (lui fasse *acquérir* ou *obtenir*).

(6) Vers. lat. : « *simplicia esse* »; en arabe il y avait probablement بسايط الماهية.

à l'acte [1]. Ce qui le prouve, c'est que, dans le rêve, la substance de l'âme reçoit la forme intelligible de la substance de l'intellect *psychiquement* [2], je veux dire par l'imagination, et ensuite, dans l'état de veille, elle la perçoit *corporellement* et *matériellement* [3]. C'est de cette manière qu'il faut voir en général dans l'inférieur l'analogue de ce qui lui est supérieur, jusqu'à ce qu'on arrive à la matière première qui porte tout [4]. — Les substances inférieures revêtent la lumière de celles qui leur sont supérieures, et le tout revêt la lumière de l'agent premier (Dieu). L'impression que les choses supérieures font sur les choses inférieures se montre (par exemple), dans les

(1) Les formes, tant sensibles qu'intelligibles, sont dans l'âme *en puissance*, et, selon que celle-ci penche vers le sens ou vers l'intellect, les unes ou les autres passent *à l'acte* (Conf. § 24).

(2) Nous nous sommes permis de former le mot *psychiquement* pour rendre exactement le mot נפשית (en arabe, نفسانية), qui correspond au mot grec ψυχικῶς. La vers. lat. le rend par *animaliter*, adverbe qui, comme l'adjectif *animalis*, est dérivé de *anima*, et non pas de *animal;* c'est dans ce sens qu'on dit en français *esprits animaux*, c'est-à-dire, *esprits psychiques*. Cf. ci-dessus, pag. 38, note 1, et pag. 40, note 3.

L'auteur a ici en vue, comme dans beaucoup d'autres passages, la division de l'âme en trois facultés, appelées *psychique*, *vitale* et *naturelle*; cette division est surtout admise par les anciens médecins, qui placent le siége de la faculté *psychique* dans le cerveau, celui de la faculté *vitale* dans le cœur, et celui de la faculté *naturelle* ou *physique* dans le foie. Voy. Galien, *De Hippocratis et Platonis placitis*, liv. VII, chap. 3, et le *Canon* d'Avicenne, liv. I, *fen.* 1, chap. 6 (texte arabe, pag. 38; et vers. lat., t. I, pag. 76); Cf. Maimonide, au commencement du premier des *Huit chapitres* servant d'introduction au traité *Abôth*.

(3) Dans le rêve c'est la faculté *psychique* qui prédomine, dans l'état de veille c'est la faculté *naturelle* ou *physique;* ainsi, ce qui passe à l'*acte*, c'est la forme qui se trouve virtuellement dans chacune des facultés.

(4) Sur tout ce passage, cf. plus loin, liv. IV, §§ 24 et suiv.

végétaux, par le mouvement de la croissance, de la nutrition et de la génération ; l'impression qu'on aperçoit de la part de la nature, c'est l'attraction, la transformation, la rétention et l'expulsion [1]; l'impression qu'on aperçoit de la part de l'âme végétative, c'est la génération et la croissance.

28. L'action de la nature est moindre que celle de l'âme végétative ; car l'âme végétative meut le corps jusque dans ses extrémités, ce que ne fait pas la nature. L'impression qu'on aperçoit de la part de l'âme vitale, c'est la sensibilité et la locomotion ; elle meut le corps tout entier, et le déplace tout entier dans l'espace, tandis que l'âme végétative ne meut que les parties du corps.

29. L'âme vitale est supérieure à l'âme végétative, en ce qu'elle s'attache aux formes des corps, qui lui ressemblent en subtilité, et qu'elle les dépouille (les corps) de leurs formes corporelles, tandis que l'âme végétative s'attache à l'essence même des corps [2], parce qu'elle leur ressemble par l'épaisseur, et (il y a là) rapprochement et contact [3].

(1) Ce sont ici les quatre facultés qui agissent dans la *nutrition* des plantes et des animaux : par la faculté *attractive*, la plante attire les particules terreuses et aqueuses propres à l'alimenter, et dans les animaux, cette même faculté attire les parties des aliments qui conviennent à la nature du corps ; par la faculté de *rétention* la plante et l'animal retiennent la substance attirée ; par la faculté de *transformation* ou de *digestion*, la substance attirée se convertit en celle de la plante et du corps animal ; enfin, par la faculté d'*expulsion*, les corps rejettent les résidus qui ne conviennent pas à leur organisation. Cf. Al-Kazwini, dans la *Chrestomathie arabe* de M. Silv. de Sacy, t. III, pag. 472, 487 et 488.

(2) L'auteur veut dire que l'âme végétative ou nutritive s'assimile les choses elles-mêmes par le contact matériel, tandis que l'âme vitale ou sensible ne reçoit que les *formes* corporelles qu'elle abstrait des choses. Cf. ci-dessus, pag. 48, note 1.

(3) Le texte hébreu, qui ne nous paraît pas admettre d'autre sens, est un peu concis ; il faut peut-être lire וזה בקורבה והמשוש, *et cela par le rapprochement et le contact.* Dans la vers. lat. (dont

30. L'action [1] de l'âme vitale consiste à produire le sentiment des formes des corps épais, par l'intermédiaire du temps, la locomotion, et l'émission de la voix et du son sans un ordre indiquant une idée [2]. L'action de l'âme rationnelle consiste à produire le sentiment des formes intelligibles et subtiles, le mouvement sans temps ni espace dans les choses intelligibles [3], et l'émission de la voix et du son avec ordre et suite indiquant

la lecture offre ici quelque difficulté) nous lisons : « et hoc prope et [per] contactum. »

(1) Tout ce paragraphe étant défectueux dans notre ms. hébreu, nous croyons devoir donner ici la vers. lat., au moyen de laquelle nous avons complété le texte hébreu : « Actio animæ animalis est *sentire* formas grossiorum corporum in tempore et movere (*sic*) per loca et resonare [et modulari] sine ordine qui significat intellectum ; actio autem animæ rationalis est sentire formas intelligibilium subtiles et moveri in intelligibilibus in non tempore et in non loco, et resonare et modulari cum ordinatione et compositione significante intellectum ; actio autem intelligentiæ est apprehensio omnium formarum intelligibilium et sine tempore et sine loco, sine inquisitione, sine negotio et sine alia causa præter suam essentiam et est perfectione plena. »

(2) Nous avons cru devoir effacer la négation ולא, qui dans le ms. hébreu précède le mot מורה ; peut-être doit-on écrire : מאין סדר ולא חבור מורה על ענין, de même qu'on lit plus loin : בסדר ובחבור מורה על ענין. — Les mots והרמת קול désignent la simple émission de la *voix*, qui, dans l'homme, devient l'élément de la parole, tandis que le mot נעימות désigne le *son*, comme élément de la modulation et du chant ; l'âme vitale produit ces simples éléments sans ordre ni suite, tandis que l'âme rationnelle, comme il est dit plus loin, les produit dans une suite régulière, de manière à en former la parole et le chant. Les mots הרמת קול sont probablement la traduction du mot arabe تصويت ; le mot נעימות me paraît être une imitation de نغمة ou de تنغم.

(3) C'est-à-dire, à donner à l'homme la faculté de se mouvoir dans les choses intelligibles, ce qu'il fait sans avoir besoin de temps ni d'espace.

une idée. L'action de l'intellect consiste à percevoir toutes les formes intelligibles, sans temps ni espace, sans éprouver ni désir ni besoin d'autre chose que de sa propre essence, car il est dans une entière perfection.

31. Il faut que tu saches que la méditation sur les substances simples et l'intelligence de ce qu'il est possible d'en comprendre sont le plus grand repos et la plus grande jouissance pour l'âme rationnelle; de la faculté que possède l'âme de les connaître, de les parcourir (1), de comprendre leurs formes et leurs propriétés et de distinguer leurs impressions et leurs actions (2), dépendra sa faculté de connaître la divinité (3) et de s'y attacher. Il faut donc que tu fasses tous tes efforts pour méditer sur les substances simples, et particulièrement sur la substance de l'âme et de l'intellect, qui portent toute chose et possèdent la forme de toute chose.

32. A mesure que les substances simples descendent, elles s'épaississent jusqu'à ce qu'elles finissent par se corporifier et s'arrêter. On trouvera aussi qu'il en est de même des substances composées (4). Mais (demandera-t-on), comment est-il possible que la faculté divine s'affaiblisse, se modifie et se corporifie, et que l'action de l'agent premier (ou Dieu) se montre plus dans certaines substances que dans certaines autres,

(1) Littéralement: *de s'y promener*. Vers. lat.: « et secundum... *diffusionem* suam in illis. »

(2) La vers. lat. a: « .... cognitionem *actionum* et *passionum* », ce qui est inexact.

(3) Les mots כלומר האלהות ne sont que l'explication du mot רבנות, imité du mot arabe رَبَّانِيَّة, qui s'emploie dans le sens de divinité. Cf. *Guide des Égarés*, t. I, pag. 12, note 1.

(4) C'est-à-dire : les substances composées deviennent également de plus en plus épaisses, à mesure qu'elles occupent un degré inférieur de l'être. La vers. lat. ajoute ici: « Similiter etiam inveni actiones quarundam in alias manifestiores quam aliarum in alias. »

puisque la faculté divine est le plus haut degré de faculté et de perfection et la limite extrême de toute puissance ?

33. En effet, la faculté divine ne saurait s'affaiblir ; mais quand les (autres) facultés désirent s'approcher d'elle, elles montent en haut, et le bas reste dans l'ombre (1). — Si la matière reçoit la forme par la faculté efficiente, c'est uniquement selon la disposition que la matière a pour cela, que si elle était prédisposée à recevoir une seule forme parfaite et invariable, la faculté (divine) ne manquerait pas de la produire. Il ne faut donc pas attribuer le changement de la faculté à l'essence de cette faculté, mais à l'essence de la chose qui reçoit son action ; car, lorsque la matière est plus près de la source (de la faculté), elle en reçoit l'action mieux que lorsqu'elle en est éloignée.

34. Si tu veux te faire une idée de cela, il faut que tu montes subitement de l'(être) inférieur au supérieur ; tu verras alors l'être plus subtil, plus simple et plus fortement uni, soit la matière, soit la forme, soit le mouvement. Tu te serviras de l'être visible comme preuve de l'être invisible ; par le composé tu jugeras du simple, et par l'effet, de la cause ; car si tu fais cela, tu arriveras à ton but à cet égard.

35. Prends pour exemple (2) le corps universel absolu ; car c'est ainsi en effet (qu'on peut procéder) (3), puisque l'inférieur sert d'exemple pour le supérieur. En effet, si tu examines la composition du corps absolu et l'ordre de ses parties, il te sera facile de te faire une idée des rapports des substances simples et de leur ordre.

36. Tu placeras la matière première en face de la substance

(1) La vers. lat. diffère un peu de notre texte : « sed desiderio ejus vires erexerunt se et fecerunt umbram in inferioribus. »

(2) C'est-à-dire, pour te former une idée de la succession des substances simples et de leur existence les unes dans les autres.

(3) Littéralement : *car il en est ainsi en réalité.* Vers. lat. : « quia ita est. »

qui porte toutes les formes du corps; car la matière aussi porte toutes les formes. Tu placeras la substance de l'intellect en face de la quantité; car l'intellect, ayant deux facultés, est sujet à la division (1). Tu placeras la substance de l'âme en face de la figure, qui environne la quantité. Tu placeras la substance de la nature en face de la couleur, qui est la dernière des parties du corps, de même que la nature est la dernière des substances simples; d'ailleurs la naissance de la couleur vient aussi d'elle (2). A mesure que la vue traverse la couleur et se plonge dans la figure, dans la quantité et dans la substance, l'être se dérobe à elle et se cache à cause de sa subtilité, et à mesure qu'elle se retire de la substance vers la quantité, de la quantité vers la figure et de la figure vers la couleur, l'être s'épaissit pour elle et se manifeste par son épaisseur; et de même, à mesure que l'intelligence se plonge dans ce qui est derrière la substance qui porte les catégories, c'est-à-dire dans les substances spirituelles, jusqu'à ce qu'elle arrive à la matière (première) placée en face de la substance, l'être se dérobe à elle et se cache à cause de sa subtilité, et à mesure qu'elle se retire de la matière vers la substance la plus rapprochée, (l'être) devient visible et se manifeste à cause de son épaisseur (3). Par cet

(1) L'auteur veut parler probablement de la division de l'intellect en intellect *hylique*, ou passive, et intellect *en acte*. Voy. mes notes au *Guide des Égarés*, t. I, pag. 306 et 307.

(2) C'est-à-dire, de la nature. Notre ms. hébreu porte מהם au pluriel; nous avons cru devoir substituer ממנו, que nous rapportons à הטבע, *la nature*. Vers. lat.: « et etiam color per *eam* fit. »

(3) Tout ce passage manque dans le ms. hébreu et a été intercalé dans notre texte d'après la vers. lat., qui porte: « Similiter quo magis penetraverit intelligentia id quod est post substantiam quæ sustinet predicamenta, scilicet substantias spirituales, donec perveniat ad materiam quæ est contra substantiam, obscurius fiet ei esse et occultius propter subtilitatem; et e contrario, quo magis redierit a materia et exierit ad propinquiorem ex substantiis, declarabitur et manifestabitur propter suam crassitudinem.

exemple, il te sera facile de te figurer les rapports des substances spirituelles, à leurs différents degrés.

37. Je dirai en général (1) : Si tu veux te figurer ces substances (simples), et la manière dont ton essence s'y répand et les environne (2), il faut que tu élèves ta pensée vers le dernier (être) intelligible, que tu la purges et que tu la purifies de la souillure des choses sensibles, que tu la délivres des liens de la nature (3), et que tu arrives par la force de ton intelligence à la limite extrême de ce qu'il te sera possible d'atteindre de la réalité de la substance intelligible, jusqu'à ce que tu te dépouilles, pour ainsi dire, de la substance sensible, et que tu deviennes comme si tu ne la connaissais plus. Alors ton être environnera tout le monde corporel, et tu le placeras dans l'un des recoins de ton âme ; car, en faisant cela, tu comprendras combien le (monde) sensible est petit à côté de la grandeur de l'intelligible ; et alors les substances spirituelles seront placées devant toi et se tiendront devant tes yeux ; tu les verras autour de toi et au dessus de toi, et il te semblera qu'elles sont ta propre essence. Tantôt tu croiras que tu es une portion d'elles, parce que tu seras lié à la substance corporelle ; tantôt tu croiras que tu es entièrement (identique avec) elles, et qu'il n'y a point de différence entre toi et elles, parce que ton essence sera unie à la leur et que ta forme sera attachée à la leur. Et si tu montes aux différents degrés des substances

(1) Tout ce paragraphe est cité par Ibn-Falaquéra dans l'appendice de son *Moré ha-Moré*, chap. I (pag. 141 de l'édition de Presbourg) ; cet auteur pense qu'il est ici question de l'action de l'*intellect acquis* ou *émané* et de son union avec l'*intellect actif* universel. Cf. mes notes au *Guide des Égarés*, t. I, pag. 277 (note 3), 307 et 308.

(2) C'est-à-dire, comment tu les renfermes dans ta propre essence.

(3) Cf. ci-dessus, liv. I, § 2. — Le verbe ותפדה (pour lequel le ms. porte ותפדרהו) doit être prononcé וְתִפְדֶּהָ ; car il renferme un suffixe qui se rapporte à מחשבתך.

intelligibles, tu trouveras les corps sensibles, en comparaison d'elles, extrêmement petits et insignifiants, et tu verras le monde corporel tout entier nageant dans elles (1), comme si c'était un vaisseau dans la mer ou un oiseau dans l'air.

38. Si tu t'élèves jusqu'à la matière universelle et que tu t'abrites sous son ombre, tu y verras tout ce qu'il y a de plus merveilleux (2). Il faut donc que tu fasses pour cela les plus grands efforts (3); car c'est là le but auquel l'âme humaine est destinée, et là est la plus grande jouissance et la plus grande félicité.

39. La Volonté (divine), laquelle est la faculté qui produit ces substances, est finie par rapport à son action et infinie par rapport à son essence; et puisqu'il en est ainsi, son action a un terme (et n'est pas infinie). Mais, si la Volonté a un terme par rapport à son action, c'est uniquement parce que son action a un commencement (4). C'est le contraire pour la substance de l'intellect, laquelle, étant créée, a un commencement, mais qui n'a pas de fin, parce qu'elle est simple et qu'elle n'est pas soumise au temps (5).

(1) Le ms. porte בו, *dans lui*, et dans le *Moré ha-Moré*, l. c., on lit de même יצוף עליו; mais il faut évidemment lire בהם au pluriel. Vers. lat. : « .... natantem in *illis* ».—Les mots כלומר צף, qu'on trouve dans notre ms. hébreu, ne sont qu'une glose explicative du mot ישוט, et nous avons dû les supprimer.

(2) Avant כל הפלא nous avons cru devoir intercaler le mot פלא ; en arabe on dit عجب كل العجب. Vers. lat. : « mirabilius omni mirabili. »

(3) Littéralement : *Tu t'appliqueras donc à cela et tu y seras assidu*. Vers. lat. : « Stude ergo in hoc et ama. »

(4) La vers. lat. ajoute : « et ideo sequitur voluntatem, et est non finita secundum essentiam, quia initium non habet ».—L'auteur veut expliquer maintenant comment le fini procède de l'infini, et ensuite comment les substances simples se lient entre elles et comment elles s'attachent aux substances corporelles.

(5) Plus littéralement : *et qu'elle n'est pas* TEMPORELLE. Cf. § 30.

40. Considère comment la lumière s'attache à l'air, l'âme au corps et l'intellect à l'âme, et comment les différentes parties du corps, c'est-à-dire la figure, la couleur, la quantité et la substance, s'attachent et s'enchaînent les unes aux autres. Tu pourras inférer de là que, dans l'union de l'accident avec le corps, dans celle de l'accident avec l'âme et dans celle de l'âme avec le corps, il y a une preuve de l'union réciproque des substances spirituelles. Ce qui en est une autre preuve, c'est que l'union augmente à mesure que le corps devient plus subtil.

41. Si ces substances simples sont appelées *sphères* ou *cercles* (1), c'est uniquement parce qu'elles sont au dessus les unes des autres et qu'elles s'environnent les unes les autres; (si nous disons) qu'elles *s'environnent*, c'est dans le même sens (dans lequel nous disons) que le sujet environne l'attribut, que la cause environne l'effet et que ce qui sait environne la chose sue.

42. Considère la faculté *naturelle*, et tu trouveras qu'elle environne le corps; car elle agit dans lui, et le corps est passif à son égard et en est revêtu. Considère ensuite l'âme végétative, et tu trouveras qu'elle agit sur la nature et qu'elle la domine; tu trouveras que la nature est sous sa dépendance et reçoit son impression. Il en est de même de l'intellect et de l'âme rationnelle, qui l'un et l'autre environnent les substances qui sont au dessous, les connaissent, s'y plongent et les dominent; surtout la substance de l'intellect, à cause de sa subtilité et de sa perfection. De toutes ces substances particulières tu tireras la preuve que les substances universelles aussi s'environnent les unes les autres, et que toutes elles environnent de cette manière la substance composée, c'est-à-dire, que l'âme environne le corps et que l'intellect environne l'âme, ou, en d'autres termes, que l'inférieure d'entre ces substances réside dans la supérieure, qui la porte et la conçoit (2), et que l'âme

(1) Cf. ci-dessus, liv. II, § 1.

(2) Littéralement : *et se la figure* ou *s'en forme une idée*.

universelle porte tout le monde corporel et conçoit et voit tout ce qui s'y trouve, de même que nos âmes particulières portent nos corps, les conçoivent et voient (1) tout ce qui s'y trouve. Et plus que toute autre chose, l'intellect universel (a cette faculté), en raison de sa perfection, de sa faculté de s'étendre et de la noblésse de sa substance. De cette manière on comprendra de quelle nature est la science de l'agent premier [qu'il soit glorifié et sanctifié!] à l'égard de tous les êtres, et comment toutes les choses existent dans sa science.

43. Ainsi il est clair que, si nous disons que la substance spirituelle environne la substance corporelle, il faut entendre par là que la substance corporelle subsiste dans celle-là (2) et qu'elle est sous sa dépendance, de même que tous les corps subsistent dans le corps de la sphère céleste et sont sous sa dépendance. Le retour de la substance spirituelle sur elle-même, par la durée et la permanence, est comme le retour de la sphère sur elle-même, par la translation et la révolution.

44. Si tu veux te figurer la construction de l'univers, c'est-à-dire, du corps universel et des substances spirituelles qui l'environnent, contemple la construction de l'homme, dans lequel tu en trouveras l'analogue. Voici comment : le corps de l'homme correspond au corps universel, et les substances spirituelles qui le mettent en mouvement correspondent aux substances universelles qui meuvent le corps universel ; parmi ces substances (spirituelles), celles qui sont inférieures obéissent aux supérieures et leur sont soumises (successivement),

(1) Le ms. hébreu porte ותצייר אותם ותראה כל מה שבהם; les deux verbes sont au singulier, tout en se rapportant à נפשותינו, *nos âmes*. Cette faute émane peut-être du traducteur lui-même, qui aura suivi la construction arabe ; nous avons substitué le pluriel.

(2) Littéralement : *c'est l'être de la substance corporelle subsistant dans elle, etc.* Le mot מציאות est un pléonasme qui n'a que la valeur de la conjonction *que;* il en est de même immédiatement après dans כמציאות, *de même que*.

jusqu'à ce que le mouvement arrive à la substance de l'intellect. Tu trouveras que l'intellect les gouverne (ces substances) et les domine, et tu trouveras que toutes les substances qui meuvent le corps de l'homme viennent à la suite (de l'intellect) et lui sont soumises, et que celui-ci est leur maître et leur juge. — Par là il se révélera à toi un grand mystère et un fait important, savoir : que le mouvement des inférieures d'entre les substances universelles se fait par le mouvement des supérieures et que, par cette raison, celles-là sont soumises à celles-ci et leur obéissent, jusqu'à ce que le mouvement arrive à la substance la plus élevée; et on trouvera ainsi que toutes les substances sont soumises à cette dernière, qu'elles lui obéissent et qu'elles la suivent, en se conformant à son ordre. Il me semble (en général) que le régime de l'âme particulière suit celui du monde universel (1). — Et c'est là le chemin pour arriver à la félicité parfaite et pour obtenir la vraie jouissance, ce qui est notre but.

EXTRAITS DU LIVRE IV.

De la matière et de la forme dans les substances simples.

1. Si l'inférieur émane du supérieur, il faut que tout ce qui est dans l'inférieur soit aussi dans le supérieur : je veux dire que les sphères corporelles correspondent aux sphères

(1) L'auteur veut dire, il me semble, que dans l'âme particulière, ou plutôt dans l'individu humain, tout est disposé comme dans le monde universel; car l'homme est un *microcosme*. Vers. lat. : « et videtur mihi quod ordo animæ particularis sequitur dispositionem mundi universalis. »

spirituelles et que celles-là sont émanées de celles-ci ; or, comme les sphères corporelles ont matière et forme, il doit en être de même des sphères spirituelles. La preuve que les substances spirituelles ont une matière commune et qu'elles diffèrent par la forme, la voici : comme les actions de ces substances sont différentes (1), il n'y a pas de doute que leurs formes ne soient différentes. Mais on ne saurait admettre que les matières de ces substances soient différentes, puisqu'elles sont toutes simples et spirituelles, que la différence est dans la forme, et que la matière simple est en elle-même sans forme.

2. L'idée cependant qu'il faut avoir des formes spirituelles, c'est qu'elles sont toutes une seule forme et qu'elles ne diffèrent pas en elles-mêmes ; car elles sont toutes purement spirituelles (2), et la diversité ne leur vient que de la part de la matière qui les porte (3). Si celle-ci est près de la perfection, elle est subtile, et la forme qui est portée par elle est extrêmement simple et spirituelle, et *vice versa*. Tu peux prendre pour comparaison la lumière du soleil ; car cette lumière en elle-même est une : si elle rencontre un air pur et subtil, elle le pénètre et on l'y voit tout autre qu'on ne la voit dans un air trouble, qui n'est pas clair. Il en est de même de la forme.

3. Ce qui prouve que les substances simples, qui sont au dessus des substances composées, sont composées de matière et de forme, c'est que (comme nous l'avons dit) les choses inférieures viennent des choses supérieures et en sont l'image ; car, si l'inférieur vient du supérieur, il faut que les degrés des substances corporelles correspondent aux degrés

(1) Cf. ci-dessus, liv. III, §§ 27 et suiv.

(2) L'auteur veut dire, ce me semble, que d'un autre côté les substances simples, considérées comme formes pures, ne sauraient être *numériquement* distinctes ; car tout ce qui n'est ni un corps ni une faculté dans un corps n'admet point la multiplicité. Voy. *Guide des Égarés*, pag. 434, et *ibid.*, notes 3 et 4.

(3) Voy. ci-après, § 22.

des substances spirituelles. De même donc que dans la substance corporelle (on peut distinguer) trois degrés différents, qui sont le corps épais, le corps subtil, et enfin la matière et la forme dont elle est composée, de même la substance spirituelle a trois degrés différents : le premier est la substance spirituelle qui vient immédiatement après la substance corporelle; ensuite vient la substance spirituelle qui surpasse celle-là en spiritualité, et enfin la matière et la forme dont elle est composée.

4. La preuve que le supérieur se retrouve dans l'inférieur, c'est que les choses supérieures (1) donnent aux choses inférieures leurs noms et leurs définitions. De plus, l'intellect sépare les formes d'avec la corporéité, et en cela il y a une preuve que les formes portées par la substance composée émanent des substances simples.

5. S'il n'est pas impossible que le composé soit simple, il n'est pas impossible non plus que le simple soit composé (2); car le composé est simple par rapport à ce qui est au dessous de lui, et (de même) le simple peut être composé par rapport à ce qui est au dessus de lui.

6. Comme l'intellect individuel est composé de matière et de forme, il s'ensuit que l'intellect universel est (également) composé de matière et de forme (3); car nous jugeons de

(1) Ici l'auteur entend par *choses supérieures* les genres et les espèces, et par *choses inférieures*, les individus.

(2) L'auteur veut expliquer comment ces substances, *composées* de matière et de forme, peuvent être appelées *simples*. Cf. pag. 72, note 3.

(3) Ce paragraphe présente de nombreuses difficultés. Non seulement on n'en reconnaît pas bien la liaison avec ce qui précède et ce qui suit, mais il n'offre pas en lui-même de prime abord un ensemble d'idées dont il soit facile de bien suivre l'enchaînement. Malheureusement, la vers. lat. se trouvant ici dans le plus grand désordre par suite de nombreuses transpositions, il n'est pas possible de suppléer à ce que le caractère aphoristique des extraits hébreux laisse de vague et d'obscur. Ajoutons à cela que ce para-

l'existence de l'intellect universel par celle de l'intellect individuel. — Mais, comme il a été établi que *chacune* des substances simples est composée de matière et de forme [puisqu'il a été établi que l'intellect en est composé], il faut, à cause de

graphe est extrêmement corrompu dans le ms. hébreu, et que la vers. lat., que nous citerons ci-après, ne nous offre pas non plus le moyen de corriger avec sûreté le texte hébreu. Voici quels paraissent être le sens général et la suite logique de ce paragraphe : L'intelligence particulière étant composée de matière et de forme — ce que l'auteur dit avoir montré précédemment —, il s'ensuit que l'intellect universel est également composé de matière et de forme. Ce qui est vrai pour l'intellect universel l'est aussi pour *chacune* des autres substances simples. Cela posé, il faut, avant de parler de la matière universelle et de la forme universelle, faire connaître le rapport mutuel des substances simples, quant à leur matière et à leur forme respectives, ainsi que le rapport des matières et des formes de ces substances à celles du monde corporel. Avant d'aborder ces considérations (§§ 12 et suiv.), l'auteur allègue encore un certain nombre de preuves pour établir l'existence de la matière et de la forme dans les substances simples.

Voici maintenant la vers. lat., dans laquelle nous remontons un peu avant le commencement de notre paragraphe : « ..... Et posuimus exemplum ad assignandum materiam [et] formam in unaquaque substantiarum spiritualium materiam intelligentiæ particularis et ejus formam, et posui hoc per regulam ad signandum substantiam intelligentiæ universalis et cæterarum substantiarum universalium quæ sunt infra eam. — *Discipulus*. Quomodo est hoc ? — *Magister*. Quum fuerit intelligentia particularis composita ex materia et forma, oportet ut intelligentia universalis sit composita ex materia et forma, et judicamus in hoc per intelligentiam particularem de [existentia] intelligentiæ particularis (*lisez* : universalis). — *Discipulus*. Quid ergo faciemus? — *Magister*. Postquam constitutum est quod unaquæque substantiarum simplicium composita est ex materia et forma, unde [?] constitutum fuit quod intelligentia composita est ex illis, ergo oportet ut consideremus dispositionem materiarum harum substantiarum universalium et ordinemus alias cum aliis ; similiter oportet ut consideremus ordinem formarum harum substantiarum et disponamus alias cum aliis, sicut in materiis et formis cela [1], que nous considérions quelle est la liaison des matières de ces substances universelles et comment elles sont disposées les unes à l'égard des autres [2], et de même il faut considérer quelle est la liaison des formes de ces substances et comment elles sont disposées les unes à l'égard des autres [3], — ainsi que (nous le faisons) pour les matières et les formes des substances sensibles ; — afin que, après avoir saisi la disposition des matières et des formes de ces substances intelligibles et l'union des parties de la matière spirituelle [4], nous

substantiarum sensibilium ; donec quum ordinatæ fuerint materiæ et formæ harum (*) substantiarum intelligibilium et unitæ nobis fuerint partes materiæ spiritualis, speculabimus deinceps ordinem materiæ spiritualis cum materia corporali, et ordinem formæ spiritualis cum forma corporali ; donec, quum hoc fecerimus, unientur nobis partes materiæ universalis [et partes formæ universalis]. Et, quum effecta fuerit unitio materiæ universalis et formæ universalis, considerabimus deinde unamquamque earum simul. »

(*) Dans le ms. latin (fol. 209 *a*, *b*) ce passage est interrompu aux mots *materiæ et formæ harum* qui n offrent aucune liaison avec ce qui suit ; il faut aller chercher les mots *substantiarum intelligibilium etc.* au folio 206 *c* (première ligne). Ce qui, dans le ms., précède ces derniers mots se rattache à ce qui se trouve au folio 209 *b* après le mot *harum*. Il est évident, par ce passage et par beaucoup d'autres, que notre ms. latin a été fait sur une copie dont les feuillets étaient renversés et transposés ; il en résulte un désordre qui rend l'usage de ce ms. extrêmement difficile.

(1) Ce passage est peu clair ; la leçon en est incertaine, et la construction laisse à désirer, tant dans le ms. hébreu que dans la vers. lat. Le texte me paraît devoir être rétabli ainsi : אבל מאחר שהתבאר [כי] כל אחד מהעצמים הפשוטים מורכב מיסוד וצורה מצד שהתבאר כי השכל מורכב מהם על כן צריך וכו׳. C'est d'après cette leçon que nous avons traduit.

(2) Voy. ci-après, §§ 12 et suiv.

(3) Voy. ci-après, §§ 20 et suiv.

(4) Littéralement : Après que les matières et les formes de ces substances intelligibles auront été disposées pour nous, et que les parties de la matière spirituelle auront été unies pour nous, etc.

puissions ensuite considérer la liaison de la matière spirituelle avec la matière corporelle et celle de la forme spirituelle avec la forme corporelle. Et après avoir fait cela, les différentes parties de la matière universelle et celles de la forme universelle s'uniront pour nous; et lorsque nous aurons complétement établi l'union de la matière universelle et (celle) de la forme universelle, nous considérerons chacune d'elles à part (dans son ensemble).

7. La matière ne saurait exister dénuée de forme; car l'existence d'une chose n'a lieu que par la forme. Ce qui le prouve, c'est que tout être est ou intelligible ou sensible et que le sens et l'intellect ne s'attachent qu'à la forme sensible ou intelligible. La cause en est que les formes sensibles ou intelligibles s'interposent entre les formes de l'intellect ou de l'âme (sensible) et les matières qui portent les formes sensibles ou celles qui portent les formes intelligibles; c'est pourquoi les formes ne s'attachent pas aux matières, mais seulement aux formes (1); car ce sont elles qui se rencontrent les unes les autres, d'autant plus qu'elles sont semblables et homogènes (2).

8. Revenons maintenant à (la thèse) qui était l'objet de notre recherche, savoir : qu'il n'y a dans les choses intelligibles que la matière et la forme. Nous disons donc qu'il a déjà été exposé, dans ce qui précède, que l'inférieur est

(1) C'est-à-dire : les formes de l'intellect et du sens s'attachent aux formes intelligibles et sensibles.

(2) Notre ms. a le mot מתעבות, qui n'offre ici aucun sens; nous croyons qu'il faut lire מתגנסות, mot qui, à la vérité, offre à l'hébraïsant une physionomie barbare, mais que le traducteur aura formé d'après l'arabe, de même qu'il forme plus loin le mot והגנסות (voy. liv. V, § 12, où l'auteur traite la même question). Le texte arabe portait probablement, dans notre passage, متشابهة متجانسة; vers. lat. : « et maxime sunt convenientes et *sub uno genere.* »

émané du supérieur; il s'ensuit de là [1] que les sphères sensibles sont émanées des sphères intelligibles, et il faut par conséquent que les sphères intelligibles soient composées de matière et de forme, de même que les sphères sensibles sont composées de matière et de forme. Il est donc clair qu'il n'est pas possible que la substance spirituelle soit uniquement matière ou uniquement forme, mais (il faut qu'elle soit) composée de l'une et de l'autre. Ce qui le prouve encore, c'est que les substances intelligibles concordent (entre elles) sous un rapport et diffèrent sous un autre rapport; il s'ensuit de là qu'elles concordent par la matière et diffèrent par la forme. Une autre preuve encore est celle-ci: Le créateur de toutes choses doit être seulement un, et il faut aussi que le créateur diffère de la créature; or, s'il avait créé un être qui fût uniquement matière ou uniquement forme, (cet être) serait semblable à l'(être) *un*, sans qu'il y eût un intermédiaire entre eux, car le nombre *deux* est au dessous de l'*un* [2].

9. On peut enfin démontrer (notre thèse) par cela [3] que les choses ne diffèrent pas sous tous les rapports, ni ne concordent

(1) Nous donnons encore ici la version latine, d'après laquelle nous avons rectifié et complété notre texte: « unde oportet ut sphæræ sensibiles defluxæ sint a sphæris intelligibilibus, et inde oportet etiam ut sphæræ intelligibiles sint compositæ ex materia et forma, sicut sphæræ sensibiles fuerint compositæ ex materia et forma. Et declaratum est omnino quod non est possibile ut substantia spiritualis sit materia tantum aut forma tantum, sed composita ex utraque. »

(2) Le nombre *deux* suivant immédiatement le nombre *un*, ce qui vient après l'*un* doit être *deux* (*matière* et *forme*); et si l'on supposait une substance simple qui fût uniquement matière ou uniquement forme, il n'y aurait pas d'intermédiaire possible entre l'*un* absolu (le créateur) et cette substance, qui, par conséquent, se confondraient ensemble. Cf. liv. III, § 1; liv. IV, § 18, et liv. V, § 44.

(3) C'est-à-dire, par chacune des trois considérations suivantes.

sous tous les rapports [1], que toute chose intelligible se divise en deux, c'est-à-dire, en la qualité et l'objet qualifié [2], et, enfin, que l'intellect ne saisit que la chose qui a matière et forme. La preuve (de cette dernière proposition) est que la dernière chose que l'intellect puisse atteindre par la perception, c'est le genre et la différence, ce qui prouve que la matière et la forme sont le terme de toute chose. Ensuite : lorsque l'intellect *sait* une chose, il l'environne par cela même qu'elle a un terme pour lui ; or, la chose n'a un terme que par sa forme, car ce qui n'a pas de forme n'a pas non plus de terme qui puisse servir à le définir [3] et à le distinguer de ce qui n'est pas lui ; c'est pourquoi aussi la substance éternelle n'a pas de terme (est infinie), car elle n'a pas de forme.

10. En somme je dirai [4] : Si la partie est (de la nature) du

(1) Elles doivent donc concorder par quelque chose et différer par quelque chose ; ce par quoi elles concordent, c'est la matière, et ce par quoi elles diffèrent, c'est la forme. Cf. le § précédent.

(2) En disant la *chose intelligible* ou *l'intelligible*, on établit une qualité et une chose qualifiée, c'est-à-dire, une forme et quelque chose qui porte la forme. L'auteur a fait plus haut le même raisonnement pour établir l'existence de la matière qui porte la forme de la corporéité (voy. liv. II, § 2).

(3) Littéralement : *car ce qui n'a pas de terme* (ou *l'infini*) *n'a pas de forme par laquelle il puisse être défini et distingué de ce qui n'est pas lui ;* la traduction que nous avons adoptée nous a paru plus logique. Au lieu de יוגדר בו, comme le porte le ms. et comme nous l'avons imprimé, il vaut mieux lire יוגדר בה, avec le suffixe féminin, se rapportant à צורה. Vers. lat. : « res autem non est finita nisi per suam formam, quia res quæ infinita est non habet formam qua *fiat unum* et differat ab alia. » On voit que le mot יוגדר est remplacé dans la vers. lat. par *fiat unum*, ce qui s'explique par une variante de l'original arabe ; le traducteur hébreu a lu يحدّ, tandis que le traducteur latin a lu يوحّد.

(4) Littéralement : *Et la somme de ce chapitre est ce que je dirai.* L'auteur veut dire probablement que, par les preuves qu'il va alléguer dans ce paragraphe et dans le suivant, et qui sont d'une grande évidence, ce sujet se trouvera épuisé.

tout, il n'y a pas de doute que les parties des choses ne soient (de la nature) de leur tout; donc, dès que les parties sont (composées) de matière et de forme, le tout aussi est (composé) de matière et de forme.

11. Ce qui prouve encore que toutes les choses sont composées de matière et de forme, c'est que le corps, placé à l'extrémité inférieure (de l'univers), est composé de matière et de forme, c'est-à-dire, qu'il est une substance ayant les trois dimensions. En effet, si tout l'être est continu et étendu de l'extrémité supérieure à l'extrémité inférieure, et que l'extrémité inférieure est composée de matière et de forme, il est clair que tout l'être, depuis l'extrémité supérieure jusqu'à l'extrémité inférieure, est composé de matière et de forme.

12. On peut poser (en principe) qu'il y a trois matières, savoir: 1° la matière simple et spirituelle, qui est ce qu'il y a de plus simple en fait de matière, et c'est celle qui n'est pas revêtue de forme; 2° la (matière) composée et corporelle, qui est ce qu'il y a de plus composé (1) (en fait de matière); 3° (la matière) qui tient le milieu entre les deux (2). Si je dis de la première matière qu'*elle n'est pas revêtue de forme*, c'est parce que la matière qui est revêtue de forme (peut aussi être) spirituelle et simple, mais elle est autre que celle qui n'est pas revêtue de forme (3), comme l'a dit Platon (4).

(1) Le ms. porte גשמי, *corporel;* nous avons cru devoir substituer מורכב, *composé.* Malheureusement la version latine est ici incomplète. — Par cette seconde matière, l'auteur entend celle qui porte la forme de la corporéité ou celle de la spiritualité, tandis que la première est la matière universelle dans toute son abstraction.

(2) Cette troisième matière est, comme on le verra ailleurs, la matière abstraite de la corporéité, ou celle qui est la corporéité *en puissance*, comme la matière des éléments et celle des sphères. Voy. plus loin l'analyse du quatrième livre.

(3) En effet, les substances dites *simples* sont, comme on l'a vu, composées de matière et de forme; elles sont *simples* relativement aux substances corporelles (cf. § 5), tandis que la matière abstraite universelle est *simple* dans le sens absolu.

(4) Il me paraît évident que notre auteur, à l'exemple des autres

13. La matière corporelle, savoir la quantité qui porte la forme de la figure et (celle) de la couleur, n'est pas une forme pour le corps qui la porte, comme la qualité, savoir la figure et la couleur, est une forme pour lui. Et de même que le corps abstrait, qui est plus simple que le corps ayant des qualités, est une matière portant la qualité, de même il doit être (lui-même) une forme pour une autre matière plus subtile (1), puisqu'il se résout en elle; (et ainsi de suite) jusqu'à ce que la résolution (successive) arrive à la matière simple en réalité (2).

14. Chaque substance inférieure (comme nous l'avons déjà dit) est une forme pour celle qui est au dessus d'elle, et chaque (substance) supérieure est une matière qui porte l'inférieure, jusqu'à ce que (successivement) on arrive à la matière première, simple en réalité. Il s'ensuit de là que la matière première, qui porte tout, est *une*. Or, comme il a été démontré que tout ce qui d'entre les substances est une matière pour ce qui est au dessous, est (en même temps) une forme pour ce qui est au dessus, il est clair par là que les *substrata*, quoiqu'ils soient tous, d'un côté, des matières servant de substratum [c'est-à-dire, que ce qui est plus subtil d'entre les substances est un substratum pour ce qui est plus épais], sont (3) tous

écrivains arabes, attribue à Platon des théories empruntées aux néoplatoniciens; car ce qu'il dit ici des différentes matières n'a rien de commun avec la doctrine de Platon (cf. ci-après, § 32, et liv. V, § 19). Les Arabes, qui traduisirent de bonne heure certains écrits néoplatoniciens, avaient peut-être, dès le principe, confondu ensemble les noms de *Platon* et de *Plotin*, à cause de leur ressemblance. Il est à remarquer que le nom de *Plotin* ne se rencontre jamais dans les écrits des Arabes, quoique ceux-ci citent bien souvent d'autres néoplatoniciens, tels que Proclus, Porphyre et plusieurs autres encore.

(1) Cf. ci-dessus, liv. II, § 1.

(2) C'est-à-dire, à celle qui est d'une simplicité absolue.

(3) Dans כי הם וכו', le mot כי est superflu; la construction est כי כל המונחים ··· הם כולם צורות. Le pléonasme que nous

(d'un autre côté) des formes portées par la matière première. Tu sauras aussi qu'il leur faut (c'est-à-dire, aux substances) une matière première qui les porte toutes ; car, comme elles sont (toutes) finies et s'arrêtent à un terme, il faut nécessairement admettre qu'il existe une matière première qui les porte toutes, et c'est là la matière première universelle qui est l'objet de notre recherche. Il s'ensuit évidemment de là que la diversité dans les substances vient uniquement de la forme, et non de la matière ; car les formes sont multiples, tandis que la matière est une.

15. La matière première (donc), qui porte tout, est une ; car elle réunit (en elle) les matières des choses sensibles et celles des choses intelligibles, de manière qu'elles deviennent toutes une seule matière. Or, si tout a une seule matière, il faut que ses propriétés se trouvent dans tout [1] ; et (en effet), si tu examines toutes les substances, tu trouveras que les propriétés et les traces de la matière première se trouvent dans toutes ; car tu trouveras (par exemple) que le corps est une substance portant beaucoup de formes variées, mais que la nature et les âmes vitales [2] (en portent) davantage [car ce sont elles qui impriment les formes dans le corps], et que l'âme rationnelle et l'intellect (en portent) encore davantage [car ils renferment toutes les formes]. Je dirai donc en général que toutes les substances, à mesure qu'elles sont plus élevées, ont plus de consistance, embrassent plus de formes et sont plus semblables à la matière première, qui porte toutes les formes, que les autres substances qui sont au dessous d'elles ; car, si l'on réfléchit sur ce point, c'est-à-dire (si l'on considère)

signalons devait exister aussi dans l'original arabe ; car nous le trouvons aussi dans la version latine, qui porte : « *quod* omnes sunt formæ, etc. »

(1) Cf. ci-dessus, liv. I, § 6.

(2) La vers. lat. a également le pluriel *animæ sensibiles ;* l'auteur paraît désigner par ces mots l'âme végétative (ou nutritive) et l'âme vitale proprement dite.

comment ces propriétés pénètrent les substances et s'y étendent et comment elles subsistent et se consolident dans la substance, à mesure que celle-ci occupe un degré plus élevé et qu'elle est plus près de l'extrémité supérieure, il sera évident alors que ces propriétés sont émanées (d'en haut) et qu'elles viennent de la matière première universelle, qui embrasse toutes les substances, qui les environne et leur donne son nom et sa définition. Et si l'on considère encore que toutes les choses multiples tendent à s'unir, il sera évident aussi que la matière qui porte tout est une ; car les parties multiples ne chercheraient pas à s'unir, si le tout qui les contient et les affermit (1) n'était pas *un*.

16. Comme tous les êtres diffèrent par la forme, et que tout ce qui diffère par la forme doit concorder par la matière, il s'ensuit nécessairement que la matière des êtres est *une*. Il faut ensuite comparer la forme universelle à la matière universelle, qui est une, et savoir que c'est la forme universelle qui constitue l'essence de la matière universelle ; et, puisqu'il en est ainsi, l'essence de chacune d'elles devient nécessaire par la nécessité de celle de l'autre (2).

17. L'essence de la matière ne saurait être un seul instant dépouillée de forme, ni l'essence de la forme ne subsister sans la matière. Et en cela il y a une preuve forte que l'essence de chacune est nécessaire par la nécessité de celle de l'autre. — Considère (maintenant) les propriétés de l'unité, et tu les trouveras (aussi) jointes à la forme. En effet, c'est l'unité qui

(1) Les mots והקם בהם paraissent avoir ici le sens de והמקיים אותם. Vers. lat. : « Nisi totum quod eas continet et *complectitur* unum esset. » Cf. liv. V, § 33.

(2) Notre texte a dû être corrigé ici dans plusieurs endroits. Vers. lat. : « Debes considerare formam universalem secundum materiam universalem, quia una est... Scias quod forma universalis perficiet essentiam materiæ universalis ; et quia hoc sic est, oportet ut essentia uniuscujusque illarum sit debita essentiæ alterius. »

constitue [1] la multiplicité, (et c'est elle qui) la tient, lui donne l'existence, l'environne et se trouve dans toutes ses parties, et, portée par la chose qui lui sert de substratum, elle est (elle-même) au dessus de la chose qui lui sert de substratum. Or, ces mêmes propriétés se trouvent dans la forme; car c'est la forme qui constitue l'essence de la chose dans laquelle elle se trouve, qui lui donne l'existence, la tient, l'environne et se trouve dans toutes ses parties, et, portée par la matière qui lui sert de substratum, elle est au dessus de la matière et la matière est au dessous d'elle.

18. Il ne serait pas exact de dire que l'unité est la racine de tout, puisque l'unité n'est qu'une forme, tandis que le tout n'est pas seulement forme, mais forme et matière; mais il est exact de dire que le (nombre) *trois* est la racine de tout, de manière que l'*unité* correspond à la forme et le (nombre) *deux* à la matière. Je t'ai déjà exposé que les propriétés de l'unité se retrouvent dans la forme, puisque la forme constitue (la véritable essence de) la matière à laquelle elle sert de forme, qu'elle l'environne, se trouve dans toutes ses parties et est portée par la chose qui lui sert de substratum. Quant à l'existence des propriétés du (nombre) *deux* dans la matière, voici ce que j'ai à dire à cet égard : 1° La *dualité* est placée au dessous de l'*unité*, et l'*unité* est au dessus de la *dualité* [2]; de même la matière est placée au dessous de la forme et la forme est au dessus d'elle. 2° La forme est *une* et le (nombre) *deux* est une multiplicité divisible, et de même la matière est multiple et divisible; et par cette raison, les matières sont la cause de la multiplicité des choses et de leur divisibilité, parce que le substratum est au rang du (nombre) *deux* [3].

(1) Vers. lat. : « Quia unitas est *efficiens multitudinem.* »

(2) Cf. ci-dessus, à la fin du § 8, pag. 70, et *ibid.*, note 2.

(3) La version lat. diffère un peu de notre texte : « Et etiam, quia forma una est et duo multitudo divisibilis; et propter hoc materia causa est multiplicitatis rerum et divisionis earum, quia *assimilata est* duobus. »

3° La propriété de la forme est *une;* c'est celle de constituer l'essence (des choses). Mais la matière a deux propriétés : l'une est celle de porter la forme, et cette propriété est opposée (1) à celle de la forme [car la matière portant la forme et la forme constituant l'essence de la matière constituent (ensemble) l'existence de toute chose et en accomplissent la nature]. Cette (première) propriété, la matière la tient du premier *un*, opposé à l'*un* de la forme; et par *un* je veux dire ici la moitié du (nombre) *deux* que nous avons fait correspondre à la matière. La seconde propriété de la matière est la divisibilité et la multiplicité ; car la forme se divise et se multiplie par la matière. Cette propriété, la matière la tient du second *un*, c'est-à-dire, de la (seconde) moitié du (nombre) *deux*, jointe au premier *un;* cette jonction forme la *dualité*, et, par l'existence de la *dualité*, existent la divisibilité et la multiplicité. 4° La matière se divise d'abord, par une première division, en deux parties, selon la nature du (nombre) *deux;* je veux dire, en la matière des substances simples et en celle des substances composées; et de cette manière elle obtient la propriété du (nombre) *deux*. — Il est donc démontré que la forme est au rang du (nombre) *un*, et la matière à celui du (nombre) *deux;* et, puisqu'il en est ainsi et que la matière et la forme sont la racine de tout, il est clair que le (nombre) *trois* est la racine de tout.

19. La forme de l'intellect ressemble à la forme de l'*unité*, parce que (l'intellect) saisit l'une des prémisses (2). La forme de l'âme ressemble au (nombre) *deux*, parce qu'elle se meut des prémisses à la conclusion et de l'identité à la non-iden-

(1) C'est-à-dire : *placée en face*, *correspondante* ou *corrélative*.

(2) L'auteur veut dire probablement que chaque prémisse à part est prise directement dans l'intellect, car elle est le produit d'un *jugement*. — A un autre point de vue, c'est la substance première ou l'être pur et absolu, qui représente la *monade*, tandis que l'intellect est mis au rang de la *dyade*; voy. ci-après, liv. V, à la fin du § 30.

tité [1]. La forme de l'âme vitale (sensible) ressemble au (nombre) *trois*, parce qu'elle perçoit le corps, qui a les trois dimensions, par l'intermédiaire de trois choses, qui sont la figure, la couleur et le mouvement. La forme de la nature ressemble au (nombre) *quatre*, parce que la nature a quatre facultés [2]. Je dirai en général que, si tu considères tous les êtres, tu les trouveras constitués et réglés sur la nature du nombre, et tu les trouveras tous tombant sous la forme de l'intellect, qui est l'unité, puisque tous les nombres tombent sous l'unité; c'est pourquoi la forme de l'intellect et son essence renferment toute chose et environnent toute chose.

20. Il s'ensuit de là que la forme universelle est l'impression (faite) par l'*un* véritable [3] — qu'il soit exalté! — laquelle s'étend dans toute la matière et l'environne; car, comme l'unité première (Dieu) est l'unité véritable qui agit par elle-même, c'est-à-dire, qui n'agit pas par autre chose, il faut qu'il existe une unité subséquente, laquelle est la première des unités nombrées [4]; c'est là la forme universelle qui constitue l'essence de la généralité des espèces, c'est-à-dire, de l'espèce

(1) Littéralement : *du* MÊME *à l'*AUTRE. Notre ms. porte מההויה, *de l'*ÊTRE ; mais dans la vers. lat., on lit : « ab *idemptitate* ad extraneitatem », et c'est d'après cette version que nous avons substitué à מההויה les mots מההוא הוא. Ce dernier terme, dans la métaphysique arabe (الهو هو), correspond à ταὐτό, de même que הזולת (ar. الغير) correspond à τὸ ἕτερον (voir Arist., *Métaph.*, V, 9, IV, 2, et *passim*, et Cf. Ravaisson, *Essai sur la Métaph. d'Arist.*, t. I, pag. 361, 362). L'auteur paraît indiquer ici des procédés logiques qui appartiennent à la faculté rationnelle de l'âme. — On pourrait cependant conserver la leçon du ms. hébreu, et traduire : *de l'être à ce qui n'est pas l'être;* car l'auteur a dit plus haut que la substance de l'intellect perçoit *l'être* (הויה) dans toutes choses, tandis que la substance de l'âme perçoit *ce qui n'est pas l'être* (הזולת). Voy. liv. III, § 26.

(2) Voy. ci-dessus, pag. 55, note 1.

(3) C'est-à-dire : elle est le reflet de l'unité absolue, ou de Dieu.

(4) Cf. ci-dessus, liv. II, § 26.

générale qui donne à chacune des espèces sa (propre) essence et dans l'idée de laquelle se rencontrent toutes les espèces [car il faut que chacune des espèces des substances simples et composées ait (aussi) une forme qui constitue sa (propre) essence]. Cette idée (générale) qui les constitue toutes à la fois, c'est la forme universelle, c'est-à-dire, l'unité (secondaire) venant après l'unité qui agit (par elle-même). C'est pourquoi il a été dit que la forme tient la matière et la fait subsister, parce que la forme est l'unité et que c'est l'unité qui tient le tout et qui le fait subsister; car elle recueille et unit la substance de la chose dans laquelle elle est, c'est-à-dire, elle la retient de manière à ce qu'elle ne se sépare pas ni ne devienne multiple; et c'est pour cela aussi qu'il a été dit que l'unité embrasse toute chose et se trouve dans toute chose.

21. La totalité de la forme se répand dans la totalité de la substance de la matière et pénètre dans toutes ses parties. Elle ressemble à la lumière qui se plonge dans la totalité de la substance du corps dans lequel elle pénètre, et à la *quantité* qui s'étend dans la substance qu'elle pénètre.

22. Si la diversité et la division affectent les formes, ce n'est pas par la forme en elle-même, mais par la matière qui la porte; car (comme nous l'avons dit), s'il existe une unité première absolue, indivisible et agissant par elle-même, il faut qu'il existe aussi une unité subséquente, *hylique* (1) et divisible, et c'est la forme universelle portée par la matière universelle. Il faut par conséquent que cette unité soit multiple et divisible, à cause de la matière qui la porte, bien que, par elle-même, elle soit une unité. S'il faut que cette unité soit *hylique*, ce n'est que parce qu'elle est subséquente à l'unité première absolue, je veux dire, parce qu'elle est créée par elle; et, comme cette unité (subséquente), c'est-à-dire la forme

(1) Nous avons cru devoir employer ici le mot *hylique* pour rendre l'adjectif hébreu חמרי, correspondant au mot arabe هيولاني. Voir ci-après, pag. 81, note 2.

universelle, est *hylique*, elle est divisible par la matière qui la porte, et non pas par elle-même. En voici l'explication : Comme la forme est une lumière parfaite, et que (cependant) sa divisibilité et sa multiplicité causent l'affaiblissement (successif) de la lumière qui se répand dans la matière, la rendent trouble et épaisse, et, en général, font que son milieu diffère de son commencement et que sa fin diffère de son milieu, sans qu'il y ait là autre chose que la matière et la lumière qui s'y répand, c'est-à-dire la forme, il est clair par là que l'affaiblissement, l'épaississement, la ternissure, et, en général, l'obscurcissement affectant la lumière qui se répand dans la matière, viennent de la matière, et non pas de la forme en elle-même. C'est pour cela que les substances ont plus de connaissance et sont plus parfaites les unes que les autres, je veux dire, à raison de la ternissure et de l'épaississement de la matière, et non pas par la forme elle-même; car la connaissance et le discernement appartiennent à la forme, et non à la matière. La forme est une lumière parfaite, la matière est le contraire; or, à mesure que la matière est plus subtile et qu'elle s'élève plus haut, la substance, par la lumière qui y pénètre, a plus de connaissance et est plus parfaite, comme l'intellect et l'âme; et au contraire (1), à mesure que la matière descend, elle s'épaissit à raison de sa distance de la lumière qui s'y répand (2). Il en est de cela comme de l'air; car, à mesure que l'air s'éloigne de la vue, celle-ci est empêchée d'y pénétrer et ne peut atteindre les formes visibles qui sont derrière lui, à

(1) Le mot ואמנם parait être de trop dans la phrase hébraïque, de même que la conjonction *et* dans la vers. lat., qui porte : « et e contrario *et* materia quo magis descendit, etc. » Il est possible que les deux traducteurs aient rendu trop servilement le texte arabe, qui portait peut-être وبالعكس فانّ العنصر.

(2) La vers. lat. ajoute : « et propter multiplicitatem partium ejus. »

cause du redoublement et de la multiplication (1) des couches d'air, et pour cela il (l'air) se corporifie et forme un obstacle entre la vue et la chose visible; et, au contraire, à mesure que (l'air) s'approche (de la vue), la force visuelle y pénètre et le déchire. Il en est de même de la lumière qui pénètre dans la matière *hylique* (2); car, à mesure que celle-ci descend, elle se corporifie et la lumière ne peut y pénétrer complétement. On peut en dire autant des diverses parties de la matière (universelle), c'est-à-dire, qu'il n'est pas possible que la lumière pénètre dans les parties inférieures autant que dans les (parties) supérieures. La vérité est que, lorsqu'une chose est pure, elle conserve davantage (le caractère de) son espèce et elle est plus forte et plus visible; mais, dès qu'il s'y mêle un autre élément, il y exerce son action et en altère la clarté et la pureté. Il en est de même de la lumière qui se répand dans la matière; car, tant qu'elle est d'une pureté absolue, libre de la matière, elle est plus parfaite et plus forte, et de même, tant qu'elle se mêle à la partie pure de la matière, elle conserve bien plus (le caractère de) son espèce et elle est bien plus forte et solide que lorsqu'elle se mêle à la partie épaisse (de la matière) (3). Et ceci te montre que l'altération affectant la

(1) C'est-à-dire, parce que les couches d'air se répètent et se multiplient. Vers. lat.: « propter densitatem et multiplicitatem partium aëris », ce qui n'est pas tout à fait exact.

(2) Le texte a ici le mot חמר, généralement employé par les rabbins pour désigner la ὕλη d'Aristote, et qui correspond aux mots arabes مادّة et هيولى. Pour notre auteur, la ὕλη n'est qu'une partie de la matière universelle, qu'il désigne toujours par le mot יסוד, en arabe عنصر, c'est-à-dire, *élément primitif*. Cf. plus loin, liv. V, §§ 3, 8 et 13.

(3) Le texte, qui est défectueux, a été complété d'après la vers. lat.: « Similiter, quo magis fuerit commixtum clariori parti materiæ, amplius servabit speciem suam et fortius est et firmius quam id quod est commixtum crassiori parti ejus. »

lumière qui se répand dans la matière provient uniquement de la matière, et non pas de la lumière en elle-même. On peut comparer à cela la lumière du soleil qui se mêle à l'obscurité, ou l'étoffe mince et blanche quand un corps noir s'en revêt; car alors la blancheur ne se voit pas, à cause du noir qui prédomine. On peut y comparer encore la lumière qui pénètre, par exemple, à travers trois vitres; car la seconde vitre a moins de lumière que la première, et la troisième en a moins que la seconde. Or, il est clair que ce n'est pas à cause de la faiblesse de la lumière en elle-même, mais à cause des vitres, lesquelles forment des obstacles qui empêchent la lumière de pénétrer, parce qu'elles sont corporelles et épaisses. — D'après ces analogies, la défectuosité des formes des substances [1] et leur division doivent dériver, non pas de la lumière en elle-même, mais de la matière, qui est corporelle en comparaison de la forme. Et puisqu'il en est ainsi, il est clair que la lumière en elle-même est une seule chose [2], mais qu'il lui arrive d'être troublée, de la même manière que cela arrive à la lumière qui se répand à travers les vitres et à la lumière du soleil se répandant dans un air qui n'est pas pur.

23. Toutes les formes inférieures existent dans les formes supérieures, et, à mesure que la substance est plus élevée et plus pure, elle réunit et embrasse plus de formes. Ainsi, la substance, qui est subtile, porte (la forme de) la quantité et ce qu'il y a dans celle-ci en fait de figure et de couleur; l'âme sensible, qui est plus pure que la substance, reçoit les formes des choses sensibles et les porte par sa propre subtilité et par la subtilité des formes sensibles; l'âme rationnelle porte la

(1) Vers. lat.: « Diminutio *luminis* substantiarum et diversitas, etc. » — Il est indifférent pour le sens de lire צורות, *formes*, ou אור, *lumière*; car la forme a été plus haut représentée comme *lumière*.

(2) C'est-à-dire : elle est la même dans toutes ses parties; la vers. lat. ajoute : « et inferior pars ejus talis est in essentia qualis superior. »

substance avec toutes les formes qu'elle renferme ; l'intellec porte toutes les formes qui sont au dessous de lui, et (enfin) la matière première universelle porte la forme de tout (l'être) d'une manière absolue.

24. Le monde corporel et composé est l'image du monde spirituel et simple, et ce qui est plus bas d'entre les mondes simples est l'image de ce qui en est plus haut, jusqu'à ce que successivement on arrive au monde simple par excellence. Tu peux prendre pour exemple certaines formes corporelles qu'on voit en veillant ; car ces formes corporelles sont l'image des formes *psychiques* (1) qu'on perçoit dans le rêve, et de même les formes *psychiques* qu'on perçoit dans le rêve sont l'image des formes intelligibles intérieures.

25. Il faut donc que les formes inférieures soient émanées des formes supérieures ; de sorte que la forme des substances corporelles se retrouvera dans celle de la nature, celle de la nature dans celle de l'âme et celle de l'âme dans celle de l'intellect.

26. La preuve que les formes sensibles sont cachées dans les formes intelligibles, c'est que les figures et les couleurs se montrent dans l'animal, le végétal et le minéral, par l'impression qu'y font l'âme et la nature, et que la manifestation des couleurs peintes et des figures (2), et, en général, celle de toutes les formes artificielles, vient de l'âme rationnelle. Si on m'objectait que peut-être ces formes naissent dans les (substances) composées par les éléments qui se réunissent dans une certaine proportion (3), et non pas par les impressions des substances

(1) Voy. ci-dèssus, pag. 54, et *ibid.*, note 2.

(2) La vers. lat. énumère trois choses : « ... depictionum colorum et figurarum » ; de même dans les deux passages suivants. Peut-être faut-il lire dans notre texte : הצבעים והגוונים והתבניות.

(3) Le ms. porte מהתקבץ היסודות עליהם, *par la réunion des substances* A ELLES, ce qui n'offre pas de sens bien satisfaisant ; au lieu de עליהם, il faut lire sans doute על יחס, *selon une proportion*, leçon qui est confirmée par la vers. lat. : « ex conjunctione elementorum secundum aliquam proportionem. »

simples, je répondrais : Si les couleurs et les figures naissaient des éléments, elles se trouveraient toujours de la même manière dans les choses qui en sont composées (1), et celles-ci ne varieraient pas dans les couleurs et les figures comme elles varient dans la réception des impressions des substances (simples).

27. Toutes les formes inférieures existent dans les formes supérieures d'une manière plus simple et plus subtile ; ainsi, par exemple, les corps et leurs formes existent dans la faculté imaginative, (qui est une) des facultés de l'âme, quoique (ces formes) soient cachées aux sens (2). Et bien plus encore toutes les formes existent dans l'intellect.

28. La forme de l'intellect perçoit toutes les formes et les connaît ; la forme de l'âme rationnelle perçoit une partie des formes intelligibles (3) et les connaît, en se mouvant dans elles et en les parcourant, ce qui est semblable à l'action de l'intellect ; la forme de l'âme vitale perçoit les formes corporelles et les connaît, en mouvant les corps tout entiers dans les espaces (4), ce qui est semblable à l'action de l'âme rationnelle ; la forme de l'âme végétative perçoit les substances des corps et meut leurs parties dans l'espace, ce qui est semblable à l'action de l'âme vitale ; la forme de la nature opère la réunion des parties, leur attraction, leur expulsion et leur transforma-

(1) C'est-à-dire, qui sont composées des éléments ; מהם se rapporte à היסודות. La vers. lat., au moyen de laquelle nous avons complété le texte, porte : « Si hæ depictiones, colores et figuræ fierent ex elementis, semper haberent esse in compositis ex eis uno modo, et non diversificarentur composita in depictionibus coloribus et figuris sicut diversificantur in recipiendo impressiones substantiarum. »

(2) C'est-à-dire : lors même qu'elles ne sont pas perceptibles pour les sens.

(3) Vers. lat. : « apprehendit formas intelligibiles » ; le mot מקצת (*une partie*) n'y est pas exprimé.

(4) Cf. ci-dessus, liv. III, § 28 (pag. 55).

tion (1), ce qui est semblable à l'action de l'âme végétative. Or, comme ces actions sont semblables entre elles, il faut nécessairement que les formes dont elles naissent soient semblables entre elles.

29. Nous avons déjà dit que ce qui, de ces substances, est plus parfait et plus fort, est une cause pour ce qui est plus imparfait et plus faible. Or, comme les formes des substances simples et composées se répandent dans leurs essences et les environnent tout entières, et que les formes dérivent les unes des autres, savoir, les inférieures des supérieures, et se rangent dans un certain ordre depuis l'extrémité supérieure jusqu'à l'extrémité inférieure, (il en résulte que) la forme (universelle) (2) se répand dans toutes les formes, comme la lumière se répand dans l'air, et s'étend avec continuité du haut vers le bas, remplissant la matière et l'environnant, de manière qu'aucune de ses parties n'en reste vide, ni aucun lieu n'en reste nu sans la revêtir. Cependant elle se trouve dans la matière à des degrés différents; car, à l'extrémité supérieure, la lumière qui en émane (3) est pure et parfaite et la substance qui la porte est spirituelle et subtile, tandis qu'à l'extrémité inférieure, la lumière qui en émane est sombre, ombragée et trouble, et la substance qui la porte est corporelle et épaisse; entre les deux extrémités il y a des (nuances) moyennes, selon le changement de la lumière et l'épaisseur

(1) Cf. ci-dessus, pag. 55, note 1.

(2) Le ms. porte simplement והצורה, *et la forme;* mais il est évident que c'est ici que commence le complément de la phrase, et, pour plus de clarté, nous avons substitué הנה הצורה. La vers. lat. porte : « *cur non vides quod* forma infusa, etc. » Le texte arabe avait probablement ألا ترى ان الصورة, ce qui n'est qu'une forte affirmation; d'après cela, il faudrait lire en hébreu : הלא תראה שהצורה וכו'.

(3) C'est-à-dire, qui émane de la forme. Les mots והם מהם que porte le ms. ont dû être changés en והיה ממנה. Vers. lat. : « quia *fuit ab ea* in supremo lumen purum. »

qu'a la matière, suivant qu'elle est plus près ou plus loin (des extrémités). Si tu examines la forme sous ce rapport, tu trouveras qu'elle commence par être spirituelle et parfaite, mais qu'ensuite elle s'épaissit par degrés, jusqu'à ce qu'elle arrive à la dernière extrémité ; là tu verras cesser tout mouvement, et la forme en repos (y sera) arrêtée.

30. Comme la forme première est la seconde unité, objet de l'action de l'unité première et active, et que l'unité première active n'est pas comme l'unité du nombre, il faut que l'unité qui reçoit son action soit comme l'unité du nombre (1), c'est-à-dire, il faut qu'elle soit multiplicable et divisible, et, à cause de cela, elle doit être multiple et variée, et les nombres des formes seront multiples par sa multiplicité et varieront par sa variation. Ce qui en est la cause, c'est qu'elle se mêle à la matière et qu'elle s'éloigne de la source de l'unité.

31. La lumière qui se répand dans la matière émane d'une autre lumière qui est au dessus de la matière, savoir, de la lumière qui existe dans l'essence de la faculté efficiente; je veux parler de la *Volonté*, qui fait passer la forme de la puissance à l'acte. Dans la Volonté, la forme tout entière (2) est *en acte* par rapport à l'agent (3); et si l'on dit qu'elle y est *en puissance*, c'est uniquement par rapport à ce qui reçoit l'action. Si tu considères la faculté de la Volonté et les formes qu'elle possède en elle, tu verras que ce que la matière universelle en reçoit [c'est-à-dire, toutes les formes portées par elle, malgré leur lumière, leur multitude et leur grandeur] n'est, en comparaison de ce qu'elle (la Volonté) en possède elle-même, que ce que l'air reçoit de la lumière du soleil; car la lumière qui se répand dans l'air est très peu de chose en comparaison de la lumière qui se trouve dans le soleil lui-

(1) Voir ci-dessus, § 20.

(2) Vers. lat. : *omnis forma;* le texte héb. dit : TOTA *forma.*

(3) C'est-à-dire, par rapport à la Volonté efficiente elle-même. Cf. liv. V, § 19.

même, et tel est précisément le rapport de la forme de la matière à celle de la Volonté. Mais la seconde lumière (seule) est appelée *forme*, et non pas la première, parce que la seconde est portée par la matière et lui sert de forme, tandis que la première n'est portée par rien, et, par conséquent, ne sert de forme à rien.

32. Il résulte (de ce que nous avons dit) que les formes sont (au nombre de) trois : la première est celle qui existe dans l'essence de la Volonté ; cependant, si elle s'appelle *forme*, ce n'est que par allusion et par métonymie ; mais en réalité ce n'est pas là une forme, car ce n'est pas une forme portée (par autre chose). Seulement, comme son essence est autre que celle de la forme portée par la matière, il faut qu'elle soit placée à part et désignée par un nom ; car il n'est pas permis que la forme de l'intellect qui existe dans la Volonté même soit (considérée), avant d'être émanée de l'essence de la Volonté et de s'être attachée à la matière, comme lorsqu'elle en est émanée et qu'elle s'est attachée à la matière. La seconde forme est celle qui *en acte* (en réalité) est attachée à la matière, c'est-à-dire, la forme de l'intellect universel. La troisième forme est la forme idéale, abstraite de la matière, et qui est virtuellement attachée à la matière. Mais les autres formes sont contenues dans la forme universelle. Ainsi, il ne faut pas avoir de doute sur la division que Platon a établie dans la forme ; car il a divisé la forme en trois espèces (1) : l'une est la forme *en*

(1) Ce qui est dit ici des trois espèces de formes ne saurait pas plus être attribué à Platon que ce qui a été dit plus haut sur les trois matières (cf. ci-dessus, pag. 72, note 4). On peut remarquer du reste que les trois *formes* dont il est parlé ici au nom de Platon ne correspondent pas exactement aux trois formes que vient d'établir notre auteur ; dans ces dernières ne figure pas la *forme des éléments*, tandis que dans celles de Platon ne figure pas la *forme qui existe dans l'essence de la Volonté*, forme qui, plus que toutes les autres, offre une physionomie platonique et rappelle les *Idées* (cf. ci-après, liv. V, § 19). Dans un *Traité de l'Ame* qui reproduit

puissance, abstraite de la matière ; la seconde est la forme *en acte*, attachée à la matière ; la troisième est la forme des éléments, à savoir les quatre *qualités premières* (1).

33. Si la Volonté est une cause efficiente, elle a dans son essence la forme de toute chose ; car il est certain que la forme

en substance le système d'Avicebron, et dont nous parlerons dans un autre endroit de ce volume, il est parlé, à peu près dans les mêmes termes que dans notre passage, des trois espèces de formes admises par Platon ; puis on ajoute ce qui suit : « Et alius etiam modus, præter hos, quo forma dicitur quum est in voluntate divina, sicut formæ rerum fuerunt in mente divina antequam prodirent in corpora ; *sed a Platone tantum dicitur*. Ibi enim forma est non secundum veritatem, quoniam non sustinetur in aliquo et quia ejus essentia est post essentiam formæ existentis in materia ; unde oportet ut accipiatur per se et innuatur appellatione formæ, quoniam forma intelligibilis quæ est in essentia divinæ voluntatis impossibile est ut sit talis ante fluxum suum ab essentia voluntatis et ante applicationem sui ad materiam qualis est post fluxum et conjunctionem sui cum materia. » Voy. ms. lat. de la Biblioth. imp., fonds de la Sorbonne, nº 1793, fol. 13, verso. Les mots *sed a Platone tantum dicitur* sont à remarquer ; ils paraissent indiquer que, dans la pensée de l'auteur, ce qui est dit précédemment ne doit pas être considéré comme une doctrine exclusivement platonique.

(1) Ces quatre qualités sont les principes des choses sublunaires, intimement liés aux quatre éléments et qui sont opposés entre eux deux à deux : ce sont la chaleur et le froid, la sécheresse et l'humidité. De ces principes, les deux premiers sont actifs, et les deux derniers passifs, ou produits par l'action des premiers ; chacun des éléments renferme en lui deux de ces principes ou qualités : le feu est chaud et sec, l'air est chaud et humide, l'eau est froide et humide, et la terre est froide et sèche. Le mélange des éléments, produit par ces mêmes principes, forme les *qualités secondaires*. Voy. Aristote, traité *de la Génération et de la Destruction*, liv. II, chap. 1-3 ; *Météorologiques*, liv. IV, chap. 1 ; Galien, *Comment. I in Hippocratis lib. de Alimento* (édit. de Kuhn, t. XV, pag. 226). Cf. J. L. Ideler, *Comment. in Aristotelis Meteorologicorum libros IV* (Lipsiæ, 1836), t. II, pag. 389 et suiv.

de tout effet existe dans sa cause, ou plutôt [1] l'effet (lui-même) existe dans sa cause par la forme qu'il a. Les choses n'existent donc dans l'essence de la Volonté qu'en tant qu'elles sont ses effets.

EXTRAITS DU LIVRE V.

De la matière universelle et de la forme universelle.

1. Le but de ce (cinquième) livre est de parler de la forme universelle et de la matière universelle, en les considérant indépendamment l'une de l'autre [2], et de faire connaître l'essence de chacune d'elles et les significations qu'il faut y attacher, afin que cela nous serve, pour ainsi dire, d'échelle, pour monter à la connaissance de la Volonté et à celle de la substance première [3].

2. La *connaissance* qu'a l'intellect a lieu par cela que sa forme s'attache à celle de la chose intelligible et s'unit avec elle; et lorsque la forme de l'intellect est avec cette forme (de la chose intelligible), elle comprend par elle-même que

(1) אלא paraît être ici la traduction du mot arabe بل, qui signifie *ou plutôt*, *ou mieux*. Cette phrase manque dans la version latine.

(2) Littéralement : *en abstrayant chacune d'elles de l'autre.* Au lieu de להפשיט il vaudrait mieux lire ולהפשיט.

(3) La science de la matière et de la forme n'est qu'une préparation à celle de la Volonté; voy. ci-dessus, liv. II, § 20. L'auteur distingue trois parties de la science, celle de la matière et de la forme, celle de la Volonté et celle de la substance première. Cf. ci-dessus, liv. I, § 3, et voy. aussi plus loin l'analyse du premier livre de la *Source de Vie.*

cette forme ne peut exister sans une matière qui la porte et que la forme est autre chose que la matière. La chose sera plus claire si nous prenons pour exemple la substance de l'intellect; et quand il te sera démontré que la substance de l'intellect est autre chose que sa forme, il te sera démontré par là que les matières des substances simples et celles des substances composées sont autre chose que leurs formes, et tu sauras par là aussi que la matière universelle est autre chose que la forme universelle. Nous disons donc que l'intellect sait par lui-même qu'il a une forme; car la forme de l'intellect se connaît elle-même en tant qu'elle est en elle-même autre chose que la matière qui la porte (1); et il en résulte qu'elle connaîtra aussi la matière et (qu'elle saura) que la matière est autre chose qu'elle.

3. L'idée qu'il faut te faire de l'essence de la matière, c'est qu'elle est une faculté spirituelle subsistant par elle-même, sans avoir une forme; et l'idée qu'il faut te faire de l'essence de la forme, c'est qu'elle est une lumière existant (par elle-même), qui donne le caractère à la chose dans laquelle elle

(1) Notre texte paraît être tronqué; nous croyons devoir transcrire ici la vers. lat., qui est plus explicite, mais qui présente également quelques difficultés : « Dicam ergo quod intelligentia scit per se ipsam et (*lis.* quod) est habens formam, quia forma intelligentiæ est sciens se ipsam, et propter hoc scit ceteras formas quæ sunt extra illam. Et quandoquidem forma intelligentiæ scit se ipsam, et sustinetur in materia quæque (*lis.* quæ est?) præter eam, tunc jam scisti per hoc quia forma materiam habet quæ eam sustinet, et scisti etiam cum hoc differentiam ejus a materia in qua sustinetur, quia est sciens se ipsam et quia essentia ejus est præter materiam quæ eam sustinet; et etiam, quandoquidem forma intelligentiæ est sciens se ipsam, oportet per hoc ut sit sciens materiam et quod materia est aliud ab ea. » — L'ensemble de ce paragraphe a pour but d'établir la différence qui existe pour l'intellect entre la matière et la forme, et la manière dont l'intellect parvient à reconnaître qu'il est lui-même composé de matière et de forme. Cf. ci-après, § 6.

se trouve et lui attribue l'idée d'espèce et de forme [1]. Je dirai, en général, qu'il faut se figurer l'existence de la matière et de la forme comme on se figure toutes les choses spirituelles, c'est-à-dire, leur existence comme choses intelligibles, non sensibles, et non pas leur existence comme (choses) douées de forme et ayant une *hylé;* car, si tu cherches à te figurer la *hylé* abstraite de la forme, tu ne la saisiras pas, la matière étant en elle-même sans forme et se trouvant à l'extrémité supérieure, tandis que l'âme tient le milieu entre les deux extrémités; de même, si tu cherches à te figurer la forme en elle-même, il te sera difficile de t'en former une idée, la faculté imaginative étant une des facultés de l'âme, tandis que la forme en elle-même est plus simple que l'âme.

4. Il faut te figurer la diversité de la matière et de la forme comme la diversité du corps et de la couleur, en comparant la matière au corps et la forme à la couleur; de même, la distinction que fait le sens entre la couleur et le corps, en saisissant la forme de la couleur en elle-même, peut se comparer à la distinction que fait l'intellect entre la matière et la forme en saisissant la forme en elle-même. Il y a encore un moyen facile de te figurer cela [2]: c'est de te figurer la diversité du corps, de l'âme et de l'intellect, qui pourtant sont unis, et, en général, la diversité (qui existe) entre les substances spirituelles, malgré leur union, et la diversité (qui existe) entre ces substances et les accidents portés par elles. Et quand tu te figureras cela et que tu en fixeras l'image dans ton âme, cela t'aidera à te figurer la diversité de la matière et de la forme, qui ressemble à la diversité du corps et de l'âme et à celle de l'âme et de l'intellect; car la forme est à la matière comme l'âme est au corps et comme l'intellect est à l'âme.

5. Pour connaître la diversité de la matière et de la forme

(1) C'est-à-dire: elle fait que l'objet dans lequel elle se trouve appartient à une certaine espèce et possède une forme déterminée.

(2) C'est-à-dire: la diversité de la matière et de la forme.

dans chacune des substances spirituelles, et, en général, la diversité de la matière universelle et de la forme universelle, tu prendras pour exemple la substance de l'intellect; et, par la diversité de la matière de l'intellect et de sa forme, tu jugeras de la diversité (qui existe) entre la matière de chacune des substances simples et sa forme, et, en général, de la diversité de la matière universelle et de la forme universelle. C'est pourquoi je dis que celui qui veut connaître les principes (des choses), ou, en général, (qui veut avoir) la connaissance de toute chose, doit bien examiner la substance de l'intellect et la placer devant ses yeux dans toutes les recherches; car, en la connaissant, on parvient à la connaissance de tout. Et en effet, il en est ainsi; car, comme la substance de l'intellect est la *spécification* de tout, c'est-à-dire, la forme de tout, il en résulte que tout existera dans cette substance; or, comme tout existe dans la substance de l'intellect, il s'ensuit que celui qui connaîtra la substance de l'intellect connaîtra tout.

6. Pour te figurer (1) la diversité de la matière universelle et de la forme universelle au moyen de la considération de la substance de l'intellect, il faut que tu cherches à comprendre la forme de l'intellect qui lui est propre, c'est-à-dire, la *différence* essentielle qui constitue son essence, et c'est ce par quoi tu juges que la chose est ce qu'elle est. Ensuite tu examineras comment, par cette forme, la substance de l'intellect se distingue de toute autre chose. Le moyen de te livrer à cette recherche, c'est de considérer que l'intellect sait par lui-même qu'il a une forme et que par cette forme il se distingue de toute autre chose. Or, pour comprendre la forme de l'intellect et pour savoir que cette forme le distingue des autres choses, il faut que tu trouves la matière qui porte cette forme; tu croiras alors toucher l'essence de la matière par la forme

(1) Littéralement : *La manière de considérer la diversité de la matière universelle et de la forme universelle .... c'est que tu comprennes la forme de l'intellect*, etc.

de ton intellect, et tu la percevras comme le sens perçoit la chose sensible.

7. On peut se figurer l'attachement de la forme à la matière semblable à la manière dont la lumière s'attache à l'air et à celle dont le son, c'est-à-dire la *motion* (1), s'attache à la voix; car l'une et l'autre (2) s'attachent à leur matière (respective) sans être limités en eux-mêmes (3). Je dirai (4) qu'en général on peut se figurer l'attachement de la forme à la matière comme on se figure l'attachement des substances spirituelles les unes aux autres et celui des substances spirituelles aux accidents spirituels et aux substances corporelles, et on peut prendre pour exemple l'intellect et l'âme, ou l'âme et le corps, comme nous l'avons déjà exposé (5); de sorte que (l'attachement de la forme à la matière) aura pour analogue l'attachement de l'intellect à l'âme, celui de l'âme à l'accident porté par elle et au corps avec lequel elle est liée, et, ce qui est plus subtil et

(1) Le mot תנועה (en arabe حركة, *mouvement*, *motion*) a ici le sens de *vocalisation* ou *accentuation*; le *son* ou la *motion* donnent la forme à la voix, qui est appelée aussi la *matière* de la parole. Cf. Maïmonide, *Guide des Égarés*, t. I, chap. 46, pag. 160, note 3.

(2) C'est-à-dire, la lumière et le son.

(3) Littéralement : *sans qu'aucun d'eux ait un terme*, ou *une fin*.

(4) Ce passage est très défectueux dans le ms. hébreu. Voici la vers. lat., qui nous a servi à le compléter : « Et omnino, quia imaginatio applicationis formæ cum materia est sicut imaginatio applicationis alicujus (*lis.* alius) substantiæ spiritualis cum alia et sicut adjunctio substantiarum spiritualium cum accidentibus spiritualibus et cum substantiis corporalibus; pone autem exemplum ad hoc [applicationem] intelligentiæ ad animam et animæ ad corpus sicut ex præmissis patuit Erit ergo consideratio applicationis intelligentiæ cum anima et animæ cum accidere (*lis.* accidente) quod sustinetur in ea [et] cum corpore cum quo ligata est, et quod est subtilius et occultius, hæc est applicatio intellectus cum intellecto et sensus cum sensato. »

(5) Voy. ci-dessus, à la fin du § 4.

plus occulte, l'attachement de l'intellect à l'intelligible et du sens au sensible (1). Et selon cet exemple, la manière dont le Créateur produit la forme dans la matière (en la faisant passer) du non-être à l'être pourra être comparée à la manière dont l'intellect communique son essence à l'intelligible et dont le sens se communique au sensible.

8. Si nous examinons toutes les substances et les formes, nous n'y trouverons aucune forme (qui soit) plus parfaite et qui embrasse mieux toutes les formes que celle de l'intellect; car nous trouvons que cette forme connaît, par elle-même, toute (autre) forme et s'unit, par elle-même, avec toute (autre) forme, et par là nous savons (aussi) que toutes les formes sont dans son essence. Nous trouvons aussi que la substance de l'intellect perçoit, par elle-même, les formes des choses, ce qui prouve que ces formes s'unissent avec sa substance, et que sa substance n'est pas autre chose, mais (qu'elle est) une seule chose, savoir, tout l'ensemble de ces formes, puisque toutes les formes s'unissent d'une union spirituelle avec cette substance (de l'intellect); d'où il s'ensuit nécessairement que la forme de l'intellect est une forme *unissante*, qui réunit dans son unité l'unité de toute forme. Nous trouvons encore que l'intellect ne perçoit pas la *hylé* par lui-même, mais par l'intermédiaire de l'âme et des sens, parce qu'elle est hors de lui-même; par conséquent, s'il perçoit les formes, c'est parce qu'elles ne sont pas hors de lui-même; or, si les formes ne sont pas hors de lui-même, il faut qu'elles existent dans lui-même.

9. Comme la pluralité des formes existe dans l'intellect individuel, celui-ci percevant par lui-même et trouvant dans lui-même toutes les formes, il s'ensuit (à plus forte raison) que les formes de toutes les choses existent dans la forme de l'intellect universel.

10. Si tu demandes : Comment toutes les formes se trouvent-elles dans l'intellect individuel? — Rappelle-toi comme

(1) Cf. mes notes au *Guide des Égarés*, t. I, pag. 304.

l'âme pense et comme elle recourt à ce qui est dans l'intellect; comme elle se figure les formes des choses par la faculté imaginative, dans l'état de veille, et comme elle se les figure dans le *songe vrai* (1), de manière à en avoir (une véritable) connaissance.

11. Voici maintenant comment nous démontrons que toutes les formes des choses sont dans l'essence de l'intellect : Nous disons que la forme de l'intellect perçoit toutes les formes et que celles-ci s'unissent avec son essence ; or, on peut dire de toute chose avec l'essence de laquelle s'unissent toutes les formes, que toutes les formes sont dans son essence ; par conséquent, toutes les formes sont dans l'essence de l'intellect.

12. La preuve que l'existence d'une chose n'est que dans sa forme, la voici : Ce qui *est* doit être nécessairement ou une chose sensible ou une chose intelligible. Or, le sens et l'intellect ne s'attachent qu'à *la forme* sensible ou intelligible ; car la forme sensible ou intelligible s'interpose entre la forme de l'intellect ou de l'âme et les matières qui portent les formes sensibles ou celles qui portent les formes intelligibles ; c'est pourquoi les formes ne s'attachent qu'aux formes, car il n'y a qu'elles qui soient en contact (direct) (2). — Ajoutons que la perception de l'intellect et de l'âme ne se fait que par leurs formes, et que les formes ne s'attachent qu'aux formes, à cause de la similitude et de l'homogénéité (3) qui existent entre elles. C'est pourquoi l'intellect, dans la perception des choses *hyliques*, a besoin de l'intermédiaire des formes, à cause de la

(1) Les mots החלום הצודק (en arabe الرويا الصادقة) correspondent au mot grec εὐθυονειρία, désignant l'état dans lequel l'homme est capable de faire des songes clairs qu'il est facile d'interpréter. Voy. Aristote, *De la Divination par le sommeil*, chap. II ; cf. Averroès, *De sensu et sensibili*, vers la fin du liv. II.

(2) Cf. ci-dessus, liv. IV, § 7.

(3) Le mot גנסות est formé d'après l'arabe مجانسة. Vers. lat. : « propter similitudinem et *convenientiam earum in uno genere.* » Cf. pag. 69, note 2.

similitude qui existe entre sa (propre) forme et celles des choses. — Or, comme la chose n'a d'existence que par sa forme, il n'est pas possible que la matière dénuée de forme *existe* dans un sens absolu; si toutefois il est possible qu'elle existe sans forme (1), il faudra dire qu'elle existe *en puissance*, c'est-à-dire que lorsqu'elle revêt la forme elle passe à l'acte, et alors elle existe *en acte*.

13. Nous ne disons pas que toutes les choses sont dans l'intellect, ni que toutes les choses sont l'intellect même, (et cela) à cause des choses *hyliques;* mais nous disons que les (choses) intelligibles et spirituelles sont dans l'intellect et sont l'intellect même, tandis que les (choses) sensibles et matérielles ne sont point dans l'intellect, ni ne sont l'intellect même, car elles sont en dehors de son essence. C'est pourquoi l'intellect ne perçoit les choses *hyliques* que par l'intermédiaire du sens, qui est semblable à sa nature, parce qu'il tient le milieu entre la spiritualité de l'intellect et la corporéité de la matière *hylique*. La cause pourquoi l'intellect se refuse à la perception (directe) des choses *hyliques*, c'est que la perception de l'intellect se fait par l'attachement de sa forme à la forme de l'objet intelligible, laquelle s'unit avec l'intellect. Or, comme l'intellect est subtil, tandis que les choses sensibles sont grossières, et que le subtil ne peut s'attacher à ce qui est grossier que par un intermédiaire qui ait de la ressemblance avec les deux extrêmes (2), il s'ensuit que l'intellect ne perçoit les choses sensibles que par l'intermédiaire des sens; car la substance sensitive a de la ressemblance avec les deux extrêmes, c'est-à-dire, elle tient le milieu entre la spiritualité de l'intellect et la corporéité des formes sensibles. — En voici l'explication : Puisque la *connaissance* a lieu au moyen de l'union *directe* de la forme

(1) Littéralement : *s'il est possible sans cela;* c'est-à-dire : si on peut dire cependant que la matière existe sans forme, cela s'appellera *exister en puissance*.

(2) Cf. liv. III, § 8.

du *connaissant* avec celle du *connu*, que l'union de ces deux formes est en raison de la similitude et de la proximité, et que l'âme intelligente n'a pas de similitude avec les formes corporelles, — la forme de l'âme intelligente étant spirituelle, tandis que les formes sensibles sont corporelles, — il est impossible que la forme de l'âme intelligente s'attache aux formes corporelles sans un intermédiaire qui ait de la ressemblance avec les deux extrêmes. — Ensuite, puisque l'âme *vitale* et l'âme *naturelle* (1) tiennent le milieu entre l'âme *intelligente* et le corps, il est impossible que la forme de l'âme intelligente s'attache à la forme du corps et s'y unisse elle-même sans intermédiaire. C'est sous le même point de vue qu'on peut considérer la manière dont la substance *sensitive* perçoit les formes sensibles par l'intermédiaire des organes et de l'air, parce que les organes et l'air ont de la ressemblance avec les deux extrêmes, c'est-à-dire, avec la substance sensitive et les formes sensibles.

14. Et lorsqu'on dit que tout existe dans l'intellect et que tout émane de l'intellect, on ne veut pas dire par là que tout soit composé de l'intellect, ni que les substances simples soient composées les unes des autres; car, lorsqu'une chose est composée d'une autre, il faut que la composition passe à l'*acte*. Or, il n'en est pas ainsi de l'intellect; car sa substance est une substance simple, c'est-à-dire, que tout être existe dans lui d'une existence simple, de manière que lui-même est toute forme et que les formes des choses s'unissent dans lui-même d'une union intellectuelle (2), essentielle, et non pas (d'une union) corporelle, accidentelle.

15. Puisque la forme de l'intellect produit la connaissance de la forme de toute chose, il s'ensuit nécessairement que toutes les formes sont attachées à elle et subsistent dans elle; car toutes les formes sont créées dans elle, c'est-à-dire, elles

(1) Cf. ci-dessus, pag. 54, note 2.

(2) Littér. : *d'une union de connaissance*. Le mot *connaissance* n'est pas exprimé dans la vers. lat., qui porte : « *unitione essentiali*. »

sont unies dans son essence d'une union essentielle, spirituelle; c'est pourquoi la forme de l'intellect est (la forme) universelle pour toutes les formes. La chose étant ainsi, il s'ensuit que c'est cette forme qui a donné à toute chose la forme et la *quiddité*, de même que c'est lui (l'intellect) qui a donné à toute chose la *substantialité*.

16. Les savants conviennent que l'intellect n'a pas de forme qui lui soit propre, et ils ont raison dans ce qu'ils disent; car si l'intellect avait une forme qui lui fût propre, cette forme l'empêcherait de percevoir les formes de toute autre chose en dehors d'elle. Cependant, en disant que l'intellect n'a pas de forme qui lui soit propre, ils veulent dire seulement qu'il n'a pas de forme *particulière* (1), et ils ne nient pas qu'il n'ait une forme *générale;* car c'est cette forme générale qui produit (en lui) la perception de toutes les formes. Et si tu examines par quelle cause les substances perçoivent les formes, tu comprendras que ce que nous avons dit est vrai, savoir, que la forme de l'intellect est (une forme) générale; et tu sauras que cette forme perçoit, par elle-même, toutes les formes (2).

17. Il est hors de doute que plus la substance est subtile et simple, plus elle reçoit les formes multiples et variées, et les formes sont dans elles plus régulières et plus belles, et *vice versa*. La cause qui produit cela est celle-ci : Dans ce qui est composé, la composition empêche les formes d'y pénétrer, car elle est un obstacle entre sa (propre) substance et les formes, tandis que dans la substance simple il n'y a rien qui

(1) Le ms. hébreu avait ici une lacune que nous avons remplie au moyen de la vers. lat. : « *Disc.* .... quod si intelligentia haberet formam propriam, prohiberet ipsa forma apprehensionem formarum omnium aliarum præter se. *Mag.* Non dicunt quod intelligentia non habet propriam formam nisi quia non habet formam particularem, etc. »

(2) Vers. lat.: « et scies quomodo hæc forma apprehendit per se omnes formas. » Le texte hébreu a été rectifié d'après cette version.

s'interpose (comme obstacle) entre elle et les formes et qui empêche celles-ci d'y pénétrer. Il résulte de cela que, plus la substance simple est élevée et pure, plus elle recevra les formes multiples, et elle recevra toute figure et toute forme; car, si la substance simple ne recevait qu'une seule figure et qu'elle y persévérât (1), il n'y aurait pas de différence entre elle et la substance composée. — La chose étant ainsi, il s'ensuit que la substance sensible, à cause de son épaisseur, ne recevra pas les formes variées, mais persévérera dans une seule forme; il s'ensuit encore que les substances intelligibles, plus elles sont élevées et pures, plus elles recevront de formes, et le rassemblement des formes dans elles sera plus grand et plus éclatant que dans ce qui (leur) est inférieur, comme dans la nature et l'âme; et ainsi de suite, jusqu'à ce qu'on arrive à la substance la plus pure et la plus simple, qui est celle de l'intellect; et il s'ensuit que cette substance est la plus forte pour recevoir les formes et pour les réunir dans son essence et dans son unité. — Ensuite, comme la substance de l'intellect a son rang à l'extrémité supérieure, du côté opposé à la substance du corps qui a son rang à l'extrémité inférieure, et que la substance du corps ne reçoit qu'une seule forme, il s'ensuit que la substance de l'intellect reçoit toutes les formes et les porte. Il s'ensuit de même que, plus les substances descendent vers le bas et s'approchent du corps, plus elles seront faibles pour la réception des formes; et, au contraire, plus elles montent, plus la faculté de recevoir sera forte, jusqu'à ce qu'elles arrivent au degré de l'intellect; et cette substance sera plus apte que toutes les autres substances à recevoir les formes et à les réunir.

18. La matière particulière à la forme de l'intellect, c'est-à-dire, l'extrémité supérieure de la matière universelle, reçoit la forme de l'intellect, qui porte toutes les formes, de la

(1) Vers. lat. : « quia si substantia simplex unius figuræ esset receptibilis et comes, *et sustentatrix unius formæ et comes, etc.* »

Volonté[1], qui réside en haut chez le Créateur, dans laquelle[2] la forme existe dans sa perfection (absolue), qui est tout et dans laquelle est tout. Mais la matière ne reçoit de la Volonté que selon la disposition de réceptibilité qui est dans elle, et non pas selon ce qui est dans la faculté de la Volonté; et ce que la matière reçoit de la lumière de la Volonté est peu de chose en comparaison de ce qui est dans la Volonté[3].

19. Il faut que tu saches que (si l'on attribue) à la Volonté cette forme absolue *en acte*, c'est (uniquement) par rapport à l'objet de l'action; mais par rapport à l'agent elle la possède *en puissance*[4], car les choses ne sont pas dans les (régions) supérieures telles qu'elles sont dans les inférieures. En effet, les formes sont plus parfaites dans les causes que dans les effets; car elles naissent dans les effets parce que les causes *regardent* les effets et se trouvent en face d'eux. D'après cela, il faut que les formes se trouvent dans la Volonté dans la plus grande perfection et la plus grande régularité possible, et il faut qu'elles soient de même (plus parfaites) dans tout ce qui est plus près d'elle, jusqu'à ce qu'elles arrivent à l'extrémité in-

(1) Cf. liv. IV, § 31, et liv. V, § 49.

(2) אשר בו, *dans laquelle*. בו se rapporte à הרצון, *la Volonté*; vers. lat. : « in *qua* est omnis forma, etc. » Dans le texte arabe, sur lequel a été faite la vers. lat., il ne pouvait pas y avoir d'ambiguïté; car en arabe le mot ارادة est du genre féminin.

(3) Cf. ci-après, §§ 58 et suiv.

(4) La vers. lat. porte de même : « Debes scire quod hæc forma absoluta est voluntati in *actu* ex parte *facti*, et est voluntati ex parte *factoris* in *potestate*. » Ce passage est évidemment en contradiction avec ce que l'auteur a exposé plus haut, liv. IV, § 31, où il est dit avec raison que, dans la Volonté, la forme est *en acte* par rapport à l'*agent*, et *en puissance* par rapport à l'*objet de l'action*. Le ms. hébreu et la vers. lat. sont entièrement conformes dans les deux passages; il faut donc croire qu'il y a ici une erreur commise par l'auteur lui-même, qui, par inadvertance, aura interverti les mots فاعل (agent) et مفعول (objet de l'action).

férieure de la substance, et alors la forme s'arrête (1). Ce que nous venons de dire est en somme ce qu'a dit Platon (2); car il considère la naissance des formes dans l'intellect comme (l'effet du) *regard* de la Volonté (3), leur naissance dans l'âme universelle comme (l'effet du) regard de l'intellect universel, et de même leur naissance dans la nature et dans la substance

(1) Cf. ci-dessus, liv. IV, à la fin du § 29.

(2) L'auteur attribue encore ici à Platon des idées qui s'accordent mieux avec les doctrines des Alexandrins. Cf. ci-dessus, liv. IV, §§ 12 et 32 (pag. 72, note 4, et pag. 87, note 1).

(3) Le ms. hébreu porte השקפת הראשון, *regard du* PREMIER *(être)* ou *de la substance première*. Nous avons cru devoir écrire השקפת הרצון, *regard de la* VOLONTÉ ; la vers. lat. porte : « *ex intuitu* VOLUNTATIS. » La même faute se trouve plusieurs fois au § 32 du livre IV, où évidemment le copiste a écrit הראשון au lieu de הרצון. L'original arabe (d'après lequel a été faite la vers. lat.) ne pouvait donner lieu à aucune confusion, car il n'existe aucune ressemblance graphique entre les mots الاول et الارادة. — Il ne faut pas s'étonner de voir figurer la *Volonté* dans des doctrines attribuées à Platon ou aux Néoplatoniciens ; les Arabes font souvent remonter à Platon et à d'autres philosophes anciens les spéculations de leurs théologiens modernes. Sur la question de la *Volonté*, cf. Schahrestâni, *Histoire des sectes religieuses et philosophiques*, texte ar., pag. 289 (trad. all. de M. Haarbrücker, t. II, pag. 126 et 127). Selon cet auteur, Anaxagore n'aurait point considéré la Volonté et l'action (de Dieu) comme des choses existant par elles-mêmes et ayant une forme *essentielle* à elles, mais comme des choses qui n'existent que dans leurs objets, c'est-à-dire qui ne sont que des idées abstraites des choses produites par l'efficient premier. Selon Platon et Aristote, au contraire, la Volonté et l'action subsisteraient par elles-mêmes, comme formes particulières, plus simples que la forme de leurs objets. Ces formes, tout en s'identifiant avec l'essence du Créateur, sont intermédiaires entre celui-ci et l'objet de son action. Parménide *le jeune*, ajoute le même auteur, admettait cette opinion en ce qui concerne la *Volonté*, mais non pas en ce qui concerne l'*action;* car, disait-il, la Volonté émane du Créateur sans intermédiaire, tandis que l'action n'en émane que par l'intermédiaire de la Volonté.

(corporelle) comme (l'effet du) regard de l'âme universelle [1]; et il compare cela à la manière dont les formes intelligibles, c'est-à-dire les pensées, naissent et se forment [2] dans l'âme individuelle, (ce qui a lieu) lorsque l'intellect la *regarde*.

20. Par *regarder*, (en parlant) des substances, je veux dire qu'elles sont en face les unes des autres et qu'elles *épanchent* leurs forces et leurs lumières les unes sur les autres, parce qu'elles sont (toutes) retenues sous la substance première, qui *s'épanche* par elle-même, c'est-à-dire, dont l'*épanchement* (ne vient que) d'elle seule [3].

21. Le rassemblement des formes multiples et variées dans un seul sujet n'est impossible que lorsqu'elles occupent un espace [4]; mais, quand elles n'occupent pas d'espace, leur rassemblement dans un seul sujet n'est pas impossible. Or, comme

(1) Vers. lat. : « ex intuitu animæ universalis *in materiam.* »

(2) Vers. lat. : « Et posuit rationem in hoc quomodo fiunt formæ intelligibiles, i. e. *cogitata* et *imaginata*, in anima particulari ex intuitu intelligentiæ in illam. » D'après cette version il faudrait lire en hébreu והציורים (ar. والتصوّرات) au lieu de וציורן (ar. وتصوّرها), et traduire : « ... à la manière dont les formes intelligibles, c'est-à-dire les pensées et *les idées*, naissent dans l'âme individuelle, etc. »

(3) L'émanation est appelée *épanchement*, en arabe فيض (du verbe فاض, *se verser, s'épancher*), par comparaison avec l'eau jaillissant d'une source et se répandant de tous les côtés. Voy. *Guide des Égarés*, t. I, pag. 244, note 1, et cf. ci-après, §§ 64 et 71.

(4) Vers. lat. : « nisi cum locus impedit », ce qui n'est pas bien intelligible. Les mots כשיטרידו מקום signifient : *quand elles occupent un espace;* en arabe اذا شغلت مكانا. Cf. *Guide des Égarés*, t. I, pag. 185, note 3 (Les mots arabes يشغل الحيّز, texte arabe de Maïmonide, fol. 58 *b*, sont rendus dans la version hébraïque d'Ibn-Tibbon par יטריד הגבול). Un peu plus loin la vers. lat. a : « constat per hoc quod hæ formæ non *impediunt locum* », ce qui est plus exact.

les formes rassemblées dans la forme de l'intellect ne sont pas divisées, mais unies dans sa substance [1], et que la substance de l'intellect est une substance simple, il est clair par là que ces formes n'occupent pas d'espace, mais (au contraire) elles et le lieu dans lequel elles sont, c'est-à-dire la substance de l'intellect, sont une seule chose. Et à cause de cela [c'est-à-dire, parce que la substance de l'intellect est une substance simple et que les formes portées par lui (l'intellect) ne sont pas divisées, mais unies dans sa substance], la substance de l'intellect est capable de toute chose, porte toute chose, et n'est trop étroite pour rien [2], parce que dans son unité, qui est son essence, elle porte toute chose *uniment* et *essentiellement*. — Il faut que tu considères ce sujet et que tu l'examines dans toutes les substances, c'est-à-dire (que tu établisses) une comparaison entre la manière dont chacune (des substances) porte ce qu'elle porte en fait de formes et la manière dont toute autre (substance) porte ce qu'elle porte. Si, par exemple, tu considères l'existence des formes dans l'intellect, tu la trouveras analogue à l'existence des formes dans l'âme et à celle des neuf catégories dans la substance. C'est pourquoi il a été dit que l'intellect est le lieu pour les *formes naturelles;* et il a été dit encore que, de même que la matière *hylique* est une faculté qui reçoit les formes sensibles, de même l'âme est une faculté qui reçoit les formes intelligibles. — Et de la même manière tu considéreras l'existence de toutes les formes dans la matière première; car tu trouveras que toutes les formes existent dans la matière universelle, et de même tu trouveras que les neuf catégories existent dans la substance; tu trouveras encore que des choses diverses existent dans l'âme, que l'âme les porte et que l'existence des unes dans les autres n'empêche pas leur existence dans elle (l'âme). Car, de même que le corps

(1) C'est-à-dire, dans la substance de l'intellect.

(2) Le ms. hébreu porte ולא יצא מדברים, ce qui n'offre pas de sens; nous avons substitué ולא יצר מדבר. Vers. lat.: « et non angustatur a re. »

et ses accidents, malgré la grande variété et la division de ces derniers, sont une seule et même chose, et que l'âme y distingue les (diverses) parties les unes des autres, bien qu'elles soient unies et jointes ensemble, de même, quand les choses, quoique variées dans leurs essences, sont unies et jointes ensemble, l'intellect les sépare les unes des autres et les discerne les unes des autres. Il s'ensuit, d'après ce raisonnement, que le tout est auprès de la matière première ce que le corps est auprès de l'âme, et, en général, ce que les formes sont auprès de l'intellect; car, si les formes de toutes les choses se trouvent dans l'intellect, il s'ensuit, à plus forte raison, qu'elles se trouvent dans la matière première. Le même raisonnement s'appliquera à ce qui est au dessus d'eux [1].

22. Par *connaissance intelligible*, on entend l'union de la forme intelligible avec l'intellect, et on peut dire la même chose de la connaissance *sensible* [2]. Cependant cette union particulière [3] n'est pas comme celle de la forme universelle avec la matière universelle, mais elle est [4] au dessous d'elle; c'est pourquoi cette dernière n'est pas appelée *connaissance* [5]. Mais, quoique nous ne lui donnions pas le nom de *connaissance*, il ne s'ensuit pas de là que l'union des formes intelligibles avec l'intellect soit plus noble qu'elle; car (au contraire) la première

(1) C'est-à-dire : à ce qui est au dessus de l'intellect et de la matière première, ou à la Volonté.

(2) C'est-à-dire : la connaissance qui dérive des sens est l'union de la forme sensible avec le sens.

(3) C'est-à-dire, celle de la forme intelligible avec l'intellect.

(4) Le pronom הוא se rapporte à התאחדות, que le traducteur, par une inconséquence très fréquente, considère tantôt comme féminin, tantôt comme masculin. C'est ainsi que, après avoir dit ההתאחדות הפרטית, il dit plus loin יותר נכבד.

(5) L'auteur veut dire qu'on ne donne pas à l'union de la forme universelle avec la matière universelle le nom de *connaissance*, qui est particulièrement réservé à l'union de la forme intelligible avec l'intellect et à celle de la forme sensible avec le sens.

union (celle de la forme universelle avec la matière universelle) a un sens plus élevé que la seconde (celle des formes intelligibles avec l'intellect).

23. Pour comprendre ce sens, il faut que tu saches (1) que la forme environne la matière, comme l'intellect environne l'âme et comme (en général) les substances simples s'environnent les unes les autres; et le Créateur Très-Haut environne la Volonté et tout ce qu'elle renferme en fait de matière et de forme; (il est) sans pareil et rien ne lui ressemble (2).

24. Il faut que tu saches que, bien que la qualité soit au dessus de la quantité, elle ne l'est que pour le sens; mais en réalité elle et la quantité vont de pair, car la couleur et la figure sont nécessaires pour achever le corps, et en outre tous les *genres* (3) se trouvent ensemble (de pair) dans la substance. — Prends ceci pour comparaison, afin de juger par là de l'existence de toutes les formes ensemble dans la matière première; car la matière première portant toutes les formes peut être comparée à l'âme et à l'intellect portant les formes intelligibles, à la substance portant les neuf catégories, et, ce

(1) Littéralement : *ce qu'il faut que tu saches de ce sens, c'est que*, etc., c'est-à-dire, ce qu'il faut que tu saches pour comprendre le sens de l'union dont il vient d'être parlé au paragraphe précédent. Vers. lat. : « sed quod debes scire de hoc intellectu. »

(2) Le texte hébreu et la vers. lat. de ce paragraphe sont également tronqués. Nous avons rétabli le texte hébreu, en partie par certaines traces qu'offre la version latine et en partie par conjecture. Cf. liv. II, § 23, et liv. III, § 42. Voici la vers. lat.: « Sed quod debes scire de hoc intellectu, hoc est quia forma continet materiam sicut intelligentia continet voluntatem et quidquid materiæ et formæ est in ea sine comparatione et exemplo. » Il y a évidemment une lacune entre les mots *continet* et *voluntatem*.

(3) Le mot *genre* a ici le sens de *catégorie*; cf. ci-dessus, pag. 23, note 1, et pag. 48, note 4. Le mot שאר (en ararbe سائر) paraît ici avoir le sens de כל; cependant la vers. lat. le rend par *cætera*.

qui est encore plus clair, à la quantité portant la figure et la couleur.

25. Il faut que l'inférieur soit une *hylé* pour ce qui lui est supérieur, puisque le supérieur est un efficient pour ce qui lui est inférieur. C'est pourquoi les sages ont dit qu'il n'y a que l'intellect premier qui réponde à l'idée de forme (1) véritable, et c'est celui qui est appelé par eux *intellect actif* (2).

26. Plus la forme descend et se corporifie, plus elle sera perceptible pour le sens, comme (par exemple) la couleur, qui, entre (toutes) les formes, est la plus accessible au sens. La figure est plus latente que la couleur, la corporéité l'est plus que la figure, la substance plus que la corporéité, la nature plus que la substance, l'âme plus que la nature, l'intellect plus que l'âme (3). La cause en est que la forme première attachée à la matière première est spirituelle et simple, tandis que la dernière forme est corporelle et composée; entre les deux extrémités, il y a des intermédiaires qui lient les deux extrêmes et les joignent ensemble. Or, plus la forme est rapprochée de la forme première spirituelle, plus elle sera subtile et latente, et, au contraire, plus la forme s'approche de la forme corporelle, plus elle sera épaisse et visible.

(1) L'intellect premier est la forme véritable et absolue; car il n'a rien au dessus de lui à quoi il puisse servir de matière, tandis que les substances simples en général peuvent être considérées tantôt comme *matière*, tantôt comme *forme*, chacune d'elles servant de matière à ce qui lui est supérieur et de forme à ce qui lui est inférieur. A un autre point de vue, l'auteur considère le supérieur comme matière et l'inférieur comme forme, parce que le supérieur, plus universel, est particularisé dans l'inférieur; à ce point de vue c'est la corporéité qui est la forme absolue. Voir ci-dessus, liv. II, § 1, liv. IV, §§ 13 et 14, et cf. le paragraphe suivant.

(2) Plus loin (§ 52) l'intellect actif est désigné comme *intellect troisième*, par rapport à l'intellect *hylique* et à l'intellect *en acte*.

(3) Sur cette gradation, cf. ci-dessus, pag. 21, note 1. Nous y reviendrons dans l'analyse de la *Source de vie*.

27. La preuve que les formes spirituelles sont cachées dans les formes corporelles, c'est que l'âme, occupant (1) avec ses facultés tout le corps, chacune de ses facultés s'attache à la forme qui lui est conforme en subtilité. Car (d'abord) elle sépare la forme de la qualité et de la quantité de celle de la substance; ensuite elle sépare la forme de la substance de celle de la nature, la forme de la nature de celle de l'âme, la forme de l'âme de celle de l'intellect et la forme de l'intellect de la matière première (2). Il faut que tu saches que celui qui connaît bien la différence de ces formes et qui sait distinguer ces substances (3) les unes des autres est arrivé au plus haut degré de connaissance et de jouissance.

28. L'impression de la forme première sur tout (l'être) est *l'existence* (4); car c'est cette forme qui constitue l'essence de toute chose. La forme de l'intellect est la forme qui environne tout ce qui existe, et l'existence de toutes les formes vient de l'existence de la forme de l'intellect.

29. *Définir* la matière universelle et la forme universelle n'est pas chose possible; car il n'y a point au dessus d'elles de *genre* qui puisse servir de principe à leur définition (5). Mais il

(1) Vers. lat.: «Quia anima *latet in corpore* cum viribus suis.» Les mots כי הנפש תחנה הגוף בכחותיה signifient littéralement : *car l'âme, avec ses facultés, assiége le corps* ou *campe dans le corps*.

(2) C'est-à-dire, elle *sépare* ou *distingue* successivement les différentes formes, qui, d'abord corporelles, vont se spiritualisant de plus en plus, ce qui prouve que les formes spirituelles sont cachées dans les formes corporelles.

(3) Vers. lat.: «et cognoverit *actionem* uniuscujusque substantiarum in aliam.»

(4) C'est-à-dire : c'est de l'action exercée par la forme première sur tout l'être que celui-ci reçoit l'existence.

(5) La définition se faisant par le genre et la différence, il s'ensuit que tout ce qui est primitif et simple et qui n'appartient point à un genre ne saurait être défini. Voy. Aristote, *Métaph.*, liv. VIII, chap. 3 et 6; cf. mes notes au *Guide des Egarés*, t. I, pag. 190, et la note suivante.

est possible d'en faire la *description* (1), par les propriétés qui leur appartiennent. Ainsi, la description de la matière universelle, empruntée à ses propriétés, est celle-ci : qu'elle est une substance subsistant par elle-même, portant la diversité, et qui est *une* en nombre (2) ; on peut encore la décrire, (en disant) qu'elle est une substance qui reçoit toutes les formes. La description de la forme universelle est celle-ci : qu'elle est une substance qui constitue l'essence de toutes les formes (3) ; et on

(1) La description (רשם, en arabe رسم) est une définition imparfaite, comme, p. ex., celle qui montre l'antérieur par le postérieur ou celle qui emploie le *propre* ou l'*accident* au lieu de la *différence*. Voy. Aristote, *Topiques*, liv. VI, chap. 4 et suiv.; *Métaph.*, liv. VII, chap. 4 (édit. de Brandis, pag. 133) : Οὐκ ἔσται ἄρα οὐθενὶ τῶν μὴ γένους εἰδῶν ὑπάρχον τὸ τί ἦν εἶναι, ἀλλὰ τούτοις μόνον .... ἀλλὰ λόγος μὲν ἔσται ἑκάστου καὶ τῶν ἄλλων τί σημαίνει, ἐὰν ᾖ ὄνομα ὅτι τόδε τῷδε ὑπάρχει, ἢ ἀντὶ λόγου ἁπλοῦ ἀκριβέστερος· ὁρισμὸς δ'οὐκ ἔσται οὐδὲ τὸ τί ἦν εἶναι, κ. τ. λ. Cf. *Guide des Égarés*, pag. 191, note. Ibn-Roschd, dans son *Abrégé de l'Organon* (livre de la *Démonstration*, chap. des définitions), dit, en parlant des définitions : واما التى تأتلف من الاشياء المتأخرة فهى احرى ان تسمّى رسوما « Quant à celles pour lesquelles on emploie les choses *postérieures*, il convient plutôt de les nommer *descriptions*.» Voy. aussi Maïmonide, *Abrégé de logique*, chap. 10.

(2) Cf. ci-dessus, liv. I, § 6.

(3) Dans l'original, reproduit par le traducteur latin, le Disciple fait ici une objection, en demandant comment la forme universelle peut être appelée *substance*, puisqu'elle est *portée* par la matière (de sorte qu'elle devrait plutôt être considérée comme un *accident*). Voici en substance la réponse du maître : En effet, elle est *accidentelle*, lorsqu'on la considère comme portée par la matière, mais en elle-même on peut à bon droit la qualifier de *substance*. L'accident n'est pas seulement accident parce qu'il est *porté*, mais parce qu'il disparaît complétement quand il est séparé de la chose qui le porte, tandis que la forme est indestructible. A la vérité, la forme ne subsiste pas par elle-même et on ne peut se figurer son existence que jointe à la matière ; mais, quoiqu'elle ne puisse pas exister

peut aussi la décrire, (en disant) qu'elle est la science essentiellement parfaite et la lumière pure.

30. Les substances simples n'ont pas de *pourquoi* (1) en dehors de leur essence; mais elles ont un *pourquoi* qui est identique avec leur essence (2), car elles sont simples et *unes* (3). C'est pourquoi on dit de la matière première, de la forme

en acte sans la matière, elle peut cependant, dans notre idée, être séparée de la matière comme chose *en puissance* (cf. liv. IV, § 32), tandis que le véritable accident ne peut pas même dans l'idée être considérée comme existant par lui-même.

(1) C'est-à-dire, elles n'ont pas de *cause finale*. Le mot למות est un nom abstrait, dérivé de l'adverbe למה, *pourquoi;* ce terme correspond au οὗ ἕνεκα ou au διότι d'Aristote (cf. ci-dessus, liv. II, § 17). — Le but de ce paragraphe est d'exposer dans quel sens on peut dire des substances simples qu'elles ont une cause finale. Dans l'original arabe cet exposé était précédé d'une question du disciple que la vers. lat. rend en ces termes : « Jam audivi sæpe dici quod non invenitur in substantiis simplicibus quæstio qua re sint sed potius quæstio an sint et quid sint et qualiter sint; quomodo ergo potest esse per hoc quod de materia prima et forma prima quæratur qua re sint ? »

(2) Le ms. hébreu porte : אלא שיש למות היא בעינה ועצמה דבר אחד, ce qui signifie littéralement : *mais il y a un pourquoi qui est proprement et essentiellement une seule et même chose.* Cette leçon n'offrant pas de sens convenable, nous avons cru devoir substituer אלא שיש להם למות היא ועצמם דבר אחד. La vers. lat. exprime une leçon différente, qui est corrompue et incertaine. Mais les mots חוץ לעצמם (vers. lat. : *extra suam essentiam*), qui précèdent, paraissent justifier la leçon que nous avons adoptée.

(3) Le ms. hébreu porte . כי היא פשוטה,אחדותית; ces mots mis au féminin singulier ne peuvent grammaticalement se rapporter qu'à למות, ce qui n'offre pas de sens. Nous croyons qu'il y avait dans le texte arabe لانها بسيطة وحدانية, et que ces mots se rapportent aux *substances simples.* C'est sans doute par inadvertance que le traducteur hébreu a mis comme en arabe le singulier féminin, tandis qu'il devait mettre le pluriel masculin. La vers. lat. porte : « quia simplices unitates. »

première, et en général de toutes les substances simples, que leur *être* n'a pas de cause, si ce n'est le Très-Haut, qui les a créées; car la quatrième cause, qui est le *pourquoi*, est en dehors de l'essence de ce dont elle est cause [1], et il n'y a en dehors des substances simples autre chose, si ce n'est le Très-Haut, qui les a créées [2]; c'est pourquoi on dit (aussi) qu'elles ont une existence perpétuelle, à cause de la perpétuité du Créateur. Je te donnerai à ce sujet un principe général suffisant, que tu pourras prendre pour règle. Je dirai donc que l'être, depuis son extrémité supérieure jusqu'à son extrémité inférieure, occupe quatre degrés (différents), qui sont : le *que* [3], le *quoi*, le *comment* et le *pourquoi*. Le (degré)

(1) Littéralement : *en dehors de l'essence de la chose causée* ou *de l'effet*. Vers. lat. : « quia causa *efficiens* est extra essentiam causati. » Cette version n'est pas exacte, puisque l'auteur parle expressément de la *quatrième cause*, qui est la *cause finale*.

(2) C'est-à-dire : les substances simples (qui, comme l'auteur l'a souvent répété, se trouvent à l'extrémité supérieure de l'être) environnent et embrassent tout; tout, par conséquent, est *dans* elles, et il n'y a en dehors d'elles que Dieu. Ainsi, c'est Dieu seul qui est leur cause finale, comme elles sont elles-mêmes la cause finale (intermédiaire) de ce qui est au dessous d'elles.

(3) Littéralement : *L'être* (ou *l'existence*) *qu'on appelle en arabe* ANNIYYA. Le traducteur hébreu s'est servi de cette paraphrase, n'ayant pu trouver de mot hébreu propre à rendre le terme arabe أنّيّة. Ce terme désigne la *pure existence;* c'est là ce dont on s'enquiert de prime abord en examinant une chose; c'est le ὅτι ἐστί ou le εἰ ἔστι qu'Aristote met à la tête des objets que l'intelligence a en vue dans toute science (voy. *Derniers Analytiques*, liv. II, chap. 1). Il faut faire venir le terme arabe de la conjonction أَن (ou أَنَّ), *que*, ὅτι, et prononcer *Anniyya*. Dans mes notes sur le *Guide des Égarés*, t. I, pag. 241, j'ai exposé plus amplement le sens de ce terme, que j'ai rendu par *le que* (*quoddité*). La vers. lat. exprime ce terme par la question *an est* (εἰ ἔστι), ar. هل هو. Et ce même sens est indiqué expressément par Ba'hya dans son célèbre traité des *Devoirs des cœurs* (liv. I, chap. 4), où il est également parlé des quatre

supérieur est le *que* qui n'a ni *quoi*, ni *comment*, ni *pourquoi* (1), et c'est l'*un* véritable, le Très-Haut ; au dessous

questions dont il s'agit ici : « Dans toute chose, dit-il, dont on cherche la connaissance, il faut, si son existence elle-même est douteuse, demander d'abord *si* elle est (εἰ ἔστι), ou non ; son existence étant avérée, on recherche ensuite *ce qu'*elle est, *comment* elle est, et *pourquoi* elle est. Quant au Créateur, on ne peut poser à son égard que la seule question *s'il est;* et, après avoir établi son existence au moyen de la spéculation, nous recherchons s'il est *un* ou plus d'*un*, etc. » Nous donnons le texte arabe de ce passage d'après le ms. nº 201 de l'ancien fonds hébreu :

כל מטלוב עלמה אדא כאן משכוכא פי וגודה פיסאל ענה הל הו מוגוד אם לא ואדא צח וגודה פיבחת ענה במא הו וכיף הו ולם הו ואמא אלכאלק תעאלי פלא יגוז אלסואל ענה אלא בהל הו פקט פאדא צח וגודה בטריק אלנטר בחתנא ענה הל הו ואחד או אכתר מן ואחד ·

Nous citerons encore un autre auteur arabe qui parle plus explicitement de ces quatre questions ; voici comment s'exprime Isaac Israïli au commencement de son célèbre *Traité des Fièvres :* « Celui, dit-il, qui fait une recherche quelconque doit d'abord examiner quatre choses : 1° l'*être* de la chose cherchée, savoir *si* elle existe, ou non ; 2° la *substance* et l'essence de la chose, ou *ce qu'*elle est ; 3° les *qualités*, qui s'y rattachent et lui sont particulières, ou *comment* elle est ; 4° la *cause*, qui achève et rend nécessaire son être, etc. » On voit que le terme *Anniyya* désigne la *pure existence* et exprime *que* la chose est ou *si* la chose est (ὅτι ἐστί, εἰ ἔστι) ; sachant *que* la chose est, on recherche ensuite *ce qu'*elle est (τί ἐστι), *comment* elle est (πῶς ἐστι) et *pourquoi* elle est (διότι, οὗ ἕνεκα). Cette dernière question embrasse à la fois les *quatre causes*. Cf. Aristote, l. c., chap. 7 et suiv. ; Traité *de l'Ame*, liv. II, chap. 2 ; *Métaph.*, liv. VII, chap. 3, 4 et suiv.

(1) C'est-à-dire, l'*être* pur et simple, qui n'a ni *quiddité*, ni *qualité*, ni *cause finale*, et auquel s'applique seulement la question *si* (il est). Le mot מציאות remplace sans doute ici le mot arabe انية, et doit être rendu par *le que*. — Maïmonide, à l'exemple d'Ibn-Sînâ, insiste également sur ce point que, dans Dieu, l'*existence* et

est le *quoi* qui n'a ni *comment*, ni *pourquoi* (1), comme l'intel-

la *quiddité* sont une seule et même chose et ne sauraient être séparées l'une de l'autre, et que Dieu ne pouvant être défini, on ne saurait lui donner aucun attribut indiquant sa quiddité. Voy. ma traduction du *Guide des Égarés*, t. I, pag. 232, 241 et 242. — Al-Gazâli, qui a également énoncé (d'après Ibn-Sînâ) cette proposition des philosophes : « que Dieu est l'*être sans quiddité* », dit que c'est là une chose insaisissable pour nous, parce que nous ne pouvons saisir de l'être divin, et seulement par approximation, que ce qui a quelque analogie avec notre propre être. Voici comment il s'exprime dans son *Mâkâcid al-Falâsifa* (à la fin du IIIe livre de la *Métaphysique*) ; nous citons la version hébraïque :

ואם כן אם היה הראשון ענין אין לו דומה בך הנה אין דרך לך אל הבנתו כלל וזה שהוא עצמותו כי הוא מציאות בלי מהות הוא מעין כל מציאות וכאשר אמרת איך יהיה מציאות בלי מהות הנה אי אפשר לנו שנשא לו משל מנפשך ואי אפשר לך אם כן הבנה המציאות בלי מהות ואמתת עצמות הראשון ויחודו הוא שהוא נמצא בלי מהות נוסף וישותו ומהותו אחד וזה אין לו דומה במה שזולתו כי מה שזולתו עצם או מקרה והוא אינו עצם ולא מקרה וכול׳ ·

« Si donc l'être premier est quelque chose qui n'a point d'analogue dans toi, tu n'as aucun moyen de le comprendre. Or, ce qui le caractérise particulièrement, c'est qu'il est un *être sans quiddité*, source de tout être. Si donc tu demandes : Comment y a-t-il un *être sans quiddité ?* il nous est impossible de t'en donner un exemple tiré de ton propre être ; et, par conséquent, il te sera impossible de comprendre ce que c'est que l'*être sans quiddité*. Et cependant, la véritable idée (qu'il faut te faire) de l'être premier et de son unité, c'est qu'il existe, sans qu'une *quiddité* soit ajoutée (à son être), et que son *être* et sa *quiddité* sont une seule et même chose. Il n'a en cela aucune analogie avec ce qui est en dehors de lui ; car ce qui est en dehors de lui est substance ou accident, tandis qu'il n'est, lui, ni substance ni accident, etc. »

(1) C'est-à-dire, l'être qui a la quiddité, mais qui n'a ni qualité ni cause finale. L'intellect, étant le lieu général des formes et n'ayant pas de forme particulière à lui (voir ci-dessus, §§ 16 et 21, et liv. II, § 7), n'a pas non plus de qualité. La qualité, comme quelque chose d'*accidentel* ne convient pas à l'intellect qui est d'une

lect ; au dessous est le *quoi* qui a le *comment* (1), comme l'âme ; (enfin) au dessous est le *quoi* qui a le *comment* et le *pourquoi* (2), comme la nature et ce qui naît (3). Chacun d'eux (4) est rangé selon l'ordre du nombre (auquel il correspond) : le *que* occupe le rang du (nombre) *un*, car il est le simple *être;* le *quoi* occupe le rang du (nombre) *deux*, car il est composé de deux choses, qui sont le genre et la différence ; le *comment* occupe le rang du (nombre) *trois*, car il est porté par l'essence du *quoi* et se joint à lui ; le *pourquoi* occupe le rang du (nombre) *quatre*, car il se joint au *comment*, au *quoi* et au *que*. qui sont trois (5).

31. (Sous un autre rapport) on peut distinguer dans l'être

perfection absolue (cf. liv. III, § 30). D'ailleurs aucun des quatre genres de la catégorie de la *qualité*, énumérés par Aristote (*Catégories*, chap. 8), ne s'applique à l'intellect.

(1) C'est-à-dire, l'être qui a quiddité et qualité. Ce passage manquait dans notre ms., et nous avons dû compléter le texte, d'après la vers. lat., qui porte : « et infra hanc autem est id de quo queritur quid est, quale est, sicut anima. »

(2) C'est-à-dire, l'être qui a quiddité, qualité et cause finale. L'intellect et l'âme n'ont pas d'autre cause finale en dehors de leur propre essence que l'agent premier ou Dieu ; mais la *nature* a sa cause finale dans l'âme. Cf. Aristote, Traité *de l'Ame*, liv. II, chap. 4 (§ 5) : *φανερὸν δ' ὡς καὶ οὗ ἕνεκεν ἡ ψυχὴ αἰτία· ὥσπερ γὰρ ὁ νοῦς ἕνεκά του ποιεῖ, τὸν αὐτὸν τρόπον καὶ ἡ φύσις, καὶ τοῦτ' ἔστιν αὐτῇ τέλος· τοιοῦτον δ'ἐν τοῖς ζῴοις ἡ ψυχὴ κατὰ φύσιν, κ. τ. λ.*

(3) C'est-à-dire, tout ce qui est soumis à la naissance (*γένεσις*) et à la destruction (*φθορά*). Vers. lat. : « generata *ex ea.* »

(4) C'est-à-dire, chacun de ces quatre êtres.

(5) Ces considérations sur les nombres diffèrent un peu de ce que l'auteur a dit plus haut (liv. IV, § 19), où l'intellect (que l'auteur vient de mettre en rapport avec la *quiddité*) est dit représenter la *monade*, tandis qu'ici la quiddité représente la *dyade*. Certains auteurs arabes, en exposant la philosophie des nombres de Pythagore, lui attribuent diverses considérations analogues à celles

des classes plus générales [1], qui sont : le *nécessaire*, le *possible* et l'*impossible*. Le nécessaire est l'*un* agent, le Très-Haut ; le possible est tout être objet de son action ; l'impossible est la *privation* de l'être et sa cessation.—Le nécessaire est (aussi) le principe (agent) invariable. Le possible en est le contraire ; et c'est pour cela, il me semble, qu'il est passif et variable, car c'est là la nature du possible en lui-même. On a donc eu raison, d'après cette considération, d'appeler la matière première une *possibilité* [2]. Puis donc que l'un, agent premier, est le *nécessaire*, il n'est qu'*un* [3], et, puisque l'objet de son action

que l'on trouve dans cet ouvrage ; selon eux, Pythagore aurait également mis en rapport les nombres *deux*, *trois* et *quatre* avec les substances simples appelées l'*intellect*, l'*âme* et la *nature*. Schahrestâni, après avoir exposé les doctrines de Pythagore relatives aux quatre premiers nombres, ajoute ce qui suit : « Ce sont là, dit-il, les racines des êtres. Composant ensuite le nombre avec la chose nombrée et la mesure avec la chose mesurée, il dit : La chose nombrée qui renferme une *dyade* et qui est la racine et le principe des choses nombrées, c'est l'*intellect*, qui peut être considéré à deux points de vue : d'abord par rapport à lui-même, car en lui-même il est d'une existence *possible ;* ensuite par rapport à son Créateur, par lequel il est d'une existence *nécessaire*. Il correspond, par conséquent, au nombre *deux*. La chose nombrée qui renferme une *triade*, c'est l'*âme*, parce qu'aux deux points de vue il s'en joint un troisième. La chose nombrée qui renferme une *tetrade*, c'est la *nature*, parce qu'aux trois (points de vue) il s'en joint un quatrième. » Schahrestâni, *Traité des Sectes religieuses et philosophiques*, texte ar., pag. 268 (trad. all., t. II, pag. 102).

(1) Littéralement : *L'être est rangé sur des degrés plus généraux que ceux-là*.

(2) Cf. ci-après, § 68.

(3) C'est-à-dire : il est l'*un* absolu. Ce passage, qui manque dans le ms. hébreu, se trouve dans la vers. lat. et dans le *Moré ha-Moré*. Vers. lat. : « *Disc.* Quam magnum quid intellexi per te ex hac dictione ; quia, *postquam unus factor primus est necessarius, tunc ipse est unus tantum*, et quia patiens est possibile, etc. » Cf. *Moré ha-Moré*, à la fin de la première partie, pag. 63.

est le *possible*, il faut que (celui-ci) ne soit pas toujours le même, mais qu'il soit une chose et une autre ; il faut donc qu'il soit (à la fois) ce qui porte et ce qui est porté (1).

32. Dans la diversité de la matière et de la forme, il y a une preuve pour (l'existence de) la Volonté, puisqu'il appartient à la Volonté de faire la chose et son opposé. — Si la forme est manifeste et la matière latente, la cause en est, dans les choses intelligibles, que la forme de l'intellect et les formes des choses intelligibles se rencontrent ; car toutes les formes sont en face les unes des autres dans la matière, comme les hommes sur un champ de bataille (2). Dans les choses sensibles, (la cause en est) que les formes sont corporelles et que la matière est spirituelle en comparaison des formes portées par elles ; ensuite, c'est parce que la matière se revêt (de la forme) et que la forme la revêt ; ou encore, parce que la matière ressemble au non-être et la forme à l'être ; ou bien, parce que la matière est *en puissance*, tandis que la forme est *en acte* car la matière ne devient parfaite et n'a d'existence que par la forme, et c'est pourquoi elle se meut d'abord pour la recevoir, c'est-à-dire pour se perfectionner.

33. Comme la forme est l'unité, objet de l'action de l'unité première qui tient tout et qui fait tout subsister (3), et comme il appartient aussi à l'unité d'unir la chose et de la relier de

(1) C'est-à-dire, qu'il soit, sous un rapport *substratum*, et sous un autre, ce qui est porté par le substratum. Cf. ci-dessus, liv. II, § 1.

(2) Vers. lat. : « .... in intelligibilibus, propter applicationem formarum intelligibilium rerum et conjunctionem earum in materia, sicut viri ad *gymnasium*. » Le texte arabe portait peut-être في الميدان

(3) Le participe והקמה a ici le sens transitif : c'est un arabisme que le traducteur hébreu a imité, car l'original avait probablement والقائمة بالكل. Cf. ci-dessus, pag. 75, note 1. Dans le *Moré ha-Moré* (I, 12, pag. 50), Ibn-Falaquéra, en citant ce même passage, traduit les mots en question par והמעמדת הכל, ce qui est plus clair. Vers. lat. : « quæ totum retinet et *in qua totum existit*. »

manière qu'elle ne puisse pas se multiplier et se diviser, il faut nécessairement qu'elle (la forme) tienne la matière. Mais la matière, à laquelle il appartient de se multiplier et de se diviser, a besoin d'être unie par l'unité, et il faut qu'elle soit retenue et réunie.

34. Dans la connaissance du Créateur Très-Haut, la forme était d'abord isolée, et ensuite elle a été composée avec la matière; mais cela s'est fait sans (l'intervention du) temps. Pour avoir une idée de la matière et de la forme existant séparément dans la connaissance de Dieu, on peut prendre pour comparaison la forme spirituelle, considérée comme existant dans l'âme et qui ensuite s'unit avec la matière et passe *à l'acte;* ou bien, cette même forme existant dans l'intellect et qui ensuite passe dans l'âme et s'unit avec elle (1). Seulement, la forme qui existe dans la connaissance de l'Éternel passe de la puissance à l'acte sans (l'intervention du) temps; c'est pourquoi elle n'est pas, pendant un seul clin d'œil, exempte de la matière, tandis qu'il n'en est pas ainsi de la forme qui sort de l'âme.

35 La jonction de la matière et de la forme peut se comparer à la manière dont la lumière s'attache à l'air, la couleur au corps (physique), l'âme au corps (humain), l'intellect à l'âme, le sens au sensible et l'intellect à l'intelligible (2). C'est pourquoi on dit que tout naît de la connaissance de Dieu, lequel regarde et environne les choses (3).

36. Il a été dit que la substance de l'intellect a un terme

(1) Ce passage a été complété d'après la vers. lat. : « Exemplum hujus est esse formæ spiritualis in intellectu in anima, deinde unitur cum materia et exit ad effectum; similiter hæc forma est in intelligentia et postea exit ad animam et unitur cum ea. »

(2) Cf. ci-dessus, § 7. — La vers. lat. ajoute : « Similiter etiam exemplificabitur ejus exitus de potestate in effectum per deprehensionem sensûs ad sensatum et intellectûs ad intellectum. »

(3) Vers. lat.: « et per intuitum ejus et *præceptum et similia.* »

aux deux extrémités [1] : elle a un terme du côté supérieur, parce que la Volonté est au dessus d'elle ; elle a un terme du côté inférieur, parce que la matière *hylique* est hors de son essence. Toutes les substances simples ont un terme par le haut, mais elles n'en ont pas par le bas, parce qu'elles se succèdent (sans interruption) les unes aux autres, étant spirituelles et simples [2] ; mais la matière *hylique*, étant épaisse et corporelle, se trouve à cause de cela hors de l'essence de l'intellect ; c'est pourquoi on a dit que l'intellect et toutes les substances simples ont un terme de ce côté, c'est-à-dire, que (ces substances) sont distinctes de la corporéité qui affecte la matière *hylique*, car la distinction implique le terme.

37. La matière n'*existe* que par la forme, car l'existence (vient) du côté de la forme ; c'est pourquoi la matière se meut pour recevoir la forme, afin de sortir de la douleur du non-être (et d'arriver) au plaisir de l'être. Mais la matière peut exister dénuée de certaines formes ; car une partie de la matière est dénuée de la forme spirituelle, non pas de cette forme première qui constitue l'essence de la matière première, mais de la seçonde, qui constitue l'essence des substances simples [3]. De même on trouve qu'une partie de la matière corporelle est dépouillée de certaines formes et revêtue de certaines autres.

38. Il faut considérer la matière comme ayant deux ex-

(1) Cf. ci-dessus, liv. III, § 10 et § 39

(2) C'est-à-dire : les substances simples, considérées chacune en elle-même, ont un terme par le haut, parce que chacune est limitée par celle qui la précède comme cause efficiente, de même que la Volonté les limite toutes ; mais elles n'ont pas de terme par le bas, parce que toutes elles émanent sans interruption les unes des autres.

(3) La vers. lat. diffère du sens qu'exprime notre traduction : « et *non habet* primam formam constituentem essentiam materiæ primæ, *sed secundam* quæ constituit essentiam substantiarum simplicium. » Ceci me paraît un contresens ; il faudrait dire *non caret primâ formâ* etc., *sed secundâ* etc.

trémités, l'une montant à la limite de la création — c'est-à-dire, jusque là où commence l'union [1] de la matière et de la forme —, l'autre descendant à la limite de la *cessation* [2]. Figure-toi la partie qui est au dessus de la sphère céleste (revêtue) d'une forme spirituelle, et figure-toi cette spiritualité, à mesure qu'elle monte, ayant plus d'unité et de simplicité, jusqu'à ce qu'elle arrive à la limite de la création; et de même tu te figureras ce qui est au dessous de la limite de la sphère céleste (revêtu) d'une forme corporelle, et tu verras que (la forme), à mesure qu'elle descend, est plus corporelle, jusqu'à ce que la corporéité arrive à la limite de la cessation [3].

39. La matière n'est qu'*une*, et la diversité n'est que dans la forme [4]. Et, si tu cherches à te figurer la substance spirituelle (sans la substance corporelle), tu reconnaîtras qu'elle est à la substance corporelle [5] comme la lumière est à

(1) Littéralement : *jusqu'à la limite de l'attachement de la matière à la forme.*

(2) C'est-à-dire, à l'extrémité inférieure où la forme s'*arrête*. Cf. ci-dessus, liv. IV, § 29.

(3) Cf. ci-dessus, liv. II, § 1.

(4) Cf. ci-dessus, liv. IV, § 1.

(5) La leçon est ici incertaine. Le ms. porte : כי יחם העצם הגשמי, *car le rapport de la substance corporelle*, où évidemment il manque quelques mots; la vers. lat. porte : « et scires quod substantia corporalis *talem habet comparationem ad eam* (sc. substantiam spiritualem) qualis est comparatio luminis ad aërem. » Cette version ne saurait être exacte; car la comparaison n'est pas juste, et il faut au contraire comparer la substance spirituelle à la lumière et la substance corporelle à l'air (cf. ci-dessus, liv. III, § 15). C'est donc dans ce sens que nous avons rectifié le texte en écrivant : כי יחסו אל העצם הגשמי, *car son rapport* (c.-à-d., le rapport de la substance spirituelle) *est à la substance corporelle*, etc. Une autre variante nous est fournie par le *Moré ha-Moré* (III, 14, pag. 122), où notre passage est cité en ces termes : ויחס העצם הגופני אל הרוחני כיחס הגוף אל האויר, *car la substance cor-*

l'air. — Si tu demandes : Comment (me figurer) cela ? — Il faut abstraire ton intelligence de la substance corporelle, te plonger entièrement dans la substance spirituelle, t'arrêter à la limite de la création, c'est-à-dire là où commence l'union de la matière avec la forme, et ensuite retourner ta pensée vers le bas ; alors tu reconnaîtras la vérité de ce que j'ai dit de la petitesse de la substance corporelle auprès de la grandeur de la substance spirituelle. Et s'il t'est possible de mesurer (1) la substance spirituelle créée — je veux dire la matière spirituelle unie à la forme — et de la comparer à la source d'où vient l'émanation, c'est-à-dire à la Volonté, alors tu verras la substance corporelle encore plus petite. — Tu peux prendre pour comparaison le ciel et la terre ; car, si dans ta pensée tu te tiens à la première limite du ciel supérieur, plongeant le regard sur la terre, la terre, qui est dans le milieu (de la sphère) du ciel, te semblera être, auprès du ciel, comme un point sans dimension, bien qu'elle soit grande ; et de même, si dans ton intelligence tu t'arrêtes à la première limite (2) de la

porelle est à la substance spirituelle comme le corps est à l'air. Cette leçon, que présentent aussi tous les ms. du *Moré ha-Moré*, n'offre pas de sens satisfaisant.

(1) Le mot יחס doit être considéré ici comme infinitif ou *nom d'action*, comme un peu plus loin צרופו ; ces deux mots se lient ensemble. Le sens est : Si tu pouvais mesurer le *rapport* et la *relation* de la substance spirituelle à la Volonté, tu serais convaincu qu'auprès de cette dernière la substance spirituelle elle-même est peu de chose, et, par conséquent, tu trouverais la substance corporelle encore bien plus petite.

(2) Vers. lat. : « si cogitaveris intellectu *ultimum* terminum spiritualem, etc. L'auteur veut parler de la limite supérieure de la substance spirituelle. Si l'esprit se place à ce point supérieur de l'être, il plane à la fois au dessus de la terre et au dessus de la sphère céleste, qui est la limite inférieure de la substance spirituelle et où commence la nature ; il doit alors reconnaître que toute la substance corporelle (c.-à-d. le ciel et la terre ensemble) est à la substance spirituelle comme la terre est au ciel, et que ce rapport

substance spirituelle, tu verras que la substance corporelle est à la substance spirituelle, ou plutôt [1] que l'une et l'autre sont à la Volonté, comme la terre est au ciel. — Tu ne dois donc pas éprouver de l'embarras, si (parfois il te semble que) le supérieur est au dessous de l'inférieur ; car le haut et le bas n'existent que pour nous et par rapport à nous, et ne s'adaptent qu'à un atome de l'être, qui est le centre [2]. Mais la substance spirituelle est une, et ses parties jointes ensemble s'enveloppent les unes les autres ; elle subsiste dans la connaissance de Dieu et dans sa puissance, qui environne tout.

40. Je vais te donner (encore) une indication succincte pour t'aider à mieux comprendre : Arrête-toi, par ton intelligence, à la limite de la création, je veux dire là où commence l'union de la matière avec la forme, et figure-toi une substance n'ayant ni commencement ni fin, et c'est là la substance du Créateur. Figure-toi ensuite tout l'être spirituel et corporel existant dans elle, comme tu te figurerais une chose quelconque existant dans l'âme. Alors tu verras que la faculté du Créateur [3] existe dans tout être, et tu verras aussi que la faculté et l'essence de ce qui est supérieur d'entre les êtres existent dans ce qui lui est inférieur ; (et ainsi de suite) jusqu'à l'extrémité inférieure, qui est la limite de la cessation [4]. Et ainsi tu te formeras une idée de la manière dont la matière et la forme s'étendent avec continuité de haut en bas.

est encore celui de tout l'être (y compris la substance spirituelle) à la Volonté.

(1) Le mot אבל a ici le sens de la particule arabe بل. La vers. lat. diffère un peu de notre texte ; elle porte : « videbis quod comparatio substantiæ corporalis et spiritualis ad voluntatem sic est ut comparatio terræ ad cœlum. »

(2) Le texte porte העצם, *la substance*, ce qui ne me paraît pas intelligible ; j'ai cru devoir substituer המרכז, *le centre*. Tout ce passage jusqu'à la fin du paragraphe manque dans la vers. lat.

(3) Cette *faculté* ou *force* (virtus), c'est la *Volonté*. Cf. § 62.

(4) Cf. ci-dessus, § 38.

41. La matière est établie dans la connaissance divine comme la terre est établie dans le milieu du ciel ; la forme brille sur elle et s'y plonge comme la lumière du soleil brille [1] sur l'air et sur la terre et s'y plonge. On appelle cette forme *lumière*, parce que la *parole* [2], de laquelle est émanée la forme, est une lumière, c'est-à-dire une lumière intelligible, et non pas une lumière sensible ; ou bien, parce qu'il est de la nature de la lumière de découvrir la forme de la chose et de la faire voir après qu'elle est restée cachée, et que de même la forme, lorsqu'elle s'attache à la matière, fait voir la chose après qu'elle est restée cachée, de sorte que c'est par elle que (la chose) existe.

42. On dit que la matière est le *lieu* de la forme, ce qui veut dire qu'elle la porte et que (la forme) est portée par elle ; de même on dit encore que la Volonté est un *lieu* pour les deux ensemble ; et ce qu'il faut entendre par là, c'est que chacune d'elles a besoin de la Volonté pour exister et pour durer. Mais le *lieu* proprement dit [3] est un accident qui prend naissance à l'extrémité inférieure de la forme.

(1) הַזְהֵר, *briller*, est un infinitif qu'il faut considérer comme étant mis à l'accusatif et gouverné par le participe מזהרת ; c'est une construction arabe, imitée par le traducteur hébreu. — La vers. lat. n'exprime qu'un seul verbe : « et quod forma *diffusa* est super eam sicut *diffusio* luminis solis per aërem. »

(2) C'est-à-dire, le *Verbe divin* (λόγος), ou la *Volonté*. Cf. ci-après, §§ 56, 57 et 71. Les anciens commentateurs juifs expliquent généralement la *parole* de la Création dans le sens de *Volonté*; cf. Maïmonide, *Guide des Égarés*, t. I, chap. LXV, pag. 292.

(3) Littéralement : *le lieu véritable ;* par ces mots l'auteur désigne sans doute l'*espace*, qui, dit-il, prend naissance à l'extrémité inférieure de la forme, c'est-à-dire là où commence le monde de la nature, ou l'univers ; car la Volonté et les substances simples sont en dehors de l'*espace*. La vers. lat. diffère un peu de notre texte : « sed locus verus est attributus, in intellectu, extremo inferiori formæ. » — Sur l'ensemble de notre paragraphe, cf. ci-dessus, § 21, et liv. II, §§ 21-25.

43. Il est impossible que la matière précède la forme, ou la forme la matière ; et comment se pourrait-il que l'une précédât l'autre, puisqu'elles ne sont pas séparées pendant un seul clin d'œil, mais qu'elles sont liées ensemble? — Ensuite la matière n'a pas, par elle-même, d'existence *formelle*, c'est-à-dire *en acte*, mais elle n'existe que par la forme ; il s'ensuit donc que son existence n'a lieu que par celle de la forme.

44. Ce qui lie la matière et la forme, ce qui les joint ensemble et les tient unies, c'est l'unité (1) qui est au dessus d'elles ; car l'union de la matière et de la forme est (l'effet de) l'impression que cette unité fait sur elles (2). Or, comme il n'y a pas d'intermédiaire entre (les nombres) *un* et *deux*, tu sauras de même qu'il n'y a pas d'intermédiaire entre l'*unité* (d'une part) et la *matière* et la *forme* (d'autre part) (3). La preuve que c'est l'unité qui ordonne (4) la matière et la forme, c'est la forte union de la matière et de la forme à la limite de la création — c'est-à-dire là où l'union commence —, sa stabilité et sa permanence, en raison de sa proximité de la source de l'unité, et, au contraire, sa multiplicité, sa division, sa séparation et son peu de stabilité et de permanence à la limite de la *cessation* — c'est-à-dire à la fin de la substance —, et cela à cause de son éloignement de la source de l'unité. En cela donc il y a une preuve que c'est l'unité qui retient tout et qui porte tout.

45. Si la faculté de l'unité varie en force et en faiblesse, et si au commencement elle unit l'être d'une manière parfaite (5) et le retient avec une force extrême, tandis qu'à la fin le contraire

(1) Vers. lat. : « hoc est *voluntas* quæ est superior illis. »

(2) Peut-être faut-il lire אמנם הוא מרשום האחדות בהם ; vers. lat. : « non est nisi ex impressione unitatis in illis. »

(3) Cf. ci-dessus, liv. IV, à la fin du § 8.

(4) המסדר est la traduction du mot arabe المرتبة, *celle qui range*, *dispose ;* vers. lat. : « quod unitas *ordinatrix*, etc. »

(5) Littéralement : *d'une union extrême.*

a lieu, c'est à cause de la diversité de la matière. Le mouvement que fait la matière pour recevoir la forme ressemble au mouvement que fait l'âme dénuée de connaissance pour chercher cette connaissance et pour la recevoir; et, lorsque la forme de cette connaissance s'attache à l'âme et s'y établit, l'âme devient par là *connaissante*, c'est-à-dire elle porte la forme de cette connaissance. De même, lorsque la forme s'attache à la matière, celle-ci devient par là *formée*, c'est-à-dire elle porte la forme [1].

46. La cause qui fait que la matière se meut pour recevoir la forme, c'est le désir qu'a la matière d'atteindre le bien et la jouissance en recevant la forme On peut en dire autant du mouvement de toutes les substances, je veux dire que le mouvement de toutes les substances (se fait) pour l'unité. En voici l'explication : tout être désire se mouvoir pour atteindre quelque chose de la perfection de l'être premier [2]; mais les mouvements des êtres sont divers selon la diversité de leurs degrés, en fait de proximité et de distance; car, à mesure que la substance est plus rapprochée de l'être premier, elle atteint plus facilement la perfection, et à mesure qu'elle en est éloignée, elle n'atteint la perfection que par un mouvement lent, ou par plusieurs mouvements et en plusieurs temps, et, si (la

(1) L'auteur veut expliquer ici comment il arrive que l'*unité* de la matière et de la forme, qui est si forte au commencement, ou, comme il s'exprime plus haut, à la limite de la création, passe au multiple et se multiplie de plus en plus à mesure qu'on descend à l'autre extrémité ou à la limite de la cessation. C'est que d'abord la matière ressemble à l'âme qui cherche la connaissance, mais cette ressemblance n'existe plus dès que la matière a reçu la forme universelle, et son mouvement devient plus lent.—Il achève sa pensée dans le paragraphe suivant.

(2) Cf. Aristote, *Metaph.*, liv. XII, chap. 7: τὸ ὀρεκτὸν καὶ τὸ νοητὸν κινεῖ οὐ κινούμενα· τούτων τὰ πρῶτα τὰ αὐτά. ἐπιθυμητὸν γὰρ τὸ φαινόμενον καλὸν, βουλητὸν δὲ πρῶτον τὸ ὂν καλόν.

distance) augmente encore, son mouvement s'arrête. Tu peux prendre pour exemple le ciel et la terre (1).

47. La preuve que le mouvement de tout ce qui se meut ne se fait que vers l'unité et pour l'unité, c'est que tout ce qui se meut ne se meut que pour recevoir la forme, et la forme n'est autre chose que l'impression de l'unité. L'unité, c'est le bien; et, par conséquent, le mouvement de toutes choses ne se fait que pour le bien, qui est l'unité. Une autre preuve de cela, c'est qu'aucune des choses qui existent ne désire être multiple, mais elles désirent toutes être *un;* et, par conséquent, leur désir à toutes se porte vers l'unité.

48. Puisque, par *désir* et *amour*, on entend nécessairement la tendance à s'attacher à l'objet aimé et à s'unir à lui, et que la matière aspire à s'attacher à la forme, il s'ensuit que son mouvement se fait à cause de l'amour (qu'elle a) pour la forme et du désir (qui l'attire) vers elle. On peut en dire autant de tout ce qui se meut pour chercher une forme.

49. Tu me diras : Si le mouvement de la matière pour recevoir la forme ne se fait que par son désir (qui l'attire) vers l'être premier, il faut alors qu'il y ait une similitude entre les deux; car le désir et l'attachement n'ont lieu qu'entre les semblables. Je te répondrai : Entre la matière et l'être premier il n'y a pas de similitude, si ce n'est sous ce rapport que la matière reçoit la lumière qui est dans l'essence de la Vo-

(1) L'auteur fait allusion, sans doute, au système de Ptolémée : la sphère supérieure, ou celle des étoiles fixes, qui environne toutes les autres sphères, a un mouvement *diurne* très rapide; les sphères des planètes ont évidemment le mouvement *diurne* de plus en plus lent, à mesure qu'elles sont plus éloignées de la sphère supérieure et que ce mouvement décrit un cercle plus petit autour de la terre. Le mouvement propre des planètes, selon les hypothèses des excentriques et des épicycles, est combiné de plusieurs mouvements divers; enfin la terre, le plus éloignée de la sphère supérieure, n'a point de mouvement.

lonté [1], et cela la porte à tendre vers elle [2] et à y aspirer, elle ne se meut pas pour atteindre l'essence (de la Volonté), mais elle se meut pour atteindre la forme qui lui survient (d'elle).

50. Si tu demandes : Quelle similitude y a-t-il entre la matière et la forme, puisque ce sont deux substances qui diffèrent entre elles par leur essence, l'une *portant* et l'autre étant *portée?* je te répondrai : (En effet) il n'y a pas de similitude entre elles ; mais, comme la matière reçoit la forme dans elle et que la forme s'y infuse en lui communiquant sa force et en la pénétrant [3], il faut que la matière se meuve pour recevoir la forme et que la forme s'unisse à elle. Et en cela il y a une preuve qu'elles sont (toutes deux) soumises à la Volonté et sous sa dépendance [4], puisque, tout en différant par leur essence, elles s'unissent ensemble.

51. Tu me diras encore : Si la matière se meut pour recevoir la forme, parce qu'elle cherche à atteindre le bien, qui est l'unité, il s'ensuit de là que la matière connaît par elle-même la chose qu'elle a pour but de chercher, et cependant il a déjà été dit que la matière n'a de connaissance que par la forme. (Voici ma réponse :) Sache que, puisque la matière se trouve

(1) Le ms. hébreu porte אלא מצד קבול היסוד מה שבעצם הרצון וההשארות; le mot וההשארות ne donne ici aucun sens, et nous avons substitué les mots מִן האור. Vers. lat. : « .... nisi secundum modum quo materia inquirit lumen et splendorem ab eo quod est in essentia voluntatis. » — Sur la *lumière de la Volonté*, cf. ci-dessus, § 18, et liv. IV, § 31.

(2) C'est-à-dire : et cela porte la matière à tendre vers la Volonté.

(3) Littéralement : *et que la forme s'y infuse d'une infusion de force et de pénétration*. Vers. lat. : « et forma est defluxa in materiam fluxu violentiæ et *necessitatis*. »

(4) Le ms. hébreu porte ובזה ראיה שהם עצורים ומשוערים. Cette leçon, qui n'offre pas de sens, a été corrigée d'après la vers. lat. : « et hoc est signum quod obligata (*lis*. obligatæ) sunt voluntati et obedientia (*lis*. obedientes) ei. »

près de l'unité, elle doit recevoir de celle-ci la faculté de l'atteindre, l'unité exerçant son influence sur elle ; c'est là ce qui fait que la matière se meut vers elle, afin de recevoir d'elle la perfection, jusqu'à ce que, ayant reçu la forme qui la rend *connaissante* et parfaite, il ne lui reste rien à recevoir (1). Il en est (de cela) comme de l'air auquel il s'est mêlé un peu de lumière au lever de l'aurore : à mesure que le soleil monte en face de lui, il se remplit de lumière, jusqu'à ce que, devenu parfait (en clarté), il ne lui reste plus rien à recevoir du soleil. De même, la matière première se trouvant près de l'unité, celle-ci doit nécessairement répandre sur elle assez de lumière et de force pour faire qu'elle (la matière) la désire et qu'elle se meuve vers elle (2). De la même manière on répondra à celui qui ferait une objection au sujet de la similitude entre la matière, ou les autres substances, et l'agent premier (3) : On posera (en principe) que le mouvement de ces substances est un mouvement d'*aspiration* et de *désir;* car, la matière se trouvant près de l'unité, elle doit percevoir de sa force et de sa lumière autant qu'il faut pour qu'elle aspire et incline vers elle, afin de recevoir la perfection et de passer du non-être à l'être (4), jusqu'à ce que, la

(1) Les mots ולא ישאר וכול׳ forment évidemment le complément de la phrase ; le ו dans ולא est donc superflu, à moins qu'il ne fasse ici la fonction de la conjonction arabe ف. Peut-être faut-il effacer le ש dans שיהיה, de sorte que le complément de la phrase commencerait par יהיה ; c'est dans ce sens que la phrase est construite dans la vers. lat. : « et, quum recipit formam, *fit* per eam sciens et perfecta, *et* non restat aliud quod (non) adquirat. » Il faut effacer dans cette version le dernier *non*.

(2) Littéralement : *il faut qu'il se repande sur elle de sa lumière et de sa force ce qui puisse être la cause pour laquelle elle* (la matière) *la désire et ce qui puisse la faire mouvoir vers elle.*

(3) C'est-à-dire : à celui qui demanderait quelle similitude il y a entre ces substances et l'agent premier (le créateur) pour qu'elles soient attirées vers lui. Voy. § 49.

(4) Voici la vers. lat. de ce passage, qui diffère un peu de notre

Volonté répandant sur elle la forme universelle et (la matière) s'unissant avec celle-ci, sa nature s'accomplisse, et qu'elle devienne intellect.

52. L'aspiration à l'agent premier (Dieu) et le mouvement vers lui sont répandus dans tout, mais diffèrent selon la proximité ou l'éloignement. Ainsi, par exemple, la matière *hylique* particulière aspire à la forme particulière; telle est la matière des plantes et des animaux, laquelle se meut, lors de la *naissance*, pour recevoir la forme de plantes et d'animaux; elle est l'objet d'action de la forme particulière, qui agit sur elle. De même l'âme vitale aspire à la forme qui lui convient, c'est-à-dire à la forme sensible. De même encore l'âme rationnelle aspire aux formes intelligibles; car[1] l'âme particulière, celle qu'on appelle *l'intellect premier*, est d'abord comme une matière (*hylé*) qui reçoit la forme, et (cet intellect), après avoir reçu la forme de l'intellect universel, qui est *l'intellect troisième*, passe à l'acte, et on l'appelle alors *l'intellect second*[2]. Les âmes

texte : « scilicet, quia per hoc quod materia propius est unitati, compellitur adquirere ab ea lumen et desiderium per quod moveatur ad illam et desideret eam ad recipiendum perfectionem et exeundum de non esse ad esse. »

(1) Le ms. hébreu porte וכן, *et de même;* nous avons substitué וזה כי, *c'est que*, car ce qui suit n'est évidemment que l'explication du mouvement de l'âme rationnelle. La vers. lat. a en effet : *hoc est quia*.

(2) Par *intellect premier*, l'auteur entend évidemment ce que les philosophes arabes appellent généralement l'*intellect matériel* ou *hylique* (العقل الهيولاني); c'est une simple *puissance*, une *disposition* qu'a la faculté rationnelle pour abstraire les formes. Quand cet intellect a su abstraire les formes, il est devenu *intellect en acte* (العقل بالفعل), et, lorsque cet *intellect en acte* est devenu en quelque sorte la propriété de l'homme, de manière qu'il peut à tout instant et sans faire de nouveaux efforts s'identifier avec les formes intelligibles, on l'appelle l'*intellect acquis* (العقل المستفاد); ce sont ces deux degrés de développement qui forment ce que l'auteur appelle l'*intellect second*. Ce développement a lieu sous l'in-

particulières ayant ce genre de *désir*, les universelles doivent l'avoir également [1]; je veux dire que l'âme universelle doit aspirer à l'universel [2]. On peut dire la même chose de la matière *naturelle*, c'est-à-dire de la substance qui porte les catégories ; car cette matière se meut également pour recevoir (d'abord) la forme des qualités premières [3], ensuite la forme minérale, puis la forme végétale, puis la vitale, puis la rationnelle, et enfin l'intelligible, jusqu'à ce qu'elle s'attache à la forme de l'intellect universel. Tu jugeras d'après cela du mouvement de toutes les choses universelles; et, d'après cette analogie, il faut que la matière première aspire à recevoir la forme première, afin d'atteindre le bien, qui est l'existence. On peut en dire autant de tout ce qui est de matière et de forme; car la matière (imparfaite) se meut pour recevoir la forme du parfait, et, à mesure que l'être monte, les mouvements et les désirs diminuent, parce qu'il s'approche de la perfection [4]. C'est pourquoi, à mesure que l'être monte et

fluence de l'*intellect actif universel* (العقل الفعّال), qui est appelé ici l'*intellect troisième*, et qui plus haut a été désigné comme *intellect premier* (voy. § 25). — La théorie des Arabes sur l'*intellect* a été plus amplement exposée dans mes notes au *Guide des Égarés*, t. I, pag. 306 et suiv.

(1) Les *âmes particulières* sont les différentes facultés de l'âme humaine ; par les *âmes universelles*, l'auteur entend les facultés de l'âme universelle, l'une des substances simples. Voy. ci-dessus, liv. III, § 21 (pag. 49, note 4).

(2) Littéralement : *aux (choses) universelles*, c'est-à-dire, aux formes qui lui viennent de l'*intellect universel.*

(3) Sur les *qualités premières*, voy. ci-dessus, pag. 88, note 1.

(4) Il y a ici une contradiction apparente avec ce que l'auteur a dit au § 46, savoir que le mouvement devient plus lent à mesure que l'être s'éloigne de la perfection ; mais ici, en parlant de la *diminution* du mouvement dans les régions supérieures, l'auteur veut dire que le mouvement y devient de plus en plus *uni*, précisément à cause de sa rapidité ; car, plus le mouvement est lent, et plus il peut

qu'il s'approche de la source de l'unité, son action est plus unie et plus durable, sans (l'intervention du) temps; car plus la chose est *une* dans son essence, et plus aussi son action est *une*, et, lorsque son action est *une*, elle fait beaucoup de choses dans un même temps.

53. Tu me demanderas : Si l'union de la matière et de la forme à l'extrémité supérieure a lieu parce qu'elles *désirent* l'union, comment se fait-il que la division se répande à l'extrémité inférieure? — Sache que, plus la matière descend et s'épaissit, et plus elle se multiplie, se divise et se sépare; ce qui fait que la forme aussi se multiplie, se divise et se sépare. Cependant, si tu examines toutes les choses distinctes qui sont en bas, tu trouveras que, bien qu'elles soient distinctes, elles tendent à se mélanger et à s'unir, et ce mélange à l'extrémité inférieure correspond à l'union (qui a lieu) à l'extrémité supérieure. Je dirai en général que, tant dans les régions supérieures que dans les inférieures, toutes les choses diverses et distinctes, c'est-à-dire les individus, les espèces, les genres, les différences, les propres, les accidents et toutes les choses opposées et contraires les unes aux autres, aspirent à se rassembler, désirent se mettre d'accord et cherchent à s'unir; elles se rassemblent malgré leur division et se mettent d'accord malgré leur diversité, au moyen d'une chose qui les retient, les rassemble et les met d'accord. Le principe général de tout cela est que l'unité domine tout, pénètre dans tout et retient tout.

54. Si donc tu connais parfaitement l'existence de la matière universelle et de la forme universelle, leur quiddité, leur qualité, leur cause finale et tout ce qu'il est possible d'en connaître, et qu'alors tu les examines et les observes, tu

paraître multiple et interrompu par des intervalles de repos, tandis que le mouvement infiniment rapide est entièrement uni et se fait pour ainsi dire sans *temps*, comme l'auteur va le dire. Voir aussi le paragraphe suivant, et cf. ci-après, § 63.

verras la matière comme si elle était un livre ouvert ou un tableau sur lequel sont tracées des lignes, et la forme t'apparaîtra comme des figures tracées et des caractères disposés, qui procurent à celui qui les lit une connaissance parfaite et une science accomplie. Et, lorsque mon essence les environne et que je comprends les merveilles qu'elles renferment, je me trouve en quelque sorte entraîné par le désir de chercher celui qui a tracé cette figure merveilleuse et qui a créé cette noble forme (1).

55. S'élever jusqu'à la substance première et suprême est chose impossible ; mais s'élever à ce qui est auprès d'elle est (seulement) difficile. C'est pourquoi je dis que la matière et la forme sont deux portes fermées et qu'il est difficile à l'intellect de les ouvrir (2) et d'entrer par elles, parce que l'intellect est au dessous d'elles, la substance de l'intellect étant composée d'elles. Celui dont l'âme est subtile et dont l'intellect est pur, de manière qu'il lui soit possible de pénétrer dans elles et d'entrer par elles, est arrivé au but, a atteint la perfection et est devenu (un être) spirituel et divin, jouissant de ce qui est près du bien parfait ; son mouvement s'arrête et sa jouissance est perpétuelle.

(1) Ainsi qu'on le reconnaît par la vers. lat., tout ce paragraphe dans l'original arabe était mis dans la bouche du *disciple*, qui parle à la première personne. C'est sans doute par inadvertance qu'Ibn-Falaquéra a, dans la dernière phrase, conservé la première personne, quoique, dans ce qui précède, il substitue la seconde personne.

(2) Le ms. hébreu porte לפרסם, ce qui n'offre aucun sens ; nous avons substitué, par conjecture, לפתחם. Dans le ms. de la vers. lat. il manque ici quelques mots. Le mot וְהַהִכָּנְם (infinitif avec l'article) ne se lie pas bien avec לפתחם (infinitif avec préfixe), et il vaudrait mieux dire ולהכנם. C'est un arabisme que le traducteur a sans doute conservé par inadvertance, car l'original arabe portait probablement يصعب على العقل فتحهما والدخول منهما. La même construction se répète dans la phrase suivante (לפלש — וההכנם).

56. Les sources de la science et ses racines (1) sont (au nombre de) trois : la première science est celle de la matière et de la forme (2) ; la seconde est la science de la *parole efficiente*, c'est-à-dire de la Volonté (3) ; la troisième est la science de la substance première. Celui à qui il a été possible de comprendre ces trois sciences générales embrasse toute chose par la connaissance, autant que le permet la faculté de l'intelligence humaine ; et, après (avoir acquis) ces sciences, il ne lui reste plus rien à chercher, car tout y est contenu (4).

57. La différence entre le mouvement et la *parole* est celle-ci : la *parole* est une force infuse dans les substances spirituelles et qui leur communique la connaissance et la vie, et le mouvement est une force infuse dans les substances corporelles et qui leur donne l'action et la passion ; car la *parole*, c'est-à-dire la Volonté, après avoir fait la matière et la forme et s'y être attachée comme l'âme est attachée au corps, se répand dans elles et reste avec elles, et pénètre du supérieur à l'inférieur.

58. La preuve que la Volonté existe et qu'elle est en dehors de la matière et de la forme est tirée du mouvement qui est dans la Volonté, ainsi que de son ombre et de son rayonnement (5). Ce mouvement se trouve dans la substance corporelle et y est répandu ; mais il n'appartient pas à la substance cor-

(1) C'est-à-dire, les sciences fondamentales.

(2) La vers. lat. ajoute : « et hæc est illa pars scientiæ quam adquisivimus usque modo a principio. » C'est de cette science que traite le présent ouvrage ; l'auteur s'était réservé de traiter ultérieurement des deux autres. Cf. liv. I, § 3.

(3) Cf. ci-dessus, § 41 (pag. 121, note 2).

(4) Vers. lat. : « quia totum continetur in illis *et refertur ad illas.* »

(5) C'est-à-dire : Ce qui prouve que la Volonté existe indépendamment de la matière et de la forme, c'est le mouvement, qui a sa base dans la Volonté (dont il émane), et qui, en se communiquant à des degrés différents, fait que certaines substances restent dans

porelle et il n'y a pénétré que par les substances spirituelles. Ce mouvement ne saurait être dans la substance corporelle tel qu'il est dans la substance spirituelle; car la substance corporelle n'a pas, pour le recevoir, la même faculté que la substance spirituelle, parce qu'elle est plus éloignée de la source (que cette dernière), comme je te l'ai fait connaître plusieurs fois. De même, il est impossible que, dans les substances spirituelles (elles-mêmes), la Volonté soit à l'égard de la substance inférieure (qui en est plus éloignée) ce qu'elle est à l'égard de la substance supérieure.

59. Dans les substances spirituelles comme dans les substances corporelles, la pénétration et l'impression de la Volonté doivent se manifester à divers degrés (1), à raison de la diversité des substances, en fait de supériorité et d'infériorité, de proximité et d'éloignement, de spiritualité et de corporéité. La cause de la différence d'action de la Volonté doit être ramenée à la matière qui reçoit son action, et non pas à la Volonté en elle-même, comme nous l'avons déjà dit plusieurs fois (2). De ce qui vient d'être dit, il s'ensuit que la Volonté produit dans la matière de l'intellect, sans (l'intervention du)

l'ombre, tandis que d'autres reçoivent la lumière de la Volonté. — Le suffixe féminin dans les mots וצלה וניצוצותיה (*son* ombre et *son* rayonnement) ne peut grammaticalement se rapporter qu'au mot תנועה (mouvement); mais peut-être faut-il lire וצלו וניצוצותיו, avec le suffixe masculin se rapportant à רצון (volonté), ce qui serait plus naturel. En arabe les mots حركة (mouvement) et ارادة (volonté) sont l'un et l'autre du genre féminin, et le traducteur hébreu a peut-être fait ici une faute d'inadvertance. Dans la vers. lat. il y a de l'ambiguïté, elle porte : « signum hujus sumptum est ex motu qui est ex voluntate et ab umbra *ejus* et radio. » Le pronom *ejus* peut se rapporter à *motu* ou à *voluntate*.

(1) Littéralement : *Il faut que les degrés de la Volonté dans les substances spirituelles et dans les substances corporelles diffèrent en fait de pénétration et d'impression.*

(2) Cf. ci-dessus, § 18.

temps, l'existence, qui est la forme universelle portant toutes les formes; et l'action par laquelle la Volonté universelle produit la forme universelle dans la matière de l'intellect peut se comparer à celle par laquelle la Volonté particulière, c'est-à-dire l'intellect particulier, produit la forme intelligible particulière; je veux dire, que l'intellect infuse cette forme dans l'âme et la lui apporte sans (l'intervention du) temps. De même (la Volonté) produit, dans la matière de l'âme, la vie et le mouvement *essentiel*, et, dans la matière de la nature et de ce qui est au dessous, la locomotion et les autres mouvements. Mais (1) tous ces mouvements émanent de la Volonté, et c'est la Volonté qui les fait émaner (d'elle-même); il s'ensuit donc que toutes les substances spirituelles et corporelles sont mues par la Volonté. La Volonté, mettant en mouvement toutes les substances spirituelles, ainsi que les (substances) corporelles mues par elles, peut être comparée à la Volonté de l'âme mettant en mouvement le corps ou un de ses membres, tel que le cœur, lorsque l'âme juge que la chose a besoin de mouvement (2). — Et, si ce mouvement, je veux dire

(1) Quoique la vers. lat. porte également *sed*, on sent bien que la conjonction *mais* n'est pas ici à sa place, et que la suite des idées demande un autre mot. Je crois que le mot الا qui se trouvait sans doute ici dans l'original arabe a été mal lu par les deux traducteurs, qui ont prononcé إلَّا, *sed*, tandis qu'il fallait prononcer أَلَا, *nonne*, mot qui est employé, comme أَلَا ترى (nonne vides), pour exprimer une forte affirmation. Le sens serait donc: « Nonne omnes isti motus orti sunt ex voluntate », c'est-à-dire, tous ces mouvements, par conséquent, émanent évidemment de la Volonté.

(2) Ce passage est un peu obscur; il faut peut-être effacer le mot כלב (*tel que le cœur*), ou lui substituer le nom d'un autre membre dont le mouvement dépende réellement de la Volonté de l'âme. Malheureusement la vers. lat. ne peut pas servir à rectifier notre texte; non seulement elle offre une leçon tout à fait différente, mais elle est en elle-même fautive et peu intelligible; quoi qu'il en soit, nous la mettons sous les yeux du lecteur: « Quod

le mouvement répandu dans toutes les substances par la Volonté, varie de force et de faiblesse, c'est uniquement à cause de la diversité des substances qui le reçoivent, et non pas par sa diversité en lui-même, comme je l'ai dit.

60. Définir la Volonté est chose impossible; mais, d'après ce qui précède, on peut la *décrire* (1), (en disant) qu'elle est une faculté divine, qui fait la matière et la forme et les lie ensemble, qui pénètre du haut dans le bas comme l'âme pénètre dans le corps et s'y répand, qui meut tout et conduit tout.

61. La matière et la forme sont comme le corps ou l'air

autem [voluntas] moveat omnes substantias [spirituales] et corporales, est exemplum quod voluntas animæ movet corpus aut quiescere facit aliquod membrorum ejus, v. g. sicut quies quum retinetur anhelitus, quia hoc contrarium est facienti motum. Et hic motus qui diffusus est in omnibus substantiis, etc. »

(1) Sur les conditions de la définition et la différence qu'il y a entre définir et décrire, voyez les notes au § 29 (p. 107 et 108). — Ici le premier verbe, celui que nous rendons par *définir*, est exprimé par רשם (ar. رسم), et le second (c.-à-d., *décrire*) par תאר (ar. وصف), tandis qu'au § 29 le premier verbe est גדר (ar. حدّ), qui est le véritable terme pour désigner la définition, et le second verbe est רשם. La différence que nous venons de signaler se fait remarquer aussi dans la vers. lat., qui porte au § 29 : « *diffinitio* uniuscujusque illarum non est possibilis ... sed *descriptio* earum possibilis est »; et dans notre passage: « *describere* voluntatem impossibile est, sed tamen *describitur* quum dicitur, etc. » S'il fallait prendre ces différents mots à la lettre, l'auteur paraîtrait dire que de la Volonté on ne peut pas même donner ce qu'on appelle une *description*, mais qu'on peut seulement la *désigner* (وصف). Mais nous croyons que c'est seulement par inadvertance que l'auteur a ici changé les termes, et que, comme au § 29, il distingue seulement entre la *définition* et la *description*.

(d'une part) et l'âme ou la lumière (d'autre part) [1]; la Volonté s'y attache, les lie ensemble et y pénètre comme l'âme (pénètre) dans le corps, la lumière dans l'air et l'intellect dans l'âme. Car, lorsque la Volonté pénètre dans la matière de l'intellect, qu'elle s'y répand et qu'elle se plonge dans sa totalité, cette matière acquiert par là la connaissance et perçoit les formes de toute chose; et, lorsque (la Volonté) pénètre dans la matière de l'âme, qu'elle s'y répand et qu'elle se plonge dans sa totalité, cette matière reçoit par là la vie et le mouvement et perçoit les formes selon sa faculté et selon son degré (de proximité) de la source de la vérité et de l'origine de la forme; et, lorsque (la Volonté) pénètre encore dans la matière de la nature et dans celle du corps et qu'elle s'y plonge, chacune de ces deux (matières) reçoit par là ce qu'elle a de faculté, de mouvement, de figure et de forme.

62. La Volonté, qui agit, peut être comparée à l'écrivain; la forme, produit de l'action, est comme l'écriture, et la matière qui leur sert de substratum est comme le tableau ou

(1) Nous avons cru devoir ajouter après והנפש le mot והאור, *la lumière*, quoique ce mot ne se trouve pas non plus dans la vers. lat. En général ce paragraphe est aussi corrompu dans le ms. lat. que dans le ms. hèbreu. Le texte que nous avons adopté résulte de la combinaison des deux versions. Voici la vers. lat. : « Materia et forma est sicut corpus et aër et anima, et voluntas ligans illa et infusa in illis est sicut anima in corpore, sicut lumen in aëre et sicut intelligentia in anima; quia, quando voluntas infunditur toti materiæ intelligentiæ, fit ipsa materia sciens et comprehendens formas omnium rerum; et [quando] ipsa infunditur in totam materiam animæ, fit ipsa vivens et mobilis, apprehendens formas secundum suam vim et secundum suum ordinem ab origine veritatis et formæ; et, quando infunditur materiæ corporis, attribuit ei figuram, motum et formam. »

le papier [1]. Or, comme la Volonté est une faculté spirituelle et qu'elle est même [2] au dessus de la spiritualité, il n'y a pas de doute qu'elle ne se répande dans la matière et ne l'environne avec la forme [3]. On peut comparer à cela la manière dont la faculté de l'âme, c'est-à-dire la faculté visuelle [4], qui ressemble à la lumière, se répand et s'unit dans l'air avec la lumière du soleil : la Volonté sera représentée par cette faculté [5], la forme par la lumière, et la matière par l'air [6]. — C'est pourquoi on dit que le Créateur Très-Haut

(1) L'auteur veut expliquer dans ce paragraphe : 1° en quoi la forme diffère de la Volonté, puisqu'on dit de l'une et de l'autre qu'elles pénètrent la matière ; 2° que, de même que la Volonté pénètre tout avec la forme, de même Dieu pénètre tout avec la Volonté.

(2) La conjonction אבל a ici, comme dans beaucoup d'autres passages, le sens de la conjonction arabe بل.

(3) C'est-à-dire : en même temps que la forme environne la matière. Vers. lat. : *simul cum forma.*

(4) Nous avons cru devoir ajouter le mot *visuelle* (הראוּת), qui ne se trouve pas dans le ms. hébr. (cf. liv. IV, § 22, pag. 81). Ce passage, qui est un peu obscur, a été peut-être défiguré par les copistes. Il est possible que les mots *c'est-à-dire la faculté (visuelle) qui ressemble à la lumière* ne soient qu'une glose explicative qui est entrée dans le texte ; la vers. lat. porte : « Exemplum autem hujus est sicut penetratio *virtutis diffundentis lumen* et unitio ejus cum lumine solis in aëre. »

(5) C'est conformément à cette image que l'auteur dit ailleurs, en parlant de la Volonté, כהמשך האור היוצא מן העין, *comme s'étend la lumière qui sort de l'œil.* Voy. les passages du poème *Kether Malkhouth* (la Couronne royale) que nous citerons plus loin, en parlant des ouvrages d'Ibn-Gebirol.

(6) Le texte hébreu porte ויהיה הרצון במעלת הכח והצורה במעלת האור והאויר במעלת היסוד « La Volonté sera au rang de cette faculté, la forme au rang de la lumière *et l'air au rang de la matière.* » On s'aperçoit facilement que les derniers mots sont transposés et que logiquement il faudrait dire *et la matière au rang de l'air.* La transposition devait exister aussi dans l'origi-

se trouve dans tout ; car la Volonté, qui est sa faculté, se communique à toute chose et entre dans toute chose, et aucune chose n'est vide d'elle (1), puisque c'est par elle que toute chose existe et se maintient. Ne vois-tu pas que ce sont uniquement la matière et la forme qui constituent l'essence de toute chose? or, la matière et la forme ne subsistent que par la Volonté, car c'est elle qui les fait, qui les joint ensemble et qui les tient. [Et, si nous disons (2) que la forme tient la matière, nous ne parlons ainsi que par métaphore, parce que la forme reçoit de la Volonté la faculté par laquelle elle tient la matière. En voici l'explication : la forme est l'impression de l'unité, et la faculté de tenir (ou d'embrasser tout) appartient à l'unité ; mais la Volonté est la faculté de l'unité ; donc la faculté de tenir appartient à la Volonté (3). Mais la Volonté tient la matière par l'intermédiaire de la forme, c'est pourquoi on dit que la forme tient la matière ; car la forme, intermédiaire entre la matière et la Volonté, reçoit de la Volonté et donne à la matière.] Ainsi donc, comme la Volonté pénètre (tout) et qu'elle est émanée de la source première, (celle-ci) pénètre avec elle la matière et la forme ; l'une et les autres (4) se trouvent dans toute chose et rien n'est vide d'elles.

nal arabe, car elle a été reproduite par la vers. lat., qui porte : « Erit ergo voluntas sicut virtus, et forma sicut lumen, *et aër sicut materia.* »

(1) Cf. liv. III, § 15, pag. 46.

(2) Ici, à notre avis, commence une parenthèse qui a pour but d'expliquer dans quel sens la faculté de pénétrer la matière et de la tenir est attribuée à la *forme*. La fin du paragraphe se rattache évidemment à ce qui précède.

(3) Le texte hébreu étant tronqué, nous l'avons complété par la vers. lat. : « Manifestatio autem hujus hoc est quia forma impressio est unitatis et virtus retinendi *unitatis est, et voluntas est virtus unitatis; ergo virtus retinendi* voluntatis est. »

(4) Par *l'une* l'auteur me paraît désigner *la source première* (Dieu) ; par *les autres*, la Volonté, la matière et la forme.

63. La Volonté pénètre tout sans mouvement et agit sur tout sans temps, à cause de sa grande force et de son unité. Si tu veux te faciliter l'intelligence de ceci, figure-toi l'action que l'intellect et l'âme (rationnelle) exercent sur tout, sans mouvement et sans temps; et figure-toi encore comment la lumière se répand subitement, sans mouvement et sans temps, bien qu'elle soit corporelle et sensible (1). — Mais, lorsque la matière est épaisse et éloignée de la source de l'unité, elle est trop loin pour recevoir l'impression de la Volonté de manière que celle-ci la fasse subitement (2), sans mouvement et sans temps; c'est pourquoi il faut que la matière soit mue par la Volonté dans le temps.

64. La Volonté est la source de la forme de l'intellect, qui est la forme parfaite (3); c'est la Volonté qui opère tout et qui met tout en mouvement. — La création des choses par le Créateur Très-Haut, je veux dire, la manière dont la forme sort de la source première, qui est la Volonté, et se répand sur la matière, peut se comparer à la manière dont l'eau sort de sa source et se répand peu à peu sur ce qui est auprès d'elle (4);

(1) Ici encore le texte a été complété au moyen de la vers. lat.: « Voluntas penetrat omnia sine motu et agit omnia sine tempore *propter suam magnam fortitudinem et unitatem; et, quum volueris ut hoc facilius fiat tibi intelligere, imaginare actionem intelligentiæ et animæ in omni sine motu et sine tempore*, et imaginare diffusionem luminis subito sine motu et sine tempore, quum sit corporale sensibile. »

(2) Le texte, auquel nous avons fait une légère correction, offre un peu d'obscurité dans la construction; au lieu de ויפעל אותם (ou ויפעל אותו), il faut peut-être lire ומפעולתו. La vers. lat. est encore moins claire, et il y manque évidemment quelques mots; elle porte : « sed (quia) materia, quando fuerit spissa, remota ab origine *voluntatis*, ad subito recipiendum actionem voluntatis, sine tempore et sine motu. »

(3) Vers lat. : « quæ est *sapientia* perfecta.

(4) Cf. ci-dessus, liv. II, § 27.

seulement (la Volonté) procède sans interruption, sans arrêt, sans mouvement et sans temps. On peut comparer l'impression que la forme fait sur la matière, lorsqu'elle lui survient (de la part) de la Volonté, à l'impression que fait sur le miroir celui qui y regarde (1); car, selon cette comparaison, la matière reçoit la forme de la Volonté comme le miroir reçoit l'image de celui qui y regarde, sans que la matière reçoive l'essence même de ce dont elle reçoit la forme. On peut encore comparer (cette impression) au sens recevant la forme de la chose sensible sans en recevoir la matière (2) [car le sens reçoit la forme de la chose sensible sans en recevoir la matière, de même que l'intellect reçoit la forme de la chose intelligible sans en recevoir la matière] (3); et de même, toute chose qui agit sur une autre n'y agit que par sa forme, qu'elle lui imprime.

65. Tu me demanderas maintenant : Pourquoi l'âme est-elle privée des impressions de la science, de sorte qu'elle a besoin de s'instruire et de se *ressouvenir ?* — Sache que l'âme est créée avec la vraie connaissance, d'où il s'ensuit qu'elle possède en elle-même une connaissance qui lui est propre. Mais, lorsque l'âme s'unit avec la substance et se confond avec elle par le mélange et l'union, elle est éloignée de la réception de ces impressions; celles-ci restent cachées dans elle (4), car les ténèbres de la substance la couvrent de manière à obscurcir sa

(1) Les mots בהטביע המעיין במראה (*à l'impression*, etc.), nécessaires pour compléter la phrase, manquent dans le ms. hébreu et ont été ajoutés par conjecture. La vers. lat. est également fautive; elle porte : « sigillatio autem formæ in materia, quando advenit ei a voluntate, est tanquam resultat in eo ex inspectore. »

(2) Cf. ci-dessus, pag. 48, note 1.

(3) Cette parenthèse manque dans la vers. lat.

(4) C'est-à-dire : elles sont empêchées de se développer. Ces derniers mots ne sont pas exprimés dans la vers. lat.; il vaudrait peut-être mieux les supprimer, car ils ne se rattachent pas bien à ce qui précède.

lumière (1), et sa substance s'épaissit ; elle devient alors comme un miroir transparent qui a été appliqué sur une substance trouble et épaisse, de manière que sa lumière se trouble et que sa substance s'épaissit. — C'est pourquoi le Créateur Très-Haut a formé la substance, qui est ce monde qu'il a établi dans cet ordre régulier ; et il a disposé pour l'âme les sens, afin qu'elle pût, par ceux-ci, percevoir les figures et les formes sensibles, et arriver par là à percevoir les formes et les figures (2) intelligibles et à passer de la puissance à l'acte (3). C'est pourquoi nous disons qu'on ne peut s'élever à la connaissance des substances *secondaires* et des accidents *secondaires* que par celle des substances *premières* et des accidents *premiers* (4). — Il résulte donc de ce qui précède que (ce qu'on peut appeler) la connaissance sensible ne laisse dans l'âme, comme impression, autre chose que ce que nous avons dit (5), et que l'âme, en percevant le sensible, ressemble à un homme qui regarde pour voir certaines choses, et à qui il n'en

(1) La vers. lat. a plus littéralement : « ideo quod cooperuit eam tantum tenebrositas (lisez *tenebrositatis*) substantiæ quod extinxit lumen ejus. » Les mots מה שהחשיך forment le sujet du verbe כסה.

(2) Il faut peut-être effacer le mot והתבניות (*et les figures*), qui cependant est aussi exprimé dans la vers. lat.

(3) Plus littéralement : *par lesquelles elle passe de la puissance à l'acte*. D'après la vers. lat. (et *in ea prodeunt* de potentia ad effectum), il faudrait traduire : *qui passent*, *dans elle*, *de la puissance à l'acte* (en hébreu ויצאו בה). Le texte arabe avait probablement وتخرج بها : le traducteur hébreu a avec raison considéré l'*âme* comme sujet du verbe وتخرج et rapporté le suffixe dans بها aux formes, tandis que le traducteur latin a fait l'inverse. Les deux versions peuvent donc se justifier au point de vue de la syntaxe arabe ; mais notre version hébraïque est préférable.

(4) Voy. ci-dessus, liv. II, § 11 (pag. 17, note 1).

(5) C'est-à-dire, que la connaissance sensible contribue à faire passer l'âme de la puissance à l'acte. Cf. le paragraphe suivant.

reste, lorsqu'il s'en éloigne, que la vue de l'imagination et de la pensée.

66. Et le profit que l'âme retire de son attachement aux choses sensibles, c'est qu'elle se clarifie et se purifie et que ce qui était une faculté cachée (dans elle) passe à l'*acte*, ainsi que je l'ai dit plus haut; je veux dire, (qu'elle arrive à) la connaissance des substances secondaires et des accidents secondaires par celle des substances premières et des accidents premiers.

67. La matière correspond à la *substance* (première), je veux dire qu'elle est créée par celle-ci, et la forme correspond à l'*attribut* de cette substance, je veux dire à la science et à l'unité, quoique (à proprement dire) la substance n'ait point d'attribut en dehors de son essence; et c'est là la différence entre l'agent et l'objet de l'action, car l'agent est une substance *une* (1), tandis que l'objet de l'action (se compose de) *deux* substances, qui sont la matière et la forme. Je m'explique : La substance première — [qu'elle soit sanctifiée!] (2) — forme avec son attribut une véritable unité sans distinction aucune; mais la matière et la forme sont distinctes, car elles sont à l'extrémité de l'impression de l'unité; et par *extrémité* je veux dire ici le commencement de son action, car elles sont ce qui la suit immédiatement. Tu peux en juger aussi par la multiplicité qui atteint la forme, à mesure que la substance s'éloigne du degré occupé par la source de l'unité. Car, pour m'expliquer plus clairement, la matière de l'intellect est plus fortement unie à la forme et est d'une plus grande simplicité que la matière de l'âme; et de même la matière de l'âme est plus unie à la forme et plus simple que la matière de la nature, (et ainsi de suite) jusqu'à ce qu'on arrive au corps, où il y a

(1) Vers. lat. : « quia factor est essentia *designata essentialiter* », c'est-à-dire une substance dont l'attribut est dans sa propre essence.

(2) Le mot יתקדש (*sanctificetur*) indique que par *substance première* l'auteur entend *Dieu*.

beaucoup plus de multiplicité et de diversité. Et de même, au degré de la corporéité (il y a encore des variations); car le corps de la sphère céleste est plus fortement uni et plus simple que les corps des éléments, et, dans les éléments mêmes, le supérieur est plus fortement uni et plus simple que l'inférieur (1). Et en cela il y a une preuve que la matière universelle et la forme universelle tiennent de près à l'unité, comme étant sa création immédiate, et que, dans la *nature*, la matière reçoit la forme de l'unité comme une chose distincte et séparée, parce que l'une porte et que l'autre est portée (2).

68. De ce qui vient d'être dit il s'ensuit que la substance première — [qu'elle soit sanctifiée!] — existe d'une certaine manière par laquelle elle se distingue de toute autre chose (3),

(1) Il faut se rappeler que, selon Aristote, les quatre éléments ont leurs régions particulières et forment des sphères qui s'environnent les unes les autres. La terre est entourée par l'eau et celle-ci par l'air, qui, à son tour, est environné par le feu. Voy. la *Physique* d'Aristote, liv. IV, chap. 5, et le Traité *du Ciel*, liv. IV, chap. 5. — Le feu par conséquent est plus simple que l'air, et ainsi de suite. Cf. ci-dessus, liv. II, § 27 (pag. 33).

(2) Le texte de ce passage étant un peu obscur, nous donnons la vers. lat., quoiqu'elle ne soit pas non plus exempte d'obscurité: « Et hoc est signum quod materia universalis et forma universalis sequuntur unitatem consecutione creaturæ, et quod materia recipit formam ab unitate secundum diversitatem perceptionis in natura, quia unum eorum est sustinens, alterum sustentatum. » Le mot *secundum* est incertain; il me semble qu'au lieu de *secundum diversitatem perceptionis*, il faut lire *perceptione diversitatis*. — Le sens est: La matière universelle et la forme universelle, étant la création immédiate de l'unité, sont tellement unies qu'elles forment presque une unité absolue, et qu'on n'y distingue plus ce qui porte et ce qui est porté; tandis que, dans la *nature*, la forme peut être conçue comme une chose distincte et séparée de la matière.

(3) C'est-à-dire: la substance divine est *une* et n'a point d'attribut en dehors de son essence, tandis que les autres substances sont multiples.

et il s'ensuit encore qu'il vient d'elle une substance (existant) d'une (autre) manière, savoir, la matière avec la forme [1]. Toutefois, il y a là un procédé *nécessaire*, et cependant les philosophes appellent la matière une *possibilité* [2]; mais, si la matière a été appelée une possibilité, c'est uniquement parce qu'en elle il y a la possibilité de recevoir la forme, c'est-à-dire de se couvrir de sa lumière, tandis que cette *nécessité* (dont nous avons parlé) tombe sous la Volonté [3], car la Volonté est au dessus de la forme.

69. La forme vient d'en haut, et la matière la reçoit en bas; c'est-à-dire, que la matière est un substratum, dans ce sens qu'elle se trouve sous la forme et que la forme est portée par elle. La preuve en est que (l'Être) qui donne la forme est au dessus de toutes les choses, d'où il s'ensuit que ce qui la reçoit est au dessous d'elle. Ensuite, cet être (qui donne la forme) est l'Être véritable, il faut donc que l'existence émane de lui; c'est pourquoi, plus l'être s'approche de la source de l'existence, et plus sa lumière est forte et son existence stable. Dans les sens même, il y a quelque chose qui témoigne de cela;

(1) La matière et la forme ne font qu'une seule substance et n'ont pu émaner que simultanément de la Volonté créatrice; car celle-ci en *créant* n'a pu faire la matière seule, qui est le *non-être*.

(2) Le commencement du paragraphe dans la vers. lat. diffère un peu de notre texte. Le disciple dit : « Secundum quod dixisti, quia essentia prima sancta est alicujus proprietatis *essentialis* propter quam distat ab omni re, oportet ut habeat esse ab ea essentia *quæ sit proprietatis externæ* quod est materia et forma, *et* hoc videtur necessarium; sed philosophi solent appellare materiam possibilitatem. » — Le mot que nous lisons *externæ* est écrit *exne;* il faut peut-être lui substituer le mot *alicujus* ou *alius*.

(3) C'est-à-dire : La nécessité est uniquement du côté de la Volonté, qui est au dessus de la forme et qui crée nécessairement la matière et la forme ensemble. Vers. lat. : « Et hæc necessitas non advenit nisi *quia est infra voluntatem* et voluntas supra formam. » Cette version n'est pas bien claire et ne me paraît pas exacte.

car l'*être* convient à la substance plutôt qu'à l'accident et à la quantité plutôt qu'à la qualité (1).

70. La matière reçoit la forme de la substance première par l'intermédiaire de la Volonté, qui donne la forme, laquelle siége sur elle (sur la matière) et y repose (2). La preuve que

(1) La quantité est à la qualité ce que la substance est à l'accident. Voy. liv. II, §§ 8 et 10. — Sur ce paragraphe, voir aussi l'analyse.

(2) La construction du texte hébreu, tel que nous l'avons reproduit d'après notre ms., est un peu forcée; car des trois participes, נותן, חונה et שוכנת, il faut que le premier se rapporte à la *Volonté* et les deux derniers à la *forme*. Mais il est impossible de construire autrement, dès qu'on admet comme correct le participe féminin שוכנת, ce qui nous oblige aussi de considérer le second participe חונה comme féminin et de prononcer חוֹנָה. Nous n'avons pas voulu changer arbitrairement la leçon de notre ms. hébreu; mais la vers. lat. nous offre une construction bien plus naturelle et nous fait supposer que le copiste hébreu a sauté quelques mots. Voici cette version: « *Disc.* Materia est receptrix formæ ab essentia prima sine medio aut cum medio? — *Mag.* Cum medio, mediante voluntate, *et ideo dicitur quod materia est sicut cathedra unius, et voluntas* donatrix formæ sedet in ea et quiescit supra eam. » (Les mots que nous lisons *cum medio mediante* sont incertains.) En admettant cette leçon, il faudrait changer, dans le texte hébreu, le participe שוכנת en שוכן, et lire ainsi: והיסוד מקבל הצורה מהעצם הראשון באמצעות הרצון ועל כן יֵאָמֵר כי היסוד ככסא לאחד והרצון נוֹתן לצורה חונֶה בו שוכן עליו. Ce n'est donc pas de la *forme*, mais de la *Volonté*, qu'il est dit ici qu'elle siége sur la matière, laquelle est représentée comme le trône de l'Être absolument *un*, ou de Dieu. L'auteur ferait alors allusion au trône de la gloire כסא הכבוד (Cf. I Rois, XXII, 20; Isaïe, VI, 1), dont il est souvent question dans les traditions juives, et qui plus tard a été, tantôt mis dans un rapport immédiat avec la matière première, tantôt identifié avec celle-ci. Déjà dans les *Pirké Rabbi Éliézer* (chap. III), la matière première est désignée allégoriquement comme *la neige qui se trouve sous le trône de la gloire;* tel est du moins le sens que Maïmonide et d'autres philosophes juifs prêtent

la Volonté est autre chose que la forme, c'est que la forme a besoin de (quelque chose) qui la meuve, la mesure et la partage ; et (nous pourrions citer) d'autres circonstances dans lesquelles il y a une preuve (de l'existence) de la Volonté.

71. J'ai déjà comparé la création à l'eau qui jaillit d'une source et à la figure qui se reflète dans un miroir (1). — Elle peut encore être comparée à la parole prononcée par l'homme ; car, lorsque l'homme prononce une parole, sa forme et son sens s'impriment à l'oreille et à l'intelligence de l'auditeur. Et c'est ainsi qu'on dit, par approximation (au figuré), que le Créateur Très-Haut a prononcé une *parole* dont le sens s'est imprimé dans l'essence de la matière, qui l'a retenue ; c'est-à-dire que la forme créée s'est tracée et imprimée dans la matière. — La voix est semblable à la matière universelle ; car la

au passage de Rabbi Éliézer. Selon Maïmonide, la matière serait désignée, dans l'Exode (XXIV, 10), par l'*ouvrage de l'éclat du saphir* qui se trouvait *sous les pieds* de l'Éternel, où la version chaldéenne remplace les mots *sous ses pieds* par les mots *sous le trône de sa gloire* (Voy. *Guide des Égarés*, Ire partie, chap. XXVIII ; IIe partie, chap. XXVI). Moïse, fils de Salomon, de Salerno, dans son commentaire inédit sur le *Guide des Égarés* (II, 26), cite au nom de Rabbi Jacob ben-Abba-Mari ben-Antoli une explication curieuse donnée par l'empereur Frédéric II sur le passage de Rabbi Éliézer : « La matière, disait l'empereur, a été désignée par le sage sous le nom de *neige* symbole de la blancheur, parce que ce qui est blanc est apte à recevoir toutes sortes de couleurs, et que de même la matière est apte à recevoir toutes sortes de formes ; la matière donc a été comparée à la neige, désignée dans l'Écriture-Sainte par les mots *comme un ouvrage de la blancheur du saphir*. » וכתב החכם ר׳ יעקב במאמרו הנזכר כי המלך פדריקו נתן טעם לדבר החכם שלקח שלג במקום החומר לפי שהשלג היא לבנה וכל מקבל צבע כשהמקבל הוא לבן אז יקבל כל צורת צבע שירצה האדם כן החומר הראשון הוא מקבל כל הצורות על כן דמהו החכם לשלג המכונה במעשה לבנת הספיר · Ms. hébr. de la Biblioth. imp., n° 238, fol. 213 *b*.

(1) Voy. ci-dessus, § 64, et liv. II, § 27.

voix est une matière générale (1) portant toutes les voix particulières, qui (à leur tour) portent les sons, les motions et les intervalles (2). Mais la forme extérieure est celle de la parole entendue, qui se divise en formes particulières portées par chacune des matières particulières — [et par *matières particulières* je veux dire les sons (3)] —, tandis que la forme intérieure est le sens indiqué par la parole; et chacune des deux choses a besoin d'un agent pour être et pour subsister (4).

72. Il est clair, par tout ce qui précède, qu'il n'y a dans les êtres créés que la matière et la forme (5); il est clair aussi que le mouvement est une force émanée de la Volonté, et enfin que la Volonté est une faculté divine qui pénètre tout, comme la lumière pénètre l'air, l'âme le corps, et l'intellect l'âme.

73. Efforce-toi constamment de comprendre l'essence de la matière universelle et de la forme universelle, chacune à part et abstraction faite de l'autre, et de comprendre le mode de diversité qui atteint la forme (6), de quelle manière elle se communique et pénètre la matière dans le sens absolu, et comment elle parcourt toutes les substances selon leurs diffé-

(1) Voy. ci-dessus, pag. 93, note 1.

(2) Littéralement : *les interruptions* ou *les pauses* (vers. lat. *distantiæ*). L'auteur paraît entendre par là l'accentuation qui observe bien les *distances* entre les syllabes ou les mots. Sur le mot *motion*, voy. ci-dessus, pag. 93, note 1.

(3) La vers. lat. est plus explicite : « Intelligo autem *per formas particulares motus*, *et* per materias particulares tonos. »

(4) L'agent de la forme extérieure est l'âme vitale, celui de la forme intérieure est l'âme rationnelle. Voy. liv. III, § 30.

(5) Cette tournure de phrase, qui se retrouve plusieurs fois (cf. II, 31; IV, 8), exprime une forte affirmation; le sens est qu'il faut admettre que toutes les choses créées ont matière et forme, et qu'il n'en est pas autrement.

(6) C'est-à-dire : de quelle nature est la diversité qui affecte la forme. Vers. lat. : « qualiter est diversitas quæ accidit in forma. »

rents degrés; discerne la matière de la forme, la forme de la Volonté et la Volonté du mouvement, et distingue, dans ton intelligence, toutes (ces idées) les unes des autres, par une distinction vraie. Quand tu auras de tout cela une connaissance solide, ton âme se purifiera et ton intelligence deviendra claire et pénétrera dans le monde de l'intellect, et tu embrasseras du regard l'universalité de la matière et de la forme. Et la matière avec tout ce qu'elle a de formes sera comme un livre placé devant toi (1); tu regarderas les signes qui y sont tracés, tu contempleras ses figures au moyen de ta pensée; et alors tu espéreras savoir ce qui est derrière cela. Le but de tout cela sera de connaître le monde de la Divinité, qui est tout à fait grand, tandis que tout ce qui est au dessous est, en comparaison de lui, extrêmement petit. A cette connaissance sublime on arrive par une double voie (2) : d'abord par la connaissance de la Volonté, qui environne la matière et la forme, c'est-à-dire de cette faculté supérieure qui est pure de tout mélange de matière et de forme (3); mais, pour parvenir à la connaissance de cette faculté qui est entièrement distincte de la matière et de la forme, il faut s'attacher à la faculté qui est revêtue de matière et de forme (4), et monter avec cette faculté

(1) Cf. liv. II, § 10.

(2) Littéralement : *de deux côtés* ou *manières* (vers. lat. *duo modi*); mais on cherche vainement dans ce qui suit le mot השני, *secundus*, correspondant au mot האחד, *unus*. L'auteur veut dire qu'on ne peut arriver au monde de la Divinité que par la science de la Volonté, mais que celle-ci à son tour suppose la connaissance de la matière et de la forme; c'est donc une *double voie* qu'il faut parcourir.

(3) Littéralement : *qui n'a rien revêtu de la matière ni de la forme.*

(4) Par ces derniers mots, l'auteur paraît indiquer l'intellect universel ou les substances simples en général. Nous donnons ici la vers. lat. de tout ce passage, qui diffère un peu de notre texte, mais dont la lecture présente quelques difficultés. Voici comment

par degrés, jusqu'à ce qu'on arrive à son origine et à sa source. Le fruit qu'on recueille de ce travail, c'est d'échapper à la mort et de s'attacher à la source de la vie.

74. Si tu me demandes par quel secours on arrive à (réaliser) cette espérance sublime : Il faut (dis-je) te séparer des choses sensibles, t'enfoncer dans les choses intelligibles et t'attacher à celui qui donne le bien; car, si tu fais cela, il jettera son regard sur toi et te fera le bien, car il est la source de bienfaisance. Qu'il soit loué et exalté! *Amen.*

nous lisons : « Perveniendi ad hanc scientiam duo sunt modi : unus est *per scientiam de voluntate secundum quod infusa est in totam materiam et formam; et sensus*, per scientiam de voluntate comprehendente materiam et formam, quæ est virtus altissima, secundum quod cum nihilo materiæ et formæ est commixta; sed ascendere ad scientiam hujus virtutis, secundum quod non est permixta materiæ et formæ, poteris per suspensionem *animi* in virtute, secundum quod [est] permixta materiæ et formæ, etc.

FIN DES EXTRAITS DE LA SOURCE DE VIE.

II

IBN-GEBIROL

SES ÉCRITS ET SA PHILOSOPHIE

IBN-GEBIROL

SES ÉCRITS ET SA PHILOSOPHIE

CHAPITRE PREMIER.

DE LA VIE ET DES ÉCRITS D'IBN-GEBIROL.

Parmi le petit nombre de philosophes arabes qui se distinguent par l'originalité et l'indépendance de leurs doctrines, et qui jouissaient d'une grande célébrité auprès des théologiens chrétiens du XIIIe siècle, on remarque en première ligne celui qui était connu sous le nom d'*Avicebron*, et dont le principal ouvrage, intitulé *Fons vitæ*, paraît avoir exercé une influence notable dans les écoles chrétiennes et avoir donné naissance à des doctrines hétérodoxes que les théologiens jugeaient assez redoutables pour s'armer contre elles de tous les arguments que leur fournissaient les dogmes religieux et une dialectique subtile. Les fréquentes citations du livre *Fons vitæ*, que nous rencontrons notamment dans les ouvrages d'Albert le Grand et de saint Thomas d'Aquin, témoignent de la grande vogue qu'avait alors ce livre et de la profonde sensation que faisaient les doctrines qui y étaient développées. Un savant orientaliste, aussi versé dans les ouvrages des scolastiques que dans la littérature arabe (1), va jusqu'à dire qu'on ne connaîtra sûrement la philosophie du XIIIe siecle que lorsqu'on aura analysé le *Liber de causis* et le *Fons vitæ*, et il s'étonne qu'aucun des historiens de la philosophie n'ait parlé avec détail de ces deux ouvrages. Depuis, plusieurs historiens de

(1) Jourdain, *Recherches sur les traductions d'Aristote*, pag. 197, note (2e édition).

la philosophie, tels que MM. Degérando, Ritter et Hauréau [1], sont entrés dans quelques détails sur la doctrine d'Avicebron; mais ils ont dû se contenter de rapprocher diverses citations de saint Thomas et d'Albert le Grand, et de suivre principalement le court exposé donné par ce dernier dans son traité *De causis et processu universitatis* (l. I, tract. I, cap. 5), sans pouvoir donner aucun renseignement sur Avicebron, ni sur le livre qui a illustré son nom.

Quel est le philosophe arabe caché sous le nom corrompu d'*Avicebron?* A quel pays, à quelle époque appartient-il? S'il a écrit en arabe, comment se fait-il que les nombreux ouvrages d'Averrhoës n'en offrent aucune trace? Une heureuse découverte que j'ai faite, il y a plusieurs années, à la Bibliothèque impériale, en m'occupant de la rédaction d'un catalogue des manuscrits hébreux, m'a mis à même de répondre à ces différentes questions, et me permet de faire connaître avec quelque détail la doctrine d'Avicebron. Dans un manuscrit hébreu renfermant divers traités de philosophie, j'ai rencontré l'abrégé fait par Schem-Tob ibn-Falaquéra, philosophe juif du XIIIe siècle, d'un traité intitulé *Mekôr 'hayyîm* (source de vie) [2], et dans lequel je ne tardai pas à reconnaître les mêmes doctrines que celles qui sont attribuées à Avicebron. L'original était écrit en arabe [3], et j'ai bientôt pu me convaincre que Schem-Tob ne s'est pas contenté d'en faire un simple résumé, mais qu'il a traduit textuellement en hébreu les principales parties de l'original. Dans la courte préface qu'il a mise en tête, il assure que ses extraits renferment toute la doctrine de l'auteur, et qu'il n'a fait qu'en élaguer des discussions qui n'ajoutent rien à l'en-

(1) Voy. Degérando, *Histoire comparée des systèmes de philosophie*, t. IV, pag. 241 et suiv.; Ritter, *Geschichte der Philosophie*, t. VIII, pag. 94 et suiv.; Hauréau, *De la philosophie scolastique*, t. I, pag. 371 et suiv.

(2) Ms. hébr. de la Biblioth. imp., ancien fonds, n° 239, fol. 146 *b* à 159 *b*.

(3) Le titre arabe était probablement ينبوع الحياة.

semble de la doctrine [1]. L'auteur du traité est Salomon ibn-Gebirol, du XIe siècle, très célèbre parmi les juifs comme poète religieux et comme philosophe, et c'est lui qu'il faut reconnaître sous le nom corrompu d'*Avicebron;* car les documents que je publie ne peuvent laisser aucun doute sur l'identité du traité d'Ibn-Gebirol et du célèbre *Fons vitæ*. Cette identité. je l'avais déjà établie, par des preuves irrécusables, dans un article que j'ai fait insérer dans un journal littéraire d'Allemagne [2]. Mon article s'adressait principalement à M. Ritter, qui, dans son Histoire de la philosophie, n'avait accordé aucune place aux philosophes juifs du moyen âge, mais qui, sans le savoir, avait présenté un philosophe juif comme le penseur le plus original de l'époque arabe. M. Ritter ne tarda pas à reconnaître publiquement, avec la franchise qu'on devait attendre d'un savant aussi consciencieux, qu'il avait été dans l'erreur sur la part qu'avaient prise les juifs au mouvement philosophique du moyen âge. Dans un journal littéraire de Gottingue [3], M. Ritter, en parlant de mon article inséré dans *l'Orient*, s'exprime en ces termes : « Dans mon histoire de la philosophie (t. VIII, p. 94 et suiv.), j'ai, selon l'ancienne tradition, « placé Avicebron parmi les philosophes arabes; et, selon « l'idée que je m'étais formée de sa doctrine, je lui ai assigné « sa place entre Avenpace et Ibn-Tofaïl. Ce sont là des erreurs « que je dois maintenant rectifier, mais dont je ne puis me re- « pentir; car, à ce qu'il paraît, elles ont fourni à M. Munk l'oc- « casion de faire des recherches sur ce mystérieux Avicebron, « et d'arriver à une belle découverte qu'il communique dans « ledit article. Il n'a pas plus réussi que Degérando à retrouver « à Paris le livre *Fons vitæ*, attribué à Avicebron; mais il a éta- « bli par des preuves suffisantes que sous le nom d'Avicebron « était caché un juif, poète et philosophe, Salomon ben-Ge-

(1) Voy. ci-dessus, pag. 4.

(2) *Literaturblatt des Orients*, 1846, n° 46.

(3) *Göttingische gelehrte Anzeigen*, du 17 avril 1847.

« birol, de Malaga, qui florissait dans la seconde moitié du « XIe siècle. » ... « Je croyais (dit M. Ritter plus loin) que la « philosophie du moyen âge ne devait aux philosophes juifs « aucune impulsion féconde; la découverte de M. Munk m'a « guéri de cette erreur. »

Ces paroles de M. Ritter me dispensent de m'arrêter ici aux preuves par lesquelles j'ai pu établir l'identité d'*Ibn-Gebirol* et d'*Avicebron;* d'ailleurs, j'ai réussi depuis à retrouver à la Bibliothèque impériale la version latine du *Fons vitæ* (1), que M. Degérando y avait vainement cherchée, et cette découverte a pleinement confirmé mes conjectures sur le livre *Mekôr 'hayyîm*, dont j'ai donné plus haut les extraits dus à Ibn-Falaquéra. Pour faciliter l'intelligence de ces extraits et pour suppléer à ce qu'ils ont d'aphoristique, j'essaierai de donner ici une analyse succincte de tout l'ouvrage, d'après le manuscrit latin; mais, avant d'aborder cette analyse, je crois devoir donner quelques détails sur Ibn-Gebirol et sur ses ouvrages.

Nous manquons en général de détails biographiques sur les célébrités juives du moyen âge. Dans le monde musulman, comme dans le monde chrétien, les juifs, exclus de la vie publique, voués à la haine et au mépris par la religion dominante, toujours en présence des dangers dont les menaçait le fanatisme de la foule, ne trouvaient la tranquillité et le bonheur que dans un isolement complet. Ignorés de la société, les savants juifs vouaient aux sciences un culte désintéressé, qui ne leur promettait ni honneurs, ni avantages matériels. Il n'y avait guère que quelques médecins qui pussent trouver l'occasion de faire valoir leur science auprès des dominateurs,

(1) Le *Fons vitæ* se trouve, avec plusieurs autres traités de philosophie, dans le ms. n° 32 du fonds St-Victor (fol. 161 *b* à 228 *b*). Malheureusement la lecture de ce ms. offre de grandes difficultés : non seulement les abréviations y sont par trop multipliées, mais il est aussi très fautif; la copie a été évidemment faite par un copiste inintelligent, sur un manuscrit dont les cahiers et les feuillets étaient renversés et transposés, ce dont le copiste n'a tenu aucun compte.

et quelques auteurs musulmans n'ont pas dédaigné de leur accorder une mention et de consigner quelques détails de leur vie. Les savants juifs, entièrement absorbés par les études religieuses et spéculatives, et cherchant dans le monde des idées l'oubli d'une triste réalité, se préoccupaient très peu de la vie extérieure et poussaient le dédain des faits matériels jusqu'à cet oubli complet de l'histoire qui a laissé un vide si regrettable dans la littérature juive du moyen âge. Les plus grands génies du judaïsme ne nous sont connus que par leurs œuvres, et c'est à peine si les efforts réunis de plusieurs littérateurs de nos jours ont réussi à fixer quelques uns des principaux faits de la vie d'un Maïmonide, la plus grande gloire de la Synagogue.

Il y a peu de noms aussi populaires parmi les juifs que celui de Salomon ben-Gebirol; un grand nombre de ses hymnes se sont conservés jusqu'à nos jours dans la liturgie synagogale de tous les pays. Mais tout ce que nous savons de certain sur sa vie, c'est qu'il était né à Malaga et qu'il reçut son éducation à Saragosse, où il composa en 1045 un petit traité de morale (1). Nous ne connaissons ni la date de sa naissance, ni

(1) Cf Wolf, *Bibliotheca hebrea*, t. I, pag. 1045; t. III, pag. 1029; De Rossi, *Dizionario storico degli autori ebrei*, t. I, pag. 123; *Diz. stor. degli autori arabi*, pag. 78; L. Dukes, *Ehrensäulen und Denksteine* (Vienne, 1837, in-8), pag. 9 et suiv. — Notre auteur est communément appelé par les auteurs juifs *Salomon, fils de Iehouda ibn-Gebirol*, et il a lui-même inscrit son nom de שלמה בן יהודה, sous forme d'acrostiche, au commencement de sa grammaire hébraïque et dans les premiers mots de son poème sur les 613 commandements, intitulé אזהרות. En arabe, il s'appelait *Abou Ayyoub Soléimân ben-Ya'hya ibn-Djebiroul.* C'est sous ce dernier nom qu'il est cité par Moïse ben-Ezra, dans son Traité de rhétorique et de poétique, dont j'ai parlé ailleurs (*Journ. as.*, juillet 1850, pag. 22, note 1); cet auteur donne aussi à notre Ibn-Gebirol le surnom d'*Al-Kortobi*, d'où on peut conclure que ce dernier avait séjourné, pendant un certain temps, dans la ville de Cordoue. Nous donnerons, dans un autre endroit de ce volume, tout le passage de Moïse ben-Ezra, où il est fait un grand éloge d'Ibn-Gebirol,

celle de sa mort. Selon la chronique d'Abraham Zacuto, il serait mort à Valence en 1070 (1); mais on a élevé des doutes sur cette date. Une des poésies qui lui sont attribuées porte la date de 461 de l'hégire (1069) (2). Nous savons qu'il composa une élégie sur Hâya Gaon, chef des académies juives d'Orient (3), mort en 1038, et nous avons encore de lui une autre élégie sur un certain Iekouthiel, massacré en 1040 (4); et, comme il est probable que ces élégies furent composées peu de temps après la mort des deux personnages qui en étaient l'objet, nous devons faire remonter sa naissance au moins jusqu'à l'an 1025. Il nous paraît donc évident que le poète Iehouda al-'Harizi (du commencement du XIIIe siècle) était dans l'erreur en disant

et où il est dit expressément qu'il était né à Malaga, qu'il fut élevé à Saragosse et qu'il mourut à Valence.

(1) Voy. le *Sépher You'hasin*, édit. d'Amsterdam, fol. 98 *b*.

(2) Voy., dans les יוצרות, ou *hymnes*, pour le deuxième sabbat après la Pâque (rituel des juifs allemands), le morceau qui commence par les mots שנותינו ספו, où on lit le passage suivant :

משל בי ששך עד אשר קרס · לכדני שעיר יון ופרס · הפיצוני
בעילם משך ותירס · וגם עוד ישמעאל הרס וגרס · הרי ששים
ואחת וארבע מאות ·

« Schéschakh (Babylone) domina sur moi jusqu'à ce qu'elle fût renversée à son tour; les Iduméens, les Grecs et les Perses me vainquirent et me dispersèrent dans les pays d'Elam, de Meschekh et de Tirâs; Ismaël aussi m'a démoli et brisé, voici *quatre cent soixante et un ans.* »

(3) Voy. *Literaturblatt des Orients*, 1841, n° 2, col. 27, et le recueil publié par M. Edelmann sous le titre de חמדה גנוזה (Kœnigsberg, 1856, in-8), pag. XIV.

(4) Cette dernière élégie a été publiée dans le *Literaturblatt des Orients*, ann. 1846, n° 37, col. 580; elle se trouve dans le manuscrit n° 63 du supplément hébreu de la Bibliothèque impériale. Quelques autres petits poëmes sur Iekouthiel ont été publiés dans le *Literaturblatt des Orients*, 1850, n°s 7 et 18, et dans le recueil intitulé גנזי אקספורד, *Trésors d'Oxford* (Londres, 1850, in-8), pag. 26.

qu'Ibn-Gebirol mourut à l'âge de vingt-neuf ans (1), ce qui d'ailleurs est inadmissible, lorsqu'on considère l'importance de ses travaux, dans lesquels on reconnaît partout les longues méditations d'un esprit mûri par les années. Une tradition, dont l'authenticité est plus que douteuse, dit que Salomon ibn-Gebirol succomba sous le fer d'un musulman qui était jaloux de son grand talent. La légende ajoute que l'assassin enterra sa victime sous un figuier de son jardin ; l'arbre porta des fruits d'un volume et d'une douceur extraordinaires, et le roi, informé de ce phénomène, fit venir le propriétaire du jardin,

(1) Al-'Harizi, qui fait un éloge pompeux des poésies d'Ibn-Gebirol, s'exprime en ces termes (*Ta'hkemôni*, chap. XVIII, édit. d'Amsterdam, fol. 34 *b*) :

ואלו האריך־ימים · חבר בסודות השיר פלאים עצומים · אך נקטף באבו · ונחטף וליחות רנערות בו · ובן תשע ועשרים נרו כבה · ועד השלשים לא בא ·

« S'il avait vécu longtemps, il aurait produit de grandes merveilles dans les mystères de la poésie ; mais il fut cueilli dans sa tige, et il fut enlevé ayant encore toute la sève de la jeunesse. Agé de vingt-neuf ans, sa lampe s'éteignit, et il n'arriva point à la trentaine.» (Nous avons effacé, après נקטף, le mot זרו, qui ne se trouve pas dans les mss.) — Al-'Harizi paraît avoir suivi un auteur plus ancien, Moïse ben-Ezra, qui, dans le passage que nous citerons plus loin, parle également de la jeunesse d'ibn-Gebirol, et dit expressément qu'à sa mort il était âgé d'environ trente ans (وكان قد ارمى على الثلثين). Mais ces témoignages ne peuvent prévaloir sur les dates que nous avons indiquées. Al-'Harizi a évidemment commis une autre erreur en disant, au même endroit, qu'Ibn-Gebirol naquit *à la fin* de la vie de R. Samuel ha-Naghîd (mort en 1055). Nous ferons observer encore qu'il paraît résulter d'un passage du *Kéther Malkhouth* (vers la fin) qu'Ibn-Gebirol composa ce poème à un âge avancé : « La plus grande partie de mes jours, dit-il, sont passés et ont disparu, et ceux qui me restent s'éteindront dans le péché..... Mon Dieu, daigne jeter sur moi un regard propice, pour le peu de jours qui me restent. »

הלא ימי חלף רבם ואינם והנשארים ימקו בעונם ..... אלהי שים עיניך עלי לטובה לשארית ימי המעטים ·

qui, pressé par des questions, finit par avouer son crime et l'expia de sa vie (1). Ce conte prouve du moins la grande popularité qu'avait acquise le nom d'Ibn-Gebirol.

Il résulte de ce qui précède que ce fut vers le milieu du XIe siècle qu'Ibn-Gebirol commença à se faire connaître comme écrivain. Il cultiva surtout la poésie et la philosophie, qui chez lui se trouvent intimement unies; c'est le même fonds de pensées se révélant sous deux formes différentes, et, si dans ses poésies on reconnaît toujours un esprit plongé dans les méditations profondes, inaccessible à toute préoccupation vulgaire, ses œuvres philosophiques portent souvent les traces de l'imagination vive et des inspirations du poète. On reconnaît en lui le véritable poète, jusque dans sa grammaire hébraïque, qu'il composa en vers, à l'âge de 19 ans, et dont nous possédons encore toute l'introduction (2). Ses ouvrages de philosophie proprement dits étaient écrits en arabe; mais pour ses poésies, qui avaient toutes un caractère religieux, il se servait de préférence de la langue sainte. On peut appeler Ibn-Gebirol le véritable restaurateur de la poésie hébraïque; il occupe le premier rang parmi les poètes juifs du moyen âge, et il était peut-être un des plus grands poètes de son temps. S'il a imité les poètes arabes pour ce qui concerne les formes extérieures de la versification, il les a surpassés par l'élan poétique, par l'élévation des pensées et des sentiments. En général — et c'est là un fait peu connu, que j'ai eu l'occasion de faire ressortir ailleurs (3) —, la poésie juive du moyen âge est, sous beaucoup de rapports, supérieure à celle des Arabes, qui lui a servi de modèle. De tout temps, les

(1) Voy. *Schalschéleth ha-Kabbalà*, édit. d'Amsterdam, fol. 30 *a*.

(2) Cette introduction nous a été conservée par Salomon Par'hon, qui l'a reproduite au commencement de son *Lexique hébreu;* voy. *Salomonis ben-Abrahami Parchon Aragonensis Lexicon hebraicum* (Presbourg, 1844, in-4), pag. 23 et 24.

(3) *De la poésie hébraïque après la Bible*, 2e article (feuilleton du journal *le Temps*, du 19 janvier 1835).

Arabes ont cherché leurs principales inspirations dans leur égoïsme, dans leur orgueil national et dans les passions vulgaires; ils ont eu au moyen âge, surtout en Espagne, un nombre prodigieux de versificateurs; mais on trouve rarement dans leurs poésies le souffle divin, les sentiments grands et généreux. Les poètes juifs, nourris de la lecture des prophètes et des poètes sacrés de l'antiquité, trouvaient dans les souvenirs du passé, dans les souffrances du présent et dans les espérances d'un glorieux avenir, des inspirations variées qui manquaient aux Arabes. Les poésies arabes sont essentiellement locales; pour les bien apprécier, il faut pouvoir se transporter dans les temps et les lieux qui leur ont donné naissance. La poésie des juifs a un caractère plus universel; leurs élégies, empreintes d'une sombre mélancolie; leurs hymnes et leurs prières, qui respirent le plus profond sentiment religieux et une touchante résignation; leurs leçons de morale et de sagesse, recueillies au milieu des ruines et des tombeaux, trouveront du retentissement dans tous les cœurs; car il y a là des pensées et des émotions pour les hommes de tous les pays et de tous les siècles.

Pour faire complétement apprécier le talent poétique d'Ibn-Gebirol, il faudrait pouvoir donner une idée de la pureté de sa diction hébraïque et en reproduire le rhythme sonore et les formes élégantes. Que l'on nous permette cependant de traduire une de ses méditations, qu'on trouve dans la liturgie du rite espagnol pour le jour des Expiations (1), et qui pourra donner une idée du caractère général de ses poésies :

« Oublie ton chagrin, mon âme agitée ! pourquoi tremblerais-tu des douleurs d'ici-bas ? Bientôt ton enveloppe reposera dans la tombe, et tout sera oublié.

« Espère, ô mon âme ! mais que la pensée de la mort t'inspire une crainte salutaire; elle te sauvera au jour où tu re-

(1) M. Michael Sachs en a donné une excellente imitation en vers allemands. Voy. *Die religiöse poësie der Juden in Spanien* (Berlin, 1845, in-8), pag. 35.

tourneras auprès de ton Créateur, pour recevoir la récompense de tes œuvres.

« Pourquoi ce trouble, ô mon âme, cette agitation dont tu es saisie pour les choses de la terre? Le souffle s'en va et le corps reste muet; et, lorsque tu retournes à ton élément, tu n'emportes rien de cette vaine gloire, et tu t'envoles à la hâte, comme un oiseau vers son nid

« Toi, noble et royale, qu'as-tu à faire dans cette carrière sans durée (1), où la splendeur royale se change en détresse, où ce que tu crois salutaire n'est qu'un arc tendu et menaçant? Ce qui te semble précieux n'est qu'illusion; tout bonheur, mensonge, qui s'écoule et s'en va; et à d'autres reste, sans profit pour toi, ce que tu as acquis avec peine.

« L'homme est une vigne, la mort est le vigneron qui l'observe et le menace à chaque pas. Mon âme! cherche le créateur; le temps est court, le but est loin. Ame rebelle, qu'il te suffise d'avoir du pain sec; oublie ces misères, ne pense qu'à la tombe, ne crains que le jour du jugement.

« Tremble comme une colombe, pauvre affligée! rappelle-toi sans cesse le repos céleste. Invoque le ciel à toute heure, envoie à Dieu tes larmes et tes prières et accomplis sa volonté; et les anges de sa demeure te conduiront au jardin céleste. »

La vanité des choses terrestres est la pensée dominante qui se reproduit sous mille formes dans la poésie des Juifs. Ibn-Gebirol surtout a toujours le regard dirigé vers le ciel; la terre lui offrait peu de charmes, le bonheur le fuyait sans cesse; un triste sort, à ce qu'il paraît, lui avait refusé jusqu'aux joies les plus légitimes et les plus pures (2). Dans un poème qu'il

(1) Les éditions portent : מה לך נבוכה בארץ לא משוכה; j'ai suivi la leçon d'un *Ma'hazor* manuscrit de Fez (Suppl. héb. de la Bibl. imp.), qui porte : מה לך נסוכה בדרך לא משוכה.

(2) Nous connaissons de lui quelques vers qu'il adressa, à l'âge de seize ans, à un de ses amis, et qui déjà sont empreints de cette profonde mélancolie qui caractérise toutes ses compositions poetiques. Voy., au commencement du recueil גנזי אקספארד, p. 1, note.

composa en quittant Saragosse, sa dignité se révolte de l'injuste abandon dans lequel l'avaient laissé les habitants de cette ville, et il se plaint de ne pas avoir un ami à qui il puisse confier son chagrin. Voici quelques fragments de ce poème (1) :

« A force de prier, mon gosier brûle, ma langue s'attache à mon palais ; mon cœur palpite, par l'immensité de ma douleur et de ma tristesse. Mon chagrin est trop grand pour permettre au sommeil de descendre sur mes yeux...... A qui parlerai-je? A qui raconterai-je mon chagrin? Oh! s'il y avait un homme compatissant, pour me consoler, pour me saisir la main, j'épancherais mon cœur devant lui, je dirais une partie de ma douleur; et peut-être, en parlant de mon chagrin, calmerais-je un peu mon agitation. O toi qui me salues, approche-toi; écoute, cela mugit comme les eaux de la mer. Ton cœur serait-il un rocher, il s'amollirait à ma grande souffrance. Est-ce trop peu de vivre au milieu d'un peuple qui ne sait distinguer la droite de la gauche? Enterré, enfermé dans un désert, faut-il encore que ma propre maison soit mon cercueil? Sans père, sans enfant, je gémis dans une triste solitude; altéré d'un ami, je me consume avant de pouvoir éteindre ma soif; on dirait que le ciel et ses armées s'interposent entre mon désir et mon jugement (2). Je suis comme un étranger, faisant ici un séjour passager, conservant la sagesse dans le cœur, au milieu d'hommes ignorants et stupides. Celui-ci t'abreuve de venin de vipère, celui-là te fait un signe de tête trompeur, met la discorde dans tes entrailles et te dit : « Par

(1) L'original hébreu, commençant par les mots נחר בקראי גרוני, a été publié dans le *Literaturblatt des Orients*, année 1843, nº 51. Le texte hébreu n'étant pas très correct, j'ai dû en corriger plusieurs mots, par conjecture.

(2) C'est-à-dire : mon sort est tellement en opposition avec ce que je désire qu'on dirait que le ciel s'interpose entre mes vœux et mon divin juge.

don, Seigneur ! » Des gens dont les pères auraient été jugés indignes d'être les chiens de mon troupeau (1). . . . . .

. . . Que puis-je espérer encore ? Où sera ma confiance? Mon œil parcourt le monde, sans y trouver ce que je désire ; le mot de *mort* est cher à mes oreilles, la tombe paraît légère à mes yeux. . . . . . Puisse celui qui révèle les choses profondes éclairer mes yeux par la science ! Car elle seule est le partage qui me reste de tout mon travail et de toute ma fortune. »

Il est en dehors de notre but de caractériser ici Ibn-Gebirol comme poète (2) ; mais nous devons nous arrêter un instant à l'une de ses compostitions poétiques les plus remarquables, qu'il appelle *Kether Malkhouth* (*la Couronne royale*), et qu'il place lui-même à la tête de ses hymnes. Dans la pensée du poète, c'est un hymne célébrant le Dieu unique et les merveilles de sa création. Mais ici ce n'est pas dans le seul sentiment religieux qu'il a puisé ses pieuses inspirations ; ce ne sont pas, comme dans certains psaumes, des paroles d'une soudaine admiration arrachées par l'imposant spectacle de la nature. Le voile qui couvre les mystères de la nature, le poète cherche à le soulever au moyen de la science de son temps. La tâche est partagée entre l'esprit et le cœur, entre l'intelligence et le sentiment, entre la connaissance et l'imagination. On rencontre tour à tour, dans ce poème, les élans lyriques de l'inspiration religieuse, le ton didactique de la science réfléchie, les accents lugubres d'un cœur contrit, les pieux épanchements d'une âme qui espère. C'est à la fois un hymne religieux, une pieuse méditation et un poétique résumé de la

(1) Allusion à un passage du livre de Job, chap. XXX, vers. 1.

(2) Ceux qui voudront connaître notre auteur sous cette face pourront lire le bel ouvrage de M. le Dr Michaël Sachs intitulé *Die religiöse poësie der Juden in Spanien*, et que nous avons cité plus haut. — M. le docteur Geiger, rabbin à Breslau, qui déjà nous a fait connaître avec un talent remarquable les poésies de Iehouda-ha-Lévi, a promis un travail analogue sur Ibn-Gebirol.

cosmologie péripatético-alexandrine. La religion et la philosophie s'unissent dans une parfaite harmonie pour glorifier l'être unique ; et ce qui donne à ce poème un intérêt particulier pour nous, c'est qu'on reconnaît dans certains détails l'auteur du *Fons vitæ* (1).

Après avoir célébré Dieu dans ce qu'on a pu appeler ses attributs : l'unité, l'existence, la vie, la grandeur, la puissance, il se hâte de revenir à l'idée de l'unité absolue et de l'être universel adoré par tous les hommes, quoique sous des formes différentes et souvent imparfaites :

« Tu es Dieu, dit-il, et toutes les créatures sont tes serviteurs et tes adorateurs. Ta gloire n'est diminuée en rien parcequ'il y en a qui adorent ce qui n'est pas toi ; car leur but à tous, c'est d'arriver jusqu'à toi. Mais ils sont comme des aveugles : c'est vers la route royale qu'ils se dirigent, mais ils s'égarent du chemin ; l'un s'enfonce dans l'abîme de la destruction, l'autre tombe dans une fosse. Ils croient tous être arrivés au but désiré, et ils se sont fatigués en vain. Mais tes serviteurs sont comme des voyants qui marchent dans le chemin droit, et qui ne s'en détournent ni à droite ni à gauche, jusqu'à ce qu'ils entrent dans la cour du palais du roi.

« Tu es Dieu, appuyant les créatures par ta divinité, soutenant

(1) Le *Kether Malkhuth* a eu un grand nombre d'éditions et se trouve souvent inséré dans les rituels de prières. Il a été publié par François Donatò (dans les *Poma aurea linguæ hebraicæ* [Rome, 1618, in-4]) et accompagné d'une version latine peu exacte. David Nieto en a donné une traduction espagnole qui a été imprimée plusieurs fois. Cf. Wolf, *Biblioth. hebræa*, t. III, pag. 1030 ; de Rossi, *Diz. stor. degli autori hebrei*, t. I, pag. 124. — Une traduction française de ce poème se trouve dans les *Prières du jour de Kippour à l'usage des israélites du rit portugais, traduites par Mardochée Venture* (nouvelle édition, Paris, 1845, in-12, p. 87 et suiv.). On en a aussi plusieurs traductions allemandes, dont les plus élégantes sont deux imitations en vers, l'une par M. le Dr Léopold Stein, rabbin à Francfort-sur-Mein, l'autre par M. le Dr Sachs, dans l'ouvrage cité ci-dessus.

les êtres par ton unité. Tu es Dieu, et il n'y a à établir aucune distinction entre ta divinité, ton unité, ton éternité et ton existence; car tout n'est qu'un mystère unique, et, quoique les noms soient distincts, tout n'a qu'un sens unique.

« Tu es sage; la sagesse est la *source de vie* qui jaillit de toi, et auprès de ta sagesse l'homme est privé de connaissance. Tu es sage, être de toute éternité, et la sagesse était toujours ton nourrisson chéri. Tu es sage, et tu n'as point acquis la sagesse d'un autre que toi. Tu es sage, et de ta sagesse tu as fait émaner une *Volonté* déterminée, comme fait l'ouvrier et l'artiste, pour tirer l'être du néant, et comme s'étend la lumière qui sort de l'œil [1]. Tu puises de la source de lumière sans seau, et tu fais tout sans instrument. »

Cette théorie de la *Volonté* divine limitant la faculté de la sagesse, qui ne pourrait produire que l'infini, est longuement développée dans le *Fons vitæ*.

Après avoir fait la description des sphères célestes, depuis celle de la lune jusqu'à la neuvième sphère, qui, placée au dessus de celle des étoiles fixes, entraîne dans son mouvement toutes les autres, et est appelée la sphère du mouvement *diurne*, le poète parle d'une dixième sphère, qui est la *sphère de l'intellect.*

« Qui comprend tes mystères redoutables, lorsqu'au dessus de la neuvième sphère tu as élevé la sphère de l'*intellect*, qui est le palais intérieur, le *dixième consacré à l'Eternel* [2]? C'est la sphère élevée au dessus de toute élévation, qu'aucune pensée ne peut atteindre; là est la tente mystérieuse de ta gloire; tu l'as fondue de l'argent de la vérité, tu en as fait le revêtement avec l'or de l'intelligence, tu as fixé sa voûte sur les colonnes de la justice. C'est de ta force qu'elle tient son existence; émanée de toi, elle tend vers toi, et c'est toi qui es le but de son désir. »

(1) Cf. les Extraits de la *Source de vie*, V, 62 (p. 136).

(2) Allusion à un passage du Lévitique, chap. XXVII, v. 32.

Cette *sphère de l'intellect* n'est pas une simple fiction poétique; on voit dans le *Fons vitæ* que, dans le système d'Ibn-Gebirol, elle occupe en effet le premier rang dans la série des substances émanées de la volonté créatrice, et participe le plus de l'unité absolue, qui est Dieu; elle est plus simple et plus unie que toutes les autres substances, parceque, est-il dit dans le *Fons vitæ* (1), elle se trouve à l'extrémité supérieure, près de l'unité première qui l'a faite. Comme les autres philosophes arabes, Ibn-Gebirol fait de l'intellect qui féconde notre âme un être intermédiaire entre Dieu et l'homme; mais, si ceux-là le rapprochent le plus possible de la nature humaine et le placent dans l'orbite de la lune, Ibn-Gebirol, au contraire, le place dans la sphère la plus élevée, pour en faire l'émanation la plus directe de la volonté divine (2) — L'imagination du poète a peuplé cette sphère d'êtres supérieurs, d'anges, de séraphins, qui chantent continuellement les louanges de la divinité. Immédiatement au dessus de la sphère de l'intellect est le trône de la gloire divine; là est le *mystère*, le *principe de toute chose* (3), et là l'intellect lui-même s'arrête, ne pouvant pénétrer plus loin. Sous le trône céleste est la demeure des âmes; de là elles descendent sur la terre pour animer les corps et là elles reviennent après avoir accompli leur carrière terrestre.

Le poète dépeint rapidement les jouissances des âmes qui sont restées pures, le châtiment réservé à celles qui se sont souillées sur la terre; ici les croyances populaires fournissent au poète quelques images dont le philosophe se hâte de rétablir le sens véritable. Il considère ensuite le corps humain et admire dans sa merveilleuse construction la sagesse du Créateur. Tout le reste du poème, renfermant des considérations

(1) Voy. nos Extraits, liv. II, § 26 (pag. 31).

(2) Voy. les Extraits, liv. V, § 25 (pag. 106) et § 52 (pag. 127, et ibid, note 2).

(3) היסוד, allusions à la matière première universelle. Voy. aussi les Extraits, pag. 144, note 2.

sur la faiblesse de l'homme, sur le néant de la vie terrestre, rentre complétement dans la sphère religieuse.

Ici, comme en général dans toutes ses poésies, Ibn-Gebirol fait preuve du plus profond sentiment religieux, et, si dans ses spéculations métaphysiques, il est arrivé à des résultats qui ne pouvaient convenir à une orthodoxie sévère et qui lui valurent des reproches de la part des uns et un oubli complet de la part des autres, il est certain que, pour lui, il croyait de bonne foi être resté dans les limites des doctrines orthodoxes, et, comme il arrive toujours en pareil cas, il prêtait aux textes bibliques un sens ésotérique, conforme à ses doctrines.

Nous ne savons pas si Ibn-Gebirol a écrit des commentaires sur la Bible; mais ses explications de certains textes, citées par d'autres auteurs, prouvent qu'il affectionnait les interprétations allégoriques. Ibn-Ezra le cite dans son commentaire sur la Genèse (XXVIII, 12). Selon Ibn-Gebirol, l'échelle que Jacob vit dans un songe signifie l'âme *supérieure* (rationnelle); les anges qui y montent et descendent sont les pensées, qui s'attachent tantôt à un sujet spirituel ou supérieur, tantôt à un sujet corporel ou inférieur. — Il prit la défense de l'opinion de Saadia, qui avait soutenu que la Genèse ne voulait pas attribuer en réalité au serpent la faculté de parler, et il développa lui-même le sens allégorique des faits rapportés aux chapitres II et III de la Genèse : Le paradis est le monde supérieur; le mot *jardin* désigne le monde inférieur, plein d'une foule de créatures, qui en sont les plantes; le fleuve du paradis est la matière première, mère de tous les corps; les quatre branches du fleuve désignent les quatre éléments; l'homme donnant des noms aux animaux est la science, Eve l'esprit vivifiant qui donne le mouvement, et ainsi de suite (1). — Dans les mots :

(1) Voy. Jellinek, *Beitraege zur Geschichte der kabbala*, 2e livraison (Leipzig, 1852), pag. 30. Dans le texte cité par M. Jellinek, il faut ajouter, après לכל הגויות, les mots והוא ההיולי, et après רוח החיה, les mots בעלת התנועה. Voy. ms. hébr. de la Biblioth. imp., ancien fonds, n° 105, fol. 95 *b*.

Je l'ai créé, je l'ai formé et je l'ai fait (Isaïe XLIII, 7), Ibn-Gebirol voyait le *mystère de l'univers*, comme le rapporte Ibn-Ezra, sans l'approuver (1). Par ce *mystère*, Ibn-Gebirol entendait probablement les trois *mondes*, qui, dans le système des kabbalistes, viennent à la suite du monde *Acilâ* (émanation) (2).

Dans son commentaire sur Daniel (XI, 30), le même Ibn-Ezra compte aussi notre Ibn-Gebirol parmi ceux qui avaient calculé l'époque de l'arrivée du Messie en se fondant sur des théories astrologiques (3).

Parmi les ouvrages philosophiques d'Ibn-Gebirol, un seul a acquis chez les juifs une certaine popularité : c'est un petit traité de morale, intitulé *Corrections des mœurs*, qui, écrit primitivement en arabe, a été traduit en hébreu par Rabbi Iehouda ibn-Tibbon et imprimé trois fois (4). Cet ouvrage est rédigé

(1) Voici comment s'exprime Ibn-Ezra dans son commentaire sur le passage d'Isaïe :
ור׳ שלמה בעל השירים השקולים ז״ל פירש בו כי זה סוד העולם ואיננו דבק בטעם הפרשה ·

(2) Les kabbalistes, en présentant l'homme comme *microcosme* et en y retrouvant l'image de leurs *quatre mondes* (*Acîlâ*, *Beriâ*, *Yecîrâ* et *'Asiyyâ*), invoquent précisément le passage d'Isaïe. Ibn-Gebirol serait donc, parmi les auteurs du moyen âge, le premier qui eût parlé de cette théorie des quatre mondes (cf. Jellinek, *l. c.*, pag. 27). Nous ferons remarquer plus loin les traces qu'on en peut découvrir dans le *Fons vitæ*.

(3) ר׳ שלמה גבירול רצה לקשור הקץ במחברת הגדולה על שני הכוכבים העליונים. Il s'agit ici d'une grande *conjonction*, celle des deux astres supérieurs (Jupiter et Saturne), et non pas d'un *ouvrage* particulier sur l'époque messianique, comme le croyait M. Dukes (*Ehrensäulen*), pag. 11, note.

(4) La première édition a été publiée à Riva di Trento, en 1562; l'ouvrage a été réimprimé à Constantinople, à la suite du traité des *Devoirs des cœurs* de Ba'hya; l'édition de Riva di Trento, qui renferme aussi les *Apophthegmes des philosophes* par Honein ben-Is'hâk (cf. Casiri, t. I, pag. 226, n° DCCLVI) et le livre de Pomo, a été reproduite à Lunéville, en 1807, in-4. — L'original arabe,

dans un langage populaire qui le rendait accessible à un grand nombre de lecteurs; l'auteur y a évité visiblement les formes sévères du raisonnement spéculatif, et il y a intercalé un grand nombre de sentences puisées dans la Bible, dans les auteurs profanes de l'antiquité et dans les poëtes arabes. L'ensemble du sujet est traité d'une manière assez originale, qui mérite une mention particulière. L'auteur considère les vertus et les vices principalement au point de vue physique, en les mettant en rapport avec les cinq sens et avec les tempéraments. De chaque sens découlent quatre qualités, qui contrastent entre elles deux à deux, ce qui donne en tout vingt qualités principales, dont dépendent d'autres qualités secondaires.

Le sens le plus noble est celui de la vue; les yeux sont au corps ce que le soleil est à l'univers. La perception de ce sens franchit les limites de l'espace et du temps; car il perçoit au

qui existe dans la Biblioth. Bodléienne, porte le titre de كتاب اصلاح الاخلاق (Voy. le Catalogue d'Uri, pag. 66, nº 358). Il a été composé au mois de nisân (mars-avril) de l'an du monde 4805 ou 1045 de l'ère chrétienne (voy. De Rossi, *l. c.*); la date indiquée dans le ms. d'Oxford (1428 de l'ère d'Alexandre, ou des Séleucides, correspondant à l'an 1117 de l'ère chrétienne) est nécessairement fausse. — Rabbi Iehouda ibn-Tibbon en fit la traduction à Lunel, pour R. Ascher, fils de ce même R. Meschullam pour lequel il avait traduit le premier livre du traité des *Devoirs des cœurs;* il avait l'intention de remplacer par ce manuel d'Ibn-Gebirol les neuf autres livres du traité de Ba'hya. Cette traduction hébraïque reproduit fidèlement l'original arabe, à l'exception des nombreux vers arabes cités dans ce dernier, et que le traducteur a omis, se proposant de les remplacer plus tard par des vers analogues tirés de poëtes hébreux. Il donne lui-même tous ces détails dans une préface qu'il avait mise en tête de sa traduction, mais qui manque dans les éditions et généralement aussi dans les manuscrits; on la trouve à part dans deux ms. de la Biblioth. imp. (anc. fonds hébr., nº 105, fol. 249 *b*, et fonds de la Sorbonne, nº 247, en tête d'un abrégé des *Devoirs des cœurs*).

même instant ce qui est près et ce qui est loin. A ce sens se rattachent la fierté et l'humilité, la pudeur et l'effronterie.

Le sens de l'ouïe occupe le second rang : inférieur au sens de la vue, il est pourtant, comme celui-ci, en rapport, par certains liens, avec l'âme et l'être moral. A ce sens l'auteur rattache l'amour et la haine, la pitié et la cruauté ; mais il avoue que, pour démontrer la réalité de ce qu'il avance, il serait obligé d'entrer dans des considérations plus profondes, et qu'il s'est contenté de certaines indications qui suffiront aux intelligences supérieures.

Les trois autres sens appartiennent uniquement à l'être physique. De l'odorat dépendent, selon l'auteur, la colère et la bienveillance, l'envie et le zèle. Le goût représente la joie et le chagrin, le calme (ou la tranquillité d'esprit) et le regret ou le repentir. Avec le toucher il met en rapport la générosité et l'avarice, le courage et la lâcheté. L'auteur parle aussi des qualités intermédiaires, et montre que les qualités essentiellement bonnes peuvent devenir mauvaises par l'exagération.

Tout le procédé d'Ibn-Gebirol est plus ingénieux que logique : au lieu de principes et d'une déduction rigoureuse, ce sont de spirituelles inductions, tirées de passages bibliques, ou des observations basées sur les expressions figurées du langage vulgaire. Notre philosophe n'a pas eu pour but d'établir un *système* de morale et de présenter des doctrines qui fussent le résultat d'un raisonnement philosophique. C'est un manuel populaire de morale, écrit sur la demande de quelques amis de l'auteur ; et quelques mots de la préface nous apprennent que, pour la méthode elle-même qu'Ibn-Gebirol a suivie dans cet écrit, il n'avait fait que se conformer au vœu de ses amis.

On attribue aussi à Ibn-Gebirol un petit recueil d'apophthegmes de morale, divisé en soixante-quatre paragraphes, et intitulé *Choix de perles* (1). Wolf et de Rossi attribuent cet opus-

(1) Il a été publié plusieurs fois en hébreu, sous le titre de מבחר הפנינים (en arabe : مختار الجواهر) ; il en a paru aussi une édition accompagnée d'une version latine et de notes, par Théod. Ebert (Francfort-sur-l'Oder, 1630, in-4).

cule à Iedaïa Pennini, de Béziers; mais, comme il a été originairement écrit en arabe et traduit, dès le XIIe siècle, par Iehouda ibn-Tibbon, il faut nécessairement lui donner pour auteur un juif arabe.

Avant de parler du *Fons vitæ*, je mentionnerai un autre ouvrage que je crois devoir attribuer à Ibn-Gebirol, ou Avicebron, bien qu'il ne porte pas son nom. C'est un *Traité de l'âme*, jusqu'ici complétement inconnu, mais dont la version latine, due à l'archidiacre Dominique Gundissalinus ou Gundisalvi, existe à la Bibliothèque impériale parmi les mss. du fonds de la Sorbonne (n° 1793). M. Jourdain paraît avoir examiné cet ouvrage à la hâte et l'avoir confondu avec le *Traité de l'âme* d'Avicenne; car, en publiant le prologue que le traducteur latin a mis en tête de ce dernier traité, il indique, outre le ms. n° 6443 de l'ancien fonds, notre ms. de la Sorbonne [1]. Ce qui a donné lieu à l'erreur de M. Jourdain, c'est qu'une partie du prologue du *Traité de l'âme* que nous avons en vue est presque entièrement identique avec le prologue du traité d'Avicenne; Gundissalinus, traducteur des deux traités, a fait précéder l'un et l'autre des mêmes réflexions. Un léger examen aurait suffi à M. Jourdain pour se convaincre que le ms. de la Sorbonne renferme un traité totalement différent de celui d'Avicenne.

En tête de notre traité on lit ces mots : « Liber de anima, a domino Gundissalino ab arabico in latinum translatus, continens decem capitula. » Après avoir parlé, comme dans le traité d'Avicenne, de l'utilité de l'étude de l'âme, le traducteur ajoute : « Quapropter quicquid apud philosophos de anima rationaliter dictum inveni simul in unum colligere curavi; opus siquidem latinis incognitum, utpote in arcanis græcæ et hebraïcæ tantum linguæ reconditum. Sed jam, per Dei gratiam, quamvis cum multo labore, ad notitiam latinorum est ductum,

(1) Voy. *Recherches sur les traductions latines d'Aristote*, 2e édition, pag. 450, note 1.

ut fideles, quamvis studiose per animam laborent, quid de ea sentire debeant non jam fide tantum, sed etiam ratione, comprehendant. » Il y a ici un peu de confusion ; car, comme on l'a vu, il est dit positivement en tête de notre ouvrage qu'il a été traduit de l'*arabe*. Il paraît que le passage que nous venons de citer ne se rapporte pas particulièrement au présent traité, mais à un recueil de différents traités sur l'âme que Gundissalinus avait tirés de sources grecques et hébraïques. Quoi qu'il en soit, le traité qui nous occupe se compose non pas de dix chapitres, comme on le lit en tête, mais de onze. Voici l'énumération des chapitres :

I. An sit anima.
II. Quomodo anima moveat corpus.
III. Quid sit anima.
IV. Definitio animæ secundum Aristotelem.
V. Utrum anima sit creata.
VI. An una anima, an multæ (1).
VII. An fuerint animæ creatæ ab initio mundi.
VIII. Utrum anima creata sit a nihilo.
IX. Utrum anima sit immortalis.
X. De viribus animæ.
XI. De propriis viribus hominis.

Le quatrième chapitre a été peut-être intercalé plus tard, car il n'en existe pas de traces dans le prologue, où le traducteur indique brièvement le contenu de l'ouvrage.

En parcourant cet ouvrage, on peut facilement se convaincre qu'il appartient à un auteur qui professait les doctrines exposées dans le *Fons vitæ*, et qui admettait une matière universelle commune aux choses corporelles et spirituelles, en soutenant que toutes les substances, hormis Dieu, ont une matière. Cette dernière thèse est longuement développée dans le huitième chapitre, que l'on peut considérer comme un résumé du *Fons vitæ*, et notamment du livre IV, dont un grand

(1) L'auteur se prononce dans le dernier sens.

nombre de passages s'y trouvent textuellement reproduits. Les autres chapitres offrent également çà et là des passages qui rappellent le célèbre traité d'Avicebron. Nous nous contentons de citer le passage suivant du chapitre XI : « Simplex autem non potest conjungi spisso sine medio quod habet similitudinem cum extremis. Item, anima non apprehendit sensibilia per se nisi mediante spiritu, qui est substantia sentiens consimilis utrisque extremis et est media inter corporeitatem sensibilium et spiritualitatem animæ rationalis [1]. »

Néanmoins, si ce traité a pour auteur Avicebron, il faudra nécessairement admettre que le traducteur s'est permis çà et là des interpolations. Le dernier chapitre notamment nous offre quelques citations du Nouveau Testament et une autre de Boëce, qui n'ont pu être faites ni par un juif ni par un musulman. On y trouve aussi une observation sur l'étymologie du mot latin *mens*, ce qui révèle également un écrivain chrétien. Mais ces interpolations n'ont rien qui doive nous étonner. Ce qui paraît certain, c'est que l'ouvrage a été traduit de l'arabe; le système qui y est exposé est celui du *Fons vitæ*. L'auteur parle toujours en son propre nom, et rien ne s'oppose à ce que nous considérions Avicebron comme l'auteur de ce *Traité de l'âme*. J'ajouterai encore que cet ouvrage n'était point inconnu aux auteurs juifs. Rabbi Gerson ben Salomon, de Catalogne, dans le XIIe chapitre de son livre *Scha'ar haschamaïm* (La Porte du ciel), espèce d'encyclopédie des sciences philosophiques, a reproduit presque textuellement divers chapitres de notre traité, bien que les passages qui nous font particulièrement reconnaître Ibn-Gebirol n'y aient laissé aucune trace.

Ce qui vient encore à l'appui de notre supposition, c'est que dans un recueil hébreu récemment publié, et qui renferme plusieurs pièces inédites [2], on trouve un chapitre sur l'âme

(1) Cf. nos Extraits de *la Source de vie*, liv. III, §§ 3 et 8.

(2) Voy. חמדה גנוזה, par M. Hirsch Edelmann (Königsberg, 1856, in-8).

attribué à Ibn-Gebirol et qui est consacré précisément à une des questions traitées dans notre *Tractatus de anima*. Le chapitre roule sur la question de savoir *si les âmes ont été créées ou non avant la création du monde*. Il est vrai que ce chapitre ne se retrouve pas textuellement dans notre traité, et il nous paraît même évident qu'il appartient à un auteur chrétien et qu'il a été traduit du latin en hébreu; mais le titre qu'il porte prouve toujours qu'on avait connaissance d'un ouvrage composé sur cette matière par Ibn-Gebirol.

Nous ne pouvons pas entrer sur ce sujet dans de plus longs détails ; mais nos indications pourront servir de guide pour des recherches ultérieures.

CHAPITRE II.

ANALYSE DE LA *SOURCE DE VIE* (1).

Nous arrivons maintenant à l'ouvrage qui a illustré le nom d'Ibn-Gebirol, ou plutôt qui l'a fait connaître aux théologiens chrétiens du moyen âge sous le nom d'*Avicebron*. Cet ouvrage a principalement pour but d'exposer les idées de *matière* et de *forme*. L'auteur, en développant ces idées, nous en fait parcourir les différents degrés, et nous conduit ainsi aux notions d'une *matière universelle* et d'une *forme universelle*, embrassant toutes les choses hormis Dieu ; car, selon lui, l'âme et les autres substances simples ont également une matière.

L'ouvrage se compose de cinq livres ou *traités* dont voici le

(1) Cette analyse, comme je l'ai dit plus haut, a pour but de compléter les Extraits d'Ibn-Falaquéra et de mettre le lecteur à même d'en saisir la liaison et l'ensemble. Pour éviter des répétitions inutiles, j'ai souvent renvoyé aux Extraits, en indiquant chaque fois les paragraphes que le lecteur de cette analyse devra consulter.

contenu. Le Ier livre contient des observations préliminaires sur ce qu'on doit entendre par *matière* et par *forme* en général. L'auteur parle sommairement des différentes espèces de matière et de forme, ainsi que de la matière et de la forme universelles. Le IIe livre traite en particulier de la matière revêtue de la forme corporelle (et à laquelle sont applicables toutes les catégories), ou, comme s'exprime l'auteur, de la substance portant la corporéité du monde. Le IIIe livre établit l'existence de *substances simples* intermédiaires entre l'*agent* ou l'*efficient* premier, c'est-à-dire *Dieu*, et le monde de la corporéité. Dans le IVe livre, on démontre que ces substances simples sont composées de matière et de forme. Enfin le Ve livre traite de la matière universelle et de la forme universelle, c'est-à-dire des idées de *matière* et de *forme* prises dans leur sens le plus général, et appliquées aussi bien aux substances simples qu'aux substances composées. L'auteur ajoute quelques observations générales sur la *Volonté*, première hypostase de la divinité, et qui plane sur tout ce qui existe, sur les substances simples comme sur les substances composées, étant la source de laquelle émanent toutes les formes. Ce sujet, comme on le verra plus loin, Ibn-Gebirol assure l'avoir traité dans un ouvrage particulier.

L'original arabe de la *Source de vie* avait la forme d'un dialogue entre le *Maître* et le *Disciple*. Cette forme, conservée dans la version latine, a aussi laissé des traces dans beaucoup de passages de l'abrégé hébreu ; souvent la question ou l'objection du disciple y est indiquée par les mots ואם תאמר, *si tu disais*, et la réponse du maître par אמרתי, *je dirais*, ou *je répondrais*.

Nous allons maintenant entrer dans quelques détails sur chacun des cinq livres.

PREMIER LIVRE.

Pour mieux faire connaître la forme de l'ouvrage original,

nous donnons ici la version latine complète jusqu'au passage par lequel commencent les extraits hébreux (1) :

« *Magister* : Postquam de bonitate naturæ et studio scientiæ profectus jam tantus tibi evenit, incipe interrogare quod tibi potius visum est de inquisitionibus; sed accede in hoc ad intentionem ultimam qua quæritur quare factus est homo. Modus autem loquendi currat inter nos interrogatio et responsio, secundum rationem probationis.

Discipulus : Quomodo ordinabitur a nobis positio interrogationum et responsionum ?

[*Magister* :] Secundum regulas probabiles sine magna mora et multa præmeditatione; etenim, si nos voluerimus observare regulas probationis in omni propositione quæ evenerit inter nos, prolongabitur labor et pœna augebitur.

[*Discipulus* :] Et ita est ut dicis.

[*Magister* :] Sed proponamus argumentationes et propositiones dispersas de hoc quod curreret inter nos de inquisitionibus, quousque incipiamus ordinare eas in consequentibus logicas, post inventionem terminorum earum et assecutionem totius quod competit in se, et habitudine artis. Sed, si forte accidit nobis in aliqua quæstionum ut ordinemus eam secundum regulam figuræ dialecticæ, hoc tamen faciemus absque consideratione ordinationis terminorum in propositionibus, quia consideratio hujus deviaret ab incœpto.

Discipulus : Jam nosti meum studium circa artem probationis et meum desiderium circa illam a longo tempore. Sed, quia invenio in anima mea multas inquisitiones, vereor quod probatio deficiet mihi ad comprehendendam veritatem omnium illarum.

Magister : Cave ne putes quod aliqua sit ex quæstionibus

(1) Il a fallu corriger dans ce passage quelques fautes du manuscrit, qu'il est inutile de relever ; nous avons dû notamment intercaler plusieurs fois les mots *Magister* et *Discipulus* quand le sens nous paraissait l'exiger.

ad cujus certitudinem faciendam probatio tibi deficiat, postquam plene dederis arti logicæ jus suum, et non festines ad judicandum de rebus subito.

Discipulus : Certifica mihi hoc probatione, quia multum consolabor in illa.

Magister : Opus est ut distribuas res in duos modos, quoniam earum alias possibile est homini scire, eo scilicet quod cadunt sub intelligentia humana, alias non est possibile homini scire, eo quod excedunt intelligentiam ejus. Quæ autem possibile est homini scire, aut illa necesse est ut sint per se nota aut non Quæ autem per se nota sunt, non est necesse ad sciendum ea probationes inducere; quæ vero per se nota non fuerint, fiet cognitio eorum mediante probatione; et secundum diligentiam observandi regulas probationis, id est regulas dialecticæ artis, perficietur certitudo inquisitionis.

Discipulus : Multum satisfecisti mihi per hanc dictionem et animavisti me ad scientiam probationis; sed a modo volo interrogare te de inquisitionibus, scilicet quæ magis necessariæ esse videntur, concepta fiducia interrogandi ex benignitate tui animi.

Magister : Interroga de quibuscunque volueris, quia benignus ero tibi.

Discipulus : Quid est ergo quod debet homo inquirere in hac vita? »

A cette dernière question, le maître fait la réponse suivante, par laquelle commencent les extraits hébreux :

« La partie intelligente étant la meilleure d'entre les parties de l'homme, ce que l'homme doit chercher, c'est la *connaissance*. Ce qu'il doit (surtout) chercher à connaître, c'est lui-même, afin d'arriver par là à connaître les autres choses qui ne sont pas lui-même; car son essence environne les choses et les pénètre, et les choses tombent sous ses facultés. Il faut avec cela qu'il cherche à connaître la cause finale pour laquelle il *est*, afin d'atteindre par là le bonheur suprême; car l'existence de l'homme a une cause finale pour laquelle (seule) il *est*, tout étant soumis à la *Volonté* de l'être unique. »

Ainsi, l'observation de soi-même, l'étude psychologique, doit être prise pour point de départ des études philosophiques (§§ 1 et 4). Le terme final auquel l'homme peut atteindre, c'est la connaissance de la *Volonté*, cause finale de tout ce qui est, créatrice et motrice de tout l'univers (§ 2); car c'est d'elle qu'émane le mouvement par lequel s'effectue la génération de toute chose, et le travail de l'âme humaine doit aboutir à la mettre en rapport avec le monde supérieur d'où elle tire son origine. Ce but sublime, l'homme l'atteint par la science ou la *méditation* et par la pratique ou les *exercices pieux* (*ibid.*). Ce qui prouve que l'homme est destiné à atteindre ce but, c'est que tout ce qui existe en *puissance* est destiné à passer à l'*acte*. L'âme humaine étant *connaissante* en puissance, sa cause finale est nécessairement la science en acte. L'auteur avertit que, pour bien comprendre ceci, il faut avoir étudié d'abord la science de l'âme et de ses facultés, afin de savoir comment elle arrive à la science, ce que cette science produit en elle et ce qui lui en reste après sa séparation du corps. Ici, il s'agit d'apprendre quelle est cette science désignée comme cause finale de l'homme et pour laquelle il a été créé. Cette science consiste dans la connaissance de toutes les substances, et notamment de la substance première qui soutient tout l'univers et le met en mouvement. Cependant une connaissance parfaite de la substance première est impossible, parceque celle-ci est au dessus de toute chose; l'homme, être fini, ne saurait saisir l'essence infinie, et il ne peut la connaître que par ses œuvres; car *savoir*, c'est embrasser ou comprendre en soi la chose *sue*, et le fini ne saurait embrasser l'infini (§ 5).

Si l'homme est capable de connaître toutes les autres *intelligences*, qui sont également au dessus de lui, c'est qu'il existe une certaine ressemblance et un certain contact entre les intelligences et l'âme humaine, tandis que la substance première ne se lie directement à aucune des autres substances composées ou simples. Mais, bien que nous ne puissions pas connaître l'essence de cette substance première, nous pouvons deviner son existence en considérant l'essence du monde en général et tout ce que cet être universel a de *passif*, ce qui nous conduira à la connaissance du mouvement et à celle de la *Volonté* qui embrasse et soutient tout l'être.

L'essence de cet être universel ou du monde est nécessairement multiple ; mais sa multiplicité se résout dans deux choses, qui sont la base de tout, c'est-à-dire dans la *matière universelle* et la *forme universelle*, qui donnent naissance à tout ce qui existe. La matière universelle est plus simple que toute autre matière (car on verra qu'il y en a plusieurs), et de même la forme universelle est la plus simple de toutes les formes. Là aboutit tout ce qui est ; mais, bien entendu, la *résolution* de l'être dans ces deux principes est quelque chose de purement idéal.

Voici comment l'auteur démontre qu'il y a deux principes de l'être et qu'on ne saurait tout ramener à un seul principe. Nous avons les notions de *substance* et d'*accident ;* or, toutes les différentes substances ayant cela de commun qu'elles sont des substances, il faut qu'il existe quelque chose qui les embrasse toutes et qui fasse que toutes se rencontrent dans l'idée de *substantialité ;* car il est évident que, si les choses différaient dans cette idée même de la *substantialité*, elles ne seraient pas toutes à la fois des substances ; ou, pour mieux dire, la substantialité, unie à l'*essence* des choses, ne saurait en elle-même être variable, et par conséquent l'essence des choses ne saurait se *diversifier* par quelque chose qui n'a pas de diversité. Il y a donc lieu de chercher aussi le principe de diversité dans toutes les choses. Non seulement rien ne s'oppose à ce que nous nous arrêtions à deux principes, mais il n'est même pas possible de n'en admettre qu'un seul ; car *principe commun* et *diversité* seraient deux choses qui se contrediraient mutuellement, et, quand même on pourrait n'admettre qu'un seul principe, il faudrait toujours dans ce principe même distinguer deux choses différentes, qui équivaudraient à deux principes. De ces deux principes, l'un est nécessairement *ce qui porte* (ou le *substratum*), et l'autre *ce qui est porté ;* ou bien l'un est la *matière universelle*, et l'autre la *forme universelle*. C'est la science de ces deux principes qui doit être le premier objet des études métaphysiques, pour qu'on puisse ensuite aborder la science de la *Volonté* et celle de la *substance première*. Ce sont là les trois choses dont se compose l'être et qui sont l'objet de la science. Ces trois choses nous représentent la cause, l'effet et ce qui forme l'intermédiaire entre les deux (§ 3).

L'ordre des études, comme on le voit, est à l'inverse de l'ordre de ces trois objets de la science ; car il faut commencer par la science de la matière et de la forme, et remonter de là à la science de la *Volonté* et à celle de la substance première (1). Mais cette étude de la matière et de la forme doit être précédée de celle de la logique et de celle qui a pour objet l'âme, par laquelle l'homme embrasse en quelque sorte tout l'univers avec la rapidité d'un clin d'œil. L'auteur insiste ici de nouveau sur la nécessité de l'étude psychologique (§ 4). Après cette étude, on peut aborder l'analyse de tout ce qui est, et arriver ainsi à la spéculation qui a pour objet la matière et la forme. Ibn-Gebirol indique ensuite les différentes parties de cette étude, qui forment l'objet de cet ouvrage, et, après avoir brièvement indiqué le contenu de chacun des cinq livres, il aborde son sujet en définissant la *matière* et la *forme* dans leurs différentes acceptions.

L'existence de la matière universelle et de la forme universelle peut d'abord être établie d'une manière générale. Il y a certaines propriétés qui conviennent à l'idée que nous nous formons de la matière universelle et qui en sont inséparables. Ces propriétés sont celle d'être, celle de subsister par soi-même, celle d'être d'une seule essence, celle de porter la diversité et celle de donner à tout son essence et son nom (§ 6). Nous retrouverons ces propriétés dans tout ce qui est, et nous reconnaîtrons ainsi qu'il y a là quelque chose qui correspond à l'idée de la matière universelle. Cette connaissance, nous l'obtiendrons par la réflexion, en abstrayant successive-

(1) Cf. les Extraits, liv. V, § 56.

ment les formes les unes après les autres, et en passant ainsi du visible à l'invisible jusqu'à ce que nous arrivions à une forme derrière laquelle nous ne pouvons plus en reconnaître d'autre ; et c'est là que nous trouverons l'idée absolue de la matière universelle.

Si, par exemple, nous considérons la sphère céleste, la forme qui nous frappe la première est la couleur; ensuite nous y reconnaisons successivement, cachées en quelque sorte les unes derrière les autres, les formes de la figure, de la corporéité, de la substantialité, de la spiritualité, et ainsi de suite jusqu'à ce que nous arrivions à comprendre qu'il y a nécessairement derrière tout cela quelque chose qui est *un*, qui subsiste par soi-même et qui porte toutes ces formes. Ce quelque chose, c'est la matière universelle, derrière laquelle nous n'avons plus autre chose à chercher que la cause première de tout ou le *premier efficient*, qui est *Dieu*. La matière universelle est donc une, et la diversité que nous reconnaissons dans les êtres, tant corporels que spirituels, ne réside que dans la forme (§ 7) (1).

Quant à la forme universelle, elle a également ses propriétés qui nous la font reconnaître dans tout ce qui est. Ces propriétés sont : 1° celle d'être portée par autre chose et de subsister dans autre chose ; car, si la forme n'était pas portée, elle porterait, et alors elle serait *matière;* 2° celle d'achever l'essence de la chose dans laquelle elle est et de lui donner l'existence, car ce n'est que par la forme que la chose est ce qu'elle est. A la vérité, comme on l'a dit, la matière aussi a la propriété d'*être;* mais elle n'a que l'être en *puissance*, tandis que la forme donne aux choses l'être en *acte* (§ 8).

Après avoir établi d'une manière générale l'existence de la matière universelle et de la forme universelle, l'auteur cherche à l'établir d'une manière analytique, qu'il appelle la *méthode particulière* (*modus particularis* ou *proprius*), et qui con-

(1) Cf. liv. IV, § 1.

siste à considérer les choses sensibles et individuelles, et à remonter de là aux choses spirituelles et générales. Les êtres animés, les plantes et les minéraux, sont tous composés de matière et de forme, de même que les choses de l'art (comme, par exemple, une statue) sont composées d'une matière particulière et de la forme *artificielle*. Remontant ensuite à ce qu'il y a de plus général dans le monde sublunaire, c'est-à-dire aux quatre éléments, nous trouvons qu'ils ont chacun une forme particulière; mais ils doivent nécessairement avoir une forme qui leur soit commune (c'est-à-dire par laquelle ils soient non pas tel élément, mais *élément* en général), car les formes particulières des éléments ne subsistent pas par elles-mêmes, mais sont accidentelles; elles sont aux éléments ce que toute forme particulière est à son substratum De même que tout dans la nature se résout dans les quatre éléments, de même les quatre éléments à leur tour doivent se résoudre dans quelque chose qui soit le substratum de leur forme générale. En outre, les éléments étant désignés comme *qualités* (1), il faut nécessairement un substratum qui réunisse ces qualités. Nous reconnaissons aussi l'existence de ce substratum général en considérant le principe de la génération de toute chose. La génération se fait par le mélange des éléments contraires, et, s'il n'y avait pas là un substratum qui les précédât, la substance naîtrait de la non-substance. Ce substratum, qui est le *corps*, a à son tour un substratum plus général qui est au corps des éléments ce que celui-ci est aux formes des éléments. Il sera traité de ce corps dans le IIe livre, et on verra qu'il faut y distinguer la propriété, qui est la quantité, et le substratum, qui est la substance. En somme donc, on reconnaîtra que les substances résident les unes dans les autres et se servent mutuellement de substratum jusqu'à ce que, de conséquence en conséquence, on arrive à un dernier substratum qui est la matière universelle.

Pour ce qui est de la forme, nous reconnaissons d'abord

(1) Voy. ci-dessus, pag. 88, note 1.

que le corps des éléments est le substratum de quatre formes différentes. Ces formes générales sont aux éléments ce que les formes particulières sont aux choses qui naissent des éléments, car les éléments servent de substratum aux formes particulières, de même que le corps élémentaire en général sert de substratum à ces quatre formes générales.

Remontant des éléments aux sphères célestes, nous reconnaissons que le ciel, comme les éléments, possède la quantité ou la corporéité. Il y a donc sous ce rapport une certaine analogie entre le ciel et les éléments, et on peut en conclure que dans le ciel, comme dans les éléments, il y a deux principes qui sont la matière et la forme. Cependant le corps céleste ne reçoit pas les qualités des éléments, et il n'y a en lui ni *génération* ni *destruction*, sa forme, par conséquent, diffère de celle des éléments. Nier la corporéité du ciel serait chose impossible, car les propriétés du corps y sont manifestes; mais on peut nier que le corps du ciel soit de la même nature que celui des éléments, ce qui ne peut être exposé en cet endroit.

Il résulte donc de ce qui précède qu'il y a dans les choses sensibles quatre espèces de matières, savoir : la matière particulière artificielle (par exemple le bronze qui sert à faire une statue), la matière particulière naturelle (ou celle qui provient du mélange des éléments), la matière générale naturelle (ou celle des éléments), et la matière des sphères. Il y a de même quatre espèces de formes portées par les quatre espèces de matière. Mais les unes et les autres se rencontrent dans les idées générales de matière et de forme; elles doivent donc, les unes et les autres, faire partie d'un tout qui correspond à ces idées. En effet, les différentes matières se rencontrent dans l'idée de *corps*, et les différentes formes dans l'idée de *forme de corporéité*. Toutes les formes sont d'une seule espèce, en ce qu'elles sont des formes sensibles, mais elles diffèrent dans les choses particulières.

Il y a donc dans les choses sensibles une matière universelle qui est le corps, et une forme universelle, c'est-à-dire ce à quoi le corps sert de substratum (§§ 9 et 10).

DEUXIÈME LIVRE.

Après avoir montré que les choses sensibles ont une seule matière universelle, l'auteur considère, dans le IIe livre, quelle est dans l'univers la place de cette matière qui sert de substratum à la corporéité du monde.

De même que le corps est une matière servant de substratum aux formes de la figure et de la couleur, de même il faut qu'il y ait derrière ce corps une matière servant de substratum à la forme de la corporéité. On arrive à connaître cette matière en dépouillant successivement le corps des formes les plus sensibles, telles que couleur, figure, quantité, etc., jusqu'à ce qu'on arrive à la corporéité abstraite, laquelle d'une part est une matière pour la forme prochaine ou la quantité, et qui, si nous en jugeons par analogie, doit être à son tour une forme pour une matière plus universelle. Ainsi, nous pouvons distinguer dans le corps sensible, comme dans les êtres en général, différents degrés où toujours ce qui est plus visible et plus grossier sert de forme à ce qui est plus subtil et moins visible, jusqu'à ce que nous arrivions à quelque chose qui soit uniquement substratum, comme la matière universelle; de même, ce qui est le plus visible sera uniquement forme, comme la couleur, laquelle est seulement portée, et ne porte pas (1). L'existence de la matière corporelle est d'ailleurs donnée par le nom même de *corps*, pris comme attribut de quelque chose; la corporéité est donc l'attribut ou la forme de quelque chose qui lui sert de matière (§ 2).

Les différentes matières dont il a été question plus haut (liv. I, § 9) sont placées les unes dans les autres, et se servent mutuellement de matière et de forme, et toutes elles sont placées dans la matière spirituelle universelle qui embrasse toutes les choses spirituelles et corporelles (§ 3); car on verra

(1) Voy. les Extraits, liv. II, § 1, et cf. § 23.

plus loin que les êtres spirituels (1) sont également composés de matière et de forme. La matière corporelle la plus générale, celle qui embrasse à la fois la sphère céleste et tout le monde corporel, tient le milieu entre la substance spirituelle et la substance corporelle. — La même gradation peut se remarquer dans les *formes* des êtres, qui subsistent les unes dans les autres, en remontant des formes les plus particulières aux formes les plus générales; et au dessus de toutes les formes des êtres est celle de l'*intellect*, qui les embrasse toutes par sa connaissance, car sa substance est la plus subtile et pénètre dans tout (§§ 4-7).

Ces différents degrés de l'être, qui existent ensemble comme unité inséparable, sont parfaitement distincts pour l'intellect et pour les sens. La quantité est à la substance comme la couleur et la figure sont à la quantité; l'intellect distingue la quantité de la substance, de même que pour les sens la figure et la couleur se distinguent de la quantité, quoique, dans l'existence, le tout forme une unité indivisible. Dans cet enchaînement des formes nous passons insensiblement du visible à l'invisible, du monde sensible au monde spirituel; et, comme toutes ces formes s'enchaînent et sont portées les unes par les autres (de sorte que, par exemple, la quantité est à la substance comme la figure est à la quantité et la couleur à la figure), il s'ensuit que les formes sensibles pourront être considérées comme l'image des formes intelligibles, et que par le monde visible on pourra juger du monde spirituel et invisible. On passe ainsi successivement de la couleur à la figure, à la quantité et à la *substance*, et c'est par cette *substance* portant les neuf autres catégories, c'est-à-dire par ce qu'il y a de plus abstrait dans le monde sensible, que doit commencer la re-

(1) Les êtres purement spirituels, comme on le verra, se placent, dans le système de notre auteur, entre la *Volonté* et le *monde de la nature;* ce sont particulièrement l'âme universelle et l'intellect universel.

cherche de ce qui est inaccessible aux sens, ou la recherche du monde intelligible.

Les formes sensibles sont des signes qui retracent à l'âme les formes intelligibles, de même que les caractères d'un livre retracent au lecteur les pensées qui y sont cachées (1). En examinant donc la partie inférieure de l'être, c'est-à-dire la matière générale de la corporéité, ou la substance qui porte les neuf catégories, nous y trouverons l'analogue et l'image de la matière universelle, qui embrasse à la fois les choses sensibles et les substances simples et purement intelligibles. Cette matière universelle peut se comparer au corps du soleil, et la matière inférieure à ses rayons (§ 12).

Ibn-Gebirol entre ici dans quelques détails et fait d'ingénieux rapprochements pour établir un parfait parallélisme entre le monde supérieur et le monde inférieur; de même que la matière de la corporéité correspond à la matière universelle, de même la quantité (qui, dans le monde inférieur, est la forme générale portant les autres formes) correspond à l'intellect, forme générale du monde supérieur (§ 13). Par conséquent, il faut connaître avant tout la substance qui porte les catégories, extrémité inférieure de l'être, laquelle, dans l'ordre des émanations, dérive immédiatement de la substance de la *nature* (dernière des substances simples); c'est de celle-ci que la substance qui porte les catégories reçoit les accidents qui la caractérisent. Cette substance donc participe à la fois au monde sensible et au monde intelligible. La connaissance de cette substance doit précéder celle de toutes les autres substances intelligibles. Celles-ci sont actives, tandis que la substance inférieure est passive; car les premières communiquent le mouvement, tandis que la dernière est seulement *mue* (§§ 14-16).

Il suffit de constater ici *que* cette substance *est*, et *ce qu*'elle

(1) Voy. liv. II, à la fin du § 11. — Nous trouvons ici une espèce de conceptualisme poétique qui place l'auteur bien au dessus des subtilités des nominalistes et des réalistes.

est [1]; quant à sa cause finale, on ne pourra s'en rendre un compte exact qu'au moyen de la science de la Volonté. C'est de cette dernière qu'émanent toutes les formes, et elle les fait pénétrer jusqu'à la dernière extrémité de la matière, de sorte que tous les êtres dépendent de cette *Volonté* qui les tient tous ensemble et y met l'harmonie et l'équilibre par une sage distribution des formes (§§ 17-19). Mais la science de la *Volonté* suppose la connaissance de toutes les substances simples, ainsi que celle de la matière et de la forme universelles dont il sera parlé plus loin.

La substance dont il s'agit ici, considérée dans toute sa simplicité, n'existe pas dans un lieu, mais c'est elle-même qui forme le lieu où réside la quantité, et qui est l'*espace*. Quant aux substances simples, comme on le verra, elles résident uniquement dans leurs causes et n'ont point un lieu corporel; elles résident successivement les unes dans les autres, et toutes ensemble elles résident dans la science divine (§§ 21, 22). C'est donc à ce point de vue qu'on peut dire que la substance est le lieu de la quantité; car la substance porte la quantité, et celle-ci réside et subsiste dans la substance (§ 24). A ce point de vue aussi on pourra dire qu'il y a deux *espaces*, l'un corporel, l'autre spirituel (§ 25). On peut se former une idée de ce dernier, en considérant, par exemple, comment la couleur et la figure résident dans la surface, qui pourtant ne remplit pas toutes les conditions du lieu corporel, ou plutôt en considérant comment les accidents résident dans l'âme. — De ces deux espaces, celui qui est corporel est l'image de celui qui est spirituel, comme en général le monde inférieur, ou celui de la corporéité, est l'image du monde supérieur, ainsi qu'il sera exposé au IIIe livre.

Mais il se présente ici encore une question à résoudre, et qui est proposée par le disciple : il s'agit de savoir si l'essence

(1) C'est-à-dire : le ὅτι ἐστί et le τί ἐστι. Voy. ci-dessus, pag. 25, note 2, et cf. pag. 110, note 3.

de cette substance de la corporéité est en dehors de la quantité, avec laquelle elle serait alors dans une relation analogue à celle qui existe entre le ciel et les éléments, ou bien si l'essence de cette substance est dans la quantité et forme avec elle une unité absolue. Par une analyse subtile de la quantité et de ses parties, on arrive à établir que la quantité est à la substance comme la couleur est à la quantité. Quoique la couleur soit répandue à travers toute la quantité, on distingue parfaitement entre l'une et l'autre, et on dit que la quantité est perçue au moyen de la couleur; et de même, bien que la quantité soit répandue à travers toute la substance, cela n'empêche pas de les distinguer l'une de l'autre et de dire que la substance est perçue au moyen de la quantité, tant dans l'ensemble du monde que dans chacune de ses parties, quelque petite qu'elle soit (car la quantité est divisible à l'infini, et chacune de ses parties est composée de substance et d'accident). Or, toutes les parties de la substance du monde étant de nature et d'essence semblables, il s'ensuit que l'essence de la substance en question est répandue à travers toute l'essence de la quantité. La substance est *une*, bien que la corporéité, ou le monde, dont elle est le substratum, soit divisée en une infinité de parties; car, en réalité, les différentes parties ne sont pas séparées les unes des autres, l'univers formant un ensemble *un* et continu (1).

Quant à l'origine de cette substance et à la véritable nature de la forme de la quantité, ce sont là des choses qui se rattachent à la connaissance de la première forme universelle, de laquelle émanent toutes les formes, et dont il sera parlé au Ve livre. Ici, l'auteur se borne à considérer provisoirement la quantité en elle-même. Cette forme est une unité émanée d'une unité première dont il sera parlé plus loin. Mais, si l'unité première est une unité absolue et n'a ni commencement ni fin, il ne saurait en être de même de cette unité infé-

(1) Voy. le ms. lat., fol. 171 *c* — 174 *a*.

rieure qui est produite par elle, et qui, par conséquent, a un commencement et une fin et est soumise au changement et à la diversité. La première est l'unité véritablement *une*, tandis que la dernière est pour ainsi dire l'unité multiple. Ce qui est entre les deux participe plus ou moins à la véritable unité ou à la multiplicité. Ainsi, par exemple, la substance de l'intellect est le plus rapprochée de l'unité absolue; la substance de la nature en est le plus éloignée; la substance de l'âme tient le milieu entre les deux, ainsi qu'on le verra quand il sera parlé des substances simples et de leur gradation. La substance dont il s'agit ici, le plus éloignée de l'unité absolue, s'épaissit et se corporifie, et devient ainsi l'opposé de la substance supérieure, qui est d'une simplicité absolue; car le terme auquel la faculté du principe s'arrête ne saurait être semblable à ce même principe (§ 26).

Après avoir parlé de l'unité absolue et de son passage graduel à la multiplicité, l'auteur cherche à en donner une idée approximative par quelques exemples pris dans les choses sensibles, et notamment par la considération de la nature des éléments (§ 27). La quantité, forme de la substance inférieure, n'est autre chose que la réunion des unités diverses en une seule, ce qui est visible surtout dans la quantité continue. Toutes les unités qui composent la quantité ont de commun la forme de l'unité et ne diffèrent que par leur substratum. Plus la matière est épaisse, plus l'unité est en contraste avec elle, de sorte qu'elle ne peut pas entièrement la maîtriser, ni se l'assimiler. « La matière donc se sépare et se dissémine de manière à ne plus être retenue par l'unité, et l'unité elle-même se multiplie et se divise. » (§ 28.)

L'auteur ajoute encore quelques autres arguments pour démontrer que la substance de la corporéité est essentiellement répandue dans la quantité, dont elle est le substratum, et qu'elle s'étend depuis l'extrémité supérieure de la *sphère environnante* jusqu'au centre du monde. Il n'y en a aucune partie qui soit en dehors de la quantité; car, la quantité étant sa forme, qui l'embrasse tout entière et constitue son être, il est impossible de se figurer qu'il en existe une partie exempte de quantité. Ce serait comme si l'on disait que l'élément terrestre existe jusque dans la région de l'air, ou que l'air existe dans la région de la sphère céleste (1).

Cette substance de la corporéité, composée de matière et de forme, réside dans la substance spirituelle, comme le corps réside dans l'âme, c'est-à-dire sans qu'il y ait entre les deux un contact matériel. La substance corporelle universelle s'attache à la substance spirituelle universelle, comme les différentes substances spirituelles s'attachent les unes aux autres. Les choses inférieures nous présentent une image de cet attachement dans la manière dont la couleur s'attache à la figure, la figure à la quantité, et la quantité à la substance. En général, les choses inférieures sont l'image des choses supérieures, et il sera démontré que les substances purement intelligibles sont, comme la substance de la corporéité, composées de matière et de forme (§§ 29-31). Mais, avant d'aborder cette démonstration, Ibn-Gebirol doit établir par des preuves l'existence même de ces substances intelligibles, intermédiaires, entre le premier efficient (Dieu) et la substance de la corporéité. Et c'est là ce qu'il fait dans le IIIe livre.

TROISIÈME LIVRE.

Ibn-Gebirol allègue deux genres de preuves pour démontrer l'existence de ces substances : les unes sont basées sur les propriétés qu'on reconnaît, d'une part, dans l'agent premier, et, d'autre part, dans la substance de la corporéité, et qui indiquent qu'il existe quelque chose d'intermédiaire entre les

(1) Voy. le ms. lat., fol. 176 *a* : « .... et qui opinatus fuerit contrarium hujus, idem est tanquam si opinetur terram loco aeris vel aerem loco cœli, quod est absurdum. »

deux; les autres sont tirées de l'action même des substances simples qui se manifeste dans le monde de la corporéité.

Les preuves du premier ordre ressortent généralement du contraste ou de l'opposition absolue qui existe entre Dieu et le monde de la corporéité : l'un est la première cause efficiente, qui n'a pas de cause au dessus d'elle; l'autre est le dernier effet, qui est uniquement effet ne servant de cause à rien; l'un est l'unité absolue, l'autre la multiplicité absolue; l'un est ce qu'il y a de plus subtil et de plus noble, l'autre ce qu'il y a de plus grossier et de plus vil; l'un est éternel et même au dessus de l'éternité, l'autre tombe dans les limites du temps. Le monde, cependant, tient son existence de Dieu, malgré l'abîme qui les sépare; il faut donc nécessairement que cet abîme soit comblé par quelque chose d'intermédiaire qui, par ses différents côtés, ressemble à l'un et à l'autre de ces deux êtres, et qui puisse leur servir de lien. L'auteur cite pour exemple l'homme qui, comme microcosme, est l'image de l'univers. De même que dans l'homme l'intellect ne s'attache au corps que par les facultés inférieures de l'âme, de même, dans l'univers, il doit y avoir un ou plusieurs intermédiaires par lesquels l'être absolu s'attache au monde de la corporéité (§§ 1-9).

Aux argumentations reproduites dans nos Extraits nous en joindrons encore quelques autres tirées de la version latine :

« Il faut que la faculté, ou la substance, par laquelle est mue la substance qui porte les catégories, soit jointe et mêlée à cette dernière. Or, le premier efficient n'est joint ni mêlé à aucune chose; par conséquent, la faculté, ou la substance, qui meut la substance de la corporéité, n'est pas de la même essence que le premier efficient; c'est une autre essence intermédiaire qui met en mouvement le monde de la corporéité.

« Le mouvement local (dans l'homme) vient de l'âme; par conséquent, la substance qui porte les catégories, ayant le mouvement local, doit être mue par l'âme (universelle).

« L'action du premier efficient consiste à *créer* ou à faire sortir quelque chose du *néant;* mais la substance qui porte les catégories, composée de ses éléments simples, n'est point sortie du néant. » (Il faut donc qu'il y ait une création intermédiaire sortie du néant absolu.) (1)

Plus loin Ibn-Gebirol montre que la substance composée suit immédiatement la substance simple et qu'elle se trouve au *dessous* de cette dernière :

« La substance qui porte les catégories est composée, et entre le composé et le simple il n'y a point d'intermédiaire; par conséquent, il n'y a point d'intermédiaire entre la substance qui porte les catégories et la substance simple. Or, deux choses entre lesquelles il n'y a point d'intermédiaire se succèdent l'une à l'autre; par conséquent, la substance qui porte les catégories succède à la substance simple (2). »

« S'il y a une substance simple, elle sera ou au dessus ou au dessous de la substance composée; mais, si la substance simple était au dessous de la substance composée, celle-ci

(1) Voy. le ms. lat., fol. 177 *c*, *d* : « Necessarium est ut virtus, aut substantia, per quam movetur substantia quæ sustinet prædicamenta, sit conjuncta et immixta cum ea; et factor primus non est conjunctus alicui rei nec immixtus ei ; ergo virtus et substantia quæ movet substantiam quæ sustinet prædicamenta non est de essentia factoris primi. Et, quum non fuerit hæc virtus et substantia de ejus essentia, necesse est ut sit alia substantia media quæ attribuit motum substantiæ quæ sustinet novem prædicamenta. — Motus localis est ex anima; sed substantia quæ sustinet prædicamenta movetur motu locali; ergo motus hujus substantiæ est ex anima.— Facere factoris primi est creare aliquid ex nihilo; et substantia quæ sustinet prædicamenta composita est ex suis simplicibus; ergo non est creata ex nihilo. »

(2) *Ibidem*, fol. 178 *b*, *c* : « Substantia quæ continet prædicamenta composita est, et inter omne compositum et simplex non est medium; ergo inter substantiam quæ continet prædicamenta et substantiam simplicem non est medium. Et quæcunque res non habet inter se et aliam medium sequitur ad eam ordine ; ergo substantia quæ sustinet prædicamenta sequitur substantiam simplicem ordine. »

serait la cause de l'autre. Or, nous savons que la substance composée a pour cause la substance simple ; par conséquent, la substance simple ne saurait se trouver au dessous de la substance composée ; et, comme elle n'est pas au dessous de cette dernière, elle doit nécessairement être au dessus d'elle [1]. »

Avant de passer au second ordre de preuves, Ibn-Gebirol fait une digression pour dissiper d'abord un doute manifesté par le disciple, au sujet de la *démonstration*, et pour montrer que celle-ci n'est pas d'une impossibilité absolue dans les choses métaphysiques, notamment pour ce qui concerne l'*être absolu* ou Dieu. Il est vrai de dire que la *démonstration divine* (comme s'exprime l'auteur) n'est pas tout à fait semblable à celle qui n'est pas *divine* (c'est-à-dire à celle qui n'a point pour objet des questions métaphysiques) ; car, dans cette dernière, les termes qui forment les prémisses sont composés du genre et de la différence et parfaitement définis, ce qui ne peut avoir lieu dans les choses métaphysiques, non susceptibles d'une définition en règle [2]. Cependant, les prémisses dans les deux genres de démonstration sont ou des notions premières, ou des notions secondaires ayant leur critérium de vérité, et, dans toute démonstration, elles s'enchaînent de la même manière. Si donc on dit que dans les choses métaphysiques il ne peut y avoir de démonstration, on a seulement voulu dire par là que les prémisses ne sont point des propositions régulièrement définies, comme dans la démonstration

(1) *Ibidem*, fol. 179 *c* : « Si [substantia] simplex fuerit, aut erit supra compositam aut infra ; sed [si] substantia simplex fuerit infra compositam, tunc simplex erit causata a composita. Sed substantia composita est causata a simplici ; ergo simplex non est infra compositam substantiam ; et, quum non fuerit infra eam, necesse est ut sit supra eam. »

(2) Cf. les Extraits, liv. V, § 29 (pag. 107, note 5, et pag. 108, note 1).

non métaphysique, sans nier pour cela la possibilité de la démonstration en général.

Voici comment Ibn-Falaquéra, dans son commentaire sur le *Guide des égarés* de Maïmonide, a résumé cette discussion [1], qu'il a supprimée dans les *Extraits de la Source de vie* :

« Il y a la démonstration *divine* (ou *métaphysique*), dont les prémisses sont des (notions) premières ou secondaires, et que rien n'empêche d'être appelée *démonstration*, quoiqu'il n'y ait là ni genre ni différence. Il y a (d'autre part) la démonstration *non divine*, qui est celle dont les prémisses se composent des *genres*, des *espèces*, des *différences* et des *propres*. Quant à celui qui soutient que dans la *science divine* (la *métaphysique*) il n'y a pas de démonstration, s'il veut dire que dans cette science il n'y a point de démonstration de quelque manière que ce soit, il dit ce qui n'est pas vrai; mais, s'il veut dire que dans la science divine on n'emploie pas de démonstration non divine, composée du genre et de la différence, il dit vrai, et on ne saurait le contredire [2]. »

Par les démonstrations de la première espèce il a été établi,

(1) Voy. *Moré ha-Moré*, liv. I, chap. 52 (édit. de Presbourg, 1837, pag. 25). Voici le texte de ce passage, que nous avons corrigé d'après les mss. du *Moré ha-Moré* :

ויש מופת אלהי ומוקדמותיו מהראשונים או מהשניים ואינו נמנע שיקרא זה מופת ואע"פ שאין בו סוג ולא פרק· ויש מופת שאינו אלהי והוא שמוקדמותיו מהסוגים והמינים והפרקים והסגולות· ומי שאמר שאין בחכמה האלהיה מופת אם רוצה לומר שאין מופת בחכמה האלהית כלל בצד מהצדדים דברו בטל ואם רוצה לומר שלא ישמשו בחכמה האלהית במופת שאינו אלהי והוא המחובר מסוג ופרק דברו אמת אין חולק עליו·

(2) Voici, d'après la vers. lat. (fol. 183 *a*, *b*), plus explicite, le passage qui se rapporte aux dernières phrases du résumé d'Ibn-Falaquéra : « .... Et etiam quia propositiones positæ in probatione divina sunt aut primæ aut secundæ, si fuerint primæ, tunc ipsæ et primæ quæ ponuntur in propositione in probatione non divina erunt

en général, qu'il y a quelque chose d'intermédiaire entre l'agent premier et le monde de la corporéité; celles de la seconde espèce établiront qu'il existe plusieurs substances intermédiaires. Ces démonstrations sont basées sur l'action visible que ces substances exercent les unes sur les autres, et que toutes elles exercent sur le monde de la corporéité.

L'auteur explique d'abord le quoi, le comment et le pourquoi de cette action, c'est-à-dire sa quiddité, sa qualité et sa cause. Les substances simples ne communiquent pas leur essence, mais, semblables au soleil, elles ne font, pour ainsi dire, que projeter leurs rayons, et, en se communiquant, elles ne subissent aucune espèce de diminution ni d'affaiblissement (§§ 10, 11). En somme, l'action des substances simples consiste dans la communication graduelle et successive de la *forme*, qui a sa source primitive dans la *Volonté*. La communication se fait par la transmission des rayons et des facultés, et non par celle de l'essence; sa cause première, il faut la chercher dans la faculté supérieure de l'agent premier, qui fait tout, qui met tout en mouvement et qui agit nécessairement tant qu'il trouve quelque chose qui soit susceptible de recevoir son action. Toutes les substances simples obéissent à son action et agissent, comme lui, tant qu'elles trouvent une matière disposée à recevoir l'action (1). C'est la première *effusion* qui

æquales; si fuerint secundæ, non potest esse quin et ipsæ fuerint inde assumptæ unde fuerint eductæ propositiones secundæ positæ in probatione non divina. Et, quum ita fuerit, ipsæ et secundæ erunt æquales; ergo [divina et] non divina etiam certitudine propositionum et probationum erunt sibi æquales. Et, quum hoc ita fuit, non est conveniens(*lis.* inconveniens), imo necesse est, ut probatio divina vocetur probatio. *Disc.*: Cur dixit quod in scientia divina non est probatio? *Mag.*: Dictor hujus si dicere voluit quod in scientia divina non est probatio nullo modo, falsum dixit; si dicere voluit quod in scientia [divina] non utimur probatione non divina quæque est composita ex notionibus logicis, verum dixit et non contradico. »

(1) Cf. le ms. de la vers. lat., fol. 183 *c*, *d*.

rend nécessaire l'effusion des substances les unes dans les autres. La substance corporelle est trop faible pour pénétrer dans autre chose; mais plus la substance devient simple et subtile, et plus elle possède la faculté de pénétrer. Cette faculté augmente donc nécessairement et devient plus rapide à mesure que la substance s'approche de l'agent premier, et celui-ci pénètre tout, environne tout et agit dans tout *sans temps* (§§ 12-14). Toutes les impressions, même celles que reçoit la substance de ce bas monde, et qui sont accessibles à nos sens, viennent des substances simples. Les impressions que reçoit la substance composée ne sont sensibles que parce que la matière qui les reçoit est essentiellement en contact avec la corporéité. Les émanations des substances simples deviennent sensibles en touchant la substance corporelle, de même que les rayons de lumière ne deviennent perceptibles pour la vue qu'en touchant un corps. — On parvient ainsi à reconnaître que toutes les formes existent dans la *Volonté* d'une manière plus simple que dans la matière universelle elle-même, et que l'impression de ces formes devient de plus en plus sensible à mesure qu'on s'approche de la corporéité. Les substances simples, passives d'un côté, sont actives d'un autre, car elles reçoivent les formes et les communiquent; mais la substance qui porte les catégories est purement corporelle et *réceptive*, et aucune action n'émane d'elle (§§ 15, 16).

Il n'y a que les substances simples qui exercent une action ou une impression simple; or, comme les impressions que nous remarquons dans la substance corporelle sont toutes simples, elles ne peuvent venir que de la substance simple. Ainsi, par exemple, le mouvement qui existe dans la substance corporelle est une impression qui vient de l'âme (1). L'auteur allègue ensuite une série de démonstrations assez compliquées pour établir que les formes portées par la substance corporelle ne viennent que des substances simples et spirituelles, et que

(1) Voy. le ms. de la vers. lat., fol. 185 *b* et suiv.

c'est dans celles-ci qu'existent toutes les formes. On peut en voir les plus importantes dans les Extraits (§§ 17-20).

De ce qui précède, il s'ensuit que les formes sensibles elles-mêmes, telles que la quantité, la figure et la couleur, sont dans l'essence des substances simples ; et, en effet, Ibn-Gebirol montre, par des rapprochements ingénieux, que toutes les *catégories*, applicables seulement à la substance corporelle, ont leurs analogues dans le monde des substances spirituelles. C'est là que se trouvent pour ainsi dire les prototypes des catégories qui viennent se corporifier dans le monde corporel (§§ 21-23).

De cette alliance entre la substance spirituelle et corporelle il naît une forme qui n'est ni entièrement spirituelle ni entièrement corporelle ; car, en général, lorsque deux opposés s'unissent ensemble, il en naît une troisième chose qui n'est ni l'un ni l'autre de ces deux opposés [1]. Pour mieux faire comprendre la naissance de la forme corporelle effectuée par l'essence de la substance simple, l'auteur fait la comparaison suivante : « Si, dit-il, tu compares la forme spirituelle à la lumière qui existe dans la substance du soleil, la forme répandue sur la matière à la lumière qui existe sur la surface du corps, et la couleur à la forme corporelle qui se trouve *en puissance* dans la matière corporelle [car la couleur se trouve dans le corps en puissance], tu trouveras, par la comparaison de ces différentes formes, que la forme corporelle, qui existe en puissance dans le corps, se manifeste pour le sens lorsque la forme émanée de la forme spirituelle vient se joindre à elle, de même que la cou-

(1) Cf. le ms. de la vers. lat., fol. 194 *c.*: « Omnia duo opposita quum conjunguntur, ex conjunctione eorum fit alia res, quæ non est aliquod eorum dum erant per se. Et quia substantia simplex est opposita compositæ substantiæ, oportet ut ex conjunctione earum fiat alia res quæ non sit aliqua illarum ; et ipsa est forma sustentata in substantia composita. Hoc est, quia hæc forma non est spiritualis absolute, eo quod est sustentata in materia corporali ; similiter etiam non est corporalis absolute, quia est simplicior quam materia, etc. »

leur, qui existe en puissance dans le corps, se manifeste pour le sens lorsque la lumière émanée de la lumière du soleil vient se joindre à elle. Ainsi donc, tu trouveras que la forme, qui, émanée de la forme spirituelle, vient se répandre sur la matière, se manifeste au sens lorsqu'elle se joint à la forme corporelle qui existe en puissance dans la matière ; car les deux (formes) deviennent une seule, de même que la lumière répandue sur la surface du corps se manifeste au sens lorsqu'elle se joint à la surface du corps et qu'elle s'identifie avec la couleur (1). »

Ici il se présente une objection faite par le disciple : comment se peut-il que la forme, qui est *accidentelle*, vienne de la substance spirituelle? Le maître cherche fort subtilement à résoudre cette difficulté par les deux réponses suivantes : D'abord, dit-il, cette forme corporelle n'est pas en elle-même un *accident*, mais une *substance*, puisqu'elle constitue l'essence même de la matière, et on ne l'appelle *accident* que par rapport à la matière qui la porte ; ensuite, ajoute-t-il, dût-on même considérer la forme corporelle comme un accident, on pourrait en-

(1) Voy. le ms. de la vers. lat., fol. 195 *a* : « Si compares formam spiritualem lumini quod est in substantia solis, et compares formam infusam super materiam lumini quod est super superficiem corporis, et compares colorem formæ corporali quæ est in materia corporali in potestate, hoc est quia color in corpore in potestate est, et, quum comparaveris tunc inter unamquamque harum formarum, invenies formam corporalem quæ est in materia in potestate quod apparet sensui quando jungitur ei forma infusa super eam a forma spirituali, sicut color qui est in corpore in potestate est, sed apparet sensui quando conjungitur ei lumen infusum corpori a lumine solis ; et sic invenies formam infusam materiæ a forma spirituali apparentem sensui, quando conjungitur formæ corporali quæ est in materia in potestate ; hoc est, quia hæc et illa fient unum, sicut lumen superfusum super superficiem corporis apparet sensui quum adjungitur superficiei corporis et ipsum et color sunt unum. »

J'ai dû corriger le commencement de ce passage ; le ms. porte : *Si compares formam spiritualem quæ est in substantia simplicium solis, etc.*

core répondre qu'elle n'émane point de l'essence même de la substance simple, mais qu'elle dérive de sa forme, laquelle est elle-même un accident de la matière (spirituelle) qui la porte, quoiqu'elle soit *substantielle* en ce qu'elle constitue l'essence de cette matière. La vérité est que la forme portée par la substance composée est *substantielle*, parce qu'elle émane de la forme de la substance simple, qui est en elle-même *substantielle*. Or, comme la forme portée par la matière de la substance simple est substantielle en elle-même et un accident par rapport à sa matière, rien ne s'oppose à ce que la forme qui en émane et qui constitue l'être de la substance composée soit considérée en elle-même comme substantielle, tout en étant un accident par rapport à la matière de la substance composée. En effet, on ne saurait considérer comme de simples accidents ni la quantité ni les différentes qualités qui constituent l'être de la substance composée et qui en sont inséparables, et le nom d'*accident*, dans le sens absolu, ne convient qu'aux autres catégories (1).

Cette difficulté résolue, il s'en présente encore une autre relative à l'âme : comment peut-on dire, en général, que les formes des substances composées émanent des substances simples, puisqu'on a dit, au contraire, que l'âme n'a pas de forme particulière en elle-même, et qu'elle ne fait que réunir en elle les formes abstraites des choses en dehors d'elle (2)? Intermédiaire entre l'intellect et le sens, elle est sous l'influence tantôt de l'un, tantôt de l'autre, pour recevoir les formes intelligibles ou sensibles (§ 24), sans que ni les unes ni les autres ne soient *essentielles* dans l'âme. Mais, s'il est vrai que l'âme reçoit les formes des choses, elle ne les reçoit qu'au moyen d'une forme à elle propre, qui lui est *essentielle*, et à laquelle viennent se joindre les formes du dehors (3) : « La forme de l'âme est une

(1) Voy. *ibid.*, fol. 195 *a*, *b*, et cf. ci-dessus, pag. 108, note 3.

(2) Cf. Arist., *Traité de l'âme*, liv. III, chap. 4, où l'âme est appelée *le lieu des formes* (τόπος εἰδῶν).

(3) L'auteur entre à ce sujet dans une discussion assez confuse

essence qui renferme essentiellement l'essence de toute forme, toutes les formes se réunissant dans l'idée de la forme. »...... « Les formes (particulières) se réunissent dans la forme de l'âme, parce que la forme universelle qui les renferme (toutes) se réunit avec la forme de l'âme. » — Les formes qui existent dans l'âme sont intermédiaires entre celles de la substance composée et celles de l'intellect. Tandis que l'intellect perçoit le véritable être, ou la quiddité, dans toute chose, c'est-à-dire le genre et les espèces, l'âme perçoit seulement ce qui ne constitue pas l'être, c'est-à-dire les différences, les propres et les accidents. C'est dans son union avec l'intellect que l'âme perçoit à la fois le genre et la différence, et qu'elle connaît parfaitement la quiddité de la chose ou sa définition (§§ 25, 26).

Après avoir montré par la méthode *synthétique* (secundum ordinem *compositionis*) que toutes les formes de la substance composée ont leur origine dans les substances simples, l'auteur entre dans quelques détails sur l'action de ces dernières, afin de montrer d'une manière *analytique* (secundum ordinem *resolutionis*) l'influence que chacune d'elles exerce sur la substance composée.

Les substances simples, ou les émanations intermédiaires entre l'agent premier, ou Dieu, et le monde de la corporéité, sont au nombre de trois, savoir : l'intellect universel, l'âme universelle et la *nature*, ou la force, directement en rapport avec le monde de la corporéité, qu'elle produit et qu'elle gouverne. L'âme universelle étant considérée, comme l'âme particulière, à un triple point de vue (âme végétative, âme vitale, âme rationnelle), on peut dire qu'il y a trois âmes universelles, et que, par conséquent, les substances simples sont au nombre de cinq (1).

(ms. lat., fol. 195 et suiv.), dans laquelle il est d'autant plus difficile de le suivre que le ms. lat. est ici évidemment défiguré par plusieurs transpositions et lacunes. Les principaux résultats de cette discussion se trouvent dans nos Extraits, § 24 et suiv.

(1) Voy. les Extraits, liv. III, § 21 (ci dessus, pag. 49, et *ibid.*,

L'auteur parcourt les impressions produites par ces cinq substances simples en remontant de la nature à l'intellect, impressions par lesquelles chacune d'elles se manifeste dans le monde de la corporéité, et qui toutes sont d'un seul genre et se résument dans le *mouvement*. Les *corps* même les plus simples n'ont pas de mouvement en eux-mêmes. Si les éléments avaient un mouvement en eux-mêmes, celui-ci serait uniforme, — car le corps est *un*, — et nous ne les verrions pas se mouvoir les uns vers le haut, les autres vers le bas. Par conséquent, tout mouvement dans les corps, comme, par exemple, celui de la croissance, de la génération, de la nutrition, vient d'une action extérieure, laquelle émane d'une substance incorporelle, plus simple que ce qu'il y a de plus simple dans les corps. En parcourant graduellement les différents mouvements plus ou moins parfaits qui se manifestent dans les corps, nous y reconnaîtrons l'action des différentes substances simples, plus élevées les unes que les autres. La substance appelée *nature* produit le mouvement de l'attraction, de la transformation, de la rétention et de l'expulsion. L'*âme végétative* produit le mouvement de la génération et de la croissance; l'*âme vitale*, celui de la sensibilité et de la locomotion; l'*âme rationnelle*, celui de la pensée. Enfin l'*intellect* produit la perception des choses intelligibles, car il perçoit dans tout la véritable essence (1).

Ces substances simples, comme on le voit, correspondent aux différentes facultés de l'homme. Celui-ci est considéré comme *microcosme*, et, comme le dit l'auteur (2), il ressemble au *grand*

note 4). — A l'endroit indiqué, l'auteur énumère *sept* substances simples, en y comprenant aussi la matière universelle et la forme universelle; mais ceci n'a d'autre but que d'établir une comparaison ingénieuse entre les substances simples et les *sept* espèces de la quantité. Sur les substances simples, qui correspondent aux *hypostases* des néoplatoniciens, et sur la gradation de ces substances, cf. III, 42; IV, 25, 28; V, 13, 17, 26, 27, 59.

(1) Voy. §§ 27-30, et cf. vers lat., fol. 199, 200 *a*, *b*.

(2) Cf. liv. III, §§ 6 et 44.

monde, ou au *macrocosme*, par l'ordre et la construction. Le plus noble but de l'homme, c'est de méditer sur les substances simples, de chercher à s'identifier avec elles, et d'arriver par là à la connaissance de l'agent premier, ou de Dieu.

De même que, dans le monde inférieur, les substances sont de plus en plus épaisses à mesure qu'elles se trouvent plus bas et plus rapprochées du centre, de même aussi les substances simples vont toujours s'affaiblissant à mesure qu'elles sont plus éloignées de la *Volonté* divine, dont elles émanent. A la vérité, la faculté divine, qui est d'une perfection extrême, ne saurait s'affaiblir, ni encore moins s'arrêter ou se corporifier; mais l'affaiblissement graduel des formes dans les substances vient de ce que la lumière de la faculté divine, concentrée en elle-même, laisse ces substances de plus en plus dans l'ombre. Si la faculté divine paraît se modifier et s'affaiblir, il faut attribuer ce changement non pas à sa propre essence, mais à celle de la chose qui reçoit son action; car plus cette chose est éloignée de la source de la faculté divine, et moins elle en reçoit l'action (§§ 31-33).

Pour se former une idée des proportions et gradations des substances simples, on n'a qu'à examiner la composition et l'ordre du monde de la corporéité; car tout dans le monde inférieur est l'image du monde supérieur, et, comme on l'a déjà dit, il existe une analogie entre les différentes parties des deux mondes (§§ 34-36). Mais, pour arriver à la véritable connaissance des substances simples, il faut que l'homme, pour ainsi dire, se dépouille entièrement des liens de la corporéité et du monde sensible et se transporte par la méditation dans le monde intelligible, en cherchant à identifier son essence avec ces substances supérieures; et, dans cet état, l'homme reconnaîtra le néant du monde sensible. « Si, dit l'auteur, tu montes aux différents degrés des substances intelligibles, tu trouveras les corps sensibles, en comparaison d'elles, extrêmement petits et insignifiants, et tu verras le monde corporel tout entier nageant dans elles, comme si c'était un vaisseau dans la mer ou un oiseau dans l'air. » Il faut que l'homme fasse les plus grands efforts pour arriver à ce point; car c'est là le but que l'âme est destinée à atteindre, et là elle trouve la véritable félicité (§§ 37, 38). — On voit qu'il ne s'agit pas ici seulement d'un travail spéculatif, mais de l'enthousiasme ou d'une espèce d'*extase* dans laquelle il faut chercher à se placer, en s'élevant au dessus de toutes les impressions du monde sensible (1).

Ibn-Gebirol a bien senti que la théorie des substances simples, intermédiaires entre la Volonté divine et le monde corporel, ne suffit pas pour expliquer comment ce dernier, qui est *fini*, a pu émaner de l'infini. En effet, les substances simples elles-mêmes sont ou finies, ou infinies. Or, si elles sont finies, comment ont-elles pu elles-mêmes procéder de l'infini? et, si elles sont infinies, comment ont-elles pu faire émaner d'elles le monde fini? — Il croit pouvoir résoudre cette difficulté en établissant que les substances simples et la Volonté elle-même ne sont ni entièrement infinies, ni entièrement finies. La Volonté est infinie par son essence, mais elle est finie par rapport à son action (qui a commencé au moment de la Création); l'intellect, au contraire, qui est *créé*, a eu un commencement, tandis que son action, qui ne tombe pas dans le temps (2), est infinie (§ 39).

En terminant, l'auteur ajoute quelques considérations sur la liaison qui existe entre les substances composées et les substances simples, et sur la manière dont ces dernières se lient entre elles. Pour en donner une idée, il revient de nouveau sur les analogies qui existent entre le monde de la corporéité et celui de la spiritualité, et il explique dans quel sens on peut dire que les substances simples sont des sphères qui *s'environnent* les unes les autres, et qui toutes environnent la substance composée (§§ 40 et suiv.)

Telle est la théorie des substances simples, qui, chez notre

(1) Cf. les Extraits, liv. V, § 73.
(2) Cf. les Extraits, liv. III, § 30.

auteur, se présente sous une forme nouvelle et est appuyée de démonstrations originales, bien que le fond soit emprunté à l'école néoplatonicienne (1). — Après avoir démontré, dans ce livre, l'existence des substances simples, l'auteur va établir dans le suivant que ces substances sont, comme le monde de la corporéité, composées de matière et de forme.

QUATRIÈME LIVRE (2).

Le sujet traité dans ce livre est d'une haute importance; car les scolastiques, et notamment saint Thomas et Albert le Grand, considèrent Avicebron comme le premier qui ait attribué une matière à l'âme et aux autres substances simples, et cette doctrine a été regardée en quelque sorte comme le point principal du système d'Avicebron (3).

(1) A la fin de ce livre, le disciple dit dans la vers. lat. : « Jam manifestasti mihi in hoc tractatu tertio esse substantiarum simplicium (cod. *sensibilium*), *quod nullus præter te potuit revelare.* »

(2) L'analyse de ce livre nous présente quelques difficultés; car le ms. de la vers. lat. a évidemment subi ici, par le copiste, de nombreuses transpositions, de sorte que les paragraphes et même les phrases se trouvent souvent brusquement interrompus et n'offrent pas de suite. Dans nos extraits hébreux, les premiers paragraphes paraissent également avoir subi quelques transpositions.— Nous nous sommes aidé du *Traité de l'âme* (Tractatus de anima), dont nous avons parlé plus haut (pag. 170 et suiv.), et dont le huitième chapitre peut être considéré en grande partie comme un résumé de notre quatrième livre.

(3) Voy. saint Thomas, *Quæstiones disputatæ*, quæst. de anima, art. VI (édit. de Lyon, fol. 153 *a*) : « Quidam dicunt quod anima et omnino omnis substantia præter Deum est composita ex materia et forma. Cujusquidem positionis primus auctor invenitur Avicebron, auctor libri *Fontis vitæ.* » Albert le Grand, *Summa totius theol.*, part. I, tract. IV, quæstio XX (Opp. omn., tom. XVII, pag. 77 *a*) : « .... Hoc enim necesse est concedere omnes illos qui corporalium

Pour prouver sa thèse l'auteur fait ressortir en premier lieu l'analogie qui existe entre le monde supérieur et le monde inférieur, dont l'un est le prototype de l'autre. Or, comme dans le monde inférieur on peut distinguer partout un substratum général, qui est la matière, et quelque chose de particulier, qui est la forme, et que les substances simples qui produisent des effets différents ont évidemment des formes différentes, il s'ensuit que ces substances auront également un substratum général ou une matière (§§ 1 et 8).

D'un autre côté, les formes des substances simples, quoique différentes, ne sauraient être numériquement distinctes, et elles forment toutes une unité; elles ne se *distinguent* que par la matière qui les porte, et qui est plus ou moins subtile à mesure qu'elle approche ou s'éloigne de la source première de toute perfection (§ 2) (1).

Les substances appelées *simples* sont donc également com-

et incorporalium dicunt esse materiam unam; super quam positionem videtur esse fundatus liber qui dicitur *Fons vitæ*, quem dicunt quidam factum fuisse ab AVICEBRON philosopho. » Cf. le même auteur, *De causis et processu universitatis*, lib. I, tract. I, cap. 5. — Ces auteurs ignoraient évidemment que la même doctrine avait déjà été professée par Plotin, qui emploie plusieurs des arguments dont se sert aussi Avicebron. Là où il y a une forme, dit Plotin, il y a aussi quelque chose de *formé*, c'est-à-dire une matière qui reçoit la forme. Il considère également le monde inférieur comme une image du monde supérieur, d'où il conclut que celui-ci, comme l'autre, doit être composé de matière et de forme : Εἰ δὲ μορφή, ἔστι καὶ τὸ μορφούμενον, περὶ ὅ ἡ διαφορά ἔστιν, ἄρα καὶ ὕλη, ἡ τὴν μορφὴν δεχομένη· καὶ ἀεὶ τὸ ὑποκείμενον· ἔτι εἰ κόσμος νοητός ἐστιν ἐκεῖ, μίμημα δὲ οὗτος ἐκείνου, οὗτος δε σύνθετος καὶ ἐξ ὕλης, κἀκεῖ δεῖ ὕλην εἶναι. (*Enneades*, II, 4, 4.) Cf. Giordano Bruno, *De la causa, principio et uno*, dialogo IV (Opere, édit. de Leipzig 1830, t. I, pag. 270); Ritter, *Geschichte der Philosophie*, t. IV, pag. 588. On est frappé de l'analogie qu'offrent les paroles de Plotin avec plusieurs passages de la *Source de vie*.

(1) Cf. ci-dessus, pag. 65, note 2.

posées de matière et de forme; elles sont appelées *simples* par rapport à la corporéité qui est au dessous d'elles, mais elles sont *composées* relativement à ce qui est au dessus d'elles, comme la Volonté et l'agent premier, qui sont d'une simplicité absolue. Il s'agit seulement de considérer comment les matières et les formes de ces substances simples sont disposées les unes à l'égard des autres, et on y remarquera une gradation analogue à celle des matières et des formes dans les substances composées (§§ 5 et 6). L'auteur détermine ici de nouveau l'idée de la matière, pour montrer qu'elle n'a pas d'existence réelle sans la forme (§ 7).

La thèse principale de ce livre est ensuite appuyée par un grand nombre de démonstrations, dont nous nous bornerons à citer celles qui nous ont paru les plus importantes :

1° Une des preuves les plus fortes a déjà été donnée au premier livre, où l'auteur montre que toutes les différentes substances (et notamment aussi les substances simples) se rencontrent dans l'idée de la *substantialité;* il faut donc qu'il y ait quelque chose qui les embrasse toutes, et quelque autre chose par quoi elles diffèrent, ou, en d'autres termes, qu'elles soient toutes composées de matière et de forme (1).

2° Une autre preuve, qui s'applique particulièrement aux

(1) Voy. ci-dessus, pag. 178. Cf. *Tractatus de anima*, cap. VIII, fol. 14 *recto :* « Omnes substantiæ, tam simplices quam compositæ, conveniunt in hoc quod omnes sunt substantiæ, sed propriis formis diversæ substantiæ. Necesse est igitur ut sit hic substantia communis in qua conveniant et quæ det intellectum omnibus substantialitatis æqualiter; quæ non est eis forma, sed materia, quod sic probatur : Nulla conveniunt in quo differunt, sed omnia formis differunt; formis ergo non conveniunt, sed conveniunt in substantia; ergo substantia non est eis forma, sed materia, quæ una est omnium substantiarum et qua omnes participant. Nulla autem forma est qua omnes participant, nisi unitas; unitas vero non est substantia. Ergo substantia materia est cui adveniunt formæ corporeitatis et spiritualitatis, id est quæ sunt corporeitatis et spiritualitatis et sunt corporea et incorporea. »

substances simples, est celle-ci : Les substances simples sont nécessairement ou matière seule, ou forme seule, ou matière et forme à la fois. Or, si elles étaient seulement matière, elles ne différeraient en rien, et elles seraient toutes une seule substance; elles ne pourraient pas non plus *agir*, car l'action appartient à la forme; et elles n'auraient même pas d'existence réelle, car la matière n'a d'existence que par la forme. Elles ne peuvent pas non plus être de pures formes, car la forme n'a son existence que dans la matière. Il faut donc qu'elles soient à la fois matière et forme; car on ne saurait admettre qu'elles ne soient ni l'un ni l'autre, c'est-à-dire qu'elles soient quelque chose en dehors de la matière et de la forme (1).

(1) Voy. *Tractatus de anima*, fol. 14 *recto :* « Substantiæ simplices aut sunt materiæ tantum, aut sunt formæ tantum, aut nec materia nec forma, aut materia et forma simul. Si autem substantiæ tantum materiæ essent, profecto in nullo differrent, sed omnino unum essent, quia materia rerum una est, non diversa in se; nec aliquid agerent, quoniam actus formæ est, non materiæ, quod enim intelligenti satis manifestum est : si enim ex hoc quod materia sunt aliquid agerent, tunc quicquid ex materia est, illud ageret. Item, si substantiæ spirituales tantum materia essent, tunc non haberent esse; materia enim non habet esse nisi per formam. Item, substantiæ spirituales non possunt esse formæ tantum; forma enim non habet esse nisi in materia, etc. » — Cf. le ms. du *Fons vitæ*, fol. 201 *d* et 202 *a*, et nos Extraits, § 8. — Il résulte déjà de cette démonstration générale que les substances simples, étant toutes actives et ayant chacune leur action particulière dans l'univers, ne sauraient être considérées les unes comme matière, les autres comme forme. Cependant Avicebron met encore dans la bouche du *Disciple* la question suivante : « Quid respondebis si dixero quod substantia animæ est materia et substantia intelligentiæ forma? » Le *Maître* répond : « Non est possibile quod substantia animæ sit materia, quia composita est et quia intelligentia est superior ea, et quia est agens. Similiter non est possibile ut substantia intelligentiæ sit forma, quia est etiam composita. Signum autem hujus est convenientia earum cum ceteris substantiis simplicibus in substantialitate et differentia earum in sapientiæ perfectione. »

3° Dans toute chose intelligible, de même que dans les choses sensibles, on distingue une qualité et un objet qualifié, comme par exemple la spiritualité et ce qui est spirituel, la rationnalité et ce qui est rationnel; en un mot, on y distingue une forme et un substratum qui porte la forme, et il y a là, par conséquent, matière et forme (1).

4° L'intelligence ne saisit que ce qui est fini; or, ce qui est fini ne l'est que par la forme qui survient à la matière, et, par conséquent, toutes les choses *intelligibles* doivent avoir matière et forme; car la matière seule et les formes pures sont indéterminées, indéfinissables et inaccessibles à l'intelligence (2).

5° S'il est vrai que tout l'univers (c'est-à-dire tout ce qui existe, hormis l'agent premier), depuis l'extrémité supérieure jusqu'à l'extrémité inférieure, forme une unité continue, sans aucune interruption, et appartient à un même genre, alors il faut que les substances simples soient, comme le monde de la corporéité, composées de matière et de forme; car autrement le tout ne serait pas du même genre. Ce genre, c'est la matière

(1) Voy. les Extraits, § 9 : « .... toute chose intelligible se divise en deux, c'est-à-dire en la qualité et l'objet qualifié. » — Cf. *Tractatus de anima*, fol. 14 *verso* : « Omne quod est intelligibile dividitur in formam et formatum, ut est spiritualitas et spirituale, rationalitas et rationale, etc. »

(2) Voy. les Extraits à la fin du § 9. — Cf. *Tractatus de anima*, l. c. : « Intellectus vero, cujus est conjuncta dividere et divisa conjungere, nec comprehendit in primo nisi rem constantem ex materia et forma, quæ sunt finis rerum, et deinde abstrahit. Quum enim percipit rem, apprehendit eam, sed non comprehendit rem nisi quia finita est. Res autem finita non est nisi per suam formam; unde res quæ non habet formam, qua fiat unum et differat ab alio, incomprehensibilis est, quia infinita est, quia non habet formam. Similiter et materia primordialis infinita est, quia esse nullam formam habet. Omne vero creatum finitum; finitum autem esse non potest nisi sit habens formam ; ergo omnis substantia intelligibilis est habens formam et materiam. »

universelle, qui se diversifie et se détermine par les différentes formes du corporel et du spirituel [1].

6° Enfin, les propriétés de la matière première se rencontrent dans toutes les choses, tant spirituelles que composées; car partout nous reconnaissons quelque chose qui subsiste par soi-même et qui porte des formes plus ou moins variées. A mesure que les substances sont plus élevées, elles ont plus de consistance, embrassent plus de formes et sont plus semblables à la matière première, qui porte toutes les formes. Les propriétés qui pénètrent toutes les substances sont émanées d'en haut et viennent de la matière première universelle, qui embrasse toutes les substances, qui les environne et leur donne son nom et sa définition [2].

Afin de faire bien comprendre dans quel sens on peut dire que les substances simples ont une matière, Ibn-Gebirol insiste de nouveau sur l'idée de la matière. Celle-ci n'est autre chose que l'être en puissance ou la simple faculté d'être. Le mot *matière* désigne d'abord cette simple faculté dans toute son abstraction, cette *puissance* idéale qui n'a point passé à l'*acte* et qui n'est revêtue d'aucune forme, ni spirituelle, ni corporelle; il désigne ensuite la matière composée, soit corporelle, soit spirituelle, et enfin ce qui tient le milieu entre les deux, c'est-à-dire, sans doute, la matière élémentaire et celle des sphères (§ 12) [3].

(1) Voy. les Extraits, §§ 10, 11. — Cf. *Tractatus de anima*, fol. 15 *recto :* « Si universitas creaturarum ab extremo infimo usque ad extremum supremum continua est, sine interruptione, tunc necesse est ut, sicut corporeæ substantiæ compositæ sunt ex materia et forma, ita et spirituales; alioquin corporea et incorporea substantia non essent sub eodem genere *eaque specie* (?), eo quod simplex prior esset quam composita. »

(2) Voy. les Extraits, § 15, et cf. liv. I, § 6.

(3) Ce que l'auteur dit ici des trois matières est plus amplement exposé dans le *Traité de l'âme*, chap. 8, fol. 13 *recto*, où on lit ce qui suit : « Materia autem tribus modis accipitur. Uno modo acci-

Les substances simples participent évidemment de la première de ces trois matières ; on peut distinguer dans elles une faculté d'être et un être en acte, un substratum et une forme portée par celui-ci ; car elles sont toutes finies et s'arrêtent à un terme (1).

Après avoir ainsi démontré la thèse principale de ce livre, l'auteur est amené par ces dernières observations à entrer dans quelques détails sur l'idée de la matière et de la forme et de leur rapport mutuel. La matière et la forme sont nécessairement liées l'une à l'autre et ne peuvent exister l'une sans l'autre que dans la pensée. La forme domine la matière, en constitue l'être et l'environne tout entière, de même que l'unité domine la multiplicité, en constitue l'être et l'environne tout entière (§ 17) ; ainsi, la forme représente l'unité, tandis que la matière représente la multiplicité. Or, comme tout l'être se compose de matière et de forme, ce n'est pas l'*unité* qui est la racine de toute chose. — Ici Ibn-Gebirol entre dans quelques considérations sur le rapport qu'il y a entre l'*être* et les

pitur simpliciter et intelligibiliter tantum, nuda ab omni forma, prout apta est recipere omnem formam corporalem et incorporalem. Secundo modo accipitur composita corporeitate, prout sic formata materia est tantum corporum ; vel composita spiritualitate, prout sic formata est tantum materia omnium substantiarum intelligibilium. Tertio materia dicitur corpus elementum vel elementarium, prout sic est tantum materia omnium generatorum. Quapropter, quum substantiæ sensibiles et intelligibiles non ex eadem materia esse dicuntur, quantum ad secundum et tertium modum hoc intelligitur ; quantum vero ad primum modum dicendi, materia tam corporea quam incorporea ex eadem materia constare perhibetur, quoniam in resolvendo omnia, ne in infinitum eatur, ad unam materiam primam universalem et ad unam formam universalem primam perveniatur. Et sic omnia constant ex eadem materia et diversa (*ms.* diversis) omnia quidem ex eadem prima universaliter, sed corporea et incorporea ex diversis secundariis jam formatis. »

(1) Voy. les Extraits, §§ 14 et suiv.

nombres, et il montre que c'est le nombre *trois* qui est la racine de toute chose; car la forme représente la *monade*, et la matière la *dyade*, ce que l'auteur démontre par divers raisonnements qui rappellent les idées des Pythagoriciens, et notamment les détails donnés par les auteurs arabes sur la philosophie des nombres de Pythagore (1). L'intellect représente la *monade*, l'âme rationnelle la *dyade*, l'âme vitale la *triade*, et la nature la *tétrade*. Tous les êtres donc sont constitués d'après la nature des nombres, et ils sont tous dominés par l'intellect, de même que les nombres tombent sous l'unité (§§ 18, 19).

La forme universelle est une unité secondaire et divisible; c'est l'unité du nombre, qui est en rapport direct avec le multiple et qui est l'émanation immédiate de l'unité première et absolue, ou de la Volonté divine. C'est, selon Ibn-Gebirol, l'espèce dans sa plus grande généralité, l'idée générale qui constitue à la fois toutes les espèces et qui est, pour ainsi dire, l'*espèce des espèces;* elle se répand dans la totalité de la matière universelle, comme la forme de la quantité se répand dans toute la substance (2). Si cette unité secondaire, ou la forme, est divisible et devient multiple, ce n'est que par la matière qui lui sert de substratum; la forme en elle-même est une lumière parfaite, qui se ternit à mesure qu'elle pénètre dans la matière. Plus la matière devient épaisse et plus la forme perd son unité, semblable à la lumière physique, qui se ternit de plus en plus en traversant un air trouble ou en pénétrant successivement à travers plusieurs corps transparents (3).

Ainsi, la diversité des formes ne les empêche pas d'être toutes ramenées à une seule forme; car toutes les formes inférieures existent dans les formes supérieures, les formes sensibles sont cachées dans les formes intelligibles, et, à mesure que la substance est plus pure et plus élevée, elle em-

(1) Cf. ci-dessus, pag. 113, note 5.
(2) Voy. les Extraits, §§ 20, 21, et cf. § 30.
(3) Voy. § 22 et cf. liv. II, § 26.

brasse plus de formes, jusqu'à ce qu'on arrive à la matière universelle, qui porte les formes de tout l'être réunies en une seule forme (§§. 23-27).

On a déjà vu que le monde sensible est l'image du monde intelligible; et, de même que dans le monde sensible chaque forme inférieure émane de la forme supérieure, de même, dans le monde intelligible, les substances inférieures étant l'image des substances supérieures, leurs formes émanent les unes des autres. Ibn-Gebirol montre qu'il y a en effet une parfaite analogie entre les actions de ces différentes substances, ce qui ne peut avoir lieu que par la similitude des formes qui produisent ces actions. — Comme les formes des substances simples et composées dérivent toutes les unes des autres, et forment une série d'émanations, depuis l'extrémité supérieure jusqu'à l'extrémité inférieure de l'univers, il s'ensuit que la forme universelle se répand dans toutes les formes et s'étend successivement sur toutes les parties de la matière, dans lesquelles elle se trouve à des degrés différents. D'abord parfaite et purement spirituelle, elle s'épaissit par degrés, jusqu'à ce qu'arrivée à la dernière extrémité, son mouvement cesse complétement (1).

Après nous avoir ainsi conduits jusqu'à la forme universelle, de laquelle émanent toutes les formes, comme la lumière qui est dans l'air émane de celle du soleil, l'auteur établit que cette forme suprême n'est qu'une seconde lumière, émanant d'une première lumière qui est au dessus de la matière universelle. Cette première lumière, c'est la Volonté créatrice, la faculté efficiente qui fait passer la forme universelle de la puissance à l'acte. La lumière dont la matière est revêtue, ou la forme universelle, est peu de chose en comparaison de la lumière qui est dans la Volonté. Celle-ci, toujours en acte, n'est pas directement en contact avec la matière; et, si on l'a également appelée *forme*, ce n'est que d'une manière impropre,

(1) Voy. §§ 28, 29, et cf. liv. II, § 26.

car elle n'est *portée* par rien. Le mot *forme* se prend donc dans trois acceptions différentes; il désigne : 1° la forme absolue qui est dans l'essence même de la Volonté, et qui n'est point portée par la matière; 2° la forme en acte, attachée à la matière; 3° la forme en puissance, distincte de la matière, et qui est quelque chose de purement idéal. La Volonté, comme cause efficiente, renferme la forme de toute chose, car l'effet existe dans sa cause par la forme qu'il tient de celle-ci (1) (§§ 31-35).

Après avoir établi l'émanation successive des formes les unes des autres, et les avoir toutes ramenées à une source première, qui est la forme universelle, l'auteur va parler, dans le livre qui suit, de la matière universelle et de la forme universelle considérées en elles-mêmes.

CINQUIÈME LIVRE (2).

La science de la matière et de la forme universelles, qui est le point culminant de cet ouvrage, doit servir d'échelon pour la science de la *Volonté*, dont l'auteur, comme on le verra plus loin, s'était réservé de traiter dans un ouvrage à part.

L'existence d'une matière universelle et d'une forme universelle est reconnue *a priori* par l'intellect : car celui-ci sait par lui-même qu'il a une forme qui le distingue de toute autre

(1) Cf. *Tractatus de anima*, fol. 13 *verso* : « Quia divina voluntas est causa prima agens, idcirco forma omnium est in ejus essentia ad modum quo forma omnis causati est in sua causa; omne enim causatum est in sua causa, et exemplatum in suo exemplari, secundum formam quam habet, scilicet in causa rei est ut res sit hujusmodi vel formæ hujus. » — Ce passage se rattache à celui que nous avons cité plus haut (pag. 88), et où l'auteur invoque l'autorité de Platon.

(2) Ce livre se trouvant assez complétement reproduit dans les extraits d'Ibn-Falaquéra, nous pouvons nous borner ici à en indiquer rapidement le contenu et la marche suivie par l'auteur.

chose, et il cherche nécessairement ce qui est le substratum de cette forme. La forme de l'intellect universel, comme on l'a déjà vu, est la plus parfaite et la plus générale de toutes les formes; et, en cherchant le substratum général de cette forme l'intellect arrivera à reconnaître sa matière, qui est, comme le dit l'auteur (§ 18), l'extrémité supérieure de la matière universelle [1]. Il reconnaîtra la diversité de la matière et de la forme; à peu près comme le sens reconnaît la diversité du corps et de la couleur. L'intellect seul peut saisir la matière et la forme, considérées chacune en elle-même, car ce sont là des choses purement *intelligibles* et auxquelles l'âme ne saurait atteindre (§ 3).

Ibn-Gebirol démontre longuement l'universalité de la forme de l'intellect, lequel perçoit par lui-même toutes les formes, parce qu'elles sont toutes dans lui, tandis qu'il ne perçoit la *hylé*, ou la matière inférieure et grossière [2], que par l'intermédiaire de l'âme et des sens, parce que cette matière n'est pas dans lui-même. Ce qui est vrai de l'intellect individuel l'est, à plus forte raison, de l'intellect universel, qui, par conséquent, renferme en lui les formes de toutes les choses. Sa forme à lui n'est point une forme *particulière* (qui l'empêcherait de percevoir les autres formes), mais une forme générale, propre à produire en lui la perception de toutes les formes. Les substances qui suivent l'intellect dans l'échelle des êtres deviennent de moins en moins propres à embrasser des formes multiples. Leurs formes respectives se particulariseront de plus en plus. Ainsi, la forme de l'âme est moins générale que celle de l'intellect, et la forme de la *nature* moins générale que celle de l'âme. Enfin la substance sensible n'aura qu'une forme particulière. L'extrémité supérieure de l'être est nécessairement l'opposé de l'extrémité inférieure; ici c'est la forme dans sa particularisation absolue, là c'est la forme dans

(1) Voy. les §§ 2, 6, 12 et 13.

(2) Voy. §§ 8 et 13, et cf. ci-dessus, pag. 81, note 2.

toute son universalité. Cette dernière, l'intellect la reçoit de la *Volonté*, dans laquelle la forme existe dans sa perfection absolue, mais qui ne fait émaner d'elle que ce que la matière de l'intellect, ou la matière universelle, est disposée à en recevoir (§§ 8-18).

L'union de la forme universelle avec la matière universelle doit s'entendre dans ce sens que la forme *environne* la matière comme les substances simples s'environnent les unes les autres. Cette union est au dessus de celle qu'on appelle *connaissance*, et qui désigne l'union d'une forme intelligible avec l'intellect, ou d'une forme sensible avec les sens. Cependant, par rapport aux formes particulières, la matière universelle, portant toutes ces formes, peut être comparée à l'âme et à l'intellect portant les formes intelligibles, à la substance portant les catégories, et à la quantité portant les qualités de figure et de couleur (§§ 22-24).

Si, dans cette comparaison, les substances simples sont présentées comme une *hylé*, disposée à recevoir une forme, c'est qu'en effet la substance inférieure est en quelque sorte une *hylé* par rapport à celle qui lui est supérieure et qui en est la cause efficiente; mais, en cherchant à remonter jusqu'à la matière universelle, nous trouverons que les substances simples, ainsi que les substances composées, peuvent être considérées comme des formes qui se dérobent de plus en plus à notre perception à mesure qu'on s'approche de la forme universelle, qui est purement spirituelle et simple (1). Les formes spirituelles sont, pour ainsi dire, cachées dans les formes corporelles, et l'âme, au moyen de ses différentes facultés, parvient à dépouiller successivement ces formes de l'enveloppe qui les cache, à remonter du monde corporel au monde spirituel, et à s'élever ainsi jusqu'à l'intelligence de la matière et de la forme universelles. On peut dire que tout l'être en général tient son existence de la forme universelle, car

(1) Voy. ci-dessus, pag. 106, note 1.

l'existence de toute chose est dans sa forme, et toutes les formes à leur tour n'existent que par la forme universelle (§§ 25-28). Mais, s'il est vrai que l'action de la forme la plus élevée, ou de celle de l'intellect, se manifeste jusque dans la substance inférieure et dans le corps, il s'ensuit, à plus forte raison, que le corps reçoit l'action des formes des autres substances avec lesquelles il se trouve dans un rapport plus immédiat (1).

Après nous avoir ainsi conduits à la connaissance de la matière universelle et de la forme universelle, l'auteur ajoute en terminant qu'il est impossible de les *définir*, parce qu'elles n'appartiennent à aucun genre, et qu'il leur manque, par conséquent, ce qui est une condition essentielle de la *définition*. Mais, quoiqu'on ne puisse pas en donner une définition régulière, elles sont pourtant susceptibles d'être *décrites* au moyen de leurs propriétés, de sorte qu'on parvient à se former une idée assez précise de leur essence ou de leur quiddité. On a vu (§ 29) comment l'auteur cherche à *décrire* la *quiddité* de la matière et de la forme; voici comment il en résume les *qualités* et le rapport mutuel : « La matière *porte*, et la forme est *portée;* la matière est *achevée* par la forme, et celle-ci achève l'essence de la matière; l'une est qualifiée, et l'autre qualifie; enfin, l'une est *discernée* ou particularisée, l'autre ce qui discerne ou particularise. » — Sous un rapport, la matière pourrait paraître plus noble que la forme, parce que la chose *portée* a besoin de celle qui la porte et la soutient; mais, à un autre point de vue, c'est la forme qui est plus noble, parce qu'elle

(1) Voy. le ms. lat., fol. 221 *a* : « Postquam actio formæ quæ constituit essentiam omnis rei et dat esse est in corpore, magis necesse est ut actiones cæterarum substantiarum quæ sunt infra eam sint inventæ in eo. Et, quum considerabis substantias compositas ex elementis et substantias quæ sunt super elementa, videbis actionem in eis manifestius et evidentius. » — Cf. les Extraits, liv. III, §§ 29 et suiv.

constitue l'être de la matière et qu'elle est comme l'âme, tandis que la matière est comme le corps (1).

Ibn-Gebirol résume ensuite ce qu'il a déjà dit dans différents endroits de cet ouvrage de la nécessité d'admettre *deux principes* de l'être, se trouvant au dessous de l'unité absolue de l'essence première. Ce qu'il dit sur le *pourquoi* de la matière et de la forme donne lieu à une question du disciple que nous avons rapportée plus haut (2), et le maître est amené par là à exposer dans quel sens on peut dire des substances simples qu'elles ont un *pourquoi* (ou une *cause finale*) ou qu'elles n'en ont pas.

Les substances simples n'ont leur cause finale dans aucun être en dehors d'elles, si ce n'est dans Dieu. C'est dans la *nature* seulement, ou sur la limite entre le spirituel et le corporel, que nous commençons à chercher une cause finale secondaire autre que Dieu. Ceci amène l'auteur à faire une observation ingénieuse sur les différents degrés de l'être, depuis la substance première, ou Dieu, jusqu'à la nature, et il trouve que ces différents degrés correspondent aux quatre objets que l'intelligence a en vue dans toute science, à savoir : 1° *que* la chose est, ou l'*être* pur et simple ; 2° *ce que* la chose est, ou la *quiddité;* 3° *comment* elle est, ou la *qualité;* 4° *pourquoi* elle est, ou la *cause finale.* — Pour ce qui concerne la substance première, on ne peut s'enquérir que de l'*être* simple ; l'intellect a aussi la *quiddité ;* l'âme a encore la *qualité ;* enfin, dans la nature, on peut rechercher, outre ces trois choses, la

(1) Voy. le ms. lat., fol. 221 *b* : « *Disc.* Jam ostendisti mihi quid est materia et quid forma, sed nunc declara qualis est [materia et qualis est] forma. — *Mag.* Materia est sustentatrix et forma sustentata ; et etiam materia est designata et forma designans ; et etiam materia est discreta et forma discernens..... Sustinens non est dignius sustentato, nisi quia sustentatum indiget eo ad existentiam sui.... Forma dignior est quam materia, scilicet in hoc quod ipsa constituit et attribuit ei esse, et etiam quia forma est sicut anima et materia sicut corpus. »

(2) Voy. ci-dessus, pag. 109, note 1.

cause finale. Revenant ici sur la considération des nombres, l'auteur ajoute que le *que*, ou l'être pur, correspond au nombre *un ;* le *quoi*, au nombre *deux ;* le *comment*, au nombre *trois*, et le *pourquoi*, au nombre *quatre* (1).

A un autre point de vue, l'être a été divisé en *nécessaire*, *possible* et *impossible*. Dieu seul est d'une existence *nécessaire* et *invariable ;* tout ce qui est en dehors de lui n'a qu'une existence *possible* et *variable*. L'impossible, opposé à l'*être*, est la *privation* ou le *non-être ;* le possible, étant variable, ne saurait être l'unité absolue. Il a, en effet, deux principes : l'un est *ce qui porte*, ou la matière; l'autre, *ce qui est porté*, ou la forme. Dans cette diversité de la matière et de la forme on reconnaît l'existence de la *Volonté* divine, qui fait la chose et son opposé (§§ 31, 32). Mais les deux principes n'ont jamais été distincts que dans la connaissance divine; en réalité ils n'ont jamais pu être séparés, car la connaissance du créateur passe de la puissance à l'acte sans l'intervention du temps (§§ 34, 43).

Ces deux principes de toute chose sont *finis ;* ils ne le sont pas seulement pour la pensée qui les distingue l'un de l'autre, mais ils se montrent finis en eux-mêmes. La forme, *une* dans son essence, se divise et se multiplie par la matière; ce qui ne pourrait avoir lieu si cette dernière n'était pas finie. La forme aussi, qui survient à la matière, est évidemment finie par le bas, c'est-à-dire du côté de la matière; et, quoiqu'il soit difficile pour notre intelligence de la distinguer de la Volonté infinie, nous savons pourtant qu'elle est créée et limitée par cette dernière, qui est au dessus d'elle (2). Il en est de même de

(1) Voy. le § 30 et les notes qui l'accompagnent.

(2) Voy. le ms. lat., fol. 222 *d*, 223 *a* : « *Disc.* An materia et forma sunt finitæ? — *Mag.* Probatio hujus est distinctio uniuscujusque illarum nisi (*lis.* etsi) conjunctæ sunt; et quia forma dividitur et multiplicatur propter materiam, nec divideretur forma per materiam, nisi materia sibi finita esset : scilicet quia, nisi materia finita esset, non reciperet divisionem neque mutationem.... — *Disc.* Quomodo est possibile ut forma sit ex parte [voluntatis] finita? —

l'intellect et des autres substances simples [1]. — Les formes et les matières ne peuvent pas non plus, en descendant, se succéder dans une série infinie ; car elles ont évidemment leur dernière limite dans l'extrémité inférieure de l'être [2]. La matière et la forme réunies ont deux extrémités ; absolument simples et spirituelles à leur limite supérieure, elles perdent successivement leur simplicité et finissent par se corporifier à la limite inférieure de l'être. Aucune partie de la matière ne saurait être sans forme ; mais la matière, à ses différents degrés, revêt certaines formes et est dépouillée de certaines autres ; la forme universelle l'enveloppe tout entière et en embrasse toutes les parties (§§ 37, 38). L'auteur cherche ensuite à donner une idée de la manière dont la matière et la forme s'étendent avec continuité du haut vers le bas, et il indique quel est le rapport mutuel de différentes parties de l'être. La substance corporelle est infiniment petite auprès de la substance spirituelle ; les deux ensemble sont aussi petites et imperceptibles auprès de la *Volonté* que la terre l'est auprès de la sphère céleste (§§ 39, 40).

A ces considérations viennent se rattacher encore quelques observations sur la matière et la forme, et notamment sur la manière dont elles ont été *désignées*. On explique pourquoi la forme a été appelée *lumière* et *parole* (verbe divin), dans quel sens on dit que la matière est le *lieu* de la forme (car le *lieu* proprement dit, ou l'espace, ainsi que le temps, ne commencent qu'à l'extrémité inférieure de la forme ou au monde de la corporéité). — La naissance de la matière et celle de la forme

Mag. Certe distinguere formam a voluntate difficile est, quia distinctio non est nisi propter materiam ; et ideo putatur forma indistincta esse a voluntate, et voluntas [*lis.* forma] non est finita nisi secundum hoc quod creata est ; ideo oportet ut forma sit finita ex hac parte, quia creatio terminum habet et principium. »

(1) Voy. § 36 et liv. III, §§ 10 et 39.

(2) Voy. le ms. lat., fol. 223 *a*, *b* : « *Disc.* Jam dixisti quod

sont simultanées, aucune des deux n'a pu précéder l'autre. Ce qui les lie ensemble et en forme une unité, c'est l'unité qui est au dessus d'elles, ou la Volonté; entre cette unité et la dualité de la matière et de la forme il n'y a point d'intermédiaire, de même qu'il n'y en a point entre les nombres *un* et *deux*. — C'est le *désir* de l'unité, ou du bien absolu, qui fait mouvoir la matière pour recevoir la forme, et c'est là aussi le principe du mouvement dans les êtres, car ils tendent tous vers l'unité [1].

En somme, la connaissance de la matière et de la forme, de leur union et de tout ce qui s'y rattache, est la science la

materia et forma finitæ sunt et (*lis.* sed) fortasse unaquæque forma habet formam usque in infinitum? — *Mag.* Si hoc ita esset, esse non terminaretur in extremo inferiori. — *Disc.* Fortasse materia infinita est? — *Mag.* Quomodo esse potest, quum forma jam determinavit eam et perfecta (*lis.* profecto) est per eam finita? — *Disc.* Quod est argumentum quod forma est terminatrix materiæ? — *Mag.* Probatio hujus hoc est quod omne sensibile et intelligibile non terminatur et finitur nisi per suam formam et figuram, et extremitas substantiæ sensibilis est figura et species et extremitas substantiæ intelligibilis est differentia et forma. — *Disc.* Vides quod aliquid materiæ inveniatur sine forma? — *Mag.* Aliquid materiæ sine ulla forma [inveniri] impossibile est, quia ipsa tota sustinet formam spiritualem. — *Disc.* Quare non invenitur aliquid formæ sine materia? — *Mag.* Quia forma est continens materiam; et etiam quia de natura formæ est ut conferat se suâ essentiâ, quum nulla est essentia sine ea; et etiam quia materia non habuit esse præter formam, etc. » (Voir le § 37.)

(1) Voy., sur ces différentes réflexions, les §§ 41 à 53. Tout ce que l'auteur dit sur le mouvement (§§ 51-53) est le développement de cette proposition d'Aristote, que Dieu meut l'univers comme la *cause finale* ou la *fin*. On pourrait s'étonner de voir Ibn-Gebirol accepter cette idée à côté de la théorie de la *Volonté* et du dogme de la Création, qu'il professe ouvertement dans plusieurs endroits. Ici, comme ailleurs, nous le voyons flotter entre trois influences : celle d'Aristote, celle de Platon ou plutôt des Alexandrins, et celle du dogme biblique.

plus élevée que l'homme puisse atteindre. La matière et la forme sont comparées à un livre ouvert : d'une part, ce sont les pages sur lesquelles sont tracées les lignes ; d'autre part, ce sont les figures et les caractères. Celui qui sait lire dans ce livre acquiert la plus haute connaissance et la science la plus accomplie. Cette science, à la vérité, est difficile ; car l'intellect, se trouvant au dessous de la matière et de la forme et étant composé d'elles, ne peut que difficilement en acquérir une connaissance parfaite ; cependant il n'est pas impossible à l'homme de l'atteindre, pourvu qu'il ait purifié son âme et son intelligence, tandis qu'il est d'une impossibilité absolue d'acquérir une connaissance parfaite de la substance première, qui est au dessus de la matière et de la forme (§§ 54, 55) (1).

Entre la matière et la forme d'une part, et la substance première d'autre part, Ibn-Gebirol place la *Volonté*, qui sert d'intermédiaire et de lien entre les deux extrêmes. Ce sont là les trois objets de la science métaphysique ; et, après avoir exposé la science de la matière et de la forme, l'auteur cherche, à la fin de cet ouvrage, à donner une idée générale de celle de la *Volonté*, renvoyant le lecteur, comme on va le voir, à un ouvrage spécial qui devait traiter de cette matière.

La Volonté est une faculté divine qui pénètre tout l'univers ; c'est elle qui a été appelée la *parole créatrice* ou le *verbe divin ;* elle est la source première du *mouvement* qui crée et vivifie tout, en se communiquant successivement à toutes les parties du monde spirituel et du monde corporel. Il faut distinguer entre la *parole* ou la Volonté et ce qu'on appelle *mouvement* dans les substances inférieures. Ce dernier est une force que la substance corporelle a reçue d'en haut, qui est déterminée par des causes extérieures et qui donne aux corps l'action et la passion, tandis que le mouvement de la Volonté est une faculté qui se détermine librement elle-même

(1) Voy. ce qui a été précédemment dit de la science relative à la substance première, pag. 177

et se communique au monde spirituel, auquel elle donne la connaissance et la vie. Mais le mouvement que l'on voit partout, dans le monde spirituel comme dans le monde corporel, nous indique une première source d'où émane une lumière première dont il est en quelque sorte le rayonnement; en un mot, le mouvement qui pénètre dans la substance corporelle, par l'intermédiaire de la substance spirituelle, prouve l'existence de la Volonté (§§ 57, 58). Nous retrouvons ici la pensée qui domine chez les théologiens juifs, savoir que la *parole* de la Création indique la Volonté de Dieu se manifestant librement dans l'œuvre de la Création. Cette Volonté, ou le λόγος, on en a fait, pour ainsi dire, une première *hypostase* de la divinité, pour éviter de mettre en rapport direct la *substance première et absolue*, ou Dieu, avec le monde; mais, au fond, la Volonté, comme attribut divin, est inséparable de la Divinité, et est elle-même l'essence divine.

Si la Volonté paraît s'affaiblir par degrés et ne pas agir avec une égale force sur toutes les parties de l'univers, cet affaiblissement apparent n'atteint pas la volonté en elle-même, mais vient de la matière, plus ou moins parfaite, plus ou moins apte à recevoir l'action [1]. La Volonté, comme unité absolue, embrasse tout et domine tout par l'intermédiaire de la forme qu'elle donne à la matière. — Au reste, l'auteur avoue qu'il est impossible de donner de la Volonté une définition rigoureuse et qu'on ne peut que la décrire. On a déjà vu, dans nos *Extraits*, qu'Ibn-Gebirol, en cherchant à donner une idée de la Volonté, abandonne maintes fois le terrain spéculatif et a souvent recours à des images qui sont plutôt du domaine de la poésie. On reconnaît que cette hypothèse de la Volonté est plutôt un besoin de la foi religieuse qu'un résultat nécessaire de la spéculation philosophique. Elle doit établir une séparation qui empêche de confondre la forme de l'univers avec la substance première, ou Dieu; mais, la Volonté étant l'attribut

(1) Voy. § 59 et cf. liv. III, § 33.

essentiel de cette même substance, l'une et l'autre sont parfaitement identiques (§ 67), et leur distinction est purement idéale.

Ibn-Gebirol déclare qu'il n'a pu exposer ici que très imparfaitement la doctrine de la Volonté, qui demande une étude approfondie, et sur laquelle il dit avoir composé un ouvrage à part. Nous croyons utile d'extraire ici de la version latine le passage suivant, qui se trouve entre les §§ 63 et 64 de nos Extraits :

« *Discipulus* : Jam docuisti me scientiam de materia et forma et voluntate, secundum quod capax fui hujus disciplinæ et secundum quod vidisti me esse perceptibilem scientiæ de voluntate; ergo doce me scientiam de creatione quam mihi possibile est scire, et da mihi exemplum quomodo Creator altus et sanctus creavit esse compositum ex materia et forma, ut sit hoc auxilium mihi ad erigendum me ad scientiam ejus quod est ultra materiam et formam.

Magister : Non opportet ut hoc quod occurrit inter nos credas posse sufficere tibi ad habendam scientiam voluntatis, quia sermo de voluntate prolixus est, et quia perfectio sapientiæ et (*l.* est) scientia de voluntate; quia voluntas est origo formæ intelligentiæ, quæ est sapienta perfecta, quasi scientia agendi et patiendi quæ diffusa sunt in omnibus substantiis, et intelligere quid sunt et quales sunt et quare sunt, et cætera quæ attinent eis, non elicitur nisi ex scientia voluntatis, quia ipsa est agens totum et movens totum.

Discipulus : Ergo quid consulis quærere de scientia voluntatis postquam jam novi scientiam materiæ et formæ?

Magister : Opportet ut supersedeas ab inquisitione scientiæ de voluntate longo tempore, eo quod omnis scientia non est nisi in illa; unde [non] opportet tantum intendere in aliqua scientiarum quantum in scientia de voluntate, quia est sublimis et lata et subtilis, et opera ejus multa, et actiones diversæ.

Discipulus : Ergo quid opus est speculari in scientia de voluntate?

Magister : Postquam concesseris voluntatem esse, opus habes scientia de voluntate ad considerandam essentiam ejus et quid est et quousque pervenit, et quæ ejus actio et ejus ab unitate separatio, et quæ ejus cum ea unitio, et differentia quæ est inter eam et materiam et formam, et inductio suarum descriptionum et suarum viarum et actionum in substantiis spiritualibus et corporalibus ; et ad sciendas actiones sapientiæ et opera ejus, et terminos dispositionis, et æqualitatem in suis motibus et suis impressionibus ; et ad sciendum quietem sui motus et statum sui cursus, et loca suæ apparitionis et suæ occultationis ; et ad sciendum qualis est forma ab ea antequam appareat et posteaquam apparet, et cætera quæ hæc sequuntur, de quibus nos nondum inquisivimus in hac disputatione. Et jam disposui verba de his omnibus in libro qui tractat de scientia voluntatis ; et hic liber vocatur *Origo largitatis et causa essendi* (1), et debet legi post hunc. Et per illum scies certitudinem creationis de qua interrogasti. Sed nunc assignabo de hoc secundum quod tu sustinere possis et secundum quod video tibi profuturum. »

L'auteur entre ensuite dans quelques détails sur la création, qu'il se borne à faire comprendre au moyen de quelques images, comme on peut le voir dans nos Extraits (§ 64 et 71). En somme, la *création* est l'acte par lequel la Volonté imprime la forme à la matière ; toutes les formes portées par la matière, depuis l'intellect jusqu'au monde de la corporéité, ne sont que l'impression plus ou moins directe de la Volonté, ou de la *science* suprême. La diversité de cette impression résulte de la distance plus ou moins grande qui existe entre les différentes matières et le premier efficient. C'est pourquoi aussi l'âme, lorsqu'elle est unie à la substance corporelle, a besoin

(1) C'est-à-dire : *La Source de largesse* (ou *de bienfaisance*) *et la cause de l'Être*. Les mots *origo largitatis* correspondent aux mots hébreux מקור ההטבה, qu'on trouve à la fin des Extraits hébreux ; le titre de l'ouvrage sur la Volonté pourrait donc se rendre en hébreu par מקור ההטבה ועלת הַמציאות. Le titre arabe était peut-être : ينبوع الجُود وعلة الوجود.

de faire des efforts pour se *ressouvenir*; et, en s'élevant de la perception sensible à la perception intelligible, elle passe de la puissance à l'acte et revient à la vraie connaissance dont elle était primitivement douée (§§ 65 et 66). On voit que l'auteur, à l'exemple de Platon, considère la science acquise par l'âme comme une *réminiscence*.

De ce qui a été dit de la Création, à savoir qu'elle est l'impression de la forme dans la matière, il s'ensuivrait que cette dernière n'est pas créée; et en effet, comme l'auteur l'a dit précédemment, elle n'a pas été créée seule, car elle n'a pu exister un seul instant sans la forme; mais la création de la matière et l'impression de la forme se sont faites simultanément. Si la matière a été appelée une *possibilité*, c'est parce que, considérée en elle-même, elle a la *faculté* de recevoir la forme; cependant cette réception de la forme est une chose nécessaire. La nécessité de la liaison entre la matière et la forme vient de la Volonté, et il est dans la nature de l'action créatrice de cette dernière qu'aussitôt qu'il y a matière il y ait forme (§ 68). L'auteur distingue très subtilement entre la création de la matière et celle de la forme, dont l'une est mise en rapport avec la substance du Créateur, l'autre avec son attribut; mais il se hâte d'ajouter que, dans le Créateur, substance et attribut sont absolument identiques (§ 67). Cependant, quoique la matière soit mise en rapport avec la substance divine et la forme avec l'attribut divin, cela n'empêche pas la matière d'être au dessous de la forme et environnée par cette dernière; car, comme l'être premier, qui donne la forme à la matière, est au dessus de toute chose, il faut nécessairement que ce qui reçoit la forme soit à la fois au dessous de l'être premier et au dessous de la forme. La forme, étant ce qui donne l'existence, doit émaner de ce qui est l'être véritable et avoir sous elle ce qui n'est pas l'être (la matière). Si nous descendons l'échelle des êtres, nous trouverons que plus l'être approche de la première source de l'existence et plus son existence est stable. Ainsi, par exemple, dans les choses accessibles à nos sens, nous attribuons l'existence plutôt à la substance qu'à l'accident et à la quantité plutôt qu'à la qualité[1].

Ibn-Gebirol ajoute encore quelques explications sur la manière dont la matière reçoit la forme, et il montre que cette dernière ne saurait être identifiée avec la Volonté, mais que celle-ci sert d'intermédiaire entre la forme et celui dont elle émane (§ 70).

C'est ainsi que l'auteur cherche, par toute sorte d'hypothèses et de distinctions subtiles, à échapper au panthéisme, vers lequel il est constamment entraîné; et, lorsque le terrain de la spéculation manque sous ses pas, il cherche un refuge dans une espèce d'extase mystique, afin de satisfaire à la fois, du moins il se l'imagine, aux exigences de la raison et au besoin de sa foi religieuse.

(1) Il est difficile de suivre l'auteur dans son raisonnement subtil, et nous devons avouer que les paragraphes 68 et 69, dans lesquels il existe quelques différences sensibles entre les Extraits hébreux et la vers. lat., nous ont laissé quelque incertitude sur la véritable pensée de l'auteur. Nous mettons sous les yeux du lecteur la vers. lat. à partir de la fin du § 68 : « *Disc.* Adde explicationem quod materia sit ab essentia et forma a proprietate. — *Mag.* Est-ne possibile quod voluntas faciat contra id quod est in essentia? — *Disc.* Non est possibile. — *Mag.* Ergo oportet ut materia fiat ab essentia et forma a voluntate, i. e. sapientia. — *Disc.* Si materia et forma sunt ab essentia et proprietate, quum dicitur forma advenire materiæ, quomodo nunc forma venit ad materiam? — *Mag.* Forma venit a *superiore* et materia eam recipit ab *inferiore*, quia materia est subjecta per (*ou* propter) hoc quod habet esse sub forma et forma est sustentata super eam. — *Disc.* Quæ est probatio de hoc? — *Mag.* Probatio hujus hoc est, quia largitor formæ est super omnia, unde oportet ut receptrix ejus sit infra eam; et etiam, quia ipsa (*lis.* ipse) est esse verum, oportet ut esse fluat ab eo, et esse quo propinquius fuerit origini essendi, erit fortius lumine et stabilius in esse. Et in sensu ostenditur hoc, quod substantia est esse dignior quam accidens, et inter accidentia quantitas est dignior esse quam qualitas. » (Fol. 228 *a*, *b*.)

Toute la doctrine exposée dans ce livre se résume dans ces trois points : 1° Toutes les choses *créées*, c'est-à-dire tous les êtres en dehors de Dieu, ont matière et forme, ce qui est le sujet principal exposé dans cet ouvrage. 2° Tout mouvement dans l'univers émane de la Volonté divine. 3° La *Volonté* est une faculté divine qui pénètre tout l'univers (§ 72).

Pour atteindre, s'il est possible, le but final que doit se proposer la science, et qui est de connaître le monde de la Divinité et toute sa grandeur, il faut successivement se pénétrer de l'idée de la matière et de la forme et comprendre la diversité de cette dernière aux différents degrés de l'être qu'elle a à parcourir ; il faut savoir distinguer la forme, la Volonté et le mouvement, qui, malgré le lien étroit qui les unit, ne doivent pas être confondus ensemble. On y arrive d'une part par l'étude, et d'autre part en cherchant, par la pratique et les méditations pieuses, à se délivrer des liens de la *nature* et des choses sensibles et à se plonger entièrement dans le monde intelligible (1).

*
* *

Tel est en substance le contenu de la *Source de vie*, où Ibn-Gebirol, partant des données les plus simples, cherche à s'élever, par une analyse sévère et par une argumentation souvent très compliquée et très subtile, jusqu'aux notions métaphysiques les plus abstraites. Prenant pour point de départ la matière *artificielle* ou ouvrable, il passe successivement aux différents degrés de la matière abstraite et nous conduit pas à pas à l'idée d'une matière et d'une forme universelles. Ses démonstrations sont souvent très diffuses, et, en les multipliant, il cherche à suppléer par le nombre à ce qu'elles ont de défectueux dans leurs prémisses. On peut lui reprocher une trop grande prolixité et de fréquentes répétitions. Ibn-Falaquéra, en réduisant l'ouvrage à peu près au tiers de son vo-

(1) Voy. §§ 72-74 ; liv. I, § 2, et liv. III, § 37.

lume primitif, n'a laissé de côté aucun point tant soit peu important.

Résumons maintenant en quelques mots l'ensemble du système philosophique qui résulte de cet ouvrage :

La science métaphysique, qui doit être précédée de la Logique et de l'étude de l'âme et de ses facultés, a pour but trois choses : la connaissance de la matière et de la forme, celle de la Volonté divine ou de la *parole créatrice*, et celle de la substance première ou de Dieu. Cette dernière, l'homme ne saurait la saisir que d'une manière fort imparfaite, et il lui est impossible d'y parvenir par la seule spéculation philosophique.

La Volonté, première cause efficiente, et qui a dans son essence la forme de toute chose, tient le milieu entre Dieu et le monde; ce n'est pas de l'*intelligence* divine qu'émane le monde, mais de la *Volonté*, c'est-à-dire que la Création n'est pas une nécessité, mais un acte libre de la Divinité. Dieu donne librement au monde la perfection qu'il *veut* lui donner, et, comme l'a dit Ibn-Gebirol dans plusieurs endroits, ce que le monde inférieur reçoit de la Volonté est très peu de chose en comparaison de ce qui est dans la Volonté (1).

La Volonté divine se manifeste graduellement, dans différentes *hypostases*, et procède successivement du simple au composé.

L'émanation première et directe de la Volonté divine, c'est la matière avec la forme dans leur plus grande universalité ; la matière universelle embrasse à la fois le monde spirituel et le monde corporel ; cette *puissance* ou *faculté d'être* existe dans tout ce qui *est*, hormis Dieu, l'être absolu toujours *en acte*. Cette matière reçoit de la Volonté l'existence, l'unité et la substantialité, qui constituent la forme la plus universelle (2).

(1) Sur la Volonté, en général, voy. les Extraits, I, 2; II, 18, 19; III, 15, 39; IV, 31 et suiv.; V, 18, 32, 41, 56 et suiv.

(2) Voy. les Extraits, liv. V, § 15 (fin), § 59, et *passim*.

La forme est l'*unité secondaire*, émanation immédiate de l'unité première et absolue; elle est l'espèce la plus générale, ou l'espèce des espèces. Cette forme universelle, Ibn-Gebirol la considère quelquefois en elle-même comme une des substances simples (1); mais généralement il l'identifie avec l'intellect universel, qu'il appelle également la *seconde unité*, et qui est l'union et le lien de toutes les formes. En effet, l'union de la matière universelle et de la forme universelle, abstraction faite de la substance que cette union constitue, est quelque chose de purement idéal; ce qui naît tout d'abord de cette union, c'est la substance de l'intellect, de sorte que la forme universelle *en acte* n'est autre chose que la forme de l'intellect (2).

L'intellect universel, siége de la forme dans toute son universalité, est donc l'émanation la plus directe de la Volonté, ou la première *hypostase*. A partir de là, l'univers se particularise de plus en plus. Nous avons d'abord comme seconde hypostase l'âme universelle, qui, dans le *macrocosme* (ou l'univers), se manifeste, comme dans le *microcosme* (ou l'homme), sous trois formes différentes. Étant en elle-même le principe de vie, elle se rattache à l'intellect par l'âme rationnelle, tandis que par la faculté nutritive elle se rattache à la *nature*. Cette dernière n'est pas, comme chez les Péripatéticiens, la loi *inhérente* à l'univers et qui se manifeste dans l'organisme du monde, mais elle est une substance simple, en dehors du monde de la corporéité, une force supérieure qui produit et gouverne ce monde et lui donne surtout le mouvement. Cette force, plus directement en rapport avec le monde sensible que les substances supérieures de l'âme et de l'intellect, on pour-

(1) Voy., par exemple, les Extraits, liv. III, § 21, où l'auteur énumère *sept* substances simples, parmi lesquelles figurent, chacune à part, la matière universelle et la forme universelle. Cf. ci-dessus, pag. 199, note 1.

(2) Voy. les Extraits, liv. V, à la fin du § 51.

rait l'appeler, par une expression plus moderne, la *nature naturante*, par opposition au monde de la corporéité, ou à la *nature naturée*, qui commence à la sphère céleste supérieure, appelée la *sphère environnante*; mais on voit que cette nature *naturante* n'est point, comme dans le système de Giordano Bruno et dans celui de Spinosa, identifiée avec la substance première, ou Dieu, et qu'elle n'est au contraire que l'une de ses hypostases inférieures se trouvant sous la dépendance des hypostases supérieures, qui agissent avec elle (1).

La substance de la nature, dernière des substances simples, forme la limite entre le monde spirituel et le monde sensible; c'est d'elle qu'émane le monde de la corporéité, dans lequel nous distinguons également différents degrés, en passant toujours du plus simple au plus composé. C'est ici que commencent le temps et l'espace; le *lieu* proprement dit, ou l'*espace*, est un accident qui prend naissance à l'extrémité inférieure de la forme (2). — C'est d'abord le ciel impérissable avec ses différentes sphères, et ensuite le monde sublunaire, ou celui de la *naissance* et de la *destruction*.

A ce système d'émanation se rattache ce que l'auteur dit des diverses matières. Dans les différentes gradations de l'Être établies par Ibn-Gebirol nous pouvons distinguer quatre matières universelles, placées les unes dans les autres, et qui se particularisent de plus en plus à mesure que l'on descend du haut vers le bas: 1° La matière universelle absolue, ou celle qui embrasse à la fois le monde spirituel et le monde corporel; c'est le substratum général de tout ce qui *est*, hormis Dieu. 2° La matière universelle corporelle, ou celle qui sert de substratum aux formes de la corporéité et de la quantité, et qui embrasse à la fois les sphères célestes et le monde sublunaire. 3° La matière commune à toutes les sphères célestes. 4° La matière universelle du monde sublunaire, ou celle des élé-

(1) Voy. les Extraits, liv. IV, § 28, et liv. V, § 59.
(2) Voy. les Extraits, liv. V, § 42 (pag. 121, et *ibid.*, note 3).

ments, siége de la contingence, et qui est appelée par notre auteur la *matière générale naturelle*. A chacune de ces quatre matières correspond une forme universelle, et les formes, comme les matières, se particularisent et se corporifient de plus en plus à mesure que l'on descend l'échelle des êtres (1).

La forme peut être considérée à deux points de vue : d'abord, comme ce qui constitue l'être de la matière et lui donne l'unité et la substantialité ; ensuite, comme ce qui *particularise* et détermine la matière et ce qui constitue les *genres* et les *espèces*. Au premier point de vue, ce qui est supérieur dans la série des émanations donne la forme à ce qui est inférieur, et ce dernier en est le *substratum* ou la matière. Au second point de vue, c'est le supérieur qui peut être considéré comme une matière qui est de plus en plus individualisée et déterminée par l'inférieur. En partant, par exemple, de la forme de l'intellect, qui est la forme universelle, nous trouvons qu'elle constitue l'être de toutes les substances inférieures, et dans toutes ces substances on trouve encore la même relation de forme et de matière ; mais, en partant de la matière universelle et en considérant la forme comme ce qui la détermine et la particularise, on trouvera que l'inférieur est la forme de ce qui lui est supérieur. La matière alors est plus latente que la forme qui sert à la déterminer et à l'individualiser ; car l'inférieur dans la série des émanations est toujours de plus en plus manifeste, en servant de forme *déterminante* à ce qui lui est supérieur (2). Ainsi, par exemple, la quantité est une forme pour la substance, tandis qu'elle est une matière pour la couleur et la figure. — En résumé donc, les formes en général sont de deux espèces : les unes, constituant l'essence de toute

(1) Voy. les Extraits, liv. II, §§ 3, 4, et cf. ci-dessus, pag. 182-184.

(2) Voy. les Extraits, liv. V, §§ 25 et 26 (ci-dessus, pag. 106, et *ibid.*, note 1) ; cf. le passage latin cité ci-dessus, pag. 218, note 0.

chose, sont communes à tout ce qui est issu de la Volonté divine; les autres, limitant l'être de plus en plus, varient à chaque degré de l'échelle des êtres. La première de ces deux espèces est antérieure à la seonde; car la matière a d'abord la *faculté d'être* en général, et ce n'est que lorsqu'elle est revêtue des formes d'*existence* et de *substance* qu'elle devient une faculté d'être telle ou telle chose.

Tout l'univers formant un seul individu, la partie supérieure est le prototype de l'inférieure, et par cette dernière nous pouvons juger de la première et en pénétrer le mystère. Plus on monte et plus notre connaissance devient insuffisante. La Volonté est impénétrable à notre seule intelligence, et nous ne pouvons arriver à la connaissance de la Volonté que par une espèce d'*extase*, qui nous place dans le monde de la Divinité; car, si l'auteur cherche çà et là à *prouver* l'existence de la Volonté, ce n'est point par des démonstrations rigoureuses, mais par de simples inductions (1). La substance première nous est inaccessible, et nous ne saurions la connaître qu'au moyen des actions qui en émanent par l'intermédiaire de la Volonté.

On reconnaît dans ce système l'influence de la doctrine des Alexandrins, et la philosophie d'Ibn-Gebirol serait à peu près identique avec celle de Plotin et de Proclus si, dominé par le dogme religieux, il n'avait pas cherché à éviter les conséquences de ces doctrines panthéistes en se réfugiant dans l'hypothèse de la Volonté. Substituant la Volonté à l'*unité* des Alexandrins, il éprouve le même embarras que ces derniers lorsqu'il s'agit de s'élever à cette première cause efficiente, et, comme eux, il couronne son système par l'*extase*.

Il est évident que la spéculation entraîne notre auteur vers le panthéisme, et la conséquence logique de son système serait de considérer la matière, ou la substance *une*, comme pré-

(1) Voy., par exemple, liv. III, § 15; liv. V, §§ 32, 58, et *passim*.

existante [1]. D'un autre côté, le dogme l'oblige d'admettre un Dieu créateur; et, en effet, nous le voyons professer ouvertement dans plusieurs endroits la création *ex nihilo* [2]; mais il est visiblement embarrassé lorsqu'il doit s'expliquer sur la Création et la définir, et nous le voyons avoir recours à des images, dont il résulte évidemment que, pour lui, la Création n'est autre chose que l'impression de la forme dans la matière, impression *émanée* de la Volonté [3]. Quoi qu'il en soit, ce qu'Ibn-Gebirol appelle la *Création* se borne à la matière universelle et à la forme universelle; ce qui vient après, tant le monde spirituel que le monde corporel, procède uniquement par voie d'émanation successive; car, comme le dit notre philosophe, « l'effusion première, qui embrasse toutes les substances, rend nécessaire l'effusion des substances les unes dans les autres » [4]. Il s'ensuit de là que la Création, telle que l'admet Ibn-Gebirol, ne peut pas non plus tomber dans le temps; car rien dans le monde supérieur, c'est-à-dire dans celui des substances simples, ne tombe dans le temps.

En somme, on ne peut pas dire qu'Ibn-Gebirol s'avoue ouvertement panthéiste, ni qu'il admette la Création comme l'entendent, en général, les théologiens juifs; mais il flotte constamment entre les deux systèmes. Nous verrons, dans la suite, à quelle influence il a cédé en s'écartant des opinions traditionnelles, comment son système a été accueilli par ses coreligionnaires et quelles traces il a laissées dans leurs écrits.

(1) Voy. les Extraits, liv. V, à la fin du § 7.
(2) Voy., par exemple, ci-dessus, pag. 190, 191.
(3) Voy. les Extraits, liv. V, § 64, et cf. ci-dessus, pag. 223.
(4) Voy. les Extraits, liv. III, § 12.

CHAPITRE III.

DES SOURCES AUXQUELLES IBN-GEBIROL A PUISÉ SES DOCTRINES.

Trois influences se font remarquer dans la philosophie d'Ibn-Gebirol : celle des croyances religieuses, celle du péripatétisme arabe et celle de la philosophie alexandrine.

Par ses croyances religieuses, Ibn-Gebirol se voyait obligé d'admettre, avant tout, la création *ex nihilo*, par la seule Volonté divine. Ce dogme, qui est dans un intime rapport avec le monothéisme mosaïque, est implicitement renfermé dans les doctrines des prophètes et des sages du peuple hébreu, et les plus anciens théologiens juifs du moyen âge en ont fait le principe fondamental de la croyance juive. Plus d'un siècle avant Ibn-Gebirol, ce dogme avait été proclamé par Saadia, ainsi que par les docteurs de la secte des karaïtes, qui, sous l'influence du *Calâm*, ou de la scolastique musulmane, furent les premiers à présenter dans leur ensemble les dogmes religieux du judaïsme, et à fonder une théologie rationnelle et systématique.

En tête de son traité *Des Croyances*, Saadia établit, comme un dogme enseigné par l'Écriture elle-même, que Dieu a créé l'univers en le tirant du néant absolu, et il se fonde notamment sur le premier verset de la Genèse et sur le passage suivant d'Isaïe (XLIV, 24) : *C'est moi, l'Éternel, qui ai fait tout; seul j'ai étendu les cieux, par moi seul j'ai aplani la terre* (1). Selon le même auteur, le livre Yecîrà désignerait, par les mots *l'esprit du Dieu vivant* (2), la Volonté créatrice, comme premier principe de toute chose : « Le premier (principe), dit-il, est la Volonté de Dieu, (voulant) que le monde soit; elle est le principe de toute chose, que l'auteur de ce

(1) Voy. les *Croyances* et les *Opinions*, liv. I, chap. 1.
(2) רוח אלהים חיים, *Yecîrà*, chap. IV, § 1.

livre appelle *esprit*, selon ce que dit l'Écriture : *Par son esprit il a orné le ciel* (Job, XXVI, 13). Quand cette Volonté a passé à l'acte, on l'apelle *parole*, comme dans ce passage : *Les cieux ont été faits par la parole de l'Éternel, et toute leur armée par le souffle de sa bouche* (Ps. XXXIII, 6). Quand les croyants disent qu'il a créé tout par la *parole*, ou par l'*esprit*, ou par la *volonté*, ou par le *vouloir*, ils ne veulent dire par tous ces mots autre chose, si ce n'est qu'il a produit toute chose sans y être forcé, sans peine et sans rien de ce qui nous est habituel quand nous agissons (1). »

Il serait inutile d'insister sur ce point ; tous les théologiens juifs tombent d'accord que la doctrine dont il s'agit constitue un dogme fondamental du judaïsme, et tous ils la rattachent aux paroles de l'Écriture et des anciens docteurs.

L'influence des doctrines d'Aristote se montre partout dans la philosophie d'Ibn-Gebirol ; elle y est trop manifeste pour que nous ayons besoin de la démontrer. La doctrine de la matière et de la forme, considérées au point de vue d'Aristote, domine tout le système de notre auteur ; la logique du Stagirite y joue un rôle important, sa physique et sa métaphysique y ont laissé des traces nombreuses. On ne s'en étonnera pas si l'on réfléchit que déjà depuis un siècle les œuvres d'Al-

(1) Voir le commentaire arabe (inédit) de Saadia sur le livre de *Yecîrâ* (IV, 1) :

..... אלאול מנהא משיה אללה אן יכון עאלם הי אול טאשיא וסמאהא צאחב אלכתאב רוח עלי מא קאל אלכתאב ברוחו שמים שפרה ותלך אלאראדה למא כרגת אלי אלפעל סמית כלמה כקולה בדבר ייי שמים נעשו וברוח פיו כל צבאם ואנמא יקול אלמומנון אנה כלק אלכל בכלמה או ברוח או באראדה או במשיה ירידון בהא אגמע אנה אבתדא (lis. אבדע ?) כל שי בלא בטש ולא מעאנאה ולא סאיר מא נעהדה נחן מן טריק אלפעל.

Cf. ci-dessus, pag. 121, note 2. — Ibn-Latîf, en parlant de la Volonté créatrice, avec laquelle il identifie la parole divine, attribue également cette doctrine au livre *Yecîrâ*. Voy. le fragment du livre *Scha'ar ha-schamaïm*, publié dans le recueil כרם חמד, t. IV (Prague 1839), pag. 8, et cf. le même recueil, t. VIII, pag. 91, 92.

Farâbi avaient mis en vogue parmi les Arabes la philosophie d'Aristote. Cependant le péripatétisme n'exerçait pas encore dans les écoles arabes cette autorité absolue que lui conquit Ibn-Sînâ, mort en 1037, et dont les ouvrages étaient encore peu connus, surtout en Espagne, lorsque Ibn-Gebirol écrivit sa *Source de vie*. On étudiait surtout les commentateurs néoplatoniciens d'Aristote et certains ouvrages apocryphes où la doctrine du Stagirite était noyée dans des rêveries issues de l'école d'Alexandrie.

En effet, l'influence qui prédomine dans la philosophie d'Ibn-Gebirol est celle des doctrines néoplatoniciennes. La pensée dominante de l'école d'Alexandrie, c'est la doctrine de l'émanation, d'après laquelle tout ce qui existe est né graduellement d'un premier principe absolument simple et *un*, par une espèce d'*effusion* et de rayonnement ; car le principe suprême du monde, l'unité immobile et incommunicable, ne saurait engendrer directement ni le monde sensible, ni même les substances simples d'un rang inférieur, telles que l'âme. L'analyse, qui prend pour point de départ la réalité matérielle, nous conduit des choses composées et multiples à ce qu'il y a de plus simple et à l'unité absolue (1). De l'*un* on descend successivement, par une série d'émanations, jusqu'à la dernière limite du monde sensible, où règne le multiple et le composé. Tel est le procédé des néoplatoniciens, et tel est précisément celui d'Ibn-Gebirol.

On sait que les Alexandrins, pour expliquer la transition de l'unité absolue à la multiplicité ou au monde sensible, ont imaginé une série d'essences intelligibles servant d'intermédiaires. Ce sont ces substances simples et purement intelligibles qui, dans la terminologie alexandrine, sont appelées *hypostases*, comme des manifestations où l'essence de l'*un*, pour ainsi dire, se dépose graduellement ; ce sont notamment l'intellect universel et l'âme universelle. La triade des Alexan-

(1) Voy. Vacherot, *Histoire critique de l'école d'Alexandrie*, t. III, pag. 293 et 294.

drins se compose de l'*un*, de l'intellect et de l'âme; mais à l'*un*, comme nous l'avons déjà dit, Ibn-Gebirol substitue la *Volonté*.

Dans le système de ce dernier nous avons vu figurer, comme une des substances simples, la *nature*, qui a sa place au-dessous de l'âme, dont elle est l'émanation directe; et, en effet, les principaux philosophes alexandrins paraissent distinguer de la loi immanente à l'univers une *nature* supérieure, dernière des substances simples, qui produit, conserve et dirige l'univers. Plotin paraît quelquefois considérer la nature comme une substance émanée de l'âme qui tient le milieu entre elle et la sagesse divine; la *nature*, image de cette sagesse et agissant sous son influence, forme le monde corporel; mais elle agit sans liberté et sans avoir elle-même la conscience de son action (1).

Proclus place également la nature, ou la cause immédiate du monde corporel, dans le monde intelligible, et paraît la considérer comme une substance incorporelle émanée de l'âme et formant la limite entre le monde intelligible et le monde sensible. Nous ne pouvons mieux faire que d'emprunter au savant historien de l'école d'Alexandrie quelques passages de son analyse de la philosophie de Proclus :

« Après l'âme, le premier être que la science rencontre, c'est la *nature*. La nature est dans le monde sensible ce que Dieu est dans le monde intelligible; elle le pénètre et le remplit tout entier; elle en est le premier principe sensible..... Platon la place entre l'âme et la force purement cor-

(1) Voy. *Ennéades*, IV, 4, 13 : Ἀλλὰ τί διοίσει τῆς λεγομένης φύσεως ἡ τοιαύτη φρόνησις, ἢ ὅτι ἡ μὲν φρόνησις πρῶτον, ἡ δὲ φύσις ἔσχατον; ἴνδαλμα γὰρ φρονήσεως ἡ φύσις, καὶ ψυχῆς ἔσχατον ὄν, ἔσχατον καὶ τὸν ἐν αὐτῇ ἐλλαμπόμενον λόγον ἔχει ... ὅθεν οὐδὲ οἶδε, μόνον δὲ ποιεῖ · ὃ γὰρ ἔχει τῷ ἐφεξῆς διδοῦσα ἀπροαιρέτως τὴν δόσιν τῷ σωματικῷ καὶ ὑλικῷ, ποίησιν ἔχει, οἷον καὶ τὸ θερμανθὲν τῷ ἐφεξῆς ἀψαμένῳ δέδωκε τὸ αὑτοῦ εἶδος θερμὸν ἐλαττόνως ποιῆσαν. Cf. Vacherot, *l. c.*, t. I, pag. 496 et 562; Ritter, *Geschichte der Philosophie*, t. IV, pag. 600.

porelle, et en fait ainsi un principe intermédiaire qui tient à l'âme par son essence et au corps par son action. En suivant l'opinion de Platon (ce qu'il entend toujours faire), Proclus la définit *la dernière des essences incorporelles, la cause immédiate et sensible qui produit, conserve et dirige les êtres cosmiques.* La science de la nature, la physiologie, est la suite nécessaire de la théologie. En effet, la nature, si on la rattache à ses causes, c'est Dieu, l'intelligence, l'âme, sortant des profondeurs de leur essence et se réalisant extérieurement par la vie, la forme, le mouvement et l'étendue; c'est le monde intelligible, devenant le monde sensible et se manifestant successivement par toutes ses puissances dans l'ordre même de leur dignité et de leur importance (1). »

« Les idées ne s'appliquent point immédiatement a la matière; elles illuminent une certaine puissance incorporelle qui en transmet la vertu aux choses matérielles. Cette puissance est la nature, qui ne pénètre les corps qu'en se mêlant à eux et en participant de leurs qualités essentielles, bien différente en cela des idées, qui restent pures de tout contact avec la matière. De là le double caractère de la nature, qui tient à la fois de l'intelligence et de la nécessité, intelligente en tant qu'elle communique avec les idées, aveugle et fatale en tant qu'elle entre en contact avec la matière. La fonction de la nature dans l'ensemble des principes qui concourent à former l'univers est de mouvoir la matière, et d'y réaliser, par le mouvement, l'unité et la forme qu'elle a reçues du monde intelligible. Elle est immuable, indivisible, universelle, par rapport aux corps. En soi et par rapport aux intelligibles, elle est mobile, divisible, et tombe dans le *devenir* (2). »

On verra plus loin que, dans les compilations que les Arabes ont faites des philosophes alexandrins, la *nature* figure généralement comme substance simple et comme la dernière des hypostases.

(1) Vacherot, *l. c.*, t. II, pag. 309 et 310.
(2) *Ibid.*, page 344.

On a vu qu'Ibn-Gebirol revient très souvent sur l'analogie qui, selon lui, existe entre le monde inférieur et le monde supérieur qui en est le prototype; la comparaison entre les deux mondes est établie par les rapprochements les plus ingénieux et souvent les plus subtils. Cette idée est également empruntée aux Alexandrins, et notamment à Proclus, qui insiste sur la nécessité d'un *paradigme* ou d'un modèle supérieur, d'après lequel a été formé le monde inférieur. Selon lui, le monde sensible n'existe qu'en vertu de sa participation au monde intelligible; tout être sensible correspond à un être intelligible dont il participe. L'être intelligible est le type du sensible, et toute chose sensible a son paradigme dans le monde intelligible. En général, Proclus établit, comme le fait Ibn-Gebirol, que toute idée est comprise dans une idée supérieure, jusqu'à ce qu'on arrive à l'unité simple et absolue, qui est le *paradigme* universel (1)

Un des points les plus essentiels dans la doctrine d'Ibn-Gebirol, c'est qu'il reconnaît l'existence du principe matériel dans les êtres purement intelligibles; or, on a vu que sur ce point Ibn-Gebirol se trouve d'accord avec Plotin, et que c'est par erreur qu'on l'a considéré comme le premier qui ait reconnu une matière à l'âme et aux autres substances simples (2).

Enfin, Ibn-Gebirol place la science suprême, celle de l'agent premier et de la Volonté, en dehors des limites de la spéculation et la déclare inaccessible à la seule intelligence humaine. Pour arriver jusque-là, pour s'identifier en quelque sorte avec Dieu, l'homme a besoin de se dépouiller entièrement de tout

(1) Voy. Vacherot, *l. c.*, t. II, pag. 314, 315. Cf. la *Source de vie*, liv. II, §§ 12, 13; liv. III, §§ 21 et suiv., et *passim*. On a déjà vu que Plotin considère également le monde inférieur comme une image (μίμημα) du monde supérieur. Voy. le passage des *Ennéades* cité ci-dessus, page 204.

(2) Voy. ci-dessus, page 203, note 3, et cf. Vacherot, *l. c.*, t. Ier, pag. 445 et suiv.

ce qui est corporel, de se délivrer des liens de la nature; c'est par une espèce d'enthousiasme ou d'extase mystique qu'il obtient l'union de l'âme avec Dieu, et pour arriver à cet état extatique il faut le concours de la méditation et des pratiques morales (1). Qui ne reconnaît pas ici cette faculté contemplative, supérieure à la raison, et par laquelle seule, selon la doctrine des Alexandrins, l'homme peut s'élever jusqu'aux régions supérieures du monde intelligible, inaccessible à la seule raison, jusqu'à l'unité absolue? Nous emprunterons encore ici les paroles de l'historien de l'école d'Alexandrie, qui s'exprime ainsi sur ce que cette école entendait par l'*extase* (2) :

« Ce mot, dit-il, exprime dans l'histoire du mysticisme un double état de l'âme et du corps, résultant de la double influence de causes morales et de causes physiques. L'extase néoplatonicienne est un acte transcendant de la nature humaine, pur de toute influence extérieure, et qui n'a rien de commun avec les passions de la sensibilité. Les vrais représentants du néoplatonisme, Plotin, Porphyre, Proclus, laissent au mysticisme ordinaire ses artifices, ses procédés empiriques, ses pratiques superstitieuses... Bien loin de faire intervenir les influences physiques dans le phénomène de l'extase, ils en écartent, ou du moins prétendent en écarter les opérations et les facultés de l'âme proprement dite, la volonté, la raison, la conscience; ils en excluent jusqu'à l'intelligence pure. Leur théurgie, c'est-à-dire l'art de produire le divin, ou plutôt de convertir l'homme en Dieu, est très simple, et ne cherche point ses effets en dehors de la psychologie et de la morale. Quand la nature humaine, complétement affranchie des passions de la sensibilité et des illusions de l'imagination par la pratique des vertus purificatives, telles que la tempérance, le courage, la prudence, la justice, est parvenue à la vie pure de l'intelligence, elle est prête pour une nouvelle et suprême métamorphose que l'amour seul peut opérer... L'extase

(1) Voy. ci-dessus, page 226.

(2) Vacherot, *l. c.*, t. III, pag. 432 et suiv.

alexandrine n'a rien d'humain ; pure de toute affection, de tout sentiment et de toute pensée, c'est l'acte le plus abstrait auquel la nature humaine ait tenté de s'élever. »

« Ce genre d'extase se prête difficilement à une description psychologique. Selon la définition qu'en donnent les Alexandrins, c'est un acte de la nature humaine, supérieur à tous les actes de l'âme et de l'intelligence, et qui a pour but la possession du bien suprême : c'est l'amour à son plus haut degré d'énergie et de pureté. Le propre de l'amour est d'unir, d'identifier l'amant et l'objet aimé ; le propre de l'extase, ce suprême amour, est d'identifier l'homme avec le bien absolu, Dieu. »

Ces rapprochements suffiront pour établir qu'il y a connexité entre la philosophie d'Ibn-Gebirol et celle des Néoplatoniciens. Peut-on conclure de là qu'Ibn-Gebirol ait étudié les œuvres de Plotin et de Proclus? Je ne le pense pas. Plotin n'a jamais été traduit en arabe, et, comme nous l'avons déjà dit dans un autre endroit, les Arabes ignoraient jusqu'au nom de Plotin, qui ne se trouve jamais cité dans leurs écrits (1). Il n'en est pas de même de Proclus, dont les Arabes citent plusieurs écrits, mais il paraît qu'on ne possédait en arabe que ses *Eléments de Théologie* (2). Mais, s'il est vrai qu'Ibn-Gebirol n'a pu étudier la philosophie des Alexandrins dans les originaux grecs ni dans des traductions complètes, il n'en est pas moins certain qu'il connaissait cette philosophie jusque dans ses moindres détails. Cette connaissance va bien au delà des nuances néoplatoniciennes que la philosophie d'Aristote a conservées chez tous les péripatéticiens arabes. Ibn-Gebirol la puisa sans doute dans certains ouvrages pseudonymes attribués par les Arabes à plusieurs philosophes anciens, mais qui n'étaient autre chose que des compilations néoplatoniciennes. Empédocle, Pythagore, Platon, professent souvent dans leur

(1) Voy. ci-dessus, page 72, note 4.

(2) Voy. Wenrich, *De auctorum græcorum versionibus syriacis, arabicis*, etc., p. 288, 289.

costume arabe les doctrines de Plotin et de Proclus, et Aristote lui-même n'a pu échapper à ce travestissement. Les compilations apocryphes dont nous parlons remontent en partie aux derniers Alexandrins, et, traduites de bonne heure en arabe, elles eurent, à ce qu'il paraît, une certaine vogue, jusqu'au moment où les œuvres d'Al-Farâbi et d'Ibn-Sinâ répandirent de plus en plus dans les écoles arabes le péripatétisme pur, qui finit par y dominer en maître absolu.

Nous ne possédons plus de ces ouvrages pseudonymes que la fameuse *Théologie* attribuée à Aristote; mais ce que nous venons de dire est mis hors de doute par les renseignements que quelques auteurs arabes ont prétendu nous donner sur les anciens philosophes grecs antérieurs à Aristote. Il suffira de citer ici quelques passages relatifs à Empédocle, à Pythagore et à Platon, et que nous empruntons à l'*Histoire des sectes religieuses et philosophiques* de Mo'hammed al-Schahrestâni (1). Nous ferons suivre ces passages de quelques extraits de la *Théologie* d'Aristote.

Pour ce qui est d'Empédocle, on a vu qu'Ibn-Falaquéra, l'abréviateur hébreu de la *Source de vie*, le nomme tout particulièrement comme un des philosophes dont Ibn-Gebirol aurait reproduit les doctrines (2). Nous savons, en effet, que, dès le commencement du Xe siècle, divers ouvrages attribués à Empédocle furent apportés en Espagne par un certain Mo'hammed, fils de 'Abd-Allah ibn-Mesarra de Cordoue, qui, étant allé en Orient, y étudia avec beaucoup de zèle la prétendue philosophie d'Empédocle. Ibn-Mesarra

(1) Cet auteur florissait dans la première moitié du XIIe siècle, et mourut en 1153. Son ouvrage, que nous avons eu déjà l'occasion de citer plusieurs fois, a été publié pour la première fois, en arabe par le Rev. William Cureton (*Book of religious and philosophical sects*, deux vol. gr. in-8, Londres, 1842-1846). M. le Dr Haarbrucker en a donné une traduction allemande (2 vol. in-8, Halle, 1850-1851). Dans les extraits que nous donnons d'après le texte, nous avons dû quelquefois nous écarter de la traduction allemande.

(2) Voy. ci-dessus, pag. 3.

professa cette philosophie en Espagne, et sut, par un extérieur de piété et par son éloquence, rassembler autour de lui de nombreux auditeurs (1). Schahrestâni, qui a puisé sans doute dans les écrits attribués à Empédocle, nous donne un exposé du système de ce philosophe, où ses doctrines authentiques rapportées par les Grecs se trouvent noyées dans les spéculations et les rêveries des néoplatoniciens. En voici quelques extraits qui peuvent intéresser le lecteur de la *Source de vie* :

« Le créateur, dit Empédocle, n'a jamais été autre chose que son *être* (2); il est la science pure, la volonté pure, la libéralité, la force, la puissance, la justice, le bien et la vérité; non pas qu'il y ait là (en lui) des facultés portant ces noms, mais elles sont *lui*, et lui, il est leur ensemble. Il est seulement créateur; non pas qu'il ait créé *de* quelque chose, ni que quelque chose ait été avec lui, mais il a créé la chose simple, qui est la première chose intelligible, savoir la *matière pre-*

(1) Nous devons cette notice à un auteur arabe du XIIIe siècle, Djemâl-Eddîn al-Kifti, qui, dans son Dictionnaire des philosophes, intitulé *Târîkh al-'hocamâ*, rapporte le fait en question à l'article *Empédocle* (voy. le ms. n° 672 du suppl. ar. de la Bibliot. imp., pag. 13), où il est dit qu'Ibn-Mesarra mourut âgé de cinquante ans, l'an 319 de l'hégire (931 de J.-C.). Cf. Amari, *Storia dei Musulmani di Sicilia*, tom. II, pag. 100, 101.

(2) Plus littéralement : *son lui-même*. Le texte porte هُويّته, substantif dérivé de هو, *lui*. Ibn-Roschd, au commencement de son *Abrégé de Métaphysique*, dit, en expliquant le terme هُويّة, qu'il s'emploie comme synonyme du terme *Être* (οὐσία ou τὸ ὄν), avec cette différence que هُويّة ne se dit pas de ce que l'esprit *juge être vrai* (car c'est là une des acceptions du terme *être*; cf. Arist., *Metaph.*, liv. V, chap. 7). Du pronom *houwa* (lui), dit Ibn-Roschd, dérive le substantif *houwiyya*, de même que de *insân* (homme) on fait dériver *insâniyya* (humanité), et de *schakhç* (individu), *schakhçiyya* (individualité). Quelques commentateurs, ajoute-t-il, ont formé ce terme, parce qu'il prête moins à l'erreur que le mot *maudjoud* (τὸ ὄν), qui est un participe signifiant primitivement *trouvé* (cf. *Guide des Égarés*, t. I, pag. 231, note 1).

mière (1). Ensuite, il a multiplié les choses simples (émanées) de cette première espèce simple et une; puis, il a fait naître les choses composées des choses simples. Il est le créateur de ce qui, être ou non-être, est du domaine de l'intellect, de la pensée ou de l'opinion; c'est-à-dire le créateur des choses contraires et opposées les unes aux autres, soit intelligibles, soit imaginatives, soit sensibles. »

« Le Créateur, dit-il encore, a créé les formes, non pas par une espèce de volonté préexistante, mais uniquement de manière à être cause lui-même; car il est lui-même la science et la volonté (2). »

« Le premier *effet* (causatum) est la matière première; le second effet, (produit) par l'intermédiaire de celle-ci, est l'intellect, et le troisième, (produit) par l'intermédiaire des deux, est l'âme. Ce sont là des substances simples et des produits simples; ensuite viennent les choses composées..... La matière première est simple par rapport à l'essence de l'intellect, qui est au-dessous d'elle; mais elle n'est pas simple (3) dans le sens absolu, c'est-à-dire absolument *une*, par rapport à l'essence de la cause (première); car il n'y a aucun effet qui ne soit composé intelligiblement ou sensiblement. La matière dans son essence est composée de l'amour et de la discorde, et de ces deux (principes) ont été produites les substances simples et spirituelles, ainsi que les substances composées et corporelles (4). »

« L'âme végétative est l'écorce de l'âme animale et vitale;

(1) Cette matière première, qui embrasse tout, les substances simples comme les substances composées, est appelée dans le texte arabe عنصر, *élément primitif*. Cf. ci-dessus, pag. 81, note 2

(2) Voy. Schahrestâni, *Histoire des sectes, etc.*, p. 260 (trad. all., t. II, p. 91).

(3) Il est évident qu'il faut effacer ici dans le texte de M. Curton le mot دونه et lire وليس هو بسيطا مطلقا, comme le porte en effet le ms. de la Biblioth. impér. (Supplém. ar. n° 277.)

(4) Voy. Schahrestâni, *l. c.*, p. 261 (trad. all., t. II, p. 92).

celle-ci est l'écorce de l'âme rationnelle, et cette dernière, l'écorce de l'âme intelligente. Tout ce qui est plus bas est une écorce pour ce qui est plus haut, et ce qui est plus haut en est le noyau. Quelquefois il désigne l'écorce et le noyau par les mots *corps* et *esprit*, de manière qu'il fait de l'âme végétative le corps de l'âme vitale, et de celle-ci, l'esprit de l'autre, et ainsi de suite, jusqu'à ce qu'on arrive à l'intellect. Il dit encore : Lorsque la matière première eut reproduit dans l'intellect les formes intelligibles et spirituelles qu'elle possédait, et que l'intellect eut reproduit dans l'âme ce qu'il avait reçu de la matière, l'âme universelle reproduisit dans la *nature* universelle ce qu'elle avait reçu de l'intellect ; et il se forma alors, dans la nature, des écorces qui n'étaient semblables ni à elle (à l'âme), ni (encore moins) à l'intellect, spirituel et subtil. Lorsque l'intellect la regarda et qu'il vit les esprits ou noyaux dans les corps ou écorces, des formes belles, nobles et brillantes se répandirent sur elle, et ce sont les formes des âmes, semblables aux formes subtiles et spirituelles de l'intellect, de sorte que celui-ci les guide et les gouverne, en distinguant entre les écorces et les noyaux, et il fait monter les noyaux vers leur monde (primitif). Les âmes partielles sont des parties de l'âme universelle, semblables aux parties (de la lumière) du soleil, qui brillent à travers les ouvertures d'une maison. La nature universelle est l'effet de l'âme [car il (Empédocle) distingua entre la partie et l'effet, la partie étant une chose à part et l'effet une chose à part]. La propriété de l'âme universelle, dit-il encore, est l'*amour ;* car, en regardant l'intellect, sa beauté et son éclat, elle l'aimait comme un amant éperdu aime l'objet de son amour ; elle cherchait à s'unir à lui et se mouvait vers lui. La propriété de la nature universelle est la *discorde ;* car, après être arrivée à l'existence, elle n'avait pas de regard, ni de vue, pour percevoir l'âme et l'intellect, de manière à pouvoir les affectionner et les aimer. Au contraire, il y éclata des forces opposées (entre elles), savoir : dans ses parties simples, les éléments opposés, et dans ses parties composées, les oppositions qui existent dans les tempéraments, ainsi que dans les facultés naturelles, végétatives et vitales; elle se révolta donc contre celle-là (l'âme), à cause de la distance qui la séparait de son universalité [1], et les âmes particulières [2] la suivirent, étant séduites par son monde de séduction, et elles penchèrent vers les jouissances sensuelles..... L'âme universelle, voyant sa rébellion et son entraînement, fit descendre vers elle une de ses parties, plus pure, plus subtile et plus noble que les deux âmes, animale et végétative, et que ces âmes entraînées par elle; et par là elle retint les deux âmes de leur rébellion et rendit aux âmes séduites leur amour pour leur monde (primitif), en leur rappelant ce qu'elles avaient oublié, en leur enseignant ce qu'elles ignoraient, en les purifiant de la souillure dont elles étaient affectées, et en les purgeant de ce qui les avait rendues impures. Cette partie noble est le prophète envoyé dans chaque siècle, etc. [3]. »

On retrouve ici les principales doctrines qui forment la base du système d'Ibn-Gebirol : une matière universelle, embrassant toutes les substances simples et composées et à laquelle se borne l'œuvre immédiate de la Volonté créatrice; de cette matière universelle et de la forme universelle se compose l'intellect, qui, bien qu'il soit la substance la plus simple, est pourtant composé par rapport à l'Etre absolu qui est au-dessus de lui; enfin, de l'intellect procèdent successivement, par voie d'émanation, les trois âmes et la *nature*. En remontant l'échelle des êtres on passe toujours du plus composé au plus simple, jusqu'à ce qu'on arrive à la matière première, qui est d'une simplicité absolue.

Le faux Pythagore des Arabes met en rapport la théorie des nombres avec les hypostases des Alexandrins, et considère à un certain point de vue l'intellect comme représentant la

(1) C'est-à-dire, de l'universalité de l'âme.

(2) Litt. *les parties* ou *individualités psychiques*.

(3) Schahrestâni, *l. c.*, pag. 262, 263 (trad. all., t. II, pag. 93-95).

dyade, ainsi qu'on a pu le voir dans un passage cité plus haut (1). Ibn-Gebirol, tout en considérant quelquefois l'intellect comme la *dyade*, par rapport à l'unité absolue qui est au-dessus de lui, l'appelle plus souvent la *seconde unité*, correspondant à l'unité du nombre et représentant la première unité nombrée (2). Ramenant tout à l'unité, il voit même dans la forme universelle du monde inférieur, ou dans la quantité, une unité opposée à l'unité absolue, et qu'il appelle l'*unité multiple*. Les substances intermédiaires participent plus ou moins, soit de l'unité une et absolue, soit de l'unité multiple (3). L'unité véritablement une est au-dessus de l'*éternité*, l'intellect et les autres substances simples tombent dans l'éternité et ont pour ainsi dire l'éternité pour mesure; la substance qui porte les catégories est seule au-dessous de l'éternité et tombe dans le *temps* (4). Ceci s'accorde avec ce que Schahrestâni rapporte de Pythagore, qui se serait exprimé dans les termes suivants: « L'unité, en général, se divise en unité avant l'éternité; unité avec l'éternité, unité après l'éternité et avant le temps et unité avec le temps. L'unité qui est avant l'éternité est l'unité du Createur; celle qui est avec l'éternité est l'unité de l'intellect premier; celle qui est après l'éternité est l'unité de l'âme; enfin, celle qui est avec le temps est l'unité des éléments et des choses composées (5). »

Nous citerons encore un autre passage de Schahrestâni, où Pythagore indique l'*extase* comme le moyen de s'élever au monde supérieur des substances simples: « Pythagore a en-

(1) Voy. ci-dessus, pag. 113, note 5.

(2) Voy. les Extraits de la *Source de vie*, liv. IV, §§ 20 et 30, et cf. liv. II, au commencement du § 13.

(3) Voy. *ibid.*, liv. II, § 26.

(4) Voy. *ibid.*, liv. III, § 7.

(5) Schahrestâni, *l. c.*, pag. 266 (trad. all., t. II, pag. 99); cf. le livre *De Causis*, lect. II et lect. III; Hauréau, *De la Philosophie scolastique*, t. I, pag. 385.

core enseigné et recommandé ce qui suit : Après une étude approfondie, j'ai contemplé par les sens ces mondes supérieurs, et, m'étant élevé du monde de la nature à celui de l'âme et à celui de l'intellect, j'ai considéré les formes abstraites qui s'y trouvent et ce qu'elles ont de beau, de brillant et de lumineux, et j'ai entendu leurs nobles mélodies et leurs doux sons spirituels. Ce qui est dans ce monde, disait-il, étant l'effet de la *nature*, ne possède qu'un degré inférieur de beauté ; mais les mondes qui sont au-dessus de lui sont plus brillants, plus nobles et plus beaux, jusqu'à ce qu'on arrive à la description du monde de l'âme et de l'intellect ; là on s'arrête, car le langage n'est pas en état de décrire ce qu'il y a là de noblesse, de grandeur, de beauté et d'éclat. Que vos désirs et vos efforts tendent donc à vous mettre en rapport avec ce monde (supérieur), afin que vous soyez durables et permanents, après avoir été périssables et destructibles ; que vous parveniez à un monde qui est tout entier beauté, éclat, joie, force et vérité, et que votre joie et votre plaisir soient durables et sans interruption (1). »

Plus que toute autre philosophie, celle de Platon se prêtait aux interprétations alexandrines ; car les néoplatoniciens eux-mêmes se faisaient passer généralement pour de simples commentateurs de Platon, et les Arabes surtout, qui ne connaissaient qu'imparfaitement les œuvres de ce dernier, devaient souvent confondre ensemble les doctrines primitives du chef de l'Académie avec les amplifications de ceux qui se disaient ses disciples et ses commentateurs. Voici à ce sujet quelques passages de Schahrestâni, tirés de son exposé du système de Platon :

« Le Créateur, dit-il, produisit l'intellect premier, et, par son intermédiaire, l'âme universelle, qui s'est produite par l'intellect comme la reproduction d'une image dans un miroir. Par l'intermédiaire des deux, (Dieu a produit) la matière première. On rapporte de lui que la *hylé*, qui est le sub-

(1) Schahrestâni, *l. c.*, pag. 278 (trad. all., t. II, pag. 110).

stratum des formes sensibles, est autre chose que cette matière première [1]. »

« Platon dit encore : Il y a dans le monde une nature universelle qui embrasse tout, et dans chacune des choses composées il y a une nature particulière. Il définit la *nature* en disant qu'elle est le principe du mouvement et du repos dans les choses, c'est-à-dire, le principe du changement ; c'est une faculté qui traverse tous les êtres et par laquelle se font le repos et le mouvement. Ainsi, la nature universelle met tout en mouvement, mais le premier moteur doit être nécessairement en repos ; sinon, on s'engagerait dans une série infinie [2]. »

Ces fragments suffiront déjà pour nous convaincre que les Arabes connaissaient les doctrines les plus importantes de l'école alexandrine et qu'ils faisaient honneur de ces doctrines aux plus anciens philosophes de la Grèce. Mais la littérature arabe nous a conservé un monument où la philosophie alexandrine, et notamment celle de Plotin, se trouve reproduite avec beaucoup de détails et où nous rencontrons quelquefois des passages textuellement tirés des *Ennéades*. Ce monument, c'est la fameuse *Théologie* attribuée à Aristote et publiée pour la première fois au commencement du XVIe siècle, dans une version latine faite sur une version arabe qui remonte au IXe siècle [3]. Nous donnerons ici des extraits de cet ouvrage,

(1) Schahrestâni, *l. c.*, pag. 283 (trad. all., t. II, pag. 118). Il est à remarquer qu'on fait ici admettre par Platon, comme ailleurs par Empédocle, l'existence de deux *matières* distinctes ; mais on ne se rend pas bien compte de cette distinction, puisque la matière *première* est placée au-dessous des substances simples qui sont présentées comme absolument immatérielles.

(2) *Ibid.*, pag. 288 (trad. all., t. II, pag. 124).

(3) La version latine parut à Rome en 1519, in-4°, sous le titre suivant : *Sapientissimi philosophi Aristotelis Stagiritæ Theologia, sive Mystica philosophia secundum Ægyptios, noviter reperta et in latinum castigatissime redacta.* Elle a été reproduite par Patrizio dans le recueil intitulé : *Nova de universis philosophia.* — Cette version n'a pas été directement faite sur l'arabe ; Franciscus Roseus

tant d'après la version latine que d'après un texte arabe de la Bibliothèque impériale, dont la rédaction diffère très sensiblement de celui qui a été traduit en latin.

En tête du premier livre, à la suite d'une courte préface, l'auteur indique à peu près en ces termes le contenu de tout l'ouvrage : « Le premier livre traite de la Divinité, cause première de tout ce qui est; l'éternité et le temps sont au-dessous d'elle, car elle est d'une durée perpétuelle, embrassant l'éternité

de Ravenne, ayant trouvé à Damas le texte arabe, le fit traduire d'abord en italien par Moïse Rovas ou Arovas, médecin juif de Chypre. Ce fut sur cette première traduction que Nicolaus Castellani de Faenza rédigea la version latine, que Franciscus Roscus présenta au pape Léon X comme un des ouvrages les plus importants d'Aristote, et dont les doctrines s'accorderaient avec la foi évangélique (cf. Fabricius, *Bibliot. Gr.*, édit. de Harles, t. III, p. 278). Le traducteur primitif, Moïse Arovas, en avait fait aussi une version hébraïque, comme il nous l'apprend lui-même dans une note écrite de sa main et que nous trouvons dans un ms. hébreu de la Bibliot. imp. (fonds de l'Oratoire, n° 121). Ce ms. renferme un commentaire sur l'*Ethique* d'Aristote, dû à R. Joseph ben Schem-Tob, qui acheva ce travail à Ségovie, le 20 mars 1455. A la fin de sa préface, le commentateur parle en ces termes de la *Théologie* d'Aristote :
ויאמרו החכמים האחרונים כי במצרים נמצא ספר ממנו שב
בו ממה שהניח שהעולם קדמון ומשאר הדעות אשר חולק
בהם על תורת משה ושהחזירו שמעון הצדיק ז"ל.

« Les savants modernes rapportent qu'on a trouvé en Egypte un livre de lui (d'Aristote), dans lequel il est revenu de sa doctrine touchant l'éternité du monde et de toutes les autres opinions par lesquelles il avait été en contradiction avec la doctrine de Moïse ; ce fut, dit-on, Siméon le Juste qui le fit changer d'opinion. »

En marge on trouve la note suivante (dans laquelle j'ai dû, par conjecture, suppléer quelques lettres et mots coupés par le relieur):
[אמר] המעיין משה ב"ר יוסף ארובש .... זה הספר בא לידי
בערבי בדמשק [והעת]קתי אותו ללשון הקדש והוא [אמ]ת
שחזר בו ממה שחלק על ..... הורתנו הקדושה ועשאו בסוף
[ימיו] ואליו נסמך וקראו ספר [תיאו]לוגיאה שר"ל ספר האלהות
..... סודות החכמה ורמזי [הפילוס]ופיא והוא י"ד מאמרים.

« Le lecteur, Moïse, fils de Joseph Arovas, dit : .... L'original et le temps (1), qu'elle fait exister et qu'elle embrasse comme la cause embrasse l'effet. Elle est la cause des causes qu'elle produit par une sorte de création; c'est d'elle que la force lumineuse se répand sur l'intellect, et, par l'intermédiaire de l'intellect, sur l'âme universelle céleste; de l'intellect elle

arabe de ce livre m'est tombé entre les mains à Damas, et je l'ai traduit dans la langue sainte; il est vrai qu'Aristote y est revenu de ce qui, dans sa doctrine, est en contradiction avec notre sainte Loi. Il a fait ce livre à la fin de sa vie, et nous en suivons l'autorité; il l'a appelé *Livre de Théologie*, ce qui signifie *Traité sur la Divinité*.... Il renferme des secrets de sagesse et des mystères philosophiques, et se compose de 14 livres. » — Au fol. 45 *b* de notre ms., le même Moïse Arovas cite en hébreu quelques passages de la prétendue Théologie d'Aristote.

Le texte arabe existe à la Bibliot. imp. (supplém. arabe, n° 1343, autrefois 994). Le ms. est complet; mais l'ouvrage y est divisé en 10 livres seulement. La rédaction diffère considérablement de la version latine, qui a 14 livres. On lit en tête de notre ms. ar. que cet ouvrage d'Aristote a été traduit en arabe, selon la paraphrase de Porphyre, par 'Abd-al-Mésî'h, fils de 'Abd-Allah ibn-Nâ'im d'Emesse, عبد المسيح بن عبد الله ابن ناعم الحمصى (dans la préface du traducteur latin, le nom d'*Ibn-Nâ'im* est écrit *Abenama*), et qu'elle a été corrigée ensuite par le célèbre philosophe Abou-Yousouf Ya'koub ben-Is'hâk al-Kendi (cf. Casiri, *Bibliot. arab. hisp.*, pag. 306). On voit que nous avons ici une des plus anciennes traductions faites par les Arabes; car Al-Kendi, qui a corrigé le travail d'Ibn-Nâ'im, vivait au IXe siècle. Le nom du traducteur arabe, *'Abd-al-Mésî'h*, nous révèle un *chrétien* de Syrie, et le travail a été fait peut-être sur une vers. syriaque. Notre ms., écrit en caractère cursif (ta'lîk) indien et sans points diacritiques, est souvent difficile à déchiffrer. J'ai voulu néanmoins citer de ce texte arabe quelques fragments curieux; et, ne pouvant lire moi-même, j'ai dû le plus souvent deviner les mots par la description graphique qui m'en a été faite. — L'original grec, que l'on ne connaît plus maintenant, existait au XIIIe siècle; saint Thomas (dans son écrit *De Unitate intellectus*) atteste l'avoir vu, comme le fait observer le traducteur latin dans sa préface.

(1) Voy. ce qui a été rapporté de Pythagore, ci-dessus, pag. 246.

se répand, par l'intermédiaire de l'âme, sur la *nature*, et de l'âme, par l'intermédiaire de la nature, sur les choses qui naissent et périssent. Cette action émane de lui (Dieu) sans mouvement; le mouvement de toutes les choses se fait par lui et pour lui, et les choses se meuvent vers lui par une espèce de désir et d'inclination. — Nous parlerons ensuite du monde de l'intellect, et nous en décrirons l'éclat, la noblesse et la beauté; nous parlerons des divines formes, belles, excellentes et brillantes, qui sont dans lui, et (nous montrerons) que c'est de lui que viennent l'éclat et la beauté de toutes les choses; toutes les choses sensibles s'assimilent à elles (aux formes de l'intellect); mais elles, à cause de la multitude de leurs enveloppes, ne sauraient être décrites selon leur réalité. — Nous parlerons ensuite de l'âme universelle céleste, et nous dirons comment la force se répand de l'intellect sur elle, et comment elle s'assimile à lui. Nous parlerons aussi de la beauté des astres et de leur splendeur, ainsi que de l'éclat des formes qui sont dans les astres. Nous parlerons ensuite de la nature transportée sous la sphère de la lune (1), je veux dire dans le monde de la génération et de la corruption, et (nous dirons) comment la force des sphères célestes se répand sur elle, comment elle reçoit cette force et s'y assimile, et comment cette dernière exerce son impression sur les choses sensibles, matérielles et périssables. — Nous parlerons encore de l'éclat de ces âmes rationnelles, descendues de leur monde primitif dans le monde des choses corporelles et qui ensuite remontent en haut, et nous dirons ce qui en est la cause. — Nous parlerons aussi de cette âme noble et divine qui s'attache aux vertus intellectuelles et qui ne se plonge pas dans les désirs corporels. Enfin, nous parlerons de l'état des âmes animales et des âmes végétatives, de l'âme de la terre et de celle du feu, etc. (2). »

(1) C'est-à-dire, de la nature individualisée et passive, opposée à la nature universelle et active. Au lieu de المنتقلة, *transportée*, que porte ici le ms., il faut peut-être lire المنفعلة, *passive*.

(2) Voy. le ms. arabe, fol. 2 *b* et 3 *a*, et cf. la vers. lat., liv. Ier, chap. I (fol. 1 *b*).

On reconnaît déjà dans ce court exposé que nous avons affaire à un auteur alexandrin et que la base de toute cette *Théologie* est la doctrine des émanations et des hypostases. L'intellect est considéré comme la réunion de toutes les formes, ou comme la forme universelle [1]. Il paraîtrait donc que l'auteur admet implicitement une matière universelle embrassant à la fois les substances simples et les substances composées, comme l'établit Ibn-Gebirol et comme l'avait déjà établi Plotin [2]. Cependant, en parlant de l'âme, l'auteur de la *Théologie*, invoquant les arguments de la métaphysique d'Aristote, se prononce expressément contre ceux qui ont soutenu que toutes les substances, à l'exception de l'agent premier, sont composées de matière et de forme [3].

(1) Cf. la vers. lat., liv. III, chap. IV (fol. 15 *b*) : « Omnes autem formæ insunt intellectui, congestæ a summo illo principio, insitæ concreatæque. » D'une part, l'intellect est comparé au point central d'un cercle, parce que toutes les autres substances émanent de lui comme des rayons et convergent dans lui ; d'autre part, il est comparé à la circonférence, parce qu'il embrasse et environne toutes les autres substances, qui lui sont inférieures. Voy. *ibid.*, liv. IV, chap. 4 (fol. 20) : « Dicimus itaque quod intellectus est sicut inter punctum circuli quod continet quicquid angulorum, costarum, linearum et superficierum, aliorumque imaginabilium, ipsi cæterisque figuris inest. Ipsum est indivisibile ac indimensile, omnesque lineæ circuli sunt revertiles in idem, ortæ ab eo. Ideo vocatur centrum. Nominatur quoque circulus, quod omnes illas intra ortas circumplectitur, servans ut insitas quaslibet mundi figuras subinde ductiles. » Cf. les Extraits de la *Source de vie*, liv. III, § 41, et liv. II, § 13 (pag. 21).

(2) Voy. ci-dessus, pag. 203, note 3.

(3) Voy. la *Théologie*, vers. lat., livre XII, chap. 7 (fol. 66 *b*) : « At rationes quod omnes substantiæ citra primam constent ex materia et forma, quodque animus non intelligat nisi materialia, sunt falsæ; siquidem plurimæ substantiæ sunt abstractæ a materia, quarum numerum nos etiam prius in metaphysicis probavimus, ubi etiam collegimus quod hujusmodi substantiæ existunt perpetuæ et incorruptiles, quum sint immateriales. Appellan-

Tout est émané de Dieu par l'intermédiaire de l'intellect, qui est ce qu'il y a de plus parfait, tandis que l'*un* absolu, ou Dieu, est au-dessus de la perfection. Nous citerons à cet égard l'exposé plus explicite de l'auteur de la *Théologie :*

« L'*un* pur (absolu), dis-je, est au-dessus de la perfection. Le monde sensible est défectueux parce qu'il est créé par la chose (seulement) parfaite, qui est l'intellect. Quant à l'intellect, il est parfait, parce qu'il est créé par l'*un* véritable, qui est au-dessus de la perfection. Mais *il n'est pas possible que ce qui est au-dessus de la perfection crée la chose imparfaite, sans intermédiaire* (1); et il n'est pas possible non plus que la chose parfaite crée quelque chose de parfait comme elle ; car la création est une diminution, je veux dire par là que la chose créée ne saurait être au même rang que le Créateur, mais doit être au-dessous de lui. Ce qui prouve que l'*un* pur est parfait et même au-dessus du parfait, c'est qu'il n'a besoin d'aucune chose et qu'il ne cherche à tirer profit d'aucune chose. A cause de sa grande perfection, les autres choses sont nées de lui ; car ce qui est au-dessus de la perfection ne saurait être né d'autre chose, autrement il ne serait pas au-dessus de la perfection. En effet, si la chose parfaite crée une chose quelconque, il faut que ce qui est au-dessus du parfait crée le parfait ; car c'est lui qui crée la chose parfaite que rien ne surpasse en force, en éclat et en supériorité. Lorsque l'*un* véritable créa la chose parfaite, cette chose parfaite, se tournant vers son Créateur et jetant son regard sur lui, fut remplie par lui de lumière et d'éclat et devint intellect. L'*un* véritable, à cause de son repos absolu, est le principe de l'être

turque intellectus superni. » *Ibid.*, liv. XIII, chap. 6 (fol. 80 *a*) : « Autor primarius unus creavit ens unum (intellectum),... dein per ipsum adcreavit formas primas habentes essentias absque materiis, quamvis cogitativa non præcognoscat eas exemplo citra materiam. »

(1) Cf. les Extraits de la *Source de vie*, liv. III, §§ 1-9, et notre analyse, pag. 190.

de l'intellect [1], et lorsque cet être regarda l'*un* véritable, l'intellect se forma ; car, lorsque le premier être fut créé par l'*un* pur et véritable, il s'arrêta et jeta son regard sur l'*un* pour le voir, et ainsi il devint intellect. — Le premier être créé, après être devenu intellect, imita, par ses actions, l'*un* véritable ; car, lorsqu'il eut jeté son regard sur celui-ci, qu'il l'eut vu selon sa faculté et qu'il fut devenu intellect, l'*un* répandit sur lui de grandes et nombreuses facultés. L'intellect, après avoir été doué d'une grande force, produisit la forme de l'âme, (ce qu'il fit) sans se mouvoir, par ressemblance avec l'*un* véritable ; car l'*un* véritable produisit l'intellect étant en repos, et de même l'intellect produisit l'âme, étant en repos et sans se mouvoir. Seulement, l'*un* véritable produisit (directement) l'*être* de l'intellect, tandis que ce fut par l'intermédiaire de l'*être* de l'intellect que l'intellect produisit la forme de l'âme dans l'*être* produit par l'*un* véritable [2]. Étant ainsi l'effet d'un effet, elle (l'âme) était incapable d'agir sans mouvement et restant en repos. Elle agit au contraire avec mouvement et produisit..... ; son action est appelée *image* [3], parce que c'est une action destructible sans stabilité et sans durée ; car elle s'est faite par le mouvement, et le mouvement ne saurait produire rien qui soit stable et durable ; il ne produit au contraire qu'une chose périssable. S'il en était autrement, son action serait plus noble que lui-même ; car l'objet de l'action serait

(1) On comprend difficilement ce que l'auteur veut dire ici par l'*être* pur de l'intellect, qui ne devient intellect qu'en regardant l'*un* véritable. Ce passage encore me paraît indiquer une matière première universelle non revêtue de forme, et qui reçoit, en regardant l'*un* absolu, la forme de l'intellect.

(2) غير ان الواحد الحقّ ابدع هويّة العقل وابدع العقل صورة النفس فى الهويّة التى أبدعت من الواحد الحقّ بتوسّط هويّة العقل. Sur le sens du mot هويّة, voy. ci-dessus, pag. 242, note 2.

(3) Le texte a صعها, sans point diacritique, peut-être صنما, traduction maladroite de εἴδωλον.

stable et solide, tandis que l'agent, je veux dire le mouvement, serait destructible et périssable, ce qui est absurde. Lors donc que l'âme voulut faire quelque chose, elle regarda la chose dont elle avait tiré son origine, et, l'ayant regardée, elle fut remplie de force et de lumière et se mut vers sa cause. Voulant se mouvoir vers sa cause, elle se mut en haut, et, voulant produire (ou *imprimer*) une image, elle se mut en bas, et l'image se produisit, savoir, le sensible et la nature qui est dans les corps simples, dans les plantes, dans les animaux et dans toutes les substances. La substance de l'âme n'est pas séparée de la substance qui la précède, mais y est attachée (1). »

Plus loin, revenant sur l'universalité de l'intellect, l'auteur montre que tout est émané de lui et revient à lui. Le monde intelligible, celui des substances simples, c'est *l'homme supérieur*, prototype du monde inférieur et sensible : « Il faut que tu saches que les choses naturelles dépendent les unes des autres. Lorsque l'une d'elles périt, elle retourne à celle qui lui est immédiatement supérieure, jusqu'à ce qu'elle arrive aux corps célestes, ensuite à l'âme (universelle), ensuite à l'intellect. Toutes les choses donc subsistent dans l'intellect, et celui-ci subsiste dans la cause première. La cause première est le principe et la fin de toute chose ; c'est d'elle que les choses tirent leur origine, et c'est vers elle qu'elles retournent, comme nous l'avons dit plusieurs fois... Nous disons que dans l'intellect premier sont toutes les choses ; car l'agent premier, en faisant son œuvre, qui est l'intellect, en fit une chose de formes multiples et mit dans chacune de ces formes toutes les choses qui conviennent à cette forme. Il fit à la fois la forme et toutes ses modifications ; (c'est-à-dire) non pas les unes après les autres, mais toutes ensemble et d'un seul coup. Ainsi, il créa l'homme *intelligible*, ayant en lui tous les attributs qui lui conviennent ; et il ne créa point d'abord une partie de ses attributs et ensuite une autre partie, comme cela a lieu

(1) Voy. la *Théologie*, ms. ar., fol. 71 *b* et 72 *a*. Cf. la vers. lat., liv. XIII, chap. 2.

dans l'homme *sensible*, mais il les créa tous ensemble d'un seul coup. Cela étant ainsi, nous disons que tout ce qui est dans l'homme (intelligible) y a été dès le principe et qu'il n'y est survenu aucun attribut qui n'y ait pas existé. L'homme dans le monde supérieur est entièrement parfait, et tout ce qui y est y a toujours été [1]. »

De nombreux passages établissent, comme le fait l'auteur de la *Source de vie*, que le monde inférieur corporel est l'image du monde supérieur spirituel, et qu'en descendant l'échelle des êtres nous en trouvons les essences de moins en moins simples et pures, à mesure qu'elles s'éloignent de la cause première ou du Verbe divin, dont la lumière va toujours s'affaiblissant et ne peut pénétrer dans les parties inférieures autant que dans les parties supérieures.

Les êtres procèdent les uns des autres par une émanation graduelle, et c'est de cette manière que se comble l'abîme qui sépare l'extrémité supérieure de l'être universel de son extrémité inférieure; les deux points extrêmes se relient ensemble par une création intermédiaire, qui se rattache par un point quelconque à chacune des deux extrémités. Ce qui est vrai de l'univers en général l'est aussi de chacune de ses parties; dans l'intellect pur nous pouvons distinguer trois degrés, savoir : à l'une des extrémités, l'intellect actif, qui est une pure entéléchie; à l'autre, l'intellect passif, qui tient à la matière corporelle; et enfin l'intellect en acte, qui tient le milieu entre les deux [2].

« Puisque, dit l'auteur, toute lumière écoulée d'une autre lumière est plus forte au commencement qu'elle ne l'est à la

(1) Voy. ms. ar., fol. 74 *a*, et vers. lat., liv. XIV, chap. 2 (fol. 83 *a*). — Ce que la *Théologie* dit ici et dans d'autres endroits sur l'homme supérieur et intelligible rappelle l'*Adam kadmôn* des kabbalistes, sur lequel nous aurons encore l'occasion de revenir plus loin.

(2) Cf. les Extraits de la *Source de vie*, liv. V, § 52 (pag. 127), et *ibid.*, note 2.

fin, tandis que le milieu participe des deux extrémités (étant faible par rapport au commencement et fort par rapport à la fin), il s'ensuit que la lumière infuse dans l'intellect aura trois degrés. Le degré supérieur se rattache directement à la *Parole* (divine); c'est la lumière absolue, le flambeau le plus pur. Le troisième degré est le plus bas; un autre tient le milieu entre les deux. Celles d'entre les âmes qui sont une lumière d'un degré supérieur sont d'une spiritualité qui s'approche de la perfection, et qui est semblable à celle des anges; et elles atteignent les vérités et les connaissances relatives à la divinité du Créateur. Tout ce que prescrit l'intelligence, savoir, la pureté, la juste mesure, l'élévation, la sainteté, l'amour de la vérité, la pratique du bien et la poursuite de la perfection, tout cela elles l'exercent par leur union avec l'intellect parfait qui s'unit à la *Parole* parfaite émanée du Créateur, qui est au-dessus de la perfection (1). »

(1) Voy. la *Théologie*, vers. lat., liv. X, chap. 5 (fol. 44 *a*), et *ibid.*, chap. 16. — Nous sommes à même de donner ici un petit spécimen de la vers. hébraïque de Moïse Arovas, qui cite lui-même ce passage de la *Théologie*, à la marge du commentaire de l'*Ethique*, dont nous avons parlé dans une note précédente (voy. ms. hébr. du fonds de l'Oratoire, n° 121, fol. 45 *b*) :

ולמה שהיה כל אור נובע מאור הנה ראשיתו יותר חזק מסופו ואמצעיתו נלקח משני הקצוות ראוי שיהיה האור הנובע בשכל שלש מדרגות מדרגה עליונה מדובקת בדבור והוא האור הגמור והנר הטהור ומדרגה שלישית שפלה ואמצעית ביניהם ומה שהיו מן הנפשות אור במדרגה עליונה היה רוחניותם קרובה מן השלמות מתדמה לרוחניות המלאכים וישיג האמתיות והידיעות באלהות הבורא והמעשה במה שיחייבהו השכל מן הטהרה והשיר (lis. ?והשעור) והרוממות והקדושה ובהירת האמת ופעולת הטוב והמשכת השלמות להתאחדותו בשכל השלם המתאחד בדבור השלם מן הבורא ית' אשר הוא למעלה מהשלמות

Ce passage se retrouve presque littéralement dans le roman hébreu intitulé בן המלך והנזיר (le fils du roi et l'anachorète), chap. 33; le chap. 32 du même ouvrage est également emprunté à la *Théologie* (liv. X, chap. 6). — On sait que ce roman, qui a pour auteur Abra-

On se rappelle que les principales preuves alléguées par Ibn-Gebirol pour établir l'existence des substances simples sont précisément basées sur le contraste qui existe entre l'agent premier et le monde de la corporéité, et sur la nécessité d'admettre des chaînons intermédiaires qui puissent relier ensemble les deux extrémités de l'être. On voit également que, selon l'auteur de la *Théologie*, c'est par la science et par la pratique des vertus que l'âme individuelle peut s'attacher au monde supérieur et arriver à la perfection absolue; c'est précisément de ces deux conditions qu'Ibn-Gebirol fait dépendre la purification et la perfection de l'âme (1).

Enfin, l'auteur de la *Théologie* place entre l'agent premier et l'intellect universel le Verbe divin, qui, dans l'acte de la création, restreint, pour ainsi dire, l'intelligence infinie du Créateur et fait qu'elle se manifeste dans une création finie (2).

ham ben-Hasdaï, auteur de la fin du XIIe siècle, n'est qu'une imitation libre d'un ouvrage arabe traduit du grec; il offre une certaine analogie avec le roman de *Josaphat et Barlaam*, attribué à Jean Damascène.

(1) Voy. les Extraits de la *Source de vie*, liv. Ier, §. 2.

(2) Voy. la *Théologie*, vers. lat., liv. X, chap. 13 (fol. 52 *a*): « Autor primarius universi mundi creavit ipsum, nequaquam ultra prescriptum sapientiæ mentis bonitatemque ac potestatem suam; et qui continet in essentia substantias partiarias ejus perficitque ac eisdem influit. Siquidem existit infinitus simplicitate sua, neque in se caret potentia, quamvis influxus ejus in animam sit finitus; nec enim quicquam suscipiens ab eo influentiam, est imitamen par ejus substantiæ comparatu ad verbum creans, quod est unum cum ea, productumque absolutum ac perceptum illius bonitasque et *voluntas*, quod item produxit omnia crassa sensibilia, et omnia subtilia intelligibilia. » *Ibid.*, chap. 6 (fol. 46 *b*): « Primaria igitur simpliciter inter essentias existit mens, quæ idcirco dicitur princeps, quanquam est idem quod Verbum Dei ac suppositum formæ primæ, continens (ut genus summum) omnes substantias illustres absolutas et puras. Illi succedit intellectus comparatu ad mentem illam secundarius, etc. » *Ibid.*, chap. 15 (fol. 54 *a*): « ..... Siquidem tale Verbum non format immediate nisi intellectum, neque intellec-

Nous retrouvons ici le germe, sinon le développement, de la doctrine de la Volonté exposée par Ibn-Gebirol, qui identifie expressément la Volonté avec le Verbe divin (1), mais qui développe sa doctrine sous une forme particulière et sous l'influence des dogmes religieux, auxquels il se croyait obligé de faire de larges concessions.

Telles sont les doctrines principales développées dans la *Théologie*. Nous ne nous arrêterons pas à un autre écrit que les scolastiques ont souvent attribué à Aristote, et qui ne renferme que des aphorismes textuellement reproduits de Proclus. Nous voulons parler du fameux livre *De Causis*, qui, comme le *Fons vitæ* est resté inconnu aux péripatéticiens musulmans, et qui a peut-être pour auteur un juif; du moins est-il certain qu'un juif nommé David est l'auteur de la glose qui accompagne le livre *De Causis* dans plusieurs manuscrits, et Albert le Grand suppose que ce fut David lui-même qui recueillit ces aphorismes dans les écrits de plusieurs philosophes grecs et arabes. — Ce livre, plusieurs fois publié et analysé, est déjà suffisamment connu (2). Il est peut-être postérieur au *Fons vitæ;* du moins, rien ne prouve qu'il ait été connu dans le onzième siècle et qu'Ibn-Gebirol ait pu mettre à profit les doctrines qui y sont exposées.

Il est donc démontré : 1° que la philosophie d'Ibn-Gebirol est en substance empruntée aux Alexandrins, 2° qu'Ibn-Gebirol a pu mettre à profit des compilations arabes renfermant

tus formatur nisi a Verbo. » Voy. aussi *ibid.*, chap. 17 et liv. XIV, chap. 12, et cf. ci-dessus, pag. 101, note 3, où nous avons cité quelques passages de Schahrestâni dans lesquels la doctrine de la *Volonté* est attribuée à plusieurs philosophes grecs.

(1) Voy. les Extraits de la *Source de vie*, liv. V, §§ 56, 57 et 71.

(2) Nous renvoyons aux excellentes analyses qu'en ont données MM. Hauréau et Vacherot, le premier, dans son ouvrage *De la Philosophie scolastique* (tome Ier, pag. 382 et suiv.), le second, dans son *Histoire critique de l'école d'Alexandrie* (t. III, pag. 96 et suiv.).

tous les détails de la philosophie de Plotin et de Proclus. Cette philosophie devait être alors en vogue chez les Arabes ou chez les juifs d'Espagne ; car, à vrai dire, le système de l'émanation et des hypostases n'est nulle part exposé dans la *Source de vie*, et il en est toujours parlé comme d'une chose généralement connue. Mais Ibn-Gebirol, tout en se faisant le disciple de Plotin et de Proclus, a su imprimer à son système un certain cachet d'originalité, tant par sa théorie de la *Volonté* que par la manière dont il développe les idées de matière et de forme. Nulle part ces idées n'ont été exposées avec tant de précision, et on a vu comment Ibn-Gebirol, en prenant pour point de départ la théorie aristotélique, est arrivé, par une argumentation subtile, à distinguer plusieurs espèces de matière et de forme et à s'élever jusqu'à l'idée d'une matière et d'une forme universelles, embrassant à la fois le monde spirituel et le monde corporel. Ce qui encore lui appartient en propre, ce sont surtout les rapprochements ingénieux, mais souvent trop subtils, par lesquels il cherche à établir des analogies entre le monde supérieur et le monde inférieur ; ce sont les argumentations par lesquelles il établit l'existence des substances simples, et notamment les preuves analytiques tirées de l'influence de ces substances sur le monde inférieur, choses dans lesquelles, comme il le dit lui-même, personne ne l'avait précédé (1) ; c'est enfin la manière dont il a su allier la doctrine de la Volonté et le dogme de la création aux doctrines panthéistes des néoplatoniciens, sans pour cela avoir eu la prétention d'élaborer un système exclusivement applicable au judaïsme, et cherchant à se placer sur un terrain neutre où pouvaient se rencontrer tous ceux qui admettaient un Dieu créateur, produisant l'univers par sa *Parole* ou sa libre *Volonté* (2). Le système

(1) Voy. ci-dessus, p. 203, note 1.

(2) La *Source de vie* est peut-être le seul ouvrage juif du moyen âge qui ne présente aucune citation de l'Écriture sainte ni de la tradition juive ; on n'y rencontre que quelques rares allusions au livre Yecirâ.

d'Ibn-Gebirol devait nécessairement trouver de nombreux contradicteurs, car il ne pouvait convenir ni aux hommes d'une orthodoxie rigoureuse, ni aux partisans exclusifs de la philosophie d'Aristote, dont la connaissance, grâce aux travaux d'Ibn-Sînâ, se répandit de plus en plus parmi les juifs et les Arabes, bien que le péripatétisme arabe présente des traces assez nombreuses de l'influence exercée par les commentateurs néoplatoniciens.

Il nous reste encore à recueillir quelques données historiques sur l'accueil qui fut fait à la philosophie d'Ibn-Gebirol et sur les traces qu'elle a laissées dans les écrits de ses successeurs.

CHAPITRE IV.

DES SUCCÈS DIVERS DE LA PHILOSOPHIE D'IBN-GEBIROL.

Nous avons déjà fait observer plus haut que la *Source de vie* parut à l'époque où Ibn-Sinâ venait de publier en Orient sa vaste Encyclopédie des sciences philosophiques. L'Occident musulman ne nous a conservé le souvenir d'aucun philosophe remarquable antérieur à Ibn-Gebirol; le premier savant musulman d'Espagne qui ait cultivé la philosophie avec succès est Ibn-Bâdja, ou Avempace; celui-ci florissait plus d'un demi-siècle après Ibn-Gebirol, et il est déjà imbu des doctrines péripatéticiennes répandues par les ouvrages d'Ibn-Sînâ et qui bientôt devaient prendre en Occident le plus grand développement par les vastes travaux d'Ibn-Roschd. Il ne faut donc pas s'étonner que les doctrines exposées dans la *Source de vie* n'aient laissé aucune trace dans la philosophie arabe d'Espagne. D'ailleurs, les ouvrages des Juifs étaient rarement lus par les Musulmans, et il est certain qu'Ibn-Bâdja, Ibn-Tofaïl et Ibn-Roschd ignoraient jusqu'à l'existence d'Ibn-Gebirol et de sa *Source de vie*. Mais ce qui est plus étonnant, c'est que la philosophie d'Ibn-Gebirol ait été sitôt oubliée, même chez les auteurs juifs, à tel point que dans les ouvrages de Maïmonide et de plusieurs autres philosophes juifs il n'en soit fait aucune mention. Il faut sans doute attribuer cet oubli, d'une part, à ce qui, dans la doctrine de notre philosophe, pouvait blesser l'orthodoxie, et, d'autre part, à l'influence exercée par la philosophie péripatéticienne, qui, depuis Maïmonide, se répandit de plus en plus parmi les Juifs, et qui domina bientôt dans leurs écoles en maîtresse absolue.

Il y eut cependant des savants juifs qui surent apprécier notre philosophe, et les attaques mêmes dont il est l'objet de la part de quelques-uns prouvent que ses doctrines n'avaient point passé inaperçues, et que dans les premiers temps elles avaient même fait une certaine sensation, jusqu'au moment où les travaux de Maïmonide et de son école donnèrent aux études philosophiques une direction nouvelle. Nous suivrons ici les traces que l'ouvrage d'Ibn-Gebirol a laissées dans la littérature juive du moyen âge.

Parmi les auteurs juifs dont les ouvrages nous sont parvenus, le premier qui ait parlé d'Ibn-Gebirol est Moïse, fils de Jacob ben-Ezra, de Grenade, connu lui-même comme poëte et philosophe, et qui florissait dans la première moitié du XIIe siècle (1). Dans un ouvrage arabe inédit qu'on peut appeler un traité de rhétorique et de poétique (2), il fait le plus grand éloge de notre Ibn-Gebirol, sur lequel il s'exprime en ces termes (3) :

(1) Voy. sur cet auteur la monographie de M. Dukes, intitulée *Moses ben Esra aus Granada;* Altona, 1839, in-8. — En arabe, cet auteur portait le prénom d'*Abou-Haroun*.

(2) Voy. ms. de la Biblioth. Bodléienne, cod. Huntington, n° 599, fol. 36 *b* et suiv. Ce ms., qui ne porte pas de titre, renferme sans aucun doute, comme je l'ai dit ailleurs, l'ouvrage cité par quelques auteurs sous le titre de كتاب المحاضرة والمذاكرة. Cf. ci-dessus, pag. 155, note 1.

(3) Nous donnerons à la fin du volume le texte arabe de ce passage, que nous traduisons aussi littéralement que le permet le style ampoulé de l'auteur.

« Abou-Ayyoub Soléimân, fils de Ya'hya ibn-Djebiroul al-Kortobi (de Cordoue), né à Malaga et élevé à Saragosse, s'appliquait avec un soin tout particulier à cultiver son être moral (1). Fuyant les choses terrestres, il vouait entièrement aux choses supérieures une âme qui s'était élevée au-dessus des souillures des désirs, et qui avait accueilli tout ce qu'il avait pu lui inculquer des sciences philosophiques et mathématiques les plus subtiles. Un philosophe a dit : La science est la teinture de l'âme ; mais on ne s'occupe de la teinture d'une chose que lorsqu'elle a été purifiée de ses souillures. Celui-là, dit Platon, qui ne s'est pas appliqué à former les qualités de son âme, ne saurait aborder aucune étude. Hippocrate dit, sous le rapport physique (2) : Les corps qui ne sont pas purs, plus on les nourrit et plus on les rend malades. — Inférieur par son âge à ses savants contemporains, il les surpassait par sa parole, quoiqu'ils se distinguassent généralement par un langage choisi et plein de douceur (3). Bien qu'ils diffèrent par leur ordre de mérite, ils se rencontrent tous dans la beauté du style et dans la douceur des expressions. Mais Abou-Ayyoub est un auteur accompli et un écrivain éloquent, qui s'est rendu maître de ce que la poésie se propose pour fin, et qui y a atteint le point de mire et touché le but. Dans ses discours il prend les tournures les plus fines, en imitant les poëtes musulmans modernes ; de sorte qu'il a été appelé le chevalier de la parole, l'intelligent versificateur, à cause du poli de son style, de ses expressions coulantes et de l'aménité des sujets qu'il traite. Tous les yeux étaient dirigés vers lui, et on se le

(1) Littéralement : *rectifiait ses mœurs et cultivait son naturel.*

(2) Voyez les notes sur le texte arabe. Le passage d'Hippocrate se trouve dans ses *Aphorismes*, sect. II, n° 10.

(3) Les mots مقطع et منزع, qui signifient littéralement *extraction*, paraissent s'appliquer ici au langage ; le sens serait donc : quoiqu'ils soient tous doux et agréables par les expressions qu'ils tirent du trésor de la langue.

montrait avec admiration [1]. Ce fut lui qui le premier ouvrit aux poëtes juifs la porte de la prosodie, et ceux qui après lui entrèrent dans la même voie firent leur tissu sur son métier, comme on le reconnaîtra par ce qui sera dit plus loin, et comme cela deviendra manifeste par ses poésies pour ceux qui voudront l'étudier avec attention et se donner la peine de bien apprécier son talent [2]..... »

« Notre jeune poëte excellait à la fois dans le panégyrique, dans l'élégie et dans les méditations philosophiques; plein de tendresse dans ses chants d'amour, touchant jusqu'aux larmes dans ses poésies religieuses, contrit dans ses discours de pénitence, il était en même temps mordant dans ses satires [3]; car, quoique par son caractère et ses études il comptât parmi les philosophes, son irasciblité [4] exerçait sur sa raison un pouvoir indomptable et une violence sans frein. Les insultes qu'ils subissait de la part des grands lui inspiraient du mépris, et à son tour il les comblait d'injures et leur prodiguait les insultes. »

« Ce jeune homme fut moissonné par Dieu à la fleur de l'âge, au commencement du VIIIe siècle [5], à Valence, où l'on trouve son tombeau; il avait à peine dépassé la trentaine. Les critiques se sont attaqués à ses discours et se sont acharnés contre les fautes que présentent ses deux genres de style [6]; mais l'homme instruit les excusera par l'inexpé-

(1) Littéralement : *les doigts se pliaient* (ou *s'inclinaient*) *pour lui*. Cf. la note au texte arabe.

(2) Littéralement : *de le goûter et de l'examiner*.

(3) Voy. la traduction plus littérale de ce passage et l'explication des mots dans les notes qui accompagnent le texte arabe.

(4) Littéralement : *son âme* ou *sa faculté irascible* (θυμός). Il y a ici une allusion à la division platonique des facultés de l'âme, qui est aussi adoptée par Saadia et par Abraham ibn-Ezra. Voy. ma *Notice sur R. Saadia Gaôn*, pag. 9 et 10.

(5) C'est-à-dire, après l'an 4800 de l'ère juive de la Création, correspondant à l'an 1040 de l'ère chrétienne.

(6) C'est-à-dire, la prose et la poésie.

rience de l'âge et par l'aveuglement de la jeunesse. Quant à moi, je n'éprouve aucun besoin réel de le blâmer à cet égard, et je ne vois aucune nécessité de le critiquer. »

Le même Moïse ben-Ezra, dans un traité de philosophie intitulé *'Arougath ha-bosem* (parterre d'aromates), et dont nous possédons encore des fragments considérables, a fait de nombreux emprunts à notre Ibn-Gebirol, sans pourtant le nommer, et en le désignant seulement par les mots *le philosophe*, ou *un des philosophes modernes* (1). Voici, par exemple, comment il s'exprime sur l'intellect :

« L'intellect *actif* est la première d'entre les créatures du Très-Haut ; c'est une faculté émanée de la *Volonté*, une substance simple, brillante, pure, et qui porte en elle les formes de tous les êtres. L'intellect humain est une faculté composée, en rapport avec lui (l'intellect universel), et que l'homme seul possède entre tous les êtres vivants ; c'est l'intellect *passif*, principe de tout bien ; c'est de lui que nous vient la connaissance, et c'est par lui que se font les prémisses et se déduisent les conclusions (2). »

Ailleurs il dit : « L'homme est appelé *petit monde* (microcosme), comme l'univers est appelé le *grand monde* (macrocosme) ; car le petit monde ressemble au grand par sa composition, sa dérivation et sa création. La substance de l'intellect, qui est la plus sublime et la plus simple de toutes les substances de l'univers, ne s'attache pas (directement) au corps, mais l'âme et l'esprit se placent comme intermédiaires entre l'intellect et le corps ; de cette manière, ce qui est léger se lie avec ce qui est pesant, et ce qui est subtil, avec ce qui est grossier. Ainsi, l'âme rationnelle ne subsiste dans le corps que par l'intermédiaire des *esprits* qui se placent entre les deux ; car,

(1) Voy. les fragments publiés par M. Dukes, dans le recueil hébreu mensuel de Francfort-sur-Mein, intitulé *Sion*, année 5602 (1842), pag. 117, 134, 157, 175.

(2) Voy. *l. c.*, pag. 159. Nous corrigeons, dans nos citations, plusieurs fautes du texte hébreu qu'il serait inutile d'indiquer ici.

l'une étant subtile et l'autre grossier, l'âme ne peut subsister dans le corps que par un lien intermédiaire. Il en est de même de l'univers, je veux dire que la substance simple et sublime ne peut s'unir (directement) au corps du monde; ce dernier est la substance qui porte les dix catégories (1).

On reconnaît ici la reproduction presque textuelle de divers passages de la *Source de vie*. De même, en parlant de la difficulté de s'élever, par la seule intelligence, à la connaissance du monde supérieur, que nous ne pouvons atteindre qu'en nous dépouillant, pour ainsi dire, de notre corps, et en nous plaçant dans un état extatique, Moïse ben-Ezra cite, au nom d'*un des philosophes modernes*, un long passage qui appartient à Ibn-Gebirol (2). Il emprunte aussi les paroles de ce dernier, pour dire que l'observation de soi-même, ou la connaissance de l'âme, est la première science que l'homme doive rechercher, et que ce n'est qu'au moyen de cette science qu'il peut espérer de pouvoir aborder les autres (3).

Le célèbre Abraham ibn-Ezra fait également, dans divers passages de ses commentaires bibliques, l'éloge d'Ibn-Gebirol dont il cite plusieurs explications allégoriques (4), et, bien qu'il ne cite pas la *Source de vie*, on est fondé à conclure de certains passages de ses écrits qu'il connaissait cet ouvrage, auquel peut-être il a emprunté certaines doctrines néoplatoniciennes. Dans ce qu'Ibn-Ezra dit çà et là de la Volonté créatrice, qu'il identifie avec la *Sagesse* divine ou le Verbe divin, on peut admettre l'influence d'Ibn-Gebirol, quoiqu'elle n'y soit pas de toute évidence (5).

(1) Voy. *l. c.*, pag. 120, et cf. les Extraits de la *Source de vie*, liv. III, §§ 6 et 8.

(2) Voy. *ibid.*, pag. 121. Le passage que nous trouvons ici est emprunté au troisième livre de la *Source de vie*, § 37.

(3) Voy. *ibid.*, et la *Source de vie*, liv. I, § 1. Le texte de M. Dukes est ici tronqué.

(4) Voy. ci-dessus, pag. 166 et 167.

(5) Voy. le commentaire d'Ibn-Ezra sur l'Ecclésiaste, chap. XII,

Il résulte d'ailleurs de quelques passages du livre *Khozari*, de R. Iehouda ha-Lévi, qu'à cette époque le péripatétisme, chez les philosophes juifs, renfermait encore beaucoup d'éléments de la philosophie alexandrine (1), qui ont pu être empruntés à la

v. 11, où les mots דברי חפץ sont pris dans le sens de *Volonté divine* et expliqués par החכמה העליונה, *sagesse suprême*. — Un savant distingué, très versé dans la littérature rabbinique, M. Senior Sachs, à Berlin, à qui mon premier article sur Ibn-Gebirol (voy. ci-dessus, pag. 153) a donné lieu de se livrer à des recherches sur notre philosophe, a recueilli dans différents auteurs juifs des passages où le *Fons vitæ* a été cité ou mis à profit. Nous lui devons quelques renseignements utiles; mais il nous semble qu'il est souvent allé trop loin dans ses rapprochements et qu'il a attribué à certains auteurs, et entre autres à Ibn-Ezra, des intentions qui étaient loin de leurs pensées. Ainsi, par exemple, dans un passage du commentaire d'Ibn-Ezra sur l'Exode (à la fin du chap. 25), il croit retrouver la doctrine d'Ibn-Gebirol, qui attribue une matière aux substances simples. Dans ce passage, Ibn-Ezra distingue deux espèces de formes, les unes essentielles et impérissables, les autres accidentelles. De la première espèce, dit Ibn-Ezra, sont les formes des êtres saints et l'intelligence dans l'âme. M. Sachs croit pouvoir conclure de là que, selon Ibn-Ezra, les anges ou les substances simples sont composées de matière et de forme (voy. le recueil intitulé הַתְּחִיָּה, deuxième livraison, pag. 12); mais il me paraît évident qu'Ibn-Ezra parle ici des *intelligences des sphères*, considérées comme les formes des corps célestes.

(1) Dans un passage où Iehouda ha-Lévi expose la théorie de l'âme et de ses facultés, telle qu'elle était enseignée par les philosophes de son temps, et où il passe en revue toutes les sciences philosophiques accessibles à l'âme rationnelle, nous voyons figurer, au milieu des différentes parties de la philosophie péripatéticienne, la théorie des substances simples ou des hypostases néoplatoniciennes qui ont leur place entre le premier moteur et la sphère céleste et qui se succèdent dans l'ordre suivant : l'intellect universel, l'âme universelle, la nature, et enfin la matière et la forme. Voy. le *Khozari*, liv. V, § 12 (édit. de *Buxtorf*, pag. 347). On voit qu'ici, comme dans le système de Proclus, les substances simples ne participent point de la matière, tandis qu'Ibn-Gebirol, admettant l'opinion de Plotin, attribue une matière à ces substances supérieures.

Source de vie, ou bien directement aux livres pseudonymes dont nous avons parlé plus haut. Quant à la doctrine de la Volonté, on a déjà vu plus haut qu'elle remonte aux théologiens juifs et musulmans antérieurs à Ibn-Gebirol, et les détails que le livre *Khozari* renferme sur cette doctrine (1) ne prouvent pas que Iehouda ha-Lévi ait mis à profit la *Source de vie*. Ce qui est certain, c'est qu'il ne mentionne nulle part notre auteur, et que l'esprit qui règne dans le *Khozari* est tout à fait opposé aux spéculations métaphysiques de la *Source de vie*.

Peu de temps après les auteurs dont nous venons de parler, la philosophie d'Ibn-Gebirol rencontra un rude adversaire dans le célèbre Abraham ben-David ha-Lévi, qui composa en 1160, sous le titre de *La Foi sublime*, un traité de théologie, où il cherche à mettre d'accord la religion juive avec la philosophie aristotélique (2). C'est en sa qualité de péripatéticien et de théologien orthodoxe qu'il attaque avec beaucoup d'amertume l'auteur de la *Source de vie*. Nous recueillerons ici les divers passages où il parle d'Ibn-Gebirol.

Déjà dans l'introduction de son ouvrage, après avoir parlé de Saadia, dont il reconnaît les bonnes intentions, mais dont les travaux lui paraissaient insuffisants, Abraham ben-David fait une sortie très vive contre le livre d'Ibn-Gebirol, qu'il caractérise en ces termes : « Nous avons aussi pris connaissance du livre de Rabbi Salomon ibn-Giberol, qui se propose pour

(1) Voy. *Khozari*, II, 6 ; IV, 3, 26 ; V, 2, 18.

(2) Cet ouvrage, écrit primitivement en arabe, sous le titre de العقيدة الرفيعة, ne s'est conservé que dans une version hébraïque, intitulée האמונה הרמה, et qui a été publiée pour la première fois, avec une traduction allemande, par M. Simson Weil (Francfort-sur-Mein, 1852, in-8). Abraham ben-David, dont le nom a été souvent travesti par les bibliographes en celui de *Ben-Dior*, est surtout célèbre par une chronique intitulée *Sépher ha-Kabbalâ* et qui a eu plusieurs éditions ; il subit le martyre à Tolède, en 1180. Voy. sur cet auteur et sur son ouvrage théologique l'excellente dissertation de M. Joseph Gugenheimer intitulée *Die Religions-Philosophie des R. Abraham ben-David ha-Levi* (Augsbourg, 1850, in-8).

but un des sujets de la philosophie. Mais il n'avait pas particulièrement en vue notre communion, et il s'occupe, au contraire, d'un sujet qui intéresse au même point les hommes de toutes les sectes. Avec cela il s'est trop étendu sur un seul et même sujet; de sorte que le livre en question, qu'il a intitulé la *Source de vie*, si on le passait au creuset, pourrait bien être réduit à moins d'un dixième. Il s'est surtout ingénié à former des syllogismes, sans s'enquérir si les prémisses en étaient vraies, et il s'est contenté d'employer des prémisses imaginaires, matériellement douteuses, pourvu que la forme du syllogisme fût exacte (1). Or, comme il sentait lui-même ce qui en était, il multipliait les démonstrations, s'imaginant qu'une multitude de démonstrations dénuées de vérité pouvaient tenir lieu d'une démonstration vraie. C'est à cela que l'on peut appliquer ces paroles du sage : ***Mieux vaut une poignée de satisfaction que les deux mains pleines de labeur et de vaines préoccupations*** (*Ecclésiaste*, chap. IV, v. 6). Nos sages ont dit : ***Un seul grain de poivre fort vaut mieux que des paniers pleins de citrouilles*** (2). Je n'aurais pas blâmé ses paroles, s'il ne s'était pas mis en révolte ouverte contre notre communion (3), comme le

(1) Dans un autre endroit, notre auteur, en parlant des substances simples, s'exprime en ces termes : « Ibn-Gebirol, dans le troisième livre de sa *Source de vie*, ayant voulu établir l'existence de ces substances simples, a allégué pour cela plus de quarante démonstrations, dont pas une seule n'a de prémisses vraies; car les deux prémisses, ou du moins la majeure, reposent toujours sur de simples hypothèses. Voy. *Emounâ Ramâ*, pag. 62 (trad. all., pag. 78).

(2) Voy. *Talmud de Babylone*, traité *Meghillâ*, fol. 7 *a*.

(3) C'est-à-dire : s'il n'avait pas avancé des doctrines qui sont en contradiction directe avec l'orthodoxie juive. Tel est évidemment le sens des mots לולי שדבר סרה גדולה על האומה, qui peuvent donner lieu à un malentendu. Le mot אומה est ici la traduction du mot arabe ملة, qui a surtout le sens de *communauté* ou *secte religieuse*; l'original arabe portait probablement לולא אפתאת אפתיאתא עטימא עלי אלמלה. Le verbe افتات (VIII de فات) signifie *se mettre au-dessus de quelque chose, insister sur sa propre*

reconnaîtra celui qui a lu son livre. Ce livre tout entier montre qu'il était bien faible en philosophie, et qu'il tâtonnait comme on tâtonne dans les ténèbres. »

Au livre Ier, chap. 1, notre auteur, en parlant de la substance et de l'accident, dit que tout ce qui est substance l'est en lui-même, et non pas par rapport à autre chose, et qu'on ne saurait dire, par exemple, que l'homme est homme par rapport à l'âne, et que par rapport à l'ange il n'est point homme, mais un accident quelconque; car, en tout lieu et sous tous les rapports, la substance reste substance, et l'accident reste accident. A cette occasion il blâme Ibn-Gebirol pour avoir émis l'opinion qu'il y a certaines choses qui, sous un rapport, sont des substances, et, sous un autre rapport, des accidents. C'est là, ajoute-t-il, une erreur qu'il n'a pas inventée lui-même; car il y a eu des philosophes qui ont commis la même erreur, et il n'a fait que les suivre (1). — Plus loin, après avoir établi que l'âme est une substance, et non pas un accident, comme l'ont cru plusieurs, notre auteur revient encore sur l'opinion en question, d'après laquelle l'âme pourrait être considérée à divers points de vue, tantôt comme substance, tantôt comme accident: « Il y a eu des hommes, dit-il, qui ont pensé par erreur qu'il y a certaines choses qui, sous un rapport, sont des substances, et, sous un autre rapport, des accidents, ce qui est une opinion fausse, susceptible d'être refutée. Ibn-Gebirol aussi a adopté cette opinion, comme on le trouve dans son livre appelé la *Source de vie*. La substance et l'accident ne sont point tels à un certain point de vue ou par rapport à une certaine chose; mais la substance est substance en elle-même, et l'accident est accident en lui-même.

opinion, *professer des opinions paradoxales* ou *des hérésies*. C'est le même sens qu'il faut attribuer dans les versions hébraïques à l'expression דבר סרה. C'est ainsi que dans le *Guide des Égarés*, IIIe partie, chap. 16, les mots אפתאת אלפלאספה ... אפתיאתא עטימא גדא ont été rendus dans les deux versions hébraïques par les mots דברו הפילוסופים ... סרה גדולה מאוד.

(1) Voy. *Emounâ Ramâ*, pag. 4 et 5 (trad. all., pag. 7).

Nous ne nous occuperons pas à réfuter les partisans de l'opinion en question, pour ne pas trop étendre notre ouvrage; celui qui veut s'en occuper peut consulter les livres des véritables philosophes. Pour nous, il nous suffit d'établir que l'âme n'est nullement un accident; or, ce qui n'est pas accident est substance; l'âme donc est une substance (1). »

En définissant la *quantité*, Abraham ben-David blâme Ibn-Gebirol pour avoir désigné la matière inférieure comme une substance *intelligible* tout en lui attribuant la *quantité* qui ne s'applique qu'aux choses sensibles : « Ibn-Gebirol, dans le deuxième livre de sa *Source de vie*, émet l'opinion que la substance qui porte les catégories est intelligible, et non sensible; et en même temps il dit qu'elle est (seulement) *mue*, et qu'elle ne *meut* pas. Il donne de cela une raison étrange, en disant que la quantité qui affecte cette substance l'empêche de se mouvoir et ne lui permet pas de marcher. Il attribue donc la quan-

(1) Voy. *ibid.*, pag. 23 (trad. all., pag. 30). — Sur l'erreur reprochée à Ibn-Gebirol, cf. ci-dessus, pag. 108, note 3, où il a été montré qu'Ibn-Gebirol considère la *forme* à différents points de vue, tantôt comme substance, tantôt comme accident. Nous donnons ici un autre passage du *Fons vitæ* (vers. lat., fol. 202 *b*), où l'âme est désignée à la fois comme substance et comme accident : « *Disc.* Fac me scire, postquam dictum fuerit de anima quod defluxa est ab intelligentia, quod autem est extra essentiam [ejus]; quia, si est extra essentiam intelligentiæ, tunc non est defluxa ab ea; si vero fuerit intra essentiam intelligentiæ, tunc non est inter illas differentia.— *Mag.* Anima exiens ab essentia intelligentiæ exitu virtutis a re forti, et non est intrans (intra?) essentiam ejus; exitus animæ a sua essentia non prohibet quin sit fluxa ab ea, quia quod fluit ab aliquo exit ab essentia rei a qua fluit, et discedens [est] ab ea quando fluit ab ea. Similiter anima defluxa est ab intelligentia et est exiens ab essentia intelligentiæ quando fluit ab ea. Et exitus animæ ab intelligentia sicut virtutis a re forti *non est prohibens quin anima sit substantia, quia res defluxa ab intelligentia est substantia in se ipsa, et si sit accidens ideo quod defluxa est ab alia substantia.* » Ce passage est tiré du troisième livre et se place entre les §§ 10 et 11 de nos *Extraits*.

tité à une substance purement intelligible, ce qui est une absurdité (1). »

En exposant l'idée de la matière première, notre auteur critique avec beaucoup de sévérité ce qu'Ibn-Gebirol dit des propriétés de la matière universelle : « Ibn-Gebirol, ayant voulu la définir, s'exprime ainsi dans le premier livre de la *Source de vie*. Si toutes les choses ont une (seule) matière universelle, celle-ci a nécessairement les propriétés suivantes : celle d'être, celle de subsister par elle-même, celle d'être d'une seule essence, celle de porter la diversité et celle de donner à tout son essence et son nom (2). Il a ainsi commis six erreurs dès l'introduction de son ouvrage : 1° La matière première n'a pas d'*être* (ou d'*existence*), car on n'attribue l'être qu'à ce qui est en acte. Aristote dit expressément que le *non-être* se dit de trois choses, savoir : de la privation absolue, de la privation considérée par rapport à une certaine forme (3), et de la matière première. 2° La matière première ne subsiste pas par elle-même. 3° Elle n'est ni une ni multiple, car ce qui n'a pas d'existence n'a pas de nombre, ni, par conséquent, d'unité. 4° Elle ne porte pas la diversité, car les diversités sont des accidents, et ce n'est pas la matière première qui porte les accidents ; car ceux-ci n'affectent que l'être parfaitement *existant* (4) ; mais elle porte les choses diverses, c'est-à-dire les corps divers. 5° Ce n'est pas elle, mais bien la forme, qui donne à toute chose sa définition et son nom. Enfin, 6° il ne faut pas lui attribuer de propriétés, car les propriétés sont des accidents qui n'affectent nécessairement que l'*être en acte*. Tout ce qu'il dit dans la *Source de vie* est de la même sorte (5). »

(1) Voy. *Emounâ Ramâ*, pag. 6 (trad. all., p. 9), et cf. nos Extraits de la *Source de vie*, liv. II, § 14 (pag. 24).

(2) Voy. nos Extraits de la *Source de vie*, liv. I, § 6.

(3) Cf. *Guide des Égarés*, liv. I, chap. XVII (t. I, pag. 69, de ma trad. franç.).

(4) C'est-à-dire, la substance ou l'être en acte composé de matière et de forme.

(5) Voy. *Emounâ Ramâ*, pag. 11 (trad. all., pag. 15 et 16).

Enfin, il blâme Ibn-Gebirol pour avoir expressément attribué une *matière* aux substances simples. Selon lui, il eût été plus exact de dire qu'elles ont un *être en puissance*, et que ce sont des êtres *possibles*, Dieu seul étant l'*être nécessaire* dans le sens absolu ; or, l'être en puissance a bien quelque analogie avec la matière, mais il n'est pas pour cela nécessairement matériel (1). Ici comme ailleurs il trouve les preuves alléguées par Ibn-Gebirol peu concluantes.

Cette critique amère d'Abraham ben-David contribua peut-être à discréditer de plus en plus parmi les Juifs la philosophie d'Ibn-Gebirol, qui d'ailleurs devait perdre de son influence à mesure qu'on revenait au péripatétisme, tel qu'il était enseigné par Ibn-Sînâ. Le mysticisme du *Fons vitæ* ne pouvait convenir à des esprits positifs, tels que Maïmonide et les philosophes sortis de son école. Aussi Ibn-Gebirol, sur lequel Maïmonide garde un silence absolu (2), devint-il bientôt, du moins

(1) Voy. *ibid.*, pag. 12 et 64 (trad. all., pag. 17 et 80). — Albert le Grand s'exprime à cet égard à peu près dans les mêmes termes qu'Abraham ben-David ; après avoir dit que, selon lui, les choses incorporelles n'ont aucune espèce de matière, il ajoute : « Esse tamen in ipsis incorporalibus, in quantum facta sunt, primum subjectum, quod quasi fundamentum est eorum quibus ad esse perfectum determinatur, quod cum materia nec idem specie nec idem genere est, sed similitudinem habet ad ipsam secundum proportionem ; etc. » Voy. *Summa Theologiæ*, pars I, tract. IV, quæstio XX (Opp. omn., t. XVII, pag. 77 *a*).

(2) Selon M. Senior Sachs (*Te'hiyyâ*, première livraison, pag. 3 et suiv.), la violente sortie que Maïmonide, dans la première partie de son *Guide des Égarés*, chap. LIX (trad. fr., t. I, p. 257), fait contre les poëtes qui croient glorifier Dieu en accumulant les attributs, serait particulièrement dirigée contre Ibn-Gebirol. Il est possible que Maïmonide ait pensé au poëme *Kéther Malkhouth* et à d'autres compositions de la même nature ; mais rien ne prouve qu'il ait compté Ibn-Gebirol, le philosophe, au nombre des *Motécallemîn* et des partisans d'attributs positifs, et qu'il ait voulu condamner sa théorie de la Volonté comme contraire à l'unité absolue de Dieu. On a pu voir qu'Ibn-Gebirol prend ses précautions à l'égard

en sa qualité de philosophe, l'objet d'un profond oubli parmi ses coreligionnaires.

Un seul philosophe juif du XIIIe siècle, tout en se montrant toujours attaché au péripatétisme pur a cru devoir consacrer une étude approfondie à la philosophie d'Ibn-Gebirol. Nous voulons parler de Schem-Tob ibn-Falaquéra, qui, dans son commentaire sur le *Guide* de Maïmonide, intitulé *Moré ha-Moré* (le Guide du Guide), cite fréquemment des passages de la *Source de vie* (1), et à qui, comme on l'a vu, nous devons les extraits publiés dans ce volume. Ibn-Falaquéra a su, — chose assez remarquable pour ces temps, — apprécier du point de vue historique l'œuvre de notre philosophe, qui, selon lui, renferme un système suranné, remontant aux philosophes de la plus haute antiquité. Mais le travail d'Ibn-Falaquéra ne contribua point, à ce qu'il paraît, à rendre l'ouvrage d'Ibn-Gebirol plus populaire. A la fin du XIIIe siècle, la *Source de vie* était si peu connue parmi les Juifs d'Espagne et de Provence que Iedaïa Penini, de Béziers, voulant recommander l'étude

des attributs, en déclarant que la substance première forme avec son attribut (la Volonté) une véritable unité sans distinction aucune. Voy. les Extraits, liv. V, § 67 (pag. 141), et cf. les paroles du *Kéther Malkhouth*, citées plus haut, pag. 164 : *Tu es Dieu, et il n'y a à établir aucune distinction*, etc. Maïmonide lui-même, malgré son spiritualisme exagéré, et après avoir expressément nié tous les attributs positifs, parle de la Volonté ou de la Parole créatrice dans des termes analogues à ceux d'Ibn-Gebirol. Voy. *Guide*, Ire partie, chap. LXV et *passim*. D'ailleurs, Maïmonide déclare d'une manière absolue qu'aucun des théologiens juifs d'Andalousie n'avait marché sous un rapport quelconque sur les traces des *Motécallemîn*, et qu'ils étaient tous attachés aux opinions des philosophes. Voy. *ibid.*, chap. LXXI (pag. 338).

(1) Voy. *Moré ha-Moré*, édit. de Presbourg, 1837, in-8, pag. 25, 29, 50, 55, 56, 63, 81, 86, 93, 94, 115, 122, 133, 135, 141. Tous les passages cités dans le *Moré ha-Moré* se retrouvent dans les *Extraits*, excepté le premier, qui a sa place dans le 3e livre, et que nous avons indiqué plus haut (pag. 193, 194) d'après la version latine.

de la philosophie par l'exemple des grands hommes des siècles antérieurs, ne sait citer de notre Ibn-Gebirol que son petit traité de morale, tout à fait insignifiant au point de vue spéculatif [1].

Il paraît néanmoins que les doctrines professées dans la *Source de vie* ne restèrent pas sans influence sur la Kabbale spéculative, que nous voyons, à partir du XIIIe siècle, prendre les plus grands développements. A la vérité, Ibn-Gebirol n'est pas plus mentionné par les kabbalistes que par les philosophes; mais nous rencontrons chez les premiers des doctrines analogues à celles de la *Source de vie*, et il nous paraît plus que probable que les auteurs du *Zohar* et de quelques autres compilations kabbalistiques ont connu les ouvrages d'Ibn-Gebirol, ou tout au moins ont puisé leurs doctrines aux mêmes sources que ce philosophe.

Quelle que puisse être l'antiquité de certaines doctrines professées dans le *Zohar*, il nous paraît hors de doute que l'ensemble de ce livre, tel que nous le possédons aujourd'hui, est une compilation qui ne remonte pas au delà du XIIIe siècle et dont les auteurs vivaient en Espagne. Dès la première moitié du XVIIe siècle, l'authenticité de ce livre fut gravement compromise par les observations critiques de Jean Morin [2];

(1) Voy. la *Lettre apologétique* (כתב ההתנצלות) adressée par Iedaïa Penini à Rabbi Salomon ben-Adrath pour prendre la défense des études philosophiques. Cette lettre se trouve dans le recueil des *Consultations* de Rabbi Salomon ben-Adrath (שאלות ותשובות ר"ש ב"א), n° 418; le passage relatif à Ibn-Gebirol est conçu en ces termes : והחכם ר' שלמה בן גבירול וממנו ספר קצר במדות הנפש הולך על ענינים טבעיים « Et Rabbi Salomon ibn-Gebirol, dont nous possédons un petit livre sur les mœurs de l'âme, basé sur des principes physiques. »

(2) Voy. *Exercitationes biblicæ*, pag. 363 et suiv.; cf. Tholuck, *Commentatio de vi quam græca philosophia in theologiam tum Muhammedanorum tum Judæorum exercuerit*, part. II, p. 16 et suiv. — L'authenticité du *Zohar* fut également attaquée par un contemporain israélite de Jean Morin, le célèbre Léon de Modène, dans un

et de nos jours l'opinion du célèbre oratorien a été fortifiée par une foule d'observations de détail qui avaient échappé à son érudition et à sa sagacité. Certes, les savantes et profondes recherches auxquelles s'est livré l'auteur de *La Kabbale* ne nous permettent pas non plus de ne voir dans le *Zohar* tout entier que l'œuvre d'une simple supercherie et d'une pure invention. Il nous paraît évident, au contraire, que le compilateur s'est servi de documents anciens, et entre autres de certains *Midraschîm*, ou recueils de traditions et d'expositions bibliques, que nous ne possédons plus aujourd'hui. Nous croyons aussi qu'on peut reconnaître dans les *sephirôth* des analogies frappantes avec les doctrines de certains gnostiques, notamment de Basilide et de Valentinien (1). Mais plusieurs centaines de passages viennent protester contre l'opinion qui voudrait admettre *que les traditions réunies dans le Zohar ont pris naissance depuis le Ier jusqu'à peu près vers la fin du VIIe siècle de l'ère chrétienne* (2). Il faudra avouer que les arguments allégués contre l'antiquité de l'ensemble du *Zohar* sont au moins aussi

écrit intitulé *Arî Nohem* (le Lion rugissant) ; cet écrit, resté complétement inconnu, a été publié dans ces derniers temps par le Dr Fürst (Leipzig, 1840, in-12).

(1) Cf. Tholuck, *l. c.*, pag. 24 et 31. — Hâya Gaôn, mort en 1038, est à notre connaissance le premier auteur qui développe la théorie des *sephirôth*, et il leur donne des noms que nous retrouvons plus tard chez les kabbalistes (cf. Jellinek, *Moses ben Schem-Tob de Leon*, pag. 13, note 5) ; ce docteur, qui avait de fréquents rapports avec des savants chrétiens syriens ou chaldéens, a pu par ces derniers avoir connaissance de quelques écrits gnostiques.

(2) Voy. *La Kabbale, ou La Philosophie religieuse des Hébreux*, par Ad. Franck, pag. 135. — Un rabbin du dernier siècle, R. Jacob Emden, dans sa critique du *Zohar* intitulée מטפחת הספרים, énumère deux cent quatre-vingts passages qu'on doit nécessairement considérer comme interpolés si l'on veut voir dans le *Zohar* un livre composé à l'époque des *Tannaîm* et des *Amoraîm*. Cf. *Dialogues sur la Kabbale et le Zohar* (en hébreu), par S. D. Luzzatto, Gorice, 1852, pag. 111.

forts que ceux qui ont été produits en faveur de cette antiquité, d'où il s'ensuivra nécessairement que nous avons ici une compilation assez moderne, pour laquelle on s'est servi de documents de différentes époques. Cette question est trop compliquée pour que nous puissions l'aborder ici incidemment, et nous devons renvoyer le lecteur aux écrits spéciaux où elle a été traitée (1) ; nous devons nous borner à indiquer ici rapidement quelques-unes des traces nombreuses qui nous révèlent une époque très récente.

On mentionne, soit dans le *Zohar*, soit dans ses suppléments, non-seulement les points-voyelles, qui furent introduits au VIe siècle, mais aussi certains noms de voyelles et d'accents toniques inventés par des grammairiens beaucoup plus récents (2), et on va jusqu'à désigner la grammaire sous le nom de *Dikdouk*, qu'on ne trouve nulle part avant le Xe siècle (3).

Dans un passage du *Zohar*, il est dit qu'Israël est parmi les nations ce que le cœur est parmi les parties du corps : le cœur, plus faible et plus délicat que tous les organes et seul exposé aux affections morales, est pourtant le principe de vie et de santé et fait seul subsister tous les membres du corps ; telle est aussi la place qu'occupe Israël parmi les nations (4). Cette idée est exprimée presque dans les mêmes termes par

(1) On peut voir notamment les écrits suivants de M. Ad. Jellinek : *Beiträge zur Geschichte der Kabbala*, 2 livraisons, Leipzig, 1852 ; *Moses ben-Schem-Tob de Leon. und sein Verhältniss zum Sohar*, Leipzig, 1851.

(2) Voy. Luzzatto, *l. c.*, pag. 120 ; Tholuck, *l. c.*, pag. 25.

(3) Dans l'introduction des *Tikkounîm*, ou suppléments du *Zohar*, on désigne les grammairiens sous la dénomination de מארי דקדוק. Cf. Luzzatto, *l. c.*, pag. 84 et 115.

(4) Voy. *Zohar*, au livre des *Nombres*, sect. פנחס (édit. d'Amsterdam, t. III, fol. 221 *b*) : ישראל עבד לון קודשא בריך הוא לבא דכל עלמא והכי אינון ישראל בין שאר עמין כלבא בין שייפין ··· לבא איהו רכיך וחלש ואיהו קיומא דכל שייפין לא ידעין מצערא ועקא ויגונא כלל אלא לבא דביה קיומא וגו׳ ·

R. Iehouda ha-Lévi, auteur du XIIe siècle (1); et comme, de l'aveu de tout le monde, le *Zohar* était totalement inconnu à cette époque, il est évident que la priorité doit être reconnue à l'auteur du *Khozari*, et que l'auteur du *Zohar* lui a emprunté la comparaison dont il s'agit.— Une autre fois, le *Zohar* paraît emprunter une idée de Maïmonide, qui voit dans les *ténèbres* dont il est question au commencement de la Genèse (chap. I v. 2) l'*élément du feu* (2).— Un autre emprunt, fait aux docteurs du XIIe siècle, se fait reconnaître dans les deux espèces de *tephillîn*, ou phylactères, mentionnées dans le *Zohar* (3); on y fait évidemment allusion aux opinions divergentes de R. Salomon ben-Isaac dit *Raschi* (mort en 1105), et de son petit-fils R. Jacob dit *Rabbenou-Tam*, sur la manière d'inscrire dans les phylactères les passages bibliques qui doivent en faire partie.

Dans plusieurs passages nous retrouvons les termes philosophiques employés par les péripatéticiens arabes. Ainsi, par

(1) Voy. le *Cosri*, ou mieux *Khozari*, liv. II, §§ 36 et suiv. (édit. de Buxtorf, p. 110): ישראל באומות כלב באיברים הוא רב חליים מכלם ורב בריאות מכלם וכו׳ .

(2) Voy. le *Guide des Égarés*, 2e partie, chap. xxx (t. II, fol. 67 *b*, de mon texte ar.): וחשך הו אלנאר אלאסטקסיה ... ואנמא סמית אלנאר אלאסטקסיה בהדא אלאסם לכונהא גיר מציה בל שפאפה « Le mot חשך (ténèbres) désigne ici le *feu élémentaire*... Si le feu élémentaire a été désigné par ce nom, c'est parce qu'il n'est pas lumineux, mais seulement transparent.»— Cf. le *Zohar*, t. I, fol. 16 *a*: חשך רזא דאשא תקיפא וגו׳ « Le mot *ténèbres* indique le mystère du feu fort (fondamental), etc. » — Saint Thomas cite cette opinion, qu'il attribue expressément à Maïmonide : « Raby Moyses... ignem significatum esse dixit per tenebras, eo quod ignis in propria sphæra non luceat et situs ejus declaratur in hoc quod dicitur *super faciem abyssi.*» Voy. *Quæstiones disputatæ*, de Creatione, quæstio IV, art. I (édit. de Lyon, fol. 25 *d*).

(3) Voy. *Zohar*, t. III, fol. 258 *a*, dans le *Ra'aya mehêmna*: .... ובגין דא אוקמוה מארי מתניתין דאית ברישא אתר לאנחא תרי תפלין .

exemple, Dieu est désigné dans le *Zohar* comme *cause des causes*, dans les termes mêmes que les Juifs du moyen âge ont empruntés aux Arabes (1). On y voit aussi figurer les *quatre éléments* dont est composé le corps humain (2), l'*âme appétitive* (3), la *perception intellectuelle* (4) et d'autres termes philosophiques empruntés au péripatétisme. Mais ces emprunts ne se bornent pas aux mots, et on peut reconnaître çà et là des théories appartenant aux péripatéticiens arabes; ainsi, par exemple, le *Zohar* expose la théorie aristotélique des éléments et parle très longuement des *quatre qualités* et de leurs mélanges, dans des termes où l'influence de la philosophie arabe est de la plus grande évidence (5). Dans les trois âmes, dési-

(1) Voy. *Zohar*, t. I, fol. 22 *b* : ראו עתה כי אני אני הוא דא הוא עלת על כל עלאין ההוא דאתקרי עלת העלות עלת מאלין עלות דלא יעבד חד מאלין עלות שום עובדא עד דנטיל רשות מההוא דעליה וגו' « *Voyez maintenant que moi, moi seul je suis* (Deutér., XXXII, 39). Ces mots désignent la cause qui est au-dessus de toutes les causes et qui est appelée la *cause des causes;* c'est-à-dire, la cause de ces causes dont aucune ne peut produire quoi que ce soit sans en avoir reçu le pouvoir de celle qui est au-dessus d'elle, etc. »

(2) Voy. *ibid.*, fol. 27 *a* : האי גופא מארבע יסודין; cf. aussi t. III, fol. 225 *a*.

(3) Voy. *ibid.*, t. I, fol. 109 *b* : נפש המתאוה ; il est vrai que cette expression ne se trouve que dans le supplément dit *Midrasch ha-Né'elâm*.

(4) Voy. *Zohar*, sect. בשלח (t. II, fol. 60 *a*) : ולא ארבקו חכמתא עלאה *et ils ne comprirent* (ou *perçurent*) *point la sagesse suprême*. Le verbe ארבק, dans le sens de *comprendre* ou *percevoir*, est évidemment une traduction du verbe hébreu השיג, employé dans le même sens par les philosophes juifs du moyen âge, et qui à son tour est une imitation du verbe arabe أدرك. Dans la partie du *Zohar*, intitulé *Midrasch ha-Né'elâm*, on emploie également le verbe hébreu השיג dans le sens philosophique dont nous venons de parler; voy. *Zohar*, t. I, fol. 126 *a*.

(5) Voy. *Zohar*, t. II, fol. 23 *b* et suiv., à la fin de la section וארא; cf. ci-dessus, pag. 88, note 1.

gnées si fréquemment dans le *Zohar* par les mots *néphesch* (souffle), *roua'h* (esprit) et *neschamâ* (âme) (1), nous croyons reconnaître : 1° l'âme vitale ; 2° l'âme rationnelle, qui est apte à devenir *intellect en acte*; 3° l'intellect actif, qui vient d'en haut et par le secours duquel ce qui n'était qu'une simple *disposition* ou *puissance* passe à l'*acte* (2) : « Le souffle et l'esprit, dit le *Zohar*, sont unis ensemble, tandis que l'âme dépend de la conduite de l'homme... Si l'homme vient se purifier, il reçoit le secours de l'âme sainte qui le purifie et le sanctifie ; s'il ne vient pas se purifier, il possède le souffle et l'esprit, mais non pas l'âme sainte (3). » Le *Zohar* revient très souvent sur l'union des deux degrés inférieurs de l'âme avec le degré supérieur ou l'âme sainte, union qui s'obtient d'une part par les efforts de l'homme, c'est-à-dire par l'étude et par la piété, et d'autre part par un secours d'en haut (4) ; ce qui rappelle la doctrine des philosophes arabes sur la *conjonction* ou l'union de l'intellect *hylique* avec l'intellect actif universel (5).

Y aurait-il réellement dans la langue du *Zohar*, comme on l'a prétendu, un argument bien fort pour l'antiquité de ce livre ? Cette langue, à la vérité, est le dialecte araméen, en usage chez les écrivains juifs à l'époque talmudique, et qui, disparaissant peu à peu pour faire place à la langue arabe, ne se montre déjà plus au Xe siècle que dans les écrits de quelques *Gueonîm*. Mais le dialecte araméen du *Zohar*, comme le fait observer un savant critique de nos jours (6), n'est ni celui que l'on

(1) Cf. Franck, *La Kabbale*, pag. 232 et 376.

(2) Voy. mes notes sur le *Guide des égarés*, t. I, pag. 306, 307, et ci-dessus, pag. 127, note 2.

(3) Voy. *Zohar*, t. I, fol. 62 *a*.

(4) Voy. *Zohar*, t. I, fol. 83 *b*, 99 *b*, 205 *b* et 206 *a*; t. II, fol. 99 *b*, 142 *a*, 182 *a* (où les trois âmes sont appelées *trois facultés* תלת חילין) ; t. III, fol. 24 *b*, 46 *b*, 70 *b*.

(5) Voy. aussi le passage de la *Théologie* d'Aristote cité ci-dessus, pag. 257.

(6) Voy. Luzzatto, *l. c.*, pag. 113, 114.

trouve dans les livres de Daniel et d'Ezra, ni celui des paraphrases chaldaïques d'Onkelos et de Jonathan, ni celui des autres *Targoumîm*, ni celui du Talmud de Babylone, ni celui du Talmud de Jérusalem, ni celui des *Midraschîm*, ni celui des *Gueonîm*; c'est un mélange extrêmement corrompu et incorrect de tous ces différents dialectes. Nous n'avons pas besoin d'expliquer ici pourquoi les compilateurs du *Zohar* ont cru utile de se servir de la langue araméenne; mais ce qui est certain, c'est qu'ils ne maniaient pas toujours cette langue avec beaucoup d'habileté, et que çà et là ils nous révèlent par de singuliers *quiproquo* que cette langue ne leur était pas tout à fait familière. Ainsi, par exemple, en parlant des treize *middôth* ou attributs divins que les rabbins trouvent dans un passage de l'Exode (chap. XXXIV, v. 6 et 7), le mot *middâ* signifiant *mesure* et s'employant au figuré dans le sens de *propriété* ou *qualité morale* (1), l'auteur du *Zohar* emploie dans son jargon chaldéen un mot qui a bien le sens de mesure, mais qui jamais ne s'emploie, ni en chaldéen, ni en syriaque, dans le sens de *qualité* (2). Une autre fois il emploie un verbe qui signifie *prêter de l'argent* dans le sens de *reconduire* ou *accompagner* (3), parce qu'en hébreu les deux sens s'expriment

(1) Cf. Maïmonide, *Guide des Égarés*, Ire partie, chap. LIV (t. I, pag. 218, de ma traduction).

(2) Voy. *Zohar*, t. I, fol. 20 *a*; t. III, fol. 288 *b* (Idra-Zouta), et *passim* : תלת עשר מכילן דרחמי; *ibid.*, t. III, fol. 140 *a* : תשע מכילן דנהרין מעתיק יומין לזעיר אפין. Le mot מכילא (מכילתא) signifie mesure ou quelque chose qui sert à mesurer, et n'a jamais eu ni en chaldéen ni en syriaque le sens de *qualité* ou d'*attribut*. Cette expression du *Zohar* a été reproduite aussi par Joseph Chiquitilla, dans son *Scha'aré orâ*, au commencement du dixième livre, fol. 107 *b*.

(3) Voy. *Zohar*, t. I, fol. 96 *b* : אוזפוה לרבי אבא תלת מילין « Ils *accompagnèrent* Rabbi Abba à la distance de trois milles »; t. II, fol. 54 *a* : אוזפוה לההוא רוחא לאתריה « Ils *accompagnèrent* cet esprit à sa place ». La racine יזף, en chaldéen et en syriaque, a seulement le sens d'*emprunter* et de *prêter*, tandis que

par la même racine. La langue araméenne, d'ailleurs, est désignée par le *Zohar* sous la dénomination de langue du *Targoûm* ou de la *Paraphrase*, ce qui ne dénote point un auteur ancien dont l'araméen aurait été la langue maternelle.

Enfin, le *Zohar* trahit naïvement son origine espagnole en jouant sur le mot *esnoga*, corrompu de *synagoga*, et que les Juifs d'origine portugaise ou espagnole emploient encore aujourd'hui pour désigner la synagogue; l'auteur du *Zohar*, ne se rendant pas compte de l'étymologie du mot *esnoga*, ou voulant simplement faire un jeu de mots, y voit une composition des deux mots hébreux *ésch nogah* (feu éclatant): « La majesté divine, dit-il, a un éclat (*nogah*), l'éclat appartient au feu (*ésch*); c'est pourquoi on appelle la synagogue *ésch-nogah* (1).» Ailleurs il emploie le mot espagnol *guardian* (gardien), comme l'a déjà fait observer Jean Morin (2).

Le *Zohar*, d'ailleurs, se fait reconnaître comme une œuvre du XIIIe siècle, en indiquant, comme l'époque la plus rapprochée à laquelle on puisse attendre le Messie, l'an 5060 de l'ère juive de la Création, correspondant à l'an 1300 de l'ère chrétienne (3).—

la racine hébraïque לוה a aussi quelquefois, à côté de ce dernier sens, celui d'*accompagner*, dans lequel elle est très fréquemment employée par les rabbins. Le verbe *accompagner* s'exprime en chaldéen par לוא; au lieu de אוזפוה, l'auteur du *Zohar* aurait dû dire אלווה.

(1) ושכינתא נגה ונגה לאש ומהכא קרו לבי כנשתא אש נגה. Voy. *Zohar*, t. III, fol. 282 *a*.

(2) Voy. *ibid.*, t. I, fol. 53 *b*: גרדיני נמוסין, *gardiens des lois*. Cf. Tholuck, *l. c.*, pag. 18. Dans l'ouvrage de M. Luzzatto (p. 114 et 115), on peut voir d'autres locutions incorrectes imitées de l'espagnol et d'autres langues européennes.

(3) Voy. *Zohar*, t. I, fol. 117 *a*. Le livre *Peliâ* (ספר הפליאה), commentaire kabbalistique sur la première *paraschâ* ou section de la Genèse (qui a été évidemment composé dans la seconde moitié du XIIIe siècle), fixe l'arrivée du Messie à l'an 1290 de l'ère chrétienne (voir aux mots זכר ונקבה בראם, Gen., V, 2). Il y a évidemment une corrélation entre ces prédictions et l'apparition, au

Que cette compilation soit l'œuvre de Moïse de Léon, comme plusieurs l'ont soutenu [1], ou de quelque autre rabbin espagnol, qu'elle soit l'œuvre d'un ou de plusieurs rabbins, peu nous importe ; ce qui est certain, c'est que les auteurs du *Zohar* et des principaux livres kabbalistiques pouvaient connaître le système philosophique exposé dans la *Source de vie*. Personne n'a jamais contesté les intimes rapports qui existent entre la philosophie alexandrine et les doctrines des kabbalistes ; mais on s'est demandé par quelle voie les kabbalistes ont pu acquérir une connaissance aussi profonde des doctrines néoplatoniciennes. Il nous semble que le livre d'Ibn-Gebirol et les fragments que nous avons cités dans le chapitre précédent répondent à cette question de la manière la plus satisfaisante. Les kabbalistes pouvaient facilement puiser dans les livres arabes pseudonymes dont nous avons parlé, ainsi que dans le livre d'Ibn-Gebirol, et on doit peut-être considérer ce dernier comme l'un des fondateurs de la Kabbale spéculative [2]. Il serait superflu de répéter ici ce qui a été dit sur les analogies frappantes qui existent entre la philosophie alexan-

XIIIe siècle, de plusieurs faux prophètes, notamment de celui d'Avila, sur lequel on peut voir Jost, *Geschichte der Israeliten*, t. VI, pag. 332, 333, et t. VII, append., pag. 385 et suiv.; cf. aussi Basnage, *Histoire des Juifs*, t. V, pag. 1774.

(1) Voy. Franck, *La Kabbale*, pag. 93 et suiv.

(2) On a prétendu à tort qu'Ibn-Gebirol, dans l'introduction de son *Traité de morale*, s'était déjà servi de l'expression de חכמת הקבלה pour désigner la science de la Kabbale (Voy. Jellinek, *Beiträge*, II, pag. 26). Après avoir parlé de l'analogie entre le *microcosme* et le *macrocosme*, Ibn-Gebirol ajoute que, s'il n'avait pas craint de s'étendre trop sur ce sujet, il aurait allégué des preuves évidentes tirées *du raisonnement intellectuel et de la science traditionnelle* (מן הסברא השכלית וחכמת הקבלה). Il est évident que le mot הקבלה signifie ici simplement *tradition* ou ce qui est admis sur l'autorité traditionnelle. L'original arabe d'ailleurs ne laisse aucun doute à cet égard ; il porte : מן אלקיאם אלעקלי ואלעלם אלתקלידי.

drine et la Kabbale [1]; nous nous bornerons à faire quelques rapprochements entre les écrits d'Ibn-Gebirol et ce que l'on trouve dans le *Zohar* et dans d'autres livres kabbalistiques.

On sait que les kabbalistes comptent quatre mondes, dont le premier, appelé *Acilâ* (émanation), renferme la sainte décade des *sephirôth*, représentant les qualités opératrices du Verbe divin. Avec le deuxième monde, appelé *Beriâ* (création), commence la Création proprement dite; mais ce monde ne renferme encore que des substances purement spirituelles, inférieures à la Volonté ou au Verbe, mais supérieures aux sphères célestes. Celles-ci, avec leurs *intelligences*, appelées aussi anges, occupent le troisième monde nommé *Yecîrâ* (formation). Enfin, le quatrième monde, appelé *Asiyyâ* (fabrication), est le monde sublunaire, soumis à la naissance et à la destruction. On reconnaît facilement dans les trois derniers mondes les trois mondes qu'on peut distinguer dans le système d'Ibn-Gebirol, — savoir : celui des substances *simples*, par lequel commence la Création [2], celui des sphères célestes et celui des éléments, ou de la génération et de la corruption, — et auxquels, comme on l'a vu, notre auteur assigne trois espèces de matière. Ce qui vient à l'appui de ce rapprochement, c'est qu'Ibn-Gebirol est le premier qui ait vu une allusion au *mystère de l'univers* dans un verset d'Isaïe que les kabbalistes appliquent aux trois mondes [3].

Ibn-Gebirol voit une grande difficulté dans la théorie de l'émanation, qui fait nécessairement supposer que la lumière divine et infinie s'affaiblit graduellement à mesure qu'elle passe dans le fini : « Comment est-il possible, se demande-t-il, que la faculté divine s'affaiblisse, se modifie et se corporifie, et que l'action de l'agent premier se montre plus dans certaines substances que dans certaines autres, puisque la faculté divine est le plus haut degré de faculté et de perfection et la

(1) Voy. Franck, *La Kabbale*, pag. 285 et suiv.
(2) Cf. les *Extraits*, liv. V, §§ 38, 39, 40.
(3) Voy. ci-dessus, pag. 167, et *ibid.*, note 2.

limite extrême de toute puissance?» A cette objection il répond dans des termes assez obscurs, dont le sens est : que la lumière infinie, qui d'abord remplissait tout, se retira en elle-même, c'est-à-dire, que ses rayons infinis se retirèrent dans le centre et laissèrent le tout dans l'ombre, et qu'ensuite cette lumière divine se communiqua graduellement et avec plus ou moins de force, selon la réceptibilité de la matière et selon ce que la Volonté divine a voulu lui donner (1). N'est-ce pas là la théorie de la *concentration* (צמצום) professée par les kabbalistes? La lumière de l'être infini (Èn-soph), disent ces derniers, remplissait tout; mais, pour se manifester, elle devait créer, c'est-à-dire se développer graduellement par l'émanation. Elle se concentra donc en sa propre substance, et c'est cette concentration qui a donné naissance à l'espace, ou à un monde que la lumière remplit ensuite successivement et à des degrés différents (2). Il nous paraît probable que les kabbalistes ont puisé ces idées dans les paroles d'Ibn-Gebirol que nous venons d'indiquer, et qui nous offrent la trace la plus ancienne de cette théorie de la *concentration*.

L'idée de l'*irradiation* revient très souvent dans la philosophie d'Ibn-Gebirol, et on sait qu'elle n'est pas moins familière aux néoplatoniciens et aux kabbalistes. On a vu que la Volonté qui se répand dans la matière pour lui donner la forme est comparée par Ibn-Gebirol à la faculté visuelle qui se répand dans l'air et s'unit avec la lumière du soleil (3). Cette image se retrouve aussi chez les kabbalistes, comme par exemple dans le passage suivant de Moïse Cordovero : « Que Dieu soit loué!

(1) Voy. les *Extraits*, liv. III, §§ 32, 33; liv. IV, § 31; liv. V, § 18. Cf. aussi *Kéther Malkhouth*, au commencement : לך המציאות אשר מצל מאורו נהיה כל הויה « Toi, tu es l'Être, qui de l'*ombre de sa lumière* a fait naître tout ce qui est.»

(2) Voy. Abraham Cohen Herera, *Porte des cieux*, liv. III, chap. 7, et liv. V, chap. 8, 12, 13, etc. Cf. Franck, *La Kabbale*, pag. 186.

(3) Voy. ci-dessus, pag. 136 et 164.

lui qui est ceint de force, qui est un, et dont toutes les facultés ne forment qu'une unité, semblable à la flamme de feu renfermant les différentes couleurs et *à la lumière de l'œil qui sort de la pupille;* ces facultés émanent les unes des autres, comme l'odeur émane de l'odeur et la lumière de la lumière (1). »

De même qu'Ibn-Gebirol, les kabbalistes enseignent que toutes les formes, d'abord réunies dans la Volonté et dans l'intelligence suprême et formant une unité absolue (2), se multiplient et se particularisent graduellement, et produisent ainsi le monde intelligible et le monde sensible. Les kabbalistes, comme Ibn-Gebirol, insistent souvent sur l'analogie parfaite qui existe entre le monde inférieur ou sensible et le monde supérieur ou intelligible. Les différentes manifestations de l'être se suivent sans interruption, s'environnent les unes les autres et se servent mutuellement de matière et de forme les unes aux autres : « Lorsque Dieu voulut créer le monde, dit le *Zohar*, il fit sortir une lumière cachée, de laquelle sortirent et rayonnèrent toutes les lumières manifestes; de cette première lumière donc se formèrent et se répandirent les autres lumières

(1) Voy. Moïse Cordovero, *Pardès*, sect. 4 (שער הצחצחות): יתʹ שם הנאזר בגבורה אשר הוא אחד מתאחד בבחותיו כלהב אש בגווניו כאור העין היוצא משחרות שבעין ונאצלים אלה מאלה כריח מריח ונר מנר. Ibn-Ezra et le kabbaliste R. 'Hamaï Gaôn se sont également servis de cette image. Voy. Jellinek, *Beiträge*, I, pag. 37; II, p. 29.

(2) Voy. *Zohar*, t. I, fol. 158 *b* : ייי ייי תרין עלמין נינהו דא באתגליא ודא באתכסיא ועל דא פסיק טעמא בגווייהו ומעלמא דא עד עלמא דא כלא חד. « Les mots *Éternel! Éternel!* (Exode, XXXIV, 6) indiquent deux mondes, l'un manifeste, l'autre occulte; c'est pourquoi il y a entre les deux mots un signe disjonctif. Mais ces deux mondes ensemble forment une unité. » Cf. *ibid.*, fol. 162 *b* : וכל האי והאי כלא חד. Dans plusieurs passages du *Zohar*, le monde supérieur est présenté comme le *mâle*, ou la *forme*, et le monde inférieur, comme la *femelle*, ou la *matière*. Voy. par exemple, t. II, fol. 144 *b* : כל מה דעבד הק״ב״ה עילא ותתא כלא ברזא דדכר ונוקבא. Cf. *ibid.*, t. I, fol. 159 *a* et *passim*.

qui forment le monde supérieur. Ensuite, la lumière supérieure, en se répandant, fit naître une lumière sans éclat et forma ainsi le monde inférieur... Cette lumière sans éclat, par sa liaison avec le (monde) supérieur, produisit toutes les armées célestes, selon leurs nombreuses espèces, comme il est écrit : *Que tes œuvres sont nombreuses, ô Éternel!* (Psaume CIV, v. 24). Tout ce qui est sur la terre se retrouve aussi en haut, et il n'existe pas la moindre petite chose dans ce monde qui ne se rattache à quelque chose d'en haut et ne se trouve sous sa dépendance. Quand l'inférieur est impressionné, ce qui lui est préposé dans le monde supérieur l'est également; car tout est parfaitement uni ensemble (1). » Ailleurs, le *Zohar*, en comparant l'univers à une noix dont le noyau, ou l'amande, est enveloppé dans plusieurs écorces, s'exprime en ces termes : « C'est ainsi que l'univers entier, le supérieur et l'inférieur, depuis le *mystérieux point supérieur* jusqu'à l'extrémité de tous les degrés, forme un tout dont les parties se trouvent les unes dans les autres, de sorte qu'elles se servent d'écorce les unes aux autres. Le point premier était une lumière intérieure et incommensurable, de sorte qu'on ne pouvait en connaître la clarté, la subtilité et la pureté, jusqu'à ce qu'il s'étendît par une expansion. Cette expansion du point devint une sphère (2) enveloppant ce même point, c'est-à-dire, la lumière qu'on ne peut connaître à cause de sa grande clarté. Mais la sphère qui sert d'enveloppe à ce point occulte est elle-même une lumière

(1) Voy. *Zohar*, t. I, sect. ויצא, fol. 156 *a*; cf. *ibid.*, fol. 158 *b*, 205 *b*. On a vu qu'Ibn-Gebirol insiste tout particulièrement sur l'analogie et la corrélation qui existent entre le monde sensible et le monde intelligible, et que ce point de la doctrine néoplatonicienne a reçu par lui les plus grands développements; voy. notamment les *Extraits*, liv. III, § 21 et suiv.

(2) Le texte a היכלא, *un temple* ou *un palais*; c'est le mot dont le *Zohar* se sert très souvent pour indiquer les différents degrés de l'être qui ont été présentés comme des *sphères* contenues les unes dans les autres. Cf. les *Extraits*, liv. III, § 41.

incommensurable, sans pourtant égaler en subtilité et en clarté ce point premier, caché et occulte. Cette sphère s'étendit encore par une nouvelle expansion (formant) une première lumière, expansion qui sert d'enveloppe à cette sphère subtile, claire et tout à fait intérieure. Les parties de l'être continuent ainsi à se développer les unes des autres et à s'envelopper les unes les autres; de sorte qu'elles se servent mutuellement d'enveloppe, et qu'elles sont (relativement les unes aux autres) le noyau et l'écorce; car ce qui est une enveloppe est en même temps un noyau pour un autre degré (inférieur). Tout se passe absolument de même dans ces régions inférieures; de sorte que l'homme, dans ce monde, est aussi fait d'après cette image, étant (composé) d'un noyau et d'une écorce, qui sont l'esprit et le corps. Tel est en général l'ordre de l'univers (1). »

On reconnaît en même temps, par ces passages, que, selon les doctrines du *Zohar*, la substance première émanée de Dieu ou créée par lui, et qui est appelée le *point supérieur*, embrasse à la fois, comme la matière universelle d'Ibn-Gebirol, le monde spirituel et le monde corporel. Certains kabbalistes, à l'exemple d'Ibn-Giberol, attribuent expressément une matière subtile aux anges ou aux substances simples : « Sache, dit R. Joseph Chiquitilla, que dans toutes les choses créées, supérieures et inférieures, il n'y a rien d'absolument simple. Dieu seul est la simplicité pure et une sans aucune multiplicité; mais, parmi tous les autres êtres, y compris même les intelligences séparées et supérieures que l'on appelle *anges*, il n'en est pas un seul qui soit simple et sans multiplicité. Il est vrai que les philosophes appellent les anges des *intelligences séparées* (de la matière) et des *formes séparées*; mais, bien qu'ils soient séparés de la matière qui est la nôtre, ils ont pourtant

(1) Voy. *Zohar*, t. I, fol. 19 *b* et 20 *a*, et cf. les *Extraits*, liv. II, § 1; liv. III, § 41 et *passim*. On a vu plus haut (pag. 243 et 244) que l'image des *noyaux* et des *écorces* est aussi employée par le faux Empédocle arabe.

une matière occulte, simple et supérieure, qui ne ressemble point à notre matière, etc. (1). »

La Volonté joue dans le *Zohar* et dans les autres écrits des kabbalistes le même rôle que dans la philosophie d'Ibn-Gebirol; elle est l'unité première, au-dessus de l'unité du *point supérieur*, et identique avec le Verbe divin (2) et avec l'essence divine elle-même, bien qu'elle soit présentée comme la première hypostase de la divinité. C'est cette Volonté, inaccessible à notre intelligence, qui est le principe *très occulte* de toute chose et qui a produit toute chose (3).

Nous n'insisterons pas sur les rapprochements de quelques doctrines de détail, comme, par exemple, celle du *macrocosme* et *microcosme* (4) et celle de la *réminiscence* (5) de l'âme, que nous trouvons aussi bien dans le *Zohar* que dans la *Source de vie;* ces doctrines platoniques remontent plus haut chez les Juifs, et on ne saurait soutenir que les kabbalistes les aient empruntées à Ibn-Gebirol, qui n'en parle qu'incidemment. Mais, en terminant ici nos rapprochements, nous ne devons pas passer sous silence quelques expressions et images d'Ibn-Gebirol reproduites par les kabbalistes. Ainsi, par exemple, la Création, ou l'émanation, est comparée, par le *Zohar* comme par Ibn-Gebirol, à l'eau jaillissant perpétuellement de sa source, sans aucune interruption (6). Cette première source,

(1) Voy. Chiquitilla, *Sépher ha-Nikkoud*, fol. 3 *c*. Je dois la connaissance de ce curieux passage à M. Senior Sachs, qui l'a cité dans son *Te'hiyyâ*, 2e livraison, pag. 9 et 10.

(2) Voy. *Zohar*, t. III, fol. 17 *b* : אשר אמרתי דצביתי ברעו נפשי דהא אמירה רעותא היא וכו'.

(3) ... רעותא דלא אתידע ולא אתפס כלל לעלמין רישא דסתים יתיר לעילא וההוא רישא אפיק מא דאפיק וכו'. Voy. *Zohar*, t. I, fol. 65 *a*, et t. II, fol. 268 *b*.

(4) Voy. les *Extraits*, liv. III, §§ 6 et 44.

(5) Voy. *ibid.*, liv.V, §§ 65 et 66, et cf. Franck, *La Kabbale*, pag. 242 et 374.

(6) Voy. les *Extraits*, liv.V, § 64 (p. 138), et cf: *Zohar*, t. III, fol. 290 *b* (Idra zouta) : והחוא נהר דנגיד ונפיק תדיר ולא פסיק.

la Sagesse ou la Volonté suprême, le *Zohar* l'appelle, comme le fait Ibn-Gebirol, la *Source de la vie* (1). Dans un des suppléments du *Zohar*, intitulé *Ra'aya mehêmna* (le Pasteur fidèle), on reproduit un passage du *Kéther Malkhouth*, où il est question des éclipses du soleil et de la lune, et l'auteur, écrivant en chaldéen, a oublié son rôle, à tel point qu'il copie littéralement en hébreu un vers d'Ibn-Gebirol (2).

Nous n'avons pas parlé de ce prototype de la création, qui est la première manifestation de la nature divine et que le *Zohar* appelle l'*homme primitif* (Adam Kadmôn) ou l'*homme supérieur* (Adam 'Ilaâ) (3). Ce symbole, qui représente l'ensemble des *sephirôth*, ou le premier des *quatre mondes*, n'est point emprunté à Ibn-Gebirol; du moins celui-ci n'en parle-t-il pas d'une manière explicite. Mais on a déjà vu plus haut (4) que les kabbalistes ont pu emprunter l'idée de l'*Adam Kadmôn* à des livres répandus chez les Arabes, et notamment à la prétendue *Théologie* d'Aristote (5). Au passage que nous avons cité

(1) Voy. ci-dessus, pag. 164, le passage du *Kéther Malkhouth* : « Tu es sage ; la sagesse est la source de vie qui jaillit de toi, etc. » Cf. *Zohar*, t. II, fol. 261 *a* : היכלא שביעאה דאיהו מקורא דחיי דא איהו היכלא קדמאה שירותא דכלא וכו'.

(2) Voy. *Zohar*, t. III, fol. 82 *b* : הא חזינן מסטרא אחרא בלקותא דסיהרא ושמשא דאסתלק נהורייהו ואשתארו כגופא בלא נשמתא דאית אדון עליהם מחשיך מאוריהם. — « La puissance, dit Ibn-Gebirol, n'appartient pas aux astres et aux armées célestes, mais il y a un maître au-dessus d'eux qui fait que leurs lumières s'éclipsent » (כי אין המלכות לצבא השמים וחיליהם אבל יש אדון עליהם מחשיך מאוריהם). Cf. Michael Sachs, *Die religiöse Poesie, etc.*, pag. 229.

(3) Voy. Franck, *La Kabbale*, pag. 179 et *passim*.

(4) Voy. ci-dessus, pag. 256, note 1.

(5) C'est avec raison que M. Franck a combattu l'opinion de M. Tholuck, qui a voulu trouver le modèle de l'*Adam Kadmôn* dans ce que certains mystiques arabes appellent *le père des esprits*, *l'esprit de Mahomet*, et qui est pour eux la source, le modèle et la substance de tous les autres esprits. Voy. Tholuck, *l. c.*, pag. 30, et Franck, *La Kabbale*, pag. 119 et 120.

précédemment d'après la version arabe de la *Théologie*, nous en joignons ici un autre tiré de la vers. lat. (liv. XIV, chap. v, fol. 85 *b*) : « Oportet quod vir speculaturus *hominem ipsum primarium ac verum* sit probitate magna ac dignitate insignitus, quodque habeat sensus potentes, ne offuscentur quando ab *homine superno* exoriuntur radii illustres in eos, siquidem *homo primarius ac verus* est lumen clarum, in illoque existunt cunctæ rationes humanæ insignes. »

En somme, comme on l'a vu, Ibn-Gebirol n'a trouvé pendant le XIIIe siècle que quelques rares appréciateurs parmi les philosophes juifs, et il n'a exercé sur les kabbalistes qu'une influence occulte qui n'a pu contribuer à agrandir parmi ses coreligionnaires sa réputation de philosophe. En revanche, il acquit, sous le nom corrompu d'*Avicebron* ou *Avicembron*, une immense célébrité dans les écoles chrétiennes, sans qu'on sût à quelle époque, à quelle nation et à quel culte il avait appartenu (1). Dès le milieu du XIIe siècle, l'archidiacre Dominique Gundisalvi avait, à l'aide d'un juif converti nommé Jean Avendeath, traduit en latin l'ouvrage d'Ibn-Gebirol, et on a présumé que ce fut dans cet ouvrage et dans le livre *De Causis* qu'Amaury de Chartres et David de Dinant puisèrent leurs doctrines condamnées comme hérétiques (2). Nous ne savons pas jusqu'à quel point cette supposition peut se justifier ; les données qu'on possède sur les doctrines d'Amaury et de David nous paraissent trop insuffisantes pour permettre un jugement à cet égard ; et cette question, que je n'ai point la présomption de traiter, doit être abandonnée aux hommes spéciaux qui ont

(1) Guillaume d'Auvergne, qui donne à l'ouvrage d'Avicebron le titre de *Fons sapientiæ*, et qui dit que cet auteur est le seul qui ait traité avec quelque profondeur des substances simples, suppose qu'il était Arabe ; mais, comme Avicebron avait écrit un livre *De Verbo Dei agente omnia* (cf. ci-dessus, pag. 223), Guillaume croit pouvoir conclure de là qu'il professait la religion chrétienne. Voy. Jourdain, *Recherches critiques sur l'âge et l'origine des traductions latines d'Aristote*, 2e édit., pag. 299, note 2.

(2) Voy. Jourdain, *l. c.*, pag. 119 et 197.

fait une étude plus approfondie de la philosophie de ces temps. On sait du reste que, dès le IXe siècle, les travaux de Jean Scot Erigène répandirent dans les écoles chrétiennes la philosophie de Platon, et jusqu'au commencement du XIIIe siècle, le platonisme et la philosophie alexandrine comptaient dans ces écoles de nombreux représentants. Adelard de Bath, Bernard de Chartres, Alain de Lille, et d'autres encore, professaient des doctrines analogues à celles d'Ibn-Gebirol, et, dans l'Église, comme dans la Synagogue, on se jeta dans les bras du mysticisme pour échapper aux conséquences rigoureuses des doctrines panthéistes (1). C'est dans les œuvres de leurs devanciers, et surtout dans la *Théologie* attribuée à Aristote, qu'Amaury et David ont pu puiser leur doctrine pernicieuse de l'unité de la substance (2), et rien ne prouve jusqu'ici que le *Fons vitæ* ait été la principale source de leurs hérésies. Quoi qu'il en soit, la sensation que fit cet ouvrage pendant tout le XIIIe siècle et la célébrité qui lui restait dans les écoles jusqu'à l'époque de la Renaissance sont des choses trop bien établies pour que nous ayons besoin d'y insister, quoiqu'on ne connaisse pas encore dans tous ses détails l'influence que la lecture du *Fons vitæ* a exercée sur certains penseurs hardis jusque vers la fin du XVIe siècle. — Il peut être intéressant d'examiner le rôle que joue le livre d'Ibn-Gebirol dans l'histoire du panthéisme, et de poursuivre les transformations qu'a subies la doctrine de notre philosophe, pour aboutir, par une pente naturelle, au système de Spinosa, qu'Ibn-Gebirol aurait désavoué avec horreur. Mais cet exposé historique est en dehors de la mission que je me suis donnée; il demanderait d'ailleurs des recherches plus approfondies que celles que j'ai

(1) Cf. Vacherot, *Histoire critique de l'école d'Alexandrie*, t. III, pag. 117 et suiv.

(2) Cf. Hauréau, *De la Philosophie scolastique*, t. I, pag. 404 et suiv. — La doctrine attribuée à Amaury se résume dans cette formule : *Omnia unum, quia quicquid est, est Deus. Ibid.*, p. 403.

pu faire sur ces matières. Je dois donc me borner à quelques aperçus généraux.

Dans les écoles chrétiennes, comme dans les écoles juives, Avicebron devait avoir pour adversaires, non-seulement les théologiens orthodoxes, mais aussi tous les partisans du péripatétisme pur. Les principales objections faites par ces derniers au système de notre philosophe étaient, selon Albert le Grand, au nombre de cinq (1) : 1° L'idée de la matière première n'est pas bien déterminée ; car, n'ayant pas d'être réel, elle ne saurait ni être en elle-même un principe, ni être émanée du principe suprême, dont l'action consiste à achever l'être ou à faire un *être en acte*. 2° La matière première universelle est évidemment la plus imparfaite d'entre les différentes matières ; car elle n'est qu'une simple *faculté* d'être, et n'est absolument rien *en acte;* or, selon Avicebron, ce serait précisément cette matière la plus imparfaite qui serait susceptible de devenir en acte ce qu'il y a de plus parfait (c'est-à-dire, l'intellect universel). 3° Ce qui est en puissance ne passe à l'acte que par le mouvement ; il n'est donc pas rationnel de dire que la matière première passe de la puissance à l'acte sans mouvement (2). 4° Ce qui est le plus *en puissance*, et ce qui l'est par rapport à la plupart des choses (3), ne devrait pouvoir participer de la perfection de l'être premier que par plusieurs mouvements ; il est donc impossible que la matière première

(1) Voy. *De causis et processu universitatis*, liber I, tract. I, cap. 6 (*Opera*, édit. de Jammy, t. V, pag. 533, 534).

(2) Il faut se rappeler que, selon Avicebron, le mouvement des substances simples se faisant en dehors du temps, qui ne commence qu'au monde de la *nature*, n'est pas un mouvement proprement dit; celui par lequel les substances supérieures passent de la puissance à l'acte n'est qu'une espèce de *désir* et d'*attraction* (voy. les *Extraits*, liv. V, §§ 48-53, 59, 63). C'est pourquoi Albert le Grand fait dire à Avicebron : *Materia prima actum primum sine motu suscipit. Ibid.*, chap. V, pag. 533 *a*.

(3) Cést-à-dire : ce qui est plus dénué de formes et a la faculté de devenir toute chose, comme la matière première universelle.

universelle, qui est plus en puissance que les autres matières et qui est sans mouvement, participe le plus (en recevant la forme universelle) de la perfection de l'agent premier. 5° Il est contraire aux principes de tous les philosophes de dire que l'agent premier agit par l'intermédiaire de la Volonté ; car il est dans la nature même du principe premier d'agir par lui-même et par son essence, sans qu'il y ait rien qui détermine son action.

Telles sont les principales objections alléguées par les péripatéticiens du XIIIe siècle contre le système d'Avicebron. On reconnaîtra que la science n'a rien à gagner à ces disputes de mots, et on nous saura gré de ne pas entrer à ce sujet dans de plus longs détails. Que l'on nous permette seulement de citer encore quelques arguments produits par Albert le Grand contre la théorie de la *Volonté :*

La Volonté, dit-il, ne saurait être le principe unique de tout l'être ; car la Volonté, comme telle, est disposée à *vouloir* des choses diverses, et il est absurde de dire que le principe premier est disposé par des choses diverses à des actions diverses (1). — La première chose immédiatement en rapport avec l'action, et par laquelle s'exerce la faculté de l'agent premier, est nécessairement ce qui *donne la forme* à l'œuvre, et non pas ce qui *ordonne* ou *prescrit* l'action ; si donc il y avait réellement, comme le veut Avicebron, quelque chose d'intermédiaire entre l'agent premier et l'objet de l'action, ce devrait être plutôt l'intellect que la Volonté.—Enfin, la Volonté, selon l'idée qu'on attache à ce nom, n'agit pas directement et par elle-même, et n'est autre chose que ce qui détermine l'action ; or, comme elle est en elle-même quelque chose d'intermédiaire, comment peut-on dire qu'elle détermine l'action de l'être infini (2) ?

Après avoir écarté, par ces objections et par d'autres semblables, les principales thèses du *Fons vitæ*, Albert ajoute, en

(1) Voy. Albert le Grand, *l. c.*, pag. 534 *a*.
(2) Voy. *Ibid.*, tract. III, cap. IV, pag. 550.

terminant, que, selon lui, ce livre est apocryphe et ne saurait avoir pour auteur Avicebron (1). Il paraîtrait donc que le nom d'Avicebron était arrivé à la connaissance d'Albert le Grand entouré d'une certaine auréole qui commandait le respect et ne permettait pas de lui attribuer des doctrines par trop hétérodoxes. L'illustre docteur ne connaissait probablement que le nom seul de notre mystérieux philosophe et en ignorait complétement l'origine et les croyances.

Saint Thomas d'Aquin signale avec plus de précision et avec une plus grande véhémence ce que la doctrine d'Avicebron renferme de dangereux. Ce qui l'inquiétait surtout, c'est la doctrine de la matière universelle et de l'unité de la substance, professée dans le *Fons vitæ*, et c'est surtout à cette doctrine qu'il s'attaque continuellement. Après avoir donné un exposé très lucide de la théorie d'Avicebron touchant les différentes espèces de *matière*, et avoir énuméré les principales preuves alléguées par notre philosophe pour attribuer une matière aux substances simples, il cherche à réfuter ces théories au point de vue de la logique, de la physique et de la métaphysique (2). Nous ne pouvons pas reproduire ici tous les arguments plus ou moins subtils de saint Thomas, et nous nous bornons à un seul qui attaque la base de tout le système. Saint Thomas montre qu'avec le procédé suivi par Avicebron, on ne peut jamais établir une matière première universelle, la série des causes remontant jusqu'à l'infini. On sait déjà, dit-il, que dans toutes les choses qui concordent sous un rapport et diffèrent sous un autre rapport, ce dans quoi elles concordent

(1) Propter quod pro certo dictum Avicebron inconveniens est : nec puto, quod Avicebron hunc librum fecit, sed quod quidam sophistarum confinxerunt eum sub nomine suo. *L. c.*, pag. 550 *b*.— Cf. le passage cité ci-dessus, pag. 203, note 3, où Albert dit, en parlant du *Fons vitæ* : « Quem *dicunt quidam* factum fuisse ab Avicebron philosopho. »

(2) Voy., dans les *Opuscules* de saint Thomas d'Aquin, le *Tractatus de substantiis separatis, seu de angelorum natura*, chap. 5-8 (*Opera*, édit. de Rome, t. XVII *opusculum* XV, fol. 87 *d*-90 *b*).

est considéré comme la matière, et ce dans quoi elles diffèrent, comme la forme. Si donc il y a une matière universelle, commune à toutes les choses et destinée à recevoir des formes diverses, il faut qu'elle reçoive une forme plus noble dans ses parties supérieures et plus subtiles, et une forme moins noble dans ses parties inférieures et plus grossières; ou, en d'autres termes, la matière supérieure recevra la forme de la spiritualité, et la matière inférieure, celle de la corporéité, comme le dit en effet Avicebron. Il s'ensuivrait que la différence de subtilité et de grossièreté *préexiste* dans la matière avant la forme de la spiritualité et de la corporéité, et, par conséquent, il faut nécessairement qu'avant la subtilité et la grossièreté, il existe dans la matière une autre différence qui la rende susceptible de l'une ou de l'autre. On pourra dire la même chose de cette seconde différence et continuer ainsi jusqu'à l'infini. Ainsi donc, si on devait réellement arriver à une matière entièrement uniforme, il faudrait que cette matière ne reçût qu'une seule forme partout la même, et de conséquence en conséquence, on arriverait à en conclure qu'il ne peut exister aucune diversité dans les choses, depuis l'extrémité supérieure de l'être jusqu'à son extrémité inférieure (1).

Le célèbre adversaire de saint Thomas, Duns-Scot, tout en se montrant fortement attaché aux dogmes catholiques,

(1) Voy. *l. c.*, fol. 88 *a*. — Ailleurs, saint Thomas combat la doctrine d'Avicebron, en montrant ce qu'il y a d'erroné, au point de vue péripatéticien, dans la manière de considérer la forme comme ce qui particularise l'être de plus en plus, de sorte que ce qui est inférieur soit la forme de ce qui lui est supérieur (voy. ci-dessus, pag. 11, 183 et 230). *De spiritualibus creaturis*, art. I, conclusio, et art. III, conclus. (dans les *Quæstiones disputatæ*, édit. de Lyon, fol. 136 *c*, *d*, et 138 *d*); cf. Albert le Grand, *De intellectu et intelligibili*, lib. I, tract. I, cap. 6 (t. V, p. 244 *a*). — L'opinion d'Avicebron, qui attribue une matière à l'âme et aux autres substances simples, est particulièrement réfutée par saint Thomas dans la *Quæstio de anima*, art. VI, conclus. (*Quæstiones disputatæ*, fol. 153 *a*).

s'est pourtant laissé entraîner, dans son réalisme absolu, jusqu'à professer une doctrine dont les conséquences rigoureuses aboutissent au panthéisme, à tel point que le plus récent investigateur de la philosophie scolastique n'a pas hésité à déclarer que la philosophie naturelle de Duns-Scot, c'est *le spinozisme avant Spinoza* (1). Cette direction lui fut imprimée par la lecture du *Fons vitæ*, dont il adopta les doctrines essentielles, sans peut-être en soupçonner toute la portée. Le fougueux franciscain, qui ne craignait pas de recommander les actes de violence les plus révoltants pour forcer les Juifs d'entrer dans le giron de l'Eglise (2), s'est jeté dans les bras du philosophe juif de Malaga, dont sans doute, comme Albert et saint Thomas, il ne connaissait que le nom seul, sans savoir qui il était et quelle croyance il avait professée. Pour montrer la vérité de ce que nous avançons, notre tâche sera très facile; car nous n'avons qu'à reproduire les paroles du savant historien dont nous venons de parler. — Voici comment s'exprime M. Hauréau dans son analyse de la philosophie de Duns-Scot (3) :

« Si tout être est matière, même l'être qui n'existe pas encore, car, on l'a dit, le non-être est une chose du genre de la substance, il résulte manifestement de là que la matière est

(1) Voy. Hauréau, *De la Philosophie scolastique*, t. II, p. 351-353.

(2) Voy. *Quæstiones in quatuor libros sententiarum*, lib. IV, distinct. IV, quæst. 9, §§ 1 et suiv. (*Opera*, t. VIII, pag. 275 et 276) : « ... Ergo maxime debet princeps zelare pro dominio servando supremi domini, scilicet Dei, et per consequens non solum licet, sed debet princeps auferre parvulos a dominio parentum volentium eos educare contra cultum Dei, qui est supremus et honestissimus dominus, et debet eos applicare cultui divino... Imo quod plus est, crederem religiose fieri si ipsi parentes cogerentur minis et terroribus ad suscipiendum baptismum et ad conservandum postea susceptum, etc. » — Cf. Ritter, *Geschichte der Philosophie*, t. VIII, pag. 359.

(3) *L. c.*, t. II, pag. 327 et suiv.

commune à toutes les essences corporelles et spirituelles. C'est ce que proclame Duns-Scot. Mais dire *commune*, est-ce dire *une?* On sait que les philosophes du parti d'Albert, s'éloignant le moins qu'ils le peuvent de la lettre aristotélique, n'admettent pas cette identité du commun et de l'un : en même temps qu'ils définissent le genre la nature commune de tout ce qui est compris sous la définition du genre, ils protestent avec vigueur contre l'hypothèse d'une nature universelle servant de suppôt, de sujet, à tout ce qui revêt la forme de l'individuel. Ainsi, dans leur vocabulaire, nature et matière n'emportent pas le même sens. Duns-Scot reconnaît qu'ils suivent d'assez près Aristote; qu'on lit, en effet, dans la *Physique* et dans la *Métaphysique* d'Aristote, plus d'un passage signalé par Averrhoës comme contraire au système de l'unité de la matière, et, quand il cherche des autorités en faveur de ce système, il n'en trouve pas d'autres, parmi les philosophes, que l'auteur du *Fons vitæ*, cet Avicembron si maltraité par Albert, et décrié dans toute l'école, comme responsable des erreurs d'Amaury de Chartres et de David de Dinant. Cependant il faut qu'il renonce à ses plus chères hypothèses, il faut qu'il laisse succomber toute sa philosophie naturelle sous les efforts de la critique thomiste, s'il ne lui donne pour base, malgré l'école, malgré l'Eglise, cet axiome frappé d'anathème : — La matière est une pour tous les êtres. Il prendra le parti que lui recommande la logique. « Je reviens, dit-il, à « la thèse d'Avicembron, *ego autem ad positionem Avicembronis* « *redeo*, et je soutiens d'abord que toute substance créée, corpo- « relle ou spirituelle, participe de la matière. Je prouve ensuite « que cette matière est une en tous, *quod sit unica materia* (1). » Mais laissons les preuves pour aller directement à la conclusion. La voici : Le monde est un arbre aux proportions gigantesques qui a pour racines la matière première, pour feuilles les accidents éphémères, pour branches les substances sujettes à la corruption, pour fleur l'âme raisonnable, pour fruit la

(1) *De rerum principio*, quæst. VIII, art. 4, n° 24.

nature angélique. Et c'est Dieu qui l'a planté, qui le cultive [1]. En d'autres termes, dans le langage austère de la logique, la *matière premièrement première* est une dans tous les êtres; mais comme l'unité est la source du nombre, la *matière secondement première*, ayant reçu la forme du corruptible et de l'incorruptible, se partage numériquement entre ces deux genres; enfin, la *matière troisièmement première* va se distribuant entre toutes les espèces que contiennent les genres les plus généraux, en se subdivisant jusqu'aux plus subalternes de ces espèces [2]. Suivant les péripatéticiens, la substance se dit de toutes les choses; ainsi, comme partie de cette substance, la matière première se dira de toute matière : or, tout prédicat est sujet; donc la matière première est le sujet de toutes les matières particulières et forme avec elles un même : *Ergo materia prima est idem cum omni materia particulari* [3]. Veut-on une déclaration plus explicite? La voici : Omnia quæ sunt secundum modum sibi convenientem et possibilem, unitatem appetunt.... Unde appetitus unitatis ita intimus et essentialis et universalis est omnibus, tam creaturis quam creatori, quod nullum est, nec excogitari potest genus multitudinis, aut divisionis, sive distinctionis, quod ad unitatem aliquam non reducatur, ita quod ipsa, ut unitatem habeant, sive illud in quo sunt prius occurrat intellectui, quam ipsa multitudo, sive diversitas. Sic dicimus quod diversa accidentia sunt unum subjecto, diversa numero sunt unum specie, diversa specie sunt unum genere subalterno, diversa genere subalterno sunt unum genere generalissimo, diversa genere generalissimo sunt unum in ratione entis [4]... »

On voit que Duns-Scot adopte sans réserve la théorie d'Avicebron touchant la matière universelle, substance une et commune à tout l'être, embrassant à la fois les substances

(1) *Ibid.*, n° 30.
(2) *Ibid.*, n°s 31, 32.
(3) *Ibid.*, art. 5, n° 38.
(4) *Ibid.*, quæst. VIII, n° 1.

simples et les substances composées ; c'est là ce qu'il appelle la *matière premièrement première*, au-dessous de laquelle viennent se placer les autres matières qu'Avicebron distingue dans les différentes parties de l'être. Le principe commun, suivant lequel se constituent tous les degrés de l'être, est, selon Duns-Scot comme selon Avicebron, celui-ci : plus on se rapproche de l'*acte* pur et final, moindre est la matière qui entre dans la définition du composé, et plus on s'en éloigne, moins énergique, moins expressive, est l'action de la forme (1). — On comprend facilement que, mû par le même besoin que le juif Avicebron, l'illustre théologien chrétien ait couronné son système par la doctrine de la *Volonté divine*, accomplissant librement et sans être déterminée par autre chose qu'elle-même l'acte de la *Création* (2).

Le nom d'Avicebron dut souvent reparaître dans les discussions entre les Thomistes et les Scotistes ; il retentit encore longtemps dans les écoles chrétiennes, sans que pour cela nous ayons à signaler une influence directe et décisive du système développé dans la *Source de vie*. Encore au XVIe siècle, le nom d'Avicebron est cité çà et là par les nouveaux Platoniciens d'Italie. Giordano Bruno paraît lui avoir fait maints emprunts ; du moins le système de ce dernier offre-t-il une ressemblance frappante avec celui de notre philosophe juif ; et, bien que Bruno ait puisé directement aux sources néoplatoniciennes, il est certain qu'il a consulté le *Fons vitæ*, dont il exagère les doctrines en les poussant jusqu'aux dernières conséquences d'un panthéisme absolu. Il va même jusqu'à

(1) Voy. Hauréau, *l. c.*, pag. 339. Cf. les Extraits de la *Source de vie*, II, 26 ; IV, 29.

(2) Voy. le passage cité par M. Hauréau, *l. c.*, pag. 360 : *Dico quod creaturæ producuntur a Deo immediate per modum gratuitæ voluntatis, quia nullo exteriori afficitur, sive modo, sive fine, etc.* — M. Ritter, qui n'a pas assez fait ressortir les emprunts faits par Duns-Scot à la théorie d'Avicebron sur la matière, s'étend davantage sur la doctrine de la Volonté. Voy. *Geschichte der Philosophie*, t. VIII, pag. 390 et suiv.

dire qu'Avicebron, voyant dans les formes de simples accidents, considère la matière seule comme la substance universelle et unique et l'identifie avec Dieu [1]

Pour en revenir aux écrivains juifs, nous avons déjà montré précédemment que depuis le commencement du XIVe siècle la philosophie d'Ibn-Gebirol était tombée chez eux dans un profond oubli [2]. On cite bien encore çà et là, jusqu'au XVIIe

(1) Democrito dunque, e gli Epicurei, i quali quel che non è corpo dicono esser nulla, per conseguenza vogliono la materia sola essere la sustanza de le cose, et *anco quella essere la natura divina;* come disse un certo Arabo, chiamato Avicebron, come mostra in un libro intitolato: *Fonte di vita.* Voy. *De la causa, principio et uno*, Dial. III (opere de Giordano Bruno, édit. de Wagner, Leipzig, 1830, vol. I, pag. 251). — ... Però si son trovati di quelli, che, avendo ben considerata la ragione de le forme naturali, come ha possuto aversi da Aristotele et altri simili, hanno concluso al fine, che quelle non son che accidenti e circonstanze de la materia, e però prerogativa d'atto e di perfezione doversi riferire a la materia, e non a cose de le quali veramente possiamo dire, ch' esse non sono sustanza, nè natura, ma cose de la sustanza e de la natura, la quale dicono essere la materia, che a presso quelli è un principio necessario eterno e divino, come a quel Moro Avicebron, che la chiama dio, ch' è in tutte le cose. *Ibid.* (pag. 257). — Plus loin (dial. IV, pag. 269), Bruno cite la méthode par laquelle Avicebron nous fait remonter successivement de la matière corporelle jusqu'à une matière universelle embrassant à la fois toutes les substances composées et simples, corporelles et incorporelles.

(2) Nous trouvons encore, au milieu du XIVe siècle, un péripatéticien juif fortement imbu des doctrines néoplatoniciennes. Ce philosophe, appelé Iehouda ben-Nissîm ibn-Malca, acheva, en 1365, un commentaire, en langue arabe, sur le livre *Yecîrâ* et sur les *Pirké Rabbi Eliézer*, qui existe parmi les mss. de la Biblioth. imp. (fonds de l'Oratoire, n° 74). Plusieurs passages de ce commentaire rappellent les doctrines d'Ibn-Gebirol; mais ce dernier n'y est cité nulle part, et rien ne prouve qu'Ibn-Malca ait connu la *Source de vie*. — Nous citons ici un passage de l'introduction (fol. 11 *b*), où l'auteur explique pourquoi l'homme est appelé microcosme:

siècle, la *Source de vie;* mais ce n'est que dans des termes très vagues. Il paraîtrait même que plusieurs des auteurs qui en parlent ne connaissaient cet ouvrage que par les citations des scolastiques, dont certains écrits étaient lus par les savants juifs, qui en firent même des traductions hébraïques.

Un auteur juif espagnol du XIVe siècle, R. Samuel Zarza, qui faisait un fréquent usage des ouvrages d'Ibn-Falaquéra, cite çà et là, probablement d'après les *Extraits* de ce dernier, des passages tirés de la *Source de vie;* ainsi, par exemple, dans son ouvrage inédit, intitulé *Mikhlal Yophi* (perfection de beauté), et qui renferme l'explication d'un grand nombre d'allégories du Talmud et des *Midraschîm* (1), Zarza cite le pas-

« Sache, dit-il, que l'homme est désigné par la dénomination de *petit monde*, et voici pourquoi : Dans le *grand monde*, qui est le monde entier dans toute son universalité, on distingue : les éléments, la matière avec la forme, la *hylé* (inférieure), les sphères, les astres, leur matière avec leur forme, la *hylé* première (ou supérieure), l'âme rationnelle (universelle), et enfin l'intellect actif universel, qui est au-dessus de tous ces êtres, qui en est la *cause* et qui les perçoit tous. Or, dans l'homme, qui est la créature la plus parfaite du monde inférieur, on trouve les éléments, la matière avec la forme, la *hylé* et les forces des sphères célestes qui le gouvernent. Ces forces, enveloppant tous les êtres qui sont au-dessous d'elles et dont elles sont, pour ainsi dire, la cause première, sont attirées en même temps par un désir perpétuel vers ce qui est au-dessus d'elles ; de même l'homme s'attache et s'enchaîne à ce qui est au-dessus de lui, parce que l'âme qui le gouverne l'entraîne vers le haut. » — On voit qu'Ibn-Malca place, comme Ibn-Gebirol, l'*intellect actif* au sommet du monde supérieur et en fait la première *hypostase*, ou l'émanation directe de la Volonté divine ; la *hylé première* correspond à ce qu'Ibn-Gebirol appelle, avec plusieurs néoplatoniciens, *la nature;* mais il n'y a pas d'autre matière au-dessus d'elle, et les substances simples de l'âme et de l'intellect sont exemptes de toute matière.

(1) Cet ouvrage se trouve parmi les manuscrits de la Biblioth. imp., fonds de l'Oratoire, n°s 62 et 63.

sage où Ibn-Gebirol expose dans quel sens on peut dire d'une substance incorporelle qu'elle est un *lieu* pour le corps[1].

'Ali ben-Joseph 'Habillo, qui vivait au XVe siècle à Monçon, en Aragon, traduisit du latin en hébreu plusieurs écrits de saint Thomas d'Aquin et de Jean Versor, docteur de Sorbonne. Dans ces traductions il remplace ou explique le nom d'*Avicebron* par celui d'*Ibn-Gebirol*[2], ce qui prouve qu'à cette époque l'identité de ces deux noms était généralement connue parmi les Juifs.

Le célèbre Don Isaac Abravanel, en parlant de la sagesse de Salomon qui embrassait aussi la connaissance du monde supérieur ou de celui des substances simples, dit que ces dernières, selon quelques philosophes, sont composées de matière et de forme, et que c'est là l'opinion professée par Ibn-Gebirol dans sa *Source de vie*[3]. Abravanel ne connaissait

(1) Voir les *Extraits*, liv. II, §§ 24 et 25; ces deux paragraphes sont presque littéralement reproduits dans l'ouvrage de Zarza, liv. II, cap. 11 (ms. de l'Oratoire, n° 62, fol. 128 *b*).

(2) 'Habillo traduisit entre autres la *Quæstio de anima* (dans les *Quæstiones disputatæ*) de saint Thomas et les *Quæstiones in Physicam* de Versor. De la première de ces deux traductions, M. Jellinck (dans son opuscule intitulé : *Thomas von Aquino in der jüdischen Literatur*, Leipzig, 1853, in-8) a publié les articles VI et VII, d'après un ms. hébr. de la Bibliothèque de la ville de Hambourg; dans le passage que nous avons cité plus haut, pag. 203, note 3, le traducteur substitue au nom d'*Avicebron* celui d'*Ibn-Gebirol* (voy. ledit opuscule, pag. 12 du texte hébreu). La traduction hébraïque de l'ouvrage de Versor se trouve à la Biblioth. imp., fonds de l'Oratoire, n° 130; dans la seizième question du premier livre, où l'auteur réfute la thèse d'Avicebron touchant la matière universelle et unique des choses corporelles et incorporelles, le traducteur explique le nom d'Avicebron par celui d'Ibn-Gebirol : אבִיסִיבְרוֹן והוא בן גבירול.

(3) Voy. le commentaire d'Abravanel sur le premier livre des Rois, chap. III, vers. 12 (Comment. sur les premiers Prophètes, édit. de Leipzig, 1686, fol. 209, col. *a*).

probablement le *Fons vitæ* que par les œuvres de saint Thomas, qu'il cite quelquefois dans ses écrits et dont il traduisit lui-même en hébreu la *Quæstio de spiritualibus creaturis* (1). — Son fils, Juda Abravanel, plus connu sous le nom de *Léon Hébreu*, cite également Avicebron (qu'il appelle *Albenzubron*), au sujet de la question de savoir si les âmes, les anges et les Intelligences séparées ont une matière (2).

Moïse Almosnino, savant rabbin espagnol à Salonique, qui vivait au XVIe siècle, parle de l'ouvrage d'Ibn-Gebirol d'une manière très vague qui montre qu'il n'avait pas lu cet ouvrage. Il ne le connaissait probablement que par les écrits d'Abravanel, et notamment par la traduction hébraïque que ce dernier (selon le témoignage du même Almosnino) avait faite de la *Quæstio de spiritualibus creaturis* de saint Thomas. Almosnino dit que l'opinion d'Ibn-Gebirol, qui attribue une matière subtile aux substances simples ou aux anges, avait trouvé de nombreux adversaires; mais, ajoute-t-il, j'ai entendu dire qu'il est revenu de cette opinion, et qu'il a confessé la vérité, savoir, que ce sont des *intelligences en acte*, d'une simplicité absolue (3).

Enfin, Joseph del Medigo, médecin et kabbaliste du XVIIe siècle, qui, dans deux de ses écrits, cite également la *Source de vie*, n'en connaissait même plus le véritable auteur, qu'il désigne comme un auteur arabe, sous le nom corrompu d'*Avi-*

(1) Voy. Jellinek, *l. c.*, pag. 8.

(2) Voy. *Dialoghi di amore di Leone Hebreo*, édit. de Venise, 1572, in-12, fol. 151 *b* : ... e se ancora sono composti di materia e forma, cosi come participano le sue forme nel sommo Diò padre commune, cosi ancora participano sustantia e materia incorporea dal Chaos madre commune, come pone il nostro Albenzubron nel suo libro *de Fonte vite*.

(3) Voy. le recueil des discours d'Almosnino intitulé : מאמץ כח (Venise, 1588, in-4°), fol. 117.

cembron (1). Del Medigo est à notre connaissance le dernier auteur qui cite Avicebron.

En tirant de l'oubli le *Fons vitæ*, et en faisant connaître dans tous ses détails la doctrine qui y est exposée, nous croyons avoir désormais assuré à son auteur une place distinguée dans l'histoire de la philosophie. Bien qu'il n'ait fait que s'approprier les résultats d'une philosophie étrangère, il a su, en les faisant plier à sa conviction religieuse, donner à sa doctrine une certaine originalité (2) qui le distingue avantageusement des philosophes contemporains et de ceux qui lui ont succédé dans le monde juif et dans le monde musulman. Se faisant illusion à lui-même, il ne prévoyait pas tous les résultats que des esprits plus conséquents et une logique plus sévère pouvaient tirer de son système, et il devint à son insu un des coryphées des écoles panthéistes. Le rôle d'Ibn Gebirol au moyen âge est à peu près le même que nous voyons jouer à son coreligionnaire Philon sur la limite du monde ancien. Ce dernier inspira plus ou moins directement les philosophes de l'école néoplatonicienne (3); mais, comme Ibn-Gebirol, il se cacha à lui-même les conséquences de son éclectisme, en se retranchant derrière l'autorité des traditions religieuses. Plus conséquent et plus froid logicien, un troisième Juif, Baruch Spinoza, devient, en se dépouillant de toute préoccu-

(1) Voy. son נובלות חכמה (Bâle, 1629, in-4°), fol. 68 *a* et 97 *a*, et son מצרף לחכמה (Bâle, 1629, in-4°), fol. 30 *b*: ובין הערביים אויצימברון בספר מקור חיים. De ces trois passages (que M. S. Sachs cite *in extenso* dans son *Te'hiyyâ*, deuxième livraison, pag. 9 et 10), le premier et le troisième sont relatifs à la matérialité des *intelligences*, professée par Avicebron; dans le second passage il est parlé des substances simples, qui seules sont actives et qui agissent par l'impulsion de l'agent premier qui est *actif* dans le sens absolu (cf. les *Extraits*, III, 15, et *passim*).

(2) Cf. ci-dessus, pag. 260.

(3) Cf. Vacherot, *Histoire critique de l'école d'Alexandrie*, t. I, pag. 166 et 167.

pation religieuse et en dédaignant de chercher un refuge dans le mysticisme, le père du panthéisme moderne. C'est une chose assez étrange que ces trois hommes, élevés dans les traditions bibliques, et qui deviennent à trois époques différentes les coryphées de doctrines si diamétralement opposées à ces mêmes traditions. Philon, avec toute l'école juive d'Alexandrie, fut bientôt parmi ses coreligionnaires l'objet d'un profond oubli ; Spinoza, pour prix de sa franchise et de sa logique, fut excommunié par la Synagogue ; Ibn-Gebirol seul, grâce au profond sentiment religieux qui se manifeste dans ses hymnes et au mysticisme qui déroba ses hérésies aux partisans de la tradition et à sa propre conscience, est resté en grand honneur dans la Synagogue, où il a laissé un nom populaire et une mémoire vénérée.

III

DES PRINCIPAUX PHILOSOPHES ARABES

ET

DE LEURS DOCTRINES

INTRODUCTION

Les monuments littéraires des Arabes ne remontent pas au delà du VIe siècle de l'ère chrétienne. Si la Bible nous vante la sagesse des fils de l'Orient, si l'auteur du *Livre de Job* choisit pour théâtre de son drame philosophique une contrée de l'Arabie, et pour interlocuteurs des personnages arabes, nous pouvons en conclure tout au plus que les anciens Arabes étaient arrivés à un certain degré de culture, et qu'ils excellaient dans ce qu'on comprenait alors sous le nom de *sagesse*, c'est-à-dire dans une certaine philosophie populaire qui consistait à présenter, sous une forme poétique, des doctrines, des règles de conduite, des réflexions sur les rapports de l'homme avec les êtres supérieurs et sur les situations de la vie humaine. Il ne nous est resté aucun monument de cette sagesse, et les Arabes eux-mêmes estiment si peu le savoir de leurs ancêtres, qu'ils ne datent leur existence intellectuelle que depuis l'arrivée de Mohammed, appelant la longue série de siècles qui précéda le prophète : *le temps de l'ignorance.*

Dans les premiers temps de l'islamisme, l'enthousiasme qu'excita la nouvelle doctrine et le fanatisme des farouches conquérants ne laissèrent pas de place à la réflexion, et il ne put être question de science ou de philosophie. Cependant, un siècle s'était à peine écoulé que déjà quelques esprits indépendants, cherchant à se rendre compte des doctrines du Koran, que jusque-là on avait admises sans autre preuve que l'autorité divine de ce livre, émirent des opinions qui devinrent les germes de nombreux schismes religieux parmi les musulmans ; peu à peu, on vit naître différentes écoles, qui, plus tard, surent revêtir leurs doctrines des formes dialectiques, et qui, tout en subissant l'influence de la philosophie, surent se maintenir à côté des philosophes, les combattre avec les armes que la science leur avait fournies, et, d'écoles théologiques qu'elles étaient, devenir de véritables écoles philosophiques. La première hérésie, à ce qu'il paraît, fut celle des *Kadrites*, c'est-à-dire de ceux qui professaient la doctrine du *Kadr*, ou du *libre arbitre* (1), qu'on fait remonter à Ma'bed ben-Khâled al-Djohni. Ma'bed attribuait à la seule volonté de l'homme la détermination de ses actions, bonnes ou mauvaises. *Les choses*, disait-il, *sont entières*, c'est-à-dire aucune prédestination, aucune fatalité, n'influe sur la volonté ou l'action de l'homme. — Aux Kadrites étaient opposés les *Djabarites*, ou les fatalistes absolus, qui disaient que l'homme n'a de pouvoir pour rien, qu'on ne peut lui attribuer la faculté d'agir, et que ses actions sont le résultat de la fatalité et de la *contrainte* (djabar). Cette doctrine, professée vers la fin de la dynastie des Ommiades, par Djahm ben-Çafwân, aurait pu très bien marcher d'accord avec la croyance orthodoxe, si, en même temps, Djahm n'eût nié tous les attributs de Dieu, ne voulant pas qu'on attribuât au Créateur les qualités de la créature, ce qui conduisait à faire de Dieu un être

(1) On n'est pas d'accord sur l'étymologie du nom de *Kadrite ;* le mot arabe *kadr* a à la fois le sens de *décret divin*, *prédestination*, et celui de *pouvoir*, *puissance*. En adoptant le premier sens, les partisans du *libre arbitre* auraient été appelés *Kadriyya* ou *Kadrites*, par une espèce d'antiphrase, parce qu'ils niaient le *kadr*, et c'est là en effet l'opinion de certains auteurs arabes. Mais il est plus rationnel d'admettre, avec quelques autres, que les *Kadrites* étaient appelés ainsi parce qu'ils rejetaient le fatalisme et qu'ils attribuaient à l'homme le *pouvoir* (قُدْرَةٌ ou قَدَرٌ) de faire le bien ou le mal. Voy. Pococke, *Specimen hist. ar.*, pag. 238 ; George Sale, *The Koran*, *preliminary discourse*, sect VIII (édit. in-8°, Londres, 1825, t. I, pag. 222).

abstrait, privé de toute qualité et de toute action. Contre eux s'élevèrent les *Cifatites*, ou partisans des *attributs* (cifât), qui, prenant à la lettre tous les attributs de Dieu qu'on trouve dans le Koran, tombèrent dans un grossier anthropomorphisme.

De l'école de 'Hasan al-Baçri, à Bassora, sortit, au IIe siècle de l'hégire, la secte des *Motazales* ou *dissidents*, dont les éléments étaient déjà donnés dans les doctrines des sectes précédentes. Wâcel ben-'Athâ (né l'an 80 de l'hégire ou 699-700 de J. C., et mort l'an 131, ou 748-749 de J. C.), disciple de 'Hasan, ayant été chassé de l'école, comme *dissident* (mo'tazal), au sujet de quelques dogmes religieux, se fit lui-même chef d'école, réduisant en système les opinions énoncées par les sectes précédentes, et notamment celle des *Kadrites*. Les Motazales se subdivisent eux-mêmes en plusieurs sectes, divisées sur des points secondaires ; mais ils s'accordent tous à ne point reconnaître en Dieu des attributs distincts de son essence, et à éviter par là tout ce qui semblait pouvoir nuire au dogme de l'unité de Dieu. Ils accordent à l'homme la liberté sur ses propres actions, et maintiennent la justice de Dieu, en soutenant que l'homme fait, de son propre mouvement, le bien et le mal, et a ainsi des mérites ou des démérites. C'est à cause de ces deux points principaux de leur doctrine que les Motazales se désignent eux-mêmes par la dénomination de *aç'hâb al-'adl wal-tau'hîd* (partisans de la *justice* et de l'*unité*). Ils disent encore : « que toutes les connaissances nécessaires au salut sont du ressort de la raison ; qu'on peut, avant la publication de la Loi, et avant comme après la révélation, les acquérir par les seules lumières de la raison, en sorte qu'elles sont d'une obligation nécessaire pour tous les hommes, dans tous les temps et dans tous les lieux (1). » — Les Motazales durent employer les armes de la dialectique pour défendre leur système contre les orthodoxes et les hérétiques, entre lesquels ils tenaient le milieu,

(1) Voy. Silv. de Sacy, *Exposé de la religion des Druzes*, t. I, introd., pag. XXXVII.

ce furent eux qui mirent en vogue la science nommée *'ilm al-calâm* (science de la parole), probablement parce qu'elle s'occupait de la parole divine [1]. On peut donner à cette science le nom de *dogmatique*, ou de *théologie scolastique ;* ceux qui la professaient sont appelés *Motécallemîn.* Sous ce nom, nous verrons fleurir plus tard une école importante, dont les Motazales continuèrent à former une des principales branches.

Ce que nous avons dit suffira pour faire voir que lorsque les Abbasides montèrent sur le trône des khalifes, l'esprit des Arabes était déjà assez exercé dans les subtilités dialectiques et dans plusieurs questions métaphysiques, et préparé à recevoir les systèmes de philosophie qui allaient être importés de l'étranger et compliquer encore davantage les questions subtiles qui divisaient les différentes sectes. Peut-être même le contact des Arabes avec les chrétiens de la Syrie et de la Chaldée, où la littérature grecque était cultivée, avait-il exercé une certaine influence sur la formation des sectes schismatiques parmi les Arabes. On sait quels furent ensuite les nobles efforts des Abbasides, et notamment du khalife Al-Mamoun, pour propager parmi les Arabes les sciences de la Grèce ; et, quoique les besoins matériels eussent été le premier mobile qui portât les Arabes à s'approprier les ouvrages scientifiques des Grecs [2], les différentes sciences qu'on étudia pour l'utilité pratique, telles que la médecine, la physique, l'astronomie, étaient si étroitement liées à la philosophie qu'on dut bientôt éprouver le besoin de connaître cette science sublime, qui, chez les anciens, embrassait, en quelque sorte, toutes les autres et leur prêtait sa dialectique et sa sévère méthode. Parmi les philosophes grecs, on choisit de préférence Aristote, sans doute parce que sa méthode empirique

(1) Voy. *Guide des Egarés*, t. I, pag. 335, note 2.

(2) Sur les traductions arabes faites d'ouvrages grecs de tous genres, on peut consulter Wenrich, *De auctorum græcorum versionibus et commentariis syriacis, arabicis, armeniacis, persicisque* Leipzig. 1842. in-8°).

s'accordait mieux que l'idéalisme de Platon avec la tendance scientifique et positive des Arabes, et que sa logique était considérée comme une arme utile dans les luttes quotidiennes des différentes écoles théologiques (1).

Les traductions arabes des œuvres d'Aristote, comme des ouvrages grecs en général, sont dues, pour la plupart, à des savants chrétiens syriens ou chaldéens, notamment à des nestoriens, qui vivaient en grand nombre comme médecins à la cour des khalifes, et qui, familiarisés avec la littérature grecque, indiquaient aux Arabes les livres qui pouvaient leur offrir le plus d'intérêt. Les ouvrages d'Aristote furent traduits, en grande partie, sur des traductions syriaques; car, dès le temps de l'empereur Justinien, on avait commencé à traduire en syriaque des livres grecs, et à répandre ainsi dans l'Orient la littérature des Hellènes. Parmi les manuscrits syriaques de la bibliothèque impériale, on trouve un volume (n° 161) qui renferme l'*Isagoge* de Porphyre et trois ouvrages d'Aristote, savoir : les *Catégories*, le livre de l'*Interprétation* et une partie des *Premiers Analytiques*. La traduction de l'*Isagoge* y est attribuée au frère Athanase, du monastère de Beth-Málca, qui l'acheva l'an 956 des Séleucides, ou 645 de J. C. Celle des *Catégories* est due au métropolitain Jacques d'Édesse (qui mourut l'an 768 de J. C.). Un manuscrit arabe (n° 882 A) qui remonte au commencement du XIe siècle, renferme tout l'*Organon* d'Aristote, ainsi que la *Rhétorique*, la *Poétique* et l'*Isagoge* de Porphyre. Le travail est dû à plusieurs traducteurs; quelques-uns des ouvrages portent en titre les mots *traduit du syriaque*, de sorte qu'il ne peut rester aucun doute

(1) On a pu se convaincre, par ce que nous avons dit dans un autre endroit de ce volume (pag. 241 et suiv.), que les Arabes possédaient de bonne heure des compilations néoplatoniciennes; mais aucun des grands philosophes arabes qui nous sont parvenus n'a professé ni le platonisme pur, ni les doctrines de Plotin et de Proclus, bien que, comme on le verra plus loin, ces doctrines n'aient pas manqué de laisser quelque trace dans le péripatétisme arabe.

sur l'origine de ces traductions. On voit, du reste, par les nombreuses notes interlinéaires et marginales que porte le manuscrit, qu'il existait, dès le Xe siècle, plusieurs traductions des différents ouvrages d'Aristote, et que les travaux faits à la hâte sous les khalifes Al-Mamoun et Al-Motawackel furent revus plus tard, corrigés sur le texte syriaque ou grec, ou même entièrement refaits. Le livre des *Réfutations des sophistes* se présente, dans notre manuscrit, dans quatre traductions différentes. La seule vue de l'appareil critique que présente ce précieux manuscrit peut nous convaincre que les Arabes possédaient des traductions faites avec la plus scrupuleuse exactitude, et que les auteurs qui, sans les connaître, les ont traitées de barbares et d'absurdes (1) étaient dans une profonde erreur; ces auteurs ont basé leur jugement sur de mauvaises versions latines dérivées, non de l'arabe, mais des versions hébraïques.

Les plus célèbres parmi les premiers traducteurs arabes d'Aristote furent 'Honéin ben-Is'hâk, médecin nestorien établi à Bagdad (mort en 873), et son fils Is'hâk; les traductions de ce dernier furent très estimées. Au Xe siècle, Ya'hya ben-'Adi et 'Isa ben-Zara'a donnèrent de nouvelles traductions, ou corrigèrent les anciennes. On traduisit aussi les principaux commentateurs d'Aristote, tels que Porphyre, Alexandre d'Aphrodise, Thémistius, Jean Philopone. Ce fut surtout par ces commentateurs que les Arabes se familiarisèrent aussi avec la Philosophie de Platon, dont les ouvrages ne furent pas tous traduits en arabe, ou du moins ne furent pas très répandus, à l'exception de la *République*, qui fut commentée plus tard par Ibn-Roschd (Averrhoès). Peut-être ne pouvait-on pas d'abord se procurer la *Politique* d'Aristote, et on la remplaça par la *République* de Platon. Il est du moins certain que la *Politique* n'était par parvenue en Espagne; mais elle existait pourtant en Orient, comme on peut le voir dans le *post-scriptum* mis par Ibn-Roschd

(1) Voy. Brucker, *Hist. crit. philos.*, t. III, pag. 106, 107, 149, 150.

à la fin de son commentaire sur l'*Ethique*, et que Jourdain [1] a cité d'après Hermann l'Allemand. — Un auteur arabe du XIIIe siècle, Djemâl-Eddin al-Kifti, qui a écrit un *Dictionnaire des philosophes*, nomme, à l'article *Platon*, comme ayant été traduits en arabe, le livre de la *République*, celui *des Lois* et le *Timée*, et, à l'article *Socrate*, le même auteur cite de longs passages tirés du *Criton* et du *Phédon*. — Quoi qu'il en soit, on peut dire avec certitude que les Arabes n'avaient des notions exactes, puisées aux sources, que sur la seule philosophie d'Aristote. La connaissance des œuvres d'Aristote et de ses commentateurs se répandit bientôt dans toutes les écoles; toutes les sectes les étudièrent avec avidité. « La doctrine des philosophes, dit l'historien Makrizi, causa à la religion, parmi les musulmans, des maux plus funestes qu'on ne le peut dire. La philosophie ne servit qu'à augmenter les erreurs des hérétiques et à ajouter à leur impiété un surcroît d'impiété [2]. » On vit bientôt s'élever, parmi les Arabes, des hommes supérieurs qui, nourris de l'étude d'Aristote, entreprirent eux-mêmes de commenter les écrits du Stagirite et de développer sa doctrine. Aristote fut considéré par eux comme *le philosophe* par excellence; et, si l'on a eu tort de soutenir que tous les philosophes arabes n'ont fait que se traîner servilement à sa suite, du moins est-il vrai qu'il a toujours exercé sur eux une véritable dictature pour tout ce qui concerne les formes du raisonnement et la méthode. Un des plus anciens et des plus célèbres commentateurs arabes est Abou-Yousouf-Ya'koub ben-Is'hâk al-Kendi, qui florissait au IXe siècle. 'Hasan ben-Sawar, chrétien, au Xe siècle, disciple de Ya'hya ben-'Adi, écrivit des commentaires, dont on trouve de nombreux extraits aux marges du manuscrit de l'*Organon*, dont nous avons parlé. Abou-Naçr al-Farâbi, au Xe siècle, se rendit célèbre surtout par ses écrits sur la logique. Abou-'Ali ibn-Sînâ, ou Avicenne, au XIe siècle, composa une série d'ouvrages sous les mêmes titres et sur le

(1) *Recherches critiques*, *etc.*, 2e édition, pag. 438.

(2) Voy. Silv. de Sacy, *l. c.*, pag. XXII.

même plan qu'Aristote, auquel il prodigua ses louanges. Ce qu'Ibn-Sînâ fut pour les Arabes d'Orient, Ibn-Roschd, ou Averrhoès, le fut, au XIIe siècle, pour les Arabes d'Occident. Ses Commentaires lui acquirent une réputation immense, et firent presque oublier tous ses devanciers. Nous ne pouvons nous empêcher de citer un passage de la préface d'Ibn-Roschd au commentaire de la *Physique*, afin de faire voir quelle fut la profonde vénération des *philosophes* proprement dits pour les écrits d'Aristote : « L'auteur de ce livre, dit Ibn-Roschd, est Aristote, fils de Nicomaque, le célèbre philosophe des Grecs, qui a aussi composé les autres ouvrages qu'on trouve sur cette science (la physique), ainsi que les livres sur la logique et les traités sur la métaphysique. C'est lui qui a renouvelé ces trois sciences, c'est-à-dire la logique, la physique et la métaphysique, et c'est lui qui les a achevées. Nous disons qu'il les a renouvelées, car ce que d'autres ont dit sur ces matières n'est pas digne d'être considéré comme point de départ pour ces sciences...; et quand les ouvrages de cet homme ont paru, les hommes ont écarté les livres de tous ceux qui l'ont précédé. Parmi les livres composés avant lui, ceux qui, par rapport à ces matières, se trouvent le plus près de la méthode scientifique, sont les ouvrages de Platon, quoique ce qu'on y trouve ne soit que très peu de chose en comparaison de ce qu'on trouve dans les livres de notre philosophe, et qu'ils soient plus ou moins imparfaits sous le rapport de la science. Nous disons ensuite qu'il les a achevées (les trois sciences), car aucun de ceux qui l'ont suivi, jusqu'à notre temps, c'est-à-dire pendant près de quinze cents ans, n'a pu ajouter, à ce qu'il a dit, rien qui soit digne d'attention. C'est une chose extrêmement étrange et vraiment merveilleuse que tout cela se trouve réuni dans un seul homme. Lorsque cependant ces choses se trouvent dans un individu, on doit les attribuer plutôt à l'existence divine qu'à l'existence humaine ; c'est pourquoi les anciens l'ont appelé *le divin* (1). »

(1) Cf. Brucker, *l. c.*, t. III, pag. 105.

On se tromperait cependant en croyant que tous les philosophes arabes partageaient cette admiration, sans y faire aucune restriction. Maïmonide, qui s'exprime à peu près dans les mêmes termes qu'Ibn-Roschd sur le compte d'Aristote (1), borne cependant l'infaillibilité de ce philosophe au monde sublunaire, et n'admet pas toutes ses opinions sur les sphères qui sont au-dessus de l'orbite de la lune et sur le premier moteur (2). Avicenne n'allait même pas si loin que Maïmonide : dans un endroit où il parle de l'arc-en-ciel, il dit : « J'en comprends certaines qualités, et je suis dans l'ignorance sur certaines autres ; quant aux couleurs, je ne les comprends pas en vérité, et je ne connais pas leurs causes. Ce qu'Aristote en a dit ne me suffit pas, car ce n'est que mensonge et folie (3). »

Ce qui surtout a dû préoccuper les philosophes arabes, quelle que pût être d'ailleurs leur indifférence à l'égard de l'islamisme, ce fut le dualisme qui résulte de la doctrine d'Aristote, et qu'ils ne pouvaient avouer sans rompre ouvertement avec la religion, et, pour ainsi dire, se déclarer athées. Comment l'*énergie pure* d'Aristote, cette substance absolue, forme sans matière, peut-elle agir sur l'univers ? Quel est le lien entre Dieu et la matière ? Quel est le lien entre l'âme humaine et l'*intellect actif* qui vient du dehors ? Plus la doctrine d'Aristote laissait ces questions dans le vague, et plus les philosophes arabes devaient s'efforcer de la compléter sous ce rapport, pour sauver l'*unité de Dieu* sans tomber dans le panthéisme. Quelques philosophes, tels qu'Ibn-Bâdja et Ibn-Roschd, ont écrit des traités particuliers sur la *possibilité de la*

(1) Voy. sa lettre à R. Samuel ibn-Tibbon (vers la fin), dans le recueil des *Lettres de Maïmonide*, édit. d'Amsterdam, in-12, fol. 14 *b*.

(2) Voy. *Guide des Égarés*, IIe partie, chap. XXII.

(3) Voy. Ibn-Falaquéra, *Moré ha-Moré*, ou Commentaire sur le *Guide* de Maïmonide, édit. de Presbourg, 1837, pag. 109.

conjonction (ou de l'*union* de l'intellect passif avec l'intellect actif universel). Cette question, à ce qu'il paraît, a beaucoup préoccupé les philosophes arabes; pour y répondre, on a mêlé au système du Stagirite des doctrines qui lui sont étrangères; ce qui fit naître parmi les philosophes eux-mêmes plusieurs écoles dont nous parlerons ci-après, en dehors des écoles établies par les défenseurs des dogmes religieux des différentes sectes.

Pour mieux faire comprendre tout l'éloignement que les différentes sectes religieuses devaient éprouver pour les philosophes, nous devons rappeler ici les principaux points du système métaphysique de ces derniers, ou de leur théologie, sans entrer dans des détails sur la divergence qu'on remarque parmi les philosophes arabes sur plusieurs points particuliers de cette métaphysique. La physique péripatéticienne, si étroitement liée à la métaphysique, dut également subir de nombreuses attaques; car, comme on le verra tout à l'heure, la théorie aristotélique du *mouvement* qui donne la forme à la matière ne pouvait convenir aux *Motécallemîn*, qui s'attaquaient particulièrement aux principes de causalité et niaient, en général, toute *loi* de la nature. Quant à la logique, toutes les sectes, tant orthodoxes qu'hétérodoxes, étaient à peu près d'accord (1).

Voici les principes fondamentaux de la doctrine des péripatéticiens arabes: 1° La matière, disaient les philosophes, est éternelle; si l'on dit que Dieu a *créé* le monde, ce n'est là

(1) Il est vrai que les *Motécallemîn* attaquent aussi les *Catégories* d'Aristote, et ne laissent subsister intactes que celles de la *substance* et de la *qualité* (voy. Schmœlders, *Essai*, *etc.*, pag. 161 et suiv.); mais cette polémique ne concerne que la nature *ontologique* des catégories. L'attaque dirigée contre les catégories de la *relation*, du *temps*, du *lieu*, etc., paraît avoir principalement pour but d'écarter le principe de causalité (cf. Ritter, *Geschichte der Philosophie*, t. VII, p. 714).

qu'une expression métaphorique. Dieu, comme cause première, est l'ouvrier de la matière, mais son ouvrage ne peut tomber dans le temps et n'a pu commencer dans un temps donné. Dieu est à son ouvrage ce que la cause est à son effet; or, ici la cause est inséparable de l'effet, et si l'on supposait que Dieu, à une certaine époque, a commencé son ouvrage par sa *volonté* et dans un certain *but*, il aurait été imparfait avant d'avoir accompli sa volonté et atteint son but, ce qui serait en opposition avec la perfection absolue que nous devons reconnaître à Dieu. — 2° La connaissance de Dieu, ou sa providence, s'étend sur les choses universelles, c'est-à-dire sur les lois générales de l'univers, et non sur les choses particulières ou accidentelles; car, si Dieu connaissait les accidents particuliers, il y aurait un changement temporel dans sa connaissance, c'est-à-dire dans son essence, tandis que Dieu est au-dessus du changement. — 3° L'âme humaine, c'est-à-dire l'âme rationnelle, n'étant que la *faculté* de recevoir toute espèce de perfection, cet *intellect passif* se rend propre, par l'étude et les mœurs, à recevoir l'action de l'*intellect actif* qui émane de Dieu, et le but de son existence est de s'identifier avec l'intellect actif. Arrivée à cette perfection, l'âme obtient la béatitude éternelle, n'importe quelle religion l'homme ait professée et de quelle manière il ait adoré la Divinité. Ce que la religion enseigne du paradis et de l'enfer, etc., n'est qu'une image des récompenses et des châtiments spirituels, qui dépendent du plus ou du moins de perfection que l'homme a atteint ici-bas.

Ce sont là les points par lesquels les philosophes déclaraient la guerre à toutes les sectes religieuses à la fois; sur d'autres points secondaires, ils tombaient d'accord tantôt avec une secte, tantôt avec une autre: ainsi, par exemple, dans leur doctrine sur les attributs de la Divinité, ils étaient, jusqu'à un certain point, d'accord avec les Motazales; mais ils allaient plus loin que ces derniers, en refusant d'affirmer de Dieu un attribut quelconque, même comme inhérent à son essence, et ils soutenaient qu'on ne saurait qualifier Dieu que par des négations, ou, en d'autres termes, qu'on ne saurait dire ce que Dieu est, mais seulement ce qu'il n'est pas [1].

On comprend que les orthodoxes devaient voir de mauvais œil les progrès de la philosophie; aussi, la secte des *philosophes* proprement dits fut-elle regardée comme hérétique. Les plus grands philosophes des Arabes, tels qu'Al-Kendi, Al-Farâbi, Ibn-Sinâ, Ibn-Roschd, sont appelés *suspects* par ceux qui les jugent avec moins de sévérité. Cependant, la philosophie avait pris un si grand empire, elle avait tellement envahi les écoles théologiques elles-mêmes, que les théologiens durent se mettre en défense, soutenir les dogmes par le raisonnement, et élever système contre système, afin de contre-balancer, par une théologie rationnelle, la pernicieuse métaphysique d'Aristote. La science du *calâm* prit alors les plus grands développements. Les auteurs musulmans distinguent deux espèces de *calâm*, l'ancien et le moderne. Le premier ne s'occupe que de la pure doctrine religieuse et de la polémique contre les sectes hétérodoxes; le dernier, qui commença après l'introduction de la philosophie grecque, embrasse aussi les doctrines philosophiques et les fait fléchir devant les doctrines religieuses. C'est sous ce dernier rapport que nous considérons ici le *calâm*. De ce mot, on forma le verbe dénominatif *técallam* (professer le *calâm*), dont le participe *motécallem*, au pluriel *motécallemîn*, désigne les partisans du *calâm*. Or, comme ce verbe signifie aussi *parler*, les auteurs hébreux ont rendu le mot *motécallemîn* par le mot *meddaberîm* (loquentes), et c'est sous ce dernier nom que les *Motécallemîn* se présentent ordinairement dans les historiens de la philosophie, qui ont puisé dans les versions hébraïques des livres arabes. On les appelle aussi *oçouliyyin*, et en hébreu *schoraschiyyîm* (radicaux), parce

(1) Voy. la longue polémique de Maïmonide contre les partisans des *attributs essentiels*, *Guide des Égarés*, t. I, chap. L-LX, et les notes dont j'ai accompagné ces chapitres (cf. notamment pag. 180, note 1, 185, note 1, 209, note 1, 213, note 2, et 232, note 2).

que leurs raisonnements concernent es croyances fondamentales ou les *racines* (1).

Selon Maïmonide (2), les *Motécallemîn* marchèrent sur les traces de quelques théologiens chrétiens, tels que Jean le grammairien (Philopone), Ya'hya ben-'Adi, et autres, également intéressés à réfuter les doctrines des philosophes. « En somme, dit Maïmonide, tous les anciens *Motécallemîn*, tant parmi les Grecs devenus chrétiens que parmi les musulmans, ne s'attachaient pas d'abord, en établissant leurs propositions, à ce qui est manifeste dans l'être; mais ils considéraient comment l'être *devait* exister, pour qu'il pût servir de preuve de la vérité de leur opinion, ou du moins ne pas la renverser. Cet être de leur imagination une fois établi, ils déclarèrent que l'être *est* de telle manière; ils se mirent à argumenter pour confirmer ces hypothèses d'où ils devaient faire découler les propositions par lesquelles leur opinion pût se confirmer ou être à l'abri des attaques. » — « La méthode de tous les *Motécallemîn*, dit-il plus loin (3), est d'une seule et même espèce, quoique présentant diverses variétés. En effet, ils ont tous pour principe qu'il ne faut pas avoir égard à l'*être* tel qu'il est, car ce n'est là qu'une *habitude*, dont le contraire est toujours possible dans notre raison. Aussi, dans beaucoup d'endroits, suivent-ils *l'imagination*, qu'ils décorent du nom de *raison*. »

Le but principal des *Motécallemîn* était d'établir la *nouveauté du monde*, ou la création de la matière, afin de prouver par là l'existence d'un Dieu créateur, unique et incorporel. Cherchant dans les anciens philosophes des principes physiques qui pussent convenir à leur but, ils choisirent le système des *atomes*, emprunté, sans aucun doute, à Démocrite, dont les

(1) Cf. *Guide des Égarés*, t. I, pag. 335, note 2, et 349, note 1.

(2) *Guide des Égarés*, Ire partie, chap. 71 (t. I, pag. 341-344, de ma traduction française).

(3) Voy. *ibid.*, pag. 346.

Arabes connaissaient les doctrines par les écrits d'Aristote. Selon le *Dictionnaire des philosophes*, dont nous avons parlé plus haut, il existait même parmi les Arabes des écrits attribués à Démocrite et traduits du syriaque. — Les atomes (1), disaient les *Motécallemîn*, n'ont ni quantité, ni étendue. Ils ont été créés par Dieu, et le sont toujours, quand cela plaît au Créateur. Les corps naissent et périssent par l'aggrégation et la séparation des atomes. Leur aggrégation s'effectuant par le mouvement, les *Motécallemîn* admettent, comme Démocrite, le *vide*, afin de laisser aux atomes la faculté de se joindre et de se séparer. Le besoin de remonter, dans tout ce qui est créé, à un principe absolument simple et indivisible, qui se reproduit sans cesse par la seule volonté du Créateur, les conduisit à étendre sur le *temps* l'hypothèse concernant l'*espace*. De même que l'espace est occupé par les atomes et le vide, de même le temps se compose de petits instants indivisibles, séparés par des intervalles de repos. — Les substances, ou les atomes, ont beaucoup d'accidents; aucun accident ne peut durer deux instants, ou, pour ainsi dire, deux atomes de temps; Dieu en crée continuellement de nouveaux, et lorsqu'il cesse d'en créer, la substance périt. Ainsi, Dieu est toujours libre; il crée directement et sans aucun intermédiaire ce qui naît, et rien ne naît ni ne périt par une loi nécessaire de la nature. Les *privations*, ou les attributs négatifs, sont

(1) Les *Motécallemîn* désignent l'atome sous la dénomination de *parcelle indivisible* ou l'appellent simplement *parcelle* (الجزء); souvent aussi ils lui donnent le nom de *substance isolée* ou *simple* (الجوهر الفرد), qui ressemble à celui de *monade*. J'ai fait remarquer ailleurs quelques analogies entre la doctrine des *Motécallemîn* et celle de Leibnitz (voy. *Guide des Égarés*, t. I, pag. 185, note 3), bien qu'au fond, ces deux doctrines diffèrent essentiellement en ce que les *Motécallemîn*, comme on va le voir, ne reconnaissent à leurs *monades* aucune durée, ni, par conséquent, aucune faculté de se développer.

également des accidents réels et positifs produits constamment par le Créateur. Le repos, par exemple, n'est pas la privation du mouvement, ni l'ignorance la privation du savoir, ni la mort la privation de la vie ; mais le repos, l'ignorance, la mort, sont des accidents positifs, aussi bien que leurs opposés, et Dieu les crée sans cesse dans la substance, aucun accident ne pouvant durer deux atomes de temps. Ainsi, dans le corps privé de vie, Dieu crée sans cesse l'accident de la mort, qui sans cela ne pourrait pas subsister deux instants.— Les accidents n'ont pas entre eux de relation de causalité ; dans chaque substance, il peut exister toute espèce d'accidents. Tout pourrait être autrement qu'il n'est, car tout ce que nous pouvons nous *imaginer* peut aussi exister *rationnellement*. Ainsi, par exemple, le feu *a l'habitude* de s'éloigner du centre et d'être chaud ; mais la raison ne se refuse pas à admettre que le feu pourrait se mouvoir vers le centre et être froid, tout en restant le feu. Les sens ne sauraient être considérés comme *criterium* de la vérité, et on ne saurait en tirer aucun argument ; car leurs perceptions trompent souvent. En somme, les *Motécallemîn* détruisent toute causalité, toute relation entre les choses de ce monde, et déchirent, pour ainsi dire, tous les liens de la nature, pour ne laisser subsister réellement que le Créateur seul. Ils éprouvent pour le principe de causalité un tel éloignement, qu'ils évitent avec soin de désigner Dieu, comme le font les philosophes, sous la dénomination de *cause première*, et qu'ils préfèrent le nom d'*agent* ou d'*efficient*, parce que ce dernier laisse intacte la liberté du Dieu créateur, tandis que le nom de *cause* tendrait à le mettre dans une intime relation avec l'effet, et pourrait ainsi conduire à admettre une matière éternelle et une loi immuable de la nature, qui enchaîneraient la volonté divine [1].

(1) Voy. Maïmonide, *Guide des Égarés*, Ire partie, au commencement du chap. LXIX (t. I, p. 313, de ma traduction française). — Tous les éclaircissements relatifs aux principes philosophiques des *Motécallemîn* et les preuves qu'ils donnent de la nouveauté du monde,

On a déjà vu comment les *Motazales*, principaux représentants de l'ancien *calâm*, pour sauver l'unité et la justice absolue du Dieu créateur, refusaient d'admettre les *attributs*, et accordaient à l'homme *le libre arbitre*. Sous ces deux rapports, ils étaient d'accord avec les philosophes. Ce sont eux qu'on doit considérer aussi comme les fondateurs du *calâm philosophique*, dont nous venons de parler, quoiqu'ils n'aient pas tous professé ce système dans toute sa rigueur. L'exagération des principes du *calâm* semble être due à une nouvelle secte religieuse, qui prit naissance au commencement du Xe siècle, et qui, voulant maintenir les principes orthodoxes contre les *Motazales* et les philosophes, dut elle-même adopter un système philosophique, pour combattre ses adversaires sur leur propre terrain, et arriva ainsi à s'approprier le *calâm* et à le développer. La secte dont nous parlons est celle des *Asch'ariyya* ou *Ascharites*, ainsi nommée de son fondateur Aboul-'Hasan 'Ali ben-Isma'îl al-*Asch'ari*, de Bassora (né vers l'an 880 de J.-C. et mort vers 940). Il fut disciple d'Abou-'Ali al-Djobbaï, un des plus illustres *Motazales*, que la mère d'Asch'ari avait épousé en secondes noces. Élevé dans les principes des *Motazales* et déjà un de leurs principaux docteurs, il déclara publiquement, un jour de vendredi, dans la grande mosquée de Bassora, qu'il se repentait d'avoir professé des doctrines héréti-

de l'unité et de l'immatérialité de Dieu, se trouvent dans le *Guide des Égarés*, Ire partie, ch. 73 à 76, et dans les notes que j'y ai jointes (t. I, pag. 375 et suiv.). Malgré les assertions de M. Schmœlders (*Essai sur les écoles philosophiques chez les Arabes*, pag. 135), qui nous assure en savoir plus que Maïmonide et Averrhoès, nous croyons devoir nous en tenir aux détails du *Guide*, et nous pensons qu'un philosophe arabe du XIIe siècle, qui avait à sa disposition les sources les plus authentiques, qui a beaucoup lu et qui surtout a bien compris ses auteurs, mérite plus de confiance qu'un écrivain de nos jours, lequel nous donne le résultat de ses études sur deux ou trois ouvrages relativement très modernes. Cf. *Guide des Égarés*, t. I, pag. 400, note 2.

ques, et qu'il reconnaissait la préexistence du Koran, les attributs de Dieu et la prédestination des actions humaines. Il réunit ainsi les doctrines des *Djabarites* et des *Cifatites;* mais les *Ascharites* faisaient quelques réserves, pour éviter de tomber dans l'anthropomorphisme des *Cifatites* et pour ne pas nier toute espèce de mérite et de démérite dans les actions humaines. S'il est vrai, disaient-ils, que les attributs de Dieu sont distincts de son essence (1), il est bien entendu qu'il faut écarter toute comparaison de Dieu avec la créature, et qu'il ne faut pas prendre à la lettre les anthropomorphismes du Koran. S'il est vrai encore que les actions des hommes sont créées par la puissance de Dieu et que la volonté éternelle et absolue de Dieu est la cause primitive de tout ce qui est et de tout ce qui se fait, de manière que Dieu soit réellement l'auteur de tout bien et de tout mal, sa volonté ne pouvant être séparée de sa prescience, l'homme a cependant ce qu'ils appellent l'*acquisition* (casb), c'est-à-dire un certain concours

(1) Outre les attributs de l'*unité* et de l'*éternité*, inhérents à l'essence divine, les *Cifatites* admettent, comme attributs principaux, la vie, la science, la puissance, la volonté, la parole, l'ouïe et la vue. Voy. *Guide des Égarés*, t. I, p. 208, note 3, et p. 212, note 2.— Les *Motazales*, qui, comme on l'a vu, rejettent les attributs, étaient obligés quelquefois, pour sauver le dogme, d'avoir recours à de vaines subtilités. Ainsi, par exemple, l'attribut de la volonté étant dans un rapport intime avec le dogme de la création *ex nihilo* et devant être considéré, en quelque sorte, comme l'instrument de la création, quelques *Motazales*, tels qu'Al-Djobbaï et son fils Abou-Haschim, imaginèrent une volonté qui se serait produite sans être dans un sujet ou *substratum* (ارادة حادثة لا في محلّ), et c'est par rapport à cette volonté, disent-ils, que Dieu est qualifié de *voulant*. Voy. Schahrestâni, pag. 54 (trad. all., t. I, pag. 80); Maïmonide, *Guide des Égarés*, Ire partie, ch. LXXV, 3e Méthode (trad. franç., t. I, pag. 445). Ce dernier a fait ressortir ce qu'il y a d'inconcevable et d'absurde dans cette hypothèse, de même que dans celle de *l'accident de destruction*, *sans substratum*, dont nous parlons ci-après.

dans la production de l'action créée, et acquiert par là un mérite ou un démérite [1]. C'est par cette hypothèse de l'*acquisition*, chose insaisissable et vide de sens, que plusieurs docteurs *ascharites* ont cru pouvoir attribuer à l'homme une petite part dans la causalité des actions. Ce sont les *Ascharites* qui ont poussé jusqu'à l'extrémité les propositions des *accidents* et de la réalité des *attributs négatifs* que nous avons mentionnées parmi celles des *Motécallemîn*, et ont soutenu que les accidents naissent et disparaissent constamment par la volonté de Dieu; ainsi, par exemple, lorsque l'homme écrit, Dieu crée quatre accidents qui ne se tiennent par aucun lien de causalité, savoir: 1° la volonté de mouvoir la plume, 2° la faculté de la mouvoir, 3° le mouvement de la main, 4° celui de la plume.

Les *Motazales*, au contraire, disent que Dieu, à la vérité, est le créateur de la faculté humaine; mais que, par cette faculté créée, l'homme agit librement. — Ils admettent également qu'il y a des accidents qui ont une certaine durée, sans nous dire de quelle nature sont ces accidents. — Plusieurs d'entre eux n'admettent pas, avec les *Ascharites*, qu'il suffise toujours, pour que la substance cesse d'exister, que Dieu n'y crée pas d'accidents. Si Dieu voulait détruire le monde, disent-ils, il créerait tout exprès l'accident de la destruction, sans pourtant que cet accident fût porté par un sujet quelconque; car s'il était dans un *substratum*, ce serait la réunion de l'être et du non-être, ce qui est impossible. — Certains attributs négatifs, selon eux, sont de véritables *privations* et n'ont pas de réalité, comme, par exemple, la faiblesse qui n'est que la privation de la force, l'ignorance qui est la privation du savoir [2].

Nous devons encore faire ressortir une théorie que certains

(1) Voy. Pocock, *Spécimen hist. ar.*, p. 239, 240, 245, 249 et suiv. Cf. *Guide des Égarés*, 1re partie, ch. 51 (t. I, pag. 186).

(2) Voy. *Guide des Égarés*, 1re partie, ch. LXXIII, propos. 6 et 7 (t. I, p. 394, 389, 391 et 397); Ahron ben-Elie, עץ חיים ou *Arbre de la vie*, c. LXXXVI (é lit. de Leipzig, 1841, in-8°, pag. 115).

Motazales professaient sur les *universaux*. La question du *réalisme* et du *nominalisme*, qui a sa véritable origine dans les théories diverses de Platon et d'Aristote et que Porphyre a touchée au commencent de son *Isagoge*, a été également agitée par les philosophes arabes ; mais elle n'avait pas pour eux la même importance que devaient lui attribuer les philosophes chrétiens du moyen âge. Le réalisme ne pouvait compter chez les Arabes que quelques adhérents parmi les rares partisans de la philosophie alexandrine. Les péripatéticiens arabes, comme on le pense bien, devaient tous professer le nominalisme d'une manière absolue, et plusieurs d'entre eux se prononcent à cet égard dans les termes les plus explicites (1). Les *Motécallemîn*, de leur côté, qui repoussaient bien loin toute idée d'intermédiaire entre Dieu et sa création, et qui, comme on l'a vu, mettaient le Créateur en rapport direct avec chaque individu créé, ne pouvaient pas non plus admettre la réalité des universaux. Cependant, quelques-uns d'entre eux, et notamment certains docteurs *motazales*, professèrent à cet égard une doctrine très analogue à celles des *conceptualistes* et qui offre les mêmes difficultés et les mêmes inconséquences. Tandis que, selon la grande majorité des *Motécallemîn*, chaque individu, et pour ainsi dire chaque atome, devait être considéré comme une création isolée et complétement en dehors de toute idée générale de genre ou d'espèce, les docteurs en question admettaient, sinon comme êtres réels, du moins comme êtres *possibles* ou *en puissance*, certains types universels des choses créées. Ces types offrent quelque analogie avec les *idées* de Platon ; mais les docteurs musulmans, ne pouvant admettre l'existence d'êtres réels entre le Créateur et

(1) Voy. Maïmonide, *Guide*, IIIe partie, ch. XVIII. Cet auteur, en déclarant que les *universaux* n'ont aucune existence en dehors de l'esprit, ne fait que reproduire l'opinion généralement adoptée par les péripatéticiens arabes, et notamment par Ibn-Sinâ. Cf. Hauréau, *De la Philosophie scolastique*, t. I, pag. 371.

les individus créés, leur attribuent une condition intermédiaire entre la réalité et la non-réalité. Cet état *possible*, qui devient réel par la création, mais qu'il faut bien se garder de confondre avec la *hylé* d'Aristote, est désigné par le mot *'hâl*, qui signifie *condition*, *état* ou *circonstance* (1). Le chef de ces conceptualistes est Abou-Hâschim al-Baçri (de Bassora), fils d'Al-Djobbaï ; ils appliquaient aussi leur théorie aux attributs divins en général, en disant que ces attributs ne sont ni l'essence de Dieu, ni quelque chose en dehors de son essence ; ce sont, selon Abou-Hâschim, des *conditions* ou des *états* qu'on ne reconnaît qu'avec l'essence qu'ils servent à qualifier, mais qui, considérés en eux-mêmes, ne sont ni existants ni non-existants, et dont on ne peut dire qu'on les connaît ni qu'on les ignore. C'est avec raison que d'autres ont vu dans tout cela des paroles vides de sens, ou bien un aveu détourné de l'existence des attributs réels (2).

On a vu que les *Motécallemîn*, ou les atomistes, comptaient dans leur sein des *Motazales* et des *Ascharites*. Ces sectes et leurs différentes subdivisions ont dû nécessairement modifier çà et là le système primitif et le faire plier à leurs doctrines particulières. Le mot *motécallemîn* se prenait, du reste, dans un sens très vaste et désignait tous ceux qui appliquaient les raisonnements philosophiques aux dogmes religieux, par opposition aux *fakihs*, ou casuistes, qui se bornaient à la simple tradition religieuse ; et il ne faut pas croire qu'il suffise de lire un auteur quelconque qui dit traiter du *calâm*, pour y trouver le système primitif des *Motécallemîn* atomistes.

Au Xe siècle, le *calâm* était tout à fait à la mode parmi les

(1) Maïmonide fait allusion à cette doctrine, en disant que certains penseurs, désignant les *universaux* par le mot احوال (*conditions* ou *états*), soutiennent qu'ils ne sont ni existants, ni non-existants. Voy. *Guide*, Ire partie, ch. LI (t. I, pag. 185).

(2) Voy. sur ces théories, Schahrestâni, p. 56 et suiv. et p. 67 (trad. all., t. I, pag. 83 et suiv. et pag. 99-100); Schmœlders, *Essai etc.*, pag. 146 et suiv.

Arabes. A Bassora, il se forma une société de gens de lettres qui prirent le nom de *Frères de la pureté* ou *de la sincérité* (Ikhwân al-çafâ), et qui avaient pour but de rendre plus populaires les doctrines amalgamées de la religion et de la philosophie. Ce n'était, suivant eux, que par l'union de la philosophie des Grecs et de l'islamisme qu'on pouvait former quelque chose de parfait, et la philosophie devait servir à débarrasser les croyances religieuses des erreurs qui s'y étaient mêlées. Ils publièrent à cet effet une espèce d'encyclopédie composée de cinquante traités, où les sujets n'étaient point solidement discutés, mais seulement effleurés, ou du moins envisagés d'une manière familière et facile. Cet ouvrage peut donner une idée de toutes les études répandues alors parmi les Arabes. Repoussés par les dévots comme impies, les encyclopédistes n'eurent pas grand accueil auprès des véritables philosophes (1).

(1) Voy. Aboul-Faradj, *Historia dynastiarum*, texte arabe, pag. 331, vers. lat. de Pococke, pag. 218. Aboul-Faradj n'a fait que copier littéralement (comme il le fait très souvent) le *Târîkh al-'hocamâ*, ou Dictionnaire des philosophes, d'Al-Kifti, à l'article اخوان الصفا. On peut consulter sur le même sujet, Pococke, *Spécimen hist. ar.*, pag. 385, et Silv. de Sacy, dans les *Notices et Extraits des manuscrits*, t. IX, pag. 406 et suiv.. — L'Encyclopédie intitulée *Resâil Ikhwân al-çafâ*, ou Traités des frères de la pureté, existe dans plusieurs manuscrits de la Bibliothèque impériale. Il n'en a été publié jusqu'ici qu'un seul traité, celui *des Animaux*, qui est le 21e de l'ouvrage (*Ichwan-oos-suffa, in the original arabic*, Calcutta, 1812, in-8°). Ce traité a la forme d'un plaidoyer tenu en présence d'un roi des génies entre les animaux des diverses espèces et les hommes de toutes les nations; les délégués des animaux et des hommes exposent les qualités de leurs classes respectives, et le but final est de montrer que c'est par la religion seule que l'homme est supérieur aux animaux. Le même traité fut traduit en hébreu, dès le commencement du XIVe siècle, par Kalonymos ben-Kalonymos, sous le titre de אגרת בעלי חיים ; cette version a eu plusieurs éditions.

Les éléments sceptiques que renferme la doctrine des *Motécallemîn* portèrent aussi leurs fruits. Un des plus célèbres docteurs issu de l'école des *Ascharites*, Abou-'Hâmed al-Gazâli, théologien et philosophe, peu satisfait d'ailleurs des théories des *Motécallemîn* et penchant quelquefois vers le mysticisme des *Çoufis*, employa habilement le scepticisme pour combattre la philosophie au profit de la religion ; ce qu'il fit dans un ouvrage intitulé *La Destruction des philosophes*, où il montra que les philosophes n'ont nullement des preuves évidentes pour établir les vingt points de doctrine (savoir : les trois points que nous avons mentionnés ci-dessus et dix-sept points secondaires) dans lesquels ils se trouvent en contradiction avec la doctrine religieuse (1). Plus tard, Ibn-Roschd écrivit contre cet ouvrage *La Destruction de la Destruction*.

Les philosophes proprement dits se divisèrent également en différentes sectes. Il paraît que le platonisme, ou plutôt le néoplatonisme, avait aussi trouvé des partisans parmi les Arabes ; car des écrivains musulmans distinguent parmi les philosophes les *Maschâyîn* (péripatéticiens) et les *Ischrâkiyyîn*, qui sont des *philosophes contemplatifs*, et ils nomment Platon comme le chef de ces derniers (2).

Les péripatéticiens arabes eux-mêmes, pour expliquer l'action de l'*énergie pure*, ou de Dieu, sur la matière, empruntèrent

(1) Voy. les détails plus loin à l'article *Al Gazâli*.

(2) Voy. Tholuck, *Die speculative Trinitätslehre des spätern Orients* (in-8°, Berlin, 1826), et cf. ce que nous avons dit plus haut (pag. 241 et suiv.) sur les compilations néoplatoniciennes qui existaient chez les Arabes. — Quant au mot *ischrâk*, dans lequel M. Tholuck croit reconnaître le φωτισμός mystique et qu'il rend par *illumination*, il me semble qu'il dérive plutôt de *schark* ou *meschrek* (Orient), et qu'il désigne ce que les Arabes appellent la *philosophie orientale* ('hicma meschrekiyya), nom sous lequel on comprend aussi chez nous certaines doctrines orientales, qui déjà dans l'école d'Alexandrie s'étaient confondues avec la philosophie grecque.

des doctrines néoplatoniciennes, et placèrent les *Intelligences des sphères* entre Dieu et le monde, en adoptant une espèce d'émanation. Dans la théorie des *Intelligences séparées*, telle qu'elle est présentée par les philosophes arabes, on reconnaît un mélange des théories aristotéliques sur le mouvement des sphères célestes (1) et de la doctrine néoplatonicienne de l'émanation et des hypostases: La doctrine arabe est, en substance, celle-ci : Les sphères célestes, qui sont au nombre de neuf (2), ont une âme comme principe de leur mouvement; celui-ci n'est pas un mouvement *naturel* vers le haut ou le bas, comme celui des éléments; il ne cherche pas un but auquel il s'arrête, mais il est circulaire et revient toujours à son point de départ. Ce mouvement circulaire suppose la *conception* d'un but particulier correspondant à ce genre de mouvement local; cette conception, qui a pour objet le bien absolu, ne saurait être l'effet du sens ou de l'imagination, et suppose la pensée ou l'intelligence. Mais l'âme et la conception du but ne suffisent pas à elles seules pour nécessiter le mouvement, sans qu'il s'y joigne un *désir* d'atteindre l'objet de la pensée et de la conception. L'objet du désir des sphères, qui est nécessairement en dehors d'elles, et avec lequel elles cherchent à s'unir, c'est l'Intelligence suprême, ou Dieu. Cependant, comme le mouvement n'est pas le même pour toutes les sphères et qu'il diffère notamment en rapidité, bien qu'il soit toujours circulaire, cette différence dans le mouvement suppose aussi une différence de conception et de désir, de sorte que chaque sphère doit avoir pour mobile, outre l'Intelligence suprême, une intelligence inférieure qui en détermine le mouvement comme cause prochaine et immédiate. Il existe donc, outre l'Intelligence suprême, neuf autres Intelligences émanées de

(1) Voy. Aristote, *Métaphysique*, liv. XII, chap. 7 et 8.

(2) A savoir, les sphères des sept planètes, celle des étoiles fixes et celle du mouvement diurne appelée la *sphère environnante;* quelques-uns, identifiant ces deux dernières, ne comptent que huit sphères.

celle-ci et qui sont mutuellement les causes et les effets les unes des autres. La dernière de ces *Intelligences séparées*, qui préside aux mouvements de la sphère la plus rapprochée de nous (celle de la lune), c'est l'*intellect actif*, par l'influence duquel l'*intellect passif* ou *hylique*, qui est en nous, se développe et devient *intellect en acte*. Lorsque ce dernier est arrivé à être toujours en acte et à s'identifier entièrement avec les formes intelligibles, on l'appelle l'*intellect acquis* ou *émané* (1).

Les *Ischrâkiyyîn* pénétrèrent sans doute plus avant dans le néoplatonisme, et, penchant vers le mysticisme, ils s'occupèrent surtout de l'union de l'homme avec la première Intelligence ou avec Dieu. Parmi les philosophes célèbres des Arabes, Ibn-Bâdja (Avempace) et Ibn-Tofaïl paraissent avoir professé la philosophie dite *ischrâk*. Cette philosophie contemplative, selon Ibn-Sînâ, cité par Ibn-Tofaïl (2), forme le sens occulte des paroles d'Aristote. Nous retrouvons ainsi chez les Arabes cette distinction entre l'Aristote exotérique et ésotérique, établie plus tard dans l'école platonique d'Italie, qui adopta les doctrines mystiques de la kabbale, de même que les *Ischrâkyyîn* des Arabes tombèrent dans le mysticisme des *Çoufis*, qui est probablement puisé en partie dans la philosophie des Indous (3). En général, on peut dire que la philosophie chez les

(1) Voy. Maïmonide, *Guide des Égarés*, IIe partie, chap. IV; saint Thomas d'Aquin, *De Substantiis separatis*, ch. II (opp. omn., édit. de Rome, t. XVII, fol. 86 *verso* et suiv.); cf. l'analyse de la philosophie d'Ibn-Sînâ dans Schahrestâni, pag. 381 et suiv. (trad. all., t. II, pag. 263 et suiv.). Sur les différents *intellects*, voy. mes notes au *Guide des Égarés*, t. I, pag. 306 et suiv., et cf. ci-dessus, pag. 127, note 2.

(2) Voy. *Philosophus autodidactus, sive Epistola de Haï ibn-Yokdhan*, pag. 19.

(3) Sur la secte mystique et panthéiste des *Çoufis*, qui appartient surtout à la Perse, on peut consulter Tholuck, *Sufismus, sive Theosophia Persarum pantheistica* (Berlin, 1821, in-8°), et le compte rendu de cet ouvrage par Silv. de Sacy, dans le *Journal des savants*, années 1821 et 1822.

Arabes, loin de se borner au péripatétisme pur, a traversé à peu près toutes les phases dans lesquelles elle s'est montrée dans le monde chrétien. Nous y retrouvons le dogmatisme, le scepticisme, la théorie de l'émanation, et même quelquefois des doctrines analogues au spinozisme et au panthéisme moderne.

Les plus célèbres philosophes arabes(1), qui florissaient depuis le IXe jusqu'à la fin du XIIe siècle, sont : Al-Kendi, Al-Farâbi, Ibn-Sinâ, Al-Gazâli, Ibn-Badja, Ibn-Tofaïl et Ibn-Roschd; c'est sur ces philosophes que nous donnerons ici des informations plus détaillées, en faisant connaître ce que nous avons pu recueillir de plus authentique sur leur vie, leurs principaux écrits et leurs doctrines.

Les derniers grands philosophes des Arabes florissaient au XIIe siècle. A partir du XIIIe siècle, nous ne trouvons plus de péripatéticiens purs, mais seulement quelques écrivains célèbres de philosophie religieuse, ou, si l'on veut, des *Motécallemîn*, qui raisonnaient philosophiquement sur la religion, mais qui sont bien loin de nous présenter le vrai système de l'ancien *calâm*. Un des plus célèbres est 'Abd al-Ra'hmân ibn-A'hmed al-Idji (mort en 1355), auteur du *Kitâb al-Mawâkif*

(1) En disant *philosophes arabes*, nous nous conformons à l'usage généralement adopté ; car il serait plus exact de dire *philosophes musulmans*. Il est à remarquer qu'à l'exception d'Al-Kendi, aucun des philosophes que nous énumérons ici n'était issu de l'Arabie proprement dite, ni du siége du khalifat d'Orient. Ainsi qu'on le verra plus loin, les uns étaient d'origine persane ou turque, les autres appartenaient à l'Espagne. Mais c'est la domination arabe qui peut revendiquer l'honneur d'avoir fait naître la civilisation à laquelle appartenaient tous ces philosophes, et l'arabe était devenu la langue classique dont se servaient même les savants musulmans de souche étrangère.

(livre des Stations), ou *Système du calâm*, imprimé à Constantinople, en 1824, avec un commentaire de Djordjâni (1).

La décadence des études philosophiques, notamment du péripatétisme, doit être attribuée à l'ascendant que prit, au XIIe siècle, la secte des Ascharites dans la plus grande partie du monde musulman. En Asie, nous ne trouvons pas de grands péripatéticiens postérieurs à Ibn-Sînâ. Sous Çalâ'h-Eddîn (Saladin) et ses successeurs, l'ascharisme se répandit en Égypte, et à la même époque il florissait dans l'occident musulman sous la fanatique dynastie des *Mowa'hhedîn* ou Al-Mohades. Sous Al-Mançour (Abou-Yousouf Ya'koub), troisième roi de cette dynastie, qui monta sur le trône en 1184, Ibn-Roschd, le dernier grand philosophe d'Espagne, eut à subir de graves persécutions. Un auteur arabe-espagnol de ces temps, cité par l'historien africain Al-Makkari, nomme aussi un certain Ben-'Habîb, de Séville, qu'Al-Mamoun, fils d'Al-Mançour, fit condamner à mort à cause de ses études philosophiques; et il ajoute que la philosophie est en Espagne une science haïe, qu'on n'ose s'en occuper qu'en secret, et qu'on cache les ouvrages qui traitent de cette science (2). Partout on prêchait, dans les mosquées, contre Aristote, Al-Farâbi, Ibn-Sînâ. En 1192, les ouvrages du philosophe Al-Rocn 'Abd-al-Salâm furent publiquement brûlés à Bagdad (3). C'est à ces persécutions des philosophes dans tous les pays musulmans qu'il faut attribuer l'extrême rareté des ouvrages de philosophie écrits en arabe. La philosophie chercha alors un refuge chez

(1) Sur Al-Idji et sur son ouvrage, voy. Hammer Purgstall, dans la *Literatur-Zeitung* de Leipzig, ann. 1826, n°s 161-163. Cf. Delitzch, dans le *Literaturblatt des Orients*, ann. 1840, n° 45.

(2) Voy. ms. ar. de la Biblioth. imp., ancien fonds, n° 705, fol. 44 *a;* cf. la traduction anglaise de M. Gayangos, *The History of the mohammedan dynasties in Spain, by Al-Makkari*, t. I, p. 198.

(3) Voy. ma *Notice sur Joseph ben-Iehouda*, dans le *Journal asiatique*, juillet 1842, pag. 18-20. Cf. Aboul-Faradj, *Hist. dynast.*, pag. 451 et 452.

les Juifs, qui traduisirent en hébreu les ouvrages arabes, ou copièrent les originaux arabes en caractères hébreux. C'est de cette manière que les principaux ouvrages des philosophes arabes, et notamment ceux d'Ibn-Roschd, nous ont été conservés. Al-Gazâli lui-même ne put trouver grâce pour ses ouvrages purement philosophiques; on ne connaît guère en Europe d'exemplaire arabe de son résumé de la philosophie intitulé *Makâcid al-falâcifa* (les Tendances des philosophes), ni de sa *Destruction des philosophes*, et ces deux ouvrages ne nous sont connus qu'en hébreu. Dans cet état de choses, la connaissance approfondie de la langue rabbinique est indispensable pour celui qui veut faire une étude sérieuse de la philosophie arabe. Les Ibn-Tibbon, Levi ben-Gerson, Kalonymos ben-Kalonymos, Moïse de Narbonne, et une foule d'autres traducteurs et commentateurs, peuvent être considérés comme les continuateurs des philosophes arabes. Ce fut par les traductions des Juifs, traduites à leur tour en latin, que les ouvrages des philosophes arabes, et même en grande partie les écrits d'Aristote, arrivèrent à la connaissance des scolastiques. L'empereur Frédéric II encouragea les travaux des Juifs; Jacob ben-Abba-Mari ben-Antoli, qui vivait à Naples, dit, à la fin de sa traduction du Commentaire d'Ibn-Roschd sur l'*Organon*, achevée en 1232, qu'il avait une pension de l'empereur, qui, ajoute-t-il, « aime la science et ceux qui s'en occupent. »

Les ouvrages des philosophes arabes, et la manière dont les œuvres d'Aristote parvinrent d'abord au monde chrétien, exercèrent une influence décisive sur le caractère que prit la philosophie scolastique. De la dialectique arabico-aristotélique naquit peut-être la fameuse querelle des *nominalistes* et des *réalistes*, qui divisa longtemps les scolastiques en deux camps ennemis. Les plus célèbres scolastiques, tels qu'Albert le Grand et saint Thomas d'Aquin, étudièrent les œuvres d'Aristote dans les versions latines faites de l'hébreu (1). Albert

(1) Voy. sur cette question le savant ouvrage de Jourdain,

composa évidemment ses ouvrages philosophiques sur le modèle d'Ibn-Sînâ. La vogue qu'avaient alors les philosophes arabes, et notamment Ibn-Sînâ et Ibn-Roschd, résulte aussi d'un passage de la *Divina comedia* du Dante, qui place ces deux philosophes au milieu des plus célèbres Grecs, et mentionne particulièrement *le grand Commentaire* d'Ibn-Roschd :

> Euclide geometra e Tolommeo,
> Ippocrate, *Avicenna*, e Galieno
> *Averrois che'l gran comento feo.*
> (*Inferno*, canto IV.)

Sur la philosophie arabe, en général, on trouve dans le grand ouvrage de Brucker (*Hist. crit. philosophiæ*, t. III), des documents précieux. Ce savant a donné un résumé complet, bien que peu systématique, des documents qui lui étaient accessibles, et il a surtout mis à profit Maïmonide et Pococke. C'est principalement dans Brucker qu'ont puisé tous les historiens de notre siècle, à l'exception de M. Henri Ritter, qui a de nouveau soumis à un sérieux examen les monuments qui étaient à sa portée, et qui a compulsé les barbares versions latines avec une patience et un dévouement dignes de toute notre admiration. Ici, comme partout ailleurs, nous reconnaissons dans M. Ritter l'historien consciencieux, qui, dans son ardeur à rechercher la vérité, ne craint aucune fatigue, aucun sacrifice, et aborde les lectures les plus longues et les plus fastidieuses, pour trouver quelques faits qui puisse intéresser l'histoire [1]. Cependant, ne pouvant puiser aux sources primitives, M. Ritter n'a pas toujours pu établir les faits avec une rigoureuse exactitude; beaucoup de faits durent se dérober à sa perspicacité, surtout quand les traductions lui faisaient défaut, et il n'a pu suffisamment faire ressortir ce qu'il y a de

Recherches critiques sur l'âge et sur l'origine des traductions latines d'Aristote.

(1) La philosophie des Arabes occupe une grande partie des tomes VII et VIII de son ouvrage sur l'Histoire de la philosophie.

caractéristique dans la doctrine de chacun de ces péripatéticiens arabes, qui, au premier coup d'œil, paraissent tous se copier les uns les autres et professer tous à peu près les mêmes doctrines (1). M. Ritter, comme ses devanciers, a peut-être trop négligé les précieux renseignements qui, à défaut des écrits originaux, pouvaient lui être fournis par ceux des plus illustres théologiens chrétiens du moyen âge, tels qu'Albert le Grand, saint Thomas, Duns-Scot et autres.

Un ouvrage spécial et complet sur la philosophie arabe est encore à faire (2). Je n'ai point la prétention de remplir cette

(1) On a déjà vu plus haut (pag. 153) avec quelle franchise M. Ritter a avoué lui-même son erreur en ce qui concerne Avicebron. Ce que nous dirons plus loin sur Ibn-Sînâ, Al-Gazâli, Ibn-Bâdja et Ibn-Roschd, pourra également servir à rectifier et à compléter sur divers points les détails que M. Ritter a donnés sur ces philosophes; Ibn-Bâdja a été presque entièrement négligé par lui, et il lui a à peine consacré une page, tandis qu'il entre dans de longs détails sur tous les autres.

(2) *L'Essai sur les écoles philosophiques chez les Arabes*, publié par M. Schmœlders (in-8°, Paris, 1842, chez Firmin Didot), ne répond qu'imparfaitement aux exigences de la critique. Il renferme des détails précieux sur les anciennes écoles théologiques, les *Motécallemîn*, les *Motazales*, etc.; mais les *philosophes* proprement dits n'y ont trouvé aucune place, et, selon l'auteur (pag. 132), ils ne méritent que peu d'attention et ne se distinguent entre eux que par le degré de fidélité avec lequel ils se sont attachés, ou spécialement à Aristote, ou à ses commentateurs néoplatoniciens, jugement qui est certainement exagéré. La vérité est que M. Schmœlders n'a point abordé la lecture des principaux philosophes arabes, dont les écrits originaux sont excessivement rares, mais dont nous possédons des versions hébraïques très fidèles. Quant à *Ibn-Roschd*, ce nom même lui est peu familier, et il écrit constamment *Abou-Roschd*. Par ce qu'il dit sur le *Téhâfot*, ou la *Destruction des philosophes*, d'Al-Gazâli, on reconnaît qu'il n'a jamais vu cet ouvrage, comme nous le montrerons encore plus loin. Il n'a pas toujours jugé à propos de nous faire connaître les autorités sur lesquelles il base ses assertions et ses raisonnements, et par là il n'inspire pas toujours la confiance nécessaire.

lacune par les esquisses que je publie ici, d'après les documents les plus authentiques. J'ai voulu seulement tracer à grands traits le tableau du mouvement des études philosophiques chez les Arabes, indiquer d'une manière concise et substantielle ce que chacun des philosophes arabes, tout en professant le péripatétisme, y a apporté du sien, et donner sur la vie de ces philosophes des renseignements exacts et authentiques, pour remplacer les fables qui ont été débitées par Léon Africain et reproduites par Brucker et par ses successeurs. Les détails que je donne pourront au moins servir à mettre sur la voie les orientalistes qui auraient l'envie et le loisir d'approfondir davantage un sujet sur lequel j'avais espéré répandre un jour plus vif, et sur lequel il ne m'est pas permis maintenant d'étendre plus loin mes recherches.

DES PRINCIPAUX PHILOSOPHES ARABES

ET

DE LEURS DOCTRINES

I

AL-KENDI.

Abou-Yousouf Ya'koub ben-Ishâk AL-KENDI, surnommé, par les Arabes, *le Philosophe* par excellence, était issu de l'illustre famille de Kenda, et comptait parmi ses ancêtres des princes de plusieurs contrées de l'Arabie. Aucun des auteurs arabes que nous sommes à même de consulter n'indique l'année de sa naissance ni celle de sa mort; nous savons seulement qu'il florissait au IXe siècle. Son père, Is'hâk ben al-Çabba'h, fut gouverneur de Coufa, sous les khalifes Al-Mahdi, Al-Hâdi et Haroun al-Raschîd. Al-Kendi, qui avait fait ses études à Bassora et à Bagdad, se rendit célèbre, sous les khalifes Al-Mamoun et Al-Mo'tacem (813 à 842), par un nombre prodigieux d'ouvrages sur la philosophie, les mathématiques, l'astronomie, la médecine, la politique, la musique, etc. Il possédait, dit-on, les sciences des Grecs, des Perses et des Indiens, et il fut un de ceux qu'Al-Mamoun chargea de la traduction des œuvres d'Aristote et d'autres auteurs grecs, ce qui fait supposer qu'il était versé dans le grec ou dans le syriaque. Cardan [1] le place parmi les douze génies du premier ordre qui, selon lui, avaient paru dans le monde jusqu'au XVIe siècle. Des hommes jaloux et des fanatiques suscitèrent des persécu-

(1) Voy. *De Subtilitate*, lib. XVI.

tions à Al-Kendi : on raconte que le khalife Al-Motawakkel fit confisquer sa bibliothèque, mais qu'elle lui fut rendue peu de temps avant la mort du khalife ; ce qui prouve qu'Al-Kendi vivait encore en 861. Al-Kifti et Ibn-Abi Océibi'a lui attribuent environ deux cents ouvrages ; on peut en voir la nomenclature dans la *Bibliotheca arabico-hispana* de Casiri (t. Ier, pag. 353 et suiv.).

Il ne nous reste maintenant d'Al-Kendi que quelques traités de médecine et d'astrologie ; ses traités philosophiques, ainsi que ses Commentaires sur Aristote, probablement les premiers qui aient été faits chez les Arabes, sont très rarement cités par les philosophes arabes dont nous connaissons les ouvrages. On peut conclure de là qu'Al-Kendi ne s'était point fait remarquer par des doctrines qui lui fussent particulières. Ibn-Djoldjol, médecin arabe-espagnol du Xe siècle et qui est postérieur à Al-Farâbi, dit, dans un passage cité par Ibn-Abi Océibi'a, qu'aucun philosophe musulman n'avait suivi les traces d'Aristote aussi exactement qu'Al-Kendi. Dans la longue liste des ouvrages de notre philosophe, il y en a un qui nous paraît mériter une mention particulière : c'est celui où il tâchait de prouver « que l'on ne peut comprendre la philosophie sans la connaissance des mathématiques. » Dans un autre écrit, traitant de l'*unité de Dieu*, il professait sans doute des opinions qui s'accordaient peu avec l'orthodoxie musulmane ; car 'Abd-al-Latif, médecin arabe du XIIe siècle, qui se montre fort attaché aux croyances de l'islamisme, dit avoir écrit un traité sur l'essence de Dieu et sur ses attributs essentiels, et il ajoute que son but, en traitant ce sujet, était de réfuter les doctrines d'Al-Kendi (1).

Dans un ouvrage latin anonyme du XIIIe siècle, intitulé *Tractatus de erroribus philosophorum*, on reproche à Al-Kendi plusieurs erreurs qui nous révèlent en lui un partisan non-seulement de l'astrologie, mais aussi de certaines doctrines

(1) Voy. la *Relation de l'Égypte par Abdallatif*, traduite par M. Silvestre de Sacy, pag. 463.

mystiques des alexandrins. Ce qu'on lui reproche au sujet de sa doctrine sur les attributs divins nous fait voir qu'il professait déjà à cet égard, dans toute son étendue, la doctrine des péripatéticiens arabes, ne voulant reconnaître à Dieu aucun attribut positif (1).

Outre ses Commentaires sur diverses parties de l'*Organon* d'Aristote, Al-Kendi composa un grand nombre d'ouvrages philosophiques, qui devaient répandre parmi les Arabes la connaissance de la philosophie péripatéticienne, mais que les travaux plus importants d'Al-Farâbi firent tomber dans l'oubli. Nous y remarquons des traités *sur le but que se proposait Aristote dans ses Catégories*, *sur l'ordre des livres d'Aristote*, *sur la nature de l'infini*, *sur la nature de l'intellect*, *sur l'âme*, *substance simple et impérissable*, etc. Il serait inutile de nous étendre davantage sur des écrits dont nous ne connaissons que les titres, qu'il n'est pas même possible de rendre toujours avec l'exactitude désirable (2).

II

AL-FARABI.

Abou-Naçr Mo'hamed ben-Mo'hamed ben-Tarkhân Al-Farabi, ainsi nommé de sa ville natale Farâb, ou Otrâr, dans la province de Mawaralnahar, est célèbre parmi les musulmans

(1) Voy. Hauréau, *De la Philosophie scolastique*, t. I, pag. 363-365. Voici le passage relatif aux attributs (pag. 364) : « Ulterius erravit circa divina attributa, credens talia Deo competere abusive, nolens Deum incognitum dici creatorem et principium primum et dominum deorum; voluit enim quod perfectiones de Deo dictæ nihil dicunt positive de Deo. »

(2) Outre Casiri, on peut consulter, sur notre philosophe et sur ses ouvrages : Lakemacher, *De Alkendi arabum philosophorum celeberrimo*, in-4°, Helmstadt, 1719 ; Brucker, *Hist. crit. philos.*, t. III, pag. 63-69 ; Wüstenfeld, *Geschichte der arabischen Ærzte*, pag. 21 et 22.

comme mathématicien, comme médecin, mais surtout comme philosophe péripatéticien et comme un des commentateurs à la fois les plus profonds et les plus subtils des œuvres d'Aristote. Il se rendit de bonne heure à Bagdad, où, sous le sceptre des Abbasides, florissaient les sciences et les lettres, et y suivit les leçons d'un chrétien, Jean, fils de Gilân (selon d'autres *Geblâd*), mort sous le khalifat d'Al-Moktader. Plus tard il vécut à la cour de Seif-Eddaula 'Ali ben-'Hamdân, à Alep, et, ayant accompagné ce prince à Damas, il y mourut au mois de redjeb de l'an 339 de l'hégire (décembre 950, de l'ère chrétienne). C'est là tout ce que nous savons de certain sur la vie d'Al-Farâbi; nous passons sous silence quelques autres détails rapportés par Léon Africain et reproduits par Brucker (1), mais qui méritent peu de foi. — Al-Farâbi laissa un très grand nombre d'écrits, dont on trouve la nomenclature dans l'*Histoire des médecins* d'Ibn-Abi-Océibi'a et dans le *Dictionnaire des philosophes* de Djemâl-Eddin al-Kifti (2); mais il ne nous reste de lui que quelques traités, soit en arabe, soit dans des versions hébraïques. La plus grande partie de ses ouvrages étaient des commentaires sur les écrits d'Aristote, et notamment sur ceux qui composent l'*Organon*. Al-Farâbi montrait toujours une grande prédilection pour l'étude de la logique, qu'il chercha à perfectionner et à répandre parmi ses contemporains; on vante surtout ses distinctions subtiles dans les formes variées du syllogisme. Ibn-Sinâ (Avicenne) avoue qu'il a puisé sa science dans les œuvres d'Al-Farâbi; et si celles-ci sont devenues très rares, même parmi les musulmans, comme le dit le bibliographe 'Hadji-Khalfa, il faut peut-être en attribuer la cause au fréquent usage qu'en a fait Ibn-Sinâ. Mais ses travaux ne sont qu'une amplification des divers traités de l'*Organon*, et nous ne trouvons pas qu'il ait, sous un rapport quelconque, modifié les théories d'Aristote, considérées par lui, ainsi que

(1) Voy. *Hist. crit. philos.*, t. III, pag. 71-73.

(2) Cf. Casiri, *Biblioth. arabico-hispana Escurialensis*, t. I, pag. 190-191.

par la plupart des philosophes arabes, comme la vérité absolue.

Dans la longue liste des ouvrages philosophiques qui lui sont attribués, ceux qui attirent le plus notre attention sont les suivants :

I. Une *Enumération* ou *Revue des sciences* (I'hçâ al-'Oloum), que les auteurs arabes présentent comme un ouvrage indispensable pour tous ceux qui se livrent aux études. Cet écrit se trouve à la bibliothèque de l'Escurial, et Casiri (1) l'a décoré du titre d'*Encyclopédie*, lequel, du moins par le sens que nous attachons ordinairement à ce mot, a peut-être l'inconvénient d'attribuer à l'écrit d'Al-Farâbi plus d'importance qu'il n'en a. Si je ne me trompe, l'opuscule *De Scientiis* ou *Compendium omnium scientiarum*, publié en latin sous le nom d'Al-Farâbi, est la traduction abrégée de l'*I'hçâ al-'Oloum*, qui existe aussi en hébreu dans la bibliothèque de De Rossi, à Parme (2). Une traduction plus complète, et que j'ai lieu de croire fidèle, se trouve parmi les manuscrits latins de la Bibliothèque impériale (3). Cet opuscule est divisé en cinq chapitres qui portent les inscriptions suivantes : 1° *De Scientia linguæ;* 2° *De Scientia logicæ;* 3° *De Scientia doctrinali* (c'est-à-dire, des sciences mathématiques); 4° *De Scientia naturali;* 5° *De Scientia civili.* L'auteur énumère toutes les sciences comprises dans ces différentes classes, et donne de chacune d'elles une définition précise et une courte notice.

II. *De la tendance de la Philosophie de Platon et de celle d'Aristote*, ou Analyse des divers écrits de ces deux philosophes. Cet ouvrage, que nous ne connaissons que par la description d'Ibn-Abi-Océibi'a et d'Al-Kifti, se composait de trois parties: d'une introduction, ou d'un exposé des diverses branches des études philosophiques, de leur relation mutuelle et de leur ordre nécessaire; d'un exposé de la philosophie de Pla-

(1) *L. c.*, t. I, pag. 189.

(2) Voy. son *Catalogue*, n° 458, 6°, et n° 776, 4°.

(3) *Suppl. lat.*, n° 49, fol. 143 *b*.

ton, avec indication de ses ouvrages; d'une analyse détaillée de la philosophie d'Aristote, et d'un résumé de chacun de ses ouvrages, avec l'indication précise de son but. Les Arabes disent que c'est dans cet ouvrage seul qu'on peut puiser une intelligence parfaite des *Catégories* d'Aristote.

III. Un ouvrage d'*Ethique* intitulé *Al-sîra al-fâdhila* (la Bonne Conduite).

IV. Une *Politique* intitulée *Al-siâsa al-médîniyya* (le Régime politique).

« Dans ces deux derniers ouvrages, disent les deux auteurs que nous venons de citer, Al-Farâbi a fait connaître les idées générales les plus importantes de la métaphysique, selon l'école d'Aristote, en exposant les six principes immatériels, ainsi que l'ordre dans lequel les substances corporelles en dérivent, et la manière d'arriver à la science. Il y a fait connaître aussi les différents éléments de la nature humaine et les facultés de l'âme, et indiqué la différence qui existe entre la révélation et la philosophie; enfin, il y a fait la description des sociétés bien ou mal organisées, et il a démontré que la cité a besoin en même temps d'un régime politique et de lois religieuses. »

Nous savons par Ibn-Abi-Océibi'a que le livre intitulé *le Régime politique* porte aussi le titre de *Mabâdi al-maudjoudât* (les Principes de tout ce qui existe); c'est, par conséquent, le même ouvrage dont Maïmonide recommande la lecture à Rabbi Samuel ibn-Tibbon, en s'exprimant en ces termes: « En général, je te recommande de ne lire sur la logique d'autres ouvrages que ceux du savant Abou-Naçr al-Farâbi; car tout ce qu'il a composé, et particulièrement son ouvrage sur *les Principes des êtres*, est de pure fleur de farine (1). » Cet ouvrage s'est conservé dans une version hébraïque due à Moïse, fils de Samuel ibn-Tibbon (2); son contenu s'accorde parfaite-

(1) Voy. les Lettres de Maïmonide, édit. d'Amsterdam, in-12 fol. 14 *b*.

(2) Cette version, intitulée התחלות הנמצאות, existe à la

ment avec la courte analyse que nous venons de donner d'après les auteurs arabes. Les six principes des choses sont: 1° le principe divin, ou la cause première, qui est unique; 2° les causes secondaires, ou les Intelligences des sphères célestes; 3° l'intellect actif; 4° l'âme; 5° la forme; 6° la matière abstraite (היולי). Le premier de ces principes est l'unité absolue, tandis que tous les autres repésentent le multiple. Les trois premiers ne sont ni des corps, ni en rapport direct avec les corps; les trois derniers ne sont pas en eux-mêmes des corps, mais sont unis aux corps. Les genres des corps sont au nombre de six, savoir: les corps des sphères célestes, l'animal raisonnable, l'animal irraisonnable, les végétaux, les mineraux et les quatre éléments. L'ensemble composé de ces six genres forme l'univers (1). — Après qu'il a parlé de tout ce qui dérive des six principes et qu'il est arrivé à l'homme, il examine l'organisation de la société, et entre dans de longs détails sur les diverses sociétés humaines et leurs constitutions plus ou moins conformes au but de notre existence humaine et au bien suprême. Ce bien, selon lui, ne saurait être atteint que par ceux qui ont une organisation intellectuelle parfaite, et qui sont parfaitement aptes à recevoir l'action de l'intellect actif. Il faut tout d'abord que l'intellect actif ait donné à l'homme les *notions premières*, que les hommes, plus ou moins parfaits dans leur faculté physique, ne sont pas tous également prédisposés à recevoir. Ceux-là seuls qui ont franchi ce premier pas de la science peuvent, par leurs propres efforts et par l'influence de l'intellect actif, arriver au bien suprême, qu'ils doivent chercher à connaître et

Biblioth. imp. dans trois mss. différents: ancien fonds, n° 305, suppl. hébr., n° 15, et fonds de l'Oratoire, n° 25. Elle a été publiée par M. Philippowski, dans son recueil intitulé *Sépher ha-Asîph*, ou Almanach pour l'an du monde 5610 [1850] (Londres, in-12).

(1) Cf. Averrhoës, *Tractatus de animæ beatitudine*, cap. V (OEuvres d'Aristote, en latin, avec les commentaires d'Averrhoès, in-fol., Venise, 1552, t. IX, fol. 66 *a*).

prendre pour but, tant du travail de leur intelligence que de toutes leurs actions. Les hommes parfaitement disposés arrivent d'abord au degré de l'*intellect en acte*, et ensuite à celui de l'*intellect acquis* auquel le premier sert de substratum (1); et alors seulement, ils sont aptes à s'attacher à l'intellect actif et à en recevoir l'action d'une manière parfaite. Lorsque l'homme est arrivé à ce degré, on peut dire de lui qu'il a reçu la révélation prophétique; car l'homme est véritablement prophète lorsqu'il ne reste plus aucune séparation, aucun voile, entre lui et l'intellect actif. C'est là la seule révélation admise par Al-Farâbi, qui, sur ce point comme sur beaucoup d'autres, rejetait les hypothèses des *Motécallemîn* (2). — « Il est clair, dit-il plus loin (3), que le bonheur dont jouissent les citoyens diffère en quantité et en qualité, selon le degré de perfection qu'ils ont acquis dans la vie sociale et dont dépend le degré de jouissance qu'ils doivent atteindre. Lorsqu'ils sont parvenus à se détacher de la matière et des liens du corps, ils sont exempts des accidents qui arrivent aux corps comme tels, de sorte qu'on ne peut dire d'eux qu'ils sont en mouvement, ni qu'ils sont en repos. On ne peut dire d'eux que ce qu'il convient de dire de ce qui n'est pas encore; et tout ce qui sert à qualifier le corps comme tel doit être nié de ces *âmes séparées*, dont il est

(1) Dans l'opuscule *De Intellectu et intellecto*, Al-Farâbi s'exprime en ces termes : « Et *intellectus adeptus* est quasi forma *intellectus in effectu*, intellectus vero in effectu est quasi materia et subjectum intellectui adepto. » Cf. Albert le Grand, *Summa theol.*, pars II, tract. XIII, quæst. LXXVIII, membr. 3 (opp. omn., t. XVIII, pag. 381 *b*) : « Adeptus autem intellectus, ut dicit Alpharabius, est quem adipiscitur intellectus noster possibilis ex luce intelligentiæ irradiantis super omnia intelligibilia, et agentis intelligibilitatem in eis sicut lux in coloribus agit visibilitatem. »

(2) Voy. Maïmonide, *Guide des Égarés*, Ire partie, à la fin du chap. LXXIV (t. I, pag. 438, de ma traduction).

(3) Voy. la version hébraïque dans le *Sépher ha-Asîph*, pag. 42 et 43.

difficile de se former une idée bien précise, comme il est difficile, en général, de concevoir les substances qui ne sont point des corps et qui n'existent pas dans des corps. Lorsque leurs corps sont réduits au néant et que leurs âmes s'échappent et montent, d'autres hommes leur succèdent et les remplacent dans la Cité, où ils imitent leurs actions; et quand les âmes de ces derniers s'échappent à leur tour, leurs corps étant également réduits au néant, elles s'élèvent au rang de ceux de cette classe qui les ont précédées, les approchent comme on approche ce qui n'est pas un corps, et ainsi, ces âmes semblables d'une même classe s'attachent les unes aux autres. A mesure que les âmes semblables séparées (de leurs corps) augmentent et s'attachent les unes aux autres, la jouissance de chacune d'elles est plus grande..., de sorte que les jouissances de celles qui ont précédé augmentent chaque fois que de nouvelles âmes viennent se joindre à elles; car chacune d'elles, en pensant sa propre substance, pense une multitude d'autres substances semblables, et l'objet de cette pensée augmente constamment, dans la suite du temps, par l'arrivée de celles qui viennent se joindre à elles, de sorte que les jouissances de chacune d'elles augmentent avec le temps jusqu'à l'infini. Il en est de même pour chaque génération; et c'est la béatitude parfaite et véritable que l'intellect actif a pour but. » — Dans ce passage un peu obscur, Al-Farâbi n'admet évidemment la permanence des âmes qu'à condition qu'elles soient arrivées dans cette vie au degré de l'*intellect acquis;* ses paroles pourraient même déjà être interprétées dans le sens de la doctrine de l'*unité des âmes*, professée plus tard par Ibn-Bâdjâ et Ibn-Roschd.

Ibn-Tofaïl, philosophe de la secte des *Ischrâkiyyîn*, ne fait pas grand cas des travaux métaphysiques d'Al-Farâbi : « La plupart des ouvrages d'Abou-Naçr, dit-il, traitent de la logique; ceux qui nous sont parvenus de lui sur la philosophie proprement dite sont pleins de doute et de contradictions. » Ibn-Tofaïl fait observer, notamment, les doutes qu'avait Al-Farâbi sur l'immortalité de l'âme; car, tandis que dans l'un de ses ouvrages de morale (1), il reconnaît que les âmes des méchants, après la mort, restent dans des tourments éternels, il fait entendre clairement, dans sa Politique (comme on vient de le voir), qu'elles retournent au néant, et que les âmes parfaites sont seules immortelles. Enfin, ajoute-t-il, dans son Commentaire sur l'*Ethique* d'Aristote, il va même jusqu'à dire que le suprême bien de l'homme est dans ce monde, et que tout ce qu'on prétend être hors de là n'est que folie ; ce sont des *contes de vieilles femmes* (2). Ibn-Roschd ou Averrhoës, vers la fin de son traité sur *l'intellect hylique* (ou *passif*) *et sa conjonction avec l'intellect actif*, cite également ce dernier passage d'Al-Farâbi, où il est dit aussi que la vraie perfection de l'homme n'est autre que celle qu'il peut atteindre par les sciences spéculatives (3). Il est certain qu'Al-Farâbi niait po-

(1) Ibn-Tofaïl appelle cet ouvrage *Kitâb al-milla al-fâdhila* (le Livre de la *bonne communauté* ou *secte*) ; il paraît être identique avec celui que nous avons cité plus haut sous le titre de *Al-sîra al-fâdhila*. — Dans cet ouvrage, Al-Farâbi paraît avoir professé cette opinion : que les âmes des impies, qui, tout en possédant la connaissance du bien suprême, n'ont point fait d'efforts pour l'atteindre, conservent après la mort la conscience de tout ce qui leur manque pour être parfaites ; elles ne peuvent ni arriver à la perfection, ni entièrement périr, tandis que les âmes des ignorants, qui n'ont eu dans cette vie aucune connaissance du bien suprême, rentrent dans le néant absolu. Cf. Isaac ibn-Latif, *Scha'ar ha-schamaïm*, liv. I, chap. 28 (ms. hébr. de la Biblioth. imp., ancien fonds, n° 226, fol. 128), et Ibn-Falaquéra, *Moré ha-Moré*, III, 51 (pag. 135).

(2) Voy. *Philosophus autodidactus, sive Epistola de Haï ebn-Yokdhan*, pag. 16.

(3) Ibn-Roschd, après avoir parlé des objections élevées par plusieurs philosophes contre la possibilité de l'union de notre intellect avec les *intelligences séparées*, continue en ces termes (nous citons la version hébraïque) : וזה הוא אשר הניע אבונצר בפרושו לספר ניקומאכיא אל שיניח בשהוא אין לאדם שלמות אלא השלמות אשר יהיה בחכמות העיוניות ואמר שהמאמר בשהאדם ישוב עצם נבדל הם הבלי הטפלות כי ההווה הנפסד לא ישוב נצחי ·

sitivement la permanence individuelle de l'âme, telle qu'elle est enseignée par le dogme religieux; selon lui, ce que l'âme humaine accueille et comprend par l'action de l'intellect actif, ce sont les formes générales des êtres, formes qui naissent et périssent, et elle ne saurait être en même temps apte à recevoir les intelligences abstraites et pures, car l'âme serait alors la faculté (δύναμις) de deux choses opposées. C'est ainsi qu'Ibn-Roschd explique l'origine des doutes d'Al-Farâbi, dont il cherche à réfuter l'opinion.

A son goût pour les abstractions philosophiques, Al-Farâbi joignait celui de la musique. On rapporte qu'il sut faire admirer son talent musical à la cour de Seif-Eddaula. Il fit faire aux Arabes de grands progrès dans la théorie de la musique,

« C'est là ce qui a engagé Abou-Naçr à établir, dans son Commentaire sur l'*Ethique à Nicomaque*, que l'homme n'atteint d'autre perfection que celle qu'il obtient par les sciences spéculatives. Ce qu'on a dit, ajoute-t-il, que l'homme devient une *substance séparée*, ce sont des *contes de vieilles femmes;* car ce qui naît et périt ne saurait devenir immortel. » — Cette phrase eut un retentissement fâcheux pour la mémoire d'Al-Farâbi. Le célèbre poëte juif Emanuel de Rome, dans son Voyage à travers l'enfer et le paradis, place notre philosophe dans l'enfer, pour avoir dit que l'union de l'intellect humain avec l'intellect *séparé* (actif) était un conte de vieilles femmes, et aussi pour avoir cru à la *métempsycose*. Voy. les *Ma'hberôth 'Immanouel*, chap. XXVIII (édit. de Berlin, p. 251): שם אבונצר יומו רד, יען אמר כי התאחדות השכל האנושי עם השכל הנפרד, הוא מהבלי הזקנות, ועל אשר האמין גלגול הנפשות האנונות, הנכרתות מקרב עמם, ואמר כי יחליפום אנשים עומדים במקומם. — Le second reproche, relatif à la métempsycose, est mal fondé et ne repose que sur une fausse interprétation des mots הנה יחליפום אותם אנשים אחרים עמדו אחריהם במדינה במקומם (d'autres hommes leur succèdent et les remplacent dans la cité); voir le passage d'Al-Farâbi, traduit ci-dessus, pag. 347. Emanuel a évidemment mal compris tout ce passage; Al-Farâbi lui-même, à la fin de l'opuscule *Fontes quæstionum*, dont nous parlerons ci-après, se prononce ouvertement contre la métempsycose.

dans la construction des instruments et dans l'exécution. Il composa deux ouvrages sur la musique : l'un, qui renferme toute la théorie de cet art, a été analysé, d'après un manuscrit de Leyde, par M. Kosegarten, dans la préface à son édition du *Kitâb al-aghâni;* Al-Farâbi y traite de la nature des sons et des accords, des intervalles, des systèmes, des rhythmes et de la cadence; et il dit lui-même, dans la préface, qu'il a suivi une méthode qui lui appartient en propre. Il ajoute qu'il a fait un autre ouvrage sur la musique, dans lequel il a exposé et examiné les différents systèmes des anciens. C'est probablement de cet autre ouvrage que parle Andrès [1], d'après un extrait qui lui avait été fourni par Casiri d'un manuscrit de l'Escurial. Al-Farâbi y expose les opinions des théoriciens, fait voir les progrès que chacun d'eux avait faits dans cet art, corrige leurs erreurs et remplit les lacunes de leur doctrine. Dirigé par les lumières de la physique, il montre le ridicule de tout ce que les Pythagoriciens ont imaginé sur les sons des planètes et l'harmonie céleste, et il explique par des démonstrations physiques quelle est l'influence des vibrations de l'air sur les sons des instruments, et comment les instruments doivent être construits pour produire les sons.

Aucun des grands ouvrages d'Al-Farâbi n'a été traduit dans une langue européenne, et jusqu'ici on n'a publié de ce philosophe que quelques petits traités. Un petit volume intitulé *Alpharabii, vetustissimi Aristotelis interpretis, opera omnia quæ latina lingua conscripta reperiri potuerunt* (in-8°, Paris, 1638), ne renferme que deux opuscules; l'un, intitulé *De Scientiis*, est celui dont nous avons parlé plus haut; l'autre, intitulé *De Intellectu et intellecto* [2], traite des différents sens attachés au

(1) Voy. *Origine e progressi d'ogni letteratura*, t. IV, pag. 259 et 260.

(2) Cet opuscule, qui déjà avait été publié dans les œuvres philosophiques d'Avicenne (Venise, 1495), existe en hébreu sous le titre de ספר השכל והמושכלות (en arabe : كتاب العقل والمعقولات).

mot *intellect* (1), de la division aristotélique de l'intellect, et de l'unité de l'intellect, de l'intelligent et de l'intelligible, unité qui existe dans tout *intellect en acte*, comme dans l'intelligence divine, qui est toujours en acte (2). — Deux autres opuscules d'Al-Farâbi, *De Rebus studio Aristotelicæ philosophiæ præmittendis*, et *Fontes quæstionum* (recueil d'Aphorismes philosophiques), ont été publiés en arabe, sur un manuscrit de Leyde, et accompagnés d'une version latine et de notes, par M. Schmœlders (3).

Les manuscrits des ouvrages qui restent d'Al-Farâbi sont également très rares; la Bibliothèque impériale possède, outre les ouvrages déjà mentionnés, plusieurs autres écrits d'Al-Farâbi, dont les plus importants sont : un abrégé de l'*Organon*, en hébreu (4), deux petits opuscules se rattachant également à

dans le ms. hébr., n° 110, de l'ancien fonds de la Biblioth. imp.— Iedaïa Penini, de Béziers, en a fait une paraphrase, sous le titre de כתב הדעת, qu'on trouve dans le ms. n° 119 du fonds de l'Oratoire. Voy. la notice que j'ai donnée de ce ms. dans les *Archives israélites*, ann. 1847, pag. 67 et suiv.

(1) Le mot arabe عقل (intellect, raison) a, selon Al-Farâbi, six acceptions différentes : 1° le sens qu'y attache le vulgaire, en disant : Tel homme est *intelligent;* 2° le sens que lui attribuent ceux qui raisonnent et discutent certaines opinions, en disant : La *raison* le veut ainsi ; 3° l'intellect dont parle Aristote dans le traité de la *Démonstration* (les Derniers Analytiques) et qui fait distinguer le vrai du faux ; 4° celui dont il parle au 3e livre de l'*Ethique* et qui fait connaître le bien et le mal ; 5° celui dont il parle dans le traité de l'âme, ou l'intellect divisé en *actif* et en *passif;* 6° celui dont il est question dans la Métaphysique, ou l'*Intelligence première*, cause de tout ce qui est.

(2) Cf. Maïmonide, *Guide des Égarés*, Ire partie, chap. LXVIII.

(3) *Documenta philosophiæ Arabum*, in-8°, Bonn, 1836.

(4) Ms. hébr., ancien fonds, n° 333; fonds de l'Orat., n° 107.

l'étude de la logique et au syllogisme, en arabe [1], et un petit traité de la *Quiddité de l'âme*, en hébreu [2].

III

IBN-SINA.

Abou-'Ali al-'Hoséin ben-'Abd-Allah Ibn-Sînâ, honoré des épithètes d'*al-schéikh al-réîs*, et que nous appelons communément Avicenne, le plus célèbre de tous les médecins arabes, et qui s'est acquis aussi une grande réputation comme philosophe, était Persan d'origine, de la province de Mawaralnahar. Son père, natif de Balkh, s'était établi à Bokhara, sous le règne de Nou'h ben-Mançour, de la dynastie des Samanides, et avait été nommé gouverneur de Kharméithan, l'une des principales villes de la province de Bokhara. Il se maria avec une femme d'Afschena, bourg près de Kharméithan, et ce fut là que naquit Ibn-Sînâ, au mois de çafar de l'an 370 (août 980). Au bout de quelques années, son père retourna à

(1) Ces deux opuscules se trouvent à la fin du ms. hébr. nº 303 de l'ancien fonds (à la suite de la Logique d'Ibn-Roschd), en arabe et en caractères hébreux rabbiniques. Le premier, traitant des conditions de la certitude dans la démonstration, est intitulé القول فى شرائط اليقين. Le second, divisé en cinq chapitres, renferme l'explication des diverses espèces de *noms* et différentes observations préliminaires à l'étude de la logique; il est intitulé فصول يحتاج اليها فى صناعة المنطق. Il exite aussi des versions hébraïques de ces deux opuscules.

(2) Ce traité est mentionné par Ibn-Abi-Océibi'a, à la fin de la Vie d'Al-Farâbi, sous le titre de رسالة فى ماهية النفس. La version hébraïque, intitulée מאמר במהות הנפש, se trouve dans le nº 255 de l'ancien fonds et dans le nº 105 du fonds de l'Oratoire.— Dans ce traité, Al-Farâbi établit successivement que l'âme existe, qu'elle est une substance simple, qu'elle est forme sans matière, forme intelligible, et il en expose les diverses fonctions.

Bokhara, où le jeune Ibn-Sînâ fut élevé avec les plus grands soins. Il dit lui-même, dans une courte notice sur sa vie, qu'à l'âge de dix ans il savait parfaitement le *Korân* et une bonne partie des sciences profanes, notamment les principes du droit musulman et la grammaire, et que sa précocité fut généralement admirée. Son père accueillit dans sa maison un certain Abou-'Abd-Allah Natili, qui se donnait pour philosophe. Il fut chargé de l'éducation d'Ibn-Sînâ; mais celui-ci surpassa bientôt son maître. Ibn-Sînâ aborda seul les hautes sciences, et étudia successivement les mathématiques, la physique, la logique et la métaphysique. Il s'appliqua ensuite, avec un grand zèle, à la médecine, sous la direction d'un médecin chrétien, nommé 'Isa ben-Ya'hya. A peine âgé de seize à dix-sept ans, il avait acquis une si grande réputation comme médecin, que le prince Nou'h ben-Mançour, qui résidait à Bokhara et qui était alors atteint d'une grave maladie, le fit appeler auprès de lui. Ibn-Sînâ parvint à guérir le prince, qui le combla de faveurs. L'immense bibliothèque du palais fut ouverte à Ibn-Sînâ, qui trouva ainsi l'occasion de satisfaire à toute son ardeur pour les sciences et de se perfectionner dans toutes les branches des connaissances humaines. Quelque temps après, un incendie ayant dévoré tous les trésors de cette bibliothèque, on accusa Ibn-Sînâ d'y avoir fait mettre le feu, afin de posséder seul les connaissances qu'il y avait puisées. Le prince Nou'h mourut quelque temps après, au mois de rédjeb de l'an 387 (juillet-août 997), et la dynastie des Samanides marcha rapidement vers sa chute. Ibn-Sînâ était âgé de vingt-deux ans lorsqu'il perdit son père, que dans les derniers temps il avait assisté dans les affaires publiques, tout en s'occupant de plusieurs ouvrages importants, qu'il composa à la demande de divers grands personnages. Après la mort de son père, Ibn-Sînâ quitta Bokhara et habita successivement Djordjân et plusieurs autres villes de Kharezmie et de Khorasan, et ensuite Dahistan, près de la mer Caspienne, où il fut atteint d'une grave maladie. Revenu à Djordjân, il y fit la connaissance d'un grand personnage nommé Abou-Mo'hammed Schirâsi, qui lui donna une maison où il ouvrit des cours publics. Ce fut là qu'Ibn-Sînâ commença son célèbre *Canon de médecine*, qui, plus que tous ses autres ouvrages, a contribué à immortaliser son nom et à le rendre populaire même en Europe, où, pendant plusieurs siècles, les ouvrages d'Ibn-Sînâ furent en quelque sorte considérés comme la base des études médicales. Les troubles qui agitèrent alors ces contrées l'obligèrent encore de changer souvent de résidence. A Hamadan, le prince Schems-Eddaula le nomma son vizir ; mais les troupes, mécontentes d'Ibn-Sînâ, s'emparèrent de sa personne et demandèrent sa mort, et il fallut toute l'autorité du prince pour l'arracher à la fureur des soldats. Après s'être tenu caché pendant quelque temps, il fut rappelé à la cour de Schems-Eddaula, pour donner ses soins au prince, qui souffrait des intestins. Ibn-Sînâ composa alors plusieurs parties de son grand ouvrage de philosophie intitulé *Al-Schefâ*. Chaque soir, un nombreux auditoire assistait à ses leçons de philosophie et de médecine, et après les leçons, Ibn-Sînâ, qui aimait les plaisirs et la bonne chère, faisait venir des musiciens et passait, dit-on, avec ses disciples, une partie de la nuit dans les orgies. Après la mort de Schems-Eddaula, ayant déplu à son fils et successeur, il correspondait secrètement avec 'Alâ-Eddaula, prince d'Ispahan et ennemi du prince de Hamadan. Il fut découvert et subit les rigueurs de son maître, qui le fit enfermer dans une forteresse. Au bout de quelques années, il parvint à se rendre à Ispahan. Son nouveau maître 'Alâ-Eddaula se faisait souvent accompagner par lui dans ses expéditions, et ces fatigues contribuèrent à user ses forces et à miner sa santé, déjà gravement compromise par une vie laborieuse et agitée et par des excès de tout genre auxquels sa constitution robuste ne put résister à la longue. Atteint d'une maladie des intestins, Ibn-Sînâ augmenta son mal en prenant les remèdes les plus violents. Ayant accompagné son maître dans une expédition contre Hamadan, sa maladie prit le caractère le plus grave. Ibn-Sînâ, voyant approcher sa fin, montra un profond repentir ; il fit distribuer de riches aumônes, et se livrant à des actes de dévotion, il se prépara à mourir en bon musulman. Il expira à Hamadan, au mois de ramadhan de l'an 428 (juillet 1037), âgé d'environ cinquante-sept ans. — La *Vie d'Ibn-Sînâ*, écrite par son disciple Djordjâni (Sorsanus), a été traduite en latin et imprimée en tête de plusieurs éditions latines des œuvres d'Ibn-Sînâ.

Ibn-Sînâ fut un des génies les plus extraordinaires et un des écrivains les plus féconds. Au milieu de ses fonctions publiques, de ses fréquents voyages et d'une vie troublée par les orages politiques et agitée par les passions, il trouva le temps de composer plusieurs ouvrages gigantesques, dont un seul aurait suffi pour lui assurer une des premières places parmi les écrivains de l'Orient. Il ne resta étranger à aucune des sciences cultivées de son temps, et plus de cent ouvrages plus ou moins développés témoignent de ses vastes connaissances et de son activité prodigieuse. Ses écrits en grande partie se sont conservés jusqu'à nos jours, et plusieurs de ses grands ouvrages, notamment son *Canon* et divers traités de philosophie, ont été traduits en latin et ont eu de nombreuses éditions. Les ouvrages qui nous intéressent ici particulièrement sont les livres *Al-Schefâ* (la Guérison) et *Al-Nadjâh* (la Délivrance). Le premier était une vaste encyclopédie des sciences philosophiques en dix-huit volumes; il existe encore presque en entier dans divers manuscrits de la Bibliothèque bodléienne à Oxford (1). Le second ouvrage, divisé en trois parties, est un abrégé du premier; Ibn-Sînâ fit cet abrégé pour satisfaire au désir de quelques amis. L'original arabe du *Nadjâh* a été imprimé à la suite du *Canon* (Rome, 1593, in-fol.); il renferme la *Logique*, la *Physique* et la *Métaphysique;* mais on n'y trouve pas les *Sciences mathématiques*, qui, selon l'introduction, devaient prendre place entre la *Physique* et la *Métaphysique*. On a aussi des éditions latines de divers ouvrages philosophiques d'Ibn-Sînâ; ce sont généralement des parties de l'un ou de l'autre des deux ouvrages dont nous venons de parler. Nous nous contentons de nommer ici le recueil publié

(1) Voy. le Catalogue de Nicoll et Pusey, pag. 581 et 582.

à Venise en 1495, in-fol., sous le titre suivant : *Avicennæ peripatetici philosophi, ac medicorum facile primi, opera in lucem redacta ac nuper, quantum ars niti potuit, per canonicos emendata.* Ce volume renferme les traités suivants : 1° *Logica;* 2° *Sufficientia* (cette partie traite de la physique et paraît extraite du livre *Al-Schefâ*, dont le nom a été inexactement rendu par *Sufficientia*) ; 3° *de Cœlo et Mundo;* 4° *de Anima;* 5° *de Animalibus;* 6° *de Intelligentiis;* 7° *Alpharabius de Intelligentiis;* 8° *Philosophia prima.* La *Logique d'Avicenne*, traduite en français par Vattier, a été publiée à Paris, 1658, in-8°. Une *Logique* en vers d'Ibn-Sînâ a été publiée par M. Schmœlders dans ses *Documenta philosophiæ Arabum.*

En général, la philosophie d'Ibn-Sînâ est essentiellement péripatéticienne, quoiqu'elle ait, comme celle des autres philosophes arabes, quelques éléments étrangers à la doctrine d'Aristote. Ibn-Tofaïl, dans son *'Haï Ebn-Yokdhân* (1), fait remarquer qu'Ibn-Sînâ déclare lui-même, au commencement de son *Al-Schefâ*, que la vérité, selon son opinion, n'est pas dans les doctrines qu'il expose dans ce livre, où il ne fait que reproduire la philosophie des péripatéticiens, et que celui qui veut connaître la vraie doctrine doit lire son livre de la *Philosophie orientale.* Mais ce dernier ouvrage d'Ibn-Sînâ (qui, comme on le verra ci-après, enseignait probablement le panthéisme oriental) ne nous est pas parvenu, et nous ne pouvons que nous en tenir à ses écrits péripatéticiens, et faire ressortir quelques points dans lesquels Ibn-Sînâ se montre plus ou moins indépendant. Il avoue, du reste, qu'il a beaucoup puisé dans les œuvres d'Al-Farâbi, notamment pour ce qui concerne la logique.

On remarque généralement dans les écrits d'Ibn-Sînâ une méthode sévère : il cherche à coordonner les différentes branches des sciences philosophiques dans une suite très rigoureuse et à montrer leur enchaînement nécessaire (2). Dans son

(1) Voy. *Philosophus autodidactus, etc.*, par Pococke, pag. 18.

(2) On trouve une analyse détaillée de la philosophie d'Ibn-Sînâ

Al-Schefâ, Ibn-Sînâ divise les sciences en trois parties : 1° La science supérieure, ou la connaissance des choses qui ne sont pas attachées à la matière : c'est la philosophie première, ou la métaphysique. 2° La science inférieure, ou la connaissance des choses qui sont dans la matière : c'est la physique et tout ce qui en dépend ; elle s'occupe de toutes les choses qui ont une matière visible et de tous leurs accidents. 3° La science moyenne, dont les différentes branches sont en rapport tantôt avec la métaphysique, tantôt avec la physique : ce sont les sciences mathématiques. L'arithmétique, par exemple, est la science des choses qui ne sont pas par leur nature même dans la matière, mais auxquelles il arrive d'y être ; l'intelligence les abstrait véritablement de la matière, et par là elles sont en relation avec la métaphysique. La géométrie s'occupe de choses qu'on peut se figurer sans matière ; nous comprenons cependant qu'elles ne peuvent exister que dans la matière, quoiqu'elles ne soient pas elles-mêmes matière visible. La musique, la mécanique, l'optique, s'occupent de choses qui sont dans la matière, mais qui sont plus élevées les unes que les autres, selon qu'elles sont plus ou moins éloignées de la physique. Quelquefois, les diverses sciences se trouvent mêlées ensemble, comme, par exemple, dans l'astronomie, qui est une science mathématique, mais dont le sujet forme la partie la plus élevée de la science physique. On reconnaît dans ces divisions le fidèle disciple d'Aristote ; mais on trouvera qu'ici, comme ailleurs, Ibn-Sînâ expose avec beaucoup de clarté et de précision ce qui, dans les écrits de son maître, n'est exprimé que d'une manière vague et indécise. Ainsi, Aristote distingue trois espèces de philosophie spéculative, les mathématiques, la physique et la théologie, faisant des sciences mathématiques une partie essentielle de la philosophie (1) ; il

dans l'*Histoire des sectes religieuses et philosophiques* de Schahrestani, texte ar., pag. 348-429, trad. all., t. II, pag. 213-332.

(1) Voy. *Métaphysique*, liv. VI, chap. 1 ; liv. X, chap. 4 ; Traité *de l'Ame*, liv. I, chap. 1.

distingue également dans les sciences mathématiques quelques-unes qui ont pour objet, en quelque sorte, ce qui n'est pas mû et ce qui est séparé de la matière [1], et il en signale quelques autres (l'optique, l'harmonie et l'astronomie), comme se rapportant plus particulièrement à la physique [2]; mais nulle part il ne propose une classification aussi méthodique et aussi nette que celle d'Ibn-Sînâ.

Dans sa théorie de l'*être*, Ibn-Sînâ, en admettant la distinction du *possible* et du *nécessaire*, a ajouté des développements qui lui appartiennent en propre, et auxquels nous devons nous arrêter un moment. Il divise l'être en trois parties : 1° ce qui est possible seulement, et dans cette catégorie entrent toutes les choses sublunaires qui naissent et périssent ; 2° ce qui est possible par lui-même et nécessaire par une cause extérieure, ou bien tout ce qui, à l'exception de la cause première, n'est pas sujet à la naissance et à la destruction, comme les sphères et les Intelligences, qui, selon Ibn-Sînâ, ne sont par elles-mêmes que des êtres possibles, mais qui reçoivent de leur rapport avec la première cause la qualité d'êtres nécessaires ; 3° ce qui est nécessaire par lui-même, c'est-à-dire la première cause ou Dieu [3]. Dans ce dernier être seulement, l'existence et l'unité sont intimement liées à l'essence, tandis que dans les autres êtres, l'unité et même l'existence ne sont, selon Ibn-Sînâ, que des accidents survenus à l'essence des choses et ajoutés à leur *quiddité*. Ibn-Roschd a attaqué la classification d'Ibn-Sînâ dans plusieurs endroits de ses ouvrages, et dans un écrit particulier dont nous possédons encore la version hébraïque [4]. Il objecte que ce qui est nécessaire par une cause

(1) Voy. *Métaphysique*, liv. VI, chap. 1.

(2) Voy. *Physique*, liv. II, chap. 2.

(3) Voy. *Al-Nadjah*, Métaphysique, liv. II; Schahrestâni, dans l'analyse de la Métaphysique d'Ibn-Sînâ, 6e question (texte ar., p. 373 et suiv., trad. all., t. II, p. 250 et suiv.). Cf. Maïmonide, *Guide des Égarés*, IIe partie, Introduction, proposit. 19 et 20.

(4) Ms. hébr. de la Bibliothèque imp., ancien fonds, n° 356, fol. 28 *b*. Cf. *Moré ha-Moré*, Ire partie, chap. 73 (pag. 63).

extérieure ne saurait être par lui-même dans la catégorie du possible, à moins qu'on ne suppose que la cause puisse cesser, ce qui dans le cas donné est impossible ; car la première cause, nécessaire par elle-même, ne saurait jamais cesser. Il s'élève aussi avec force contre l'opinion d'Ibn-Sînâ qui ne veut voir dans l'*existence* et dans l'*unité* que de simples accidents survenus à la *quiddité* des choses ; en ce qui concerne l'*unité*, il montre qu'Ibn-Sînâ a confondu l'*un du nombre*, qui est réellement un accident, avec l'*un absolu* qui est identique avec l'essence des choses et ne saurait en être séparé (1). « Ibn-Sînâ, dit-il ailleurs, a adopté jusqu'à un certain point l'opinion des *Motécallemîn*, selon lesquels le monde, avec tout ce qui y est, se trouve dans la catégorie du possible et pourrait être autrement qu'il n'est en effet ; et il a été le premier à se servir des distinctions du *possible* et du *nécessaire*, pour établir l'existence d'un être incorporel. » Après avoir montré ce que le raisonnement d'Ibn-Sînâ a de vicieux, Ibn-Roschd ajoute : « Nous avons vu dans ce temps-ci beaucoup de partisans d'Ibn-Sînâ, à cause de cette difficulté, *interpréter* l'opinion d'Ibn-Sînâ (pour lui donner un autre sens). Selon eux, Ibn-Sînâ n'admettait pas l'existence d'une *substance séparée ;* cela, disent-ils, résulte de la manière dont il s'exprime, dans plusieurs endroits, sur l'être nécessaire, et c'est là aussi ce qui fait la base de sa *Philosophie orientale*, qu'il a appelée ainsi parce qu'elle est empruntée aux Orientaux, qui identifient Dieu avec les sphères célestes, ce qui est conforme à sa propre opinion (2). » Ce panthéisme oriental n'a pas laissé de traces dans les écrits péripatéticiens d'Ibn-Sînâ, qui seuls nous occupent ici. Bien qu'Ibn-Sînâ, comme on vient de le voir, paraisse faire des concessions aux *Motécallemîn*, il n'hésite pas à admettre, avec les philosophes, l'éternité du monde ; elle se distingue de l'éternité de Dieu en ce qu'elle a une cause effi-

(1) Voy. sur ces questions mes notes au *Guide des Égarés*, t. I, pag. 231-233.

(2) Voy. *Destr. Destructionis*, à la fin de la Disputat. X.

ciente (qui cependant ne tombe pas dans le temps), tandis que Dieu est éternel par lui-même.

Ibn-Sînâ admet, avec d'autres philosophes, que la cause première, étant l'unité simple et absolue, ne peut avoir pour effet immédiat que l'unité. Puisqu'il est établi, dit-il, que l'être *nécessaire par lui-même* est *un* sous toutes ses faces, il faut nécessairement admettre qu'il ne peut en émaner qu'un seul (être); car s'il en émanait à la fois deux choses essentiellement et véritablement distinctes, elles ne pourraient émaner que de deux côtés divers de son essence. Or, si ces deux côtés étaient inhérents à son essence, il s'ensuivrait nécessairement que celle-ci, par son idée même, est divisible, ce qui déjà a été démontré impossible et faux (1). Mais, demandera-t-on, s'il est vrai que de l'*un* absolu il ne peut émaner qu'une seule chose simple, comment alors faire émaner le multiple, ou le monde, de Dieu qui est *un*? Pour résoudre cette difficulté, Ibn-Sînâ suppose que ce n'est pas de Dieu qu'émane immédiatement le mouvement des sphères (car on sait que, dans le système des péripatéticiens, l'action de la première cause sur le monde consiste dans le mouvement qui donne la forme à la matière). De Dieu émane la première Intelligence ou celle de la sphère environnante, qui seule communique le mouvement; ce premier moteur agit sur la deuxième sphère; quoique émané de l'être unique, il est *composé*, en ce que son intelligence a pour objet à la fois la cause première et lui-même. Mais, objecte Ibn-Roschd, c'est là une erreur, selon les principes des péripatéticiens; car l'intelligent et l'intelligible sont identiques dans l'intelligence humaine, et, à plus forte raison, dans les *intelligences séparées* (2). — Au reste, comme le fait

(1) Voy. la *Métaphysique* d'Ibn-Sînâ, liv. IX, chap. 4; Schahrestâni, pag. 380 (trad. all., t. II, pag. 261). Cf. Al-Gazâli, *Makâcid al-falasifa*, Métaphysique, tract. III (*Logica et philosophia*, feuillet 28 *b*).

(2) Voy. *Destr. Destructionis*, Disput. III (dans le vol. IX des *OEuvres d'Aristote*, commentées par Averrhoès, de l'édition de Venise, in-fol., 1552, fol. 23).

observer Ibn-Roschd, la proposition dont il s'agit n'appartient pas à Aristote, mais a été empruntée par Al-Farâbi et Ibn-Sînâ à certains philosophes anciens selon lesquels le bien et le mal, et en général les opposés, ne sauraient être émanés d'une cause unique. En généralisant la proposition, on en est arrivé à poser en principe que d'une cause simple et unique il ne peut émaner, directement et sans intermédiaire, qu'un effet unique. Ibn-Roschd montre que c'est par erreur qu'on a attribué cette proposition à Aristote, en se méprenant sur le sens que ce philosophe attache à l'idée d'*unité*, lorsqu'il présente l'univers comme une unité ou, un tout organique, émané d'une cause première et unique. Maïmonide, qui souvent fait remonter à Aristote les théories d'Ibn-Sînâ, n'hésite pas à attribuer au Stagirite la proposition en question (1), et la même erreur était répandue au moyen âge dans les écoles chrétiennes. Ainsi, par exemple, Albert le Grand cite cette proposition comme appartenant à Aristote et comme admise par tous les péripatéticiens, à l'exception du seul Avicebron, qui, de l'unité simple et absolue, fait directement émaner deux principes, savoir: la matière universelle et la forme universelle (2).

(1) Voy. Maïmonide, *Guides des Égarés*, IIe partie, chap. XXII.

(2) Voy. Albert le Grand, *De Causis et processu universitatis*, lib. I, tract. I, cap. 6 (Opp., t. V, pag. 534 *a*) : «Adhuc fortissime objicitur : quia ab uno simplici non est nisi unum. Hæc autem propositio scribitur ab Aristotele, in epistola quæ est de principio universi esse, et ab Alpharabio et ab Avicenna, et ab Averroe suscipitur et explanatur. Hac autem positione Avicebron duo quædam, quorum neutrum mediante alio fuit, inducuntur, scilicet prima forma, et materia prima.» *Ibid.*, lib. I, tract. IV, cap. 8 (pag. 561 *a*) : « ..... Supponentes autem propositionem quam omnes ante nos philosophi supposuerunt, scilicet quod ab uno simplici immediate non est nisi unum secundum naturæ ordinem. Hanc enim propositionem nemo unquam negavit, nisi Avicebron in *Fonte vitæ*, qui solus dicit, quod ab uno primo simplici immediate duo sunt secundum naturæ ordinem, eo quod in numeris binarius sequitur unitatem.» — L'auteur anonyme du *Tractatus de Erroribus philosophorum* rend Ibn-Sînâ seul responsable de la

Ibn-Sînâ admet encore, avec les autres philosophes, que la connaissance de Dieu s'étend sur les choses universelles, et non sur les choses particulières et accidentelles (1); mais il attribue aux âmes des sphères la connaissance des choses partielles, et c'est par leur intermédiaire, dit-il, que la Providence divine s'étend sur toutes les choses sublunaires. Cette connaissance des choses accidentelles et individuelles ne pouvant pas plus être attribuée aux intelligences des sphères qu'à l'intelligence divine, Ibn-Sînâ suppose que les âmes des sphères ont la faculté de l'imagination, dont les objets se multiplient à l'infini. Les choses particulières de ce monde réagissent sur leur cause prochaine, et leurs images pénètrent successivement toutes les sphères et se communiquent de proche en proche jusqu'à la cause première. Cette hypothèse est toute particulière à Ibn-Sînâ, comme nous l'apprend Ibn-Roschd, qui la rejette. L'imagination, dit ce dernier, est en rapport avec les sens, dont elle dépend ; or, les sens ne pouvant être attribués aux corps célestes, on ne saurait pas non plus leur attribuer l'imagination. On pourrait leur attribuer tout au plus une *conception*, comme celle de l'artiste qui conçoit une œuvre d'art avant de l'exécuter ; mais cette conception, ou, si l'on veut, cette imagination, a pour objet l'œuvre dans sa généralité, ou dans son *espèce*, et non pas chaque ouvrage particulier de cette espèce. Par conséquent, l'imagination des corps célestes, si toutefois ils en ont, ne saurait être en rapport avec les choses particulières de ce monde (2).

Ces exemples suffiront pour montrer qu'Ibn-Sînâ cherchait,

proposition dont il s'agit et dans laquelle il voit une hérésie. Voy. Hauréau, *De la Philosophie scolastique*, t. I, pag. 368 : « Ulterius erravit (Avicenna) de exitu rerum a primo principio; nam non solum posuit producta a primo processisse ab eo ab æterno, sed etiam voluit quod *a primo non procedit immediate nisi unum numero*, ut intelligentia prima. »

(1) Voy. ci-dessus, pag. 319.

(2) Voy. *Destr. Destructionis*, Disputat. XVI, §§ 1 et 2.

par ses hypothèses, à rapprocher la cause première du monde sublunaire, en établissant des chaînons intermédiaires, par lesquels l'action de l'énergie pure se communique à toutes les parties de la matière. On reconnaît également qu'Ibn-Sînâ a essayé, sur divers points, de se soustraire à l'autorité d'Aristote; mais Ibn-Roschd, qui cherche partout à faire valoir cette même autorité et à rétablir la véritable pensée du Stagirite, ne fait pas grand cas des théories qui appartiennent en propre à Ibn-Sînâ et pour lesquelles il affecte quelquefois un grand dédain (1).

La théorie de l'âme a été traitée par Ibn-Sînâ avec un soin tout particulier. Il est inutile de dire qu'il reproduit exactement les distinctions faites par Aristote des différentes facultés de l'âme humaine et sa théorie des intellects *actif* et *passif;* mais, comme à l'ordinaire, il ajoute aux idées d'Aristote des observations et des développements qui ont quelquefois le mérite de l'originalité. C'est de lui qu'émane la classification systématique des facultés de l'âme qu'on retrouve ensuite chez tous les philosophes arabes, chez les scolastiques et chez quelques philosophes modernes, et qui comprend quatre classes, savoir : 1° les facultés extérieures ou les cinq sens, 2° les facultés intérieures, 3° les facultés motrices, 4° les facultés raisonnables ou intellectuelles (2).

(1) Voy. *Guide des Égarés*, t. I, pag. 231, note 1.

(2) Il serait inutile de reproduire ici les subdivisions de toutes ces classes. On peut voir pour les détails le traité *de l'Ame* d'Ibn-Sînâ et son *Canon*, liv. I (texte ar., pag. 33 et suiv.; vers. lat. de Plempius, t. I, pag. 73 et suiv.); cf. Schahrestâni, pag. 414 et suiv. (trad. all., t. II, pag. 311 et suiv.); Al-Kazwîni, dans la *Chrestomathie arabe* de M. de Sacy, t. III, pag. 404-406 et 487-489. — Ibn-Roschd fait ressortir çà et là certains détails dans lesquels Ibn-Sînâ s'écarte de ses devanciers, et il signale notamment dans les *facultés perceptives intérieures*, qui forment la troisième subdivision de la seconde classe, celle appelée par Ibn-Sînâ القوة الوهمية ou الوهم (la faculté d'opinion ou de conjecture, *virtus existimativa*). Ibn-Sînâ est le premier qui ait établi à part

Quant à l'union de l'intellect actif avec l'âme humaine, Ibn-Sînâ ne cherche pas à en pénétrer le mystère. Comme les autres philosophes arabes, il trouve dans cette union le but le plus élevé que l'âme humaine doive chercher à atteindre; pour y arriver, il lui recommande bien aussi les efforts spéculatifs; mais il paraît considérer comme plus essentiel encore de subjuguer la matière et de purifier l'âme, afin d'en faire un vase pur, capable de recevoir l'infusion de l'intellect actif. « Quant à l'âme rationnelle, dit-il (1), sa véritable perfection consiste à devenir un monde intellectuel, dans lequel doit se retracer la forme de tout ce qui est, l'ordre rationnel qu'on aperçoit dans tout, le bien qui pénètre tout; je veux dire d'abord le premier principe de l'univers, ensuite les hautes substances spirituelles, les esprits liés aux corps, les corps supérieurs avec leurs mouvements et leurs facultés, et ainsi de suite, jusqu'à ce que tu te retraces tout ce qui est, et que tu deviennes un monde intellectuel, semblable au monde intellectuel tout entier, voyant celui qui est la beauté parfaite, le bien parfait, la gloire parfaite, t'unissant à lui et devenant sa substance..... Mais, étant dans ce monde et dans ces corps, submergés dans les mauvais désirs, nous ne sommes pas capables de sentir cette haute jouissance; c'est pourquoi nous ne la cherchons pas et nous ne nous y sentons pas portés, à moins que nous ne soyons débarrassés du lien des désirs et des passions, de manière à

cette faculté, par laquelle les bêtes forment des jugements, comme le fait l'homme par la faculté de la pensée ou de la réflexion; c'est elle, par exemple, qui fait que la brebis juge que ses petits méritent sa tendresse et que le loup est dangereux pour elle. Chez les philosophes antérieurs à Ibn-Sînâ, cette faculté se confondait avec la *faculté imaginative*. Voy. *Destructio Destructionis*, au commencement de la Disputat. II, des questions physiques (fol. 59 *c*). — Une autre particularité qu'on remarque dans Ibn-Sînâ, c'est que, d'après Gallien, il place le siége des diverses facultés dans les trois cavités du cerveau.

(1) Voy. la *Métaphysique* d'Ibn-Sînâ, liv. IX, chap. 7. Cf. *Moré ha-Moré*, Appendice, chap. 1 (pag. 144).

comprendre quelque chose de ce plaisir; car alors nous pouvons nous en faire dans notre âme une faible idée, pourvu que les doutes soient dissipés, et que nous soyons éclairés sur les questions relatives à l'âme..... Il semble que l'homme ne peut se délivrer de ce monde et de ses liens que lorsqu'il s'attache fortement à cet autre monde, et que son désir l'entraîne vers ce qui est là et l'empêche de regarder ce qui est derrière lui. Cette véritable félicité ne peut s'obtenir qu'en perfectionnant la partie pratique de l'âme (c'est-à-dire la vie morale). » Ailleurs il dit : « Il y a des hommes d'une nature très pure, dont l'âme est fortifiée par sa grande pureté et par son ferme attachement aux principes du monde intellectuel, et ces hommes reçoivent dans toutes choses le secours de l'intellect (actif). D'autres n'ont même besoin d'aucune étude pour s'attacher à l'intellect actif; on dirait qu'ils savent tout par eux-mêmes. C'est ce qu'on pourrait appeler l'intellect saint; il est très élevé, et les hommes ne peuvent pas tous y participer (1). » Ibn-Sînâ veut parler de l'inspiration prophétique, qu'il admet positivement, reconnaissant qu'il y a entre l'âme humaine et la première Intelligence un lien naturel, sans que l'homme ait toujours besoin de recevoir par l'étude l'*intellect acquis* (2).

On voit que le principe moral et le principe religieux occupent une grande place dans la philosophie d'Ibn-Sînâ, et qu'il est encore bien loin, du moins dans son langage extérieur, des doctrines irréligieuses professées plus tard par Ibn Roschd. On verra plus loin jusqu'où Ibn-Roschd s'est laissé entraîner dans sa théorie de l'intellect; Ibn-Sînâ proclame encore hautement la permanence individuelle de l'âme humaine, dans laquelle il reconnaît une substance qui, même séparée du corps, conserve son individualité, mais à laquelle ne

(1) Voy. *Moré ha-Moré*, Ire partie, à la fin du chap. 34 (p. 19); cf. Schahrestâni, pag. 428 (trad. all., t. II, pag. 331-332), à la fin de l'analyse de la *Physique* d'Ibn-Sînâ.

(2) Cf. Ritter, *Geschichte der Philosophie*, t. VIII, pag. 46-50.

s'appliquent ni la catégorie du *lieu* ou de l'*où*, ni celle de la *situation* [1].

Nous pourrions citer dans chaque branche des sciences philosophiques quelques développements, quelques aperçus neufs, dont Ibn-Sînâ a enrichi la philosophie péripatéticienne; mais l'ensemble de la doctrine péripatéticienne n'a subi, dans les œuvres d'Ibn-Sînâ, aucune modification notable. En somme, Ibn-Sînâ reproduit, dans un ordre très systématique et avec un enchaînement parfait, toutes les parties de la philosophie d'Aristote avec les amplifications des commentateurs néoplatoniciens, et il peut être considéré comme le plus grand représentant du péripatétisme au moyen âge. Quoiqu'il ait fait de nombreuses concessions aux idées religieuses de sa nation, il n'a pu trouver grâce pour l'ensemble de sa doctrine, qui, en effet, ne saurait s'accorder avec les principes de l'islamisme, et c'est surtout contre lui qu'Al-Gazâli a dirigé sa *Destruction des philosophes*.

IV

AL-GAZALI.

Abou-'Hâmed-Mo'hamed ibn-Mo'hamed Al-Gazali (ou mieux *Al-Ghazâli*), vulgairement nommé *Algazel*, le plus célèbre théologien musulman de son temps et appartenant à la secte orthodoxe des Schaféites, naquit à Tous, ville du Khorasan, l'an 450 de l'hégire (1058 de J. C.). Il étudia dans sa ville natale, puis à Nisabour, et donna de bonne heure des preuves d'un grand talent. Ses connaissances profondes dans la théologie musulmane et dans la philosophie ne tardèrent pas à lui gagner la haute faveur de Nizâm al-Molc, vizir du sultan Mâlec-Schâh, le Seldjoukide, qui lui confia la direction du collége *Nizâmiyya* qu'il avait fondé à Bagdad. Al-Gazâli

(1) Voy. *Guide des Égarés*, t. I, pag. 433, note 2.

avait alors trente-trois ans, et déjà il jouissait d'une grande célébrité. Après quelques années, il quitta sa chaire pour faire le pèlerinage de la Mecque. Après avoir rempli ce pieux devoir, il faisait tour à tour briller son talent dans les chaires de Damas, de Jérusalem et d'Alexandrie. Il était sur le point, dit-on, de se rendre d'Alexandrie dans le Maghreb, auprès de Yousouf ben-Tâschfîn, prince almoravide, qui régnait à Maroc; mais, ayant appris la mort de Yousouf, il s'en retourna à Tous, sa ville natale, où il se livra à la vie contemplative des Çoufis, et composa un grand nombre d'ouvrages, dont le principal but était d'établir la supériorité de l'islamisme sur les autres religions et sur la philosophie, ce qui lui mérita les surnoms de *'Hodjjat al-islâm*, *Zein al-dîn* (Preuve de l'islamisme, Ornement de la religion). Le plus célèbre de ses écrits théologiques est son *I'hyâ 'oloum al-dîn* (Restauration des connaissances religieuses), ouvrage de théologie et de morale, divisé en quatre parties qui traitent des cérémonies religieuses, des prescriptions relatives aux diverses circonstances de la vie, de ce qui perd et de ce qui sauve (c.-à-d. des vices et des vertus) (1). — Ce ne fut qu'à regret qu'Al-Gazâli quitta encore une fois sa retraite, pour aller à Nisabour et pour reprendre ensuite la direction du collége de Bagdad. Après s'être de nouveau retiré à Tous, il y fonda un monastère pour les Çoufis, et passa le reste de sa vie dans la contemplation et dans les actes de dévotion. Il mourut l'an 505 de l'hégire (1111 de J. C.).

Les renseignements les plus complets sur la vie d'Al-Gazâli ont été donnés par M. de Hammer dans l'introduction que ce célèbre orientaliste a mise en tête de son édition arabe-allemande du *Ayyouhâ-'l-wéled* (O enfant!), traité de morale d'Al-

(1) Voy. le *Dictionnaire bibliographique* de 'Hadji-Khalfa, édit. de M. Flügel, t. I, pag. 180-183. — M. le professeur Hitzig a donné une notice de cet ouvrage d'après un manuscrit incomplet qui existe à la bibliothèque publique de Berne (Suisse). Voy. *Zeitschrift der deutschen morgenl. Gesellschaft*, t. VII, pag. 172-186.

Gazâli [1]. Mais ce qui nous intéresse ici bien plus, c'est l'histoire de la vie intellectuelle d'Al-Gazâli, la marche de ses études, le rang qu'on doit lui assigner parmi les philosophes musulmans, et l'influence qu'il a pu exercer sur la philosophie de son temps. Sur ces divers points, Al-Gazâli nous fournit lui-même des renseignements précieux dans un écrit dont le titre (*Al-monkidh* etc.), peu susceptible d'une traduction littérale, peut se rendre par : *Délivrance de l'erreur, et Exposé de l'état vrai des choses.* Nous possédons de cet écrit une analyse détaillée, mais inachevée, par M. Pallia [2]; et M. Schmœlders, dans son *Essai sur les écoles philosophiques chez les Arabes*, en a publié le texte arabe tout entier, accompagné d'une traduction française, qui, malgré quelques défauts dans les détails, en reproduit assez fidèlement la substance. Al-Gazâli, pour répondre à diverses questions qui lui avaient été adressées par un ami, parle d'abord de la difficulté qu'il y a, au milieu des doctrines des diverses sectes, à démêler la vérité d'avec l'erreur, et des efforts qu'il n'avait cessé de faire, depuis l'âge de vingt ans, pour parvenir à la connaissance du vrai. Après avoir étudié et approfondi tour à tour les doctrines de toutes les sectes religieuses et philosophiques, il arriva à douter de tout, et tomba dans le scepticisme le plus absolu. Il douta des sens, qui souvent nous font porter des jugements contredits par l'intelligence; mais celle ci ne lui inspira pas plus de confiance, car rien ne prouve la certitude de ses principes. Ce que, dans l'état de veille, nous croyons être vrai, soit par la perception des sens ou par l'intelligence, ne l'est peut-être que par rapport à l'état où nous nous trouvons; mais sommes-nous bien sûrs qu'un autre état ne surviendra pas, qui sera à notre état de veille ce que celui-ci est au sommeil, de sorte qu'à l'arrivée de cet état nouveau nous reconnaissions que tout ce que nous

(1) *O Kind! die berühmte ethische Abhandlung Gasali's.* Vienne, 1838, in-12.

(2) *Mémoires de l'Académie des sciences morales et politiques*, t. I, Savants étrangers, pag. 165 et suiv.

avons cru vrai, au moyen de notre raison, n'était qu'un rêve sans réalité? A la vérité, Al-Gazâli revint ensuite de son scepticisme; mais ce ne fut point par le triomphe de la raison. Recherchant la vérité avec ardeur, il approfondit de nouveau les doctrines des *Motécallemîn*, des *Baténites* ou allégoristes, des philosophes et des Çoufis, et ce ne fut que dans la vie ascétique et contemplative, dans le mysticisme et l'*extase* des Çoufis, que son esprit trouva la satisfaction qu'il avait cherchée, et reprit le calme qui l'avait fui. Nous n'avons pas à nous occuper ici des doctrines des Çoufis, sur lesquelles Al-Gazâli ne paraît avoir exercé aucune influence notable. Ce qui marque la place d'Al-Gazâli dans l'histoire de la philosophie des Arabes, c'est son scepticisme; non pas qu'il se soit produit dans ses ouvrages sous la forme d'un système, mais parce qu'il a su s'en servir avec habileté pour porter un coup funeste aux études philosophiques.

Parmi le nombre prodigieux de ses écrits, et dont on peut voir la longue liste dans l'opuscule de M. de Hammer, dont nous avons parlé plus haut, deux méritent surtout notre attention : 1° son ouvrage intitulé *Makâcid al-falâsifa* (les Tendances des philosophes), et, 2° son *Tehâfot al-falâsifa* (le Renversement ou la Destruction des philosophes) (1). Le livre *Makâcid* est un résumé des sciences philosophiques; l'auteur y expose la logique, la métaphysique et la physique, et ne s'écarte point de la doctrine péripatéticienne, telle qu'elle avait été formée par Al-Farâbi et Ibn-Sinâ. Cet ouvrage, traduit en latin vers la fin du XIIe siècle par Dominique Gundisalvi (2), a été publié à Venise, en 1506, par Petrus Lichtenstein de

(1) Ces deux ouvrages existent très probablement en arabe dans la bibliothèque de l'Escurial, sous le n° 628 du catalogue de Casiri; mais il règne un peu de confusion dans la notice de ce catalogue. — Notre Bibliothèque impériale ne possède en arabe que les derniers feuillets du *Makâcid*, dans le manuscrit n° 882 de l'anc. fonds; mais on y conserve des versions hébraïques des deux ouvrages d'Al-Gazâli.

(2) Voy. Jourdain, *Recherches etc.*, IIe édition, pag. 107-112.

Cologne, sous le titre de *Logica et philosophia Algazelis Arabis*. On s'est étonné avec raison de voir Al-Gazâli reproduire fidèlement la doctrine des philosophes, qu'il attaque avec tant d'ardeur dans sa *Destruction* (1). M. Ritter a cru devoir supposer qu'Al-Gazâli avait écrit cet ouvrage à une époque où il était encore partisan de la philosophie d'Aristote (2). Mais la vérité est qu'Al-Gazâli n'avait d'autre but dans cet ouvrage que de préparer ses attaques contre les philosophes, comme il le déclare lui-même dans la préface, qui a été supprimée dans la plupart des manuscrits latins et dans l'édition de Venise, mais que nous trouvons dans deux différentes versions hébraïques et dans un manuscrit latin du fonds de la Sorbonne (nº 941). Al-Gazâli, s'adressant à celui qui lui avait demandé d'écrire une réfutation des philosophes, s'exprime en ces termes : « Tu m'as demandé, mon frère, de composer un traité complet et clair pour attaquer les philosophes et réfuter leurs opinions, afin de nous préserver de leurs fautes et de leurs erreurs. Mais ce serait en vain que tu espérerais parvenir à ce but, avant de parfaitement connaître leurs opinions et d'avoir étudié leurs doctrines ; car vouloir se convaincre de la fausseté de certaines opinions, avant d'en avoir une parfaite intelligence, serait un procédé faux, dont les efforts n'aboutiraient qu'à l'aveuglement et à l'erreur. Il m'a donc paru nécessaire, avant d'aborder la réfutation des philosophes, de composer un traité où j'exposerais les tendances générales de leurs sciences, savoir, de la logique, de la physique et de la métaphysique, sans pourtant distinguer ce qui est vrai de ce qui est faux ; car mon but est uniquement de faire connaître les résultats de leurs paroles, sans m'étendre sur des chose superflues et sur des détails étrangers au but. Je ne donnerai, par conséquent, qu'un exposé, comme simple rapporteur, en y joignant les preuves qu'ils ont cru pouvoir alléguer en leur faveur. Le

(1) Voy. Degérando, *Histoire comparée des systèmes de philosophie*, t. IV, pag. 230.

(2) Voy. *Geschichte der Philosophie*, t. VIII, pag. 59 et 60.

but de ce livre est donc l'exposé des *Tendances des philosophes*, et c'est là son nom. » L'auteur dit ensuite qu'il passera sous silence les sciences mathématiques, parce que tout le monde est d'accord sur leurs principes, et qu'il n'y a rien dans elles qui puisse être réfuté. Les doctrines de la logique sont généralement vraies et on y trouve rarement des erreurs ; mais celles de la métaphysique sont pour la plupart contraires à la vérité ; dans celles de la physique, le vrai et le faux se trouvent mêlés. — La fin de l'ouvrage, tant dans l'original arabe que dans les deux versions hébraïques, est conçue en ces termes : « C'est là ce que nous avons voulu rapporter de leurs sciences, savoir, de la logique, de la métaphysique et de la physique, sans nous occuper à distinguer ce qui est maigre de ce qui est gras, ce qui est vrai de ce qui est faux. Nous commencerons après cela le livre de la *Destruction des philosophes*, afin de montrer clairement ce que toutes ces doctrines renferment de faux [1]. »

Après ces déclarations explicites, on ne s'étonnera plus qu'Al-Gazâli, dans le livre *Makâcid*, parle dans le sens des philosophes. M. Schmœlders s'est donc donné une peine inutile en analysant ce livre, d'après la version latine [2], dans le but de faire connaître le prétendu système d'Al-Gazâli ; car nous devons faire observer que le livre que M. Schmœlders cite constamment sous le titre *Miyâr Olilm* (Parangon de la science), croyant sans doute qu'un titre arabe inspire plus de confiance, n'est autre que le livre *Makâcid*. L'erreur de M. Schmœlders vient de ce que, selon M. de Hammer, un ouvrage d'Al-Gazâli

(1) Voy. le ms. ar., n° 882, de la Biblioth. imp., fol. 42 *b* :
فهذا ما اردنا ان نحكيه من علومهم المنطقية والالهية والطبيعية
من غير اشتغال بتمييز الغث من السمين والحق من الباطل
ولنفتتح بعد هذا كتاب تهافت الفلاسفة حتى يتضح برهان
ما هو باطل من هذه الجملة

(2) Voy. *Essai sur les écoles philos. chez les Arabes*, pag. 220 et suiv.

intitulé *Mi yâr* contiendrait un abrégé de logique; il a donc cru pouvoir l'identifier avec la *Logica et philosophia*, ce qui prouve que, tout en prétendant écrire sur la philosophie d'Al-Gazâli, il n'a pas jeté les yeux sur la version hébraïque du *Makâcid*, ni même sur les débris de l'original arabe. M. Ritter, qui n'est pas orientaliste, a fait une erreur involontaire, en cherchant dans la *Logica et philosophia* des doctrines d'Al-Gazâli [1], et il a cru devoir supposer que ce philosophe a changé plus tard de système.

Nous arrivons au livre *Tehâfot*. M. Schmœlders, au lieu d'examiner la version hébraïque de ce livre, ou tout au moins la mauvaise version latine de la réfutation d'Ibn-Roschd, qui renferme une bonne partie de l'ouvrage d'Al-Gazâli, a mieux aimé fonder son jugement sur une subtilité grammaticale, et il soutient hardiment [2] que le titre qu'Al-Gazâli a donné à son ouvrage signifie *réfutation mutuelle;* que, dans ce livre, Al-Gazâli n'a nullement l'intention de réfuter les philosophes par des raisons dont il veuille faire sentir la justesse et la solidité; mais que, *recueillant les diverses critiques faites par autrui, il les range seulement de manière à montrer que l'opinion d'un philosophe est en contradiction avec celle d'un autre, que tel système en bouleverse un autre; en un mot, que parmi les philosophes la discorde règne perpétuellement.* Il ajoute qu'Al-Gazâli déclare lui-même à la fin du premier chapitre de son livre que tel a été son but, et il s'étonne que personne avant lui n'ait remarqué ce passage. Nous regrettons que M. Schmœlders n'ait pas cru devoir citer textuellement le passage dont il veut parler; nous devons supposer que, feuilletant dans la *Destructio destructionum*, il aura rencontré, à la fin de la première *disputatio*, le passage suivant: « Ait Algazel: Si autem dixerit adhæsistis in omnibus quæstionibus oppositioni dubitationibus cum dubitationibus, et non evadet id quod posuistis a dubitationibus, dicimus dubitatio declarat corruptionem sermonis

(1) *L. c.*, pag. 67-72.

(2) Voy. *Essai etc.*, pag. 215.

procul dubio, et solvuntur modi dubitationum, considerando dubitationem et quæsitum. Nos autem non tendimus in hoc libro nisi adaptare opinionem eorum et mutare modos rationum eorum cum eo cum quo declarabitur destructio eorum, et non incombemus ad sustentandum opinionem aliquam, etc. » Certes, il est permis de ne pas comprendre ce latin ; mais rien ne justifie l'interprétation que M. Schmœlders a donnée, avec tant d'assurance, à ce passage obscur. Voici quelle en est la traduction littérale d'après la version hébraïque : « Si l'on disait : Dans toutes vos critiques et objections, vous ne vous êtes appliqués qu'à accumuler doutes sur doutes, mais ce que vous avancez n'est pas non plus exempt de doutes, nous répondrions : La critique fait ressortir ce qu'il y a de faux dans un discours, et la difficulté peut se résoudre par l'examen de la critique et de l'objection. Mais nous n'avons dans ce livre d'autre intention que d'énoncer leurs opinions et d'opposer à leurs argumentations des raisonnements qui en montrent la nullité. Nous ne voulons pas ici nous faire le champion d'un système particulier (1) ; nous ne nous écarterons donc pas du but de ce livre, et nous ne compléterons pas notre discours en alléguant des arguments en faveur de la nouveauté du monde ; car notre but est seulement de détruire les arguments qu'ils ont produits pour établir l'éternité de la matière. Après avoir achevé ce livre, nous en composerons un autre pour affermir l'opinion vraie ; nous l'appellerons *Bases des croyances*, et nous le consacrerons à la reconstruction, de même que le présent livre a pour but la démolition. » On voit qu'il ne s'agit pas ici de montrer que les philosophes ne sont pas d'accord entre eux et se réfutent mutuellement, mais de démolir les doctrines des philosophes par une critique générale.

Au commencement de sa préface (2), Al-Gazâli s'élève contre

(1) Selon Ibn-Roschd, Al-Gazâli ne veut pas passer pour être le champion du système des Ascharites.

(2) Hadji Khalfa, dans son *Dictionnaire bibliographique* (édit. de M. Flügel, t. II, pag. 466 et suiv.), a donné un extrait de

ceux qui croient pouvoir s'arroger une intelligence supérieure et qui, dans leur orgueil, méprisent les préceptes religieux, en prenant pour guide, au lieu de la religion révélée, l'autorité de certains hommes dont le faux lustre les attire, comme le mirage dans le désert. Séduits par les grands noms de l'antiquité qu'on fait sonner à leurs oreilles, tels que Socrate, Hippocrate, Platon, Aristote et autres, et ébahis des vastes et profondes sciences de tout genre qu'on attribue à ces grands génies, ils ne veulent plus reconnaître d'autre autorité que la leur, et rejettent sans discernement l'autorité religieuse, afin de s'élever au-dessus du vulgaire et d'être comptés, eux aussi, parmi les hommes supérieurs. C'est donc pour attaquer le mal par la base qu'Al-Gazâli cherche à réfuter les doctrines des philosophes pour montrer que tout ce qu'ils professent de contraire aux principaux dogmes religieux n'a absolument aucun fondement. Il expose longuement, dans quatre observations préliminaires, les principes qui le guideront dans la composition de cet ouvrage et qui peuvent se résumer ainsi : 1° Ne pouvant discuter toutes les opinions diverses des anciens philosophes, il s'en tiendra principalement à Aristote qui est réputé le plus grand d'entre eux, le philosophe par excellence, et qui, soumettant à un examen approfondi les doctrines de ses prédécesseurs, les a écartées en grande partie; ce qui prouve que les doctrines métaphysiques ne sont nullement basées sur des axiomes certains et irréfutables, comme le sont les mathématiques et la logique. Ensuite, Aristote ayant trouvé un grand nombre de commentateurs qui diffèrent entre eux sur le vrai sens de ses doctrines, l'auteur s'en tiendra aux commentateurs les plus accrédités parmi les musulmans, tels qu'Al-Farâbi et Ibn-Sînâ. — 2° Il ne combattra pas certains termes dont se servent les philosophes, comme, par exemple, lorsqu'ils appellent le Créateur une *substance*

cette préface; nous nous sommes servi aussi de la version hébraïque du *Tehâfot*, qui existe parmi les mss. hébreux de la Biblioth. imp. (ancien fonds, n°s 345 et 508).

(djauhar); car il s'agit surtout de s'entendre sur le sens qu'on attache au terme, et il suffit de savoir, par exemple, que par *substance* on entend ce qui subsiste par soi-même. Quant à savoir si le terme est bien ou mal choisi et s'il est permis de l'employer, c'est une chose qui, d'une part, regarde le lexicographe, et, d'autre part, le casuiste. Il n'attaquera pas non plus des théories établies par une démonstration mathématique, comme, par exemple, ce que les philosophes disent sur les causes des éclipses; car, bien qu'il se trouve dans les livres religieux des passages qui paraissent contraires à ces théories, il serait dangereux d'insister sur ces passages par un zèle malentendu, et il faudra nécessairement, si toutefois leur authenticité est bien constatée, leur donner un sens allégorique. En somme, sa polémique ne s'attachera qu'aux théories philosophiques qui sont réellement contraires aux dogmes religieux, tels que ceux de la création *ex nihilo*, des attributs divins et de la résurrection des corps. — 3° Il se bornera dans cet ouvrage à montrer le côté faible des philosophes et le peu de solidité de leurs théories, afin de prémunir contre eux ceux qui leur accordent une confiance absolue; mais il n'affirmera rien lui-même, il n'établira aucun système et ne prendra le parti d'aucune secte religieuse. — 4° C'est un des artifices des philosophes de dire que leur science métaphysique, très profonde et obscure, ne saurait être comprise que par ceux qui s'y sont préparés par l'étude des mathématiques et de la logique. Lors donc qu'il naît des doutes dans l'esprit de celui qui a accepté leurs doctrines sans avoir fait ces études préparatoires, il se dit : Les philosophes sans doute savent résoudre la difficulté; mais moi je ne saurais comprendre ce sujet, parce que je n'ai étudié ni les mathématiques ni la logique. Or, dit notre auteur, pour ce qui est des mathématiques, elles n'ont aucun rapport avec la métaphysique, si ce n'est tout au plus en ce qui concerne certaines théories métaphysiques relatives aux sphères célestes, théories qu'on peut très bien admettre sans comprendre la partie mathématique ou astronomique du système du ciel, de même qu'on peut admettre qu'une maison a été construite par un architecte puissant, vivant et agissant par sa libre volonté, sans qu'on ait besoin pour cela de connaître les formes géométriques de la maison, ni le nombre de ses poutres et de ses pierres. Pour ce qui est de la logique, il est vrai de dire qu'elle est nécessaire à celui qui veut aborder la métaphysique. Mais la science de la logique n'est point particulière aux philosophes; les théologiens la connaissent fort bien et elle forme dans leurs ouvrages une section particulière appelée le livre de la *Spéculation* [1], terme que les philosophes, pour étonner le vulgaire, ont changé en celui de *logique*, de sorte que les faibles d'esprit croient qu'il s'agit d'une science nouvelle que les *Motécallemîn* ou théologiens ignorent et que les philosophes seuls possèdent. L'auteur ajoute que, pour détruire cette idée fausse et pour combattre un artifice sophistique, il se servira de préférence, dans son ouvrage, des termes employés par les philosophes, et que celui qui ne comprendrait pas ces termes devra lire d'abord son ouvrage *Mi'yâr al-'ilm* (le parangon de la science).

Al-Gazâli attaque les philosophes sur vingt points, dont seize appartiennent à la métaphysique et quatre à la physique (en prenant ces mots dans leur sens aristotélique). Il démontre: 1° que leur opinion concernant l'éternité de la matière est fausse; 2° qu'il en est de même de leur opinion touchant la permanence du monde; 3° qu'ils manquent évidemment de franchise en appelant Dieu *l'ouvrier du monde* (δημιουργὸς τοῦ κόσμου) et le monde son *ouvrage*; 4° qu'ils s'efforcent en vain de démontrer l'existence de cet *ouvrier du monde*; 5° qu'ils sont incapables d'établir l'unité de Dieu et de démontrer la fausseté du dualisme, ou de l'opinion qui admet deux êtres primitifs, d'une existence nécessaire; 6° que c'est à tort qu'ils nient les attributs de Dieu; 7° qu'ils ont tort de soutenir que

(1) كتاب النظر; Al-Gazâli ajoute que cette section est aussi appelée quelquefois *Kitâb al-djedel* (le livre de la dialectique), ou *Medâric al-'okoul* (les perceptions des intelligences).

l'essence de l'être premier (ou de Dieu) ne saurait se diviser en *genre* et *différence* [1]; 8° qu'ils ont tort de dire que l'être premier (Dieu) est un être simple, sans *quiddité* [2]; 9° qu'ils cherchent en vain à établir que cet être est incorporel; 10° qu'ils sont incapables de démontrer que le monde a un auteur et une cause, et que, par conséquent, ils tombent dans l'athéisme; 11° qu'ils ne sauraient démontrer (dans leur système) que Dieu *connaît* les choses en dehors de lui et qu'il connaît les genres et les espèces d'une manière universelle [3], ni 12° qu'il connaît sa propre essence; 13° qu'ils ont tort de soutenir que Dieu ne connaît pas les choses particulières, ou les accidents temporaires résultant des lois universelles de la nature; 14° qu'ils ne sauraient alléguer aucune preuve pour établir que les sphères célestes ont une vie et obéissent à Dieu par leur mouvement circulaire résultant d'une âme qui a une *volonté* [4]; 15° qu'il est faux de dire que les sphères ont un certain *but* et une tendance qui les met en mouvement [5]; 16° que leur théorie sur les *âmes* des sphères, qui connaîtraient toutes les choses partielles nées dans ce monde et influeraient sur elles, est fausse [6]; 17° que leur théorie sur la causalité est fausse,

(1) C'est-à-dire, que Dieu n'entre pas dans un *genre* ni ne se distingue par une *différence*, et que par conséquent il ne saurait être défini; car on sait que la définition se fait par le genre et la différence. Cf. mes notes au *Guide des Égarés*, t. I, pag. 190 et 191.

(2) Voy. ci-dessus, pag. 111 note 1.

(3) Voy. ci-dessus, pag. 319, le deuxième des principes fondamentaux des péripatéticiens arabes.

(4) Voy. ci-dessus, pag. 331. Al-Gazâli ne conteste pas absolument la vérité de cette proposition; mais elle ne lui paraît pas susceptible d'être rigoureusement démontrée.

(5) Voy. *ibidem*. Al-Gazâli réfute notamment ce que les philosophes ont dit des mouvements variés des différentes sphères, et Ibn-Roschd fait observer, dans sa réfutation, que l'auteur a particulièrement en vue les théories établies à cet égard par Ibn-Sînâ.

(6) Ceci encore se rapporte à une théorie particulière à Ibn-Sînâ; voy. ci dessus, pag. 362.

et qu'ils ont tort de nier que les choses puissent se passer contrairement à ce qu'ils appellent la loi de la nature et à ce qui arrive *habituellement* (1); 18° qu'ils ne sont pas en état d'établir, par une démonstration rigoureuse, que l'âme humaine est une substance spirituelle existant par elle-même (sans le corps), ni 19° qu'elle est impérissable; 20° que c'est à tort qu'ils nient la résurrection des morts, ainsi que les joies du paradis et les tourments de l'enfer.

Les objections élevées par Al-Gazâli contre le principe de causalité forment le point le plus important de son scepticisme; nous nous arrêterons donc un moment à ce chapitre pour en faire connaître la substance. « Il n'est pas nécessaire selon nous, dit Al-Gazâli, que, dans les choses qui arrivent habituellement, on cherche un rapport et une liaison entre ce qu'on croit être la cause et ce qu'on croit être l'effet. Ce sont, au contraire, deux choses parfaitement distinctes, dont l'une n'est pas l'autre, qui n'existent ni ne cessent d'exister l'une par l'autre. Ainsi, par exemple, l'étanchement de la soif et le boire, le rassasiement et le manger, la mort et la rupture de la nuque, et, en général, toutes les choses entre lesquelles il y a une relation visible, ne sont dans cette relation mutuelle que par la toute-puissance divine, qui depuis longtemps y a créé ce rapport et cette liaison, et non parce que la chose est nécessaire par elle-même et ne saurait être autrement. Cette toute-puissance, qui en est la cause unique, peut aussi faire qu'on soit rassasié sans manger, qu'on meure sans se rompre la nuque, ou qu'on continue à vivre tout en se la rompant; et il en est de même dans toutes les circonstances où il y a visiblement une relation mutuelle. » — En somme, tout le raisonnement d'Al-Gazâli peut se ramener à ces deux propositions: 1° Lorsque deux circonstances existent toujours simultanément, rien ne prouve que l'une soit la cause de l'autre;

(1) Le texte porte : *Réfutation de ce qu'ils disent de l'inadmissibilité du déchirement de la nature et des choses habituelles.*

ainsi, par exemple, un aveugle-né à qui on aurait donné la vue pendant le jour, et qui n'aurait jamais entendu parler du jour ni de la nuit, s'imaginerait qu'il voit par l'action des couleurs qui se présentent à lui, et ne tiendrait pas compte de la lumière du soleil, par laquelle ces couleurs font impression sur ses yeux. — 2° Quand même on admettrait l'action de certaines causes par une loi de la nature, il ne s'ensuit nullement que l'effet, même dans des circonstances analogues et sur des objets analogues, soit toujours le même; ainsi, le coton peut, sans cesser d'être le coton, prendre (par la volonté de Dieu) quelque qualité qui empêche l'action du feu, comme on voit des hommes, au moyen d'emplâtres faits avec une certaine herbe, se rendre incombustibles. En un mot, ce que les philosophes appellent la loi de la nature ou le principe de causalité, est une chose qui arrive *habituellement* (1), parce que Dieu le veut, et nous l'admettons comme certain, parce que Dieu, sachant dans sa prescience que les choses seront presque toujours ainsi, nous en a donné la conscience. Mais il n'y a pas de loi immuable de la nature qui enchaîne la volonté du Créateur.

Quelques auteurs, entre autres Ibn-Roschd, pensent qu'Al-Gazâli n'était pas toujours de bonne foi, et que, pour gagner les orthodoxes, il se donnait l'air d'attaquer les philosophes sur tous les points, quoiqu'au fond il ne leur fût pas toujours opposé. Moïse de Narbonne, au commencement de son Commentaire hébreu sur le *Makâcid*, dit, après avoir cité cette opinion d'Ibn-Roschd, qu'Al-Gazâli lui-même écrivit, après le *Tehâfot*, un petit ouvrage qu'il ne confia qu'à quelques élus, et où il donne lui-même le moyen de répondre aux objections qu'il avait faites aux philosophes. On trouve en effet, dans quelques manuscrits hébreux, à la suite de la traduction du *Tehâfot*, un opuscule d'Al-Gazâli, où cet auteur traite, très

(1) Cf. *Guide des Égarés*, t. I, pag. 392, note 1, et ci-dessus, pag. 321 et 323.

succinctement et dans un langage assez obscur, des questions métaphysiques les plus importantes [1]. Il parle d'abord des sphères célestes, de leur mouvement et de leurs *âmes*, remonte ensuite au premier moteur (ou au Créateur) et à ses attributs, et considère à la fin l'âme humaine. Loin de montrer ici ces tendances sceptiques et ce dédain pour la philosophie qui ont donné naissance à son livre *Tehâfot*, il raisonne au contraire en philosophe plutôt qu'en théologien, et établit par le raisonnement plusieurs points métaphysiques que, dans la *Destruction*, nous le voyons combattre ou déclarer indémontrables; il y paraît admettre notamment, avec les philosophes, l'éternité du temps et du mouvement des sphères. En terminant, il défend de communiquer cet opuscule à d'autres qu'à ceux qui possèdent un esprit droit et une bonne intelligence, conformément à cette sentence : *Parlez aux hommes selon leur intelligence* [2].

(1) Cet écrit se trouve dans le ms. hébr. n° 345 de l'anc. fonds, à la suite de la *Destruction des philosophes*. En tête, on lit ces mots : קונטרס שחבר אבוחאמד אחר ההפלה לגלות דעתו לחכמים והוא כונות הכונות והמבין יבין « Opuscule composé par Abou-'Hâmed après la *Destruction*, afin de révéler sa pensée aux savants; il renferme les *Tendances des Tendances* (c.-à-d., l'intention finale de ce qui est exposé dans le livre des *Tendances des philosophes*), et l'homme intelligent comprendra. » Le même écrit se trouve à part, à la fin du ms. n° 111 du fonds de l'Orat., où il est désigné comme un traité composé par Al-Gazâli pour répondre à certaines questions qui lui avaient été faites; à la fin on lit ces mots : נשלם ספר העיון ברמז אל הידיעה האמתית מדברי אבוחאמד אלגזאלי « Fin du *Livre de la spéculation*, renfermant des indications sur la vraie science, par Abou-'Hamed al-Gazâli. »

(2) ואנחנו אוסרים למי שהגיעו אליו דברינו אלה שלא יוציאם אלא למי שהיה יושר בהבנתו ויהיה בו מחשבה טובה וכבר אמר עוד ספרו לאנשים כאשר ידעו. La sentence invoquée ici par Al-Gazâli est aussi citée par Ibn-Roschd dans son traité *sur l'accord de la religion avec la philosophie*, où elle est attribuée à 'Ali, fils d'Abou-Tâleb. Dans le même traité, Ibn-Roschd reproche à Al-Gazâli de se faire *ascharite* avec les Ascharites, *çoufi* avec les Çoufis, *philosophe* avec les philosophes.

Ibn-Tofaïl, malgré le respect qu'il professe pour Al-Gazâli, fait également ressortir ce qu'il y a de chancelant et d'indécis dans ses doctrines. Le passage d'Ibn-Tofaïl nous paraît important pour bien caractériser Al-Gazâli, et nous croyons devoir le citer textuellement [1] : « Quant aux écrits du docteur Abou-'Hamed « al-Gazâli, cet auteur, s'adressant au vulgaire, lie dans un « endroit et délie dans un autre, nie certaines choses et puis « les déclare vraies. Un de ses griefs contre les philosophes, « qu'il accuse d'infidélité, est qu'ils nient la résurrection des « corps et qu'ils établissent que les âmes seules sont récom- « pensées ou punies; puis il dit, au commencement de son « livre *Al-Mîzân* (ou *Mizân al-'amal*, la balance des actions), « que cette opinion est professée par les docteurs çoufis d'une « manière absolue; et dans son écrit intitulé *Délivrance de « l'erreur*, il avoue que son opinion est semblable à celle des « Çoufis et qu'il s'y est arrêté après un long examen. Il y a, « dans ses livres, beaucoup de contradictions de ce genre, « comme ceux qui les lisent et les examinent avec attention « pourront s'en convaincre. Il s'en est excusé lui-même à la « fin de son livre *Mizân al-'amal*, là où il dit que les opinions « sont de trois espèces, savoir : celle qui est partagée par le « vulgaire et qui entre dans sa manière de voir, celle qui est « de nature à être communiquée à quiconque fait des questions « et demande à être dirigé, et celle que l'homme garde pour « lui-même et dans laquelle il ne laisse pénétrer que ceux qui « partagent ses convictions. Ensuite il ajoute : Quand même « ces paroles n'auraient d'autre effet que de te faire douter de « ce que tu crois par une tradition héréditaire, tu en tirerais « déjà un profit suffisant; celui qui ne doute pas n'examine « pas, celui qui n'examine pas ne voit pas clair, et celui qui « ne voit pas clair reste dans l'aveuglement et dans le trouble. « Il ajoute cette sentence en vers : *Accepte ce que tu vois, et « laisse là ce que tu as seulement entendu; lorsque le soleil se lève,*

(1) Voy. *Philosophus Autodidactus, sive Epistola de Hai-Ebn-Yokdan*, pag. 19-21.

« il te dispense de contempler Saturne. » Ibn-Tofaïl cite ensuite un autre passage d'Al-Gazàli, d'où il résulte que cet auteur avait composé des livres ésotériques dont la communication était réservée à ceux qui seraient dignes de les lire (1); mais il ajoute que ces livres ne se trouvaient pas parmi ceux qu'on connaissait en Espagne.

En somme; si Al-Gazâli s'est arrêté à un système quelconque, il n'y est arrivé que par la contemplation et par une certaine exaltation mystique qui d'ailleurs ne s'est pas traduite en une doctrine originale. Al-Gazâli attache surtout un grand prix au côté pratique de la vie; dans son épître morale *O enfant!* (p. 23), il compare la science à l'arbre et la pratique au fruit. Ses ouvrages en grande partie sont des traités de morale, où il recommande la piété, la vertu et les bonnes œuvres. Parmi ces traités, un des plus remarquables est le *Mîzân al-'amal*, dont la version hébraïque, due à Rabbi Abraham ben-'Hasdaï, de Barcelone, a été publiée par M. Goldenthal, sous le titre de *Compendium doctrinæ ethicæ* (in-8°,-Leipzig, 1839).

Pour nous, toute l'importance d'Al-Gazâli est dans son scepticisme; c'est à ce titre, comme nous l'avons dit, qu'il occupe une place dans l'histoire de la philosophie des Arabes; car il porta à la philosophie un coup dont elle ne put plus se relever en Orient, et ce fut en Espagne qu'elle traversa encore

(1) Un des principaux écrits de ce genre est sans doute celui qui est intitulé *Al-Madhnoun bihi* etc. (*Ce dont on doit être avare envers ceux qui n'en sont pas dignes*, c'est-à-dire, ce qu'on ne doit communiquer qu'aux hommes capables et instruits), et qui se trouve avec quatre autres opuscules d'Al-Gazâli dans le ms. n° 884 de la Biblioth. imp. (voy. Schmœlders, *Essai etc.*, pag. 213, note 1). Dans cet écrit, Al-Gazâli se montre d'accord avec les philosophes sur l'éternité du monde, et admet, comme eux, que Dieu ne connaît pas les choses *partielles* et qu'il faut écarter de lui tous les attributs. Quelques auteurs ont refusé d'admettre qu'un pareil écrit puisse avoir Al-Gazâli pour auteur. Voy. le *Dictionnaire bibliographique* de 'Hadji-Khalfa, édit. de M. Flügel, t. V, p. 590 (n° 12,214).

un siècle de gloire et trouva un ardent défenseur dans le célèbre Ibn-Roschd.

V

IBN-BADJA.

Abou-Becr Mo'hammed ben Ya'hya, surnommé *Ibn-al-Çayeg* (fils de l'orfèvre), ou plus communément IBN-BADJA [1] (nom qui a été corrompu par les scolastiques en celui d'Aven-Pace ou Avempace), est un des philosophes les plus célèbres parmi les Arabes d'Espagne. On vante aussi ses connaissances étendues dans la médecine, les mathématiques et l'astronomie, et, comme Al-Farâbi, il joignit à un esprit profond et spéculatif un talent distingué pour la musique et notamment pour le jeu de luth. Les détails de sa vie nous sont peu connus. Il naquit à Saragosse vers la fin du XIe siècle. En 1118, nous le trouvons à Séville, où probablement il s'était fixé, et où il composa alors différents traités ayant rapport à la logique [2]. Il séjourna

(1) Ibn-Khallicân lui donne aussi le surnom d'*Al-Todjîbi*, ce qui le désigne comme un descendant de la famille de *Todjîb*, qui, au XIe siècle, donna des souverains au petit royaume de Saragosse (voy. Gayangos, *The History of mohammedan dynasties in Spain*, t. I, pag. 462; t. II, pag. 441, et Append., pag. LXXXVII). — Quant au nom de *Bâdja* ou *Bâdjja* dans lequel la consonne *dj* est redoublée (باجّه), quelques écrivains arabes disent qu'il dérive d'un mot qui signifie *argent* dans la langue des *Francs de l'Occident*, c.-à-d. des chrétiens d'Espagne (voy. Al-Makkari, *Vie d'Ibn-al-Khatîb*, t. II, ms. ar. de la Biblioth. imp., ancien fonds, n° 759, fol. 103 *b*); il faut peut-être prononcer *pâtcha* et y voir une corruption de *plata*. Il paraîtrait qu'on considérait ce nom comme étant en rapport avec celui d'*Al-Çayeg* (orfèvre, *argentifex*).

(2) Cf. Casiri, *Biblioth. arabico-hispana escurialensis*, t. I, pag. 179. D'après la note rapportée par Casiri, comme se trouvant à la fin du ms. n° 609 de l'Escurial, ce volume aurait été écrit par

aussi à Grenade, et, plus tard, il se rendit en Afrique, où, à ce qu'il paraît, il jouissait d'une haute considération auprès des princes Almoravides (1). Il mourut à un âge peu avancé, à Fez, l'an 533 de l'hégire (1138). Quelques auteurs arabes rapportent qu'il fut empoisonné par les médecins, dont il avait excité la jalousie.

Ibn-Abi-Océibi'a, qui, dans son *Histoire des médecins*, nous donne quelques détails sur Ibn-Bâdja et sur ses écrits, cite un certain Aboul-'Hasan-'Ali, de Grenade, qui avait réuni divers traités d'Ibn-Bâdja (dont il fut le disciple et l'ami), dans un recueil précédé d'une introduction, où notre philosophe est présenté comme le premier qui ait su tirer un profit réel des écrits philosophiques des Arabes d'Orient, répandus en Espagne depuis le règne d'Al-'Hakem II (961-976). A la vérité, Ibn-Bâdja, comme on l'a vu, fut précédé par l'illustre Ibn-Gebirol, ou Avicebron; mais nous avons montré que les doctrines de ce philosophe juif, qui, au XIIIe siècle, firent tant de sensation parmi les docteurs chrétiens, restèrent entièrement inconnues aux arabes. Ibn-Bâdja peut donc être réellement considéré comme le premier qui ait cultivé la philosophie avec succès parmi les Arabes d'Espagne. Son illustre compatriote Ibn-Tofaïl, qui ne l'avait pas connu personnellement, mais qui

Ibn-Bâdja lui-même et achevé le 4 schawwâl 512 (17 janv. 1119). Peut-être s'était-il rendu à Séville par suite de la prise de Saragosse par Alphonse Ier d'Aragon, qui eut lieu dans cette même année 512.

(1) Quelques auteurs disent qu'il était vizir de Ya'hya, fils d'Abou-Becr et petit-fils de Yousouf ibn-Tâschfîn (voy. le *Tarîkh al-'hocamâ*, cité par Casiri, *l. c.*, pag. 178; Al-Makkari, *Vie d'Ibn-al-Khatîb*, *l. c.*). Mais ce fait offre des difficultés chronologiques; car Ya'hya, gouverneur de Fez sous le règne de son grand-père Yousouf, fut obligé dès l'an 1107, peu de temps après la mort de ce dernier, de prendre la fuite, s'étant révolté contre 'Ali, fils et successeur de Yousouf. Voy. Conde, *Historia de la dominacion de los Arabes en España*, IIIe partie, chap. 24 (édit. de Paris, pag. 410).

florissait peu de temps après lui, lui rend ce témoignage d'avoir surpassé tous ses contemporains par la justesse de son esprit, par sa profondeur et sa pénétration; mais en même temps il regrette que les affaires de ce monde et une mort prématurée n'aient pas permis à Ibn-Bâdja d'ouvrir les trésors de sa science; car, dit-il, ses écrits les plus importants sont restés incomplets, et ceux qu'il a pu achever ne sont que de petites dissertations écrites à la hâte (1).

Au milieu des pompeux éloges dont Ibn-Bâdja fut l'objet de la part de ses contemporains, il s'éleva aussi des voix qui, guidées par le fanatisme, ne lui épargnèrent pas les plus amères insultes. Il eut notamment à subir une attaque violente de la part d'un célèbre écrivain d'Andalousie, Al-Fat'h ibn-Khâkân, qui, dans son ouvrage intitulé *Kalâid al-'ikyân* (l'écolier d'or natif) et renfermant les éloges d'illustres contemporains, a inséré une sanglante satire contre notre philosophe (2). Nous traduisons ici le commencement de cette pièce, jusqu'ici inédite : « L'homme de lettres Abou-Becr ibn-al-Çâyeg est une calamité pour la religion (3) et une affliction pour ceux qui sont dans la bonne voie. Il était connu par sa mise méchante et par sa folie, et il se dérobait à tout ce qui est prescrit par la loi divine. Indifférent à la religion, il ne s'occupait que des choses vaines; c'était un homme qui ne se puri-

(1) Voy. *Philosophus autodidactus, sive Epistola de Haï Ebn-Yokdhan*, pag. 15.

(2) Ibn-al-Khatîb, dans son ouvrage *Al-I'hâta* (qui renferme l'Histoire de Grenade et de ses hommes illustres), indique la raison de l'inimitié qui régnait entre Ibn-Bâdja et Ibn-Khâkân. Ce dernier s'étant beaucoup vanté un jour, dans une réunion, des faveurs dont il était l'objet de la part des princes d'Andalousie, Ibn-Bâdja lui avait donné un démenti et lui avait adressé des paroles pleines de mépris. Voy. Al-Makkari, *Vie d'Ibn-al-Khatîb*, *l. c.*

(3) Le texte arabe dit littéralement : *une inflammation* ou *une chassie pour l'œil de la religion;* les Arabes emploient au figuré l'expression *chaleur de l'œil* pour dire *chagrin* ou *douleur*, de même que par *fraîcheur de l'œil*, ils désignent la *joie* et le *bonheur*.

fiait jamais d'un contact impur et qui ne manifestait jamais un repentir. Il ne savait point se soustraire aux charmes d'un jeune homme, et ceux que couvre la tombe ne touchaient jamais son cœur. Il n'avait pas de foi en celui qui l'avait créé et formé, et il ne reculait jamais devant la lutte dans l'arène du péché. Selon lui, il vaut mieux faire le mal que le bien, et la brute, selon lui, est mieux guidée que l'homme. Il n'étudiait que les sciences mathématiques, ne méditait que sur les corps célestes et sur la délimitation des climats, et méprisait le livre de Dieu, le très-sage, qu'il rejetait orgueilleusement derrière lui..... Il soutenait que le temps est une révolution perpétuelle, que l'homme est cueilli comme une plante ou une fleur, et que tout fini pour lui avec la mort, etc. »

Ibn-Abi-Oceïbi'a nous a donné la nomenclature des écrits d'Ibn-Bâdja; nous y remarquons, outre quelques ouvrages de médecine et de mathématiques, divers traités de philosophie, dont nous parlerons plus loin, et des commentaires sur plusieurs ouvrages d'Aristote, notamment sur la *Physique* et sur certaines parties de la *Météorologie*, du traité *de la Génération et de la Destruction* et des derniers livres du traité *des Animaux* (c'est-à-dire des livres qui font suite à *l'Histoire des animaux*, tels que le traité *des Parties des animaux* et celui *de la Génération des animaux*). Ses principaux écrits philosophiques, signalés par Ibn-Tofaïl comme inachevés, sont: divers traités de logique, qui se conservent à la Bibliothèque de l'Escurial [1], un traité *de l'Ame*, et un autre intitulé *du Régime du solitaire.* On cite aussi son traité *de la Conjonction de l'intellect avec l'homme* (Risâlet al-ittiçâl), et sa *Lettre d'adieux* (Risâlet al-widâ') [2]. Cette der-

(1) Voy. Casiri, *l. c.*

(2) Le traité intitulé رسالة الوداع a été traduit en hébreu, avec un autre petit traité qui y fait suite, par Juda ben-Vivès au commencement du XIVe siècle (ms. hébr. de la Biblioth. imp., fonds de l'Orat., nº 111). Cette traduction porte le titre de אגרת הפטירה, que Wolf, dans sa *Bibliotheca hebræa* (t. I, pag. 6), a rendu par *Epistola de decessu, sive abductione animæ a rebus mundanis;* mais le contenu de l'ouvrage ne justifie guère cette traduction.

nière contient des réflexions sur le premier mobile dans l'homme, ou sur ce qui donne l'impulsion à l'homme intellectuel, et sur le véritable but de l'existence humaine et de la science (qui est de s'approcher de Dieu et de recevoir l'*intellect actif* émané de lui); l'auteur ajoute quelques mots très-vagues et très-obscurs sur la permanence de l'âme humaine. Sur ce dernier point, Ibn-Bâdja professait déjà, dans l'opuscule en question et dans d'autres écrits, la même doctrine qui a été développée ensuite par Ibn-Roschd, c'est-à-dire celle de l'*unité des âmes*, qui fit plus tard tant de sensation dans les écoles chrétiennes, et qui fut réfutée, dans des écrits particuliers, par saint Thomas et par Albert-le-Grand (1). Le titre de *Lettre d'adieux* vient probablement de ce que l'auteur, sur le point de faire un long voyage, adressa cet opuscule à un de ses jeunes amis, afin de lui laisser, s'il ne le revoyait plus, ses idées sur les sujets importants qui y sont traités. C'est cette lettre qui, dans la version latine des œuvres d'Averrhoès, est appelée *Epistola expeditionis*. Nous reconnaissons dans cet écrit une tendance manifeste à réhabiliter la science et la spéculation philosophique, qui seules, selon Ibn-Bâdja, peuvent conduire à la connaissance de la nature, et qui, *par le secours qui vient d'en haut*, amènent aussi l'homme à se connaître lui-même et à se mettre en rapport avec l'intellect actif. L'auteur blâme Al-Gazâli d'avoir cherché à se faire illusion par une certaine exaltation mystique; selon lui, Al-Gazâli s'est trompé lui-même et a trompé les autres, en prétendant, dans son livre intitulé *Al-monkidh* ou *Délivrance de l'erreur* (2), que, vivant dans la solitude, le monde intellectuel s'ouvrait à lui, et qu'il voyait alors les choses divines, ce dont il éprouvait une grande jouissance, qui, selon lui, serait le but de la méditation.

(1) Cf. *Guide des Égarés*, Ire partie, chap. LXXIV, 7e méthode (t. I de ma trad. franç., pag. 434, et *ibid.*, note 4). Nous y reviendrons plus loin dans l'exposé de la doctrine d'Ibn-Roschd.

(2) Voy. ci-dessus, pag. 368.

Le traité intitulé *du Régime du solitaire* (1) était sans doute l'ouvrage le plus remarquable et le plus original d'Ibn-Bâdja. Ibn-Roschd, à la fin de son traité *de l'Intellect hylique* ou *de la Possibilité de la conjonction*, parle de cet ouvrage en ces termes : « Abou-Becr ibn-al-Çâyeg a cherché à établir une méthode pour *le régime du solitaire* dans ces pays ; mais ce livre est incomplet, et, en outre, il est difficile d'en comprendre toujours la pensée. Nous tâcherons d'indiquer, dans un autre endroit, le but que l'auteur s'était proposé ; car il est le seul qui ait traité ce sujet, et aucun de ceux qui l'ont précédé ne l'a devancé sur ce point. » Malheureusement nous ne possédons plus le traité d'Ibn-Bâdja, et nulle part, dans les écrits que nous connaissons d'Ibn-Roschd, nous ne trouvons les renseignements promis dans le passage que nous venons de citer. Mais un philosophe juif du XIVe siècle, Moïse de Narbonne, dans son commentaire hébreu sur le *'Hayy ibn-Yakdhan* d'Ibn-Tofaïl, nous fournit sur l'ouvrage d'Ibn-Bâdja des détails précieux qui nous permettront d'en indiquer ici les points principaux, et d'en présenter une analyse.

Il nous semble qu'Ibn-Bâdja avait pour but de faire voir de quelle manière l'homme, par le seul moyen du développement successif de ses facultés, peut arriver à s'identifier avec l'intellect actif. Il considère l'homme isolé de la société, participant à ce qu'elle a de bon, mais se trouvant hors de l'influence de ses vices ; il ne recommande pas la vie solitaire, mais il indique la voie par laquelle l'homme, au milieu des inconvénients de la vie sociale, peut arriver au bien suprême. Cette voie peut être suivie par plusieurs hommes ensemble, qui auraient les mêmes sentiments et viseraient au même but, ou même par une société tout entière, si elle pouvait être parfaitement organisée. Acceptant la société telle qu'elle est, Ibn-Bâdja recommande seulement que l'on cherche à vivre dans le meilleur État possible, c'est-à-dire dans celui qui renferme dans son sein le plus grand nombre de sages ou de philoso-

(1) En arabe : في تدبير المتوحّد.

phes. Avec Moïse de Narbonne, nous divisons tout le traité d'Ibn-Bâdja en huit chapitres, dont nous présenterons ici tantôt l'analyse, tantôt les extraits textuels donnés par l'auteur juif.

CHAPITRE I. — Cet ouvrage ayant pour but d'exposer le *régime du solitaire*, qui forme une partie de la cité, l'auteur commence par expliquer le sens du mot arabe *tedbîr* (régime). Ce mot, dit-il, dans son acception la plus répandue, désigne un concours d'actions dirigées ensemble vers un certain but; c'est pourquoi on ne saurait appliquer à une action unique le mot *régime*, qui ne se dit que de plusieurs actions disposées selon un certain plan et dans un certain but, comme par exemple le *régime politique*, le *régime militaire*. C'est dans ce sens aussi qu'on dit de Dieu qu'il *régit* ou *gouverne* le monde; car son régime, selon l'opinion du vulgaire, ressemble au gouvernement des États, quoique, au point de vue des philosophes, ce ne soit là qu'une simple homonymie. Ce concours réglé d'actions, demandant la réflexion, ne peut se trouver que chez l'homme seul. — Le régime du solitaire doit être l'image du régime politique de l'État parfait, de l'État modèle, ce qui amène l'auteur à entrer dans des détails sur le régime politique. Un des traits principaux de son État idéal est l'absence des médecins et des juges. La médecine y est inutile, parce que les citoyens ne s'y nourriront que de la manière la plus convenable, et ils ne prendront pas d'aliments qui puissent leur nuire par leur qualité ou leur quantité; quant aux maladies dont les causes immédiates viennent du dehors, elles se guérissent souvent d'elles-mêmes. Il sera également inutile d'y rendre la justice; car les relations des citoyens seront fondées sur l'amour, et il n'y aura jamais de différend parmi eux. Il est clair aussi que, dans la république parfaite, chaque individu aura la plus grande perfection dont l'homme soit susceptible; tous y penseront de la manière la plus juste, personne n'ignorera les coutumes et les lois, et, dans les actions, il n'y aura ni faute, ni plaisanterie, ni ruse. On n'y aura donc pas besoin de la *médecine des âmes* (ou de la médecine morale). Toutes ces institutions, au contraire, seront nécessaires dans les autres républiques (non parfaites), telles que l'aristocratie, l'oligarchie, la démocratie et la monarchie. Les *solitaires*, dans un État imparfait, doivent tâcher de devenir des éléments de l'État parfait ; on leur donne le nom de *plantes*, parce qu'on les compare aux plantes qui poussent spontanément (par la nature) au milieu de leur espèce (cultivée par l'art). — Après avoir résumé tout ce qui constitue la république parfaite et avoir exposé qu'elle naît des *plantes* qui existent dans les autres républiques, Ibn-Bàdja déclare qu'il a pour but, dans cet ouvrage, d'indiquer le régime de ces *plantes*, qui doivent se guider d'après les règles de la république parfaite, afin de n'avoir pas besoin des trois espèces de médecine (1), car Dieu seul est leur médecin. Ces *plantes* arriveront à la béatitude du *solitaire ;* car leur régime ne sera autre que celui du *solitaire*. Peu importe, ajoute Ibn-Bàdja, que le solitaire soit un seul, ou qu'il y en ait plusieurs ; ou, pour mieux dire, le mot *solitaire* peut s'appliquer à un citoyen isolé ou à plusieurs citoyens à la fois, tant que la nation ou la république tout entière n'a pas adopté les mêmes opinions qu'eux. Ce sont eux que les Çoufis appellent *étrangers ;* car, par leurs opinions, ils sont en quelque sorte étrangers dans leur famille et dans la société qui les entoure, et, par leur pensée, ils se transportent dans les républiques idéales, qui sont en quelque sorte leur patrie (2).

Chapitre II. — Entrant ensuite en matière, Ibn-Bàdja considère les différentes espèces d'actions humaines, afin de désigner celles qui peuvent conduire au but et qui seules peuvent être considérées comme véritablement *humaines*. Il y a

(1) C'est-à-dire, de la médecine des corps, de la médecine morale et de la justice.

(2) Ce portrait des hommes parfaits vivant dans les Etats imparfaits est en partie emprunté à Al-Farâbi, qui, dans son ouvrage intitulé *Al-sîra al-fâdhila*, parle également de ces hommes d'élite qui sont comme des *étrangers* dans la société au milieu de laquelle ils vivent. Voy. la pag. 41 du *Sépher ha-Asîph* (cité ci-dessus, p. 344, note 2).

des rapports entre l'homme et l'animal de même qu'il en existe entre l'animal et la plante, et entre celle-ci et les minéraux. Les actions particulières à l'homme et véritablement *humaines* sont celles qui résultent du *libre arbitre*, c'est-à-dire, comme l'ajoute Ibn-Bâdja, d'une volonté émanée de la réflexion et non pas d'un certain instinct qu'on trouve aussi chez les animaux. Ainsi, par exemple, un homme qui casse une pierre parce qu'elle l'a blessé fait une action *animale;* mais s'il la casse afin qu'elle ne blesse pas les autres, c'est une action *humaine*. De même, celui qui mange de la casse pour se purger, de sorte que la sensation agréable qu'il en éprouve ne soit qu'accidentelle, fait une action *humaine* qui, accidentellement, est une action animale. Ainsi donc, l'action animale a pour mobile le simple instinct né spontanément dans l'âme animale, tandis que l'action humaine a pour mobile une opinion ou une véritable conviction, n'importe que la pensée ait été en même temps précédée ou non d'une certaine affection instinctive de l'âme. La plupart des actions de l'homme, sous les quatre espèces de régime dont on a parlé plus haut, sont composées d'éléments animaux et humains. Il est rare de rencontrer chez l'homme des actions purement animales; mais on en rencontre souvent qui sont purement humaines, et telles doivent être celles du *solitaire :*

« Celui, dit Ibn-Bâdja, qui agit sous la seule influence de la réflexion et de la justice, sans avoir aucun égard à l'âme animale, mérite que son action soit appelée *divine* plutôt qu'*humaine*, et c'est de lui qu'on se propose de parler dans ce *Régime*. Il faut donc qu'un tel homme excelle dans les vertus morales, de telle sorte que lorsque l'âme rationnelle décide une chose, l'âme animale, loin de la contrarier, décide la même chose, parce que la réflexion le veut ainsi. Sous ce rapport, il est de la nature même de l'âme animale d'arriver aux vertus morales, car celles-ci sont l'*entéléchie* de l'âme animale; c'est pourquoi l'homme *divin* doit nécessairement exceller dans les vertus morales. Tel est le principe du *régime du solitaire;* car s'il n'excelle pas dans ces vertus, et si l'âme animale lui met des entraves au moment de l'action. celle-ci sera défectueuse et sans suite, ou, si elle ne l'est pas, il (le solitaire) en sera bientôt dégoûté et elle lui paraîtra trop difficile. En effet, il est de la nature de l'âme animale d'obéir à l'âme rationnelle, excepté dans l'homme qui n'est pas dans son état naturel, comme par exemple, celui qui est de mœurs inconstantes ou qui se laisse entraîner par la colère. Celui-là donc dans lequel l'âme animale l'emporte sur l'âme rationnelle, de sorte qu'il se laisse entraîner par sa passion, que combat toujours sa réflexion, celui-là, dis-je, bien qu'il soit homme, suit la nature animale, ne sachant pas bien faire; je dirai même que la bête vaut mieux que lui, car elle suit sa propre nature. En effet, on peut appeler *animal*, dans le sens absolu, celui qui possède la pensée humaine par laquelle il pourrait bien agir, et qui pourtant n'agit pas bien; car alors il n'est pas homme, et la bête lui est supérieure; il est absolument animal, puisque, tout en ayant par son intelligence la connaissance du bien, il suit la nature animale. Dans de pareils moments, la pensée est pour l'homme un surcroît de mal, je veux dire, lorsque par son intelligence il a la conscience du bien et que, malgré elle, la nature animale l'emporte absolument sur son intelligence; il en est comme d'une excellente nourriture qu'on donnerait à un corps malade, et qui, comme le dit Hippocrate, ne ferait qu'aggraver le mal (1). Pour ce qui est de l'action des choses inanimées, telle que la chute qui arrive naturellement et l'ascension qui se fait par impulsion, il est évident qu'elle a lieu par nécessité, et il n'y a là absolument ni liberté ni intention; nous n'avons donc pas à nous en abstenir, car le mouvement dans une telle action ne vient pas de nous-mêmes (2). L'action *animale*, dans l'âme nutritive, génératrice et augmentative, s'accomplit également sans intention (c'est-à-dire elle se fait instinctivement et naturellement), mais, comme elle

(1) Cf. ci-dessus, pag. 263.

(2) C'est-à-dire, il ne dépend pas de notre volonté de ne pas tomber ou de ne pas être forcément poussés vers le haut.

procède de nous-mêmes, il est en notre pouvoir de nous arrêter et de nous en abstenir. L'action *humaine* procède toujours avec intention et de nous-mêmes ; c'est pourquoi il est toujours en notre pouvoir de nous arrêter quand nous voulons. Il est donc évident que les *fins* (ou les causes finales) ne sauraient être déterminées que par les seules actions humaines. »

Chapitre III. — Après avoir ainsi établi que c'est uniquement par les actions *humaines* que doivent se déterminer les *fins*, et que la fin dernière que doit se proposer le *solitaire* est la perception des choses *spirituelles*, notre philosophe entre dans des détails sur les *formes spirituelles* (1) et leurs différentes espèces, afin de bien établir, dit-il, le dernier but du *solitaire-plante*. Il commence par exposer que l'ordre et la régularité dans les actions de l'homme procèdent de la faculté rationnelle et que celle-ci existe pour un but, ou, comme on dit communément, pour une *fin ;* cette fin, comme on le verra, est la deuxième espèce des formes *spirituelles*.

« Le mot *esprit*, dit Ibn-Bâdja, qu'on prend (vulgairement) dans le même sens que le mot *âme*, est employé par les philosophes comme *homonyme*. Parfois, ils désignent par ce mot la chaleur naturelle qui est le premier organe de l'âme ; c'est pourquoi les médecins disent que les esprits sont au nombre de trois, savoir : l'esprit *physique*, l'esprit *spirituel* et l'esprit *moteur* (2). On applique ce nom à l'âme, non pas en tant qu'elle est âme en général, mais en tant qu'elle est motrice, et dans ce sens les deux mots *esprit* et *âme* ont le même *substratum* (ou sont synonymes). Le mot *spirituel* s'applique (particuliè-

(1) On sait quelle est la valeur des mots *forme* et *matière* dans la philosophie péripatéticienne. Par *formes spirituelles* il faut comprendre ici les formes pures sans matière et les idées abstraites de toutes les facultés de l'âme humaine, formes qu'elle reçoit et dont elle est pour ainsi dire la matière.

(2) Le deuxième et le troisième sont ordinairement appelés l'esprit *vital* et l'esprit *psychique* ou *animal*. Cf. *Guide des Égarés*, t. I, pag. 355, note 1, et ci-dessus, pag. 38, note 1.

rement) à l'esprit de la deuxième classe (c'est-à-dire à l'esprit *spirituel* ou *vital*). D'autres fois, ils désignent par le mot *esprit* les substances immobiles et *séparées* (1) qui mettent en mouvement d'autres substances et qui ne sont pas des corps, mais des formes pour des corps. Cependant les philosophes n'appliquent guère à cela (c'est-à-dire à ces substances) le mot *rou'h* (esprit), comme le font les lexicographes arabes ; mais ils disent plutôt *rou'hâni* (spirituel) (2), mot formé, selon leur méthode (de dérivation), comme *djismâni* (corporel) et *nafsâni* (psychique). Plus une substance est éloignée de la corporéité, et plus elle mérite d'être désignée par ce mot (c'est-à-dire par le mot *spirituel*); c'est pourquoi il est évident que les substances qui méritent le plus cette dénomination, ce sont l'*intellect actif* et les (autres) substances qui mettent en mouvement les corps orbiculaires (ou les sphères célestes). »

« Les formes spirituelles sont de (quatre) espèces différentes : la première embrasse les formes des corps orbiculaires (ou célestes) ; la seconde, l'intellect *actif* et l'intellect *émané* ; la troisième, les intelligibles *hyliques* ou matériels (3) ; la quatrième, les idées qui se trouvent dans les facultés de l'âme, c'est-à-dire, dans le sens commun, dans l'imagination et dans la mémoire. La première espèce n'a absolument aucun rapport à la matière. De même, la seconde espèce n'est point (en elle-même) quelque chose de *hylique*, car elle ne devient jamais une forme hylique (c'est-à-dire la forme d'une chose matérielle) ; mais elle est en rapport avec la matière en ce qu'elle *achève* les formes hyliques, comme l'intellect *émané*, ou qu'elle les *fait*, comme l'intellect actif. La troisième espèce

(1) L'auteur, comme on va le voir, veut parler des Intelligences des sphères, appelées *Intelligences séparées*.

(2) L'auteur veut dire, si je ne me trompe, que dans le langage philosophique on n'appelle point les substances séparées *esprits* tout court, mais *êtres spirituels*.

(3) C'est-à-dire, les formes intelligibles ou les idées abstraites des choses.

est en rapport direct avec la matière ; on l'appelle ***hylique***, parce qu'elle embrasse les choses intelligibles ***matérielles***, c'est-à-dire celles qui ne sont point *spirituelles* par leur essence, ayant leur existence dans la matière et étant seulement abstraites de la corporéité. Ce sont en quelque sorte des formes (qui restent) dans la faculté rationnelle (de l'âme), lorsque le rapport *particulier* qu'il y avait entre elle et la chose individuelle a cessé d'exister ; car, tant que ce rapport particulier existe, elle (la faculté rationnelle) est toujours affectée d'une certaine corporéité qui fait que le rapport est corporel ; mais lorsque la corporéité cesse et que la faculté devient purement spirituelle, elle ne conserve que le rapport *universel*, c'est-à-dire, le rapport à tous les individus[1]. La quatrième espèce tient le milieu entre les intelligibles hyliques et les formes (purement) matérielles. — Quant à la première espèce, nous ne nous en occuperons pas dans ce traité ; car elle n'a aucun rapport avec ce que nous voulons exposer. Nous ne parlerons que d'une seule forme absolument *spirituelle*, qui est l'*intellect actif*, et de ce qui est en rapport avec celui-ci, ou des (formes) intelligibles. Ces (formes) intelligibles sont appelées *spirituelles universelles*, tandis que les formes qui sont au-dessous d'elles et qui existent dans le *sens commun* sont appelées *spirituelles individuelles*, parce qu'elles restent individuelles. En effet, l'*attribution* se fait selon ces deux rapports : le rapport universel n'est autre chose que l'attribution universelle s'appliquant à chacun des individus (d'une espèce) et qui donne naissance à la proposition individuelle dans laquelle l'attribut est universel ; mais le rapport individuel donne lieu à la proposition individuelle, dans laquelle l'attribut est individuel. »

(1) En d'autres termes : Les formes appelées *intelligibles hyliques* (المعقولات الهيولانية) sont les formes abstraites des choses, que l'intellect hylique (ou passif), affecté de corporéité, possède *en puissance* et que l'intellect actif fait passer *à l'acte*, de manière qu'elles soient perçues dans toute leur universalité.

Chapitre IV. — C'est d'après les formes qui viennent d'être exposées que se divisent les actions humaines :

1° Il y en a de ces actions qui n'ont pour but que la forme corporelle, comme, par exemple, les actions de boire, de manger, de se vêtir, de se faire une demeure. De prime abord, les actions de cette espèce n'ont pour but que la jouissance matérielle ; mais elles sont destinées à achever la forme corporelle, et il ne faut point les négliger.

2° D'autres actions visent aux formes spirituelles particulières ou individuelles ; elles sont de différentes espèces selon la nature plus ou moins noble des formes qu'elles ont pour but. Ce sont : *a*) Les actions dirigées vers les formes spirituelles qui sont dans le *sens commun* (première des facultés que l'on a appelées *perceptives intérieures* (1)) ; cette espèce, quoique en rapport avec les actions corporelles, est pourtant plus élevée que celles-ci. L'auteur cite pour exemple la vanité de certaines gens de se vêtir élégamment au dehors, tandis qu'ils soignent moins leurs vêtements intérieurs ; la satisfaction qu'on y trouve n'est pas quelque chose de sensuel, mais appartient à un sens intérieur qui a quelque chose de spirituel. *b*) Les actions dirigées vers la forme spirituelle qui est dans l'*imagination*, comme, par exemple, de se parer d'une armure en dehors du combat. *c*) Les actions qui ont pour but les distractions et les plaisirs, comme, par exemple, les réunions d'amis, les jeux, les relations galantes, le luxe des habitations et des meubles, l'éloquence et la poésie. *d*) Les actions dans lesquelles on a seulement pour but de se perfectionner sous le rapport intellectuel et moral, comme, par exemple, lorsqu'un homme étudie certaines sciences dans le seul but de cultiver son esprit et sans y chercher un avantage matériel, ou lorsqu'il fait des actes de libéralité ou de générosité sans aucune vue intéressée. Toutes ces actions doivent se pratiquer pour elles-mêmes et ne doivent avoir d'autre but en dehors d'elles que le perfectionnement de la forme spirituelle de l'homme. Il y a pourtant des hommes

(1) Voy. ci-dessus, pag. 363, note 2.

qui ne cherchent dans ces actions autre chose que la gloire et la renommée, et qui pensent que la plus grande félicité de l'homme, c'est de passer à la postérité. Les Arabes, ajoute l'auteur, attachent à la *mémoire* plus d'importance que beaucoup d'autres peuples, et un de leurs poëtes a dit: *La mémoire que l'homme laisse après lui est sa seconde vie.*

3° Les actions qui ont pour but les formes spirituelles universelles et qui sont les plus parfaites d'entre les actions *spirituelles;* les formes dont il s'agit ici tiennent le milieu entre les précédentes, qui sont en quelque sorte mêlées de corporéité, et la spiritualité absolue, qui est la fin dernière de celui qui cherche la félicité, ou le dernier but du *solitaire.*

Chapitre V. — Après avoir ainsi classifié les actions humaines d'après les *formes* auxquelles elles visent, notre philosophe détermine les *fins* de ces actions pour chaque forme en particulier. Les fins, comme on a vu, sont de trois espèces : car elles appartiennent ou à la forme corporelle, ou à la forme spirituelle individuelle, ou à la forme spirituelle universelle. Les actions purement corporelles, qui assimilent l'homme à la bête, peuvent être entièrement éliminées ici. Quant à la *spiritualité individuelle*, elle met en action dans l'individu les qualités morales ou intellectuelles. Certaines qualités *morales* de l'homme se rencontrent aussi dans les animaux, comme, par exemple, le courage dans le lion, la fierté dans le paon, la vigilance dans le chien, etc. Mais ces qualités ne sont point particulières à certains individus de l'espèce; ce sont des qualités instinctives appartenant à toute l'espèce, et elles ne se rencontrent, comme qualités *individuelles*, que dans l'homme, qui seul peut leur donner le caractère de *vertus*, en les exerçant dans la juste mesure et toujours d'une manière opportune. Les qualités intellectuelles constituent dans les formes spirituelles humaines une classe particulière, avec laquelle les autres qualités n'ont rien de commun. Les actions *intellectuelles* et les sciences, dans leur réalité, sont toutes des perfections absolues qui donnent à l'homme l'existence véritable par excellence, tandis que la forme spirituelle individuelle lui donne quelquefois une existence d'une certaine durée (comme, par exemple, celle que l'on tient de la renommée), mais qui n'est rien en comparaison de celle que l'on obtient par les qualités intellectuelles.

N'avoir en vue que la seule forme corporelle, ce serait se mettre au rang de la brute. Mais ce serait également agir contre la nature que d'oublier entièrement l'existence corporelle; cela n'est permis que dans certaines circonstances, dans lesquelles c'est un devoir pour l'homme de mépriser la vie, comme, par exemple, s'il s'agit de mourir pour la défense de la patrie ou pour la religion. Aucun homme matériel ne peut arriver à la félicité, et pour y arriver il faut être absolument spirituel et véritablement divin.

« De même, continue l'auteur, que l'homme *spirituel* doit faire certaines actions corporelles, mais non pas pour elles-mêmes, tandis qu'il fait les actions spirituelles pour elles-mêmes, de même il faut que le philosophe fasse beaucoup d'actions *spirituelles*, sans que ce soit pour elles-mêmes, tandis qu'il doit faire les actions *intelligibles* pour elles-mêmes. Il ne prendra du corporel que ce qui doit servir d'instrument pour prolonger son existence, mais il ne le bannira pas complétement du spirituel; il ne prendra également du spirituel même le plus élevé que ce qui est nécessaire pour l'*intelligible* et il s'en tiendra finalement à l'*intelligible* absolu. Par le *corporel* il sera simplement un être humain, par le *spirituel* il sera un être plus élevé, et par l'*intelligible* il sera un être supérieur et divin. Le philosophe est donc nécessairement un homme supérieur et divin; mais à condition qu'il choisisse dans chaque espèce d'actions ce qu'elle a de plus élevé, qu'il s'associe aux hommes de chaque classe pour ce qu'il y a de plus élevé dans les qualités qui leur sont propres, et qu'il se distingue de tous par les actions les plus élevées et les plus glorieuses. Et quand il sera arrivé à la fin dernière, c'est-à-dire quand il comprendra, dans toute leur essence, les *intelligences simples* et les *substances séparées*, il sera lui-même une d'entre elles, et on pourra dire de lui à juste titre qu'il est un être absolument divin. Les qualités imparfaites de la *corporéité* et même les qualités supérieures de la *spiritualité* seront éloignées de lui, et il méritera le seul attribut de *divin*, sans avoir rien du corporel ni du spirituel. Toutes lesdites qualités sont celles du *solitaire*, citoyen de la république parfaite. »

CHAPITRE VI. — Les formes spirituelles individuelles, comme on vient de le voir, ne sont point le but essentiel que se propose le solitaire. Quoiqu'elles soient en rapport, en partie, avec les formes spirituelles universelles, ou les formes intelligibles, elles ont pourtant leur siége dans le *sens commun*, soit qu'elles y aient été dès le principe, ou qu'elles lui soient arrivées comme une émanation des sens. Elles s'élèvent graduellement et sont de quatre espèces : 1° Les plus vulgaires sont celles qui résident dans les sens, ou dans la sensation. 2° Une autre espèce est dans la *nature* (1) ; « car, dit l'auteur, celui qui a soif trouve en lui une forme spirituelle pour lui faire chercher l'eau ; celui qui a faim, pour la recherche de la nourriture, et, en général, celui qui désire, pour celle de l'objet désiré. Cette forme qui vient de la nature ne correspond point à un corps particulier ; car celui qui a soif ne désire pas telle eau en particulier, mais une eau quelconque de l'espèce qu'il désire. C'est pourquoi Galien a prétendu que les animaux perçoivent les espèces (ou les *universaux*). » 3° La troisième espèce est la forme spirituelle que donne la *pensée*, ou la forme qui survient par la réflexion et la démonstration. 4° La quatrième espèce comprend les formes qui naissent par l'influence de l'intellect actif, sans le secours de la pensée et de la démonstration. Dans cette catégorie entrent les inspirations prophétiques et les songes vrais (2), qui sont *essentiellement* vrais et ne le sont pas seulement *par accident*. — Les deux premières espèces sont communes à l'homme et à la bête ; celles

(1) Ibn-Bâdja paraît avoir ici en vue le penchant naturel ou l'*appétit* qui ne naît qu'avec le concours de l'*imagination*, tandis que les formes de la première espèce viennent de la sensation.

(2) Cf. ci-dessus, pag. 95, note 1.

dont l'animal a besoin pour sa perfection physique, la nature les donne également à tous les animaux ; mais il y en a, dit l'auteur, que la nature donne par simple libéralité et qui ne se trouvent que dans certains animaux, et ce dernier cas a lieu surtout pour les animaux qui n'ont pas de sang, comme les abeilles et les fourmis [1]. Les deux dernières espèces des formes spirituelles n'appartiennent qu'à l'homme seul et tiennent, en quelque sorte, le milieu entre les formes spirituelles individuelles et les formes *intelligibles* ; car elles ne sont pas des formes individuelles pour des corps, ni même des formes spirituelles individuelles, comme les formes sensibles, et elles ne sont pas non plus entièrement abstraites de la matière, de manière qu'elles puissent être appelées *universelles*, comme les formes purement intelligibles. On reconnaît ordinairement au plus ou moins de vivacité du regard le degré plus ou moins élevé de spiritualité et d'intelligence auquel l'homme est parvenu.

Chapitre VII. — Après avoir ainsi analysé toutes les formes spirituelles et les actions qui leur correspondent, Ibn-Bâdja expose que, de même qu'il ne convient pas au *solitaire* d'agir en vue des formes spirituelles pour elles-mêmes, — car elles ne sont point *finales*, quoiqu'elles servent à atteindre le but final, — de même il doit aussi se séparer de ceux qui ne possèdent que ces formes ; car elles pourraient laisser dans son âme des traces qui l'empêcheraient d'arriver à la véritable béatitude. Nous laissons parler l'auteur :

« Les formes spirituelles, tant individuelles qu'*intermédiaires* [2], ne doivent point être considérées comme le but

(1) Aristote a déjà fait cette observation que certains animaux qui n'ont pas de sang, comme, p. ex., les abeilles et les fourmis, sont doués d'une prudence qu'on ne rencontre pas dans d'autres animaux qui ont du sang. Voy. le Traité *des Parties des animaux*, liv. II, chap. IV.

(2) Par *intermédiaires*, l'auteur entend la troisième et la quatrième espèce des formes spirituelles individuelles, comme on a pu le voir au chapitre précédent.

final ; car ce sont des choses qui, pour la plupart, arrivent naturellement et qui, en général, ne sont pas le résultat de la volonté. Les meilleures d'entre elles, celles qui paraissent être le résultat d'une volonté, entrent dans les trois catégories suivantes : elles sont, ou purement corporelles, comme (celles qui ont pour but) l'agriculture et d'autres arts semblables, ou des formes spirituelles individuelles, objet de certains autres arts, ou des formes intelligibles, objet des mathématiques, de la poésie, etc. Toutes ces formes ne constituent point le but final, mais c'est par elles qu'on arrive aux autres (c'est-à-dire, aux formes *finales*), dont elles sont les causes. Supposons maintenant un homme entièrement vertueux, comme le Mahdi (1), et un autre extrêmement vicieux, comme le poëte Abou-Dolâma (2); chacun des deux possédant la forme qui est particulière à l'autre, et toute forme spirituelle mettant en mouvement les corps dans lesquels elle se trouve, la forme d'Abou-Dolâma portera le Mahdi au plaisir et à la plaisanterie, par suite de la conception des vices du premier, tandis que la forme du Mahdi amènera Abou-Dolâma à la modestie (3) et à la droiture, parce que celui-ci s'humiliera par la conception de la nature élevée du Mahdi et de sa noble forme. Or, il est évident que la modestie et la droiture sont (des qualités) supérieures à la futilité et à la légèreté ; donc, par la forme de l'homme supérieur, je veux dire par la conception de cette forme, l'homme inférieur peut s'ennoblir, et de même, par la forme de l'homme inférieur,

(1) Le mot *Mahdi*, qui signifie *guidé* (ou *dirigé* par Dieu), désigne un saint personnage et est employé comme surnom du douzième et dernier *imâm* (ou pontife) de la race d'Ali, qui vécut au IIIe siècle de l'hégire et qui, ayant disparu, doit, selon la tradition musulmane, reparaître à la fin des jours.

(2) C'est le nom d'un spirituel poëte arabe du VIIIe siècle, qui passait pour un homme immoral et irreligieux. Voy. la *Grammaire arabe* de M. Silv. de Sacy (2e édit.), t. I, pag. 83 et suiv.

(3) La vers. hébr. porte חיים, *la vie*, ce qui ne donne pas de sens. Le traducteur hébreu paraît avoir confondu ici le mot arabe حياء, *pudeur*, *modestie*, avec حياة, *vie*.

l'homme supérieur peut s'avilir. Nous devons donc nous isoler ; et de cette manière, le plus vil se purifiera et proclamera hautement la gloire de l'homme supérieur, et l'homme supérieur se dérobera à l'impulsion qu'il peut recevoir de la part de l'homme vil et ne pensera qu'à l'isolement. Chacun donc attirera son prochain vers le côté où il se trouve, et le poëte religieux Zéid ibn-'Adi a eu bien raison de dire : *Il ne demande pas après le prince, mais il demande après son semblable; car chacun est attiré par son semblable.* — Le solitaire cependant restera pur (du contact) de ses semblables ; car il est de son devoir de ne pas se lier avec l'homme *matériel*, ni même avec celui qui n'a pour but que le *spirituel* absolu (1), et son devoir est au contraire de se lier avec les hommes de science (2). Or, comme les hommes de science, nombreux dans certains endroits, sont en petit nombre dans certains autres, et quelquefois même manquent complétement, il est du devoir du *solitaire*, dans certains endroits, de s'éloigner complétement des hommes, autant que cela est possible, et de ne se mêler à eux que pour les choses nécessaires et dans la mesure nécessaire. Il doit les écarter de lui, car ils ne sont pas de son espèce ; il ne se mêlera pas à eux, ni n'entendra leur bavardage, afin qu'il n'ait pas besoin de démentir leurs mensonges, de poursuivre de sa haine les ennemis de Dieu et de porter son jugement contre eux. Conviendrait-il au *solitaire* isolé de se faire le juge de ceux au milieu desquels il séjourne ? Certes, il vaut mieux qu'il se livre à son culte divin et qu'il rejette loin de lui ce lourd fardeau, en se perfectionnant lui-même et en brillant pour les autres comme une lumière. C'est en secret qu'il doit se livrer au culte du Créateur, comme si c'était là une chose honteuse, et c'est ainsi qu'il se perfectionnera autant dans sa science que dans sa religion et qu'il plaira à Dieu....., ou bien, il ira dans les endroits — s'il s'en trouve — où fleuris-

(1) C'est-à-dire : les formes spirituelles les plus élevées.

(2) Par *hommes de science*, il faut entendre ici les philosophes ou ceux qui visent aux formes purement intelligibles.

sent les sciences, et il se liera avec les hommes d'un âge mûr, qui excellent par leur jugement, leur science et leur intelligence et, en général, par les vertus intellectuelles, avec des hommes accomplis, et non pas avec des jeunes gens inexpérimentés... Ce que nous venons de dire n'est pas en contradiction avec ce qu'enseigne la science politique, savoir, que c'est un mal de s'écarter des hommes, ni avec ce qui a été exposé dans la science physique, savoir, que l'homme est naturellement un être sociable (1); car cela n'est vrai qu'en *substance* (c'est-à-dire en principe), quand les hommes possèdent leurs perfections physiques, mais *par accident*, cela peut être un bien (de s'écarter de la société). Ainsi, par exemple, la viande et le vin sont des aliments qui conviennent à l'homme, tandis que la coloquinte et l'opium tuent; et néanmoins il peut arriver quelquefois que ces derniers soient salutaires, et que les aliments naturels tuent; seulement cela est rare et n'arrive qu'accidentellement. Il en est de même du régime des âmes. »

Chapitre VIII. — Nous avons vu Ibn-Bâdja éliminer successivement, comme *non finales*, non-seulement les formes corporelles, mais aussi les formes spirituelles les plus élevées; maintenant il va nous dire quel est le but final que le solitaire doit atteindre et quelles sont les actions qui y conduisent. Le but final du solitaire est dans les formes intelligibles ou spéculatives, et les actions qui servent à les atteindre sont toutes du domaine de l'intelligence ou de la spéculation. C'est par l'étude et la méditation que l'homme parvient à ces *formes spéculatives*, qui ont leur entéléchie en elles-mêmes et qui sont, pour ainsi dire, les idées des idées; la plus élevée est l'*intellect acquis*, émanation de l'*intellect actif*, et par lequel l'homme parvient à se comprendre lui-même comme être intellectuel (2).

(1) On ne voit pas pourquoi l'auteur parle ici de la *science physique;* car il est évidemment fait allusion à un passage de la Politique d'Aristote, liv. I, chap. 1 : ἄνθρωπος φύσει πολιτικὸν ζῶον.

(2) Cf. Albert le Grand, *De Intellectu et intelligibili*, tr. III,

« Nous appelons *intelligibles*, dit Ibn-Bâdja, les *espèces* de toutes les substances ; l'homme est une de ces espèces, et par conséquent la (véritable) forme de l'homme, c'est sa forme *générique*, qui, entre toutes les choses spirituelles, est le *spirituel* par excellence. Ainsi donc, de même que l'homme se distingue de tous les autres êtres, de même sa forme se distingue de celles de tous les êtres qui naissent et périssent ; elle ressemble aux formes des corps célestes, car celles-ci se perçoivent elles-mêmes, et le substratum qualifié par elles est leur substratum au second des points de vue (dont il va être parlé). En effet, si on emploie à cet égard le mot *substratum*, on le dit sous deux points de vue : d'abord, on le dit de la chose qui relativement *reçoit* l'impression, et c'est là le substratum pour l'existence de la forme ; ensuite on le dit de l'être corporel relativement à ce qu'il y a en lui d'*intelligible*. Or, les corps célestes sont des substrata pour les *intelligibles* par lesquels ils sont ce qu'ils sont, et ils ne sont pas de simples substrata pour l'existence des formes dans eux ; car ils ne les ont pas reçus de manière à être une *hylé* pour elles et à tenir d'elles leur existence, mais ce qu'ils perçoivent en fait de formes existe par lui-même ; c'est la *cause* de leur existence, qui existe avant eux, comme les parties de la définition existent avant la chose définie. Il en est autrement des différentes espèces de corps qui *naissent* ; car ces corps sont des *substrata* dans ce sens que ce qu'ils ont d'universel leur sert de forme [1], et nous n'admettons pas qu'ils *perçoivent* ces choses (universelles) *intelligibles*, quoiqu'ils les *reçoivent* et que ces choses intelligibles aient leur existence dans eux. Ce sont, en quelque sorte, comme des *impressions* dans les matières ; je veux dire, comme l'impression de la forme dans la *hylé*. — Quant à l'espèce de l'homme, le sub-

c. 8 : « *Adeptus* igitur *intellectus* est, quando per studium aliquis verum et proprium suum adipiscitur intellectum, quasi totius laboris utilitatem et fructum. »

(1) C'est-à-dire, en d'autres termes : leur forme est la forme *spécifique* ou l'idée générale qui constitue leur espèce.

stratum *qualifié* par elle est son substratum au deuxième point de vue, et dans ce qui est homme on trouve l'*espèce* de l'homme, quoique ce qui la reçoit reçoive la forme de l'homme de deux manières à la fois, je veux dire, une fois en tant que forme et une autre fois comme *perception*; et cela n'est pas inadmissible, car c'est à deux points de vue différents. En effet, l'homme tient ce privilége de la merveilleuse nature qui l'a fait exister. L'homme, disons-nous, réunit en lui beaucoup de choses, et il n'est *homme* que lorsqu'elles se trouvent toutes réunies : il a d'abord la faculté nutritive qui n'est point ce qui reçoit sa (véritable) (1) forme; il a ensuite la faculté imaginative et la mémoire, qui ne sont pas non plus ce qui reçoit son véritable être; enfin, il a la faculté rationnelle, qui perçoit sa propre essence comme elle perçoit les autres essences, avec cette différence qu'elle perçoit sa propre essence dans toute sa réalité, tandis qu'elle ne perçoit les autres essences qu'en ce qu'elles sont distinctes de la sienne (2), et elle les abstrait et en fait des choses *intelligibles*. Il est clair que ces choses *intelligibles* sont en rapport avec la *hylé*; car elles ne sont pas abstraites en elles-mêmes, puisqu'elles n'existent tout d'abord que comme ce qu'il y a d'*intelligible* dans les choses matérielles (3). En effet, c'est après leur abstraction des individus que reste le rapport universel, qui est le rapport (de l'espèce) à tous les individus, bien que le rapport particulier, c'est-à-dire le rapport avec chaque individu en particulier, soit détruit; car, la matière étant la cause de la *corruption* (φθορά), le rapport (de la forme) avec elle ne reste pas (4), de sorte que nous disons

(1) C'est-à-dire : la véritable forme de l'homme.

(2) C'est-à-dire : elle ne les perçoit que d'une manière négative et n'en pénètre pas le véritable être.

(3) Voir ci-dessus, chap. III (pag. 394 et 395), la troisième espèce des formes spirituelles.

(4) Le texte porte והיחס אליו נשאר שם ; je crois qu'il faut lire בלתי נשאר שם ; la version hébraïque est ici en général très obscure.

que l'*intelligible* d'Aristote n'est point l'intelligible de Platon à l'égard des formes de l'imagination, qui diffèrent dans eux selon la différence des individus dont elles ont été abstraites, et qui sont devenues *intelligibles* par le rayonnement de l'intellect actif. »

« Ainsi donc, le but vers lequel doit tendre le *solitaire* qui désire l'immortalité n'est point en relation avec la matière ; c'est pourquoi il conduit à la *véritable* fin, où disparaît même ce rapport universel dont nous avons parlé. Là, en effet, la forme est complétement dépouillée de corporéité et n'est plus un seul instant *forme hylique;* car il (le solitaire) perçoit les formes isolément et en elles-mêmes, sans qu'elles aient été abstraites des matières. Et, en effet, leur véritable existence, c'est leur existence en elles-mêmes, bien qu'elles soient *abstraites.* C'est là la conception intelligible, je veux dire l'intellect dans son existence réelle ou l'*intellect en acte;* c'est l'existence de l'*intellect émané*, qui, plus que toute autre chose, ressemble à l'*intellect actif.* Cette forme *émanée* n'a plus aucun rapport avec la matière, si ce n'est à un certain point de vue, c'est-à-dire, comme l'*entéléchie* des *intelligibles hyliques;* car c'est en quelque sorte l'*intellect en acte* qui est le substratum de l'*intellect acquis* ou *émané.* En effet, quand les formes sont devenues intelligibles *en acte*, elles sont le terme des êtres de ce monde ; et par cela même qu'elles sont intelligibles en acte, elles comptent au nombre des êtres. Or, comme il est de la nature de tous les êtres d'être pensés et de devenir des formes pour la substance (qui pense), il n'est pas inadmissible, comme le dit Abou-Naçr, que les choses pensées en tant qu'elles sont intelligibles *en acte*, c'est-à-dire *intellect en acte*, pensent à leur tour [1]. Or, ce qu'elles pensent ne saurait être autre chose si ce n'est ce qui est en réalité *intellect;* mais ce qui est en réalité *intellect*, parce qu'il a l'intelligible pour forme, est *intellect en acte* seulement par rapport à cette forme ou à ces formes (qu'il pense), tandis que pour tout autre objet intelli-

(1) Cf. ci-dessus, pag. 346, et *ibid.*, note 1.

gible il est (intellect) *en puissance*. Lorsque l'intellect est en acte par rapport à toutes les choses intelligibles, et qu'il est le terme de tous les êtres, étant devenu lui-même les choses intelligibles en acte, alors, pensant l'être qui est intellect en acte, il ne pense d'autre être que lui-même; mais il se pense lui-même sans *abstraction* (1); car son être en lui-même, avant de penser, est *intellect* ou *intelligible en acte*. Et en cela il diffère des autres objets intelligibles; car, ceux-ci sont *pensés* tout d'abord par cela qu'ils sont *abstraits* de leurs matières dans lesquelles ils existent. Or, si après avoir été intelligibles *en puissance* ils sont pensés une seconde fois, leur être n'est plus l'être précédent, mais est séparé de leur matière; car ce sont des formes qui ne sont plus dans leur matière et des choses intelligibles *en acte*. Ainsi donc, lorsque l'intellect en acte pense les choses intelligibles, qui sont ses formes en tant qu'elles sont intelligibles en acte, ce même intellect, que nous avons appelé d'abord *intellect en acte*, est désormais l'*intellect acquis* (2). »

« Or, comme il y a des êtres qui sont de (pures) formes sans matière, des formes qui n'ont jamais été dans la matière, ces êtres, quand on les pense, existent comme des choses (purement) intelligibles, tels qu'ils existaient avant d'avoir été pensés. Car si, comme nous l'avons dit, penser une chose de prime abord, c'est *abstraire* les formes hyliques de leur matière, elles (les formes) acquièrent par là une existence autre que leur première existence. Mais, comme il s'agit ici de choses qui sont de (pures) formes sans matière, la substance n'a pas besoin d'être abstraite de sa matière; au contraire, l'intellect, étant *en acte*, les trouve abstraites et les pense telles qu'elles existent en elles-mêmes (3) (c'est à dire) comme choses intelligibles et immatérielles. Et quand

(1) C'est-à-dire : ici, l'action de penser ne consiste pas à *abstraire* la forme de son *substratum*.

(2) Cf. ci-dessus, pag. 127, et *ibid.*, note 2.

(3) Le texte hébreu porte כפי מה שימצא בעצמו; je pense qu'il faut lire au pluriel שימצאו בעצמן.

il les pense, son propre être, comme chose intelligible, devient un *intellect second*, dont l'être (pourtant), avant de penser, était ce même intellect; ce qu'il faut entendre dans ce sens que, comme il s'agit de formes immatérielles, celles-ci, quand elles sont pensées, existent absolument telles qu'elles existaient en elles-mêmes, étant *intelligibles* dans toute la force du terme. Car, de même que nous disons de l'intellect qui est en nous, qu'il est en nous *en acte*, de même absolument on doit le dire de ces intellects qui sont dans le monde (en dehors de nous). Ces formes peuvent être pensées dans toute leur perfection, quand tous les objets de notre intelligence, ou du moins la plupart, sont devenus *intelligibles en acte;* l'intellect alors devient *intellect acquis*, et lesdites formes intelligibles deviennent des formes pour l'intellect en tant qu'*intellect acquis*. L'intellect acquis est en quelque sorte le substratum de ces formes, tandis qu'il est lui-même une forme pour l'intellect en acte, lequel, à son tour, est comme un substratum et une matière pour l'intellect acquis; (d'autre part) l'intellect en acte est une forme pour la substance (dans laquelle il réside) (1), et cette substance est comme une matière. »

« Puis donc que l'*intellect actif* est indivisible, je veux dire, puisque toutes les formes spécifiques ensemble ne sont dans lui qu'une seule, ou du moins, puisque leurs essences sont des choses indivisibles [je veux dire, puisque chacune des formes spécifiques existe comme unité dans lui] (2), la science de cet intellect séparé, en raison de son élévation, est *une*, bien que les objets de cette science soient multiples, selon la multiplicité des espèces. Si les formes qui viennent de lui sont multiples, ce n'est que parce qu'elles se produisent dans

(1) C'est-à-dire, pour l'*intellect hylique* ou pour l'homme.

(2) L'auteur veut dire : puisque l'*intellect actif* embrasse toutes les formes en général, et que celles-ci forment dans lui une unité, ou que tout au moins toutes les formes individuelles appartenant à une même espèce se trouvent dans lui comme une seule forme spécifique, la science etc.

des matières (différentes). En effet, les formes qui se trouvent aujourd'hui dans certaines matières sont, dans l'*intellect actif*, une (seule) forme *abstraite;* mais non pas dans ce sens qu'elles aient été abstraites après avoir existé dans les matières, comme cela a lieu pour l'*intellect en acte.* Rien n'empêche l'intellect en acte de faire des efforts pour rapprocher de lui peu à peu ces formes séparées (1), jusqu'à ce qu'arrive la conception (purement) intelligible, c'est-à-dire l'intellect acquis; c'est pourquoi l'essence de l'homme, ou l'homme par ce qui forme son essence, est ce qu'il y a de plus rapproché de l'*intellect actif.* Rien non plus n'empêche cet intellect (acquis) de donner à la fois ce que les autres intellects (2) ont donné d'abord, c'est-à-dire, le mouvement pour se penser soi-même; et alors arrive la véritable conception intelligible, c'est-à-dire la perception de l'être qui, par son essence même, est *intellect en acte*, sans avoir eu besoin, ni maintenant, ni auparavant, de quelque chose qui le fît sortir de l'état de *puissance.* C'est là la conception de l'*intellect séparé*, je veux dire de l'*intellect actif*, tel qu'il se conçoit lui-même, et c'est là la fin de tous les mouvements. »

Ibn-Bâdja ne nous dit pas clairement de quelle manière s'accomplit ce mouvement suprême, et comment, en définitive, s'opère la *conjonction*, ou l'union intime de l'intellect humain avec l'intellect actif universel; et on a vu plus haut que, dans sa *Lettre d'adieux*, il fait intervenir, pour achever cette union, un secours surnaturel. Nous rappellerons que le traité que nous venons d'analyser, et qu'Ibn-Roschd lui-même trouva très obscur, est placé par Ibn-Tofaïl parmi les ouvrages qu'Ibn-Bâdja laissa inachevés et qui sont *tronqués à la fin* (3). Mais ce qui nous intéresse ici, c'est qu'Ibn-Bâdja imprima à la philoso-

(1) Littéralement : *pour les rapprocher peu à peu (en les faisant sortir) de l'état de séparation.*

(2) C'est-à-dire, l'intellect hylique et l'intellect en acte.

(3) مخرومة من أواخرها; voy. *Philosophus autodidactus*, p. 14.

phie arabe en Espagne un mouvement tout opposé aux tendances mystiques d'Al-Gazâli, et qu'il proclama la science spéculative seule capable d'amener l'homme à concevoir son propre être ainsi que l'intellect actif, comme il le dit clairement dans la *Lettre d'adieux*, et comme nous l'apprend aussi Ibn-Tofaïl (1). C'est ainsi qu'il eut le mérite de tracer la voie sur laquelle marcha l'illustre Ibn-Roschd.

VI

IBN-TOFAÏL.

Abou-Becr Mo'hamed ben-'Abd-al-Malic IBN-TOFAÏL al-Keisi, un des philosophes les plus remarquables parmi les Arabes d'Espagne, naquit, probablement dans les premières années du XIIe siècle (2), à Wâdi-Asch (*Guadix*), petite ville d'Andalousie dans la province de Grenade. Il se rendit célèbre comme médecin, mathématicien, philosophe et poëte, et fut en grand honneur à la cour des Almohades. Après avoir exercé les fonctions de secrétaire auprès du gouverneur de Grenade (3), il fut attaché comme vizir et médecin à la personne d'Abou-Ya'koub Yousouf, second roi de la dynastie des Almohades (qui régnait de 1163 à 1184), et ce souverain l'honorait de son intimité (4). Selon Ibn-al-Khatîb, le célèbre historien de

(1) Voy. *ibid.*, pag. 7.

(2) Nous savons qu'Ibn-Tofaïl était plus âgé qu'Ibn-Roschd, né en 1126 ; on verra ci-après que, s'excusant sur son grand âge, il chargea Ibn-Roschd de faire les analyses des Œuvres d'Aristote, demandées par le roi Yousouf.

(3) Voy. Ibn-al-Khatîb, cité par M. de Gayangos, *The history of the mohammedan dynasties in Spain, by Al-Makkari*, t. I, pag. 335.

(4) Voy. le *Kartâs*, trad. portugaise de Moura, pag. 226 ; Condé, *Historia de la dominacion de los Arabes en España*, 3e partie, chap. 47 (édit. de Paris, pag. 493).

Grenade (du XIVe siècle), Ibn-Tofaïl aurait professé la médecine dans cette ville et aurait écrit deux volumes sur cette science [1]. Un autre historien du XIIIe siècle, 'Abd-al-Wâ'hid, de Maroc, qui avait connu le fils d'Ibn-Tofaïl, rapporte quelques détails curieux sur la liaison intime qui existait entre notre philosophe et le roi Yousouf, et atteste avoir vu de lui des ouvrages sur plusieurs branches de la philosophie, et notamment le manuscrit autographe d'un traité sur l'âme. Le même auteur cite plusieurs de ses poëmes. Ibn-Tofaïl profita de son intimité avec le roi Yousouf pour attirer à la cour les savants les plus illustres, et ce fut lui qui présenta au roi le celèbre Ibn-Roschd. Le roi ayant un jour exprimé le désir qu'un savant versé dans les œuvres d'Aristote en présentât une analyse raisonnée et claire, Ibn-Tofaïl engagea Ibn-Roschd à entreprendre ce travail, ajoutant que son âge avancé et ses nombreuses occupations l'empêchaient de s'en charger lui-même. Ibn-Roschd y consentit, et composa les *Analyses* que nous possédons encore [2]. Ibn-Tofaïl mourut à Maroc en 1185; le roi Ya'koub, surnommé Al-Mançour, qui était monté sur le trône l'année précédente, assista à ses funérailles [3].

Tel est le petit nombre de détails authentiques que nous avons pu recueillir sur la vie d'Ibn-Tofaïl, et que nous substituons aux fables de Léon Africain, reproduites par Brucker [4].

Quant aux ouvrages d'Ibn-Tofaïl, il ne nous en reste qu'un seul dont nous parlerons tout à l'heure. Outre les écrits déjà mentionnés plus haut, Casiri [5] parle d'un ouvrage intitulé *Mystères de la sagesse orientale*, qui est peut-être identique avec

(1) Voy. Casiri, *Biblioth. arab. hisp.*, t. II, pag. 76.

(2) Voy. l'Histoire du Maghreb, par 'Abd-al-Wâ'hid, publiée en arabe, avec une préface en anglais, par M. Dozy, sous le titre de *The history of the Almohades* (Leyde, 1847, gr. in-8°), pag. 172-175.

(3) Cf. Ibn-al-Khatîb, cité par Casiri, *l. c.*

(4) *Historia critica philosophiæ*, t. III, pag. 95 et suiv.

(5) *Biblioth. arab. hisp.*, t. I, pag. 203.

le traité de l'âme ou avec le traité de philosophie dont nous parlerons. Ibn-Abi-Ocçibia, dans la *Vie d'Ibn-Roschd*, parle d'écrits échangés entre celui-ci et Ibn-Tofaïl sur divers sujets de médecine. Ibn-Roschd lui-même, dans son commentaire *moyen* sur le traité *des Météores* (liv. II), en parlant des zones de la terre et des lieux habitables et non habitables, cite un traité que son ami Ibn-Tofaïl avait composé sur cette matière. Dans son commentaire *moyen* sur la Métaphysique (liv. XII), Ibn-Roschd, en attaquant les hypothèses de Ptolémée relatives aux excentriques et aux épicycles, dit qu'Ibn-Tofaïl possédait sur cette matière d'excellentes théories dont on pourrait tirer grand profit (1); ce qui prouve qu'Ibn-Tofaïl avait fait des études profondes sur l'astronomie de son temps. C'est dans le même sens qu'Abou-Is'hâk al-Bitrôdji (Alpétragius) parle de son maître Ibn-Tofaïl (2); dans l'introduction de son traité d'astronomie, où il cherche à substituer d'autres hypothèses à celles de Ptolémée, il s'exprime ainsi : « Tu sais, mon frère, que l'illustre Khâdi Abou-Becr Ibn-Tofaïl nous disait qu'il avait trouvé un système astronomique et des principes pour ces différents mouvements, autres que les principes qu'a posés Ptolémée, et sans admettre ni excentrique ni épicycle ; et avec ce système, disait-il, tous ces mouvements sont avérés, et il n'en résulte rien de faux. Il avait aussi promis d'écrire là-dessus, et son rang élevé dans la science est connu. »

Mais l'ouvrage qui a illustré parmi nous Ibn-Tofaïl est un

(1) Pococke, dans sa préface au *Philosophus autodidactus* (2e page), cite ce passage d'après Moïse de Narbonne ; mais il ajoute qu'il l'avait vainement cherché dans la version latine des commentaires d'Averrhoès. Il est vrai que dans son *grand* commentaire sur la Métaphysique. Ibn-Roschd ne parle point d'Ibn-Tofaïl ; le passage en question se trouve dans le commentaire *moyen*, qui n'a point été traduit en latin, mais dont la version hébraïque existe dans plusieurs manuscrits de la Bibliothèque impériale.

(2) On trouvera plus loin, dans l'*Appendice*, une note sur Alpetragius.

traité où la philosophie de l'époque est présentée sous une forme nouvelle et originale, et qu'on a qualifié de *roman philosophique.* Ibn-Tofaïl, à ce qu'il paraît, appartenait à cette classe de philosophes contemplatifs que les Arabes désignaient par le nom d'*Ischrâkiyyîn*, ou partisans d'une certaine philosophie orientale, et dont nous avons parlé dans un autre endroit (1); il cherchait à résoudre à sa manière un problème qui préoccupait beaucoup les philosophes musulmans, celui de la *conjonction* ou de l'union de l'homme avec *l'intellect actif* et avec Dieu (2). Peu satisfait de la solution d'Al-Gazâli, qui n'a d'autre base qu'une certaine exaltation mystique, il suivit les traces d'Ibn-Bâdja, et montra comme lui le développement successif des notions de l'intelligence dans l'homme *solitaire*, libre des préoccupations de la société et de son influence; mais il voulut présenter un solitaire qui n'aurait jamais subi cette influence, et dans lequel la raison se serait éveillée d'elle-même, et arrivée successivement, par son travail et par l'impulsion venant de l'intellect actif, à l'intelligence des secrets de la nature et des plus hautes questions métaphysiques. C'est là ce qu'il a essayé dans son célèbre traité qui porte le nom de *'Hayy ibn-Yakdhân*, nom allégorique donné au solitaire et qui signifie *le vivant, fils du vigilant* (3).

S'emparant d'une fiction d'Ibn-Sînâ, il fait naître 'Hayy sans père ni mère, dans une île inhabitée située sous l'équateur. Par certaines circonstances physiques, remplaçant le procédé de la génération, l'enfant sort de la terre, et une gazelle se charge de le nourrir de son lait. Les différentes périodes de l'âge sont marquées par des progrès successifs dans la connaissance de tout ce qui est. Les premières connaissances de 'Hayy se bornent aux choses sensibles, et il

(1) Voy. ci-dessus, pag. 330.

(2) Voy. ci-dessus, pag. 317-318.

(3) Ainsi qu'on le voit, il faut modifier un peu l'orthographe adoptée par Pococke, qui écrit *Haï* et *Yokdhan*, au lieu de *'Hayy* et *Yakdhan* (ou Yakzân).

arrive graduellement à connaître le monde qui l'entoure et à acquérir les notions de la physique. Plus tard, il reconnaît dans la variété des choses un lien commun qui les unit. Les êtres sont *multiples* d'une part, et *uns* d'autre part; ils sont *multiples* par les accidents et *uns* par l'essence véritable. Ceci le conduit à chercher où résident les accidents et où est l'essence des choses, et il arrive ainsi à distinguer, dans tout ce qui est, la matière et la forme. La première forme est celle de l'*espèce*. Tous les corps sont unis par la forme corporelle; ils varient par les formes des genres et des espèces en y comprenant la forme de la *substance*. Les corps en général sont un composé de la matière première et des formes de corporéité et de substance. — En contemplant ainsi la matière et les formes, le solitaire se trouve sur le seuil du monde spirituel. Il est évident que les corps inférieurs sont produits par quelque chose; il y a donc nécessairement quelque chose qui fait les formes, car tout ce qui est produit doit avoir un producteur. Dirigeant le regard vers le ciel, 'Hayy y trouve une variété de corps supérieurs ou célestes. Ces corps ne sauraient être infinis; il reconnaît dans les cieux, ou les sphères célestes, des corps finis. Les sphères, avec ce qu'elles renferment, sont comme un seul individu, et de cette manière tout l'univers forme une unité. L'univers est-il éternel, ou bien a-t-il eu un commencement dans le temps? C'est là ce que le solitaire ne peut décider; car il y a des raisons également fortes pour l'une et l'autre des deux hypothèses. On voit cependant qu'il penche plutôt pour l'éternité du monde. Quoi qu'il en soit, il reconnaît qu'il y a un être *agent* qui perpétue l'existence du monde et qui le met en mouvement. Cet être n'est pas un corps, ni une faculté dans un corps; il est la forme de l'univers. Tous les êtres étant l'œuvre de cet être supérieur ou de Dieu, notre pensée, contemplant la beauté de l'œuvre, doit se porter aussitôt vers l'ouvrier, vers sa bonté et sa perfection. Toutes les formes se trouvent dans lui et sont issues de son action, et il n'y a en quelque sorte d'autre être que lui.

Faisant un retour sur la faculté intellectuelle qui est en lui, notre solitaire trouve qu'elle est en elle-même absolument incorporelle, puisqu'elle perçoit l'être séparé de toute dimension ou qualité, ce que ne peuvent ni les sens, ni la faculté imaginative. C'est là la véritable substance de l'homme ; elle ne naît ni ne périt. Elle est troublée par la matière, et il faut qu'elle fasse des efforts pour s'en dégager, en ne donnant au corps que les soins absolument nécessaires pour son existence. La béatitude de cette substance et sa douleur sont en raison de son union avec Dieu ou de son éloignement de Dieu. Rien de ce qui est sous la sphère céleste n'est égal à cette substance ; mais elle se trouve à un plus haut degré dans les corps célestes (intelligences des sphères). L'homme ayant de la ressemblance avec les trois espèces d'êtres, savoir, avec les autres animaux, avec les corps célestes et avec l'être véritablement *un*, doit nécessairement ressembler par ses actions et ses attributs à toutes les trois.

Le solitaire examine ensuite les actions par lesquelles l'homme parfait ressemble à chacune des trois espèces, et comment, en se détachant successivement de tout ce qui est inférieur, il doit arriver au dernier terme, c'est-à-dire à ressembler à Dieu et à s'unir avec lui. Il cherche à se détacher de tout ce qui tient aux sens et à l'imagination, à s'annihiler pour ainsi dire lui-même, pour ne laisser subsister que la pensée seule. Ce qu'il voit dans cet état, il ne peut le décrire, et ce n'est que par des images qu'il représente tout ce qu'il a vu dans le monde spirituel. Il se croit entièrement identifié avec l'Être-Suprême, et tout l'univers ne lui semble exister que dans Dieu seul, dont la lumière se répand partout et se manifeste plus ou moins dans tous les êtres, selon leur degré de pureté. La multiplicité n'existe que pour le corps et les sens ; elle disparaît entièrement pour celui qui s'est détaché de la matière. C'est ainsi que, de conséquence en conséquence, notre philosophe, sans se l'avouer, conduit son solitaire au panthéisme. Arrivé au plus haut degré de contemplation, 'Hayy contemple, non pas la Divinité en elle-même, mais son reflet dans l'univers, depuis la sphère céleste la plus élevée jusqu'à la terre. Et ici l'auteur, oubliant son rôle de philosophe et la mission scientifique qu'il s'est donnée, s'abandonne à son imagination et se livre à des fictions poétiques. Le solitaire voit successivement l'apparition de Dieu dans les *intelligences* des différentes sphères, et jusque dans le monde sublunaire. Elle se montre de plus en plus resplendissante dans les sphères supérieures; mais dans le monde *de la naissance et de la destruction*, elle ne se montre plus que comme le reflet du soleil dans l'eau trouble. Puis, étant descendu jusqu'à sa propre essence, le solitaire reconnaît qu'il y a une multitude d'autres essences individuelles semblables à la sienne, et dont les unes sont entourées de splendeur et les autres lancées dans les ténèbres et dans les tourments; ce sont les âmes pures et impures. Le solitaire voit tout cela dans l'état d'*extase*, et, lorsqu'il revient à lui, il se retrouve dans le monde sensible, et perd de vue le monde divin; car, ajoute l'auteur, ce bas-monde et le monde supérieur sont comme deux épouses d'un même mari; celui-ci ne peut plaire à l'une sans irriter l'autre.

Ibn-Tofaïl, pour achever sa tâche, devait montrer que les résultats obtenus par son solitaire n'étaient pas en contradiction avec la religion révélée et particulièrement avec la religion musulmane; car la philosophie et la religion, renfermant chacune la vérité absolue, ne sauraient se contredire mutuellement. 'Hayy, étant arrivé, à l'âge de cinquante ans, à s'élever par la pensée seule à la connaissance de la vérité, est mis en rapport avec un homme qui, au moyen de la religion, est arrivé au même résultat, et qui, reconnaissant comme 'Hayy le trouble que portent les sens dans la méditation et dans la vie contemplative, veut se soustraire aux inconvénients de la vie sociale, et vient d'une île voisine chercher un refuge dans l'île déserte habitée par 'Hayy. Les deux solitaires s'étant rencontrés, Asâl (c'est le nom de l'homme religieux), après être parvenu à apprendre à 'Hayy l'usage de la parole, l'instruit dans la religion et lui fait connaître les devoirs et les pratiques qu'elle impose à l'homme. Il résulte de leurs conférences que les vérités enseignées par la religion et la philosophie sont absolument identiques, mais que dans la religion elles ont revêtu des formes qui les rendent plus accessibles au vulgaire; les anthropomorphismes du Koran et la description qu'on y trouve de la vie future ne sont que des images, qui ont un sens profond. La religion est venue en aide à la majorité des hommes, qui ne savent pas s'élever par la pensée jusqu'à la vérité absolue et marcher dans la voie tracée par cette dernière. C'est encore pour se conformer aux besoins du vulgaire, que la religion a permis aux hommes d'acquérir des biens terrestres et d'en jouir en toute liberté, chose qui ne convient pas au véritable sage. 'Hayy manifeste le désir de se rendre au milieu des hommes pour leur faire connaître la vérité sous son véritable jour et telle qu'il l'a conçue lui-même, et Asâl se rend à son désir, quoique avec regret. Les deux solitaires, à l'aide d'un navire qui, par hasard, aborde dans leur île, se rendent dans l'île autrefois habitée par Asâl et où les amis de celui-ci font à 'Hayy l'accueil le plus honorable. Mais, à mesure qui Hayy leur expose ses principes, leur amitié se refroidit, et le philosophe, ayant acquis la conviction qu'il s'était imposé une tâche impossible, retourne à son île, accompagné d'Asâl. Les deux amis, renonçant pour toujours à la société, se vouent jusqu'à leur fin à une vie austère et contemplative.

L'ouvrage d'Ibn-Tofaïl a été traduit en hébreu, et Moïse de Narbonne a accompagné cette version d'un commentaire très savant (1). L'original arabe a été publié avec une traduction latine par Edward Pococke, sous le titre de *Philosophus autodidactus, sive Epistola Abi-Jaafar* (2), *ebn-Tofaïl de Haï ebn-Yokdhan* (in-4°, Oxford, 1671 et une seconde fois en 1700). La version latine de Pococke trouva deux traducteurs anglais

(1) Sur Moïse de Narbonne, voyez plus loin l'esquisse historique de la *Philosophie chez les Juifs*.

(2) Le manuscrit dont s'est servi Pococke prête à notre philosophe le prénom d'*Abou-Dja'far;* mais tous les auteurs, tant arabes qu'hébreux, que nous sommes à même de consulter, l'appellent unanimement *Abou-Becr*.

dans Ashwell et dans le quaker George Keith (1). Une troisième traduction anglaise a été faite sur l'original arabe par Simon Ockley (2). Une traduction hollandaise, publiée en 1672, a été réimprimée à Rotterdam en 1701, in-8°. Deux traductions allemandes sont dues l'une à J. G. Pritius (3), l'autre à J. G. Eichhorn (4).

IBN-ROSCHD.

Aboul-Walîd Mo'hamed ibn-A'hmed IBN-ROSCHD, que nous appelons communément *Averrhoès*, le célèbre commentateur des œuvres d'Aristote et le plus illustre parmi les philosophes arabes, naquit l'an 520 de l'hégire (1126 de J.-C.), à Cordoue, où sa famille occupait depuis longtemps un rang élevé dans la magistrature. Son grand-père, appelé comme lui Aboul-Walîd Mo'hamed, le plus illustre jurisconsulte de son temps, avait été, sous les Almoravides, *kâdhi al-kodhâ* (grand juge) de toute l'Andalousie et un des personnages politiques les plus influents (5). Il existe à la Bibliothèque impériale un recueil volumineux de ses *Consultations juridiques*. Il était né au mois de schawwâl de l'an 450 de l'hégire (décembre 1058), et il mourut la nuit du dimanche 11 de dhoul-ka'da de l'an 520

(1) Cf. Brucker, *Hist. crit. philos.*, t. III, pag. 96.

(2) *The improvement of human reason exhibited in the life of Haï Ebn Yokdhan; written by Abu Jaafer Ebn Tofaïl.* Londres, 1711, in-8°.

(3) *Der von sich selbst gelehrte Weltweise.* Francfort, 1726, in-8°.

(4) *Der Naturmensch oder Geschichte des Haï Ebn-Yoktân.* Berlin, 1783, in-8°.

(5) Voy. Conde, *Historia de la dominacion de los Arabes en España*, 3e partie, ch. 29 (édit. de Paris, pag. 428 et suiv.).

(28 novembre 1126) (1), quelques mois après la naissance du petit-fils qui devait illustrer son nom. Son fils Aboul-Kâsim-A'hmed, le père de notre philosophe, fut, dit-on, revêtu des mêmes dignités (2). Le jeune Ibn-Roschd étudia d'abord la théologie positive et la jurisprudence, qui, l'une et l'autre, fondées sur le *Koran*, ne forment chez les Arabes qu'une seule science, connue sous le nom de *fiqh*; selon Ibn-Abi-Oceibi'a, il était un phénix dans cette science (3). Il paraît cependant qu'elle ne put satisfaire à ses goûts; car, contrairement à l'usage des *fakîh* ou docteurs musulmans, qui ne sortent guère de leur spécialité, il montrait un goût particulier pour les œuvres de littérature et de poésie (4), et aborda avec un grand zèle la médecine, les mathématiques et la philosophie. S'il fallait en croire Ibn-Abi-Océibi'a, il aurait eu pour précepteurs le célèbre Ibn-Bâdja et un certain Abou-Dja'far Hâroun. Mais

(1) Ces dates sont indiquées dans le *Kitâb al-cila* d'Ibn-Baschcouâl (ms. de la Société asiatique, pag. 281) et dans le *post-scriptum* du ms. n° 398 du suppl. ar. de la Biblioth. impériale, qui renferme les *Consultations* dont nous venons de parler.

(2) Ibn-Baschcouâl (*l. c.*, pag. 50) lui donne expressément le titre de *kâdhi de Cordou*. Selon le même auteur, il était né l'an 487 de l'hégire (1094), et mourut le vendredi 13 ramadhân 563 (21 juin 1168).

(3) Un auteur arabe d'Espagne, Ibn-al-Abbâr, dans ses suppléments à l'Ouvrage d'Ibn-Baschcouâl, intitulés *Al-Tecmila li-kitâb al-cila* (ms. de la Société asiatique, pag. 51), loue également la grande science d'Ibn-Roschd comme jurisconsulte, disant qu'il savait par cœur le *Mouatta*, ouvrage fondamental du rite *malékite*. Le même auteur nomme plusieurs de ses ouvrages de jurisprudence. En tête de la liste des écrits d'Ibn-Roschd donnée par Ibn-abi-Océibi'a, on trouve également trois ouvrages de jurisprudence (voy. Gayangos, *Al-Makkari*, t. I, Append., pag. xx); mais les deux premiers appartiennent à son grand-père, et c'est par erreur qu'Ibn-abi-Océibi'a les attribue à notre philosophe.

(4) Ibn-al-Abbar (*l. c.*) cite un auteur qui rapporte qu'Ibn-Roschd savait par cœur les poésies de 'Habîb et de Motenabbi et qu'il les citait souvent dans ses cours.

cet historien était évidemment dans l'erreur pour ce qui concerne Ibn-Bâdja ; car ce philosophe, mort au plus tard en 1138 (1), ne pouvait guère être le précepteur en philosophie d'Ibn-Roschd, qui n'était alors qu'un enfant de douze ans. Il est à regretter qu'Ibn-Abi-Océibi'a, qui écrivit son *Histoire des Médecins* environ quarante ans après la mort d'Ibn-Roschd, et qui lui a consacré quelques pages, ne nous ait donné que très peu de détails sur sa vie, et ne nous ait rien dit sur son éducation ni sur la marche de ses études. Ce qu'il dit d'Ibn-Roschd se rapporte principalement à ses dernières années ; pour ce qui concerne tout le reste de sa longue carrière, il se borne à nous apprendre qu'il avait été kâdhi à Séville avant de l'être à Cordoue, et nous sommes réduits à recueillir les données que nous rencontrons çà et là dans quelques autres auteurs arabes et dans les écrits d'Ibn-Roschd lui-même. Le titre d'*al-kâdhi*, qui précède toujours son nom, soit en tête, soit à la fin de ses ouvrages, nous montre qu'il exerçait pendant un grand nombre d'années les fonctions de juge. Une grande révolution s'opéra dans le Maghreb pendant la jeunesse d'Ibn-Roschd : les *Mowa'h'heddin* ou Almohades renversèrent la dynastie des Almoravides et s'emparèrent successivement du nord-ouest de l'Afrique et de l'Espagne musulmane. Ibn-Roschd, à ce qu'il paraît, fut en faveur auprès de la nouvelle dynastie, de même que ses amis, le célèbre médecin Abou-Merwân ibn Zohr et le philosophe Abou-Becr ibn-Tofaïl. En 548 (1153) nous le trouvons à Maroc, où probablement il remplissait alors une mission (2) ; vers cette même époque, le roi

(1) Voy. ci-dessus, pag. 384 ; quelques auteurs font même remonter la mort d'Ibn-Bâdja à l'an 525 de l'hégire (1130-31).

(2) Voy. *Commentaire moyen sur le traité du Ciel*, vers la fin du liv. II. — Ibn-Roschd y allègue comme une des preuves de la rotondité de la terre, que certaines constellations, invisibles à un point quelconque de notre globe, deviennent visibles à peu de distance de ce même point vers le Nord ou le Midi. Ainsi, dit-il, la constellation de Sohéil (le Canope), qui n'est point visible en

'Abd-al-Moumen s'occupa de la fondation de divers colléges et établissements littéraires qui devaient illustrer sa résidence de Maroc [1]. On a déjà vu [2] que ce fut Ibn-Tofaïl qui présenta Ibn-Roschd à la cour du roi Abou-Ya'coub Yousouf, fils et successeur de 'Abd-al-Moumen, et qui monta sur le trône en 1163. Voici comment Ibn-Roschd racontait lui-même sa première réception : « Lorsque j'entrai chez le prince des croyants, Abou-Ya'koub, je le trouvai avec Abou-Becr ibn-Tofaïl, et il n'y avait aucune autre personne avec eux. Abou-Becr se mit à faire mon éloge, parla de ma famille et de mes ancêtres, et voulut bien, par bonté, ajouter à cela des choses que j'étais loin de mériter. Le prince des croyants, après m'avoir d'abord demandé mon nom, celui de mon père et celui de ma famille, m'adressa de prime-abord ces paroles : « Quelle « est l'opinion des philosophes à l'égard du ciel? Le croient-« ils éternel ou créé? » Saisi de confusion et de peur, j'éludai la question et je niai m'être occupé de philosophie; car je ne savais pas ce qu'Ibn-Tofaïl lui avait affirmé à cet égard. Le prince des croyants s'étant aperçu de ma frayeur et de ma confusion, se tourna vers Ibn-Tofaïl, et se mit à parler sur la question qu'il m'avait posée; il rappela ce qu'avaient dit Aristote, Platon et tous les philosophes, et cita en même temps les arguments allégués contre eux par les musulmans. Je remarquai en lui une vaste érudition, que je n'aurais même soupçonnée dans aucun de ceux qui s'occupent de cette matière et qui lui consacrent tous leurs loisirs. Il fit tout pour me mettre

Andalousie, — à moins que ce ne soit, comme on le prétend, sur la montagne appelée à cause de cela le Sohéil (cf. Gayangos, *Al-Makkari*, t. I, pag. 50 et 357), — est visible au delà du détroit de Gibraltar dans le pays des Berbers. Puis il ajoute : « J'ai vu moi-même, l'an 548 de notre ère, dans le pays de Maroc, sur la montagne appelée *Daran* (l'Atlas), une constellation qu'on ne voit point dans ce pays-ci (l'Espagne), et qu'on disait être *Sohéil.* »

(1) Voy. Conde, *l. c.*, ch. 43 (pag. 479).

(2) Voy. ci-dessus, pag. 411.

à l'aise, de sorte que je finis par parler et qu'il sut ce que je possédais de cette science. Après l'avoir quitté, je reçus par son ordre un cadeau en argent, une magnifique pelisse d'honneur et une monture [1]. »

Ce fut sans doute vers l'an 565 (1169-70), qu'Ibn-Roschd fut kâdhi de Séville; car, à la fin de son *Commentaire sur les traités des animaux*, il dit l'avoir achevé au mois de çafar 565 (novembre 1169), à Séville, après s'y être transporté de Cordoue; et, dans un passage du XIVe livre, c.-à-d. du liv. IV du traité des *Parties des animaux*, il s'excuse des erreurs qu'il peut avoir commises, sur ce qu'il était alors très occupé des affaires publiques et éloigné de sa maison (à Cordoue), ce qui l'avait empêché de s'entourer d'un certain nombre d'exemplaires et de vérifier les textes. Il dit a peu près la même chose à la fin de son *Commentaire moyen sur la physique*, achevé à Séville le 1er rédjeb de la même année (21 mars 1170) [2]. Il resta au moins deux ans à Séville; car, dans ses *Commentaires sur les Météorologiques* (liv. II), en parlant des tremblements de terre qui eurent lieu à Cordoue en 566, il ajoute qu'il était alors à Séville, mais qu'il arriva à Cordoue peu de temps après [3]. Ce fut depuis cette époque qu'il composa la

(1) Voy. l'*Histoire du Maghreb* par 'Abd-al-W'âhid, publiée par M. Dozy, pag. 174-175.

(2) Les trois premiers livres de ce commentaire ayant seuls été traduits en latin, nous donnons ici le passage en question d'après la version hébraïque :

ובכאן נשלם זה המאמר ונשלם בהשלמתו ביאור זה הספר כפי יכלתנו וכפי שגזר אותו העת הזאת עלי למה שנסיתי בנסיונות ולהיות עם בני אדם מרוחק מעיון ונבדל ממעוני ...... היתה השלמתי בעשית הביאור הזה יום שברת ראשון לחדש רגב שנת תקס"ה לחשבון ישמעאל וזה במדינת אשביליה ·

(3) Dans la *Paraphrase des Météorologiques*, il dit expressément que ce fut l'an 566 qu'eut lieu le tremblement de terre à Cordoue et dans ses environs (vers. hébr. : הרעש שנתחדש בקרטבה וצרדיה שנת ששים ושש וחמש מאות), et il ajoute: ולא הייתי עומד אז בקרטבה אבל הגעתי אליה אחר כן·

plupart des ouvrages qui ont illustré son nom. Par ses travaux littéraires, il faisait diversion aux graves préoccupations et aux fatigues que lui causèrent les affaires publiques, et dont il se plaint bien souvent. A la fin du premier livre de son *Abrégé de l'Almageste*, il dit qu'il avait dû se borner à rapporter les théorèmes les plus indispensables, et il se compare à un homme qui a vu sa maison subitement enveloppée d'un incendie et qui n'a que le temps de sauver les choses les plus précieuses et les plus nécessaires à la vie (1). Il acheva ses commentaires moyens sur la *Rhétorique* et sur la *Métaphysique* dans les premiers mois de l'an 570 (1174); accablé de fatigues et atteint d'une grave maladie, il se hâta de mettre la dernière main à la *Métaphysique*, de crainte de laisser ce travail inachevé; et il se promit, si Dieu lui accordait la vie, d'écrire plus tard sur ce livre et sur d'autres ouvrages d'Aristote, des commentaires plus développés, projet que la Providence lui permit de réaliser. Il paraît que ses fonctions l'obligeaient à de fréquents voyages; son traité *de Substantia orbis* est daté de Maroc, l'an 574 (1178), et l'année suivante nous le retrouvons à Séville, où il acheva alors un traité de théologie dont nous parlerons plus loin (2). En 578 (1182), le roi Yousouf l'appela de nouveau à Maroc et le nomma son médecin; mais, quelque temps après, il lui conféra la dignité de *kàdhi* de la

Dans le *Commentaire moyen*, que nous possédons en arabe, il dit, après avoir parlé de ce même tremblement de terre :

ولم اشهد انا فيها الزلزال العظيم الذى اصيب به الناس فيها لانّى كنت باشبيلية فى ذلك الوقت ولكنّى وصلت اليها بقرب من ذلك الوقت .

(1) Voici comment il s'exprime selon la version hébraïque :
אבל אנחנו בעת הזאת במדרגת מי שנפל האש בביתו הוא שישתדל להוציא מן הבית מה שהוא יקר בעיניו מן הדברים ההכרחיים לחייו .

(2) Voy. Casiri, *Biblioth. arabico-hispana escurialensis*, t. I, pag. 185.

ville de Cordoue [1]. Ibn-Roschd jouissait d'une égale faveur auprès du roi Ya'koub, surnommé Almançoûr, qui succéda à son père Yousouf en 560 (1184). Mais déjà à cette époque, lorsqu'il fut encore kâdhi à Cordoue, il commença à devenir suspect à cause de ses opinions philosophiques, quoique à l'extérieur il remplît exactement les prescriptions religieuses. Un théologien contemporain, nommé Abou-Mo'hammed 'Abd-al-Aïsi, qui lui rend le témoignage de l'avoir vu observer les devoirs religieux de la prière et des ablutions, rapporte qu'il avait assisté un jour à une conversation dans laquelle Ibn-Roschd laissa échapper une des plus grandes hérésies. Les astronomes ayant annoncé, pour un certain jour, un violent ouragan qui amènerait de grands malheurs, les populations d'Orient et d'Andalousie furent profondément émues du bruit qui se répandait d'une prochaine catastrophe, et se cachèrent dans des souterrains. Le gouverneur de Cordoue convoqua les savants de cette ville, et entre autres le kadhi Ibn-Roschd et son ami Ibn-Bondoud, pour s'entretenir avec eux sur cet événement. Les deux amis, en quittant le gouverneur, discutèrent sur cet ouragan au point de vue de la physique et de l'influence des astres. 'Abd-al-Aïsi s'étant mêlé à la conversation et ayant parlé de l'ouragan par lequel Dieu fit périr le peuple de 'Aad, Ibn-Roschd ne put s'empêcher de taxer de fable l'existence du peuple de 'Aad et tout ce qu'on disait de la cause de sa destruction. Tous les assistants furent profondément scandalisés d'entendre si audacieusement nier un fait dont la vérité est proclamée par le Koran [2].

(1) Voy. Condé (*l. c.*), chap. 47, pag. 493. — Selon Ibn al-Abbar (*l. c.*, pag. 51), il fut kâdhi de Cordoue après Abou-Mo'hammed 'Abd-Allah ibn-Moghith, qui, selon le même auteur (pag. 136), mourut au mois de rebi'a I de l'an 576 (juillet-août 1180); mais peut-être Ibn-Roschd ne fut-il pas le successeur immédiat d'Ibn-Moghith.

(2) Voy. le *Kitâb al-dhéil wal-'ecmila*, par Abou-'Abd-Allah Mo'hammed al-Ançâri, ms. du suppl. ar. de la Biblioth. imp.,

Probablement Ibn-Roschd, avancé en âge, se retira des affaires et consacra ses loisirs à ses grands travaux philosophiques. Lorsque le roi Almançour vint à Cordoue, en 1195, pour se mettre en campagne contre Alphonse, roi de Castille et de Léon, il fit venir auprès de lui Ibn-Roschd et le combla d'honneurs. Cependant, les dernières années de notre philosophe furent troublées par quelques nuages. Ses ennemis surent le rendre suspect; il fut accusé, ainsi que plusieurs autres savants d'Espagne, de prôner la philosophie et les sciences de l'antiquité au détriment de la religion musulmane. Ibn-Roschd, dépouillé de ses dignités, fut relégué par Almançour dans la ville d'Elisâna (Lucena), près de Cordoue, et il lui fut défendu d'en sortir. La ville de Lucena avait été, sous les dynasties précédentes, abandonnée aux Juifs; cette circonstance a donné lieu aux récits absurdes de Léon Africain, qui prétend qu'Ibn-Roschd fut relégué chez les Juifs de Cordoue, et qu'il chercha un refuge chez son disciple Maïmonide. Ces détails, ainsi que les autres fables débitées par Léon, ont été répétés par Brucker et par une foule d'autres écrivains, sans qu'on se soit aperçu de ce qu'il y a de fabuleux et d'impossible dans les récits de Léon Africain, qui a fait d'énormes anachronismes. A l'époque où Ibn-Roschd tomba en disgrâce, le judaïsme était proscrit dans le Maghreb depuis près d'un demi-siècle; personne alors n'osait s'avouer juif dans l'empire des Almohades; Maïmonide avait déjà passé trente ans en Egypte, et il est certain qu'il n'avait jamais été le disciple d'Ibn-Roschd (1). Pour expliquer la conduite d'Almançour à

n° 682. Ce volume renferme, à partir du septième feuillet, un article sur Ibn-Roschd, dont le commencement manque.

(1) Voy. ma *Notice sur Joseph ben-Iehoudah*, *disciple de Maïmonide*, dans le *Journal asiatique de juillet* 1842, pag. 31, 32, 39 et suiv. — Le fond de vérité qu'il peut y avoir dans le récit de Léon Africain, si toutefois il n'est pas entièrement controuvé, c'est que ce fut avec une certaine intention qu'Ibn-Roschd fut relégué à Elisâna, où il devait exister encore un certain nombre d'anciennes familles juives, qui extérieurement professaient l'islamisme, mais

l'égard d'Ibn-Roschd, Ibn-Abi-Océibi'a cite deux motifs personnels allégués par le kâdhi Abou-Merwân-al-Bâdji. D'abord, Ibn-Roschd aurait manqué d'égards envers le roi Almançour, et lui aurait parlé sur un ton trop familier, en lui disant toujours : « Écoute, mon frère. » Ensuite, Almançour aurait appris qu'Ibn-Roschd, dans son *Commentaire sur les Traités des Animaux*, après avoir parlé de la girafe, avait ajouté : « J'ai vu la girafe *chez le roi des Berbers* » — c'est-à-dire à la cour de Maroc —, expression que le roi Almançour aurait trouvée injurieuse pour la dynastie des Almohades [1]. Cependant le fanatisme des Almohades suffit seul pour expliquer la conduite d'Almançour ; Ibn-Abi-Océibi'a rapporte lui-même, dans la vie d'Abou-Becr-ibn-Zohr, qu'Almançour ordonna de sévir contre ceux qui seraient convaincus d'étudier la philosophie grecque, et qu'il fit confisquer et livrer aux flammes tous les livres de

qui étaient méprisées par les vrais musulmans. Les ennemis d'Ibn-Roschd, à ce qu'il paraît, avaient répandu le bruit que ce philosophe lui-même était d'origine juive et qu'on ne saurait faire remonter sa généalogie à aucune des familles arabes d'Espagne. Voy. l'article du *Kitâb al-dhéil wal-tecmila*, cité dans la note précédente.

(1) Cf. l'*Histoire du Maghreb* par 'Abd-al-Wâ'hid, pag. 224, et le Commentaire sur le XIIIe livre du traité *des Animaux* (traité *des parties des Animaux*, liv. III, chap. 3), où Ibn-Roschd, en parlant de la girafe ; s'exprime ainsi (selon la version hébraïque) : ראיתי אותה במדינת המלך המושל היום על ארץ הברבר ועל רוב ארץ האנדלוס. Ibn-Roschd, dit-on, allégua pour excuse qu'il avait écrit ملك البرّين (le roi des Deux-Continents) et que les copistes avaient mis par erreur ملك البربر (le roi des Berbers). — 'Abd-al-Wâ'hid (*l. c.*) rapporte en outre que les ennemis d'Ibn-Roschd se servirent perfidement d'un passage tronqué de ses Commentaires, où on lisait : « Il est évident que la planète de Vénus est une des divinités », mots qu'Ibn-Roschd rapporte d'un ancien philosophe, mais qu'on montrait isolément au roi sans lui faire lire ce qui précédait.

logique et de philosophie qu'on put trouver chez les libraires et chez les particuliers (1).

Ibn-Roschd, pendant sa disgrâce, eut à subir quelquefois les insultes des fanatiques. Un jour, comme il le racontait lui-même, il reçut un affront dont il fut profondément affligé : Étant entré, avec son fils 'Abd-Allah, dans une mosquée de Cordoue, pour la prière de l'après-midi, il vit s'ameuter contre lui la populace, qui l'expulsa du temple. — Ses disciples désertaient ses leçons, et on craignait même d'invoquer son autorité, tandis que les plus courageux essayaient d'interpréter ses paroles dans un sens plus conforme à l'orthodoxie musulmane. Ibn-Roschd fut aussi en butte aux satires de quelques poëtes contemporains ; un historien arabe d'Espagne cite surtout un certain Aboûl-'Hoséin-ibn-Djobéir, qui poursuivit de ses épigrammes Ibn-Roschd et les autres philosophes et exalta la conduite d'Almançour. Voici trois de ses épigrammes, dont le mérite consiste surtout dans certains jeux de mots intraduisibles (2).

« Maintenant Ibn-Roschd n'est que trop certain que ses œuvres sont des choses pernicieuses (3). O toi, qui t'es abusé toi-même, regarde si tu trouves aujourd'hui un seul qui veuille être ton ami (4) ! »

« Tu n'es pas resté dans la bonne voie, *ô fils de la bonne*

(1) Voy. Gayangos, *Al-Makkari*, t. I, Append., pag. x, et cf. 'Abd-al-Wâ'hid, *l. c.*, pag. 225. — Al-Ançâri (*l. c.*) rapporte une longue diatribe contre la philosophie et les sciences, qu'Al Mançour, à l'occasion de la plainte portée contre Ibn-Roschd et d'autres savants, fit rédiger par son secrétaire et envoyer à Maroc et aux autres villes de son empire.

(2) Voy. Al-Ançâri, à la fin de l'article consacré à Ibn-Roschd Nous donnons ci-après, dans l'Appendice, le texte arabe des trois épigrammes.

(3) L'auteur joue sur les mots *tawâlîf* (œuvre) et *tawâlif* (choses pernicieuses).

(4) En arabe, *man towâlif;* littéralement : *avec lequel tu puisses vivre familièrement.*

voie (1), lorsque si haut, dans le siècle, tendaient tes *efforts*. Tu as été traître à la religion ; ce n'est pas ainsi qu'a agi ton *aïeul* (2). »

« Le destin a frappé tous ces falsificateurs, qui mêlent la philosophie à la religion et qui prônent l'hérésie. Ils ont étudié la *logique ;* mais on a dit avec raison : Le malheur est confié à la *parole* (3). »

On rapporte qu'Ibn-Roschd, sur l'intercession de quelques grands personnages de Séville, rentra en grâce auprès d'Al-mançour, qui le rappela encore une fois à la cour de Maroc (4). Cependant, un célèbre docteur d'Orient, Tâdj-eddîn ibn-'Hamawéih, qui visita à cette époque l'occident musulman, dit, dans la relation de son voyage, qu'arrivé à Maroc, il chercha vainement à voir l'illustre Ibn-Roschd. Celui-ci, ajoute-t-il, était relégué dans sa maison par ordre du roi Ya'koub al-Mançour ; il ne pouvait ni quitter sa demeure, ni recevoir personne chez lui, et il mourut dans cet état de réclusion (5). Quoi qu'il

(1) Le nom de famille de notre philosophe, *Ibn-Roschd*, se compose des mots *ibn* (fils) et *roschd* (chemin droit, bonne voie).

(2) Il y a encore ici un jeu de mots sur *djidd* (effort) et *djadd* (aïeul).

(3) Le poëte joue ici sur le double sens du mot *mantik*, qui signifie *parole* (λόγος) et que les philosophes emploient dans le sens de *logique*. — Le proverbe arabe dit : « Le malheur est confié à la parole » ; c'est-à-dire, le malheur émane de la parole inconsidérée, et la parole est en quelque sorte le ministre du malheur. Voy. Freytag, *Arabum Proverbia*, t. I, pag. 19.

(4) Voy. l'article d'Ibn-abi-Océibi'a, traduit par M. de Gayangos, *Al-Makkari*, t. I, Append., pag. XIX-XX. Cf. l'*Histoire des Berbères* par Ibn-Khaldoun, traduite de l'arabe par M. de Slane, t. II, p. 214, et 'Abd-al-Wâ'hid (*l. c.*), pag. 225.

(5) Voy. l'*Histoire universelle* de Dhéhebi, ms. ar. de la Biblioth. imp., ancien fonds, n° 753, fol. 81 *a*. Sur Ibn-'Hamawéih, on trouve une notice détaillée dans le IIe volume de l'*Histoire d'Espagne* par Al-Makkari, ms. ar. de la Biblioth. imp., ancien fonds, n° 705, fol. 24 *b*.

en soit, Ibn-Roschd ne revit plus l'Espagne; il mourut à Maroc, le jeudi soir, 9 çafar de l'an 595 de l'hégire (10 décembre 1198), âgé de 72 ans et quelques mois. Ses restes mortels furent, trois mois plus tard, transportés à Cordoue et déposés dans le caveau de sa famille, au cimetière d'Ibn-'Abbâs (1).

Ibn-Roschd était sans contredit l'un des hommes les plus savants dans le monde musulman et l'un des plus profonds commentateurs des œuvres d'Aristote. Il possédait toutes les sciences alors accessibles aux Arabes, et il était un de leurs écrivains les plus féconds (2). Comme médecin, il se fit connaître par plusieurs traités fort estimés et notamment par son livre *Colliget* ou mieux *Colliyyât* (Généralités), traité de thérapeutique générale, qui a été publié en latin (3). Il révéla ses

(1) Ces faits sont rapportés à la fin de l'article du *Dheil al-tecmila* d'Al-Ançâri. Cet auteur indique lui-même la correspondance du calendrier Julien pour la date de la mort d'Ibn-Roschd, en disant : « Il mourut la nuit de jeudi, la neuvième du mois de çafar 595, correspondant au 10 décembre. » Il est vrai que le jeudi 10 décembre 1198 correspond au 8 çafar ; mais comme, suivant le calendrier musulman, les jours commencent au coucher du soleil, la soirée du jeudi 8 appartient au vendredi 9.

(2) Selon Ibn-al-Abbâr (*l. c.*), il employa pour ses ouvrages environ dix mille feuilles de papier ; le même auteur rapporte que, depuis qu'Ibn-Rocshd était arrivé à l'âge de raison, il n'interrompit jamais ses études que pendant deux nuits de sa vie, celle de son mariage et celle de la mort de son père. (Voy. aussi l'historien Dhehébi, ms. ar. de la Biblioth. imp., n° 753, fol. 81 *b.*)

(3) Cette version latine, imprimée plusieurs fois, a été reproduite dans le tome X des Œuvres d'Aristote avec le commentaire d'Averrhoès, Venise, 1552, in fol.; elle y est suivie du poëme d'Avicenne sur la médecine, intitulée *Ardjouza*, avec le commentaire d'Averrhoès. La Bibliothèque impériale possède la version hébraïque du *Colliyyât* (ms. hébr., ancien fonds, n° 387) et l'original arabe incomplet du commentaire sur l'*Ardjouza* (ms. ar., ancien fonds, n° 1056). Les deux ouvrages ont été traduits en hébreu par Salomon, fils d'Abraham ibn-Daoud. Le *Colliyyât* a dû être composé par Ibn-Roschd avant l'année 557 de l'hégire (1162); car le célèbre

connaissances astronomiques dans un abrégé de l'*Almageste*, qui existe encore en hébreu dans plusieurs manuscrits de la Bibliothèque impériale, et où il suit rigoureusement le système de Ptolémée, dont plus tard, dans son *Commentaire sur la Métaphysique*, il attaque les hypothèses relatives aux excentriques et aux épicycles (1), partageant les opinions de son ami Ibn-Tofaïl (2), qui rejeta ses hypothèses comme invraisemblables et contraires à la nature, sans cependant leur en substituer d'autres plus plausibles. Mais ce qui surtout a illustré le nom d'Ibn-Roschd, ce sont ses commentaires sur les ouvrages d'Aristote et différentes dissertations qui s'y rattachent.

C'est par une grave erreur que plusieurs écrivains renommés, et entre autres Casiri (3), de Rossi (4) et Jourdain (dans la *Biographie universelle*), ont fait d'Ibn-Roschd le premier traducteur arabe d'Aristote. On sait qu'il existait, dès le Xe siè-

Abou-Merwân, fils d'Aboul-'Alâ ibn-Zohr, mort dans ladite année, y est mentionné comme contemporain vivant; voy. le *Colliget*, lib. VII, cap. VI (édit. de Venise, 1552, fol. 70 *a*) : « ..... et maxime Aboali, *et filio ejus Abenariam, cui Deus conservet vitam.*» Au lieu d'*Abenariam*, il faut lire *Abumeron* (Abou-Merwân); la version hébraïque (ms. n° 387, fol. 109 *a*) porte : ואבומרון אשר עודנו חי היום, *Abou-Merwân qui vit encore aujourd'hui.*

(1) Voir le grand commentaire d'Ibn-Roschd sur le traité *du Ciel*, liv. II, quæst. V, et sur la *Métaphysique*, liv. XII, ch. VIII. Dans ce dernier endroit il dit que l'astronomie de son temps était exacte en ce qui concerne les calculs, mais non pas en ce qui concerne le véritable état des choses, et il regrette de n'avoir pu faire un travail spécial sur ce sujet, comme il l'avait espéré dans sa jeunesse: « In juventute autem mea speravi ut hæc perscrutatio compleretur per me; in senectute autem, jam despero. Sed forte iste sermo inducet aliquem ad perscrutandum de hoc. Astrologia enim hujus temporis nihil est in esse, sed est conveniens computationi, non esse. » Voy. les Œuvres d'Aristote avec les commentaires d'Averrhoès, édit. in-fol., t. VIII, fol. 154, col. 4.

(2) Voy. ci-dessus, pag. 412.

(3) *Biblioth. ar. hisp.*, t. I, pag. 185.

(4) *Dizionario storico degli autori arabi*, pag. 157.

cle, plusieurs traductions arabes des ouvrages d'Aristote (1); d'ailleurs, Ibn-Roschd ne savait ni le grec ni le syriaque, et il n'a pu ni faire une nouvelle traduction, comme le prétend Buhle (2), ni même corriger celles qui existaient déjà, et dont çà et là, dans ses Commentaires, il accuse l'obscurité et l'imperfection.

Ibn-Roschd nous a laissé des commentaires plus ou moins développés sur la plupart des ouvrages d'Aristote ; il en est même quelques-uns qu'il a commentés deux ou trois fois : on distingue de grands commentaires, des commentaires moyens et des paraphrases ou analyses. Nous croyons pouvoir affirmer qu'Ibn-Roschd écrivit les commentaires appelés *moyens* avant les *grands;* car, çà et là, dans les commentaires moyens, il promet d'en écrire plus tard d'autres plus développés, comme nous l'avons fait observer plus haut au sujet de la *Métaphysique* (3). Dans ses commentaires moins développés (4), Ibn-Roschd commence chaque paragraphe par quelques mots du texte d'Aristote précédés du mot *kâl* (dixit), et il résume le reste du paragraphe en y ajoutant les développements et les explications nécessaires, en sorte qu'il est souvent difficile, sans avoir le texte sous les yeux, de distinguer ce qui appartient à Aristote de ce qui a été ajouté par le commentateur. Dans les *grands* commentaires, Ibn-Roschd cite d'a-

(1) Voy. ci-dessus, pag. 313 et suiv.

(2) *Aristotelis Opera*, t. I, pag. 323.

(3) Voy. ci-dessus, pag. 423. — Vers la fin du commentaire moyen sur le traité des *Démonstrations sophistiques*, il manifeste également l'intention d'écrire plus tard sur ce traité un commentaire plus développé ; nous citons la version hébraïque :
אבל ראינו שזה אשר הזדמן לנו בזה העת טוב הרבה וכמעט
שיהיה כהתחלה לעמוד על מאמרו על השלמות למי שיבוא
אחרינו ולנו בעצמנו אם יהיה לנו פנאי וירחיב לנו
השם בחיינו ·

(4) Ce sont ceux qu'on est convenu d'appeler Commentaires *moyens;* Ibn-Roschd lui-même leur donne le titre de تلخيص, *résumé*, tandis que le *grand* commentaire s'appelle تفسير ou شرح.

bord *in extenso* chaque paragraphe du texte, et le fait suivre d'une explication développée de chaque phrase. Dans les *paraphrases* ou *analyses* (1), généralement composées avant les commentaires moyens ou en même temps, Ibn-Roschd donne les résultats des divers traités d'Aristote, éliminant les discussions qu'ils renferment et les opinions des anciens qui y sont citées, mais y joignant souvent ses propres réflexions et les opinions des autres philosophes arabes. Il avait pour but de faciliter par là l'étude de la philosophie péripatéticienne à ceux qui ne pouvaient ou ne voulaient pas aborder les sources. Ce sont, à proprement dire, des traités particuliers dans lesquels Ibn-Roschd parle en son propre nom, prenant pour guides les divers traités d'Aristote, comme l'avait fait avant lui Ibn-Sîna, et comme l'a fait après lui Albert-le-Grand. Dans ces traités, Ibn-Roschd abandonne quelquefois l'ordre suivi dans les textes qui nous sont parvenus d'Aristote, pour adopter une méthode plus sévère et plus rationnelle. Ainsi, par exemple, dans l'*Epitome de la Métaphysique*, il commence par développer l'idée de cette science, dans laquelle il distingue trois parties : 1° elle s'occupe d'abord des choses sensibles en tant qu'elles sont des *êtres*, en examine les genres supérieurs, c'est-à-dire la nature *ontologique* des dix catégories et des autres notions générales qui s'y rattachent ; 2° elle examine ensuite les principes de la substance, ou les substances *séparées*, les ramène à leur premier principe, qui est Dieu, et fait connaître les attributs et les actions de ce premier principe, qui est l'entéléchie absolue, la forme première et l'agent premier de tout ce qui est ; 3° enfin, elle examine les *substrata* des sciences particulières, telles que la logique, la physique et les mathématiques,

(1) La vers. lat. a quelquefois le titre d'*Epitome*. Ibn-Roschd lui-même cite ces paraphrases sous le titre de الجوامع الصغار, *les petits recueils*. Voy., p. ex., l'original arabe du Commentaire moyen sur *les Météorologiques*, liv. II et III, dans le ms. hébr. de l'ancien fonds, n° 317, fol. 75 *b* et 82 *b* ; cf. 'Abd-al-Wâ'hid, *l. c.*, pag. 175.

qu'elle est seule capable de ramener à leurs véritables principes, en substituant généralement une méthode scientifique et rigoureuse à la méthode dialectique, qui a fait commettre des erreurs à plusieurs philosophes de l'antiquité. Après cet exposé, Ibn-Roschd recueille dans les différents livres de la *Métaphysique* d'Aristote et dans les autres traités tout ce qui a rapport à ce sujet; il place en tête les définitions des termes employés dans cette science (le liv. V de la *Métaphysique* d'Aristote), et traite ensuite successivement de l'être en général, des catégories, de l'opposition de l'un et du multiple, des principes et de la relation des êtres avec le premier principe ou l'être absolu, des intelligences des sphères et du premier moteur, etc. Ces sujets sont traités dans quatre livres; un cinquième livre, qui ne nous est pas parvenu, traitait de la troisième partie de la science métaphysique (1).

Les ouvrages d'Aristote sur lesquels nous possédons les trois espèces de commentaires sont: les *Derniers Analytiques*, la *Physique*, le traité *du Ciel*, le traité *de l'Ame* et la *Métaphysique*. Nous en avons de deux espèces, c'est-à-dire des commentaires moyens et des paraphrases, sur les traités qui composent l'*Organon* (à l'exception des *Derniers analytiques*, qui ont trois commentaires), y compris la *Rhétorique* et la *Poétique*, et ayant en tête l'*Isagoge* de Porphyre, sur le traité *de la Génération et de la Destruction*, et sur les *Météorologiques*. Sur l'*Ethique à Nicomaque*, nous ne connaissons qu'un commentaire moyen, et le philosophe juif Joseph-ben-Schem-Tob, de Ségovie, qui, en 1455, composa un commentaire très prolixe sur l'*Ethique* (2), nous dit, dans sa préface, qu'Ibn-Roschd n'avait pas écrit de *grand* commentaire sur ce traité. En outre, nous avons des commentaires que nous devons placer dans la catégorie des

(1) Voy. les OEuvres d'Aristote avec les commentaires d'Averrhoès, édition de Venise, 1552, in-fol., t. VIII, fol. 168 *verso* et 169 *recto*.

(2) Voy. mss. hébr. de la Biblioth. imp., ancien fonds, n° 308, et Oratoire, n° 121.

paraphrases ou analyses : sur les petits traités appelés *Parva naturalia* (et qui, chez les Arabes, sont compris dans les trois livres intitulés *du Sens* et *du Sensible*) et sur les livres XI à XIX du traité *des Animaux*, c'est-à-dire sur les quatre livres du traité *les Parties des animaux*, et sur les cinq livres du traité *de la Génération des animaux* (1). Il n'existe aucun commentaire d'Ibn-Roschd sur les dix livres de l'*Histoire des animaux*, ni sur la *Politique* d'Aristote. Ibn-Roschd nous dit dans le *Post-scriptum* de son commentaire sur l'*Ethique*, écrit dans les derniers mois de l'an 572 (1177), que la traduction arabe de la *Politique* existait en Orient, mais qu'elle n'était pas parvenue en Espagne (2).

Nous devons ici combattre une erreur assez répandue, qui concerne la *Méthaphysique*. Selon Jourdain (3), les Arabes pensaient que la première partie du livre Ier de la *Métaphysique* (qui, dans la version arabe, est le second) était l'œuvre de Théophraste, et d'après cette idée, ils ne l'ont pas traduite. Nous ne connaissons pas la version arabe de la *Métaphysique* ; mais nous possédons encore la version hébraïque exactement calquée sur l'arabe. Les premiers mots du liv. II de la version hébraïque correspondent dans le texte grec à ceux-ci : Ἀμφοτέρων μέντοι τάυτας ὡς εν ὕλης εἴδει τιθέντων (4). On voit que la

(1) R. Levi ben-Gerson, qui, en 1323, écrivit un commentaire sur cette dernière *paraphrase* (mss. de la Biblioth. imp., ancien fonds, nº 351, et Oratoire, nº 138), dit expressément, à la fin de son ouvrage, qu'on ne possédait pas de *commentaire* d'Ibn-Roschd sur les neuf livres en question : ובכאן נשלם זה הביאור כפי מה שאפשר לנו לפי קצורנו עם עומק קצת מאמרי הספר הזה והעדר הביאור בהם מאבן רשד המפרש.

(2) Cf. ci-dessus, pag. 314-315.

(3) Voy. *Recherches etc.*, 2e édit., pag. 177.

(4) Voy. *Métaph.*, liv. I, chap. 5, édit. de Brandis, pag 19.— La version hébraïque du liv. II (qui est le liv. I du texte grec) commence par ces mots : הניחו התחלת כל מיני הגשמים דבר כאלו הוא מין מן מיני ההיולי. De même la version arabe-latine : *Posuerunt principium cujuslibet speciei corporum unum, quasi species materiæ.* Voy. les OEuvres d'Aristote avec les commentaires d'Averrhoès, t. VIII, fol. 3 *verso*.

version arabe commençait au milieu d'une phrase, et, par conséquent, le motif de la suppression des chapitres qui précèdent ne saurait être celui qu'indique Jourdain ; il est évident que la version arabe avait été faite sur un manuscrit grec ou syriaque incomplet. Jourdain fait entendre plus loin que les XIe, XIIIe et XIVe livres manquaient entièrement dans la version arabe, et M. Ravaisson dit également que les traductions dont se servit Averrhoès ne comprenaient pas ces trois livres[1]. Cette opinion erronée est basée sur les versions latines accompagnées du *grand* commentaire d'Ibn-Roschd ; les livres XIe XIIIe et XIVe y manquent en effet, parce qu'il n'existe pas de *grand* commentaire d'Ibn-Roschd sur ces trois livres ; mais ils se trouvent longuement expliqués dans le commentaire *moyen*, que nous possédons encore en hébreu, et Ibn-Abi-Océibi'a, à l'article *Aristote*, dit expressément, dans deux endroits, que la *Métaphysique* se compose de treize livres (ne comptant pas le livre I, qui était incomplet).

Outre ses *Commentaires sur Aristote*, Ibn-Roschd a composé un assez grand nombre de traités philosophiques plus ou moins importants, enumérés par Ibn-Abi-Océibi'a[2], qui en grande partie existent encore, et dont quelques-uns ont été publiés en latin. Nous en indiquerons ici les principaux :

1° *Tehâfot-al-Tehâfot* (Destruction de la Destruction), ou *Réfutation de la Destruction des philosophes* d'Al-Gazâli. La version hébraïque de cet ouvrage existe dans plusieurs bibliothèques, et une version latine barbare, faite sur l'hébreu, par Calo Calonymos, a été publiée plusieurs fois à Venise (1497 et

(1) Voy. Jourdain, *l. c.*, pag. 178, et Ravaison, *Essai sur la Métaphysique d'Aristote*, t. I, p. 81.

(2) Voy. l'article d'Ibn-Abi-Océibi'a, traduit en anglais par M. de Gayangos, *Al-Makkari*, t. I, Appendix, pag. XX et suiv. La traduction anglaise des titres arabes laisse beaucoup à désirer et ne donne pas toujours une idée exacte des ouvrages dont il s'agit. Une liste plus détaillée et plus exacte des ouvrages d'Ibn-Roschd a été donnée par M. Renan, *Averroes et l'Averroïsme*, pag. 49-50

1527, in-fol., et dans le dernier volume des deux éditions latines des œuvres d'Aristote avec les commentaires d'Averrhoès).

2° *Questions* ou *Dissertations sur divers passages des livres de l'Organon*, publiées en latin sous le titre de *Quæsita in libros Logicæ Aristotelis*, dans les mêmes éditions latines d'Aristote (t. I, 3e partie). Deux de ces dissertations existent encore en hébreu. L'une d'elles traite de quelques points obscurs des *Premiers analytiques*, sur lesquels les commentateurs ne sont pas d'accord. L'auteur a pour but d'expliquer : *a*) Ce qu'Aristote appelle *être dans la totalité* ou *être attribué à tout* (liv. I, ch. 1); *b*) quel est le vrai caractère des propositions absolues et des propositions nécessaires (*ib.*, ch. 2); *c*) du mélange de l'absolu et du nécessaire (*ib.*, ch. 10)(1). L'autre roule sur une difficulté que présente le chapitre 16 du livre I des *Premiers analytiques*, où Aristote traite de la combinaison du *nécessaire* et du *contingent* dans la 1re figure du syllogisme (2). La première de ces deux dissertations est datée du 15 rébi'a II, 591 (29 mars 1195), d'où il résulte qu'Ibn-Roschd écrivit ces dissertations dans les dernières années de sa vie, et au moment même où il subissait, à cause de ses écrits philosophiques, la disgrâce du roi Almançour.

3° *Dissertations physiques*, ou petits traités sur diverses questions se rattachant à la *Physique* d'Aristote. Ces opuscules roulent sur les définitions de la matière première, du mouvement et du temps, sur la substance des sphères célestes, etc. Ils existent en hébreu avec un commentaire de Moïse de Nar-

(1) Cette dissertation forme, dans la version latine, la IVe Question des *Libri Priorum*.

(2) En tête de cette dissertation, qui se trouve, ainsi que la première, dans plusieurs mss. de la Biblioth. imp., on lit ce qui suit : נמצא בסוף חבור האפשרי וההכרחי בתמונה הראשונה מביאור ההקש לאבן רשד. Dans la version latine, où cette dissertation forme la VIIIe Question des *Libri Priorum*, on lit également en marge : *Hoc quæsitum in quibusdam libris in paraphrasi Priorum invenitur in ultimo mistionis contingentis et necessarii.*

bonne, et quelques-uns ont été réunis sous le titre commun de *Sermo de substantia orbis*, dans le IXe volume des deux éditions latines d'Aristote(1) ; l'un d'eux est daté de Maroc, 574 (1178).

4° Deux dissertations sur la *conjonction* ou l'union de l'*intellect séparé* avec l'homme, ou de l'intellect *actif* avec l'intellect *passif*, considérée sous le point de vue d'Aristote et d'autres philosophes anciens (2). Ces deux dissertations se trouvent également dans le IXe volume des œuvres d'Aristote : l'une est intitulée *Epistola de connexione intellectus abstracti cum homine;* l'autre, *de Animæ beatitudine*.

5° Une autre dissertation sur la question de savoir s'il est ou non possible que l'intellect qui est en nous (ou l'intellect *hylique*) comprenne les formes séparées ou abstraites, question qu'Aristote avait promis de traiter, mais qu'il n'a abordée nulle part (3). Ce fut donc dans le but de suppléer au silence d'Aristote qu'Ibn-Roschd composa cette dissertation. Elle est restée inédite; mais nous en possédons encore la version hébraïque, intitulée *Traité de l'intellect hylique* ou *de la Possibilité de la conjonction ;* et deux philosophes juifs, Moïse de Narbonne

(1) Les *Dissertations physiques* (הדרושים הטבעיים), moins celles qui forment le traité *de Substantia orbis*, se trouvent dans le ms. hébr., n° 118 du fonds de l'Orat.; celles qui correspondent à ce dernier traité (המאמר בעצם הגלגל) se trouvent dans les n°s 96 et 122 *bis* du même fonds.

(2) Ces deux dissertations sont mentionnées à la suite l'une de l'autre par Ibn-abi-Océibi'a; voy. Gayangos, *Al-Makkari*, t. I, Append., pag. XXII, n°s XXXI et XXXII. La première se trouve en hébreu dans le ms. n° 105 du fonds de l'Oratoire ; ces deux dissertations ont été reproduites par Gerson, fils de Salomon, à la fin de son *Scha'ar ha-schamaïm*; mais la première a été supprimée dans les éditions de cet ouvrage.

(3) Cf. Ibn-abi-Océibi'a, ap. Gayangos, *l. c.*, n° XXVIII, et *ibid.*, note 44. M. de Gayangos a rendu fort inexactement le texte arabe.

et Joseph-ben-Schem-Tob, l'ont accompagnée de leurs commentaires [1]. Nous en parlerons encore plus loin.

6° Réfutation de la *Division des êtres*, établie par Ibn-Sîna [2].

7° Traité *Sur l'accord de la religion avec la philosophie*. Ce traité, traduit en hébreu, existe à la Bibliothèque impériale [3].

8° Un autre traité *Sur le vrai sens des dogmes religieux*, composé à Séville, l'an 575 de l'hégire (1179); il existe encore en arabe à la Bibliothèque de l'Escurial, sous le titre de *Voies des démonstrations pour les dogmes religieux* [4], et la Bibliothèque impériale en possède la version hébraïque [5]. — Nous reviendrons encore sur ces deux derniers traités.

Outre ces ouvrages, Ibn-abi-Océibi'a en énumère encore quelques autres qui sont perdus; tels sont : l'*Analyse de la Métaphysique de Nicolas*, c'est-à-dire, très probablement, de la *Philosophie première* de Nicolas de Damas, qui, par conséquent, existait chez les Arabes [6]; un exposé comparatif de l'*Organon*

(1) Cf. plus loin l'*Esquisse historique de la philosophie chez les Juifs*, vers la fin, où l'on trouvera l'énumération des ouvrages de Moïse de Narbonne et de Joseph ben-Schem-Tob.

(2) Voy. ci-dessus, pag. 358 et 359.

(3) Ancien fonds hébr., n° 345. La version hébraïque est intitulée ספר הבדל הנאמר במה שבין התורה והחכמה מן הדבקות *Critique de ce qui a été dit sur l'accord de la religion et de la philosophie*. Ce titre correspond exactement au titre arabe donné dans la liste d'Ibn-abi-Océibi'a au n° XXIII de la traduction de M. Gayangos, *l. c.*, pag. XXII, note 39.

(4) En arabe : *Menâhidj al-adilla fi 'akâid al-milla* (Casiri, *Biblioth. arab. hisp.*, t. I, pag. 185, col. 1, note 1). Le titre est cité un peu différemment par Ibn-abi-Océibi'a (Gayangos, *l. c.*, n° XXII et note 38), ce qui a donné lieu à l'erreur de M. Wüstenfeld, qui indique cet ouvrage deux fois sous deux titres différents (voy. *Geschichte der arabischen Ærzte*, pag. 107, n°s 17 et 18).

(5) On la trouve, avec plusieurs autres ouvrages, dans le ms. hébr. du fonds de l'Oratoire, n° 111, où elle est intitulée ספר דרכי הראיות בסברות הדת לשופט בן רשד.

(6) Ibn-Ro[illegible]d cite lui-même l'ouvrage de Nicolas, dans son

d'Aristote et de la *Logique* d'Al-Farâbi : des recherches sur diverses questions agitées dans la *Métaphysique* d'Ibn-Sina, et quelques autres écrits de moindre importance.

Si nous possédons encore la plus grande partie des ouvrages d'Ibn-Roschd, c'est aux juifs seuls que nous en sommes redevables. L'acharnement avec lequel les Almohades persécutèrent la philosophie et les philosophes n'a pas permis que les copies arabes des écrits d'Ibn-Roschd se multipliassent, et elles ont été de tout temps extrêmement rares. Scaliger pensait, au XVIe siècle, qu'il serait difficile de trouver dans toute l'Europe un seul ouvrage d'Ibn-Roschd (1). Dans la riche collection de manuscrits arabes que possède la Bibliothèque impériale, on ne trouve pas un seul des ouvrages d'Ibn-Roschd, et nous savons qu'il n'en existe qu'un très petit nombre dans quelques autres bibliothèques. Mais les ouvrages du philosophe de Cordoue, proscrits par le fanatisme des musulmans, furent accueillis avec le plus grand empressement par les savants rabbins de l'Espagne chrétienne et de la Provence ; on en fit des traductions hébraïques, qui se sont conservées dans plusieurs bibliothèques, et notamment dans celle

grand commentaire sur la Métaphysique, à la fin de l'introduction au liv. XII, où il se prononce contre l'opinion de Nicolas, qui prétendait que la philosophie première devait être exposée dans un ordre plus convenable que celui que nous trouvons dans la Métaphysique d'Aristote. Nous citons la version hébraïque (ms. du fonds de l'Orat., n° 114, fol. 140 *a*) : הנה כבר התבאר מזה המאמר .... שאין דבר שנפל על בלתי סדר כמו שנמצא ניקולאוש הדמשקי יחשוב זה בספרו ושהוא בעבור זה ביאר כפי מה שחשב שילמד זאת החכמה בסדור יותר חשוב « Il est donc clair par ce qui vient d'être dit .... qu'il n'y a (dans la Métaphysique d'Aristote) rien qui manque d'ordre, comme le prétend Nicolas de Damas *dans son livre ;* celui-ci, à cause de cela, a cru pouvoir déclarer qu'il enseignerait cette science selon un ordre plus convenable. » Cf. Ravaisson, *Essai sur la métaphysique d'Aristote*, t. I, pag. 81-82 et 92.

(1) Voy. Brucker, *Hist. crit. philos.*, t. III, pag. 104.

de Paris, qui possède presque tous les ouvrages d'Ibn-Roschd, en hébreu, et même les copies, en caractères hébraïques, de quelques-uns des originaux arabes, savoir : l'*Epitome de l'Organon* (1), les commentaires moyens du traité *de la Génération* et *de la Destruction*, des *Météorologiques*, du traité *de l'Ame* et la paraphrase des *Parva naturalia* (2). Les versions latines imprimées sont également dues en grande partie à des savants juifs; celles d'Abraham de Balmis sont assez bien écrites, et si les autres sont quelquefois peu intelligibles et même barbares, nous avons, pour les contrôler et les rectifier, les versions hébraïques, qui sont de la plus scrupuleuse exactitude. Pour celui qui sait l'arabe, elles peuvent remplacer les originaux, dont elles sont le calque fidèle.

Nous devons maintenant donner quelques détails sur ce qu'on a appelé la doctrine ou le système philosophique d'Ibn-Roschd. Lui-même ne prétendit nullement à l'honneur de fonder un système; il ne voulut être que simple commentateur d'Aristote, pour lequel il professait un véritable culte, et aux doctrines duquel, disait-il, on n'a pu rien ajouter qui fût digne d'attention. Nous rappellerons le passage que nous avons cité de la préface d'Ibn-Roschd à son grand commentaire sur *la physique* (3); il nous serait facile d'y joindre plusieurs autres citations analogues (4), mais nous nous bornerons ici à

(1) Voy. ms. hébr., n° 303, de l'ancien fonds. Ce manuscrit renferme l'original arabe de l'Abrégé de l'Organon avec la traduction hébraïque en regard.

(2) Ces différents ouvrages se trouvent dans le ms. hébr., n° 317, de l'ancien fonds ; c'est une magnifique copie sur vélin faite, au commencement du XVe siècle, pour un illustre personnage juif de Saragosse, Don Benveniste ben-Labi.

(3) Voy. ci-dessus, pag. 316.

(4) Dans son commentaire moyen sur les *Météorologiques* (liv. III, chap. 3), Ibn-Roschd s'exprime presque dans les mêmes termes qu'au commencement de la *Physique*, en excusant Aristote de n'avoir point allégué de démonstrations mathématiques rigoureuses pour les phénomènes dont il parle, et qui sont du domaine

une seule : vers la fin du XVe livre de la paraphrase des traités *des Animaux* (ou liv. I du traité *de la Génération des animaux*), il s'exprime en ces termes : « Nous adressons des louanges sans fin à celui qui a distingué cet homme (Aristote) par la perfection, et qui l'a placé seul au plus haut degré de la supériorité humaine, auquel aucun homme, dans aucun siècle, n'a pu arriver ; c'est à lui que Dieu a fait allusion, en disant : *Cette supériorité, Dieu l'accorde à qui il veut*[1]. » Il est évident qu'avec une foi aussi exclusive et aussi absolue dans le génie du philosophe grec, Ibn-Roschd n'a pu avoir la prétention de présenter un système nouveau, ou même de modifier en quoi que ce soit la doctrine de son maître. Cependant, comme les autres philosophes arabes, Ibn-Roschd a vu les doctrines d'Aristote par le prisme des commentateurs néoplatoniciens, et, par là, il a apporté des modifications notables dans le système péripatéticien. Il y a en outre, dans la doctrine d'Aristote, une foule de points obscurs, sur lesquels les anciens commentateurs ne sont pas d'accord, ou qu'ils n'ont pas essayé d'expliquer; et, en prétendant démêler la véritable opinion d'Aristote, Ibn-Roschd est arrivé quelquefois, sans le vouloir, à établir des doctrines qui lui appartiennent en propre, qui portent un cachet particulier et qui peuvent prétendre à une certaine originalité.

Il faut user d'une grande circonspection, en cherchant à démêler, dans les commentaires d'Ibn-Roschd, les doctrines particulières de ce philosophe. Souvent il n'a fait que repro-

de l'optique. Le passage auquel nous faisons allusion a été reproduit en hébreu par Ibn-Falaquéra, dans le *Moré ha-Moré*, liv. II, chap. 22 (pag. 109).

(1) Le texte hébreu porte : זה העלוי האל יביאהו למי שירצה. Il est fait allusion sans doute à plusieurs passages du Koran, où on lit un peu différemment : *C'est la grâce de Dieu* (فضل الله) ; *il l'accorde à qui il veut*. Voy. le Koran, V, 59 ; LVII, 21 ; LXII, 4. Le mot فضل, qui a ici le sens de *grâce* ou de *bonté*, signifie aussi *excellence*, *supériorité*.

duire les opinions des autres commentateurs, et même celles qu'il n'admettait pas lui-même et qu'il se proposait de réfuter ultérieurement, sans qu'il ait jugé convenable de nous en avertir immédiatement. Nous invoquons à cet égard son propre témoignage, que nous trouvons à la fin de son commentaire moyen sur la *Physique* (dont les trois premiers livres seulement ont été publiés en latin) : « Ce que nous avons écrit sur ces sujets, dit-il, nous ne l'avons fait que pour en donner l'interprétation dans le sens des péripatéticiens, afin d'en faciliter l'intelligence à ceux qui désirent connaître ces choses, et notre but a été le même que celui d'Abou-Hâmed dans son livre *Makâcid;* car, lorsqu'on n'approfondit pas les opinions des hommes dans leur origine, on ne saurait reconnaître les erreurs qui leur sont attribuées, ni les distinguer de ce qui est vrai [(1)]. »

Nous pourrions citer plusieurs autres passages de ses commentaires, qui prouvent qu'Ibn-Roschd a quelquefois changé d'avis, et que dans ses commentaires, il rétracte çà et là les opinions qu'il avait émises dans les paraphrases. Voici, par exemple, comme il s'exprime dans un *Post-scriptum* que, après avoir écrit ses commentaires sur le traité *de l'Ame*, il crut devoir ajouter, vers la fin de sa *Paraphrase* du même traité, au chapitre qui traite de la *faculté rationnelle* (et où il avait professé sur l'*intellect hylique* une opinion autre que celle qu'il adopta plus tard et que nous exposerons plus loin) : « Ce que, dit-il, j'ai exposé ici sur l'*intellect hylique*, c'est mon opinion d'autrefois; mais après avoir plus profondément étudié les paroles d'Aristote, il m'a semblé que l'intellect hylique, considéré comme une substance recevant une *faculté*, ne saurait

(1) Voici la version hébraïque de ce passage :
ומה שכתבנו מאלו הענינים אמנם כתבנוהו על צד הביאור לדעת המשאיים לעמוד על זה מי שירצה לעמוד עליו בקלות כמו שכוון בזה אבוחאמד בספרו בכונות כי האדם כאשר לא יעמיק בסברות האנשים על תולדותם לא ידע הטעות המיוחס אליהם ולא יכירהו מהנבינה .

être, sous aucun rapport, une chose *en acte*, c'est-à-dire une forme quelconque ; car, s'il en était ainsi, il ne recevrait pas toutes les formes... C'est l'opinion exprimée d'abord par Abou-Becr ibn-al-Çayeg qui nous a induit en erreur (1). » Il ajoute ensuite que celui qui veut connaître sa véritable opinion devra recourir à ses Commentaires sur le traité *de l'Ame ;* mais que néanmoins il n'a pas cru devoir supprimer ce qu'il avait dit dans la paraphrase, parce que beaucoup de savants avaient déjà cité sa première opinion, et parce qu'il s'agit d'interpréter une opinion d'Aristote qui peut paraître douteuse.

Le caractère général de la doctrine d'Ibn-Roschd est le même que celui que nous remarquons chez les autres philosophes arabes. C'est la doctrine d'Aristote modifiée par l'influence de certaines théories néoplatoniciennes. En introduisant dans la doctrine péripatéticienne l'hypothèse des *intelligences des sphères*, placées entre le premier moteur et le monde, et en admettant une émanation universelle par laquelle le mouvement se communique de proche en proche à toutes les parties de l'univers jusqu'au monde sublunaire, les philosophes arabes croyaient sans doute faire disparaître le dualisme de la doctrine d'Aristote et combler l'abîme qui sépare l'*énergie pure*, ou Dieu, de la matière première (2). Ibn-Roschd admet ces hypothèses dans toute leur étendue. Le ciel est considéré par lui comme un être animé et organique, qui ne naît ni ne périt, et dont la matière même est supérieure

(1) Nous citons ce passage d'après la version hébraïque (fonds de l'Oratoire, nº 93, fol. 498 *b*) : זה אשר זכרתי אותו בשכל ההיולאני הוא כבר נראה לי לפנים וכאשר הגדלתי החקירה מדברי ארסטו נראה לי כי השכל ההיולאני אי אפשר שיהיה העצם המקבל לכח אשר בו דבר בפעל כלל ר"ל צורה מן הצורות כי הוא אלו היה זה לא היה מקבל כל הצורות.... ואולם הוא תחלת מה שאמרו אבובכר בן אלצאיג והטענו וכו׳ Cf. Moïse de Narbonne, *Commentaire sur le Moré Nebouklîm*, liv. I, chap. 68 (édit. de M. Goldenthal, fol. 13 *a*), et ci-après, pag. 445 et suiv.

(2) Voy. ci-dessus, pag. 330 et suiv.

a celle des choses sublunaires; il communique à celles-ci le mouvement qui lui vient de la cause première et du désir qui l'attire lui-même vers le premier moteur. La matière, qui est éternelle, est caractérisée par Ibn-Roschd avec plus de précision encore qu'elle ne l'a été par Aristote; elle est non-seulement la faculté de tout devenir par la forme qui vient du dehors, mais la forme elle-même est virtuellement dans la matière, et le premier moteur l'en fait sortir et se manifester; car, si elle était produite seulement par la cause première, et sans qu'elle existât déjà en germe dans la matière, ce serait là une création *ex nihilo*, qu'Ibn-Roschd n'admet pas plus qu'Aristote (1).

Le lien qui rattache l'homme au ciel et à Dieu le fait participer, jusqu'à un certain point, à la science supérieure, principe de l'ordre universel. C'est par la science seule, et non par une vide contemplation, que nous pouvons arriver à saisir l'être, et, sous ce rapport, Ibn-Roschd est encore plus absolu qu'Ibn-Badjâ; les œuvres n'ont pas pour lui la même valeur que leur attribuait ce dernier, et les idées morales ne jouent dans la doctrine d'Ibn-Roschd qu'un rôle fort secondaire.

Si la doctrine d'Ibn-Roschd, sous tous ces rapports, est plus ou moins conforme à celle des autres péripatéticiens arabes, sa théorie de l'intellect a un caractère distinct que nous devons faire ressortir plus particulièrement, tant à cause du cachet assez original que porte cette théorie qu'à cause de la sensation qu'elle fit, au XIIIe siècle, parmi les théologiens chrétiens. En expliquant, dans la doctrine d'Aristote, la théorie des

(1) Voy. le grand commentaire sur la *Métaphysique*, liv. XII, (OEuvres d'Aristote avec les commentaires d'Averrhoès, édit. in-fol., t. VIII, fol. 143, col. 3) : « Istæ autem proportiones et virtutes, quæ fiunt in elementis a motibus solis et aliarum stellarum, sunt hæ, quas reputat Plato esse formas, et eas intendit; sed longe respiciebat eas, quapropter dicit formas esse. Aristoteles autem sustentatur super hoc, scilicet *quod agens non invenit formam, creando eam; quoniam, si creasset eam, tunc aliquid fieret ex nihilo, etc.* »

deux intellects, l'un actif, l'autre passif, il établit, après avoir discuté les opinions des autres commentateurs, une théorie particulière, qu'il soutient être en réalité celle d'Aristote. Nous laisserons parler Ibn-Roschd lui-même, en citant quelques passages de son commentaire *moyen* sur le traité *de l'Ame*, qui est resté inédit, mais dont nous possédons encore l'original arabe (1).

« Il faut donc, disons-nous, que cette faculté qui reçoit l'impression des choses intelligibles soit entièrement impassible (ἀπαθής), c'est-à-dire qu'elle ne reçoive pas le changement qui arrive aux autres facultés passives à cause de leur mélange avec le sujet (ὑποκείμενον) dans lequel elles se trouvent. Il faut qu'elle n'ait d'autre passiveté que la perception seule, et qu'elle soit en puissance semblable à la chose qu'elle perçoit, mais non pas la chose même. On peut se figurer cette faculté par voie de comparaison : c'est la faculté qui est aux choses intelligibles comme le sens aux choses sensibles, avec cette différence que la faculté qui reçoit l'impression des choses sensibles est mêlée en quelque sorte au sujet dans lequel elle se trouve ; l'autre, au contraire, doit être absolument libre de tout mélange avec une forme matérielle quelconque. En effet, puisque cette faculté qu'on appelle *l'intellect hylique* pense toutes les choses, c'est-à-dire perçoit les formes de toutes les choses, il faut qu'elle ne soit mêlée à aucune forme, c'est-à-dire qu'elle ne soit point mêlée au sujet dans lequel elle se trouve, comme les autres facultés matérielles ; car, si elle était mêlée à une forme quelconque, il en résulterait de deux choses l'une : ou bien la forme du sujet auquel cette faculté serait mêlée deviendrait un obstacle aux formes que cette même faculté doit percevoir, ou bien elle changerait les formes perçues ; et, s'il en était ainsi, les formes des choses n'existeraient plus dans l'intellect telles qu'elles sont, mais

(1) Il se trouve transcrit en caractères hébraïques dans le manuscrit hébreu, n° 317, de l'ancien fonds de la Biblioth. imp. ; les passages que nous traduisons ici se trouvent fol. 143 *b* à 145 *a*.

elles seraient changées en d'autres formes qui ne seraient plus les formes des choses. Or, comme il est dans la nature de l'intellect de percevoir les formes des choses de manière que leur nature reste sauve, il faut nécessairement que ce soit une faculté qui n'est mêlée à aucune forme.... Puis donc qu'il en est ainsi de l'intellect, sa nature ne peut être que celle d'une simple *disposition :* je veux dire que l'intellect en puissance est une simple disposition et non pas quelque chose dans quoi se trouverait la disposition. A la vérité, cette disposition se trouve dans un sujet ; mais, comme elle ne se mêle pas à lui, son sujet n'est pas lui-même intellect en puissance. C'est l'opposé dans les autres facultés (appelées) hyliques ; je veux dire que leur sujet est une substance, soit composée de forme et de matière, soit simple, ce qui serait la matière première. Tel est le sens de l'intellect passif dans la doctrine d'Aristote, selon l'interprétation d'Alexandre (d'Aphrodisias). »

Ibn-Roschd expose ensuite l'opinion de Themistius et de quelques autres commentateurs, qui soutiennent que, puisque l'intellect *passif* ou *hylique* doit, selon Aristote, être *sans mélange* avec les autres facultés de l'âme, il faut que ce soit une disposition ayant pour *substratum* une substance séparée des autres facultés. En effet, disent-ils, si l'*intellect en puissance* n'était qu'une simple disposition se rattachant aux autres facultés de l'âme, il aurait pour *substratum* quelque chose qui appartiendrait à un autre *genre* que lui-même ; mais ce qui est prédisposé à percevoir les choses intelligibles ne peut être lui-même qu'un *intellect*. Puis, Ibn-Roschd continue en ces termes :

« Et lorsqu'on tient compte des éléments douteux que renferment ces opinions, il devient manifeste que l'intellect est, sous un rapport, une disposition dépouillée des formes hyliques, comme le dit Alexandre, et, sous un autre rapport, une *substance séparée* revêtue de cette disposition. Je veux dire que cette disposition qui se trouve dans l'homme est une chose qui s'attache à la *substance séparée*, parce que celle-ci est jointe à l'homme ; mais que la disposition n'est ni une chose inhérente à la nature de cette substance séparée, comme l'ont pensé les commentateurs, ni une pure disposition, comme l'a pensé Alexandre. Ce qui prouve d'ailleurs que ce n'est pas une pure disposition, c'est que l'intellect hylique peut concevoir cette disposition vide de formes, tout en percevant les formes; il faudrait donc qu'il pût percevoir le non-être, puisqu'il peut se percevoir lui-même vide de formes. Par conséquent, la chose qui perçoit cette disposition et les formes qui lui surviennent doivent être nécessairement quelque chose en dehors de la disposition. Il est donc clair que l'intellect hylique est une chose composée de la disposition qui existe en nous et d'un intellect qui se joint à cette disposition, et qui, en tant qu'il y est joint, est un intellect *prédisposé* (en puissance), et non pas un intellect *en acte;* mais qui est intellect en acte, en tant qu'il n'est plus joint à la disposition. Cet intellect est lui-même l'*intellect actif*, dont l'être sera encore expliqué plus loin. C'est que, en tant qu'il est joint à cette disposition, il faut qu'il soit intellect en puissance, ne pouvant pas se percevoir lui-même, mais pouvant percevoir ce qui n'est pas lui, c'est-à-dire les choses hyliques. Mais, en tant qu'il n'est pas joint à la disposition, il faut qu'il soit intellect en acte, se percevant lui-même et ne percevant pas ce qui est (au dehors), c'est-à-dire les choses hyliques. Nous expliquerons cela clairement plus loin, après avoir montré qu'il y a dans notre âme deux espèces d'action : l'une, celle de *faire* les (formes) intelligibles; l'autre, celle de les *recevoir*. En tant qu'il (l'intellect) fait les formes intelligibles, on l'appelle *actif*, et en tant qu'il les reçoit, on l'appelle *passif;* mais ce n'est qu'une seule et même chose. Par ce que nous venons de dire, vous connaîtrez les deux opinions sur l'intellect hylique, savoir celle d'Alexandre et celle des autres (commentateurs); et vous reconnaîtrez aussi que l'opinion véritable, celle d'Aristote, est la réunion des deux opinions, ainsi que nous l'avons exposé; car, par notre hypothèse, nous évitons de faire d'une chose qui est une substance séparée une espèce de disposition (comme l'ont fait les commentateurs), puisque nous supposons que la disposition s'y trouve, non pas par la nature (de la substance), mais parce qu'elle (la substance) est jointe à une autre substance où ladite disposition se trouve essentiellement, et qui est l'homme. En posant ensuite qu'il y a une chose que cette disposition touche d'une manière accidentelle, nous évitons de faire de l'intellect en puissance une simple disposition (comme l'a fait Alexandre). »

L'intellect qui se joint à la disposition qui est en nous, pour former l'intellect *en acte* ou l'intellect actif individuel et ce qu'on appelle *l'intellect acquis*, est lui-même l'émanation de l'intellect actif universel, dans lequel les philosophes arabes ont vu une des intelligences des sphères célestes, et qu'ils ont mis en rapport avec la sphère de la lune, la plus rapprochée de notre globe et qui est le plus directement en rapport avec notre nature. C'est à tort qu'on a considéré cette doctrine comme étant particulière à Ibn-Roschd ; elle est généralement admise par les philosophes arabes les plus anciens (1).

Pour mieux faire connaître les doctrines d'Ibn-Roschd à l'égard des divers intellects et de l'union finale de l'intellect humain avec l'intellect universel, nous devons nous appuyer surtout sur un traité inédit dont nous avons déjà parlé plus haut (2), en énumérant les traités particuliers d'Ibn-Roschd. Dans cet écrit, Ibn-Roschd se propose de rechercher s'il est ou non possible que l'intellect qui est en nous, c'est-à-dire l'intellect hylique ou passif, devenu intellect en acte, comprenne les formes ou substances séparées, ou, en d'autres termes, s'il lui est possible dans cette vie de s'identifier avec l'intellect actif universel. Cette question, dit Ibn-Roschd, Aris-

(1) Voy. ci-dessus, pag. 332.

(2) Voy. ci-dessus, pag. 437, n° 5. — Le traité dont nous parlons n'existe que dans une version hébraïque (mss. hébr. de la Biblioth. imp., ancien fonds, n° 326, et fonds de l'Oratoire, n° 96). Le traité latin dont M. Renan a publié un fragment (*Averroès et l'Averroïsme*, pag. 347) n'est point la version de notre traité, comme l'a cru ce savant (*ibid.*, pag. 50, n° 5).

tote avait promis, dans son traité *de l'Ame*, de la traiter plus tard ; mais elle ne reparaît nulle part dans les écrits qui nous restent d'Aristote. Le passage auquel Ibn-Roschd fait allusion se trouve au liv. III, ch. 7, du traité *de l'Ame*, où Aristote traite de la faculté d'abstraire que possède l'intellect ; il est conçu en ces termes (1) : « En résumé, l'intelligence en acte est les choses, quand elle les pense. Nous verrons plus tard s'il est ou non possible que, sans être elle-même séparée de l'étendue, elle pense quelque chose qui en soit séparé. »

Nous n'avons pas à nous occuper ici de ce qu'Aristote lui-même a entendu par τὰ κεχωρισμένα ; il est certain que les commentateurs arabes, ainsi que les scolastiques, entendaient par là les esprits supérieurs, soit les anges, soit, ce qui pour les philosophes était la même chose, les intelligences des sphères et particulièrement celle qui préside à l'orbite de la lune, et qui est l'intellect actif. « Substantiæ enim separatæ, dit saint Thomas d'Aquin (2), dicuntur angeli et dæmones, in quorum societatem deputantur animæ hominum separatæ bonorum vel malorum, etc. » Albert le Grand, en parlant des *substances séparées*, s'exprime ainsi (3) : « Et ideo quæ (substantia) nec dividitur divisione corporis, nec movetur motu corporis, nec operatur instrumentis corporis, illa separata est, non per locum, sed a corporalis materiæ quantumcunque simplicis obligatione. Hæc autem omnia competunt substantiis cœlorum, etc. » Saint Thomas, en traitant la même question qu'Ibn-Roschd (qu'il a résolue dans le sens contraire), la rattache expressément, comme Ibn-Roschd, au passage du traité *de l'Ame* que nous avons cité (4) : « Hanc quæstionem Aristoteles promisit se determinaturum in tertio *de Anima*, licet non

(1) Traduction de M. B. Saint-Hilaire, pag. 319 et 320.

(2) Voy. *Quæstiones disputatæ*, *de Anima*, art. 17 (édit. de Lyon, fol. 164 *b*).

(3) Voy. *Parva naturalia*, *de Motibus animalium*, lib. I, tr. I, cap. 4.

(4) *L. c.*, art. 16 (fol. 163 *b*).

inveniatur determinata ab ipso in libris ejus qui ad nos pervenerunt. »

Nous résumerons maintenant, autant que le permettent les limites dans lesquelles nous devons nous renfermer, le traité qui nous montrera à son point culminant ce qu'on peut appeler le *système* d'Ibn-Roschd.

Notre philosophe commence par rappeler la division des facultés de l'âme et leurs rapports mutuels. Après avoir démontré, par divers arguments, qu'il doit exister un lien entre l'intellect *séparé* et l'intellect humain, comme entre la forme et son *substratum*, il soutient qu'il faut que ce soit l'intellect *en acte*, ou, comme dit l'auteur, l'intellect *en capacité* (1), qui perçoive l'intellect actif universel; car, si c'était celui-ci qui perçût l'intellect en acte, l'intellect humain et individuel, il y aurait en lui, par cette perception, un accident nouveau. Or, une substance éternelle, comme l'intellect actif universel, ne

(1) La version hébraïque porte השכל אשר בקנין, mots qui correspondent au terme arabe العقل بالملكة, qui désigne l'intellect en acte, devenu une véritable propriété de l'âme, une *habitude* ou *capacité* (ἕξις), et avant qu'il soit parvenu au degré d'*intellect acquis*. Sur le sens du mot ملكة, correspondant au mot grec ἕξις, voy. ma traduction du *Guide des Égarés*, t. I, pag. 195, notes 1 et 2; et sur le terme qui nous occupe ici, voy. *ibid.*, pag. 306, note, et Silv. de Sacy, *Chrestomathie arabe*, t. III, pag. 489. Ibn-Roschd emploie ce terme à peu près comme synonyme de celui d'*intellect en acte*. Dans sa paraphrase du traité *de l'Ame*, au chapitre qui traite de la faculté rationnelle, il distingue trois espèces d'intellect, savoir : l'intellect passif ou hylique, l'intellect *en habitude* ou *en capacité*, et l'intellect actif; voici comment il s'exprime sur le deuxième de ces intellects (vers. hébr.) : והשכל אשר בקנין הוא המושכלות המגיעות בפעל בו כאשר שבו בדרך יצייר בהם האדם כאשר ירצה כענין המלמד כאשר לא ילמד והוא אמנם יגיע בפעל על שלמותו האחרון « L'*intellect en capacité* est les choses intelligibles qu'il possède en acte, quand celles-ci sont arrivées à tel point que l'homme les conçoit toutes les fois qu'il veut, comme il en est du précepteur lorsqu'il n'enseigne pas; c'est (l'intellect) qui est arrivé *en acte* à sa dernière perfec-

peut être sujette à des accidents nouveaux ; il faut donc que ce soit l'intellect humain qui perçoive l'intellect universel, c'est-à-dire qu'il faut que l'intellect humain puisse s'élever à l'intellect universel et s'identifier, en quelque sorte, avec lui, tout en restant un être périssable. C'est que l'élément périssable (l'intellect *en acte*) s'efface alors ; car, au moment où l'intellect en acte est attiré par l'intellect actif universel, il faut que celui-ci agisse sur l'homme d'une autre manière que la première fois, lors de la réunion des deux intellects ; et lorsque l'intellect en acte monte, il s'efface et se perd entièrement, et il ne reste, pour ainsi dire, que la table rase de l'intellect passif, lequel, n'étant déterminé par aucune forme, peut percevoir toutes les formes. Il naît alors en lui une seconde disposition, pour lui faire percevoir l'intellect actif universel.

Si l'on demande à Ibn-Roschd : « Pourquoi tous ces détours ? Pourquoi la première disposition que vous appelez l'intellect passif, ou *hylique*, ne se joint-elle pas de prime abord à l'intellect universel ? » il répondra : L'intellect actif exerce deux actions diverses sur l'intellect *hylique :* l'une a lieu tant que l'intellect hylique n'a pas perfectionné son être, tant qu'il n'a pas passé à l'entéléchie en recevant les formes intelligibles ; l'autre consiste à attirer vers lui l'intellect *en acte*. Or, si cette seconde action pouvait s'exercer de prime abord, l'intellect en acte n'existerait point, et cependant il est une condition nécessaire de notre existence intellectuelle. Il naît donc par la première action de l'intellect actif ; mais il s'efface, lorsque nous devons arriver à la connaissance de l'intellect actif universel ; car la forme plus forte fait disparaître la forme plus faible. C'est ainsi que

tion. » Voy. ms. hébr. du fonds de l'Oratoire, n° 93, fol. 497 *b*. — Nous nous servirons ici du terme plus usuel d'*intellect en acte*. Dans le *Dictionnaire des sciences philosophiques*, je me suis exprimé ici d'une manière inexacte en confondant le terme hébreu השכל אשר בקנין (intellect *en capacité*) avec celui de השכל הנקנה (intellect *acquis*) ; ce dernier correspond au terme arabe العقل المستفاد.

la sensibilité est une condition essentielle de l'existence de l'imagination; cependant, lorsque celle-ci prend le dessus, la sensation disparaît; car l'imagination ne produit son effet que lorsque les sens se sont en quelque sorte effacés, comme par exemple dans les visions.

Du reste, la seconde des deux actions dont nous venons de parler résulte de la nature des deux intellects : de même que le feu, lorsqu'il est approché d'un objet combustible, brûle cet objet et le transforme, de même l'intellect actif universel agit sur l'intellect hylique, lorsque déjà, par sa première action, il en a fait *l'intellect en acte.* Ou bien alors l'intellect actif agit directement, pour attirer vers lui l'intellect en acte, ou bien il le fait par un intermédiaire qu'on appelle l'intellect *acquis* ou *émané* (1). Cette dernière hypothèse, Ibn-Roschd la propose sans la juger nécessaire; selon lui, l'intellect *acquis* doit être identifié avec l'intellect *actif*; l'intellect *séparé* et universel s'appelle *actif* en tant qu'il met en mouvement l'intellect hylique, et il s'appelle *acquis* ou *émané* en tant qu'il s'unit avec l'intellect hylique et que celui-ci le reçoit.—L'intellect hylique, ajoute Ibn-Roschd, ressemble beaucoup aux âmes des corps célestes, en ce qu'il n'a aucune forme déterminée; car l'âme et la vie de ces corps ne sont autre chose que le désir du mouvement qu'ils reçoivent de leur forme ou intelligence respective; mais il y a cette différence entre les corps célestes et l'homme, que chez les premiers l'impulsion est éternelle, tandis que chez l'homme elle est périssable.

La faculté d'arriver à ce dernier degré de perfection, c'est-à-dire de s'identifier complétement avec l'intellect actif universel et de percevoir par lui les autres intelligences séparées, n'est pas la même chez tous les hommes; elle dépend de trois choses, savoir : de la force primitive de l'intellect *hylique* (qui, à son tour, dépendra de la force de l'imagination), de la perfection de l'intellect en acte, qui demande des efforts spéculatifs, et de l'infusion plus ou moins prompte de la forme desti-

(1) Voy. mes notes au *Guide des Egarés*, pag. 306 et 307.

née à transformer l'intellect en acte. Par cette dernière condition, Ibn-Roschd paraît entendre une espèce de secours surnaturel, qui vient de la grâce divine, et qu'Ibn-Bâdja, comme on l'a vu, fait également intervenir dans la *conjonction* ou l'*union*.

Ibn-Roschd fait entendre ici, dans un langage assez obscur, que, dans la *conjonction*, non-seulement tout ce qu'il y a de personnel dans l'homme, mais aussi l'intellect actif lui-même, s'efface en s'unissant à Dieu, le seul être véritable, qui est d'une unité absolue. Lors donc, dit-il, que l'intellect *en capacité* ou *en acte* a été détruit, les autres facultés de l'âme sont également détruites; car il en est des différentes formes comme de différentes flammes, je veux dire que la plus forte fait disparaître la plus faible. C'est à cela que Dieu a fait allusion, en disant: « Tu ne saurais me voir; mais regarde vers la montagne, et quand elle sera fixe à sa place, alors tu me verras. *Et lorsque Dieu apparut sur la montagne, il la réduisit en poussière, et Moïse tomba évanoui*[1]. » Il faut donc, ajoute Ibn-Roschd, méditer sur le véritable être; car il n'y a dans l'être

(1) Voy. le Koran, chap. VII, vers. 139. — Nous avons suivi le texte arabe du Koran; car, dans la version hébraïque de la dissertation d'Ibn-Roschd, ce verset a été rendu fort inexactement en ces termes : לא תראה אותי אבל עיין אל הבריאה ואם יחופש מקומו בסוף תראני וכאשר נגלה אליו השם בהר דקדק בענין « Tu ne saurais me voir, mais contemple la création; et lorsque sa place aura été cherchée, tu finiras par me voir. Et lorsque Dieu lui apparut sur la montagne, il examina la chose. » Le commentateur Moïse de Narbonne raisonne à perte de vue sur cette traduction peu intelligible. Le sens allégorique que, selon lui, Ibn-Roschd a trouvé dans ce verset est celui-ci : l'intellect hylique ne saurait de prime abord percevoir l'intellect actif; mais il faut d'abord qu'il passe à l'entéléchie, en devenant intellect en acte. Lorsque l'intellect en acte aura été effacé par la seconde action de l'intellect actif, alors seulement tu me verras. — D'après cela, le suffixe masculin dans מקומו, *sa place*, se rapporterait à l'intellect en acte, qui s'efface et dont on ne trouve plus la trace.

que Dieu seul; c'est lui qui fait exister tout ce qui existe, et c'est là l'*unité de Dieu*, contrairement à ce qu'ont dit ceux qui sont dans l'erreur, à savoir que le Messie est le fils de Dieu et que la divinité est sortie d'une femme, etc.

En somme, on n'arrive à la perfection finale que par l'étude et la spéculation, et en abandonnant tous les désirs qui se rattachent aux facultés inférieures de l'âme et notamment à la sensation. Il faut avant tout perfectionner *l'intellect spéculatif* (1); ceux-là sont dans une grande erreur, qui, comme les Çoufis, s'imaginent qu'on peut y arriver sans étude par une méditation stérile et par une vide contemplation.

Ce bonheur de la plus haute intelligence métaphysique n'arrive à l'homme que dans cette vie, par l'étude et les œuvres à la fois; celui à qui il n'est pas donné d'y arriver dans cette vie, retourne après sa mort au néant ou bien à des tourments éternels; car, ajoute Ibn-Roschd, la destruction de l'âme est une chose très dure. Il y en a qui ont fait de l'intellect hylique ou passif une substance individuelle, qui ne naît ni ne périt; ceux-là peuvent admettre, à plus forte raison, la possibilité de l'union des deux intellects; car ce qui est éternel peut comprendre l'éternel. Ibn-Roschd n'achève pas sa pensée; il est évident que, n'ayant pas fait de l'intellect hylique une substance individuelle, mais une simple disposition qui naît et périt avec l'homme, il n'y a, dans son opinion, rien d'éternel que l'intellect universel. L'homme, par la *conjonction*, ne gagne rien individuellement qui aille au delà des limites de cette existence terrestre, et la permanence de l'âme

(1) C'est le νοῦς θεωρητικός d'Aristote opposé au νοῦς πρακτικός, *intellect pratique* (voy. Aristote, Traité *de l'Ame*, liv. III, ch. 10). L'intellect pratique, dit Ibn-Roschd ailleurs, est commun à tous les hommes; tous le possèdent, les uns plus, les autres moins, tandis que l'intellect spéculatif est une faculté divine qui ne se trouve que dans certains hommes (Voy. la paraphrase du Traité *de l'Ame*, *l. c.*, fol. 494 *a*, et cf. *Moré ha-Moré*, III, 18, pag. 130). Ce dernier, qui seul a pour objet la science, ne peut être perfectionné que par l'étude et les efforts spéculatifs.

individuelle est une chimère [1]. Les notions générales qui émanent de l'intellect universel sont impérissables dans l'humanité tout entière; mais il ne reste rien de l'intelligence individuelle qui les reçoit.

On sait quelle sensation fit cette doctrine d'Ibn-Roschd parmi les théologiens chrétiens du XIIIe siècle. Albert le Grand et saint Thomas crurent devoir réfuter le philosophe arabe par des écrits particuliers [2]. Les disputes entre les averrhoïstes et les orthodoxes continuèrent jusqu'au XVIe siècle, et le pape Léon X se vit obligé de lancer une bulle contre les partisans du philosophe arabe [3].

Malgré ses opinions philosophiques, si peu d'accord avec ses croyances religieuses, Ibn-Roschd tenait à passer pour bon musulman. Selon lui, les vérités philosophiques sont le but le plus élevé que l'homme puisse atteindre [4]; mais il n'y a

(1) Ibn-Roschd se prononce à cet égard de la manière la plus explicite dans sa *Destruction de la Destruction*. Voy. ma traduction *du Guide des Égarés* de Maïmonide, t. I, pag. 434, note 4.

(2) L'opuscule d'Albert porte le titre suivant : *Libellus contra eos qui dicunt quod post separationem ex omnibus animabus non remanet nisi intellectus unus et anima una*. Voy. Alberti Opera, édit. de Jammy, t. V, pag. 218 et suiv. Albert traite encore la même question dans sa *Summa theologiæ*, pars II, tract. XIII, quæst. 78, membr. 3 (opp., t. XVIII, pag. 379 et suiv.). — L'écrit de saint Thomas est intitulé : Opusculum *de Unitate intellectus contra averroistas* (opera omnia, édit. de Rome, t. XVII, fol. 100).

(3) Voy. Brucker, *Hist. crit. philos.*, t. IV, pag. 62 et suiv.— Il est en dehors de notre mission de traiter l'histoire de l'averrhoïsme dans les écoles des scolastiques ; nous ne pouvons que renvoyer au savant ouvrage de M. Renan, où ce sujet a été traité de main de maître. Voy. *Averroes et l'Averroïsme*, pag. 158 et suiv.

(4) Ibn-Roschd se prononce à cet égard, avec la plus grande franchise, dans un passage remarquable de son grand commentaire sur la Métaphysique, liv. I (II), chap. 1, § 2. Après avoir dit que la reconnaissance qu'Aristote témoigne pour ses prédécesseurs, nous la devons à plus forte raison à lui, qui a porté la science philosophique à son apogée, il ajoute que nous ne saurions mieux nous

que peu d'hommes qui puissent y parvenir par la spéculation, et les révélations prophétiques étaient nécessaires pour répandre parmi les hommes les vérités éternelles, également proclamées par la religion et par la philosophie. Nous devons tous, dans notre jeunesse, nous laisser guider par la religion et suivre strictement ses préceptes; et si, plus tard, nous arrivons à comprendre les hautes vérités de la religion par la voie de la spéculation, nous ne devons pas dédaigner les doctrines et les préceptes dans lesquels nous avons été élevés. Il se prononce en ce sens dans plusieurs endroits de ses écrits, et notamment à la fin de sa Réfutation de la *Destruction* d'Al-Gazâli. On a vu plus haut qu'Ibn-Roschd composa deux traités particuliers dans lesquels il chercha à démontrer que la religion et la philosophie enseignaient les mêmes vérités (1). Dans l'un, il établit, par plusieurs versets du *Korân*, que la religion elle-même commande la recherche de la vérité par le moyen de la science, que la religion enseigne ses hautes vérités d'une manière populaire, accessible à tous les hommes, mais que le philosophe seul est capable de saisir le vrai sens des doctrines religieuses par le moyen de l'interprétation, tandis que le vulgaire s'arrête au sens littéral; dans l'autre, il développe lui-même le vrai sens des dogmes religieux, après avoir montré d'abord que les sectes qui se partageaient alors le monde

acquitter de ce devoir qu'en étudiant ses ouvrages et en les expliquant à tout le monde. « En effet, dit-il, la religion particulière aux philosophes, c'est d'approfondir l'étude de tout ce qui est; car on ne saurait rendre à Dieu un culte plus sublime que celui de la connaissance de ses œuvres, qui nous conduit à le connaître lui-même dans toute sa réalité. C'est là à ses yeux la plus noble des actions, tandis que c'est l'action la plus vile de taxer d'erreur et de vaine présomption celui qui lui consacre ce culte, plus noble que tous les autres cultes, et qui l'adore par cette religion, la meilleure de toutes les religons. » Ce passage, que nous rendons d'après la version hébraïque, a été supprimé dans la version latine imprimée (voy. édit. in-fol., t. VIII, fol. 14, col. 3).

(1) Ce sont le 7e et le 8e des traités que nous avons énumérés ci-dessus, pag. 438.

musulman, savoir les *Asch'ariyya*, les *Mo'tazala*, les *Bâteniyya* (allégoristes) et les *'Haschwiyya* (qui ne reconnaissaient que le sens littéral et professaient un grossier anthropomorphisme), suivaient toutes des opinions également erronées et étaient loin d'avoir saisi le véritable sens de la doctrine du *Koran*. Il distingue les vrais principes qui se trouvent réellement dans la doctrine religieuse d'avec ceux qui lui ont été imposés au moyen de fausses interprétations; et, proposant une interprétation nouvelle d'accord avec la philosophie, il aborde successivement les principaux dogmes de la religion musulmane : Dieu, son unité, ses attributs, le Dieu révélé ou le Créateur, la mission des prophètes, le destin ou le décret divin, etc.

Pour donner, d'après cet intéressant écrit, un seul exemple de la manière dont Ibn-Roschd interprète les dogmes religieux, nous résumerons brièvement ce qu'il dit sur la doctrine du décret divin ou de la prédestination, qui a engendré le fatalisme si fameux des musulmans. C'est là, dit-il, la plus difficile des questions religieuses. Dans le *Koran*, on trouve des passages qui paraissent dire clairement que tout est prédestiné, et d'autres qui attribuent à l'homme une participation dans ses œuvres. De même, la philosophie paraît s'opposer d'un côté à ce que nous regardions l'homme comme l'auteur absolu de ses œuvres (car elles seraient alors en quelque sorte une création indépendante de la cause première ou de Dieu, ce que la philosophie ne saurait admettre); de l'autre côté, si nous admettions que l'homme est poussé à tout ce qu'il fait par certaines lois immuables, par une fatalité contre laquelle il ne peut rien, tous les travaux de l'homme, tous ses efforts pour produire le bien, seraient chose inutile. Mais la vérité, dit Ibn-Roschd, est dans le juste milieu entre les deux opinions extrêmes; nos actions dépendent en partie de notre libre arbitre et en partie de certaines causes qui sont en dehors de nous. Nous sommes libres de vouloir agir de telle manière ou de telle autre; mais notre volonté sera toujours déterminée par quelque cause extérieure. Si, par exemple, nous voyons quelque chose qui nous plaise, nous y serons attirés malgré nous. Notre volonté sera donc toujours liée par les causes extérieures. Ces causes existent par un certain ordre des choses, qui reste toujours le même et qui est fondé sur les lois générales de la nature. Dieu seul en connaît d'avance l'enchaînement nécessaire, qui pour nous est un mystère; le rapport de notre volonté aux causes extérieures est bien déterminé par les lois naturelles; et c'est là ce que, dans la doctrine religieuse, on a appelé *al-kadhâ wal-kadr* (le décret et la prédestination) (1).

Dans les doctrines d'Ibn-Roschd, la philosophie arabe est arrivée à son apogée. Il eût été difficile d'aller plus loin dans les conséquences du système péripatéticien et de l'interpréter, dans ses moindres détails, avec plus de subtilité que ne l'a fait Ibn-Roschd. Après lui, nous ne trouvons plus chez les Arabes aucun philosophe véritablement digne de ce nom (2); mais ses doctrines retentirent longtemps dans les écoles juives et chrétiennes, et elles trouvèrent dans les unes comme dans les autres des admirateurs dignes de les commenter et de les propager, mais aussi de savants adversaires capables de les combattre, jusqu'à ce que la renaissance des lettres fît tomber dans l'oubli les œuvres du célèbre commentateur, qui cependant encore aujourd'hui peuvent être consultées avec fruit par ceux qui font une étude spéciale de la philosophie d'Aristote.

(1) Ce passage d'Ibn-Roschd, que nous avons résumé ici d'après la dissertation en question (ms. de l'Oratoire, nº 111), a été cité *in extenso* par Ibn-Falaquéra, *Moré ha-Moré*, liv. III, chap. 17 (pag. 128-129).

(2) Les réponses que fit Ibn-Sab'în, philosophe espagnol du XIIIe siècle, aux questions qui lui avaient été adressées par l'empereur Frédéric II, dénotent un homme versé dans les écrits philosophiques, mais non pas un de ces esprits supérieurs qui aient fait faire à la science un progrès quelconque. Les fragments publiés par M. Amari (*Journal asiatique*, février-mars 1853, pag. 240 et suiv.), quelque curieux qu'ils puissent être, n'offrent rien qui mérite ici une mention particulière.

IV

ESQUISSE HISTORIQUE

DE

LA PHILOSOPHIE CHEZ LES JUIFS

ESQUISSE HISTORIQUE

DE

LA PHILOSOPHIE CHEZ LES JUIFS

Connaître Dieu et le faire connaître au monde, telle fut la mission donnée au peuple juif; mais ce fut par les inspirations de la foi, par une révélation spontanée, que ce peuple fut conduit à la connaissance de Dieu, et ce fut en s'adressant au cœur de l'homme, à son sentiment moral, à son imagination, que les sages et les prophètes des anciens Hébreux cherchaient à entretenir et à propager la croyance à l'*être* unique, créateur de toutes choses. Les Hébreux ne cherchèrent pas à pénétrer dans le secret de l'*être;* l'existence de Dieu, la spiritualité de l'âme, la connaissance du bien et du mal, ne sont pas chez eux les résultats d'une série de syllogismes; ils *croyaient* au Dieu créateur qui s'était révélé à leurs ancêtres, et dont l'existence leur semblait au-dessus du raisonnement des hommes, et leur morale découlait naturellement de la conviction, du sentiment intime d'un Dieu juste et bon. Il n'existe donc dans leurs livres aucune trace de ces spéculations métaphysiques que nous trouvons chez les Indiens et chez les Grecs, et ils n'ont pas de *philosophie* dans le sens que nous attachons à ce mot. Le mosaïsme, dans sa partie théorique, ne nous présente pas une théologie savante, ni un système philosophique, mais une doctrine religieuse à laquelle on donnait pour fondement la révélation.

Cependant, plusieurs points de cette doctrine, quoique présentés sous une forme poétique, sont évidemment du domaine de la philosophie, et on y reconnaît les efforts de la pensée humaine cherchant à résoudre certains problèmes de l'Être absolu dans ses rapports avec l'homme. Ce qui devait surtout préoccuper les sages des Hébreux, c'était l'existence du mal dans un monde émané de l'Etre qui est le suprême bien. Comment admettre l'existence réelle du mal sans imposer des limites à cet Etre dont il ne pouvait émaner aucun mal? Et comment admettre ces limites sans nier l'unité de l'Etre absolu, sans tomber dans le dualisme? Le mal, répond la doctrine mosaïque, n'a pas d'existence réelle; il n'existe pas dans la création, qui, émanée de Dieu, ne saurait être le siége du mal; à chaque période de la création *Dieu vit que cela était bon.* Le mal n'entre dans le monde qu'avec l'intelligence, c'est-à-dire du moment où l'homme, devenu être intellectuel et moral, est destiné à lutter contre la matière. Il s'établit alors une collision entre le principe intellectuel et le principe matériel, et c'est de cette collision que naît le mal; car l'homme, ayant le sentiment moral et étant libre dans ses mouvements, doit s'efforcer de mettre d'accord ses actions avec le suprême bien, et, s'il se laisse vaincre par la matière, il devient l'ouvrier du mal. Cette doctrine du mal, déposée dans le troisième chapitre de la *Genèse*, est intimement liée à celle du libre arbitre, qui est une des doctrines fondamentales du mosaïsme; l'homme jouit d'une liberté absolue dans l'usage de ses facultés : la vie et le bien, la mort et le mal, sont dans ses mains (1).

Il est important de faire ressortir ici cette doctrine, à laquelle les Juifs ont toujours subordonné les diverses doctrines philosophiques d'origine étrangère qu'ils ont embrassées à différentes époques; le développement de cette doctrine, dans ses rapports avec la Providence divine et avec la volonté de Dieu, comme cause unique de la création, a été de tout temps considéré par les philosophes juifs comme un des sujets les plus importants de leurs méditations (2).

Les sages, chez les anciens Hébreux comme chez les Arabes, se bornaient à cultiver la poésie et cette sagesse pratique que les Orientaux aiment à présenter sous la forme de paraboles,

(1) Voy. Deutéronome, chap. XXX, v. 15 et 19.

(2) Voy. Maïmonide, *Guide des Égarés*, IIIe partie, ch. XVII.

de proverbes et d'énigmes. La religion des Hébreux ne laissait pas de place aux spéculations philosophiques proprement dites. Dans les réunions des sages, on abordait quelquefois des questions d'une haute portée philosophique ; mais on traitait les questions au point de vue religieux et sous une forme poétique. Ainsi, par exemple, dans le *Livre de Job*, nous voyons une réunion de quelques sages qui essayent de résoudre les problèmes de la Providence divine et de la destinée humaine. Après une longue discussion, qui n'aboutit à aucun résultat, Dieu apparaît lui-même dans un orage et accuse la témérité avec laquelle des hommes ont prétendu juger les voies de la Providence. L'homme ne peut que contempler avec étonnement les œuvres de la création ; tout dans la nature est pour lui un profond mystère ; et comment oserait-il juger les desseins impénétrables de la Providence divine et le gouvernement de l'univers? L'homme ne saurait connaître les voies de l'Etre infini ; il doit s'humilier devant le Tout-Puissant et se résigner à sa volonté : telle est la thèse finale du *Livre de Job*, qui évidemment a une tendance purement religieuse, et accorde trop peu de pouvoir à la raison humaine pour favoriser la spéculation philosophique. Le livre de l'*Ecclésiaste*, qui aboutit à peu près au même résultat, offre des traces d'un scepticisme raisonné, et suppose déjà certains efforts de la pensée dont l'auteur a reconnu l'impuissance ; il fait même allusion à une *surabondance de livres* (c. XII, v. 12), dans lesquels l'esprit humain avait essayé de résoudre des problèmes au-dessus de ses forces. Mais le livre de l'Ecclésiaste, attribué à Salomon, nous révèle, par le style et par les idées, une époque où les Hébreux avaient déjà subi l'influence d'une civilisation étrangère ; ce livre est évidemment postérieur à la captivité de Babylone, et sous aucun rapport on ne saurait en tirer une conclusion sur l'état intellectuel des anciens Hébreux.

L'exil de Babylone et les événements dont il fut suivi mirent les Juifs en contact avec les Chaldéens et les Perses, qui ne purent manquer d'exercer une certaine influence sur la civilisation et même sur les croyances religieuses des Juifs. L'influence des croyances déposées dans le *Zend-Avesta* se fait remarquer déjà dans quelques livres du Vieux Testament, notamment dans ceux d'Ezéchiel, de Zacharie et de Daniel. Les vrais adorateurs de Jehova n'éprouvèrent point pour les croyances des Perses cette répugnance qu'ils manifestèrent pour celles des autres peuples païens. La religion du Zend-Avesta, quoiqu'elle n'enseigne pas le monothéisme absolu, est aussi hostile à l'idolâtrie que celle des Juifs; la spiritualité de la religion des Perses fit que les Juifs furent moins réservés dans leurs rapports avec ce peuple, et que beaucoup de croyances perses devinrent peu à peu très populaires parmi les Juifs.

Mais le parsisme lui-même renferme trop peu d'éléments spéculatifs pour avoir pu à lui seul faire naître chez les Juifs la spéculation philosophique; et, en effet, le caractère dominant dans les écrits des Juifs sous les rois de Perse et dans les premiers temps de la domination macédonienne est essentiellement le même que celui que nous trouvons dans les écrits antérieurs à l'exil de Babylone. Ce furent leurs fréquents rapports avec les Grecs et l'influence de la civilisation de ces derniers, qui peu à peu firent naître chez les Juifs le goût des spéculations métaphysiques. Ce goût, notamment chez les Juifs d'Egypte, était entretenu par le besoin de relever leur religion aux yeux des Grecs, qui la traitèrent avec un profond dédain, de perfectionner à cet effet l'interprétation de leurs saintes écritures, et de présenter leurs croyances, leurs lois et leurs cérémonies religieuses sous un point de vue plus élevé, afin de leur concilier le respect du peuple au milieu duquel ils vivaient.

Déjà dans la version grecque du Pentateuque, attribuée aux Septante et qui remonte à l'époque des premiers Ptolémée, on trouve de nombreux indices de l'interprétation allégorique, et on y découvre des traces de cette philosophie gréco-orientale qui se développa depuis parmi les Juifs d'Alexandrie et dont Philon est pour nous le principal représentant. Sous le règne de Ptolémée Philométor, cette philosophie était déjà très développée, comme on peut le reconnaître dans les quelques fragments qui nous restent du philosophe juif Aristobule. Il en existe aussi des traces évidentes dans le Livre de la Sapience, qui est d'une époque incertaine; mais qui, sans aucun doute, a pour auteur un Juif d'Alexandrie. La doctrine fondamentale de cette philosophie peut se résumer ainsi : L'Etre divin est d'une perfection tellement absolue, qu'il ne saurait être désigné par des attributs compréhensibles pour la pensée humaine; il est l'être abstrait sans manifestation; le monde est l'œuvre de certaines forces intermédiaires, qui participent de l'essence divine et par lesquelles seules Dieu se manifeste en répandant de tout côté des myriades de rayons. C'est par ce moyen qu'il est partout présent et agit partout sans être affecté par les objets émanés de lui. — Dans les développements de cette doctrine, tels du moins que nous les trouvons dans les écrits de Philon, on reconnaît une philosophie éclectique, dont les éléments sont empruntés à la fois aux principaux systèmes des Grecs et à certaines théories orientales répandues aussi chez les philosophes indiens, mais dont la filiation historique ne nous est pas encore suffisamment connue. Quoique cette philosophie soit essentiellement panthéiste, et qu'elle proclame hautement que Dieu est le seul principe agissant dans l'univers et que chaque mouvement dans notre âme se fait par l'impulsion divine, elle reconnaît néanmoins d'une manière absolue la liberté humaine, et, au risque d'être inconséquente, elle est entraînée par un intérêt moral et religieux à rendre hommage au principe du libre arbitre, qui est, comme nous l'avons dit, fondamental dans le judaïsme.

Les Juifs d'Egypte surent donner à cette philosophie éclectique une physionomie particulière, et ils la cultivèrent avec tant de succès, que plus tard on les regarda quelquefois comme des penseurs entièrement originaux. On alla jusqu'à voir dans Pythagore, dans Platon et dans Aristote, les disciples des Juifs. Les fables rapportées par divers auteurs juifs sur les relations qui auraient existé entre plusieurs philosophes grecs et les sages des Juifs n'ont point pris leur source dans l'orgueil national de quelques rabbins; elles remontent à une date très ancienne et ont été propagées par des écrivains païens et chrétiens. Josèphe (*Contre Apion*, livre I, c. 22) et Eusèbe (*Præparatio evang.*, liv. IX, c. 3) rapportent un passage de Cléarque, disciple d'Aristote, où il est dit que ce dernier avait fait, en Asie, la connaissance d'un Juif, et que, s'étant entretenu avec lui sur des matières philosophiques, il avoua qu'il avait appris du Juif plus que celui-ci n'avait pu apprendre de lui [1]. Selon Numénius d'Apamée, Platon n'était autre chose que *Moïse parlant attique*, ce qui prouve quel crédit avait obtenu le mode d'interprétation introduit par les Juifs d'Egypte.

Les Juifs de Palestine ne durent pas non plus rester entièrement inaccessibles à la civilisation hellénique. D'abord, depuis la bataille d'Ipsus (301 av. J.-C.), la Palestine resta environ un siècle, sauf quelques courts intervalles, sous la domination des rois d'Egypte, et il dut exister de fréquents rapports entre les Juifs des deux pays. Ensuite, sous la domination des rois de Syrie, le goût de la civilisation et des mœurs grecques devint tellement dominant que la religion des Juifs

(1) Les auteurs arabes ont également adopté cette opinion erronée que la philosophie grecque était empruntée aux Juifs. Dans le *Traité des animaux*, extrait de l'encyclopédie *Resâïl ikhwân al-çafâ* ou *Traités des frères de la pureté* (voy. ci-dessus, pag. 329), et qui renferme des plaidoyers tenus en présence d'un roi des génies entre les avocats des animaux de diverses espèces et ceux des hommes de différentes nations, le Grec ayant vanté la haute sagesse et les sciences que possédait sa nation, un des ministres du roi des génies lui répond : « Et d'où auriez-vous ces sciences et ces connaissances que tu as mentionnées et dont tu t'es vanté, si vous ne les aviez pas prises des Israélites, aux jours des Ptolémée, et en partie des sages de l'Égypte, aux jours de Thémistius? Vous les avez alors transportées dans votre pays et vous vous les êtes attribuées à vous-mêmes. » Voy. *Ichwan-oos suffa, in the original arabic*, Calcutta, 1812, pag. 214, et la vers. hébraïque intitulée אגרת בעלי חיים (liv. III, chap. VII).

courut les plus grands dangers, jusqu'au temps où la tyrannie d'Antiochus Epiphanes devint la cause de l'énergique réaction opérée par les Machabées. Dans les écoles, ou les sectes, que nous rencontrons, sous les princes machabéens, dans leur complet développement, on ne saurait méconnaître l'influence de la dialectique grecque. Les Juifs de Palestine étaient alors divisés en deux sectes : celle des pharisiens et celle des saducéens. La première, acceptant les croyances, les doctrines et les pratiques que le temps avait consacrées, cherchait à leur attribuer une origine antique et divine, en les disant transmises, depuis la plus haute antiquité, par une tradition orale, ou bien en faisant remonter à Moïse lui-même le système d'interprétation par lequel elle les rattachait aux textes sacrés. S'il est vrai que cette secte sanctionnait beaucoup de croyances et de pratiques puériles, empruntées en grande partie aux Chaldéens et aux Perses, son système d'interprétation avait l'avantage de donner la vie et le mouvement à la lettre morte, de favoriser le progrès et le développement du judaïsme, et de donner accès, chez les esprits éclairés, aux spéculations théologiques et philosophiques. Les saducéens, au contraire, refusant d'admettre la tradition orale, rejetaient les doctrines qui n'étaient pas formellement énoncées dans l'Ecriture, et dépouillèrent par là le mosaïsme des germes de développement qui y étaient déposés. Ils allaient jusqu'à nier l'immortalité de l'âme, ainsi que toute intervention de la Providence divine dans les actions humaines, intervention qu'ils croyaient incompatible avec le principe du libre arbitre. Parmi les pharisiens, il se forma une association d'hommes qu'on pourrait appeler des philosophes pratiques, qui, en adoptant les croyances et les observances religieuses du pharisaïsme, cherchèrent à faire prévaloir les principes d'une morale austère, professés par cette secte, mais non toujours pratiqués. Les membres de cette association donnaient l'exemple des vertus en action; une vie laborieuse et la plus grande tempérance les recommandaient à l'estime même du vulgaire, qui ne pouvait les juger qu'à la surface. Ils portaient le nom d'*esséens* ou *esséniens*, probablement du mot syriaque *asaya* (les médecins); car il paraît qu'ils s'étaient formés sur le modèle d'une association juive d'Egypte, portant le nom de *thérapeutes* ou *médecins des âmes*, selon l'explication de Philon (*de la Vie contemplative*). Les thérapeutes vivaient dans la solitude et se livraient à l'abstinence et à la contemplation; les esséniens de Palestine, tout en appréciant mieux que les thérapeutes le côté pratique dans la religion comme dans la vie sociale, manifestaient, comme ces derniers, un penchant très prononcé pour la vie ascétique et contemplative. Ils nous intéressent ici particulièrement, parce que nous les croyons les premiers dépositaires d'une doctrine moitié mystique, moitié philosophique, qui se développa parmi les juifs de Palestine vers l'époque de la naissance du christianisme. Nous savons par Josèphe (1) que les esséniens attachaient une grande importance aux noms des anges, et qu'ils avaient des doctrines particulières dont ils faisaient mystère et qui ne pouvaient être communiquées qu'aux membres reçus dans l'association après un certain temps d'épreuve. Selon Philon (dans l'écrit intitulé *Quod omnis probus liber*), les esséniens dédaignaient la partie logique de la philosophie, et n'étudiaient de la partie physique que ce qui traite de l'existence de Dieu et de l'origine de tout ce qui est (2). Ils avaient donc une doctrine dans laquelle, à côté de certaines spéculations métaphysiques, l'angélologie jouait un rôle important. Il est probable qu'ils cultivaient certaines doctrines qui plus tard faisaient partie de la *kabbale*, doctrines

(1) Voy. *Guerre des Juifs*, liv. II, chap 8.

(2) Dans la *Palestine* (pag. 515 et suiv.), j'ai donné, d'après Josèphe et Philon, de nombreux détails, sur les esséniens. M. le Dr Frankel a essayé de montrer que les esséniens sont souvent mentionnés dans le Talmud sous le nom de חסידים, *hasidéens* (pieux), et il a fait d'ingénieux rapprochements entre les notices de Josèphe et divers passages talmudiques. Voy. *Zeitschrift für die religiösen Interessen des Judenthums*, 1846, décembre, pag. 441 et suiv.

puisées à des sources diverses et qui ont inspiré les premiers fondateurs de la gnose.

L'influence exercée par les philosophes juifs d'Égypte et de Palestine sur le néoplatonisme d'un côté et sur la gnose de l'autre, place les Juifs au rang des peuples qui ont pris part au mouvement intellectuel tendant à opérer une fusion entre les idées de l'Orient et celles de l'Occident; et à ce titre ils méritent une place dans l'histoire de la philosophie. Mais, quoiqu'on ne puisse contester à la philosophie des Juifs d'Alexandrie, ni encore moins à la kabbale, une certaine originalité, les divers éléments de ces deux doctrines, et surtout leur tendance évidemment panthéiste, sont trop peu en harmonie avec le judaïsme pour qu'elles puissent être décorées du nom de *Philosophie juive :* une telle philosophie n'existe pas, et les Juifs ne peuvent revendiquer que le mérite d'avoir été l'un des chaînons intermédiaires par lesquels les idées spéculatives de l'orient se sont transmises à l'occident. Ce même rôle d'intermédiaire, nous le leur verrons jouer encore une fois dans des circonstances différentes.

Les premiers siècles de l'ère chrétienne nous montrent les Juifs dans une situation peu favorable au progrès intellectuel. D'abord ils étaient absorbés par la lutte politique qui aboutit à la terrible catastrophe de Jérusalem ; et lorsque, après la malheureuse tentative de Barcochebas, les docteurs qui avaient pu échapper à la vengeance des Romains se furent convaincus que Jérusalem ne pouvait plus être le centre du culte et le symbole autour duquel devaient se réunir les débris dispersés de la nation juive, leur premier soin fut de fortifier les liens qui pussent réunir les Juifs de tous les pays comme société religieuse. Le système religieux des pharisiens, qui était celui de la grande majorité des Juifs, ne permit pas que l'on se contentât d'affermir l'autorité des livres sacrés ; il fallut conserver une égale autorité aux interprétations et aux développements traditionnels, qui jusque-là n'avaient été propagés dans les écoles que par l'enseignement oral, et dont il existait tout au plus quelques rédactions partielles qui ne pouvaient aspirer à l'honneur de la canonicité. Le premier quart du IIIe siècle vit paraître une vaste compilation renfermant toutes les lois, coutumes et observances religieuses consacrées par les écoles pharisiennes, et même celles qui, après la destruction du temple, ne trouvaient plus d'application réelle. Trois siècles furent ensuite employés à annoter, discuter et amplifier les différentes parties de cette compilation, qui est connue sous le nom de *Mischnâ* (δευτέρωσις dans les *Novelles* de Justinien). En même temps, on s'occupait d'un vaste travail critique qui avait pour but de fixer irrévocablement le texte des livres sacrés d'après les manuscrits les plus authentiques, et on alla jusqu'à compter les lettres renfermées dans chaque livre. Dans les immenses compilations qui nous restent des cinq ou six premiers siècles de l'ère chrétienne, dans le *Talmud* comme dans les interprétations allégoriques de la Bible, il n'y a que peu de traces de spéculations philosophiques. Si nous y trouvons souvent des réminiscences des doctrines kabbalistiques, elles concernent, pour ainsi dire, la partie exotérique ou l'angélologie; l'existence de la partie spéculative de la kabbale, dont nous parlerons plus loin, ne se révèle dans ces livres que par la mention des mystères contenus dans le *Beréschîth*, ou le premier chapitre de la Genèse, et dans la *Mercabâ* ou la vision d'Ezéchiel.

Les Juifs restèrent dans le même état intellectuel jusqu'à l'époque où l'immense révolution opérée en Asie, par Mahomet et ses successeurs, et les mouvements intellectuels du monde musulman réagirent fortement sur la Synagogue, et y firent naître des luttes dont les champions avaient besoin d'autres armes que celles qu'ils étaient habitués à manier dans les écoles talmudiques pour résoudre des questions de droit et des cas de conscience. Sous le règne d'Abou-Dja'far al-Mançour, second khalife de la dynastie des Abbasides, 'Anân ben David (1), l'un des principaux docteurs juifs de l'Académie

(1) Il est certain que 'Anân, fondateur du karaïsme, florissait sous le khalifat d'Al-Mançour. Iéphet ben-Ça'îr, auteur arabe karaïte

babylonienne, se mit à la tête d'un parti qui chercha à se soustraire à l'autorité de la hiérarchie rabbinique et a secouer le joug des lois traditionnelles. 'Anân proclama les droits de la raison et le principe du libre examen; reconnaissant cependant que la tradition, en rendant le texte de l'Ecriture

du XIIIe ou du XIVe siècle, qui a établi une prétendue série de la vraie tradition, de génération en génération, depuis Moïse jusqu'à 'Anân, termine sa série par le passage suivant :

וישמריה לרבזילא בנו ואדוננו הנשיא הגדול ענן מנ׳ כ׳ והו אול מן אט̇הר אלמד̇הב אלצחיח באלבראהין אלואצ̇חה̈ וכשף אלחק בעד תגטיתה והערה למות נפשו וד̇לך פי זמאן אבי ג̇עפר אלמנצור אלכ̇ליפה̈ פי סנה̈ מאיה̈ ול׳ ללהג̇רה̈ והו ראש גליות כל בית ישראל פי בגדאד ·

« Et Schemaria (transmit la loi) à Rabzila, son fils, et à notre maître le grand *nasî* 'Anân — quil repose glorieusement! — Celui-ci fut le premier à manifester la vraie doctrine par des preuves évidentes et à révéler la vérité après qu'elle était restée cachée, et il s'exposa lui-même à la mort; ce qui arriva du temps d'Abou-Dja'far al-Mançour, le khalife, l'an cent trente (?) de l'hégire. Il était le *chef de captivité* de toute la maison d'Israël à Bagdad. »

J'emprunte ce passage au Rituel du *maître Fâdhel* (כרור אלמעלם פאצ̇ל), qui se trouve parmi les manuscrits que j'ai rapportés du Caire pour la Bibliothèque impériale. Dans la date de *cent trente*, il y a nécessairement une faute; car Al-Mançour ne commença à régner qu'en 136 (754 de l'ère chrétienne). Dans le מטה אלהים (ms. hébr. de la Biblioth. imp., n° 61), où tout le passage de Iépliet ben-Ça'ïr est cité en hébreu, on lit, comme dans la citation du דוד מרדכי (*Notitia Karæorum*, pag. 114), la date de 4400 de la création (640 de l'ère chrétienne), ce qui est un énorme anachronisme. S'il est vrai, comme le dit Abraham ben-David dans le *Sépher ha-kabbalâ*, que le schisme de 'Anân éclata sous le gaon Iehoudaï, mort en 4523 (763), après avoir occupé la dignité de gaôn pendant trois ans et demi, la date de ce schisme tomberait entre 142 et 146 de l'hégire (759-763). Peut-être Iépheth ben-Ça'ïr avait-il écrit מאיה̈ ומ״ד; les copistes ont pu changer ומ״ד en ולמד, et ensuite en ול׳. D'après cela, la véritable date du schisme serait l'an 144 de l'hégire, ou 761 de l'ère chrétienne.

plus flexible, offrait au judaïsme les moyens de se perfectionner progressivement, il ne rejetait pas, comme les anciens saducéens, le principe même de l'interprétation et toute espèce de tradition; mais il voulait que l'une et l'autre fussent toujours en parfaite harmonie avec la raison et le texte de l'Ecriture, et il contestait l'autorité obligatoire d'une foule de lois consignées dans la *Mischnâ*. Les membres de la secte s'appelaient *karaîm* (textuaires, ou partisans du texte), et ils sont connus chez les modernes sous le nom de *karaïtes*. Nous n'avons pas à nous occuper ici des principes religieux du karaïsme, mais nous devons signaler l'influence qu'il a exercée sur la spéculation philosophique chez les Juifs; car, s'il est vrai que les karaïtes, manquant de principes fixes et ne reconnaissant d'autre autorité que les opinions individuelles de leurs docteurs, finirent par s'envelopper dans un labyrinthe de contradictions et de raisonnements à perte de vue bien plus difficiles à débrouiller que les discussions talmudiques, on ne saurait nier, d'un autre côté, que le karaïsme, dans son principe, n'ait dû donner aux docteurs juifs une impulsion salutaire, en se servant des armes de la raison pour combattre le rabbinisme, et en forçant les rabbins d'employer les mêmes armes pour se défendre. En outre, les karaïtes étaient seuls propres à fonder la saine exégèse biblique, et à jeter les bases d'une théologie systématique et rationnelle, soutenue par la spéculation philosophique. Sous ce dernier rapport, l'exemple des *Motécallemîn* arabes exerça, sans aucun doute, une grande influence sur les docteurs karaïtes, qui, par leurs doctrines et leur position de schismatiques, avaient beaucoup d'analogie avec la secte musulmane des *Motazales*, fondateurs de la science du *calâm* (1). Les théologiens karaïtes adoptèrent

(1) On a vu plus haut (pag. 311) que les Motazales se désignaient eux-mêmes par la dénomination de *partisans de la justice et de l'unité*, et ce sont précisément ces mêmes expressions que Mas'oudi, historien arabe du Xe siècle, emploie pour désigner la doctrine des disciples de 'Anân (voy. *Notices* et *Extraits des ma-*

eux-mêmes le nom de *Motécallemîn*[1], et Maïmonide nous dit positivement qu'ils empruntèrent leurs raisonnements aux Motécallemîn musulmans[2]. Ces raisonnements avaient pour but d'établir les croyances fondamentales du judaïsme sur une base philosophique. La dialectique d'Aristote, qui alors commença à être en vogue chez les Arabes, prêta son concours aux théologiens musulmans et juifs, quoique leur polémique fût dirigée en partie contre les doctrines philosophiques du Stagirite. Les principales thèses défendues dans les écrits des Motécallemîn karaïtes furent celles-ci : La matière première n'a pas été de toute éternité; le monde est créé, et par conséquent il a un créateur; ce créateur, qui est Dieu, n'a ni commencement ni fin; il est incorporel et n'est pas renfermé dans les limites de l'espace; sa science embrasse toutes choses; sa vie consiste dans l'intelligence, et elle est elle-même l'intelligence pure; il agit avec une volonté libre, et sa volonté est conforme à son omniscience[3].

nuscrits, t. VIII, pag. 167-168, et la *Chrestom. arab.* de Silvestre de Sacy, t. I, pag. 349-351). Le karaïte Ahron ben-Elie dit expressément que les philosophes karaïtes et une partie des rabbanites suivaient les doctrines des Motazales (voy. *Arbre de la vie*, publié par M. Delitzch (Leipzig, 1841, in-8°), pag. 4).

(1) Voy. le *Khozari*, liv. V, § 15, édit. de Buxtorf, pag. 359. Le roi des Khozars, demandant au *'Haber* de lui exposer en substance les doctrines des philosophes karaïtes, s'exprime ainsi dans l'orignal arabe (manuscrit de la bibliothèque Bodléienne) :

עסי נכת מכ̇תצרה̈ מן אלארא אלתי תכ̇לצת (lis. תלכ̇צת)
ענד אלאצוליין והם אלמסמון ענד אלקראיין באצחאב עלם
אלכ̇לאם

« Il conviendrait (de me faire connaître) quelques maximes sommaires (tirées) des opinions qui ont été exposées chez les *oçouliyyîn* (ou ceux qui raisonnent sur les principes fondamentaux), appelés, chez les karaïtes, maîtres de la science du *calâm*. »

(2) Voy. ma traduction du *Guide des Égarés*, t. I, pag. 336.

(3) Voy. le *Khozari*, liv. V, § 18 (édit. de Buxtorf, pag. 362-365).

Aucun des ouvrages des plus anciens docteurs karaïtes n'est parvenu jusqu'à nous, et nous ne les connaissons que par des citations que nous rencontrons çà et là dans des écrits plus récents. Un des Motécallemîn karaïtes les plus renommés est David ben-Mervân al-Mokammeç, de Racca, dans l'Irâk arabe (1), qui florissait au IXe siècle. Son ouvrage est cité par des auteurs rabbanites, tels que Ba'hya et Iedaïa Penini (2), qui ignoraient, à ce qu'il paraît, que cet auteur fût

(1) Dans le livre *Eschcòl ha-copher* du karaïte Juda Hadasi, notre David est surnommé אלרקי *Al-Rakki*, sans doute parce qu'il était originaire de la ville de Rakka ou Racca, et il ne faut nullement changer אלרקי en אלערקי, comme le pense M. Furst, qui a publié du livre *Al-Mokammeç* quelques extraits trouvés dans un ancien commentaire sur le livre *Yecîrâ*, et a recueilli à cette occasion le peu de renseignements que divers auteurs rabbanites et karaïtes nous fournissent sur David ben-Merwân (voy. *Orient*, 1847, *Literaturblatt*, n°s 39, 40 et 41). Cet auteur, dont les travaux sont antérieurs à ceux de Saadia, florissait probablement à la fin du IXe siècle, ou peut-être dans la première moitié du Xe; l'auteur dudit commentaire sur le *Yecîrâ* avait entendu dire que Saadia avait connu personnellement notre David (voy. Fürst, *l. c.*, n° 39, col. 619). Mas'oudi, dans son *Kitâb al-tenbîh*, en parlant des célèbres traducteurs et commentateurs de la Bible, tant rabbanites que karaïtes (*Notices et extraits*, *l. c.*), nomme entre autres un certain David, connu, dit-il, sous le nom de القرمسى ; c'est du moins ainsi que ce nom est écrit dans le manuscrit de la Bibliothèque impériale. M. de Sacy a pensé qu'il fallait lire المقدسى, parce que, selon Mas'oudi, ledit David était établi à Jérusalem (بيت المقدس); peut-être faut-il lire المقمس et s'agit-il de notre David al-Mokammeç, dont le nom chez les auteurs juifs est écrit tantôt אלמקמץ, tantôt אלמקמם (voy. Fürst, *l. c.*). L'auteur dont parle Mas'oudi mourut en 334 de l'hégire (945-946), environ trois ans après la mort de Saadia; mais il pouvait être plus âgé que Saadia, qui mourut à l'âge de cinquante ans.

(2) Ba'hya, dans la préface de son livre des *Devoirs des cœurs*, en énumérant les différentes classes d'écrits religieux, s'exprime ainsi: « La troisième classe (est celle qui a pour but) d'affermir dans les âmes les matières religieuses au moyen de la démonstration et en

karaïte, d'où il résulte qu'il ne s'occupait que des dogmes fondamentaux, également admis par les deux sectes, et que ses écrits ne renfermaient pas de polémique contre les rabbanites. Il soutenait, entre autres choses, comme nous l'apprend le karaïte Iépheth ben-'Ali (du Xe siècle) (1), que l'homme, comme *microcosme*, était la créature la plus parfaite et occupait un rang plus élevé que les anges (2); ce qui montre, quelle

réfutant les systèmes des infidèles, comme, par exemple, le *Livre des croyances et des opinions* (de Saadia), le *Livre des fondements de la religion* et le *Livre* AL-MOKAMMEÇ. » C'est dans le même sens que Iedaïa Penini, dans la *Lettre apologétique* (כתב ההתנצלות) adressée à R. Salomon ben-Adrath, parle de l'ouvrage de notre David : « ...... R. David le Babylonien, surnommé *Al-Mokammeç*, dont nous possédons un livre auquel il a donné pour titre son surnom ; il s'efforce de démontrer par le raisonnement les principes de la religion généralement connus, et de combattre en même temps, par ses preuves, les arguments des mécréants et leurs réfutations. » — Le livre *Al-Mokammeç*, composé en arabe, avait vingt chapitres ; les fragments retrouvés récemment en hébreu et publiés par M. Fürst sont au nombre de trois ; le deuxième embrasse le chapitre IX tout entier et le troisième une partie du chapitre X. Les mêmes fragments, à l'exception du dernier, avaient été publiés déjà en 1846 par M. S. D. Luzzatto, dans le הליכות קדם de M. G. Polak, à Amsterdam.

(1) Sur Iépheth ben-'Ali, voy. les additions à la *Notice sur R. Saadia Gaon*, à la suite de mon édition du commentaire de R. Tan'houm sur 'Habakkouk, pag. 104 (dans la Bible de M. Cahen, t. XII).

(2) Dans le commentaire de Iépheth sur la Genèse, chap. I, v. 26, on lit ce qui suit : וקד אכ̇תלף אלנאס פי מרתבה̈ אלמלאיכה̈ פקאל בעצ̇הם אנהא דון מרתבה̈ אדם ואחתגוא באן אדם ג̇אמע למעאני אלתי ליסת הי ללמלאיכה̈ וכל שי מוג̇וד פי אלמלאיכה̈ נט̇ירה מוג̇וד פי אדם אד̇ הו אלעאלם אלצגיר פלמא כאן אדם יפצ̇ל עלי אלמלאיכה̈ צאר הו אג̇ל אלמכ̇לוקין ונחן נקול אן אלמלאיכה̈ ארפע מרתבה̈ מנה לקולה ותחסרהו מעט מאלהים « On n'est pas d'accord sur le rang des anges : il y en a qui disent qu'il est au-dessous de celui d'Adam, et ils argumentent de ce qu'Adam réunissait des qualités qui n'appartiennent

qu'ait été d'ailleurs sa théorie des anges, qu'il accordait une grande supériorité et un grand pouvoir aux facultés intellectuelles de l'homme.

Il nous reste des ouvrages de quelques docteurs karaïtes du Xe siècle, qui justifient complétement ce que l'on a dit du *calâm* de cette secte. Ainsi, par exemple, Joseph ha-Roëh (appelé en arabe Abou-Ya'koub al-Bacîr) nous a laissé un traité de dogmatique, dans lequel on retrouve à peu près toutes les théories et toutes les hypothèses attribuées par Maïmonide aux *Motécallemîn* arabes(1). On y trouve la doctrine des atomes,

pas aux anges, tandis que tout ce qui se trouve dans les anges a son analogue dans Adam, qui est *le monde en petit* (microcosme); or, comme Adam est supérieur aux anges, il est la créature la plus illustre. Mais nous, nous disons que les anges occupent un rang plus élevé que lui; car (le Psalmiste) a dit : *Et tu l'as placé peu au-dessous des êtres divins.* » — Ce qui prouve que Iépheth veut parler ici de David ben-Merwân, ce sont quelques mots qu'on trouve dans son commentaire sur les Psaumes (chap. VIII, v. 6): וקולה ותחסרהו מעט ידל עלי אן אלמלאיכה ארפע טבקה מן אלאנסאן והדא ירד עלי דוד בן מרואן רח׳ אלדי זעם באן אלאנסאן אגל מן אלמלאיכה « Les mots *et tu l'as placé peu au-dessous etc.* prouvent que les anges sont d'un rang plus élevé que l'homme; et ceci réfute David ben-Merwân — que Dieu ait pitié de lui! — qui prétend que l'homme est plus élevé que les anges. »

Ce qui me paraît résulter encore de ces deux passages de Iépheth, c'est que David ben-Merwân appartenait réellement à la secte des karaïtes, ce que M. Fürst a cru devoir mettre en doute. Iépheth, qui est du Xe siècle, devait connaître la vérité à cet égard; sa critique, selon son habitude, aurait été beaucoup plus âpre, s'il avait eu affaire à un rabbanite, et il n'aurait pas manqué de crier à l'hérésie. Peut-être aussi doit-on attacher quelque importance à la formule רח׳ (ou רחמה אללה), qui, dans l'un de nos deux manuscrits, accompagne le nom de David, et qui n'aurait pas été employée pour un rabbanite.

(1) Ce traité, intitulé en hébreu ספר נעימות, *Livre de Délices*, existe à la Bibliothèque de Leyde; voy. Wolf, *Biblioth. hebr.*, t. III, pag. 377. J'ai pu consulter un exemplaire que M. S. Cahen a dernièrement reçu de Crimée et qu'il a bien voulu mettre à ma

et les transformations physiques y sont ramenées à ces quatre phénomènes : réunion (ou agrégation), séparation, mouvement et repos [1]. L'auteur parle des attributs divins dans le même sens que certains motazales, et on y voit reparaître certaines théories singulières que nous avons rencontrées chez ces derniers, notamment la volonté divine *sans substratum* [2]. Les démonstrations par lesquelles on établit l'unité et l'incorporalité de Dieu et la création *ex nihilo* sont entièrement conformes à celles des *Motécallemîn*.

Les rabbanites, ou partisans du *Talmud*, suivirent bientôt l'exemple qui leur fut donné par les docteurs karaïtes, et cherchèrent à consolider leur édifice religieux, en l'étayant de raisonnements puisés dans la philosophie du temps. Le premier qui soit entré avec succès dans cette nouvelle voie, et dont les doctrines aient acquis une certaine autorité parmi les Juifs, fut Saadia ben-Joseph al-Fayyoumi, célèbre comme exégète, théologien et talmudiste, et en même temps un des plus redoutables adversaires du karaïsme [3]. Il naquit à Fayyoum, en Égypte, en 892, et fut nommé en 928 chef de l'Académie de Sora (près de Bagdad), alors le siége central du rabbinisme. Ayant perdu sa dignité par les intrigues de quelques adversaires, il y fut rétabli au bout de quelques années, et mourut à Sora en 942. Parmi ses nombreux ouvrages, celui qui nous intéresse ici particulièrement est son *Livre des croyances et des opinions*, qu'il composa vers 933, en arabe, et qui, traduit en hébreu, au XIIe siècle, par Iehouda ibn-Tibbon, a eu plusieurs éditions et a été récemment traduit en

disposition. L'original arabe était intitulé *Al-mo'htawi* (le traité *développé*), par opposition à un extrait qui existe encore en hébreu sous le titre de מחכימת פתי.

(1) Voy. *Guide des Égarés*, t. I, pag. 378.

(2) Voy. ci-dessus, pag. 325, note 1, et Ahron ben-Elie, *Arbre de la vie*, chap. LXXV (pag. 95).

(3) Sur ses écrits contre les karaïtes, voy. mes *Additions etc.*, pag. 105 et suiv.

allemand par M. Fürst (in-12, Leipzig, 1845). A côté de l'autorité de l'Écriture et de la tradition, Saadia reconnaît celle de la raison, et proclame non-seulement le droit, mais aussi le devoir, d'examiner la croyance religieuse, qui a besoin d'être comprise afin de se consolider et de se défendre contre les attaques qui viennent du dehors. La raison, selon lui, enseigne les mêmes vérités que la révélation; mais celle-ci était nécessaire pour nous faire parvenir plus promptement à la connaissance des plus hautes vérités, que la raison abandonnée à elle-même n'aurait pu reconnaître que par un long travail. Les thèses sur lesquelles porte son raisonnement sont, en général, celles que nous avons mentionnées plus haut en parlant des karaïtes : l'unité de Dieu, ses attributs, la création, la révélation de la loi, la nature de l'âme humaine, etc. Quelques croyances de second ordre, peu conformes à la raison, comme la résurrection des morts, sont admises par lui, et il se contente de montrer que la raison ne s'y oppose pas absolument. D'autres croyances devenues alors populaires parmi les Juifs, mais qui n'ont aucune base dans l'Écriture, sont rejetées par Saadia et déclarées absurdes, par exemple la métempsycose (liv. VI, chap. 7). Dans son commentaire sur Job, Saadia nie l'existence d'un Satan ou ange rebelle, et montre que les fils de Dieu, ainsi que Satan, qui figurent dans le prologue du *Livre de Job*, sont des hommes, opinion très hardie pour l'époque de Saadia (1).

La polémique occupe une grande place dans le *Livre des croyances*, et elle nous intéresse surtout parce qu'elle nous fait connaître les opinions qui avaient cours alors dans le domaine de la religion et de la philosophie. Nous apprenons ainsi que des philosophes juifs avaient adopté, comme les *Motécallemîn*, la doctrine des atomes, qu'ils croyaient éternels; d'autres, ne pouvant résister aux conséquences du rationalisme, niaient

(1) J'ai publié ce passage remarquable d'après un manuscrit de la bibliothèque Bodléienne. Voy. *Notice sur R. Saadia Gaon*, pag. 8 et 9.

tous les miracles et cherchaient à les expliquer d'une manière rationnelle. Au reste, la philosophie proprement dite n'occupe chez Saadia qu'un rang très secondaire ; elle est au service de la religion, et elle n'est pour lui qu'un simple instrument pour défendre les croyances religieuses du judaïsme. La philosophie péripatéticienne n'avait pas encore fait de grands progrès parmi les Arabes ; elle commença alors à se répandre et à se consolider par les travaux d'Al-Farâbi. Saadia ne touche guère d'autres points du péripatétisme que les catégories, et il démontre longuement qu'elles sont inapplicables à Dieu (liv. II, chap. 8). Sa théorie de la création de la matière est une attaque contre les philosophes de l'antiquité en général. Parmi les auteurs juifs dont les ouvrages nous sont parvenus, Saadia est le premier qui ait enseigné d'une manière systématique le dogme de la création *ex nihilo*, professé indubitablement avant lui par les théologiens karaïtes. Saadia le démontre surtout d'une manière indirecte, en réfutant longuement tous les systèmes contraires à ce dogme (liv. I, chap. 4) ; il ne fait intervenir dans la création que la seule *volonté* de Dieu. Une autre doctrine, que Saadia développe avec beaucoup de détails, est celle du libre arbitre, basée sur le témoignage des sens, de la raison, de l'Écriture et de la tradition (liv. IV, chap. 2 et 3). Il serait inutile de suivre Saadia dans ses raisonnements, qui nous frappent rarement par leur nouveauté, et qui d'ailleurs intéressent plus le théologien que le philosophe. Saadia a le grand mérite d'avoir montré à ses contemporains juifs que la religion, loin d'avoir à craindre les lumières de la raison, peut, au contraire, trouver dans celle-ci un appui solide. Il prépara par là l'introduction des véritables études philosophiques parmi ses coreligionnaires et l'époque glorieuse des Juifs d'Espagne et de Provence.

Ce fut peu de temps après la mort de Saadia, que les écrits philosophiques des Arabes d'Orient commencèrent à se répandre en Espagne[1]. A la même époque, les Juifs d'Espagne

(1) Voy. ci-dessus, pag. 384.

s'émancipèrent de l'autorité religieuse de l'Académie babylonienne de Sora, d'heureuses conjonctures les ayant mis en état de fonder une nouvelle école à Cordoue, de trouver des hommes savants pour la diriger (1), et de se procurer toutes les ressources littéraires dont ils manquaient encore, et qui abondaient chez les Juifs d'Orient. Un savant médecin juif, 'Hasdaï ben-Isaac ben-Schafrout, attaché au service de 'Abd-al-Rahmân III et de son fils Al-'Hakem II, employa le grand crédit dont il jouissait à la cour de Cordoue pour faire fleurir parmi les Juifs d'Espagne les études théologiques et littéraires, et pour enrichir les écoles espagnoles de tous les ouvrages des Juifs d'Orient (2). On croit communément que les philoso-

(1) Voy. le récit d'Abraham ben-David dans le *Sépher ha-kabbalâ*, édit. d'Amsterdam, fol. 41 *b*, sur plusieurs savants faits captifs dans la Méditerranée par un capitaine de vaisseau de 'Abd-al-Ra'hmân III, et dont deux furent rachetés par la communauté juive de Cordoue.

(2) Abou Yousouf Hasdaï ben-Isaac, dont le nom de famille était Ibn-Schafrout ou Schaprout, était un de ces hommes privilégiés qui, par leur génie et leur savoir, surent se créer une position éminente et devenir de puissants protecteurs pour leurs frères opprimés ; car c'est une profonde erreur de croire que la masse des Juifs dans l'Espagne musulmane ait jamais joui de droits égaux à ceux de la race dominante, ou qu'elle ait été à l'abri de la persécution et de l'avilissement. 'Hasdaï jouissait d'un grand crédit auprès de 'Abd-al-Ra'hmân III. Ce qu'il dit lui-même à cet égard, dans la lettre adressée par lui, vers l'an 950, à Joseph, roi des Khazares (imprimée en tête de plusieurs éditions du livre *Khozari*), est pleinement confirmé par quelques auteurs arabes. Le médecin Ibn-Djoldjol, qui florissait à Cordoue sous Heschâm II (976-1001), nomme notre 'Hasdaï parmi les médecins de 'Abd-al-Ra'hmân, et parle de la faveur toute particulière dont il jouissait auprès de ce prince, et du zèle avec lequel il profita de sa position pour servir la science en contribuant au perfectionnement de la traduction arabe de Dioscoride. Voy. Silv. de Sacy, *Relation de l'Égypte par Abdallatif*, pag. 497 et 500. — Ibn-Abi-Océibi'a, qui, dans son *Histoire des médecins*, nous a conservé ce passage

phes musulmans d'Espagne furent les maîtres en philosophie des juifs de ce pays. Cette opinion est exacte pour ce qui concerne Maïmonide et ses successeurs de l'Espagne chrétienne; mais on a pu se convaincre, par notre travail sur Ibn-Gebirol ou Avicebron, que les Juifs d'Espagne cultivèrent la philosophie avec beaucoup de succès avant que cette science eût trouvé parmi les Musulmans un digne représentant. Néanmoins, la

d'Ibn-Djoldjol, a consacré à 'Hasdaï une petite notice spéciale dont voici la traduction : « 'Hasdaï ben-Is'hâk, versé dans l'art de la médecine, était au service d'Al-'Hakem, fils de 'Abd-al-Ra'hmân (surnommé) Al-Nâcir ledîn-Allah. 'Hasdaï ben-Is'hak était du nombre des docteurs juifs, au premier rang dans la connaissance de leur loi. Il fut le premier à ouvrir à leur population d'Andalousie la porte de leur connaissance en fait de jurisprudence religieuse, de chronologie, etc. Auparavant ils avaient été obligés, pour (connaître) le *fiqh* de leur religion, les années de leur calendrier et les époques de leurs fêtes, de s'adresser aux Juifs de Bagdad pour faire venir de chez eux le calcul d'un certain nombre d'années, afin de connaître les procédés de leur calendrier et les commencements de leurs années. Mais 'Hasdaï, ayant été attaché à Al-'Hakem, et ayant obtenu auprès de lui une position très élevée, parvint par lui à se procurer tout ce qu'il désirait en fait de livres des Juifs d'Orient. Depuis lors, les Juifs d'Andalousie connaissaient ce qu'auparavant ils avaient ignoré et étaient dispensés de la peine qu'ils avaient été obligés de se donner. » — Il est aussi question de notre 'Hasdaï chez un auteur chrétien de l'époque, à propos d'une ambassade que l'empereur d'Allemagne Othon Ier envoya à Cordoue en 953. 'Abd-al-Ra'hmân III, désirant, avant d'admettre les ambassadeurs, connaître les principaux détails de leur mission, chargea 'Hasdaï de s'entretenir confidentiellement avec l'abbé Jean de Gorze, chef de l'ambassade. Voy. *Vita Joannis abbatis Gorziensis* (ap. Labbe, *Nova Bibliotheca manuscr. libr.*, t. I, pag. 772; Bolland, *Acta Sanctorum*, t. III, pag. 713; Pertz, *Monumenta Germaniæ historica*, t. IV, pag. 371 et 372). — Le jeune Philoxène Luzzatto, dont les lettres orientales regrettent la perte prématurée, a publié sur 'Hasdaï une très savante monographie, intitulée : *Notice sur Abou-Yousouf 'Hasdaï ibn-Schaprout, médecin juif du Xe siècle, etc.* Paris, 1852, in-8°.

philosophie d'Avicebron, que nous avons exposée plus haut dans tous ses détails, était trop peu en harmonie avec l'orthodoxie juive pour convenir aux théologiens juifs de son temps; et, plus tard, quand le péripatétisme arabe devint dominant dans les écoles juives, les doctrines d'Avicebron, comme nous l'avons déjà fait observer, devaient être considérées comme des hérésies sous le rapport philosophique (1).

Ibn-Gebirol, par l'originalité et la hardiesse de ses pensées, est une apparition isolée parmi les juifs d'Espagne; mais nous savons par Maïmonide, Espagnol lui-même, que ses compatriotes juifs, en général, rejetèrent le système et la méthode des *Motecallemîn*, et embrassèrent avec chaleur les opinions des philosophes proprement dits, ou des péripatéticiens, à moins qu'elles ne fussent en opposition directe avec les dogmes fondamentaux du judaïsme (2). Les théologiens reconnurent les dangers dont le judaïsme était menacé par les envahissements de la philosophie. Ba'hya ben-Joseph (à la fin du XIe siècle) (3), en essayant pour la première fois, dans son livre des *Devoirs des cœurs*, de présenter une théorie complète et systématique de la morale du judaïsme, commence par un traité sur l'unité

(1) Voy. ci-dessus, pag. 261 et suiv.

(2) Voy. *Guide des Égarés*, Ire partie, chap. LXXI (pag. 338 de ma traduction).

(3) Cet auteur, qu'on place ordinairement au milieu du XIIe siècle, florissait sans doute vers la fin du XIe, comme l'a montré M. le rabbin Rapoport (תולדות רבינו נתן, *Vie de R. Nathan, auteur du 'Aroukh*, pag. 42, note 40), qui fait remarquer que notre auteur, en citant les différents abrégés des lois talmudiques, ne fait aucune mention de l'Abrégé du Talmud du célèbre Isaac al-Fâsi, mort en 1103. — Quant au nom de בחיי, qu'on écrit généralement *Bechai*, il faut le prononcer *Ba'hya* ou *Ba'hyé*, comme le font les auteurs juifs espagnols, tels que Manassé ben-Israël et autres, ainsi que l'auteur de la traduction portugaise du חובות הלבבות, imprimée à Amsterdam en 1670. Sur l'original arabe de l'ouvrage de Ba'hya, voy. ma *Notice sur R. Saadia Gaon*, pag. 4, 5 et 45.

de Dieu, où il montre une prédilection manifeste pour la méthode de Saadia, quoiqu'il révèle une connaissance parfaite des différentes parties du système péripatéticien. La supériorité qu'il accorde à la morale pratique sur la spéculation, et une tendance prononcée à la vie ascétique, lui donnent une certaine ressemblance avec Al-Gazâli, dont il fut contemporain.

Une réaction plus directe se manifeste dans le livre *Cosri*, ou mieux *Khozari*, composé vers 1140 par le célèbre poëte Juda ha-Lévi. Cet auteur, mettant à profit le fait historique de la conversion au judaïsme d'un roi des Khozars, ou Khazares, et d'une grande partie de son peuple (fait qui arriva dans la seconde moitié du VIIIe siècle) (1), donna à son livre la forme d'un dialogue entre un docteur juif et le roi des Khozars. Ce dernier, ayant été averti dans un songe que ses intentions étaient agréables à Dieu, mais que ses œuvres ne l'étaient pas, s'entretient successivement avec un philosophe, un

(1) Selon Mas'oudi, cette conversion eut lieu du temps du khalife Haroun al-Raschid. Voy. *El-Masudi's Historical encyclopædia, entitled « Meadows of gold, etc. », translated from the arabic, by A. Sprenger*, vol. I, pag. 407. — Il est à regretter que nous n'ayons plus les ouvrages où Mas'oudi dit avoir donné de plus amples détails sur la conversion du roi des Khazares. A une époque où une haine stupide et des préjugés bornés tenaient lieu de critique, quand il s'agissait des Juifs, les auteurs chrétiens, tels que Buxtorf, Basnage, Barattier, ont beaucoup plaisanté sur les Juifs qui prétendaient que leur religion, au moyen âge, avait été assise sur un trône pendant quelques siècles. Basnage va jusqu'à dire : « On a beau chercher le royaume de *Cozar*, on ne le trouve point » (*Histoire des Juifs*, liv. VII, chap. 1, § 14). Il a fallu le témoignage des auteurs arabes pour démontrer l'exactitude des relations juives, et notamment des détails contenus dans la lettre que 'Hasdaï ben-Isaac reçut en réponse de celle qu'il avait adressée à Joseph, roi des Khazares. Les détails les plus complets sur les Khazares au Xe siècle, d'après les auteurs arabes, se trouvent dans l'excellent ouvrage de M. C. d'Ohsson, intitulé *Des Peuples du Caucase, ou Voyage d'Abou-el-Cassem* (Paris, 1828, in-8°), chap. II et III.

théologien chrétien et un théologien musulman ; aucun des trois n'ayant pu faire partager ses convictions au roi, celui-ci fait appeler un docteur juif, lequel, ayant su captiver dès le commencement l'esprit du roi, répond explicitement à toutes les questions qui lui sont proposées ; et le roi en est tellement satisfait qu'il finit par embrasser le judaïsme. C'est sur ce canevas que Juda ha-Levi a composé son livre, qui renferme la théorie complète du judaïsme rabbinique, et dans lequel il entreprend une campagne régulière contre la philosophie [1]. Il combat l'erreur de ceux qui croient satisfaire aux exigences de la religion, en cherchant à démontrer que la raison, abandonnée à elle-même, arrive par son travail à reconnaître les hautes vérités qui nous ont été enseignées par une révélation surnaturelle. Celle-ci ne nous a rien appris qui soit directement contraire à la raison ; mais c'est par la foi seule, par une vie consacrée à la méditation et aux pratiques religieuses, que nous pouvons en quelque sorte participer à l'inspiration des prophètes et nous pénétrer des vérités qui leur ont été révélées. La raison peut fournir des preuves pour l'éternité de la matière, comme pour la création *ex nihilo* ; mais la tradition antique, qui s'est transmise de siècle en siècle, depuis les temps les plus reculés, a plus de force de conviction qu'un échafaudage de syllogismes péniblement élaborés et des raisonnements auxquels on peut en opposer d'autres qui les réfutent. Les pratiques prescrites par la religion ont un sens profond et sont les symboles de vérités sublimes. Un exposé plus développé des doctrines de Juda ha-Levi ne serait pas ici à sa place ; nous ajouterons seulement que son exaltation

(1) Dans l'une de ses poésies, Juda ha-Lévi se prononce avec énergie contre la philosophie grecque, qui, selon lui, n'offre que des fleurs et point de fruits. Quand on a entendu, dit-il, les paroles embrouillées des philosophes, basées sur des fondements creux, on revient le cœur vide et la bouche pleine de phrases et de bavardage. Voy. *Bethoulath bath Iehouda*, par S. D. Luzzatto (Prague, 1840, in-8°), pag. 56.

dut l'entraîner vers le mysticisme de la kabbale, qu'il considérait comme partie intégrante de la tradition et à laquelle il attribue une très haute antiquité, faisant remonter le livre *Yecîrâ* jusqu'au patriarche Abraham. Le livre *Khozari* contribua peut-être à faire revivre l'étude de la kabbale, qu'un siècle plus tard nous trouvons dans un état très florissant.

Les efforts de Juda ha-Lévi ne furent pas assez puissants pour porter un coup décisif à l'étude de la philosophie, qui alors venait de prendre un nouvel essor par les travaux d'Ibn-Bâdja. Mais le mouvement de réaction dont le *Khozari* est l'organe ne put manquer de causer une grande fermentation; la perturbation et l'incertitude des esprits même les plus élevés et les plus indépendants de cette époque se retracent dans les commentaires bibliques du célèbre Abraham ibn-Ezra, où nous voyons un mélange bizarre de critique rationnelle et de puérilités empruntées de la kabbale, d'idées saines et dignes d'un philosophe et de superstitions astrologiques(1).

Abraham ben-David de Tolède essaya, dans son livre intitulé *la Foi sublime*, de réconcilier les théologiens juifs avec la

(1) Ibn-Ezra, célèbre comme un des commentateurs de la Bible les plus rationnels et les plus hardis parmi les Juifs, ne l'était pas moins au moyen âge pour ses connaissances dans l'astrologie; on le considérait comme l'un des coryphées de cette science chimérique, à laquelle il a consacré une série d'ouvrages autrefois fort estimés et qui ont été traduits en latin en 1293 par Petrus Paduanus (ms. latin de la Biblioth. imp., nº 7438). Les originaux hébreux existent dans plusieurs manuscrits de la Bibliothèque impériale. Je noterai ici pour les amateurs de bibliographie rabbinique que quelques-uns des ouvrages astrologiques d'Ibn-Ezra, tels que le ספר הטעמים (Livre des Raisons astrologiques), le ספר המולדות (Livre des Nativités), le ספר העולם (Livre du Monde), etc., existent à la Bibliothèque dans deux rédactions entièrement différentes. Pic de la Mirandole avait connaissance de cette double rédaction; dans ses *Disputationes in astrologiam*, liv. VIII, cap. 5, il cite la seconde édition du livre *de Astrologicis rationibus* (ספר הטעמים), et il ajoute: *Conscripsit enim* (Avenezra) *de eadem re libros duos.*

philosophie aristotélique[1]; mais cette tentative n'eut pas de grand retentissement. Pour opérer, s'il était possible, une réconciliation entre le judaïsme et la philosophie, il fallut un esprit qui, les dominant tous deux, joignît le calme et la clarté à l'énergie et à la profondeur, et fût capable, par son savoir imposant et sa critique pénétrante, d'éclairer tout le domaine de la religion par le flambeau de la science, et de fixer avec précision les limites de la spéculation et de la foi. Le grand homme qui se chargea de cette mission fut l'illustre Moïse ben-Maïmoum, vulgairement appelé Maïmonide (né à Cordoue le 30 mars 1135, et mort au vieux Caire le 13 décembre 1204). A la connaissance la plus approfondie de la vaste littérature religieuse des Juifs, il joignit celle de toutes les sciences profanes alors accessibles dans le monde arabe. Il fut le premier à introduire un ordre systématique dans les masses informes et gigantesques des compilations talmudiques, à établir l'édifice religieux du judaïsme sur des bases fixes, et à énumérer les articles fondamentaux de la foi. Offrant ainsi le moyen d'embrasser l'ensemble du système religieux, il put, sinon réconcilier entièrement la philosophie et la religion, du moins opérer un rapprochement entre elles, et, en reconnaissant les droits de chacune, les rendre capables de se contrôler et de se soutenir mutuellement. Nous aurons à donner ailleurs une appréciation développée du rôle de Maïmonide comme théologien et comme philosophe. Il ne nous appartient pas de décider ici jusqu'à quel point les efforts de Maïmonide ont été utiles au développement de la théologie judaïque ; sous le rapport philosophique, son *Guide des Égarés*, bien qu'il n'ait pas produit de ces résultats directs qui font époque dans l'histoire de la philosophie, a puissamment contribué à répandre de plus en plus parmi les Juifs l'étude de la philosophie péripatéticienne, et les a rendus capables de devenir les intermédiaires entre les Arabes et l'Europe chrétienne, et d'exercer

(1) Voy. ci-dessus, p. 268, et *Guide des Égarés*, t. I, p. 339, note 1.

par là une influence incontestable sur la scolastique. Dans le sein de la Synagogue, le *Guide* a produit des résultats qui ont survécu à la domination du péripatétisme et dont l'influence se fait sentir encore aujourd'hui ; c'est par la lecture du *Guide* que les plus grands génies des Juifs modernes, les Spinosa, les Mendelssohn, les Salomon Maïmon et beaucoup d'autres, ont été introduits dans le sanctuaire de la philosophie. L'autorité de ce livre devint si grande parmi les Juifs, que les kabbalistes eux-mêmes ne purent s'y soustraire ; la kabbale chercha à s'accommoder avec le péripatétisme arabe, et plusieurs des coryphées du mysticisme allèrent jusqu'à chercher dans le *Guide* un sens ésotérique, conforme à la doctrine de la kabbale. L'œuvre de Maïmonide est la dernière phase du développement des études philosophiques chez les Juifs, considérés comme société à part. Il ne nous reste plus qu'à faire connaître les principaux travaux issus de la direction que Maïmonide imprima aux études des Juifs.

L'Espagne chrétienne et la Provence avaient donné asile à une grande partie des Juifs expulsés du midi de l'Espagne par le fanatisme des Almohades, qui avait aussi forcé Maïmonide d'émigrer en Égypte. On sait avec quel acharnement les rois de cette dynastie persécutèrent les philosophes et détruisirent leurs ouvrages(1). Ibn-Roschd, qui écrivit ses commentaires sur Aristote à l'époque où Maïmonide travaillait en Égypte à son *Guide des Égarés*, serait peut-être resté inconnu au monde chrétien, si ses ouvrages, auxquels Maïmonide rendit un hommage éclatant dans les dernières années de sa vie(2), n'avaient pas été accueillis avec admiration par les Juifs d'Espagne et de Provence. Les ouvrages d'Ibn-Roschd et des autres philosophes arabes, ainsi que la plupart des ouvrages de science écrits en arabe, furent traduits en latin par les savants juifs

(1) Voy. ci-dessus, pag. 334 et 426.

(2) Voy. la lettre adressée par Maïmonide à son disciple Joseph, dans ma *Notice sur Joseph ben-Iehouda* (*Journal asiatique*, juillet 1842), pag. 31.

ou sous leur dictée, soit sur les textes arabes, soit sur des traductions hébraïques très fidèles. L'intérêt que, dans le monde chrétien, on attachait à ces traductions hébraïques, pour lesquelles on rencontrait plus facilement des interprètes latins que pour les originaux arabes, se montre dans la protection que trouvaient les traducteurs juifs auprès de l'empereur Frédéric II (1).

Mais plus la philosophie, sous le patronage du grand nom de Maïmonide, cherchait à étendre son empire, et plus ses adversaires, effrayés de sa hardiesse, devaient faire d'efforts pour s'opposer à ses envahissements. On ne répondait plus par des raisonnements calmes, comme l'avait fait le pieux Juda ha-Lévi; personne n'eût été en mesure de lutter avec avantage contre un Maïmonide, et d'ailleurs les partis s'étaient dessinés trop nettement pour qu'il y eût lieu à une dispute de mots. Les philosophes avaient su attirer dans leur parti les esprits indécis, qui ne comprenaient pas toute la portée du mouvement et qui étaient entraînés par le respect et la confiance qu'inspirait le nom de Maïmonide; leurs adversaires étaient des hommes généralement étrangers aux études philosophiques, et qui, en partie, professaient les idées les plus grossières sur les anthropomorphismes de la Bible (2). Ce fut en Provence que le *Guide* de Maïmonide avait été traduit en hébreu par Samuel ibn-Tibbon de Lunel, qui acheva sa traduction au moment même de la mort de Maïmonide. Ce fut la Provence qui fournit presque tous les traducteurs et commentateurs des philosophes arabes, tels que Jacob ben-Abba-Mari ben-Antoli (3), Moïse, fils de Samuel ibn-Tibbon, et, plus

(1) Voy. ci-dessus, pag. 335.

(2) Cf. Maïmonide, *Guide des Égarés*, Ire partie, chap. 1, et ma traduction française, t. I, pag. 34, note 1.

(3) Ou mieux *Anatolio* (אנטוליו); c'est ainsi que ce nom est écrit quelquefois dans les manuscrits, et entre autres dans le n° 207 de l'ancien fonds, à la suite de la traduction de l'abrégé de l'Almageste, par Ibn-Roschd, faite par Jacob ben-Abba Mari, à Naples, en 1231.

tard, au XIVe siècle, Lévi ben-Gerson, Calonymos ben-Calonymos (1), Todros Todrosi (2), Moïse de Narbonne et d'autres (3); et ce fut de là aussi que partirent les cris d'alarme

(1) Calonymos naquit en 1287, comme on le voit dans un grand nombre de notes placées à la fin des divers ouvrages traduits par cet auteur et où il indique son âge à côté de la date de la traduction. Sur cet auteur et sur ses travaux, on peut consulter les *Analectes* de M. Zunz, dans la *Zeitschrift* de M. Geiger, t. II, pag. 313-320, et t. IV, pag. 199-201.

(2) Todros (ou *Theodorus*) est auteur d'une traduction du commentaire d'Ibn-Roschd sur la Rhétorique et la Poétique d'Aristote; ce travail est daté de Trinquetailles, près d'Arles, 1337.

(3) Nous ne saurions passer sous silence deux autres auteurs qui jouissaient d'une réputation bien méritée: Jacob ben-Makhir de Montpellier et Samuel ben-Iehouda de Marseille: 1°. Jacob ben-Makhir ben-Tibbon, qui florissait à Montpellier dans la seconde moitié du XIIIe et dans les premières années du XIVe siècle, a traduit de l'arabe un grand nombre d'ouvrages de philosophie et de mathématiques, et a composé lui-même divers traités relatifs à l'astronomie, qui étaient fort estimés et qui ont été traduits en latin. Il portait aussi le nom de *Profiat* ou *Profatius*, et c'est sous ce nom qu'il était connu parmi les chrétiens. C'est par erreur que Wolf a fait de *Profatius* un auteur différent de notre Jacob ben-Makhir (*Bibliotheca hebr.*, t. I, pag. 988; t. III, pag. 944); le traité *de Quadrante*, cité par Wolf, et qui se trouve aussi à la Bibliothèque impériale (ms. lat., n° 7437), n'est autre chose que la traduction littérale du traité composé en hébreu par Jacob ben-Makhir, sous le titre de רובע ישראל. — 2° Samuel ben-Iehouda ben-Meschullam, connu vulgairement (comme il le dit lui-même) sous le nom de *Miles de Marseille*, était né en 1294. Son grand-père, Meschullam, était arrière-petit-fils de Jacob ben-David Profiague, que Benjamin de Tudèle mentionne comme l'un des habitants les plus riches de Marseille, et qui, selon l'appendice du *Schébet Iehouda*, mourut en 1170. Samuel aborda, dès l'âge de dix-huit ans, l'étude des sciences et de la philosophie; il étudia l'astronomie à Salon (שלון), sous la direction de R. Abba-Mari, appelé vulgairement Sen Astruc de Noves. En 1322, il était prisonnier à Beaucaire avec d'autres Juifs. Nous le trouvons tour à tour

qui retentirent du midi au nord, et de l'occident à l'orient. On criait mutuellement à l'hérésie, et on se lançait les uns aux autres les foudres de l'anathème. Il est en dehors de notre but de raconter ici les détails de cette lutte apaisée et renouvelée plusieurs fois, avec plus ou moins de violence, jusqu'à la fin du XIIIe siècle (1); il suffit de dire qu'elle tourna au profit de la philosophie, à laquelle l'acharnement même des adversaires donna un nouvel essor. En 1305, un synode de rabbins, ayant en tête le célèbre Salomon ben-Adrath, chef de la synagogue de Barcelone, interdit, sous peine d'excommunication, d'aborder l'étude de la philosophie avant l'âge de vingt-cinq ans révolus; et, peu de temps après, nous voyons le péripatétisme arabe professé avec une hardiesse qui jusque-là avait été sans exemple.

C'est ici l'endroit de dire quelques mots sur la *kabbale spéculative*, que depuis le XIIIe siècle nous voyons prendre le plus grand développement. Cette doctrine est surtout déposée dans deux ouvrages célèbres, le livre *Yecîrâ* et le *Zohar;* le premier passait déjà au Xe siècle pour un ouvrage ancien, et date probablement de l'époque talmudique; le second, comme on l'a vu plus haut, renferme des documents de diverses époques, qui, en partie très anciens, ont été recueillis au XIIIe siècle et rédigés sous l'influence d'idées philosophiques plus récentes (2). Dans le livre *Yecîrâ* les *nombres* (*Sephirôth*) et les *lettres*, comme éléments de la parole divine, sont symboliquement représentés comme les principes de tou-

établi à Murcie en Espagne (1324), à Tarascon (1329 et 1330), à Aix (1335-1336), à Monteil-Aimar, ou Montélimart (1340). La Bibliothèque impériale possède de lui la traduction du traité *de l'Ame* d'Alexandre d'Aphrodise, celle de l'Almageste d'Ibn-Afla'h, et celle de l'abrégé de l'Organon par Ibn-Roschd. Les notices qui se trouvent à la fin de ces ouvrages nous fournissent quelques détails biographiques sur Samuel ben-Iehouda.

(1) Nous renvoyons à un excellent article de M. Geiger, *Zeitschrift*, t. V, pag. 82 et suiv.

(2) Voy. ci-dessus, pag. 275 et suiv.

tes les choses et considérés comme les formes générales de l'*être*(1); ce sont là les trente-deux *sentiers merveilleux* de la sagesse, à la tête desquels se trouve l'unité, qui est Dieu, considéré comme la source commune de tous les êtres en dehors de lui. Cette doctrine de l'*émanation* se présente sous une autre forme dans le *Zohar*, où, comme on va le voir, les dix *Sephirôth* ont été symbolisées d'une manière nouvelle. Laissant de côté la partie positive ou dogmatique de la kabbale, qui est plutôt du domaine de la croyance que de celui de la spéculation, nous nous bornons à en résumer ici la doctrine philosophique, telle qu'elle s'est formée depuis l'apparition du livre *Zohar*(2). Cette doctrine tend à mettre d'accord le monothéisme et le dogme de la création avec ce principe fondamental de la philosophie ancienne : *ex nihilo nihil fit.*

Les philosophes non matérialistes admettaient deux principes fondamentaux, l'esprit et la matière; mais, dans ce dualisme, les deux principes sont bornés l'un par l'autre : l'esprit ou la divinité n'est pas libre dans son mouvement et ne peut se manifester selon sa volonté. D'un autre côté, ce système avait l'avantage d'expliquer l'existence du mal moral et physique, qu'on rejetait sur la matière, tandis qu'en n'admettant qu'un principe unique, d'une perfection absolue, on ne pouvait comprendre le mal. Dans la doctrine de Zoroastre, la question n'est que déplacée; car, quoique dans le dualisme professé par cette doctrine le principe du mal (Ahriman) soit *subordonné* au bon principe (Ormuzd), on se demande toujours quel pouvait être l'origine du mal dans le monde d'*Ormuzd*. Pour résoudre ces difficultés, on imagina la doctrine de l'*émanation*. Toute la création, disait-on, est émanée graduellement de la lumière divine; à mesure qu'elle s'éloignait de la source, elle s'approchait des ténèbres, et la matière qui en est le plus éloignée est le siége du mal. Cette doctrine, qui

(1) Cf. ci-dessus, pag. 34, note 2.

(2) Je me contente de reproduire ici en abrégé ce que j'ai dit sur la kabbale dans mon ouvrage *Palestine*, pag. 519 et suiv.

nous fait entrer dans un nouveau labyrinthe, était en vogue dans les écoles d'Alexandrie; la kabbale spéculative est une de ses ramifications. Voici le système des kabbalistes :

Aucune substance n'est sortie du néant absolu; tout ce qui est a tiré son origine d'une source de lumière éternelle, de Dieu. Dieu n'est compréhensible que dans sa manifestation; le Dieu non manifesté est pour nous une abstraction. Ce Dieu est de toute éternité; c'est, selon les termes des kabbalistes, le *vieux des jours*, l'*occulte des occultes* (1). Sous ce rapport, il est appelé aussi le Néant (*Ayin*), et c'est ainsi que le monde, créé par lui, est sorti du *néant*. Ce *néant* est unique, c'est l'unité indivisible et infinie; c'est pourquoi il s'appelle *Ên-sôph* (sans fin). Cet *Ên-sôph* n'est borné ni déterminé par rien, car il est tout, et rien n'est hors lui; il se manifeste librement et par sa sagesse, et devient ainsi la *cause première*, la *cause des causes*. — La lumière primitive du Dieu-Néant remplissait tout l'espace; elle est l'espace même. Tout y était virtuellement; mais pour se manifester, elle devait *créer*, c'est-à-dire se développer par l'émanation. Elle se retira donc en elle-même pour former un vide, qu'elle remplit ensuite graduellement par une lumière tempérée et de plus en plus imparfaite. Cette *contraction* ou concentration de la lumière de l'*Ên-sôph* s'appelle, dans le langage des kabbalistes, *cimçoum* (2). Par cette théorie, qui repose sur des principes purement physiques, sur la manière de considérer les effets matériels des rayons de lumière, les kabbalistes croyaient sauver l'*infini* de la lumière divine; car dans les autres systèmes d'émanation, la lumière se montrait bornée en se perdant enfin dans les ténèbres. Après cette concentration, l'*Ên-sôph* se manifesta d'abord dans un premier principe, prototype de la création, ou *macrocosme*, qui est appelé le fils de Dieu, ou l'*homme primitif* (*Adam Kadmôn*) (3). C'est la figure d'homme qui plane au-dessus des animaux

(1) עתיק יומין — טמיר מכל טמירין.

(2) Cf. ci-dessus, pag. 285.

(3) Voy. ci-dessus, pag. 256 et 290.

symboliques d'Ezéchiel. De cet *Adam Kadmôn* émana la création en quatre degrés, ou quatre mondes, que les kabbalistes appellent : *Acîlâ*, *Beriâ*, *Yecîrâ*, *'Asiyyâ*. Le monde *Acîlâ* (émanation) représente les qualités opératrices de l'*Adam Kadmôn ;* ce sont des *puissances* ou des *intelligences* émanées de lui et qui forment en même temps ses qualités essentielles et les instruments avec lesquels il opère. Ces qualités sont réduites au nombre de dix et forment la sainte décade des *Sephirôth*, qui se compose de deux nombres sacrés, *trois* et *sept ;* car les trois premières *Sephirôth* sont essentiellement des *intelligences*, tandis que les sept autres ne sont que de simples attributs. Voici dans quel ordre elles émanent les unes des autres : 1° *Kether* (couronne), 2° *'Hokhmâ* (sagesse), 3° *Bînâ* (intelligence), 4° *'Hésed* (grâce) ou *Guedullâ* (grandeur), 5° *Guebourâ* (force), 6° *Tiphéreth* (beauté), 7° *Néça'h* (triomphe), 8° *Hôd* (gloire ou majesté), 9° *Yesôd* (fondement), 10° *Malkhouth* (règne).

De ce premier monde d'*émanation*, émanèrent successivement les trois autres mondes (1), dont le dernier (*'Asiyyâ*) est en quelque sorte le rebut de la création et le siége du mal.

L'homme, par sa nature, participe des trois mondes *créés*, et pour cela il est appelé *microcosme* (*'Olam katân*); car tout ce que l'*Adam Kadmôn* ou le *macrocosme* contient virtuellement, l'homme le contient en réalité. Par l'âme, comme principe vital, il appartient au monde *'Asiyyâ*; par l'esprit, ou l'âme rationnelle, au monde *Yecîrâ*, et par l'âme intelligente (ou l'intellect), au monde *Beriâ ;* cette dernière est une partie de la Divinité, elle est préexistante. C'est pour exprimer cette triplicité que la langue hébraïque a trois mots pour dire *âme*, savoir : *nephesch* (souffle), *roua'h* (esprit), *neschamâ* (âme) (2); Isaïe y fait allusion par ces mots (ch. 43, v. 7): « Je l'ai créé (*berâthîw*), je l'ai formé (*yeçarthîw*), et je l'ai fait (*af asîthîw*) (3). » — L'homme est donc composé de deux

(1) Sur les quatre mondes, voy. ci-dessus, pag. 284.

(2) Cf. ci-dessus, pag. 280.

(3) Cf. ci-dessus, pag. 167, et *ibid.*, note 2.

principes, l'un bon et l'autre mauvais; il dépend de lui de faire prévaloir l'un sur l'autre, et après la mort, il est récompensé selon ses œuvres, car la *neschamâ* est immortelle.

Tel est en substance le système de la *kabbale*. Les difficultés, loin d'y être résolues, ne sont qu'éludées; le passage de l'esprit à la matière, du bien absolu au mal, reste enveloppé d'un voile impénétrable. Ce système, par ses résultats, s'écarte complétement de la doctrine mosaïque et aboutit au panthéisme; au lieu d'un Dieu libre, créant par sa volonté, nous ne trouvons plus, dans ce système d'émanation, qu'une fatalité organisatrice de la nature divinisée.

Après cette digression, nous revenons aux philosophes proprement dits, ou aux péripatéticiens. Le philosophe juif le plus profond et le plus érudit du XIIIe siècle est, sans contredit, Schem-Tob, fils de Joseph ibn-Falaquéra, que nous avons déjà mentionné plus haut comme traducteur des extraits de la *Source de vie*, et qui est auteur de plusieurs ouvrages très remarquables (1).

(1) Schem-Tob ben-Joseph ibn-Falaquéra, Espagnol, naquit entre 1224 et 1228. Dans l'introduction d'un de ses ouvrages (le *Mebakkesch*), écrite au mois d'octobre 1263, il dit qu'il avait alors dépassé la moitié de soixante-dix ans et qu'il approchait de la quarantaine. Il montre dans tous ses écrits une érudition vaste et profonde, et notamment une connaissance très approfondie des écrits philosophiques des Arabes. Ses *Commentaires sur toute la Bible*, qu'il cite lui-même (voy. la préface du *Moré ha-Moré*), ne nous sont pas parvenus; mais on a de lui les écrits suivants, dont les cinq premiers furent composés par lui avant l'âge de trente-cinq ans :

1° אגרת בתי הנהגת הגוף והנפש Traité en vers sur le régime du corps et de l'âme. Ms. dans la Bibliothèque des Médicis, à Florence.

2° צרי היגון *Baume du chagrin*, ou de la résignation et de la force d'âme dans le malheur. Cet opuscule a été publié à Crémone en 1550 avec des additions par un certain Saül, lequel ayant perdu le manuscrit qu'il avait possédé, en reproduisit le texte de mémoire et seulement en substance. Une autre édition a été publiée à Prague, 1612, in-4°.

Un des hommes les plus célèbres de la fin du XIIIe siècle, et qui mérite d'être signalé parmi les promoteurs des études philosophiques, est Iedaïa Penini, surnommé *Bedersi*, parce qu'il était originaire de la ville de Béziers. Son *Be'hînath 'ôlam* (Examen du monde), livre de morale qui traite des vanités de ce monde, est écrit dans un style hébreu très élevé et très

3° אגרת הויכוח Dialogue entre un théologien et un philosophe sur l'accord de la religion et de la philosophie. Imprimé à Prague, 1610, in-8°.

4° ראשית חכמה *Commencement de la sagesse*, ou Guide des sciences. L'ouvrage est divisé en trois parties : la première traite des vertus morales qu'il faut posséder pour aborder l'étude des sciences et de la philosophie ; la deuxième renferme une énumération ou revue de toutes les sciences ; la troisième traite de la nécessité des études philosophiques pour arriver à la vraie félicité. Un manuscrit de cet ouvrage existe au Vatican ; la Bibliothèque impériale de Paris en possède une version latine, précédée de celle de l'opuscule précédent. Ms. lat., n° 6691 *A*.

5° ספר המעלות *Livre des degrés*, ou traité sur les divers degrés de perfection humaine et sur les sociétés plus ou moins parfaites. Ms. de la Bibliothèque impériale, suppl. hébr., n° 15, où l'on trouve aussi le אגרת הויכוח.

6° המבקש *Le Chercheur* (de la science) ; coup d'œil sur les connaissances humaines, écrit en 1263, dans un style élégant en prose rimée mêlée de vers. Imprimé à Amsterdam, 1779, in-8°.

7° ספר הנפש *Traité de l'Ame*, en vingt chapitres, selon les doctrines des péripatéticiens arabes. Cet ouvrage se trouve dans le ms. hébreu n° 239 de la Bibliothèque impériale.

8° שלמות המעשים *Perfection des œuvres*, petit traité de morale en dix chapitres (dans le même manuscrit).

9° מורה המורה Commentaire sur les parties purement philosophiques du *Moré*, ou *Guide* de Maïmonide, composé en 1280, et très utile pour l'étude de la philosophie arabe. Dans l'appendice, l'auteur corrige, d'après l'original arabe, un grand nombre de passages de la version hébraïque de Samuel ibn-Tibbon. Cet ouvrage, dont la Bibliothèque impériale possède plusieurs manuscrits, a été imprimé à Presbourg (1837, in-8°).

10° Apologie du *Guide* de Maimonide, attaqué de nouveau, en élégant, qui a mérité à l'auteur le titre de *l'éloquent*. Cet ouvrage, qui a attiré l'attention de savants chrétiens, a été traduit en plusieurs langues; Philippe d'Aquin l'a publié avec une traduction française (in-8°, Paris, 1629). Iedaïa montre que le vrai bonheur de l'homme n'est que dans la religion et dans la science, et il finit par recommander au lecteur de prendre pour guide les doctrines de Moïse ben-Maïmoun, le plus grand docteur de la Synagogue. Dans une *lettre apologétique* adressée à Salomon ben-Adrath, Iedaïa défend avec chaleur les études philosophiques contre l'anathème lancé par les rabbins de Barcelone (1). On a aussi de Iedaïa une paraphrase du traité d'Al-Farâbi, intitulé *de Intellectu et intellecto*, et plusieurs autres écrits philosophiques (2).

Un autre philosophe de cette époque est Joseph ibn-Caspi, originaire de l'Argentière en Languedoc (3). Il composa de nom-

1290, par quelques rabbins de France. Cette lettre, qu'on trouve dans quelques manuscrits à la suite de l'ouvrage précédent, a été publiée à la fin de l'édition du מנחת קנאות (Presbourg, 1838, in-8°), pag. 182.

11° Extraits du livre מקור חיים (Source de vie) de Salomon ibn-Gebirol, traduits de l'arabe en hébreu, et publiés dans ce volume.

En outre, l'auteur mentionne, dans l'introduction du *Chercheur*, deux de ses ouvrages dont nous ne trouvons pas de traces ailleurs, savoir : אגרת המוסר, Traité de morale, et מגלת הזכרון, ouvrage historique. Dans le *Moré ha-Moré*, liv. III, chap. 19 (pag. 131), Ibn-Falaquéra indique un ouvrage qu'il avait composé sous le titre de אגרת החלום, *Traité du songe*.

(1) Cette lettre a été publiée dans le recueil des *Consultations* (שאלות ותשובות) de R. Salomon ben-Adrath, n° 418.

(2) Voy. les *Archives israélites*, année 1847, pag. 67-72, où j'ai donné une notice sur plusieurs ouvrages inédits de Iedaïa. Cf. ci-dessus, pag. 350, note 2.

(3) Cette ville est maintenant le chef-lieu d'un arrondissement de l'Ardèche. Dans un manuscrit qui renferme l'*Abrégé de l'Organon* de notre Joseph (fonds de l'Oratoire, n° 105), l'auteur est désigné par le nom de אבונפוש דלאגליטרא, c'est-à-dire, *Bonafoux de l'Argentière*; אגליטרא ou אנגלטירה est une orthographe vicieuse

breux ouvrages, parmi lesquels nous remarquons deux commentaires sur le *Guide* de Maïmonide [1], et un résumé de l'*Organon* d'Aristote. Isaac Albalag, connu pour ses opinions hardies et qui traduisit en hébreu le *Makâcid* d'Al-Gazâli, appartient également à ces temps. — Mais celui qui, comme philosophe et exégète, obscurcissait tous ses contemporains, fut Lévi ben-Gerson de Bagnols, appelé *maître Léon*, sans contredit un des plus grands péripatéticiens du XIVe siècle et le plus hardi de tous les philosophes juifs [2]. Ses ouvrages ont

pour ארגנטירה; la même faute se trouve aussi dans le מנחת קנאות (pag. 101) à côté de l'orthographe correcte. Dans les deux préfaces de ses commentaires sur Ibn-Ezra (Pentateuque) et sur les Proverbes (ms. du fonds de l'Oratoire, n° 23), il désigne sa ville natale par les mots כספיא המקום, sans doute par allusion à un passage du livre d'Ezra (VIII, 17). C'était l'usage des Juifs de ces contrées de traduire en hébreu les noms des villes, surtout lorsqu'il existait des noms bibliques qui offraient à peu près la même étymologie que les noms vulgaires; c'est ainsi que Lunel est appelé quelquefois ירחו, Montpellier הר געש, ou simplement ההר, et c'est ainsi que כספיא était très propre à rendre le nom de l'Argentière. Sur la vie et les ouvrages d'Ibn-Caspi, on peut consulter De Rossi, dans son Catalogue, cod. 755; Delitzsch et Zunz, dans le catalogue de la Biblioth. de Leipzig, pag. 303, 304 et 323, et la notice que nous indiquons dans la note suivante.

(1) Ces commentaires ont été publiés, par M. Salomon Werbluner, sous le titre suivant : *Josephi Kaspi commentaria hebraica in R. Mosis Maimonidis tractatum* DALALAT AL-HAIIRIN, *sive Doctor perplexorum* (Francfort-S.-M., 1848, in-8°). Cette édition est accompagnée d'une notice sur la vie et les écrits d'Ibn-Kaspi, en allemand, par M. Kirchheim.

(2) On ne connaît exactement ni l'année de sa naissance, ni celle de sa mort. De Rossi affirme, sur la foi d'une date trouvée dans un manuscrit de l'*Arithmétique* de Lévi ben-Gerson, que cet auteur naquit en 1288, ce qui s'accorde bien avec les dates de la composition de ses divers ouvrages. Une note que nous trouvons à la fin d'un manuscrit du commentaire de Raschi sur la Bible (fonds de la Sorbonne, n° 50) peut faire naître des doutes à cet égard; le copiste, *David ben-Gerson*, dit avoir écrit ce commentaire

eu un grand succès parmi ses coreligionnaires; ils ont été presque tous publiés, quelques-uns même ont eu plusieurs

à l'usage de son frère, *Rabbi Lévi*, l'an 5058 (1298), et s'il était démontré qu'il est ici question de notre Lévi ben-Gerson, il faudrait admettre que celui-ci était déjà d'un certain âge, et que par conséquent il était né avant l'époque indiquée par De Rossi. Mais ce n'est peut-être ici qu'une ressemblance fortuite de noms, d'autant plus que l'écriture du manuscrit en question a le type allemand fortement prononcé, et qu'il est difficile de le supposer écrit en Provence.—Selon le livre *You'hasîn*, Lévi mourut en 1370; mais il n'est pas probable qu'il ait vécu jusqu'à cette époque; car ses derniers ouvrages sont datés de 1338, et les observations astronomiques dont il rend compte ne vont pas au delà de 1340. Quoi qu'il en soit, nous sommes parfaitement renseignés sur sa carrière d'écrivain, qui, d'après les dates qu'on trouve à la fin de ses ouvrages, commence en 1321 et se termine en 1338, bien que certaines parties de son *Mil'hamôth Adonaï* fussent rédigées, ou tout au moins ébauchées, dès l'an 1316 ou 1317 (voy. l'édition de cet ouvrage, fol. 68 *b*). Il débuta par un ouvrage d'arithmétique (ספר המספר), terminé au mois d'avril 1321, et consacra tout le reste de cette année et les deux années suivantes à l'explication de divers commentaires ou paraphrases d'Ibn-Roschd sur Aristote; il aborda ensuite l'interprétation de certaines parties de la Bible qui lui permettaient de donner une libre carrière à son exégèse philosophique, comme le Cantique des Cantiques, Job, les premiers chapitres de la Genèse et l'Ecclésiaste, et en même temps il travaillait à son livre *Mil'hamôth*. Après avoir achevé cet ouvrage, il commenta successivement les livres d'Esther et de Ruth, le Pentateuque, les premiers Prophètes, Daniel, Ezra et Néhémia, les Chroniques, et en dernier lieu les Proverbes, qu'il acheva le 3 iyyâr (23 avril) 1338. — Nous avons lieu de croire que Lévi avait fixé sa résidence dans le comtat Venaissin; selon une note latine que nous citerons plus loin, il habitait la ville d'Orange. Nous le trouvons aussi tantôt à Avignon, tantôt dans une ville qu'il appelle עיר האזוב (ville de l'Hysope), et qui a donné son nom à plusieurs auteurs juifs, surnommés *Ezôbi*. Bernard Devalabrègue, israélite du Comtat, qui suivit peut-être a cet égard une tradition locale, traduit le nom de *ville de l'Hysope* par *Vaison;* voy. la notice française en tête du ms. hébr. nº 79 de l'ancien fonds.

éditions ; et ce succès est d'autant plus étonnant que l'auteur reconnaît ouvertement la philosophie d'Aristote comme la vérité absolue, et, sans prendre les réserves que Maïmonide avait cru nécessaires, fait violence à la Bible et aux croyances juives pour les adapter à ses idées péripatéticiennes. Il paraîtrait que ses mérites comme exégète lui firent pardonner ses écarts comme philosophe et théologien, ou bien qu'à une époque où l'étude de la philosophie était tombée en décadence et où les luttes avaient cessé, on lisait, sans en comprendre toute la portée, les vastes ouvrages de Lévi, attrayants par la facilité du style et la variété du fond. Il a écrit des commentaires bibliques très développés, où il a fait une part très large à l'interprétation philosophique. Ses œuvres philosophiques proprement dites sont : 1° des *Commentaires*, non pas sur Aristote (comme on le dit généralement dans les ouvrages de bibliographie rabbinique), mais sur les commentaires moyens et sur quelques-unes des paraphrases ou analyses d'Ibn-Roschd ; ils se trouvent en grande partie parmi les manuscrits de la Bibliothèque impériale. Ceux qui se rapportent à l'*Isagoge* de Porphyre, aux *Catégories* et au traité *de l'Interprétation*, ont été traduits en latin par Jacob Mantino et imprimés dans le tome Ier des deux éditions latines des Œuvres d'Aristote avec les commentaires d'Averrhoès. 2° *Mil'hamôth Adonaï* (Guerres du Seigneur), ouvrage de philosophie et de théologie, où l'auteur développe son système philosophique, qui est en général le péripatétisme pur, tel qu'il se présente chez les philosophes arabes, et où il cherche à démontrer que les doctrines du judaïsme sont parfaitement d'accord avec ce système. Cet ouvrage, achevé le 8 janvier 1329, est divisé en six livres, qui traitent de la nature et de l'immortalité de l'âme, de la connaissance des choses futures et de l'esprit prophétique, de la connaissance que Dieu a des choses particulières ou accidentelles (1), de la Providence divine, des corps célestes et de la création ; dans l'édition qui en a été publiée à Riva di Trento en 1560, on a sup-

(1) Cf. ci-dessus, pag. 319 et 362.

primé la première partie du cinquième livre, qui forme à elle seule un traité d'astronomie fort étendu et renferme des calculs et des observations propres à l'auteur (1). Parmi les philo-

(1) Cet ouvrage, composé de 136 chapitres, existe dans trois manuscrits de la Bibliothèque impériale, dont l'un est incomplet. Après des observations générales sur l'utilité et la difficulté de l'astronomie, l'auteur donne la description d'un nouvel instrument inventé par lui pour les observations astronomiques, et auquel il donne le nom de מגלה עמוקות (*découvrant les profondeurs*). Au chap. 9, il célèbre cet instrument par deux pièces de vers. Dans la suite de l'ouvrage, il expose les inconvénients du système de Ptolémée et de celui qui avait été inventé par un astronome arabe, désigné par l'auteur sous la dénomination de בעל תכונה חדשה, et qui n'est autre qu'Abou-Is'hâk al-Bitrôdji (Alpetragius), de la fin du XIIe siècle ; son système avait fait une grande sensation, comme on le voit dans le *Yesôd 'ôlam* (II, 9), où Al-Bitrôdji est désigné par les mots האיש חמרעיש (voy. ci-après, dans l'Appendice, la *note sur Alpetragius*). Lévi, après avoir montré que ce système est impossible, expose longuement ses propres vues sur le système du monde, en les appuyant des observations qu'il avait faites à diverses époques. Il acheva cet ouvrage le 21 kislew 5089 (24 novembre 1328) ; mais il le revit plus tard et le compléta dans différents endroits, en y inscrivant successivement ses nouvelles observations, qui vont jusqu'à l'an 1340. Cet ouvrage, qui devrait occuper une place dans l'histoire de l'astronomie, mériterait un examen approfondi de la part d'un savant spécial. Pic de la Mirandole, qui le cite plusieurs fois dans ses *Disputationes in Astrologiam*, s'exprime en ces termes (liv. IX, chap. 8) : *Leo Hebræus, vir insignis et celeber mathematicus, quasi veteribus parum fidens, excogitavit novum instrumentum, cujus vidimus canones mathematica subtilitate præcellentes.* C'est par erreur que Wolf (*Biblioth. hebr.*, t. I, pag. 436) applique ce passage à Léon Hébreu, fils d'Isaac Abravanel. La partie qui traite de l'instrument inventé par Lévi ben-Gerson (chap. 4 à 11) avait formé un ouvrage à part, qui fut traduit en latin, en 1342, pour le pape Clément VI. Cette traduction, qui se trouve à la Biblioth. imp. (ms. lat., n° 7293), est terminée par la note suivante : *Explicit tractatus instrumenti astronomiæ magistri Leonis Judæi de Balneolis, habitatoris Auraycæ. Ad summum pontificem dominum Clementem VI translatus de he-*

sophes juifs du moyen âge dont les ouvrages nous sont parvenus, Lévi ben-Gerson est le premier qui ose combattre ouvertement le dogme de la création *ex nihilo*. Après avoir longuement démontré que le monde ne peut être sorti ni du néant absolu ni d'une matière déterminée, il conclut (livre VI, Ire partie, ch. 17) qu'il est à la fois sorti du néant et de quelque chose; ce quelque chose, c'est la matière première, laquelle, manquant de toute forme, est en même temps le néant (1). C'est par des raisonnements semblables que Lévi, sur beaucoup d'autres questions, cherche à mettre en harmonie sa philosophie avec les dogmes reçus (2).

bræo in latinum anno incarnationis Chr. 1342 *et pontificatus dicti domini Clementis anno primo.* La ville désignée par le nom d'*Aurayca* est *Orange*, appelée en latin *Arausio*, et qui, au moyen âge, portait aussi le nom d'*Aurasica* (ou *Aurasinorum civitas*).

(1) ונאמר כי מפני שכבר היה מחויב בזאת ההויה אשר התבאר חיובה במופתים רבים שתהיה אם יש מיש אם יש מאין וכבר התבאר שאי אפשר שתהיה באחד מאלו הפנים הנה לא ישאר אלא שתהיה יש מאין מצד ויש מיש מצד והנה זאת החלוקה היא אשר נעלמה מהקודמים ואולם היותה יש מיש הוא שתהיה מגשם ואולם היותה יש מאין הוא שתהיה מגשם נעדר כל צורה ·

(2) Les opinions hardies de Lévi ben-Gerson et ses interprétations péripatéticiennes des textes sacrés et des dogmes religieux ont été, de la part des rabbins orthodoxes, l'objet de la critique la plus sévère. Isaac Abravanel, dans plusieurs de ses écrits, et notamment dans son commentaire sur Josué (chap. 10), gémit sur les écarts des philosophes juifs, qui, admettant la *matière première*, mettent l'*intellect actif* à la place de Dieu, nient la Providence divine à l'égard des individus, et ne voient dans l'immortalité de l'âme que son union avec l'intellect actif. Il blâme surtout Lévi ben-Gerson, qui, dit-il, n'a pas même jugé nécessaire de voiler sa pensée et qui la manifeste avec la plus grande clarté, tenant sur la matière première, sur l'âme, sur la prophétie et sur les miracles, des discours tels que c'est déjà un péché d'y prêter l'oreille, et à plus forte raison d'y croire. Avant lui, Isaac ben-Schéscheth s'était prononcé dans le même sens, quoique plus respectueuse-

Écrivain moins fécond que Lévi ben-Gerson, mais non moins profond péripatéticien, Moïse ben-Josué de Narbonne (1) a laissé des ouvrages qui offrent un intérêt plus réel à l'historien de la philosophie. Ses commentaires sur les principaux philosophes arabes renferment une foule de renseignements utiles et sont extrêmement instructifs. Il a commenté le livre

ment, sur Lévi ben-Gerson, qu'il appelle *un grand talmudiste* (חכם גדול בתלמוד), mais que la philosophie, dit-il, a détourné de la voie de la vérité et qui a écrit des choses qu'il est défendu d'écouter (כתב דברים שאסור לשמע). Voy. les *Consultations* de Ben-Schéscheth (תשובות ר׳ י׳ ב׳ ש׳), nº 45.

(1) Moïse ben-Josué, surnommé *maître Vidal*, était d'une famille originaire de Narbonne, et qui s'était établie à Perpignan, où le jeune Moïse fit ses études, sous la direction de son père (voy. Comment. sur le *Moré*, liv. I, chap. 50 et 63). Nous ne connaissons pas la date de sa naissance; mais il y a lieu de croire qu'il naquit dans les dernières années du XIIIe ou au commencement du XIVe siècle. Sur la date de sa mort, nous trouvons une indication douteuse dans un manuscrit de la Biblioth. imp. (fonds de l'Oratoire, nº 40), dont les dernières pages renferment un petit traité sur le *libre arbitre*, composé par notre auteur pour réfuter un écrit intitulé אגרת הגזרה, et dans lequel un savant contemporain, que Moïse ne nomme pas, avait pris la défense du fatalisme. Le traité de Moïse, achevé à Soria le vendredi 12 tébeth 5122 (10 décembre 1361), porte en tête l'inscription suivante : המאמר בבחירה לר׳ משה הנרבוני וחברו כמשלש חדשים טרם פטירתו « Traité du *Libre arbitre*, par R. Moïse de Narbonne, qui le composa *environ trois mois* avant sa mort. » Il résulterait de cette inscription que l'auteur mourut en 1362 ; mais les mots *environ trois mois* ne sauraient être pris à la lettre, car nous savons que Moïse termina son commentaire sur le *Moré* le 1er iyyar (26 avril) 1362. Dans ce dernier ouvrage (liv. III, chap. 17), il cite lui-même son petit traité contre le fatalisme, ce qui peut faire naître quelque doute sur l'authenticité de la date que porte cet écrit. Quoi qu'il en soit, nous ne trouvons de Moïse de Narbonne aucun écrit postérieur à l'an 1362, et il dut être alors d'un âge avancé ; car, dans le *post-scriptum* de son Commentaire sur le *Moré*, il dit que son fils Josué l'avait pressé d'achever ce travail, afin qu'après sa mort on ne pût

Makâcid d'Al-Gazâli (1), le traité d'Ibn-Roschd sur l'*Intellect hylique et la possibilité de la conjonction* (en 1344) (2), les *Dissertations physiques* du même auteur, et notamment le traité *de Substantia orbis* (en 1349) (3), le *'Hayy ibn-Yakdhân* d'Ibn-To-

lui reprocher d'avoir négligé le plus grand philosophe de sa nation, après avoir commenté les philosophes étrangers. — Sur les ouvrages de Moïse de Narbonne, on peut voir Zunz, *Additamenta* au catalogue de la bibliothèque de Leipzig, pag. 325-326; nos notes serviront à compléter celles de M. Zunz. Un de ses premiers écrits est son commentaire sur les Lamentations de Jérémie, qui est fort rare et que nous possédons à la Biblioth. impériale (ancien fonds, n° 280); il y parle de son commentaire sur le אפשרות הדבקות comme d'un travail qu'il se *proposait* de faire.

(1) Voy. ci-dessus, pag. 369. C'est l'ouvrage qui, en hébreu, porte le titre de כונות הפילוסופים, et dont Moïse fit l'objet d'un de ses premiers travaux. Il paraîtrait résulter d'une notice assez vague de Casiri (*Biblioth. arab. hisp.*, t. I, pag. 184) qu'il existe à l'Escurial un commentaire arabe de notre auteur sur le *Tehâfot* (הפלת הפילוסופים) d'Al-Gazâli; le fait nous paraît peu probable, et il y a peut-être erreur de la part de Casiri. Cf. ci-dessus, p. 369 et suiv.

(2) Ce traité, un des plus importants qui nous restent d'Ibn-Roschd, est intitulé en hébreu: מאמר בשכל ההיולני, ou מאמר באפשרות הדבקות; voy. l'analyse de ce traité, ci-dessus, pag. 450 et suiv. Selon tous les manuscrits, Moïse acheva son commentaire à Perpignan, *le septième jour* de tammouz 5104 (19 juin 1344); mais il y a ici sans doute une erreur de date, faite par l'auteur lui-même, ou par les copistes; car dans ladite année, le 7 tammouz, ou 19 juin, était un samedi. Le commentaire fut écrit au milieu des troubles de la guerre que Pierre IV, roi d'Aragon, fit à son beau-frère Jacques, roi de Majorque, à qui il enleva le Roussillon. L'auteur y fait allusion, à la fin du commentaire, par ces mots:

ולולי שנלחצתי הלחץ הגדול כבר נמנעתי במה שפירשתי
מזה בזה העת לצרות המעיקות אותנו כי המלך הגדול מלך
ארגון ירום הודו צר עלינו בארץ הזאת רושלון.

(3) Les *Dissertations physiques*, intitulées en hébreu הדרושים הטבעיים, sont un recueil de petits traités et de simples notes

faïl (même année)[1], le *Moré* ou *Guide* de Maïmonide (1355 à

d'Ibn-Roschd sur diverses questions se rattachant à la Physique d'Aristote. On en trouve une partie, sous le titre que nous venons d'indiquer et avec le commentaire de Moïse de Narbonne, dans le ms. hébreu n° 118 du fonds de l'Oratoire. Une autre partie, que notre commentateur, à l'exemple (dit-il) des savants chrétiens, a réunie sous le titre commun de מאמר בעצם הגלגל (*tractatus de Substantia orbis*), se trouve dans les n°s 96 et 122 *bis* du même fonds (cf. ci-dessus, pag. 436-437). Le commentaire de ce dernier recueil, qui termine les *Derouschîm*, fut achevé le 5 adar II 5109 (24 février 1349). Dans la préface du commentaire de la première partie (n° 118), l'auteur, qui s'était retiré alors à Cervera (en Catalogne), dit avoir entrepris ce travail à la demande de ses amis, les savants de Perpignan, avec lesquels, après s'être séparé d'eux, il voulait continuer ses rapports intellectuels. Plus loin, il désigne ces savants par les mots כת האחים, et dans la préface du *'Hayy ibn-Yakdhân* il les appelle נכבדי החבורה מדורשי החכמה אשר בעיר פרפיניאן, ce qui me fait croire qu'il s'agit d'une société littéraire, qui s'était formée dans le sein de la communauté juive de Perpignan. Il parle aussi de grands malheurs qui fondirent alors sur beaucoup de communautés, et du pillage de celle de Cervera, dans lequel il avait perdu la plus grande partie de ses livres.

(1) La date de 5126 (1366), que porte le ms. de Leipzig, est nécessairement fausse; voy. Zunz, *Additamenta*, pag. 326. La plupart des manuscrits, et entre autres ceux de la Bibliothèque impériale, portent que ce commentaire fut achevé à Cervera, la veille de la Pentecôte 5109, c'est-à-dire le 4 siwan (22 mai 1349) (car le 5 siwan, véritable veille de la Pentecôte des Juifs, fut un samedi). Ce travail, très utile pour l'intelligence du texte d'Ibn-Tofaïl, nous fournit en même temps des renseignements très précieux sur les doctrines de divers philosophes arabes. Vers la fin, notre commentateur donne l'analyse du traité d'Abou-Becr ibn-al-Çayeg, ou ibn-Bâdjâ, intitulé בהנהגת המתבודד, *du Régime du solitaire* (voy. ci-dessus, pag. 388 et suiv.), qu'il se félicite d'avoir pu se procurer pendant qu'il était encore occupé de son commentaire sur Ibn-Tofaïl. Il trouva cet ouvrage lorsque la guerre l'obligea de s'enfuir de Valence; M. Zunz, en énumérant les ouvrages de Moïse de Narbonne, y compte par erreur un commentaire sur le הנהגת המתבודד.

1392)(1). Tous ces commentaires existent dans divers manuscrits de la Bibliothèque impériale, ainsi qu'un traité de notre auteur sur l'âme et ses facultés (2); en outre, il cite lui-même

(1) L'auteur dit, dans le *post-scriptum* (omis dans l'édition de M. Goldeuthal, Vienne, 1852, in-8°), qu'il avait commencé ce commentaire à Tolède, mais qu'il ne l'acheva qu'au bout de sept ans, à Soria; car plusieurs circonstances, et entre autres le pillage dont il fut victime le deuxième jour de la Pentecôte de l'an 5115 (18 mai 1355), l'avaient forcé d'interrompre son travail dès le commencement. Il résulte d'un passage du commentaire (liv. II, chap. 47) que dès l'an 5118 (1358) l'auteur était établi à Soria, où il raconte avoir vu, dans cette même année, une femme chrétienne âgée de cent trente ans. A la fin du *post-scriptum*, il dit avoir achevé le commentaire le mardi 1er iyyar 5122 (26 avril 1362), au moment où il se préparait à quitter Soria pour retourner dans son pays natal: עם טרדתי בהתנועעי לשוב לארצי ולמולדתי.

(2) Ce traité, intitulé שלמות הנפש, *La Perfection de l'âme*, existe parmi les manuscrits de la Bibliothèque impériale (fonds de l'Oratoire, n° 118). L'auteur le composa à l'usage de son fils, pour lui tenir lieu des écrits d'Aristote et d'Ibn-Roschd sur le même sujet. Avant d'entrer en matière, il reproduit en entier, pour servir d'introduction, le Ier livre du traité aristotélique *de l'Ame*, tel qu'il a été refondu dans le *Commentaire moyen* d'Ibn-Roschd. Le traité de Moïse lui-même, qui porte en tête les mots החלק השני, *deuxième partie*, est divisé en cinq livres qui traitent de l'âme et de ses facultés, de l'intellect *hylique* ou passif, des opinions des commentateurs sur cet intellect, et notamment de celle d'Ibn-Roschd, et enfin de l'*intellect actif*, et de Dieu comme premier moteur. L'auteur avoue lui-même qu'il reproduit dans ce livre de longs passages de son commentaire sur le *Traité de l'intellect hylique*, dont nous avons parlé plus haut. Il est donc évident qu'il composa son traité *de l'Ame* après le commentaire dont nous venons de parler; et si au commencement de ce même commentaire il renvoie à son livre שלמות הנפש, il faut admettre nécessairement que ce passage a été ajouté plus tard par l'auteur. Le traité *de l'Ame* est antérieur au commentaire sur les *Derouschîm* ou *Dissertations physiques*, et par conséquent il fut composé entre 1344 et 1349.

un commentaire qu'il avait fait sur la *Physique* (probablement sur le commentaire moyen d'Ibn-Roschd) (1). Moïse de Narbonne a un style concis et souvent obscur; ses opinions ne sont pas moins hardies que celles de Lévi ben-Gerson; mais il ne les exprime pas avec la même clarté et la même franchise.

A la même époque, notre attention est attirée de nouveau sur l'Orient par un membre de la secte des karaïtes, que nous avons perdue de vue depuis le Xe siècle. Ahron ben-Elie de Nicomédie, probablement établi au Caire, acheva en 1346, sous le titre de l'*Arbre de la vie*, un ouvrage de philosophie religieuse qui peut se placer à côté du célèbre *Guide* de Maïmonide, que notre auteur évidemment a pris pour modèle et auquel il a fait de nombreux emprunts. L'esprit des deux ouvrages est le même; l'un et l'autre font une large part à la spéculation philosophique dans le domaine de la théologie. L'ouvrage d'Ahron nous fournit sur les sectes arabes des renseignements plus détaillés que le *Guide*, et il offre sous ce rapport un grand intérêt à l'historien. Il a été publié par MM. Delitzsch et Steinschneider, qui y ont joint des prolégomènes très savants et des fragments d'auteurs arabes, importants pour l'histoire de la philosophie (2).

Le XVe siècle nous montre encore quelques scolastiques juifs fort remarquables, mais en même temps la décadence de la philosophie péripatéticienne et un retour vers des doctrines plus conformes à l'esprit du judaïsme. En 1425, Joseph

(1) Au commencement de la préface des *Derouschîm*, il cite ce commentaire par ces mots : פירושנו לפרישת שמע טבעי לבן רשד. Dans le *post-scriptum* du *Moré*, il cite aussi ses écrits ou commentaires sur la *Logique* et la *Métaphysique*, et dans le commentaire même (liv. I, chap. 55), il mentionne son ouvrage פרקי משה, probablement un recueil d'*aphorismes philosophiques*.

(2) Voy. la notice de M. Franck, dans les *Archives israélites*, 1842, pag. 173. Voici le titre complet de l'édition de Leipzig : עץ חיים, *Ahron ben-Elia's aus Nikomedien des Karäers*, *System der Religions philosophie etc.* Leipzig, 1841, in-8°.

Albo, de Soria en Castille, se rendit célèbre par son *Sépher 'Ikkarîm* (livre des principes fondamentaux du judaïsme), où il ramène les treize articles de foi établis par Maïmonide à trois principes fondamentaux : existence de Dieu, révélation, immortalité de l'âme [1]. Cet ouvrage fait époque dans l'histoire de la théologie judaïque ; mais il n'offre qu'un intérêt très secondaire à l'historien de la philosophie. — Abraham Bibago composa en 1446, à Huesca en Aragon, un commentaire sur les *Derniers Analytiques* [2] ; plus tard, vers 1470, il était établi à Saragosse [3], où il se rendit célèbre comme théologien par un ouvrage intitulé *le Chemin de la foi*. — Joseph ben-Schem-Tob (dont le père avait écrit contre les philosophes et même contre Maïmonide) se fit connaître par plusieurs ouvrages théologiques et philosophiques, parmi lequels nous remarquons un commentaire très développé sur l'*Ethique à Ni-*

(1) C'est du moins le dogme de l'immortalité qui est l'âme du troisième principe fondamental, auquel Joseph Albo donne plus d'extension, en le résumant dans les mots *récompense et peine* et en y comprenant en général la rémunération des œuvres dans ce monde et dans l'autre. — Sur Joseph Albo et son ouvrage, on peut voir la savante dissertation que M. L. Schlesinger a publiée pour servir d'introduction à la traduction allemande du *Sépher 'Ikkarîm*, in-8°, Francfort-sur-Mein, 1844.

(2) Ce commentaire existe à la Bibliothèque impériale (fonds de l'Oratoire, n° 111), sous le titre de פירוש לספר המופת. Il résulte de la préface que l'auteur composa ce commentaire sur la demande d'un de ses amis, et qu'il prit pour guide Ibn-Roschd, qui à ses yeux est le plus profond commentateur d'Aristote, et dont il prend la défense contre certaines attaques de Lévi ben-Gerson. A la fin du commentaire, on lit : והשלמתיו ..... פה וואישקה שנת מֹאתים ושש לפרט האלף הששי.

(3) A la fin d'un manuscrit renfermant le כונות הפילוסופים avec le commentaire de Moïse de Narbonne (ancien fonds, n° 348), le copiste, Isaac ben-'Habîb, dit avoir terminé sa copie le 7 tébeth 5232 (17 décembre 1471), à Saragosse, *au siége académique de R. Abraham ibn-Bibayo* בישיבת החכם הכולל הפילוסוף האלהי מרנא ורבנא הרב ר' אברהם בן ביבאג'.

comaque, écrit à Ségovie en 1455, et un autre sur le *Traité de l'intellect hylique*, par Ibn-Roschd (1). — Son fils, Schêm-Tob,

(1) Joseph ben-Schem-Tob était attaché, nous ne savons en quelle qualité, au service de la cour de Castille, où il était très considéré et où il disputait quelquefois sur des sujets philosophiques en présence du roi et des grands, comme il le dit lui-même dans la préface de son commentaire sur l'*Ethique*. Il était un des écrivains les plus féconds parmi les Juifs d'Espagne. Comme on ne trouve nulle part des détails exacts et complets sur ses ouvrages, je crois devoir les énumérer ici dans l'ordre chronologique le plus probable, en y comprenant plusieurs qui peut-être n'existent plus, mais que l'auteur cite lui-même dans des ouvrages qui me sont accessibles : 1° Un petit traité d'*économique* (הנהגת הבית), qu'il composa dans sa jeunesse (cité dans le n° 5). 2° Commentaire sur le *Bé'hînath 'olam* de Iedaïa Bedersi (cité *ibid.*). 3° Commentaire sur un ouvrage de son père Schem-Tob, intitulé ספר היסודות *Livre des fondements* ou *des éléments* (cité *ibid.*). 4° Commentaire sur la célèbre lettre אל תהי כאבותיך de Profiat Duran (cité dans le n° 7); ce commentaire, imprimé dans une édition ancienne sans date, que De Rossi croit être de Constantinople, se trouve aussi dans un manuscrit du suppl. hébr. de la Bibliothèque impériale. 5° עין הקורא *L'OEil* ou *le Guide du prédicateur*, traité de morale et de l'art de prêcher; cet ouvrage, cité dans le n° 7, se trouve à la Bibliothèque impériale (ms. de l'ancien fonds, n° 158). 6° Commentaire sur les Lamentations de Jérémie, composé en 1441 à Medina del Campo; voy. De Rossi, *Catal.*, cod. 177. 7° כבוד אלהים *Gloire de Dieu*, traité du suprême bien et du but final de la science, imprimé à Ferrare en 1556. Joseph composa ce traité en 1442, treize ans avant son commentaire sur l'*Ethique*, comme il le dit lui-même dans la préface de ce dernier ouvrage. En parlant des rapports qui existent entre l'*Ethique* d'Aristote et les préceptes moraux de la loi mosaïque, il ajoute : וכבר ביארתי זה על השלמות במאמר עשיתיו זה לי שלש עשרה שנה קראתי את שמו כבוד אלהים. 8° Traduction, sous le titre de מאמר הנבדל, d'un traité de polémique contre les chrétiens, composé en espagnol par R. 'Hasdaï Kreskas (cité dans le n° 9). 9° Commentaire sur le traité *de l'Intellect hylique* ou *de la possibilité de la conjonction* (אפשרות הדבקות), par Ibn-Roschd (ms. du fonds de l'Oratoire, n° 136). 10° דעת עליון

est auteur de plusieurs traités philosophiques sur la matière première, sur la cause finale, etc., ainsi que de commentaires sur le *Guide* de Maïmonide et sur la Physique d'Aristote (1480)[1]. — A la même époque, l'Italie possédait un célèbre philosophe juif dans Élie del Medigo, qui enseigna la philosophie à Padoue et eut pour élève le célèbre Pic de la Mirandole, pour lequel il composa plusieurs écrits philosophiques, et notamment un traité *sur l'intellect et sur la prophétie* (en 1482), et un commentaire sur le traité *de Substantia orbis*, par Ibn-Roschd

la connaissance du Très-Haut, ou réfutation contre l'apostat Abner, qui, dans un livre intitulé סוד הגמול (Mystère de la rémunération), avait professé un fatalisme absolu, et contre R. 'Hasdaï, qui avait émis des opinions analogues (cité plusieurs fois dans le n° 13, liv. 3). 11° Commentaire sur le traité *de l'Ame* d'Aristote (cité *ibid.*, liv. 6). 12° Commentaire sur le traité *de l'Intellect* (מאמר השכל) d'Alexandre d'Alphrodise, ou plutôt sur l'analyse qu'en avait faite Ibn-Roschd (cité *ibid.*, liv. 6 et 10); ce commentaire, achevé à Ségovie, pendant la fête des Tabernacles de l'an 5215 (octobre 1454), se trouve dans un manuscrit du suppl. hébr. de la Bibliothèque impériale. 13° פירוש ספר המדות Commentaire très développé sur l'*Ethique à Nicomaque*. Cet ouvrage, le plus important de notre auteur, fut composé par lui à Ségovie, dans l'espace de cent jours, et achevé le 1er nisan 5215 (20 mars 1455); il existe dans deux manuscrits de la Bibliothèque impériale (ancien fonds, n° 308, et Oratoire, n° 121).

(1) Le manuscrit n° 107 du fonds de l'Oratoire renferme trois ouvrages de Schem-Tob ben-Joseph : המאמר בסבה התכליתית, ou Traité sur *la cause finale* de la création ; un autre traité sur la matière première et sur ses rapports avec la forme (selon les opinions des philosophes anciens, et notamment d'Aristote et de ses commentateurs), composé en 1461, probablement à Ségovie ; enfin באור הכח הדברי, *Explication de la faculté rationnelle* (de l'âme), ou Commentaire sur une portion du traité *de l'Ame* d'Aristote (liv. III, chap. 4 à 7), achevé à Almazan le 1er mar'heschwân 5239 (28 septembre 1478). Le ms. n° 329 de l'ancien fonds renferme le commentaire sur la Physique d'Aristote, achevé à Almazan le 2 mar'heschwan 5241 (6 octobre 1480). Le commentaire sur le *Guide* est imprimé.

(en 1485). Ses *questions* sur divers sujets philosophiques ont été publiées en latin. Dans un petit ouvrage hébreu intitulé *Examen de la religion*, et composé en 1491, il essaya de montrer que l'étude de la philosophie ne saurait porter atteinte au sentiment religieux, pourvu qu'on sache bien distinguer ce qui est du domaine de la philosophie de ce qui appartient à la religion (1).

A la fin du XVe siècle (en 1492), l'expulsion des Juifs de toute la monarchie espagnole détruisit le centre de la civilisation juive de ces temps; de son côté, la chute de la scolastique contribua à anéantir les études philosophiques chez les Juifs, qui, au milieu de la dure oppression sous laquelle ils vivaient dans tous les pays, ne pouvaient prendre part à la nouvelle vie intellectuelle qui se préparait en Europe : la civilisation juive espagnole s'éteignit, sans que de longtemps elle dût être remplacée par une civilisation nouvelle. Nous entendons encore quelques échos de la scolastique juive, et çà et là des esprits éminents se font remarquer parmi les émigrés espagnols, comme, par exemple, le célèbre Isaac Abravanel et son fils Juda (2); mais l'histoire de la *philosophie juive* (si

(1) Sur Élie del Medigo et ses ouvrages, voy. Geiger, *Melô 'hophnaim*, pag. XXIV, XXV et 22. Le traité *sur l'Intellect*, qui se trouve (sans titre) dans le ms. hébreu n° 328 de l'ancien fonds, est celui que Joseph del Medigo désigne par les mots : שאלה עמוקה על׳ אחדות השכל ההיולאני (*ibid.*, texte hébreu, pag. 17). Élie l'acheva à la fin du mois de schebat 5242 (janvier 1482). Le même manuscrit renferme son commentaire sur le traité בעצם הגלגל (*de Substantia orbis*), achevé à Bassano le 5 mar'heschwân 5246 (14 octobre 1485). Les deux ouvrages furent composés sur la demande de Jean Pic de la Mirandole, ainsi que le commentaire latin sur la *Physique* d'Aristote, qui se trouve dans le ms. latin n° 6508, où il est suivi de quelques lettres autographes, adressées par notre Élie à Pic de la Mirandole. Le בחינת הדת, imprimé à Bâle en 1629, a été publié de nouveau avec un bon commentaire, par M. Isaac Reggio (in-8°, Vienne, 1833).

(2) Voy. ci-après, dans l'Appendice, la *Notice sur Léon Hébreu*.

toutefois il convient d'employer cette expression) est irrévocablement close. En cherchant à mettre d'accord la philosophie arabe avec leur religion, les Juifs avaient prêté au péripatétisme un caractère particulier, qui en faisait, en quelque sorte, pour eux, une philosophie nationale. Si depuis il a paru des philosophes parmi les Juifs, ils appartiennent à l'histoire de la civilisation générale, et n'ont eu aucune action, comme philosophes, sur leurs coreligionnaires en particulier: Spinoza, qui froissa sans ménagement les sentiments religieux d'une communauté composée en très grande partie de réfugiés espagnols et portugais, victimes de l'Inquisition, Spinoza, sans pitié pour ces hommes qui avaient tant souffert au nom de leur foi, fut renié par les Juifs; Mendelsohn luimême, qui embrassa si noblement la cause de ses coreligionnaires, et qu'on peut considérer comme le créateur de la nouvelle civilisation des Juifs d'Europe, n'a ni pu ni voulu fonder pour eux une nouvelle ère philosophique.

En somme, les Juifs, comme nation ou comme société religieuse, ne jouent dans l'histoire de la philosophie qu'un rôle secondaire; ce ne fut pas là leur mission. Cependant ils partagent incontestablement avec les Arabes le mérite d'avoir conservé et propagé la science philosophique pendant les siècles de barbarie, et d'avoir exercé, pendant un certain temps, une influence civilisatrice sur le monde européen.

APPENDICE

N° I

TEXTE ARABE DU PASSAGE DE MOÏSE BEN-EZRA,

traduit ci-dessus, pag. 263-265.(1)

ואבו איוב סלימאן בן יחיי בן גבירול אלקרטבי נשאה מאלקה
ותרביה סרקסטה ראץ אכלאקה והדב טבעה והגר אלארציאת
ורשח נפסה ללעלויאת בעד ארתקאיהא (2) מן ארנאס אלשהואת
פקבלת מא חמלהא מן לטאיף אלעלום אלפלספיה ואלתעאלים
אלריאציה קאל אלפילסוף אלעלם צבג אלנפס ולא יצרף צבג
אלשי חתי ינטף מן ארנאסה ואפלאטון יקול מן לם יכן
אכלאק נפסה מצלחה לא ימכן אן ידנו מן תעלם שי ובקראט
יקול פי אלטביעיאת (3) אלאבדאן אלתי ליסת בנקיה כלמא
גדותהא זדתהא שרא · פנזל ר׳ א׳ ע׳ ען הדה אלטבקאת
סנא ועלאהם קולא ואן כאן גמהורהא עדבה אלמקאטע
חלוה אלמנאזע ואן תבאינת דרגאתהם פהם עלי תקארב מן
חסן אלעבאראת ולטף אלאשאראת ואמא אבי איוב הדא
פצאנע מגיד ומולף בליג תמכן מן אלגרץ אלשערי פאצאב
מנה אלהדף וקרטס אלרמיה וסלך פי אלקול מסלכא דקיקא
ותשבה פיה באלמתאכרין מן שערא אלמסלמין חתי דעי

(1) Ce fragment fait partie du passage où Moïse ben-Ezra énumère plusieurs célèbres poëtes juifs de l'*Andalousie orientale* (בשרק אלאנדלס), contemporains de Samuel ha-Naghîd et de son fils Joseph. Cf. ma *Notice sur Aboul-Walîd Merwân ibn-Djanâ'h*, pag. 206 (ou *Journal asiatique*, janvier 1851, page 85), où, trompé par une copie inexacte, j'ai écrit وبوارق au lieu de وبشرق.

(2) Dans deux copies différentes que j'ai reçues de ce passage, on lit très distinctement ארתקאהא. M. Steinschneider, qui possède un *fac-simile* du ms. d'Oxford, m'assure qu'on y lisait primitivement אן תקאהא, mais que le ת de תקאהא paraît être corrigé en נ, de sorte qu'il faudrait lire בעד אן נקאהא, *après qu'il l'eut purifiée*. Je pense qu'il faut mettre l'infinitif de la VIIIe forme, soit ارتقائها, soit انتقائها.

(3) Le ms. porte פי טביעיאת, sans l'article, ce qui régulièrement demanderait un complément au génitif. J'ai écrit פי אלטביעיאת, ce qui, je crois, signifie ici *au sujet des choses physiques*, par opposition à la sentence citée de Platon, où il s'agit de choses morales.

בפארם אלכלאם וג̇הבד אלנט̇אם סלאסה̈ קול ורטובה̈ לפט̇
וחלאוה̈ מעאני פמאלת אליה כ̇נואט̇ר ות̇נית עליה כ̇נאצר (1)
והו אול מן פתח ללשערא מן אליהוד באב אלקריץ̇ ומן ג̇א
בעדה פי סבילה נסגוא עלי מנואלה נסג̇א עלי מא סיתבין פי
מא יסתאנף ד̇כרה ובחסב מא יבדו מן שערה למן יתהמם
באעתבארה ויעני בד̇וקה וסבארה .... והד̇א אלפתי ר׳ א׳ ע׳
מדח פארבי ורת̇י פופי ופכר פתנאהי ותגזל פרק ותזהד פפאק
ואעתד̇ר פאלטף (?) והג̇א פאערף (2) פאנה ואן כאן מן
אלפלאספה̈ טבעא ועלמא פלקד (3) כאן לנפסה אלג̇צביה̈
עלי עקלה סלטאן לא ימלך ושיטאן לא ימסך הון עליה

(1) خنصر (pl. خناصر) signifie le *petit doigt*. Il y a peut-être dans ce passage une allusion au *'hisâb al-'okoud*, c'est-à-dire, au *calcul des nœuds* (*des doigts*), ou à la manière de désigner les nombres en pliant et en joignant les doigts de différentes manières. D'après cela les mots *les petits doigts se pliaient* (ou *s'inclinaient*) *pour lui* signifieraient qu'on le désignait comme *unique*, ou comme l'homme le plus distingué du siècle ; car on désigne le nombre *un* par l'inclinaison du petit doigt de la main droite. Voy. le mémoire de M. le professeur Rödiger, dans le Rapport annuel de la Société orientale allemande (*Jahresbericht der deutschen morgenländischen Gesellschaft*, pour l'année 1845, pag. 114, et cf. de Sacy, dans le *Journal asiatique*, 1re série, t. III, pag. 68. — Cette explication m'a été communiquée par M. le professeur Fleischer, dans une lettre particulière.

(2) מדח .... פאערף. J'ai dû traduire ce passage un peu librement, et je ne suis point sûr d'avoir toujours bien deviné la pensée de l'auteur, qui s'est exprimé d'une manière très concise et a employé des mots qui admettent plusieurs sens. En outre, la leçon qu'offre notre copie, faite sur un manuscrit unique, n'est pas toujours sûre. Voici à peu près la traduction littérale de notre passage : « Quand il louait, il donnait outre mesure (ou, avec usure) ; quand il pleurait quelqu'un, il lui payait sa dette ; quand il faisait des méditations, il atteignait au sommet ; quand il chantait l'amour, il était tendre ; quand il se livrait à la dévotion (c.-à-d., dans ses chants religieux), il s'élevait bien haut ; quand il demandait pardon (de ses péchés), il.....; quand il faisait des satires, il arrivait au plus haut point. » — Le verbe تزهّد, qui signifie *se livrer à la vie ascétique*, doit être pris ici dans le sens de *faire des poésies religieuses*. Le verbe فاق, probablement ici analogue aux autres verbes de ce passage, signifie *être supérieur*, *exceller*, et j'aurais peut-être dû traduire (pag. 264, lig. 10) *sublime dans ses poésies religieuses* ; mais on attribue aussi à ce verbe le sens de *sangloter*, *soupirer comme un moribond*. Le verbe الطف est douteux ; la leçon du ms. n'est pas sûre. Le verbe اعرف, si toutefois la leçon est exacte, paraît signifier ici *arriver au plus haut point* (عَرُفَ).

(3) Le ms. porte ואן, et au-dessus on lit ולקד ; mais la vraie leçon doit être فلقد.

סבּ אלעט̇מא פאוסעהם סבּא ואקרעהם ד̇מּא ...... אכ̇תצ̇ר
איצ̇א ללה אלפתי ר׳ א׳ ע׳ פי צדר אלמאיה̈ אלת̇אמנה̈ בבלנסיה̈
ובהא קברה וכאן קד ארמי עלי אלת̇לת̇ין וקד תתבּע אלנאקדון
קולה פסקטוא לה עלי סקטאת קוליה בל אלעאלם יבסט
פיהא עד̇ר אלפתוה̈ ועמאיה̈ אלצבא ולם יכן בי אלי ד̇ם ד̇לך
חאג̇ה̈ מאסה̈ ולא אלי תקיידה צ̇רורה̈ חאפזה̈ (1) .

N° II

TEXTE ARABE DES TROIS ÉPIGRAMMES,

traduites ci-dessus, pag. 427-428.(2)

I

الان قد ايقن ٱبن رشدٍ   انّ تواليفه توالفْ
يا ظالمًا نفسه تامّلْ   هل تجد ٱليوم مَنْ تُوالفْ

II

لم تلزمِ ٱلرشد يٱبنّ رشدٍ   لمّا علا فى الزمان جدّكْ
وكنتَ فى الدين ذا رياءٍ   ما هكذا كان فيه جدّكْ

III

نفذ القضاء بأخذ كل مُموّه (3)   متفلسفٍ فى دينه متزندق
بالمنطق ٱشتغلوا فقيل حقيقةً   إِنَّ البلاء موكّلٌ بالمنطق

(1) Littéralement : *et il n'y a aucune nécessité qui me pousse à le serrer de près, ou à m'attaquer à lui.*

(2) Les deux premières épigrammes sont du 3e genre, ou de la 6e espèce, du mètre *basît* (voy. De Sacy, *Traité élémentaire de la prosodie des Arabes*, pag. 18) ; la 3e épigramme est du mètre *câmil*.

(3) Le ms. porte مرمد, ce qui n'offre pas de sens convenable ; mais en marge on lit لعله مموه.

N° III

NOTE SUR ALPETRAGIUS

Appelé en arabe Abou-Is'hâk al-Bitrôdji.

(Voy. ci-dessus, pages 412 et 500.)

Le nom de cet astronome, qui avait une certaine célébrité au XIIIe et au XIVe siècle, est écrit par les auteurs scolastiques tantôt *Alpetragius*, tantôt *Alpetronji*, et a été corrompu de diverses autres manières. Ainsi que l'a fait observer Jourdain (1), cet écrivain est évidemment le même que l'astronome dont parle Casiri, et qui, dans un manuscrit de l'Escurial, est appelé Nour-Eddîn *al-Bitrôdji* al Ischbîli (2). Dans un manuscrit hébreu, qui renferme la traduction du traité d'astronomie dont parle Casiri, l'auteur est appelé Abou-Is'hâk ibn-al-Bitrôdji (3). Casiri prétend, et Jourdain l'a répété, que notre auteur, dont le véritable nom serait *Petruci*, était né chrétien et qu'il embrassa l'islamisme. Je ne sais d'où Casiri a pu tirer ce renseignement, et je crois qu'il l'a pris dans son imagination et qu'il n'est fondé que sur le nom imaginaire de *Petruci*. Mais le nom d'*Al-Bitrôdji*, dérivé sans doute d'un nom de lieu (4), était porté aussi par d'autres auteurs arabes d'Espagne. Ibn-Baschcouâl, dans son *Kitâb al-cila* (à la fin des *A'hmed*), cite un célèbre théologien et jurisconsulte du nom d'Abou Dja'far al-Bitrôdji, qui mourut l'an 542 de l'hégire (1147-1148) (5).

Quant à l'époque à laquelle vivait Al-Bitrôdji, Jourdain a fait un anachronisme très considérable, en affirmant que cet auteur écrivit *peu de temps après Azarchel* (Ibn-al-Zarkâla). On a vu plus haut

(1) *Recherches critiques sur l'âge et l'origine des trad. lat. d'Aristote*, pag. 132.

(2) Voy. Casiri, *Biblioth. ar. hisp.*, t. I, pag. 396, n° CMLVIII.

(3) Voy. à la fin du ms. hébr. n° 139 du fonds de l'Oratoire. Le texte commence, en hébreu, par les mots יאריך אלהים ימיך ושנותיך אחי, ce qui s'accorde bien avec le commencement du ms. arabe donné par Casiri : اطال الله تعالى بقاءك يا اخى.

(4) Bitrôdj (بِطَرُوْج), selon les auteurs arabes, était situé dans le district de Fa'hç-al-Bolout, au nord de Cordoue ; c'est maintenant un bourg appelé *Pedroches*, près de Pozo-Blanco. Cf Gayangos, *Al-Makkari*, t. I, pag. 174 et 345 ; t. II, pag. 103. M. de Gayangos écrit par erreur *Betroh* au lieu de *Betroj*.

(5) Cf. le *Kitâb al-'ibar*, ms du suppl. ar., n° 746, t. II, à l'an 542.

(pag. 412) qu'Al-Bitrôdji fut un des disciples d'Ibn-Tofaïl, mort en 1185; il vivait par conséquent plus d'un siècle après Ibn-al-Zarkâla, qui florissait dans la seconde moitié du XIe siècle. L'ouvrage d'Alpetragius, écrit après la mort d'Ibn-Tofaïl, remonte tout au plus aux dernières années du XIIe siècle; il dut être écrit avant l'an 1217, date de la traduction latine de Michel Scot, comme on le verra plus loin. L'époque que nous assignons à Alpetragius est confirmée par Albert le Grand, qui dit expressément que cet astronome arabe vécut peu de temps avant lui (1). Un auteur juif, contemporain d'Albert, Juda, fils de Salomon, de Tolède, qui écrivit en 1247, dit qu'Al-Bitrôdji vivait environ trente ans avant cette époque (2).

Ce que Casiri dit du contenu de l'ouvrage astronomique de notre auteur est également très peu fondé. Il faut s'étonner que Jourdain, qui avait sous les yeux la version latine de Michel Scot, se soit contenté de répéter les erreurs de Casiri. A en croire ce dernier, Al-Bitrôdji ne fait autre chose que suivre les traces d'Abou-Is'hâk al-Zarkâla (Azarchel) et de Djâber ibn-Afla'h, qui s'écartaient sur divers points du système de Ptolémée. Il paraît que Casiri a jeté les yeux à la hâte sur la première page de l'ouvrage, où l'auteur exprime son étonnement de ce que les savants aient pu si longtemps suivre aveuglément le système de Ptolémée, à l'exception d'Al-Zarkâla et de Djâber (Géber), qui ne contredisent l'astronome grec que sur quelques points très secondaires. Voici ce passage, d'après la version hébraïque :

ונמשך אחריו כל מי שבא אחריו מן החכמים האחרונים ולא חלק עליו אחד מהם זולת אבו יצחק בן אבראהים בן יחיי הידוע באלזרקאלה בתנועת כדור הכוכבים הקימים ואבו מחמד גאבר בן אפלח אשר משבילייה בסדר גלגל השמש וגלגלי נגה וכוכב ובמקומות חלקיים מספרו שנדמו לבטלמיוס ותקנם גאבר והשלימם לפי השרשים אשר הציעם בטלמיוס.

« Tous les savants modernes qui sont venus après lui (Ptolémée) ont suivi ses traces. Aucun d'eux ne l'a contredit, si ce n'est Abou-Is'hâk Ibrahîm ben-Ya'hya, connu sous le nom d'Al-Zarkâla, au sujet du mouvement de la sphère des étoiles fixes, et Abou-Mo'hammed Djâber ibn-Afla'h de Séville, au sujet de l'ordre des sphères du Soleil, de Vénus et de Mercure, ainsi qu'au sujet de quelques points particuliers de son livre, dans lesquels Ptolémée s'était trompé, et que

(1) Voy. *De Proprietatibus elementorum*, lib. I, tract. II, cap. VII (*Alberti Opera omn.*, t. V, pag. 308) : « Temporibus enim paucis ante nos quidam Arabs in Hispania arabica, cujus nomen est Alpatiarius (*lis* Alpetragius), qui dixit totum cœlum moveri motore unico primo, etc. »

(2) Voy. De Rossi, *Catalog. Codd. mss.*, t. II, pag. 38, ad cod. 421.

Djâber a rectifiés et complétés, selon les principes posés par Ptolémée (1). »

Quant à Al-Bitrôdji, ses prétentions sont bien plus élevées; car il s'attaque aux hypothèses les plus essentielles de Ptolémée, notamment à celles des épicycles, des excentriques et des deux mouvements opposés des sphères, et il prétend renverser ce système de fond en comble et lui en substituer un nouveau.

Abou-Becr ibn-al-Çâyeg, ou ibn-Bâdja, avait déjà fait remarquer ce que certaines hypothèses de Ptolémée avaient d'invraisemblable et combien ces hypothèses étaient peu conformes aux principes physiques et aux théories du mouvement développés par Aristote dans ses traités de Physique et de Métaphysique, et notamment dans le traité du Ciel (2). Ibn-Roschd, dans divers endroits de ses Commentaires, et notamment dans les Commentaires moyen et grand sur la Métaphysique (liv. XII), insiste aussi sur la fausseté des hypothèses de Ptolémée et sur la nécessité d'arriver à établir un nouveau système d'astronomie qui soit mieux en harmonie avec la physique (3). Dans le commentaire moyen, il dit qu'Abou Becr ibn-Tofaïl possédait à cet égard des théories remarquables dont on pouvait tirer grand profit (4). C'est dans le même sens, comme on l'a déjà vu (pag. 412), que notre Al-Bitrôdji parle d'Ibn-Tofaïl.

Al-Bitrôdji, convaincu que le système de Ptolémée reposait sur des bases fausses, en imagina un autre, dont il donne l'esquisse dans son traité d'Astronomie. Selon lui, toutes les sphères suivent le mouvement et l'impulsion de la sphère supérieure qui est au-dessus de celle des étoiles fixes et qui est elle-même vide. Elles n'ont toutes qu'un seul mouvement de l'orient à l'occident; mais à mesure qu'elles sont plus éloignées de la sphère supérieure, leur mouvement est moins rapide, parce qu'elles subissent moins l'impulsion de la sphère motrice. Cela suffit pour expliquer leur *recès* apparent, sans qu'on ait besoin de leur attribuer un mouvement rétrograde de l'occident à l'orient. Les différentes sphères ont leurs pôles particuliers, déviant des pôles de la sphère supérieure; chacune d'elles, en suivant le mouvement diurne de la sphère supérieure, en accomplit une autre autour de ses propres pôles. De ces deux mouvements, il se forme un mouvement en quelque sorte en spirale (حركة لولبية), qui fait dévier les astres vers le nord ou le midi. Par là s'expliquent les inégalités qu'on remarque dans le mouvement des astres, sans qu'il

(1) Cf. le *Spécimen* de la version latine, publié par Jourdain, *l. c.*, pag. 451. Il faut y rectifier les noms propres, qui sont très corrompus.

(2) Voy. Maïmonide, *Guide des Égarés*, IIe partie, chap. XXIV.

(3) Voy. ci-dessus, pag. 430, note 1.

(4) Cf. ci-dessus, pag. 412, et *ibid.*, note 1,

soit besoin d'avoir recours aux hypothèses des excentriques et des épicycles (1). A l'égard de Mercure et de Vénus, il adopte l'opinion d'Ibn-Afla'h, qui place ces planètes au-dessus du Soleil.

Ce sont là, en résumé, les principales hypothèses d'Al-Bitrôdji, qui du reste avoue qu'il n'a pas été conduit à son système par l'observation, mais par une espèce d'inspiration divine (2), et qui n'essaye même pas de justifier ses hypothèses par des calculs complets. Il dit, à la fin de son traité, qu'il lui serait impossible d'entrer, comme Ptolémée, dans tous les détails des mouvements des astres, et que le reste de sa vie ne suffirait pas pour un tel travail, et il prie l'ami à qui il adresse ce traité de le rectifier et de le compléter sur certains points.

L'ouvrage d'Al-Bitrôdji, malgré son imperfection, fit une grande sensation, comme on le voit dans le traité d'Astronomie d'Isaac Israëli, auteur juif de Tolède, du commencement du XIVe siècle, qui désigne notre astronome, sans le nommer, par les mots האיש המרעיש .... שהרעיש כל העולם בסברתו « L'homme qui, par sa théorie, a mis en émoi le monde entier (3). » Israëli se borne à faire remarquer que le système d'Al-Bitrôdji n'était pas suffisamment élaboré pour être discuté, et qu'on ne saurait, pour ces hypothèses, abandonner le système de Ptolémée, appuyé sur les calculs les plus rigoureux; mais un autre auteur juif, Lévi ben-Gerson, dans un ouvrage composé en 1328 (4), est entré dans de longs détails pour réfuter les hypothèses d'Al-Bitrôdji et pour montrer qu'elles sont impossibles.

L'ouvrage d'Alpetragius fut de bonne heure traduit en latin par Michel Scot; cette traduction, datée de 1217, existe dans deux manuscrits de la Bibliothèque impériale (ancien fonds, nº 7399, et fonds de Sorbonne, nº 1820). Albert, Vincent de Beauvais et plusieurs autres scolastiques en firent un fréquent usage (5).

(1) Cf. Albert le Grand, *De Causis et processu universitatis*, lib. I, tract. IV, cap. VII, et lib. II, tract. II, cap. I (*Opp.*, t. V, pag. 560 et 587); *Speculum astronomiæ*, cap. II (t. V, pag. 657); *Summa theologiæ*, pars II, tract. II, quæst. X (t. XVIII, pag. 81).

(2) Voici comment il s'exprime, selon la version hébraïque (ms. de l'Oratoire, nº 139, fol. 4 *b*): ולא הגעתי אליו בעיון בציור שכל אנושי אבל מה שרצה האל ית׳ ויתנשא להראות נפלאותיו ולגלות הנסתר מסוד תכונת גלגליו. Cf. Delambre, *Histoire de l'astronomie du moyen âge*, pag. 171.

(3) Voy. le *Yesôd 'olam* d'Isaac Israëli, liv. II, chap. 9. Il est de toute évidence que cet auteur veut parler d'Al-Bitrôdji, quoique, par erreur, il fasse remonter son astronome anonyme jusque vers l'an 4900 de l'ère juive de la création (1140).

(4) Voy. ci-dessus, pag. 500, note 1.

(5) Voy. Jourdain, *l. c.*, pag. 132 et 133.

La version hébraïque de cet ouvrage, qui existe également à la Bibliothèque impériale (1), est due à Moïse, fils de Samuel ibn-Tibbon; elle est datée de l'an du monde 5019 (1259). Cette version a été, à son tour, traduite en latin par Calo Calonymos, et publiée à Venise en 1531 (2).

N° IV

NOTICE SUR LÉON HÉBREU

Léon Hébreu, philosophe juif qui se rendit célèbre, au commencement du XVIe siècle, par ses *Dialogues d'amour*, est connu parmi ses coreligionnaires sous le nom de Juda Abravanel. Il était fils premier-né du célèbre don Isaac Abravanel, qui, né à Lisbonne en 1437, de parents riches et distingués, fut conseiller d'Alphonse V, roi de Portugal, et ensuite (depuis 1484) de Ferdinand le Catholique. Notre Léon, ou Juda, naquit à Lisbonne, nous ne savons dans quelle année, mais probablement entre 1460 et 1470. Après la mort d'Alphonse V, en 1481, Isaac Abravanel, accusé de complot, fut forcé de s'enfuir en Espagne, où sa famille, dépouillée de ses biens, le suivit quelque temps après. Le cruel édit de 1492 ayant obligé les Juifs de quitter l'Espagne, la famille Abravanel se rendit à Naples, où don Isaac trouva un accueil gracieux auprès du roi Ferdinand et sut se mettre en crédit à la cour; il conserva la même position sous le fils de Ferdinand, Alphonse II, et, lors de l'invasion des Français, il suivit ce malheureux monarque dans sa fuite en Sicile. Léon, qui jusqu'ici avait partagé les vicissitudes de son père, s'établit plus tard comme médecin à Naples, et ensuite à Gênes. Dès l'an 1502, il acheva l'ouvrage qui a fondé sa réputation et qu'il composa en italien sous le titre de *Dialoghi di amore*. Les autres détails de sa vie, ainsi que la date de sa mort, nous sont inconnus.

Quelques auteurs ont prétendu que Léon embrassa le christianisme; mais ce fait n'a pas le moindre fondement. Il est vrai que, dans un passage du troisième dialogue, saint Jean l'évangéliste figure à côté d'Hénoch et du prophète Elie, qu'on dit être *immortels en corps et en*

(1) Ms. hébr. du fonds de l'Oratoire, n° 139. Le copiste a laissé en blanc la place des figures, qui malheureusement n'ont pas été tracées, ce qui rend l'usage du ms. peu commode. Les figures manquent également dans le ms. latin de l'ancien fonds; mais elles se trouvent dans celui de la Sorbonne.

(2) Voy. Delambre, *l. c.*, pag. 171 et 175.

âme, et c'est précisément de ce passage que des hommes qui n'avaient pas lu attentivement les *Dialogues d'amour* ont cru pouvoir conclure que l'auteur s'était fait chrétien. Mais il faudra nécessairement admettre avec Wolf (1) que les mots *et ancora san Giovanni Evangelista* ont été interpolés par les censeurs romains ; car il est certain que Léon, en écrivant ses *Dialogues*, était juif. Sans insister sur l'invraisemblance d'une conversion de Léon du vivant de son père Isaac (mort en 1509), nous ferons remarquer qu'on trouve dans les *Dialogues* un grand nombre de passages qui montrent que l'auteur professait le judaïsme. Plusieurs fois, en parlant de Maïmonide, il l'appelle (2): « *il nostro* rabbi Moïse » ; de même, en citant Avicebron, il dit (3) : « *il nostro* Albenzubron nel suo libro *de Fonte vitæ* ». Il se sert, pour fixer l'époque de la création, du calcul des Juifs, qu'il appelle *la vérité hébraïque* (4) ; enfin, dans un autre passage, l'auteur fait connaître sa religion dans les termes les moins équivoques, en disant : « Noi tutti che chrediamo la sacra legge mosaica, etc. (5). » Il n'en faut pas davantage pour montrer que l'auteur des *Dialogues d'amour* était resté fidèle à la religion juive. On ne saurait admettre non plus qu'il ait plus tard changé de religion ; car il est mentionné dans les termes les plus honorables par les rabbins Guedalia Ya'hya (dans le *Schalschéleth ha-kabbala*) et Azaria de' Rossi (dans le *Meôr 'enaïm*), tous deux du XVIe siècle ; et Imanuel Aboab, dans sa *Nomologia* (au commencement du XVIIe siècle), en fait un éloge pompeux.

Léon est l'unique représentant, parmi les Juifs, de ce nouveau platonisme, qui, introduit en Italie par le Byzantin Gémiste Pléthon et par son disciple le cardinal Bessarion, fut propagé avec enthousiasme par Marsile Ficin, et que le comte Jean Pic de la Mirandole maria avec le mysticisme de la kabbale juive. Les *Dialogues* de Léon ont pour sujet principal l'amour dans l'acception la plus vaste et la plus élevée de ce mot, l'amour sous ses divers aspects, dans Dieu et dans l'univers, dans l'humanité et les plus viles créatures, dans l'intelligence et dans les sens. C'est autour de ce centre que se groupent les considérations et les doctrines les plus variées, et les interprétations des traditions bibliques et des fables grecques, entre lesquelles l'auteur fait souvent d'ingénieux rapprochements.

L'ouvrage se compose de trois dialogues entre Philon et son amante

(1) *Bibliotheca hebræa*, t. III, pag. 318.

(2) Voy. fol. 100 *a* et 174 *a* de l'édition de Venise, 1572.

(3) Voy. le passage cité ci-dessus, pag. 304, note 2.

(4) Voy. ladite édition de Venise, fol. 151 *a* : « Siamo secondo la verita hebraica a cinque mila ducento sessanta due, dal principio della creazione. » Cette année de l'ère juive de la création correspond à 1502.

(5) Voy. *Ibid.*, fol. 147 *a*.

Sophie. Le premier dialogue traite de *l'essence de l'amour*. Philon ayant déclaré à Sophie que la connaissance qu'il avait d'elle éveillait en lui l'amour et le désir, Sophie soutient que ces deux sentiments ne s'accordent pas ensemble, ce qui amène l'auteur à les définir chacun à part et à examiner en quoi ils diffèrent. Dans ce but il les considère sous trois points de vue, distinguant, dans ce qu'ils ont pour objet, l'utile, l'agréable et l'honnête. Il passe en revue les différents biens dignes d'être aimés et désirés; l'amour de l'honnête est le plus élevé; l'amour de Dieu, par conséquent, est ce qu'il y a de plus sublime; car Dieu est le commencement, le milieu et la fin de toutes les actions honnêtes ou morales. Mais ce n'est que bien imparfaitement que Dieu peut être reconnu par notre intelligence et aimé par notre volonté. Recherchant ensuite en quoi consiste la vraie félicité de l'homme, l'auteur réfute plusieurs opinions émises à cet égard, et conclut que le vrai bonheur est dans l'union de notre intelligence avec l'*intellect actif*, que l'auteur identifie avec Dieu. L'union, qui se fait par la contemplation, ne peut avoir lieu qu'imparfaitement dans cette vie; mais elle sera parfaite et perpétuelle dans la vie future. Revenant à son sujet, l'auteur montre que les amours sensuels ne peuvent aboutir qu'à la satiété et au dégoût, et il cite pour exemple l'amour qu'Amnon, fils de David, éprouva pour sa sœur Thamar. Cet amour est engendré par le désir, tandis que le vrai amour engendre le désir et fait désirer à la fois l'union spirituelle et l'union corporelle, de manière que les amants se transforment pour ainsi dire l'un dans l'autre et se confondent en un seul être. Cet amour, purement intellectuel, est père du désir et fils de la raison et de la connaissance.

Le deuxième dialogue traite de *l'universalité de l'amour*. Il y a cinq causes d'amour communes aux hommes et aux animaux: le désir de la génération, la suite de la génération ou les rapports des parents et des enfants, le bienfait ou la reconnaissance, la similitude ou l'homogénéité de l'espèce, et le commerce habituel. Chez l'homme, l'intelligence rend ces cinq causes plus fortes ou plus faibles; l'amour, dans l'homme, est plus parfait et plus noble. Il y a dans l'homme deux autres causes d'amour qui n'existent pas dans les animaux: la conformité du naturel et du tempérament dans deux individus, et les qualités morales et intellectuelles par lesquelles l'homme se fait aimer de ses semblables. Philon passe ensuite aux choses inanimées, qui ont aussi certaines inclinations naturelles qu'on peut appeler amour: l'amour, qui dans les corps inanimés n'est qu'une certaine attraction naturelle, est à la fois naturel et sensible dans les animaux; dans l'homme, il est naturel, sensible et rationnel. En exposant à Sophie l'amour des éléments, des corps célestes, et en général de toutes les parties de l'univers, Philon parcourt tout le domaine de la physique et de la cosmologie, et présente l'homme comme l'image de l'univers ou comme *microcosme*. Abordant les amours des dieux de la fable, il explique plusieurs allégories d'un grand nombre de mythes grecs, et caractérise, en passant, la méthode de Platon et celle d'Aristote, dont l'un, tout en se débarrassant des chaînes du rhythme et écrivant en prose, a pourtant fait intervenir dans ses écrits la poésie et la fable, tandis que l'autre a préféré un style sévère et purement scientifique. En dernier lieu, il aborde l'amour des intelligences pures, celui des sphères célestes; la cause pour laquelle ces intelligences meuvent leurs sphères respectives est en Dieu, objet de leur amour. Enfin, l'esprit vivifiant qui pénètre le monde et le lien qui unit tout l'univers, c'est l'amour, sans lequel il n'y aurait ni bonheur ni existence.

Le troisième dialogue traite de *l'origine de l'amour*; et ici l'auteur aborde les plus hautes questions métaphysiques. Avant d'entrer en matière, il fait une digression sur l'*extase*, qui nous soustrait aux sens plus encore que le sommeil; l'âme, dans cet état, s'attachant à l'objet désiré et contemplé, peut promptement abandonner le corps. L'âme, étant, selon Platon, d'une nature à la fois intellectuelle et corporelle, peut facilement passer des choses corporelles aux choses spirituelles, et *vice versa*. Elle est inférieure à l'intellect abstrait, qui est d'une nature uniforme et indivisible. Dans l'univers, le soleil est l'image de l'intellect et la lune celle de l'âme; la lune tient le milieu entre le soleil lumineux et la terre ténébreuse. Dans l'éclipse solaire, lorsque, au moment de la conjonction, la lune s'interpose entre le soleil et la terre, elle reçoit seule la lumière du soleil dans sa partie supérieure et abandonne la terre aux ténèbres; de même l'âme, dans sa conjonction avec l'intellect, reçoit seule toute la lumière intellectuelle et abandonne le corps. C'est ainsi que meurent les hommes pieux et saints, dans l'extase ou la contemplation; c'est de cette manière que moururent Moïse et Aaron, *par la bouche de Dieu*, comme dit l'Ecriture, ou par un baiser de la Divinité, c'est-à-dire enlevés par la contemplation de l'amour. — Abordant ensuite le sujet de ce troisième dialogue, l'auteur examine successivement ces cinq questions: *si* l'amour naquit, *quand*, *où*, *de qui* et *pourquoi* il naquit. — Il résulte de tout ce qui précède que l'amour existe; il est le désir qui entraîne vers ce qui plaît. Examinant les définitions de l'amour données par Platon et Aristote, dont l'un cherche l'objet de l'amour dans le beau et l'autre dans le bon, l'auteur développe les idées du beau et du bon, et montre que la définition d'Aristote, plus générale et plus complète, embrasse aussi bien l'amour divin que l'amour humain. L'amour procède évidemment d'autre chose: il est le produit de l'objet aimé et de celui qui aime; le premier est l'agent ou le père; le second peut être considéré comme la matière passive ou comme la mère. Le beau, le divin, n'est pas dans celui qui aime, mais dans l'objet aimé, qui, par conséquent, est supérieur à l'autre. A la vérité, il arrive aussi que ce qui est supérieur aime ce qui est inférieur; mais alors il manque toujours au supérieur une certaine perfection, qu'il trouve dans ce qui est inférieur, et ce dernier, sous ce rapport, a une certaine supériorité. En Dieu seul, qui est la perfection absolue, l'amour ne peut supposer aucun défaut; et en effet, l'amour que Dieu a pour la création n'est autre chose que la volonté d'augmenter la perfection et le bonheur des créatures. — Pour établir *quand* naquit l'amour, l'auteur développe les trois principaux systèmes sur l'origine de toute chose : celui d'Aristote, qui soutient l'éternité du monde ; celui de Platon, qui admet un chaos éternel, mais qui attribue un commencement à la formation du monde ; et celui des croyants, qui admettent la création *ex nihilo*. Il montre que les opinions de Platon sont d'accord avec celles des kabbalistes, qui admettent que le monde ne dure qu'un certain temps, au bout duquel il retombe dans le chaos pour être ensuite créé de nouveau. Le monde inférieur a toujours six mille ans d'existence, et le chaos dure mille ans; par conséquent, la création a lieu tous les sept mille ans. Le monde supérieur, ou le ciel, dure pendant sept périodes du monde inférieur, ou quarante-neuf mille ans ; il retombe également dans le chaos pendant mille ans, et se renouvelle, par conséquent, tous les cinquante mille ans. Revenant à son sujet, l'auteur remonte au premier amour, qui est celui que Dieu a pour lui-même, l'amour de Dieu connaissant et voulant envers Dieu la souveraine beauté et la souveraine bonté. Ce premier amour est éternel comme Dieu lui-même. Dieu est l'unité de l'amour, de l'amant et de l'aimé, ou, comme disent les péripatéticiens, de l'intellect, de l'intelligent et de l'intelligible. Le second amour, ou le premier qui naquit, est celui que Dieu a pour l'univers. Ici trois différents amours se rencontrent : l'amour de Dieu envers le père et la mère du monde, engendrés de Dieu et qui sont l'intellect premier et le chaos ; l'amour réciproque de ces parents du monde, et l'amour mutuel de toutes les parties de l'univers. Selon l'opinion d'Aristote, ces trois amours sont éternels ; selon Platon, le premier est éternel et les deux autres naquirent au commencement du temps, ou à la création ; selon les croyants, et l'auteur est de ce nombre (*come noi fideli crediamo*), les trois amours naquirent successivement au commencement de la création (1). — La question de savoir *où l'amour naquit* se trouve réduite au dernier des trois amours dont nous venons de parler, ou à l'amour mutuel des parties de l'univers, et Philon montre à Sophie que cet amour naquit au monde des anges ou des intelligences pures, qui ont la connaissance la plus parfaite de la beauté divine, et qu'il se communique de là au monde céleste, ou aux sphères, et au monde sublunaire. Ici l'auteur développe la théorie de l'émanation dans les diverses nuances qu'elle avait prises chez les Arabes, fait ressortir quelques points dans lesquels Averrhoès diffère des autres philosophes de sa nation, et montre comment la beauté divine se communique

(1) V. *ibid.*, fol. 159 *b*.

successivement aux divers degrés de la création jusqu'à l'intellect humain. — La quatrième question, celle de savoir *de qui* naquit l'amour, conduit l'auteur à l'interprétation des diverses fables des poëtes anciens sur la naissance d'Eros ou Cupidon, et à celle des allégories du double Eros, de l'Androgyne et de Poros et Penia, qu'on rencontre dans le *Banquet* de Platon; l'allégorie de l'Androgyne est empruntée, selon Léon, au récit mosaïque de la création de l'homme et de la femme. L'auteur arrive enfin à cette conclusion, que le beau et la connaissance sont le père et la mère de l'amour. En considérant le beau sous toutes ses faces, il arrive à parler des *idées* de Platon, et il montre qu'il y a harmonie parfaite entre Platon et Aristote, et qu'ils ne font qu'exprimer les mêmes idées sous des formes différentes. — La cinquième et dernière question est relative au but final de l'amour; ce but, c'est le plaisir que trouve celui qui aime dans la chose aimée (*la dilettatione dell' amante nella cosa amata*). Le plaisir est considéré sous le rapport du bon et du beau, des vertus morales et intellectuelles, et l'on montre que le véritable but de l'amour de l'univers est l'union des êtres avec la souveraine beauté, qui est Dieu.

Cette analyse imparfaite ne peut donner qu'une bien faible idée de la richesse des pensées développées dans les *Dialogues d'amour* et de la profondeur avec laquelle les matières les plus variées y sont traitées. Les défauts de Léon sont ceux de son temps et de l'école à laquelle il appartenait. Son ouvrage n'est pas sans importance pour l'histoire de la philosophie; car il est peut-être l'expression la plus parfaite de cette philosophie italienne qui cherche à réconcilier Platon avec Aristote, ou avec le péripatétisme arabe, sous les auspices de la kabbale et du néoplatonisme. L'Italie rendait justice au mérite de cet ouvrage, qui était assez grand pour faire pardonner à l'auteur étranger les défauts du style. La meilleure preuve de la sensation que firent pendant tout le XVIe siècle les *Dialogues* de Léon, ce sont les nombreuses éditions et traductions qui en ont été publiées. Outre l'*édition princeps*, imprimée à Rome en **1535**, in-4°, il en parut à Venise cinq ou six autres, qui toutes sont devenues fort rares; celle que nous avons sous les yeux a pour titre: *Dialoghi di amore di Leone Hebreo, medico, di nuovo corretti et ristampati in Venezia, appresso Nicolo Bevilaqua, MDLXXII*; c'est un volume in-8° de **246** feuillets.—Une élégante traduction latine des *Dialogues*, due à Jean Charles Sarasin (*Saracenus*), a été publiée à Venise en **1564**, in-8°, et reproduite dans le recueil édité par Jean Pistorius, sous le titre de *Artis cabalisticæ, hoc est reconditæ theologiæ et philosophiæ, scriptorum* tom. I, in-fol., Bâle, **1587**.— Sur les trois traductions espagnoles, dont deux sont dédiées à Philippe II, on peut voir Rodriguez de Castro, *Biblioteca española*, t. I, pag. **371-372**.— On a aussi deux traductions françaises des *Dialogues d'amour*, l'une de Pontus de Thiard et l'autre de Denys Sauvage, dit le seigneur du Parc; cette dernière, dédiée à

Catherine de Médicis, a pour titre : *Philosophie d'amour de M. Léon Hébreu, traduicte d'italien en françoys, par le Seigneur du Parc, Champenois*, in-12, Lyon, 1559.

Nous ne savons si Léon a fait d'autres ouvrages (1). De Rossi (2) le croit auteur de *Drusilla*, drame pastoral, composé, selon Tiraboschi, par *Leone Ebreo*. Mais le nom de *Léon* était très commun parmi les Juifs d'Espagne, de Provence et d'Italie ; généralement, ceux qui en hébreu s'appelaient *Juda* adoptaient le nom de *Léon* ou *Leone* (lion), par allusion à un passage de la bénédiction de Jacob (Genèse, XLIX, 9). — Le *Leo Hebrœus* mentionné par Pic de la Mirandole (3) comme auteur de *Canons* astronomiques, et que Wolf (4) croit être le même que notre philosophe, est très probablement *Lévi ben-Gerson* (5).

Un autre Léon Hébreu, ou Juda, dit Messer Leone de Mantoue, s'est fait connaître au XVe siècle par divers ouvrages de philosophie. Nous avons de lui des commentaires sur quelques parties de l'*Organon* d'Aristote, et un traité de logique sous le titre de *Mikhlal yôphi*, achevé en 1455. Ces ouvrages existent parmi les manuscrits hébreux de la Bibliothèque impériale.

N° V

ADDITIONS ET RECTIFICATIONS

Page 7, fin du § 4. *Étant la demeure* (ou *le substratum*) *de toutes les choses*, c.-à-d. étant capable de recevoir toutes les choses par la perception. Vers. lat. *perceptibilis omnium*.

Ibid., note 2. Le ms. de la bibliothèque Mazarine, n° 510 (que nous désignerons dans les notes suivantes par ms. Maz.) porte : « *unius* essentiæ. »

Page 14, note 2. Les mots qui manquent dans le ms. du fonds Saint-Victor se trouvent dans le ms. Maz., où on lit (fol. 36 *d*) : « Sed si intelligentia apprehendit omnes substantias, necesse est ut sit superior illis. *Disc.* Ita necesse est. *Mag.* Si intelligentia est etc. »

(1) Un poëme hébreu, que Juda Abravanel composa à l'éloge de son père Don Isaac, a été publié en tête du commentaire de ce dernier sur les *Derniers prophètes*.

(2) *Dizionario storico degli autori ebrei*, t. I, pag. 29.

(3) *Disputationes in astrologiam*, lib. IX, cap. 8 et *passim*.

(4) *Bibliotheca hebræa*, t. I, pag. 436.

(5) Voy. ci-dessus, pag. 500, note 1.

Page 16, ligne 2 d'en bas. *La substance qu'on se figure avec etc.*, c.-à-d. que l'on se représente ayant les neuf catégories. La vers. lat. a un peu différemment : « et quia hæc substantia *sustentata* cum prædicamentis etc. »

Page 20, note 1, ligne 12. Ms. Maz. : « quum conjungitur *intelligentiæ* etc. », ce qui confirme la leçon que nous avons adoptée dans le texte hébreu : שכל אחר.

Page 36, note 1. Voici le passage d'après le ms. Maz. : « Hoc est, quum necesse fuerit ut manifesta rerum sint exemplum occultorum earum, necesse erit ut applicatio substantiarum spiritualium et subsistentia earum aliarum in aliis sit sicut applicatio partium substantiarum corporalium, scilicet coloris et figuræ et quantitatis et substantiæ, et subsistentia earum aliarum in aliis. »

Page 55, note 3. Ms. Maz. : « et hoc prope et *continue.* »

Page 56, note 1. Les mots *et modulari* que nous avons ajoutés par conjecture se trouvent dans le ms. Maz.

Page 61, fin du § 39. *Parce qu'elle est simple*, c.-à-d. sans espace. Cf. liv. V, § 21.

Ibid, note 5. Cf. aussi liv. V, § 52 (fin).

Page 65, § 2. Il est bon, pour l'intelligence de ce paragraphe, de citer ici le passage qui le précède dans la vers. lat. (ms. Maz., fol. 62 *b*) : « *Disc.* Quamvis necesse sit concedere differentias substantiarum spiritualium propter formas constituentes eas, tamen quomodo necesse erit concedere differentias formarum quum ipsæ sint in ultima spiritualitate. *Mag.* Debes te custodire ab hoc loco, quia hic error non est parvus. Et quod debes imaginari de formis spiritualibus hoc est, etc. »

Page 67, note, ligne 9 d'en bas. Le ms. Maz. (fol. 63 *a*) porte : « et judicavimus in hoc per intelligentia universali (*sic*) sicut judicavimus de esse intelligentiæ universalis per esse intelligentiæ particularis. » Je crois maintenant, en combinant les deux leçons, qu'il faut lire : « et judicavimus in hoc per intelligentiam particularem de intelligentia universali, sicut judicavimus de esse intelligentiæ universalis per esse intelligentiæ particularis » ; et dans l'hébreu :

וישפטנו מפני זה על השכל הכללי מהשכל הפרטי כשפטנו
על מציאות השכל הכללי ממציאות השכל הפרטי ·

Page 68, dernière ligne du texte. Après les mots *et l'union des parties de la matière spirituelle*, il faut ajouter *et de la forme spirituelle*. Le ms. Maz. porte : « et unitæ nobis fuerint partes materiæ spiritualis *et formæ spiritualis.* Il faut donc lire dans le texte hébreu (fol. **17** *b*, lig. **11**, **12**) : ויתאחדו לנו חלקי היסוד הרוחני והצורה הרוחנית

Page **76**, note **3**. Après les mots *et duo multitudo divisibilis*, on lit dans le ms. Maz., conformément à la version hébraïque : « Similiter materia est multiplicabilis et divisibilis. »

Page **90**, note **1**, ligne **7**. Ms. Maz. : « materia *quæ est*, etc. »

Page **93**, note **4**, ligne **8** et suiv. Le ms. Maz. porte : « Erit ergo consideratio applicationis *formæ cum materia prima et unitationis cum illa sicut consideratio applicationis* intelligentiæ cum anima et animæ cum accidente quod sustinetur in ea et cum corpore, etc. » Il faut compléter d'après cette leçon la version hébraïque et notre traduction française.

Page **97**, note **2**. Ms. Maz. : « unitione *scibili* essentiali. »

Page **105**, note **2**, ligne **5**. Il faut compléter ce passage d'après le ms. Maz., qui porte : « Sed [quod] debes scire de hoc intellectu, hoc est quod forma continet materiam sicut, intelligentia continet animam, et anima continet corpus et voluntas continet formam, sicut unaquæque harum continet aliam ; et Deus excelsus et sanctus continet voluntatem et quidquid, etc. »

Page **127**, ligne **8**. *Telle est la matière des plantes et des animaux laquelle* SE MEUT, etc. Notre texte hébreu a le pluriel המתנועעים *qui se meuvent*, et de même un peu plus loin והם נפעלים, *et qui sont l'objet d'action*. Ces pluriels ne peuvent se rapporter grammaticalement qu'aux mots הצמח ובעלי חיים *les plantes et les animaux* ; mais il est plus logique de rapporter ces participes au mot חמר, *matière*, car les plantes et les animaux sont une matière déjà revêtue de forme. Peut-être faut-il lire כחמרי, *comme les matières*. Il paraît cependant que l'original arabe présentait la même anomalie ; car elle a été reproduite aussi dans la vers. lat., qui porte : « Sicut hyle herbarum et animalium *quæ moventur* in generatione ad recipiendum formam herbarum et animalium, et *sunt ipsa patientia* a forma particulari, etc. »

Page **131**, note **2**, ligne **2**. Au lieu de *adquisivimus*, il faut lire *inquisivimus*, comme l'a le ms. Maz.

Page **134**, notes, première ligne. Ms. Maz. : « Quod autem voluntas moveat omnes *formas* et *corpora* est exemplum, etc.

Page **138**, note **2**, ligne **6**. Ms. Maz. : « *debilitatur* ad subito recipiendum, etc. »

Page **139**, note **1**, ligne **5**. Ms. Maz. : « .... est tanquam *resultatio formæ in speculo quando* resultat in eo ex spectore. »

. Page **140**, note **1**, ligne 2. Le ms. Maz. porte *tenebrositatis*.

Page **143**, note 5, ligne 6. Le ms. Maz. porte : « proprietatis *extrariæ.* »

Page **144**, note 2, ligne 15. Ms. Maz. : « *Immo* mediante voluntate, etc. »

Page **162**, note 2. Ajouter à la suite de cette note :

M. L. Dukes, qui déjà, dans un écrit publié en 1837, avait fait de savantes recherches sur les poésies d'Ibn-Gebirol (cf. pag. 155, note 1), a recueilli un grand nombre de ses poésies, pour la plupart inédites, qu'il vient de publier en deux livraisons, sous le titre suivant : *Schire schlomo*, *hebräische Gedichte von Salomon ben-Gabirol* (Hanovre, 1858, in-8°).

Page **172**, lignes 23 à 26 : *Rabbi Gerson ben-Salomon*, *de Catalogne .... a reproduit presque textuellement divers chapitres de notre traité*, *etc.* Nous citons ici pour exemple le commencement du chapitre VIII du *Tractatus de Anima* :

« Merito quæritur de anima an de nihilo creatur vel de aliquo. Fuerunt enim qui dicerent animam esse ex traduce sicut et corpus ; quemadmodum corpus filii ex carne patris et matris generatur, ita anima filii ex animabus parentum decidatur. Quibus cum opponebatur quod cum aliquid de substantia alterius sumitur aut totum de toto, aut pars de parte, aut pars de toto sumitur, illud unde sumitur minus remanet, sic animæ parentum remanerent post decisionem filii ab eis ; respondebant hoc non sequi, cum enim candela ab alia accenditur, tota flamma ejus ab alia sine diminutione sumitur ..... sicut calor ignis non minuitur cum generat ex se calorem in ære. »

Rabbi Gerson, qui a presque entièrement supprimé ce chapitre important, en a reproduit le commencement en ces termes (*Scha'ar ha-schamaïm*, chap. XII, § 7) :

וראוי לחקור אם הנפש מדבר או מלא דבר כי יש שאמר שהנפש נבראת מדבר זו מזו כמו הגוף כי כמו שבשר הבן מבשר האב והאם כן הנפש מנפשורת האב והאם נחצבת ואחרים סותרים זה הדבר ואומרים שאם כן יתכן שיהיו נפשות האבות נחסרורת כי כל דבר נקח מדבר אחר או ילקח כלו ממנו או מקצתו ישאר חסר וזו חדעת חלושה מאד כי מצינו הנר הנדלק מנר אחר איננו חסר וכן חום האש לא יחסר להוליד חום באויר ·

Page **197**, note **1**, deuxième ligne d'en bas. Ms. Maz. : « Si compares formam spiritualem, quæ est in substantia *simplici*, *lumini* solis, etc. »

Page 203, note 1, lignes 2 et 3. Ms. Maz. : « substantiarum *intelligibilium.* »

Page 219, notes, ligne 1. Ms. Maz. : « .... et fortasse *unaquæque* *ateria habet materiam et* unaquæque forma habet formam. »

Ibid., ligne 5. Ms. Maz. : « et *facta* est per eam finita. »

Page 383, note 1. Cf. *Ibn-Challikani vitæ illustrium virorum*, édit. F. Wüstenfeld, fascic. VII, n° 681, pag. 95.

TABLE DES MATIÈRES

APPENDICE.

FIN DE LA TABLE DES MATIÈRES.

מאמר ה

שלא לבש דבר מהיסוד [והצורה] והעליה[3] אל הידיעה באותו הכח הנבדל מהיסוד והצורה תהיה בקשירה בכח הלובש ליסוד והצורה והעליה עם זה הכח מדרגה אחר מדרגה עד שיגיע להתחלתו ומקורו והפרי הלקוט מזה ההשתדלות ההצלחה מהמות והדבקות במקור החיים:

74 ואם תאמר במה הסיוע להגיע לזו[4] התוחלת הנכברת הפרד מהמוחשים ושקע במושכלות והתלה בנותן הטוב כי אתה שכתפעל זה יביט אליך וייטיב לך כי הוא מקר ההטבה י"ת וי"ת אמן:

[3] והקשירה [4] לזה

נשלמו הלקוטים ולאל שבח והודאה:

בה האדם כי האדם כשידבר באמרה תתרשם צורתה וענינה בשמע השומע ושכלו ועל זה הקרוב יאמר כי הבורא י״ת וי״ת דבר בדברה והתרשם ענינה בעצם היסוד ושמר אותה כלומר שהצורה הברואה נתרשמה ביסוד ונתטבעה [בו] והקול הוא נכח היסוד הכללי כי הקול יסוד כללי נושא לכל הקולות הפרטיים הנושאים לנעימות והתנועות וההפסקות אבל הצורה החיצונה היא צורת הדבור הנשמע והיא נחלקת לצורות הפרטיות הנשאות בכל אחד מהיסודות הפרטיים וארצה לומר ביסודות הפרטיים הנעימות אבל הצורה הפנימית הוא ענין הדברה אשר תורה עליו וכל אחד מהשני דברים מצטרך במציאותו וקיומו אל הפועל אותו :

72 והנה התבאר מכל מה שקדם שאין בנמצאים הנבראים אלא היסוד והצורה והתבאר כי התנועה כח שלוח מהרצון והתבאר כי הרצון כח אלהי מפלש בכל פלוש האור באויר והנפש בגוף והשכל בנפש :

73 והשתדל תמיד לעמוד על עצם כל אחד מהיסוד הכללי והצורה הכללית מופשט מהאחר[1] והעמידה על צד החלוף הנופל בצורה ועל איכות השתלחה ופלושה ביסוד במוחלט והליכתה בכל העצמים כפי מדרגותיהם והכר היסוד מהצורה והצורה מהרצון[2] והרצון מהתנועה ופרק כל אחד מהם מהאחר בשכלך פרוק אמתי וכשתדע זה ידיעה מתוקנת תזך נפשך ויהיה שכלך צלול ויפלש בעולם השכל ואז תשקיף על כללות היסוד והצורה והיסוד בכל מה שבו מהצורות ספר מונח בין ידיך ותהיה מביט רשומיו ותעיין תבניותיו במחשבתך ואז תוחיל לדעת מה שאחריו והכונה בכל זה לדעת עולם האלהות אשר הוא הכל גדול וכל מה שתחתיו בצרוף אליו הוא קטן מאד והדרך לזו הידיעה הנכבדת משני צדדים האחד מצד הידיעה ברצון המקיף ביסוד והצורה כלומר [הכח] העליון

[1] מהאחד [2] והכר הצורה והיסוד מהרצון

מגרמי היסודות ומהיסודות העליון מהם חזק ההתאחדות והפשיטות מהשפל ובזה ראיה כי היסוד הכללי והצורה הכללית הם תכף האחדות תכפות חדוש ושהיסוד יקבל צורת האחדות קבול שנוי והבדלה בטבע מפני היות האחד נושא והיה האחר[1] נשוא :

68 וכפי מה שקדם מהמאמר יתחייב שיהיה העצם הראשון יתקדש נמצא על תאר מה[2] אשר נבדל [בו] מכל דברים והתחייב[3] שיהיה ממנו עצם על תאר מה והוא היסוד והצורה אלא שזה נוהג מנהג ההכרח והחכמים יקראו היסוד אפשרות ואמנם נקרא היסוד אפשרות מפני היות בו אפשרות לקבל הצורה כלומר שיתכסה באורה והיה זה ההכרח נופל תחת הרצון כי הרצון למעלה מהצורה :

69 והצורה תבוא מלמעלה והיסוד מקבל אותה למטה כלומר שהיסוד מונח בענין המצאו תחת הצורה והצורה נשואה עליו והראיה על זה כי הנותן הצורה למעלה מהדברים[4] כולם ויתחייב שיהיה המקבל אותה למטה ממנו ועוד כי הוא הנמצא על האמתה ויתחייב שיהיה המציאות שופע מאצלו ועל כן היה הנמצא כל מה שיקרב ממקור המציאות יהיה אורו יותר חזק ומציאותו יותר קיים ובחוש מה שיעיד עליו כי העצם יותר הגון במציאות מהמקרה והכמות יותר הגון במציאות מהאיכות :

70 והיסוד מקבל הצורה מהעצם הראשון באמצעות הרצון נותן לצורה חונה בו שוכנת עליו והראיה כי הרצון זולתי הצורה הצטרך הצורה למניע ומשער ומחלק ושאר הענינים שיש בהם ראיה על הרצון :

71 וכבר המשלתי לך הבריאה בנביעת המים מהמקור ובחזרת הצורה מהמראה ועוד תדמה הבריאה לאמרה שידבר

[1] האחד [2] על תואר מה והוא היסוד והצורה [3] התחייב [4] הדברים

ומפני זה צייר הבורא י"ת וי"ת העצם והוא זה העולם והניחו על מה שהוא עליו מהתקון והכין לנפש החושים בעבור שתשיג בהם התבניות והצורות המוחשות עד שתשיג הנפש אלו הצורות והתבניות המושכלות[1] ותצא בהן[2] מהכח אל הפעל ועל כן נאמר כי העליה אל הידיעה בעצמים השניים והמקרים השניים תהיה מצד הידיעה בעצמים הראשונים והמקרים הראשונים ויתחייב מזה המאמר שלא יהיה לידיעה החושית מהרשום בנפש זולתי מה שזכרנו ושהנפש בהשיגה למוחש דומה לאדם משקיף לראות דברים וכשנפרד מהם לא נשאר אלא ראות הדמיון והמחשבה :

66 והתועלת המגעת לנפש מקשירתה במוחשים זכות הנפש וצרופה ויציאת מה שהיה כח נסתר אל הפעל על הצד שזכרתי למעלה כלומר ידיעת העצמים השניים והמקרים השניים מצד הידיעה בעצמים הראשונים והמקרים הראשונים :

67 והיסוד נכח העצם כלומר שהוא נברא לו והצורה נכח תאר העצם וארצה לומר החכמה והאחדות ואע"פ שאין העצם מתואר בתאר זולתי עצמו[3] וזה ההפרש בין הפועל והפעול כי הפועל עצם אחד והפעול[4] הוא שנים עצמים והם היסוד והצורה ביאור זה כי העצם הראשון יתקדש ותארו אחד על האמתה לא ישתנה אבל היסוד והצורה משתנים כי הם תכלית רשום האחדות וארצה לומר בתכלה התחלת הפעל והם ראשון מה שאצלה והקש זה עוד מהרבוי הנופל בצורה כל מה שירחק העצם ממדרגת מקור האחדות ביאור זה כי יסוד השכל יותר חזק התאחד בצורה ויותר פשיטות מיסוד הנפש וכן יסוד הנפש יותר מתאחד[5] בצורה ויותר פשיטות מיסוד[6] הטבע עד שיגיע הדבר[7] ל הגרם ויהיה הרבוי והחלוף בו יותר וכן עוד במעלת הגשם כי גרם הגלגל חזק התאחד והפשיטות

[1] והמושכלות [2] מהם [3] עצמה [4] והוא הפעול [5] מתאחדת [6] ביסוד [7] דבר

צייר פעולת השכל והנפש בכל בלא תנועה ובלא זמן] וצייר עוד פלוש[1] האור פתאום בלא תנועה ולא זמן ואם[2] הוא גשמי מוחש והיסוד כשיהיה עב רחוק ממקור האחדות ירחק מקבול רשום[3] הרצון ויפעל אותו[4] פתאם בלא תנועה ובלא זמן ויתחייב מפני זה שיהיה[5] היסוד מתנועע ברצון בזמן :

64 והרצון הוא מקור צורת השכל שהיא הצורה השלמה והרצון הוא הפועל לכל והמניע לכל ודמיון בריאת הבורא י"ת וי"ת לדברים וארצה לומר יציאת הצורה מהמקור הראשון והוא הרצון והשפעתה על היסוד יציאת המים הנובעים ממקורם[6] והשפעתם על מה שאצלם דבר אחר דבר אלא שהוא בלא הפסק ובלא עמידה ובזולתי תנועה ולא זמן ואפשר להמשיל הטביע הצורה[7] [ביסוד] כשתחזור עליו מהרצון [בהטביע המעיין במראה] כי היסוד כפי[8] זה המשל יקבל הצורה מהרצון קבול המראה לצורת המעיין מבלתי שיהיה היסוד מקבל לעצם שיקבל[9] ממנו הצורה ואפשר להמשיל אותו עוד בחוש המקבל לצורת המוחש בלא חמרו והוא כי החוש יקבל צורת המוחש מבלי שיקבל חמרו וכן השכל יקבל צורת המושכל ולא יקבל חמרו וכן כל פועל יפעל בזולתו אמנם יפעל בו בצורתו כלומר שהוא ירשום אותה בו[10] :

65 ואם אמרת מדוע הנפש נעדרת לרשומי החכמה עד שהיתה מצטרכת להתלמד ולהזכר דע שהנפש ברואה על אמתת הידיעה ועל כן יתחייב שתהיה לה בעצמה ידיעה מסוגלת בה וכשהתאחדה הנפש בעצם והתערבה עמו ערוב מזיגה והתאחדות רחקה מלקבל אותם[11] הרשומים ונסתתרו אותם הרשומים בה כי כסה אותה[12] מאפלת העצם מה[13] שהחשיך אורה והתעבה עצמה והיתה במעלת המראה הזכה אשר ברבקה בטצם עכור עב יתעכר אורה ויתעבה עצמה

[1] בפילוש [2] כי [3] רישומו [4] אותם [5] שזה יהיה [6] ממקומם [7] הטבע והצורה [8] היסוד הכנכש כפי [9] שתקבל [10] אותם בה [11] תומר אותם [12] אותם [13] מי

שבכחו וכפי מעלתו ממקור האמת ומוצא הצורה וכשיפלש עוד ליסוד הטבע והיסוד הגשמי וישקע בו יהיה[1] בו כל אחד מהם כפי מה שהוא עליו מהכח והתנועה והתבנית והצורה :

62 והרצון הפועל[2] במעלת הכותב ותהיה הצורה הפעולה[3] במעלת הכתב והיסוד המונח להם במעלת הלוח והדף ומאחר שהיה הרצון כח רוחני אבל למעלה מהרוחנות לא יהיה יסופק מהתפשטו ביסוד והקפתו עליו עם הצורה ושים זה במעלת התפשט כח הנפש כלומר כח [הראות] הדומה לאור והתאחדו[4] עם אור השמש באויר ויהיה הרצון במעלת הכח והצורה במעלת האור והאויר במעלת היסוד ומפני זה נאמר כי הבורא י״ת וי״ת נמצא בכל כי הרצון שהוא [כחו] משולח בכל דבר ונכנס בכל דבר ולא יתרוקן דבר מהדברים ממנו כי בו מציאות כל דבר וקיומו הלא תראה כי קיום עצם כל דבר אמנם הוא ביסוד והצורה ושקיום היסוד והצורה אמנם הוא ברצון כי הוא הפועל אותם והמחבר ביניהם והאוחז אותם ואנחנו אע״פ שנאמר כי הצורה אוחזת היסוד אמנם נאמר אותו על דרך ההעברה מפני היות הצורה מקבלת הכח אשר בו תאחוז היסוד מהרצון וביאור זה כי הצורה רשום לאחדות והכח על האחיזה חוזר אל [האחדות והרצון כח האחדות ואם כן כח האחיזה חוזר אל] הרצון אלא שהרצון אוחז היסוד באמצעות הצורה ומפני זה [נאמר] שהצורה אוחזת ליסוד כי הצורה אמצעית בין היסוד והרצון והיא תקבל מהרצון ותועיל ליסוד ועל כן מפני שפלש הרצון ונשתלח מהמקור הראשון פלש עמו היסוד והצורה והוא והם נמצאים בכל ולא יתרוקן דבר מהם :

63 והרצון יפלש בכל בלא תנועה ויפעל בכל בלא זמן [מפני עוצם כחו ואחדותו ואם תרצה להקל עליך הבנת זה

[1] יהיה [2] פועל [3] פעולה [4] והתאחדה

הרצון בעצמו כמו שזכרנו פעמים וכפי זה המאמר יתחייב שיהיה הרצון יפעל ביסוד השכל המציאות והיא[1] הצורה הכללית הנושאה לכל הצורות בלא זמן ודמיון פעל הרצון הכללי לצורה הכללית ביסוד השכל פעל[2] הרצון הפרטי כלומר ׳השכל הפרטי לצורה המושכלת הפרטית כלומר שהשכל ישפיע זו הצורה על הנפש ויביא[3] אותה לה בלא זמן וכן תפעל ביסוד הנפש החיים[4] והתנועה העצמית ותפעל ביסוד הטבע ומה שלמטה ממנו התנועה המקומית ושאר התנועות אלא שאלו התנועות כולן משולחות מהרצון והרצון הוא המשלח אותם ויתחייב מזה שיהיו כל העצמים הרוחניים והגשמיים מתנועעי מהרצון ודמיון הנעת הרצון לכל העצמים הרוחניים והגשמיים המתנועעים[5] מהם התנועעות[6] הגשם מרצון הנפש או התנועעות מקצת אבריו כלב שתשפוט הנפש שהדבר יחויב[7] התנועה וזאת[8] התנועה כלומר התנועה המתפשטת בכל העצמים מהרצון ואע״פ שהתחלפה בחוזק והחולשה אמנם היה[9] להתחלף העצמים המקבלים אותה לא לחלופה בעצמה[10] כמו שזכרתי :

60 ולרשם[11] הרצון הוא דבר נמנע אבל יתואר על הקדום שהוא כח אלהי פועל ליסוד והצורה וקושר אותם והוא מפלש מהעליון אל התחתון כפלוש הנפש בגוף והתפשטה בו והוא המניע לכל והמנהיג אותו :

61 והיסוד והצורה כגוף[12] והאויר והנפש [והאור] והרצון נתלה בהם וקושר אותם ומפלש בהם כנפש בגוף והאור באויר והשכל[13] בנפש [כי כשיפלש הרצון ביסוד השכל ויתפשט בו וישקע בכללו יהיה אז בו אותו היסוד יודע משיג לצורות כל דבר] וכשיפלש [ביסוד] הנפש ויתפשט בו וישקע בכללו יהיה אז בו אותו היסוד חי מתנועע [משיג לצורות] כפי מה

[1] והוא [2] ופועל [3] ויובא [4] והחיים [5] מתנועעים [6] בהתנועעות [7] יחייב [8] וזה [9] היו [10] לחלופם בעצמם [11] ולרשום [12] בגוף [13] והשכל

והיה רוחני אלהי מתענג בקרוב מהטוב השלם ותעמוד תנועתו ויתמיד תענוגו :

56 ומוצאות הידיעה ושרשיה [1] שלשה הראשונה [2] ידיעת היסוד והצורה והשנית ידיעת האמרה הפועלת כלומר הרצון [3] והשלישית [4] [ידיעת] העצם הראשון ומי שאפשר לו לעמוד על אלו השלש ידיעות הכלליות כבר הקיף בכל דבר ידיעה כפי מה שבכח השכל האנושי מזה ולא ישאר עליו אחר אלו הידיעות דבר יבקש אותו כי היה הכל נכנס בהן [5] :

57 הפרק בין התנועה והאמרה כי האמרה כח משולח בעצמים הרוחניים מועיל אותם הידיעה והחיים והתנועה כח משולח בעצמים הגשמיים מועיל אותם הפעל וההפעלות כי האמרה [6] כלומר ה־צון כשפעלה היסוד והצורה ונקשרה בהם קשירת הנפש בגוף התפשטה בהם והיתה עמם ופלשה מהעליון אל השפל :

58 והראיה על מציאות הרצון ושהוא [7] זולתי היסוד והצורה לקוחה מהתנועה שהיא ברצון וצלה וניצוצותיה וזו התנועה מצואה בעצם הגשמי ומתפשטת בו אלא שהיא אינה לעצם הגשמי ואמנם פלשה בו מהעצמים הרוחניים ואי אפשר שתהיה זו התנועה בעצם הגשמי כמו שהיא בעצם הרוחני מפני שאין בעצם הגשמי מכח הקבול לה מה שבעצם הרוחני ממנו מפני הרחוק מהמקור כמו שהודעתיך פעמים וכן אי אפשר שיהיה הרצון בעצם השפל מהעצמים הרוחניים כמו שהוא בעצם העליון מהם :

59 ויתחיב שיהיו מדרגות הרצון בעצמים הרוחניים והעצמים הגשמיים מחולפות בהן בפלוש והרשום נוכח חלוף [8] העצמים בעליונות ובשפלות והקרוב והרחוק והרוחנות והגשמות והסבה בחלוף פעל הרצון מוחזר אל היסוד המקבל לפעלו לא אל

[1] ושרשה [2] הראשון [3] הצורה [4] והשלישי [5] בו [6] האמירה [7] ושהוא [8] החילוף

העליון הוא בעבור בקשתם ההתאחדות[1] מדוע הפרוק מתפשט בקצה התחתון דע כי היסוד כל מה שישפל ויתעבה יתרבה ויתחלק ויתפרק והיה זה מחייב[2] להתרבות הצורה ושתתחלק ושתתפרק עם כל זה כשתעיין כל מה שבתחתון מהדברים המפורקים[3] תמצאם כולם ואע"פ שהם מפורקים מבקשים להתמזג ולהתאחד ותהיה המזיגה בקצה השפל נכח ההתאחדות[4] בקצה העליון ואמר בכלל כי כל המחולפים והמפורקים[5] בעליונים ובתחתונים כלומר האישים והמינים והגנסים והפרקים [והסגולות] והמקרים וכל המתנגדים והמתהפכים[6] נכספים אל הקבול ומתאוים אל ההסכמה ומבקשים להתאחד ושהם מתקבצים עם פרוקם ונסכמים עם חלופם בדבר יעצור אותם ויקבצם ויסכים ביניהם והשרש הכולל בזה נצוח ההתאחדות על הכל ופלושה בכל ועצירתה[7] לכל:

54 ואם התאמת אצלך מציאות היסוד הכללי והצורה הכללית ומהותם ואיכותם ולמותם[8] וכל מה שאפשר מהידיעה בהם והיית[9] מעיין בהם ומשגיח תראה היסוד כאלו הוא ספר פתוח או לוח כתוב עליו שטות ותראה הצורה כאלו היא[10] צורות רשומות ואותיות ערוכות יועילו לקורא בהם תכלית הידיעה ותכלית החכמה וכאלו אני אמצא עצמי כשיקיף בהם ועמדתי על הנפלאות שבהם משתוקק ונכסף לבקש הרושם לזו הצורה הנפלאה והבורא לזה הצירה הנכבדת:

55 העליה אל העצם הראשון העליון אי אפשר זה אבל העליה אל מה שאצלו הוא קשה ועל כן אומר כי היסוד והצורה שני שערים סגורים יקשה על השכל לפתחם[11] וההכנס מהם מפני היות השכל תחתם כי עצם השכל מורכב מהם ומי שנפשו דקה[12] ושכלו זך עד שיהיה [אפשר] לו לפלש בהם וההכנס[13] מהם כבר הגיע אל התכלית והגיע אל התכלה

[1] התאחדות [2] מחויב [3] מפורקים [4] התאחדות [5] והמפורקים בפי מיניהם [6] והמתהפכים. כלומר שהם הפכים [7] ועצירתו [8] ומהותה ואיכותה ולמותה [9] והוית [10] הוא [11] לפרסם [12] רקה [13] וההכנסה

עליו הרצון הצורה הכללית והתאחד בה ישלם טבעו ויהיה שכל :

52 והבקשה לפועל הראשון י״ת וההליכה אצלו[1] מתפשטת בכל אלא שהיא מתחלפת[2] בהתחלף הקרוב והרחוק ודמיון זה[3] כי החמר הפרטי ישתוקק אל הצורה הפרטית כחמר הצמח ובעלי חיים המתנועעים בהויה לקבל צורת הצמח ובעלי חיים והם נפעלים לצורה הפרטית והצורה הפרטית פועלת בהם וכן הנפש החיונית תשתוקק אל הצורה הנאותה לה כלומר המוחשת[4] וכן המדברת תשתוקק ע הצורות המושכלות וזה כי[5] הנפש הפרטית והיא ונקראת השכל הראשון היא בתחלה כהמר המקבל לצורה וכשקבל הצורה מהשכל הכללי הוא השכל השלישי יצא לפעל ויקרא השכל השני וכשיהיו הפרטיות מהנפשות על[6] זה הענין מהתשוקה התחייב שיהיו הכלליות עוד כלומר [שתהיה] הנפש הכללית משתוקקת אל הכלליות וכן המאמר ביסוד הטבעי כלומר העצם הנושא לנאמרות כי זה היסוד כמו כן יתנועע לקבל צורת האיכות הראשונות ואחרי כן לקבל צורת הדומם ואחר כך הצמח ואחר כך החיונית ואחר כך המדברת ואחר כך השכלית[7] עד שידבק בצורת השכל הכללי ועל זה תקיש תנועת כל הכלליות ויתחייב על זה ההקש שיהיה היסוד הראשון משתוקק לקבול הצורה הראשונה בעבור שישיג הטוב שהוא המציאות וכן המאמר בכל מה שהוא מיסוד וצורה[8] כי החמר מתנועע לקבול צורת השלם וכל מה שיעלה הנמצא ימעטו התנועות והתשוקות בעבור קרבו מהשלמות ומפני זה היה הנמצא כל מה שיעלה ויקרב ממקור האחדות יהיה פעלו מתאחד תמידי בזולתי זמן כי הדבר .כל מה שהתאחד בעצמו התאחד מפני זה פעלו וכשיתאחד[9] פעלו יפעל דברים רבים בזמן אחד :

53 ואם אמרת אם היה התאחדות היסוד והצורה בקצה

[1] אללי [2] מתפשט בכל אלא שהוא מתחלף [3] בדמיון [4] המוחשים [5] וכן [6] אל
[7] השכלי [8] שכל מה ביסוד והצורה [9] וכשיאחד

והתשובה כי אין בין[1] היסוד והנמצא הראשון דמות אלא מצד קבול היסוד מה שבעצם הרצון מן האור[2] וישאהו זה לנטות אחריו[3] ולהשתוקק אליו[4] ולא יתנועע להשיג עצמו אלא יתנועע להשיג הצורה המחודשת לו:

50 ואם אמרת איזה דמות בין היסוד והצורה והם שני עצמים נבדלים זה מזה בעצם מפני היות האחד נושא והאחר נשוא והתשובה כי אין ביניהם דמות אלא מפני שהיסוד מקבל לצורה בעצמו ושהצורה מושפעת עליו השפעת כח ופלוש התחייב שיתנועע היסוד לקבול הצורה ושתתאחר הצורה[5] בו ובזה ראיה שהם עצורים תחת הרצון ומשועבדים לו[6] מפני היותם נבדלים בעצם ויהיו מתאחדים יחדו:

51 ואם אמרת כשיהיה היסוד מתנועע לקבל הצורה מפני בקשתו להשיג הטוב שהוא האחדות התחייב מזה שיהיה היסוד יודע בעצמו בדבר שיכוון לבקשו וכבר קדם [כי] היסוד אמנם היה יודע מפני הצורה דע כי היות היסוד אצל האחדות [יחייב] שיקבל ממנה כח ההשגה לה עם השפעת האחדות עליו וזה יחייב התנועעו אליה כדי שיקבל ממנה השלמות עד כשיקבל הצורה שיהיה בה יודע שלם ולא ישאר לו[7] דבר יקבל אותו ויהיה במעלת[8] האויר שהתערב עמו דבר מועט מהאור בשחר וכל מה שתעלה נכח השמש ימלא אור עד שישלם ולא ישאר לו דבר יקבל אותו מהשמש וכן היסוד הראשון מאחר שהיה אצל האחדות[9] התחייב שישפע עליו מאורו וכחו מה שיהיה סבה שישתוקק לו ויניעהו אצלו וכזה הענין ישיבו למקשה בדמות[10] בין היסוד ושאר העצמים ובין הפועל הראשון בשיונח[11] כי תנועת אלו העצמים תנועת[12] השתוקק והתאוות כי היות היסוד אצל האחדות יחייב השגתו מכחה ואורה מה שיתחייב שישתוקק אליה לנטות אליה בעבור שיקבל השלמות ויצא מההעדר אל המציאות עד כשישפיע[13]

1 בה 2 הרצון והשארות 3 אחריהם 4 אליהם 5 צורה 6 עצורים ומשועבדים
7 בו 8 במעלת 9 התאחדות 10 בדמות 11 בשיונח 12 תנועה 13 כשישפע

לקבול הצורה בו תנועת הנפש הנעדרת הידיעה לבקש אותה[1] הידיעה וקבולה וכשתדבק צורת אותה הידיעה בנפש ותקום בו תהיה הנפש בה יודעת כלומר נושאה לצורת אותה הידיעה וכן [כשתהיה] הצורה דבקה ביסוד היה היסוד בה מצויר כלומר נושא לצורה :

46 והסבה המחייבת[2] להיות היסוד מתנועע לקבול הצורה השתוקק היסוד להשיג הטוב והתענוג כשמקבל הצורה וכן המאמר בתנועת[3] כל העצמים כלומר שתנועת כל העצמים הוא לאחד וביאור זה [כי] כל נמצא ירצה שיהיה מתנועע בעבור שישיג דבר משלמות הנמצא הראשון אלא שתנועות[4] הנמצאים מחולפות בהתחלף מדרגותיהם בקירוב וּבריחוק וכל מה שהיה העצם קרוב אל הנמצא הראשון תהיה השגתו לשלמות יותר קלה וכל מה שירחק לא ישיגהו אלא בתנועה כבדה או בתנועות רבות ובזמנים רבים וכל מה שיוסיף תעמוד תנועתו ושים דמיון על זה השמים והארץ :

47 והראיה כי תנועת כל מתנועע היא לאחד[5] ובעבור האחד כי כל מתנועע אמנם יתנועע לקבול הצורה ואין הצורה זולתי רשום האחד[6] והאחד הוא הטוב ואם כן תנועת כל דבר אמנם הוא בעבור הטוב שהוא האחד והראיה על זה עוד כי אין דבר מהנמצאים שישתוקק שיהיה הרבה אבל ישתוקקו כולם שיהיו אחד ואם כן כולם ישתוקקו אל האחדות :

48 וכשהיה ענין התשוקה והאהבה יחייבו בקשת הדבקות באהוב וההתאחדות בו והיה היסוד יבקש הדבקות בצורה התחייב שתהיה תנועתו בעבור אהבת הצורה והתשוקה לה וכן המאמר בכל מתנועע לבקש צורה :

49 ואם אמרת כי אם תנועת היסוד לקבול הצורה אמנם היא מפני השתוקקו אל הנמצא הראשון התחייב שיהיה ביניהם דמות מפני שההשתוקק[7] והדבקות לא יהיו אלא במתדמים

[1] אותו [2] מחייבת [3] בתחלת [4] שהתנועות [5] הוא לאחד מתנועע [6] ואין זולתי רישום הצורה האחד [7] שהשתוקק

השמים והצורה[1] מזהרת עליו שוקעת בו הזהר אור השמש על האויר והארץ ושקיעתו[2] בהם ונקראת זו הצורה אור מאחר שהיתה האמרה אשר ממנה שפעה הצורה אור כלומר אור שכלי לא אור חושי ועוד כי מדרך האור לגלות צורת הדבר ולהראותה אחר היותה נעלמת וכן הצורה כשתרבק ביסוד יראה בה הדבר אחר היותו נעלם והיה בה נמצא :

42 ויאמר שהיסוד מקום לצורה כלומר שהוא נושא אותה ושהיא נשואה בו וכן יאמר עוד שהרצון מקום להם יחדו והענין המושכל מזה הוא צורך כל אחד מהם אל הרצון במציאות וההשארות אבל המקום האמתי הוא מקרי מתחדש בקצה התחתון מהצורה :

43 ואי אפשר קדימת היסוד לצורה ולא הצורה ליסוד והיאך יתכן שיקדם האחד לאחר ולא נמצאו מפורקים כהרף עין אבל היו קשורים יחדו ועוד כי היסוד אינו נמצא בעצמו מציאות צורי כלומר בפעל אבל הוא נמצא בצורה ויתחייב שיהיה מציאותו במציאות הצורה :

44 והדבר הקושר ליסוד ולצורה והמחבר אותם והאוחז לאחדותם היא האחדות אשר למעלה [מהם] כי התאחדות היסוד והצורה הוא רשום האחדות[3] בהם ומאחר שאין בין השנים והאחד אמצעי כמו כן דע שאין בין האחדות והיסוד והצורה אמצעי והראיה כי האחדות הוא המסדר ליסוד ולצורה חוזק התאחדות היסוד והצורה אצל גדר הבריאה כלומר התחלת ההתאחדות וקיומו והשארתו מפני קרבו ממקור האחדות ובהפך רבויו[4] והתחלקו ופרוקו ומיעוט השארותו וקיומו אצל גדר ההפסק כלומר אחרית העצם וזה מפני רחוקו [ממקור] האחדות ובזה ראיה כי האחדות[5] היא האוחזת לכל והנושאה לכל :

45 וכח האחדות התחלף בחוזק והחולשה והיה בתחלה מיחד לנמצא תכלית האחדות ואוחז אותו תכלית האחיזה והיה באחרית[6] בהפך מפני חלוף היסוד[7] ודמיון תנועת היסוד

[1] ושהצורה [2] ושקיעתה [3] לאחדות [4] דבריו [5] התאחדות [6] באחדות [7] היסוד בדמיון

שכלך מהעצם הגשמי והעמק השוטטות בעצם הרוחני ועמוד אצל גדר הבריאה והיא התחלת התאחרות [1] היסוד בצורה ואחר כך הפוך מחשבתך למטה ואז תתבאר לך אמתת מה שאמרתי [2] מקטנות העצם הגופני אצל גודל העצם הרוחני ואם אפשר לך יחס [העצם] הרוחני הנברא וארצה לומר היסוד הרוחני המתאחד בצורה וצרופו אל המקור [3] אשר ממנו בא השפע [4] כלומר הרצון אז תראה העצם הגופני יותר קטן והקש על זה מהשמים והארץ [5] כי אתה [6] כשתחשוב בנפשך שאתה עומד אצל הגדר הראשון מהשמים העליונים משקיף על הארץ תחשוב כי הארץ באמצעות השמים כנקודה שאין לה שיעור אצל השמים אע״פ שהיא גדולה וכן כשתעמוד בשכלך אצל הגדר הראשון מהעצם הרוחני תראה כי יחס העצם הגשמי אל העצם הרוחני אבל יחסם יחדו אצל הרצון יחס הארץ אל השמים ועל כן לא תהיה מסופק כשיהיה העליון תחת התחתון כי העליון והתחתון הם אצלנו ובצרוף אלינו והם נופלים בחלק לא יתחלק מהנמצא והוא המרכז [7] אבל העצם הרוחני הוא אחד מרובק מתעטף קצתו על מקצתו קים בידיעת האלוה י״ת ויכולתו המקפת בכל :

40 ואני אתן לך כלל קצר תסמוך עליו בציור [זה] עמוד בשכלך אצל גדר הבריאה ארצה לומר התחלת התאחרות היסוד [8] בצורה וצייר [9] [עצם] אין לו ראשית ולא אחרית והוא עצם הבורא י״ת וצייר כל הנמצא הרוחני והגשמי [10] קם בו כציורך [11] ענין מהענינים קם בנפש כי אז [תראה] כי כח הבורא י״ת וי״ת [בכל] נמצא [וכן תראה כח העליון מהנמצא ועצמו] בתחתון ממנו אל התכלה התחתונה והוא גדר ההפסק ואז תצייר המשך היסוד והצורה מהעליון אל התחתון המשך אחד :

41 והיסוד קים [12] בידיעת האלוה י״ת כקיום הארץ באמצע

[1] ההתאחדות [2] שאמרת [3] המקום [4] שפע [5] והקש על מה שמים וארץ [6] אותה [7] העלם. [8] האחדות ביסוד [9] וציור [10] וגשמי [11] לציורך [12] קיים

בגשם והנפש בגוף והשכל בנפש והחוש במוחש והשכל במושכל ומפני זה יאמר כי הכל היה מידיעת האלוה י"ת ומהבטתו והקפתו בדברים[1] :

36 וכבר נאמר שעצם השכל יש לו תכלה משתי קצותיו ויש לו תכלה מהצד העליון מפני שהרצון למעלה ממנו ויש לו תכלה מהצד התחתון מפני שהחמר חוץ לעצמו וכל העצמים הפשוטים יש להם [תכלה] בעליונים ואין להם תכלה בשפלים מפני היות קצתם בפאת קצתם כי הם רוחניים פשוטים אלא מאחר כי היה החמר עברה גשמי על[2] כן היה חוץ לעצם השכל ואמרו כי השכל וכל העצמים הפשוטים יש להם תכלה מזה הצד כלומר שהם מפורקים מהגשמות המשיג לחמר והפירוק יחייב תכלית :

37 והיסוד לא יהיה נמצא אלא בצורה כי המציאות מצד-הצורה ועל כן התנועע היסוד לקבול הצורה מפני שיצא מכאב ההעדר לתענוג המציאות אבל מציאות היסוד ערום ממקצת הצורות אפשר זה כי מקצת [היסוד] ערום מהצורה הרוחנית לא הצורה הראשונה המקיימת לעצם היסוד הראשון אלא השנית המקיימת לעצמי העצמים הפשוטים וכן ימצא מקצת היסוד הגשמי פושט למקצת [הצורות] ולובש למקצתם :

38 וחשוב היסוד בעל שתי קצוות האחד עולה לגדר הבריאה כלומר גדר הדבקות היסוד בצורה והאחד יורד לגדר ההפסק וצייר מה שהיה ממנו למעלה מהגלגל רוחני הצורה וצייר אותה הרוחנות כל מה שלמעלה תהיה חזקת האחדות ויותר פשיטות עד שתגיע לגדר הבריאה וכן תצייר מה שיהיה[3] מגדר הגלגל יורד גופני הצורה ועיין אותו כל מה שירד למטה יהיה יותר גופני עד שיגיע הגוף לגדר ההפסק :

39 ואין היסוד אלא אחד ואמנם החלוף הוא בצורה וכשתשוטט בציור העצם הרוחני תדע כי יחסו אל העצם[4] הגשמי כיחס האור אל האויר ואם תאמר היאך זה פשוט

[1] בדבריו [2] ועל [3] שתהיה [4] כי יחס העצם

זה טבע האפשרי בעצמו וכבר הטיב מי שקרא היסוד הראשון אפשרות על זה ההקש [ומאחר שהיה האחד הפועל הראשון מחויב הוא אחד בלבד] ומאחר שהיה הנפעל אפשרי מהחיוב שלא יהיה הוא [הוא] אלא יהיה דבר ודבר ואז יתחייב היותו נושא ונשוא :

32 ובהשתנות היסוד והצורה ראיה על הרצון מאחר שהיה דרך הרצון לעשות הדבר והפכו והסבה אשר בעבורה תהיה הצורה גלויה והיסוד נעלם במושכלות מפני פגישת צורת השכל וצורות[1] המושכלות כי הצורות כולן מתנגדות ביסוד כבני אדם במערכת המלחמה אבל במוחשות מפני שהצורות גשמיות והיסוד רוחני בצרופו אל הצורות הנשואות בו ועוד כי היסוד לובש והצורה לבושה ועוד כי היסוד דומה [בהעדר והצורה דומה] במציאות והיסוד בכח והצורה בפעל והיסוד נשלם והיה נמצא בצורה ועל כן התנועע תחלה לקבולה כלומר לשלמות :

33 ומפני שהצורה היא האחדות הנפעלת לאחדות הראשונה האוחזת לכל והקמה בכל[2] ועוד כי מדרך האחדות ליחד הדבר ולקבצו משיתרבה ויתפרק זה[3] יחייב אותה היותה אוחזת ליסוד אבל היסוד מאחר שהיה דרכו הרבוי והחלוק התחייב שיהיה מיוחד באחדות ויתחייב היותו אחוז[4] מאוסף :

34 והצורה היתה בידיעת הבורא י"ת וי"ת נפרדת ואחר כן התרכבה[5] עם היסוד והיה זה בלא זמן ודמיון היות היסוד והצורה בידיעת האלוה י"ת וי"ת נפרדים דמיון היות הצורה הרוחנית מדומה בנפש [ואחר כן תתאחד ביסוד ותצא אל הפעל וכן היתה זאת הצורה בשכל] ואחר כן תצא אל הנפש ותתאחד בה אלא שהצורה המצואה בידיעת הקדמון י"ת וי"ת תצא מהכח אל הפעל בלא זמן ועל כן לא תמצא כהרף עין ריקה מן היסוד ואין בצורה היוצאה מן הנפש כן :

35 ודמיון דבקות היסוד והצורה דבקות האור באויר והגוון

[1] ולורת [2] והקמה בכל היה ה סוד אוחזת [3] הה [4] אוחז [5] ההרכבה

הצורות ורשם הצורה הכללית שהיא עצם מקום לעצם כל הצורות ותורשם שהיא עצם החכמה השלמה והאור[1] הנקי:

30 ואין לעצמים הפשוטים למות חוץ לעצמם אלא שיש [להם] למות היא ועצמם[2] דבר אחד כי הם פשוטים אחדותיים[3] ומפני זה נאמר ביסוד הראשון ובצורה הראשונה ואומר בכלל בכל העצמים הפשוטים שאין עלה להויתם אלא הבורא אותם י״ת וי״ת מפני היות העלה הרביעית שהיא למות חוץ לעצם העלול ואין חוץ לעצמים [הפשוטים] דבר זולתי הבורא אותם י״ת וי״ת ומפני זה נאמר כי הם תמידי[4] המציאות להתמדת [הבורא] י״ת וי״ת ואני אתן לך בזה השער כלל מספיק תקחהו הקש תקיש עליו ואומר כי הנמצא מסודר מהקצה העליון אל הקצה התחתון על ארבע מדרגות והם המציאות הנקראת בערבי אניה והמהות והאיכות והלמות והעליון מציאות[5] לא מהות לו ולא איכות ולא למות כאחד האמת י״ת וי״ת ולמטה ממנו מהות אין איכות [לו] ולא למות כשכל [ולמטה ממנו מהות בעל איכות כנפש] ולמטה ממנו מהות בעל איכות ולמות כטבע והמתהוים וכל אחד מאלו מסודר כפי סדור החשבון כי המציאות מסודר במעלת האחד כי היא מציאות בלבד והמהות מסודר במעלת השנים כי המהות מורכב משני דברים והם הגנס והפרק והאיכות מסודרת במעלת השלשה כי היא נשואה בעצם המהות ומצורף אליו והלמות מסודרת במעלת הארבעה כי היא מצורפת ל האיכות והמהות והמציאות שהם שלשה:

31 ויסודר הנמצא על מעלות הן יותר כוללות מאלו והן המחויב והאפשר והנמנע והמחויב הוא האחד הפועל י״ת וי״ת והאפשר הוא כל נמצא הנפעל לו והנמנע הוא העדר הנמצא והפסקו והמחויב הוא התחלה לא תשתנה[6] והאפשרי בהפך ומפני זה היה האפשרי כפי מה שאחשוב נפעל משתנה כי

[1] והאויר [2] בעיכה ועצמה [3] כי היא פשוטה אחדותית [4] תמידיים [5] מהות מליאות [6] ישתנה

26 וכל מה שתרד הצורה ותתגשם תהיה יותר נראה לחוש כמו הגוון שהוא הקרוב שבצורות אל החוש והתבנית נעלם מהגוון והגשמות יותר נעלם מהתבנית והעצם נעלם מהגשמות והטבע [1] נעלם מהעצם והנפש נעלמת מהטבע והשכל נעלם מהנפש והסבה בזה הוא כי הצורה הראשונה הדבקה ביסוד הראשון רוחנית פשוטה והצורה האחרונה גשמית מורכבת ובין אלו שתי הקצוות אמצעיים יקשרו השתי קְצוות וידבקו ביניהם וכל מה שתהיה הצורה קרובה אל הצורה הראשונה הרוחנית תהיה אותה הצורה יותר רקיקה ויותר נעלמת ובהפך כל מה שתהיה הצורה קרובה אל הצורה הגשמית תהיה יותר גסה ויותר נראה :

27 והראיה [2] כי הצורות הרוחניות נעלמות בצורות הגשמיות הוא כי הנפש תחנה הגוף בכחותיה וידבק כל מה מכחותיה בצורה הנאותה לה ברקיקות כי היא תפרק צורת האיכות והכמות מצורת העצם ואחר כך תפרק צורת העצם מצורת הטבע וצורת הטבע מצורת הנפש וצורת הנפש מצורת השכל וצורות השכל מהיסוד הראשון וצריך שתדע כי מי שהטיב לדעת פרוק אלו הצורות והכיר כל אחד מאלו העצמים מהאחר [3] הגיע לתכלית הידיעה והתענוג :

28 ורשום הצורה הראשונה בכל הוא המציאות כי אותה הצורה היא המקיימת לעצם [4] כל דבר וצורת השכל היא הצורה המקפת בכל נמצא ומציאות כל הצורות ממציאות צורת השכל :

29 והגדרת היסוד הכללי והצורה הכללית אינה ממה שאפשר מפני שאין למעלה [מהם] גנס ויונח לגדרם שרש אבל לרשם אותם אפשר מצד סגולותיהם המתחייבות [5] להם ורשם היסוד הכללי הלקוח מסגולותיו [6] הוא שהוא עצם קם [7] בעצמו הנושא לחלוף והוא אחד במספר ויורשם עוד שהוא עצם מקבל לכל

[1] והטבעי [2] והראה [3] מהאחד [4] לעולם לעצם [5] אבל לרשום אותם שאפשר מצד גולותם המתחייבים [6] מסגולותו [7] קם הוא

מקצתם ממקצתם ויתחייב על זה ההקש שהיה דמיון הכל אצל היסוד הראשון דמיון הגוף אצל הנפש ואומר בכלל דמיון הצורות אצל השכל כי אם היו צורות כל הדברים נמצאות בשכל כל שכן שיתחייב שיהיו נמצאות[1] ביסוד הראשון וכן תקיש על כל מה שלמעלה מהם:

22 וענין הידיעה השכלית היא התאחדות הצורה [המושכלת] בשכל וכן המאמר בידיעה החושית אלא כי זו ההתאחדות הפרטית אינה כמו [התאחדות] הצורה הכללית ביסוד [הכללי] אלא הוא למטה ועל כן [לא] נקרא אותו ידיעה ואע"פ שלא נקרא אותו ידיעה לא יתחייב מפני זה שיהיה התאחדות הצורות המושכלות בשכל יותר נכבד ממנו כי היה ענין ההתאחדות הראשון[2] נכבד מענין ההתאחדות[3] השני:

23 ומה שצריך שתדע אותו מזה הענין כי הצורה מקפת ביסוד כהקפת [השכל בנפש וכהקפת] מקצת אלו [העצמים הפשוטים] במקצתם והבורא י"ת וי"ת מקיף ברצון ובכל מה שבו מן היסוד והצורה בלא דמיון ואין כמוהו:

24 וצריך שתדע כי האיכות אע"פ שהוא למעלה מהכמות הוא זה אצל החוש אבל על האמתה הוא והכמות יחדו כי הגון והתבנית מתחייבים לכלות הגשם ועם זה[4] שאר הגנסים נמצאים יחדו בעצם וקח אותו הקש להקיש[5] עליו מציאות כל הצורות יחדו ביסוד הראשון כי יחס נשיאות היסוד [הראשון] לכל הצורות יחס נשיאות הנפש והשכל לצורות המושכלות ויחס נשיאות [העצם] לנאמרות התשע ויותר מבואר מזה יחס נשיאות הכמות לתבנית והגון[6]:

25 וצריך שיהיה[7] התחתון חמר לעליון מאחר שיהיה העליון פועל לתחתון ועל כן אמרו החכמים כי אין הגון[8] בענין הצורה האמתית זולתי השכל הראשון והוא[9] הנקרא אצלם השכל הפועל:

[1] שיהיו צורות נמצאות [2] ראשון [3] התאחדות [4] ועם כל זה [5] כהקש
[6] הגאון [7] שתהיה [8] הגוון [9] והוא אל פועל והוא

והשפעת מקצתם כחותיהם ואוריהם[1] על מקצתם מפני היותם עצורים תחת העצם הראשון המשפיע לעצמו כלומר שההשפעה מאתו לבדו :

21 ואמנם היה נמנע קבוץ הצורות הרבות המחולפות בנושא אחד כשיטרידו מקום אבל כשלא יטרידו מקום אינו נמנע קבוצם בנושא אחד ומאחר שהיו הצורות המתקבצות בצורת[2] [השכל] אינן מפורקות אבל הן מתאחדות בעצמו והיה עצם השכל עצם [פשוט] יתבאר בזה כי אלו הצורות לא יטרידו מקום אלא[3] הן והמקום שהן בו כלומר עצם השכל דבר אחד ומפני זה כלומר מפני שעצם השכל עצם פשוט ושהצורות הנשואות בו אינן מפורקות אלא הן מתאחדות בעצמו היה עצם השכל יכול כל דבר וישא כל דבר ולא יצר מדבר[4] מפני שישא כל דבר באחדותו שהיא עצמו נשיאה אחדותית עצמית וצריך שתעיין זה הענין ותחפש אותו בכל העצמים כלומר יחוס בין נשיאות כל אחד למה שישאהו מהצורות ובין נשיאות האחר למה שישאהו ודמיון זה כי כשתעיין קימת הצורות בשכל תמצא אותה[5] ביחוס קימתן בנפש וקימת התשע[6] הנאמרות בעצם ועל כן נאמר כי השכל מקום לצורות הטבעיות ונאמר עוד כי כמו שהחמר כח מקבל לצורות [המוחשות כן הנפש כח מקבל לצורות] המושכלות ועל זה תקיש עוד קימת כל הצורות ביסוד הראשון כי אתה תמצא כל הצורות קמות ביסוד הכללי וכן תמצא הנאמרות התשע קמות בעצם וכן תמצא הדברים המחולפים קמים בנפש והנפש נושאה אותם ולא נמנעה קימתם בה מקימת מקצתם במקצתם[7] כי כמו שהגוף ומקריו דבר אחד אע״פ שחלופם רב ופרוקם אלא שהנפש תפרק כל אחד מחלקיו מהאחר ואם הם מתאחדים מרובקים [כמו כן בהיות כל הדברים מתאחדים מרובקים] ואע״פ שהם מחולפים בעצמיהם השכל יפרק מקצתם ממקצתם ויכיר

[1] ואוריהם [2] בלורות [3] ולא [4] ילא מדברים [5] אותן [6] העשר [7] ולא כמכעה
קימת מקבלתן מקילת מקלתן

בעצמו ואחרותו ועוד כי מאחר שהיה עצם השכל מסודר בקצה העליון מנגד לעצם הגשם המסודר בקצה השפל והיה עצם הגשם מקבל לצורה אחת התחייב שיהיה עצם השכל מקבל לכל הצורות ונושא אותן וכן התחייב שיהיו העצמים כל מה שישפלו ויקרבו מהגשם יהיו יותר חלשים מלקבל הצורות ובהפך יתחזק הקבול כל מה שיעלו עד שיגיעו למדרגת השכל ויהיה זה העצם יותר מקבל לצורות ויותר אוסף אותן משאר העצמים [1] :

18 והיסוד המסוגל בצורת השכל והוא הקצה העליון מהיסוד הכללי יקבל צורת השכל הנושאה לכל הצורות מהרצון השוכן למעלה אצל הבורא י"ת וי"ת אשר בו צורה על השלמות ואשר הוא הכל והכל בו ואמנם קבל היסוד מהרצון כפי מה שהוכן לו בעצמו מהקבול לא כפי מה שבכח הרצון ומה שקבל היסוד מאור הרצון מועט בצרוף אל מה שברצון :

19 וצריך שתדע כי זו הצורה המוחלטת היא [2] לרצון בפעל מצד הפעול והיא [3] לו מצד הפועל בכח כי אין הדברים בעליונים כמו שהם בתחתונים כי הצורות בעלות יותר שלמות ממה שהן בעלולים כי הן ההחדשו בעלולים מפני השקפת העלות בעלולים ושהן נכחם [4] וכפי זה המאמר התחייב שיהיו הצורות ברצון על השלמות שאפשר והתקון וכן יתחייב שיהיו בכל מה שיקרב ממנו עד שיגיעו אל התכלית התחתונה מן העצם ואז תפסק הצורה וכלל המאמר בזה הוא מה שאמר אפלטון כי הוא הקיש [5] חדוש הצורות בשכל השקפת הרצון [6] וחדושן בנפש הכללית השקפת השכל הכללי וכן חדושן בטבע והעצם [7] השקפת הנפש הכללית [8] ושם [9] ההקש בזה חדוש הצורות השכליות כלומר המחשבות וציורן בנפש הפרטית כשישקיף השכל עליה [10] :

20 וענין ההשקפה בעצמים הוא שיהיו מקצתם נכח מקצתם

[1] הצורות [2] הוא [3] והוא [4] נכחם [5] הוקש [6] הראשון [7] העצם [8] הכללית והטבע [9] והשם [10] כשכיל השכל עליו

הדבר כן התחייב שתהיה זו הצורה היא אשר נתנה לכל דבר הצורה[1] והמהות כמו שהיה הוא נתן לכל[2] דבר העצמות[3]:

16 והחכמים מסכימים שאין לשכל צורה מסוגלת והטיבו במה שאמרו כי אלו היה לשכל צורה מסוגלת [תמנע זאת הצורה השגת צורות כל דבר זולת עצמה ואמנם אמרו כי אין לשכל צורה מסוגלת] והם רוצים לומר צורה פרטית ולא מנעו שתהיה לשכל צורה כללית כי הצורה הכללית תחייב השגת כל הצורות ואתה כשתעיין בסבת השגת העצמים לצורות אז תעמוד על אמתת מה שאמרנו כי צורת השכל כללית וידעת השגת זאת הצורה בעצמה[4] לכל הצורות:

17 ואין ספק שהעצם[5] כל מה שיהיה יותר רקיק ויותר פשוט יהיה יותר מקבל [לצורות הרבות והמחולפות] והצורות[6] בו יותר מתוקנות ויותר נאות ובהפך והסבה המחייבת לזה היא כי ההרכבה במורכב תמנע מפלוש הצורות בו כי היא חוצצת בין עצמו ובין הצורות[7] ואין העצם הפשוט מה שיהיה חוצץ בינו ובין הצורות וימנע מפני זה פלושן בו ויתחייב מזה שיהיה העצם הפשוט כל מה שיעלה ויזך יותר מקבל לצורות הרבות ושיהיה מקבל לכל תבנית ולכל צורה ואלו היה העצם הפשוט מקבל לתבנית אחת[8] ושוקד עליה לא יהיה בינו ובין העצם המורכב הפרש וכשיהיה הדבר כן התחייב שיהיה העצם המוחש לעוביו זולתי מקבל לצורות המחולפות אבל היה שוקד על צורה אחרת והתחייב שיהיו העצמים המושכלים כל מה שיעלו ויזכו יהיו יותר מקבלים לצורות ותהיה אסיפת הצורות בם[9] יותר [גדולה] ויותר מבוארת[10] ממה שהיא[11] בשפל כמו[12] בטבע והנפש וכן ימשך המאמר עד שיגיע ל העצם הזך והפשוט [שבעצמים] והוא עצם השכל ויתחייב שיהיה [זה] העצם החזק שבעצמים בקבול [הצורות] והחזק באסיפתם

[1] אשר נתנה כל צורה [2] כל [3] העצם [4] וידיעת השגת אלו הצורות בעצמן
[5] מספק העצם [6] הצורות [7] ובין בעלי הצורות [8] אחד [9] בו [10] מבוארות [11] שהוא
[12] הם

גסים ואי אפשר שידבק הרקיק בגס בלא אמצעי דומה לשתי הקצוות[1] התחייב מזה שיהיה השכל לא ישיג המוחשים אלא באמצעות החושים כי היה העצם החש דומה לשתי הקצוות[2] כלומר שהוא אמצעי בין רוחנות השכל לגשמות הצורות המוחשות ביאור זה כי מאחר שהיתה הידיעה[3] בהתאחד צורת[4] היודע וצורת הידוע בלא אמצעות והיה התאחדות אלו שתי הצורות כשיעור הדמות והקירוב [והיתה הנפש המשכלת אינה דומה לצורות הגשמיות כי צורת הנפש המשכלת רוחנית] והיו הצורות המוחשות[5] גשמיות נמנע מפני זה שתדבק צורת הנפש המשכלת בצורות הגשמיות בלא[6] אמצעות דומה לשתי הקצוות[7] ועוד כי מאחר שהיתה הנפש החיונית והטבעית ממוצעת בין הנפש המשכלת והגוף היה נמנע שתדבק צורת הנפש המשכלת בצורת[8] הגוף ושתתאחד בה בעצמה בלא אמצעי ועל זה ההקש עוד תוקש השגת העצם [החש] בצורות המוחשות באמצעות הכלים והאויר מפני התדמות הכלים והאויר לשתי הקצוות כלומר העצם החש והצורות המוחשות:

14 וכשיאמר כי הכל[9] נמצא בשכל ושהכל משולח מהשכל לא ירצה לומר כי הכל מורכב מהשכל ולא שמקצת העצמים הפשוטים מורכבים ממקצת מפני כי הדבר המורכב מדבר יחייב יציאת ההרכבה אל הפעל ואין השכל כן כי היה עצמו[10] עצם פשוט ירצה לומר בזה כי כל נמצא בו מציאות [פשוטה] בענין שעצמו הוא כל צורה וצורות[11] הדברים מתאחדות בעצמו התאחדות ידיעה עצמית לא גופנית מקרית:

15 וכשתהיה צורת השכל תחייב הידיעה בצורת כל דבר התחייב מזה שיהיו כל הצורות מדובקות בה קמות בה כי כל הצורות נבראות בה ר"ל שהן מתאחדות[12] בעצמה התאחדות עצמית רוחנית ועל כן היתה צורת השכל כללית לצורות כולן וכשיהיה

[1] דומה לשתי הקצוות כלומר שהוא אמצעי [2] קצוות [3] הצורה [4] צורות [5] מוחשות [6] דומה בלא [7] קצוות [8] בצורות [9] כל [10] העצם [11] שעצמו הוא כל צורות [12] אלא שהיא מתאחדת

11 והראיה כי כל צורות הדברים בעצם השכל הוא על זה הדרך. נאמר כי צורת השכל תשיג כל הצורות ויתאחדו בעצמו [וכל דבר אשר כל הצורות יתאחדו בעצמו כל הצורות נמצאות בעצמו אם כן] כל הצורות נמצאות בעצם השכל :

12 והראיה כי המציאות לדבר אמנם יהיה מפני צורתו כי הנמצא לא ימלט משיהיה מוחש או מושכל והחוש והשכל לא ידבקו בזולתי הצורה המוחשת או המושכלת מפני היות הצורה המוחשת והמושכלת חוצצת[1] בין צורת השכל והנפש ובין היסודות הנושאים לצורות המוחשות והיסודות הנושאים לצורות המושכלות ומפני זה לא ידבקו הצורות אלא בצורות מפני היותן הפוגשות אלו באלו ועוד כי השגת השכל והנפש היא בצורותיהם והצורות לא ידבקו אלא בצורות מפני הדמות והגנסות אשר ביניהן ומפני זה היה מצטרך [השכל] בהשגת הדברים בעלי החמר לאמצעות[2] הצורות מפני הדמות שבין צורתו ובין אותן הצורות ומאחר שהיה המציאות לדבר אמנם יהיה מצד הצורה לא היה אפשר שיהיה היסוד המופשט מהצורה נמצא במוחלט ואם אפשר מבלתי זה יאמר בו שהוא נמצא בכח כלומר כי כשילבש הצורה יצא אל הפעל ויהיה נמצא בפעל :

13 ואין אנו אומרים כי [כל] הדברים הם בשכל ולא כי כל[3] הדברים הם השכל מפני הדברים בעלי החמר אבל נאמר כי המושכלות הרוחניות בשכל ושהם השכל אבל המוחשים הגשמיים אינם בשכל ולא הם השכל כי הם חוץ לעצמו ועל כן היה השכל לא ישיג הדברים[4] בעלי החמר אלא באמצעות החוש הדומה לטבעו[5] מפני אמצעותו בין רוחנות [השכל] וגשמות החמר והסבה במניעות השכל מהשגת בעלי החמר היא כי השגת השכל תהיה בדבקות צורתו בצורת המושכל ושהיא מתאחדת בו ומפני היות השכל רקיק והיו המוחשים

[1] חוצצת [2] לאמצעיים [3] כי על כל [4] ועל כן היה לשכל מפני הדברים [5] לטבעי

הרוחניים ו] בעצמים הגופניים ושים הדמיון בזה מהשכל והנפש ומהנפש והגוף כמו שקדם ביאורו ויהיה הקש דבקות השכל [בנפש והנפש במקרה הנשוא בה ובגוף אשר היא קשורה בו ומה שהוא יותר דק ויותר נעלם דבקות השכל] במושכל והחוש במוחש ועל זה הדמיון יוקש הוצאת הבורא י"ת לצורה ביסוד מההעדר אל המציאות בשלוח [1] השכל עצמו [2] אל המושכל ושלוח [3] [החוש] אל המוחש :

8 וכשחפשנו כל העצמים והצורות לא נמצא בהם צורה יותר שלמה ויותר אוספת לצורות כולן מצורת השכל מפני שאנו מוצאים זו הצורה יודעת בעצמה כל צורה ותתאחד בעצמה בכל צורה וידענו מזה [כי כל] הצורות בעצמה ועוד כי מצאנו עצם השכל ישיג צורות הדברים בעצמו.[4] ובזה ראיה כי אלו הצורות מתאחדות בעצמו [5] ואין עצמו דבר אחר [6] זולתי דבר אחד [7] הוא כללות אלו הצורות מפני שהיו כל הצורות מתאחדות בעצמו אחדות רוחני והתחייב מזה שתהיה צורת השכל צורה מאחרת [8] אוספת באחדותה לאחדות כל צורה ועוד כי אנחנו מוצאים השכל לא ישיג החמר בעצמו [אלא באמצעות הנפש והחושים] מפני היותו חוץ לעצמו והתחייב שיהיה משיג [9] הצורות מפני שהן אינן חוץ לעצמו וכשלא יהיו הצורות חוץ לעצמו אם כן הן נמצאות בעצמו :

9 וכשיהיו רוב הצורות נמצאות בשכל הפרטי מאחר [שהיה] השכל הפרטי [10] משיג בעצמו בכל צורה ומוצא בעצמו [כל צורה] אם כן מהחיוב שיהיו צורות כל [11] הדברים נמצאות בצורת השכל הכללי :

10 ואם אמרת היאך ימצאו כל הצורות בשכל הפרטי זכור מחשבת הנפש וחזרתה למה שבשכל וציורה צורות הדברים בכח הדמיון בהקיץ וציורה אותן [12] בחלום הצודק ותדע אות; :

[1] וארצה לומר בשלוח [2] עצמי [3] ושלוחו [4] בעצמם [5] כי זו הצורה מתאחדת בעצמו ושעושה מעושה [6] אחד [7] אחר [8] אחדותה [9] התחייב באחדותה לאחדות כל צורה ועוד כי אנחנו מוצאים שיהיה משיג [10] פרטי [11] שתהיה צורות לכל [12] אותה

והשתנות הנפש והשכל מאחר שהיתה מעלת הצורה מהיסוד מעלת הנפש מהגוף ומעלת השכל מהנפש :

5 וישים רמיון בידיעת השתנות היסוד והצורה בכל אחד מהעצמים הרוחניים ואומר בכלל[1] השתנות היסוד הכללי והצורה הכללית מעצם השכל ושפוט בהשתנות יסוד השכל וצורתו על השתנות [יסוד] כל אחד מהעצמים הפשוטים וצורתו ואומר בכלל על השתנות היסוד הכללי והצורה [הכללית] ומפני זה אומר כי מי שרצה לדעת ההתחלות ואומר בכלל הידיעה בכל יצטרך להטיב העיון בעצם השכל ושישימהו נכח עיניו בכל המבוקשים כי הידיעה בו מביאה[3] ט הידיעה בכל ובאמת היה כן כי כשיהיה עצם השכל הוא מינות הכל כלומר צורת הכל התחייב מזה שיהיה הכל מצוי בעצמו וכשיהיה הכל מצוי בעצם השכל התחייב מזה שיהיה מי שיודע עצם השכל שידע הכל :

6 ותאר העיון בהשתנות היסוד הכללי והצורה הכללית מצד העיון בעצם השכל הוא[3] שתעמוד בעצמך על צורת השכל המסוגלת בו כלומר הפרק העצמי המקיים[4] לעצמו והוא ענין אשר בו תשפוט על הדבר שהוא [מה שהוא] ואחר כך תעיין בפרוק עצם השכל באותה הצורה מזולתו[5] וצד העיון בזה שתחשוב כי השכל יודע בעצמו שהוא בעל צורה ושבאותה הצורה יפורק מזולתו ותצטרך בעמדך על צורת השכל וידיעתך שאותה הצורה תפרק אותו מזולתו[6] למציאות היסוד הנושא לאותה הצורה וכאלו תמשש עצם היסוד בצורת שכלך ותרגיש בו כהרגיש החוש המוחש :

7 וציור דבקות הצורה ביסוד כדבקות האור באויר וכדבקות הנעימה כלומר התנועה בקול כי כל אחד מאלו השנים ידבק ליסודו מבלתי שיהיה לאחד מהם תכלה ואומר כי בכלל ציור דבקות הצורה ביסוד יהיה כציור דבקות מקצת העצמים הרוחניים [במקצתם וכדבקות העצמים הרוחניים במקרים

[1] בכל [2] כי הידיעה מביאה בו [3] התחייב מזה [4] המקיף [5] מצורתו [6] מצורתו

דבר זולתי היסוד ויהיה הדבר יותר מבואר בהניחנו הדמיון בזה מעצם השכל וכשיתבאר לך כי עצם השכל זולתי צורתו יתבאר לך בזה כי יסודות העצמים הפשוטים ויסודות העצמים המורכבים זולתי צורותיהם ותדע בזה כי היסוד הכללי זולתי הצורה הכללית ונאמר כי השכל ידע בעצמו שהוא בעל צורה מאחר שהיתה צורת השכל יודעת בעצמה מצד היות עצמה דבר אחר זולתי היסוד הנושא אותה והתחייב [1] כמו כן [שתהיה] יודעת ביסוד ובהיות היסוד דבר אחר זולתה:

3 צייר מעצם היסוד שהוא כח רוחני קיים בעצמו אין צורה לו וצייר מעצם הצורה שהוא אור נמצא יועיל מה שהוא בו התאר ויתן לו ענין המין והצורה ואומר בכלל כי ציור מציאות היסוד והצורה צריך שיהיה כציור [2] כל הדברים הרוחניים כלומר מציאותם מושכלים זולתי מוחשים לא מציאותם מצוירים בעלי חמר כי אתה אם תשתדל לצייר החמר מופשט מהצורה לא תשיגהו מפני היות היסוד בעצמו [3] זולתי בעל צורה [ומפני היותו בקצה העליון] והיה הנפש ממוצעת בין שתי הקצוות וכן אם השתדלת לצייר הצורה [בעצמה] יקשה עליך לציירה מפני היות הכח המצייר כח מכחות הנפש והיה עצם הצורה פשוט מהנפש [4]:

4 וצריך שתצייר השתנות היסוד והצורה כהשתנות הגוף והגוון ושים הגוף הקש ליסוד ושים הגוון הקש לצורה וכן שים פרוק החוש בין הגוון והגוף והשגתו לצורת הגוון בעצמו הקש לפרוק השכל בין היסוד והצורה והשגתו לצורה בעצמה [5] וממה שיקל עליך ציור זה הוא שתצייר השתנות הגוף והנפש והשכל והם מתאחדים ואומר בכלל השתנות העצמים הרוחניים עם התאחדותם וכן השתנות אלו העצמים והמקרים [6] הנשואים בהם וכשתצייר זה ותקח דמיונו [7] בנפשך יהיה עוזר אותך על ציור השתנות היסוד והצורה דומה בהשתנות הגוף והנפש

[1] התחייב [2] בציור [3] בעצמה [4] פשוט מאוד מהנפש [5] והשגה לצורה בעצמו
[6] והשתנות המקרים [7] דמיונם

ביסוד התחייב מזה שתונח בפאה ולרמז אליה בשם כי אינו עובר שתהיה צורת השכל המצויה בעצם הרצון [1] קודם השפעתה מעצמו [2] ודבקותה ביסוד כמו אחר השפעתה ודבקותה ביסוד [והצורה השנית] היא הצורה הדבקה ביסוד בפעל [והיא צורת השכל הכללי] והצורה השלישית היא הצורה המדומה המוסרה מהיסוד הדבקה ביסוד בכח אבל שאר הצורות הן נכנסות בצורה הכללית ועל כן אין צריך לך שתספק מחלוק אפלטון לצורה כי הוא חלק הצורה על שלשה מינים האחת [3] הצורה אשר בכח המופשטת מהיסוד והשנית הצורה אשר בפעל הדבקה ביסוד והשלישית צורת היסודות והן האיכויות הראשונות הארבעה:

33 אם היה הרצון עלה פועלת אם כן צורת [4] הכל בעצמו כי צורת כל עלול בעלתו בלא ספק אלא שהעלול מצוי בעלתו בצורתו שהוא [5] עליה ואין הדברים בעצם הרצון אלא [6] מצד היותם עלולים לו:

לקוטי המאמר החמישי

1 אמר והכונה בזה המאמר לדבר בו בצורה הכללית והיסוד הכללי להפשיט כל אחד מהם מהאחר והידיעה בעצם כל אחד מהם ומה שישיגם מהענינים כדי שיהא כמעלה לעלות בה אל הידיעה ברצון ואל הידיעה בעצם הראשון:

2 ידיעת השכל תהיה בדבקות צורתו בצורת המושכל והתאחדה בה וכשתהיה צורת השכל בזו הצורה תדע בעצמה שאי אפשר לזו [7] הצורה מבלתי יסוד יהיה נושא אותה והצורה

[1] הראשון [2] השפעתם מעצמה [3] האחד [4] צורתו [5] שהיא [6] הוא [7] לכו

שנוי האור ועובי היסוד מפני הקירוב והריחוק וכשתעיין בצורה מזה הצד תראה אותה תתחיל רוחנית שלמה ואחר כך תתעבה מדרגה אחר [מדרגה] עד שתגיע אל הקצה האחרון ותראה התנועה שם עומדת ותראה הצורה השוכנת נפסקת:

30 ומאחר שהיתה הצורה הראשונה היא האחדות[1] השנית הנפעלת לאחדות הראשונה הפועלת ולא היתה האחדות הראשונה הפועלת כאחדות המספר התחייב שתהיה האחדות הנפעלת לה כאחדות המספר וארצה לומר שיתחייב שתהיה מכופלת מתחלקת ויתחייב מפני זה שתתרבה ותשתנה[2] וירבו מספרי הצורות בהתרבותה[3] וישתנו בהשתנותה[4] וסבת זה התערבה עם היסוד וריחוקה ממקור האחדות:

31 והאור המתפשט ביסוד משולח מאור אחר הוא למעלה מהיסוד כלומר האור הנמצא בעצם הכח הפיעל ארצה לומר הרצון אשר הוציא הצורה מהכח אל הפעל והצורה כולה לרצון בפעל מצד הפועל ואמנם יאמר שהיא בכח מצד הפעול וכשתעיין בכח הרצון ומה שיש לו בעצמו מהצורות תראה מה שקבל אותו היסוד[5] הכללי ממנו כלומר כל הצורות הנשואות בו כפי אורם ורבוים ועצמם[6] בצרוף מה שיש לו בעצמו מזה כמו מה שקבל האויר מאור השמש כי מעלת האור המתפשט באויר מהאור הנמצא בעצם השמש מועט מאור וזה יחס הצורה היסודית אל הצורה הרצונית ונקרא האור השני צורה ולא הראשון מפני שהשני נשוא ביסוד והוא צורה לו והראשון אינו נשוא בדבר ועל כן אינו צורה לדבר:

32 ויתחייב שיהיו הצורות שלש האחת הצורה המצויה בעצם הרצון[7] וזו הצורה אע"פ שנקראת צורה הוא על צד הרמז אליה והכנוי לה אבל על האמתה אינה צורה כי אינה צורה נשואה אלא מפני שהיה עצמה זולתי עצם הצורה הנשואה

[1] התאחדות [2] ושתכה [3] בהתרבותם [4] בהשתכותם [5] העלם [6] ועלמיהם
[7] הראשון

לעולם במורכבים [מהם בדרך אחד ולא יתחלפו המורכבים] בצבעים והתבניות [1] כהתחלפם בקבול רשומי העצמים:

27 וכל הצורות השפלות נמצאות בצורות העליונות מציאות יותר פשוט ויותר דק והקש זה מציאות הגשמים וצורותיהם קמות בכח המצייר מכחות [2] הנפש ואע״פ שהן נעלמות מהחוש ויותר מזה הרבה מציאות כל הצורות קמות בשכל:

28 וצורת השכל תשיג כל הצורות ותכירם וצורת הנפש המדברת תשיג מקצת הצורות השכליות ותכירם עם התנועה והשוטטות בהם והוא דומה לפעל השכל וצורת הנפש החיונית תשיג הצורות הגשמיות ותכירם עם הנעתה לכללות הגשמים במקומות והוא דומה לפעל הנפש המדברת וצורת הנפש הצומחת תשיג עצמי הגשמים ותניע חלקיהם [3] במקום והוא דומה לפעל הנפש החיונית וצורת הטבע תפעל חבור החלקים והמשכתם והחייתם והפכתם והוא דומה לפעל הנפש הצומחת וכשיהיו אלו הפעלים מתדמים מהחיוב שיהיו הצורות שמהם מתחדשות מתדמות:

29 וכבר קדם לנו מהמאמר כי השלם והחזק מאלו העצמים [עלה לחסר והחלש ומאחר שצורות העצמים] הפשוטים והמורכבים מתפשטים בעצמיהם ומקיפים על כללותם ומקצת אלו הצורות הוות ממקצת השפל מהעליון ונערכים על ערך אחד מהקצה העליון אל הקצה השפל [הנה] הצורה [4] מתפשטת בכל הצורות כהתפשט האור באויר ונמשכת מהעליון אל השפל המשכה מרובקת ומלאה היסוד [5] והקיפה עליו מבלתי שיתרוקן ממנה חלק או [יהיה] מקום ערום ממנה שלא ילבש אותה אלא כי מדרגותיה ישתנו ביסוד והיה ממנה [6] בקצה העליון אור טהור גמור והיה העצם הנושא אותו רוחני רקיק וכן היה ממנה [7] בקצה השפל אור אפל בעל צל ועכירות והיה העצם הנושא אותן גשמי עב והיה בין שתי הקצוות מהאמצעיים כפי

[1] והמזגים והתבניות [2] בכחות [3] חלקיה [4] והצורה [5] מליאה מהיסוד [6] והם מהם [7] ממנו

לאור המתפשט באשישות ולאור השמש המתפשט [1] באויר שאינו זך :

23 וכל הצורות השפלות נמצאות [2] בצורות העליונות והעצם [3] כל מה שיעלה ויזך יהיה יותר אוסף לצורות ויותר מקיף בהן כעצם כי הוא מפני שהיה רקיק נושא הכמות ומה שבו [מן] התבנית והגוון וכנפש החשה מפני שהיתה יותר זכה מהעצם קבלה צורות הדברים המוחשים והיתה נושאה להם מפני רקיקות עצמה ומפני רקיקות הצורות המוחשות וכנפש המדברת הנושאה [לעצם] וכל מה שבו מהצורות וכשכל הנושא לכל הצורות שלמטה ממנו וכיסוד הראשון הכללי הנושא לצורת הכל במוחלט :

24 והעולם הגשמי המורכב דמיון [לעולם הר͏וחני הפשוט והשפל בעולמים הפשוטים דמיון] לעולם העליון מהם עד שיגיע הדבר בזה אל העולם הפשוט על האמתה יקח הדמיון ממקצת הצורות הגשמיות הנראות בהקיץ כי אלו הצורות הגשמיות דמיון לצורות הנפשיות המושגות [4] בחלום וכן הצורות הנפשיות המושגות [5] בחלום דמיון לצורות השכליות הפנימיות :

25 ואם כן יתחייב שיהיו הצורות השפלות משולחות מהצורות העליונות ותהיה צורת העצמים הגשמיים מצואה בצורת הטבע וצורת הטבע מצואה בצורת הנפש וצורת הנפש מצואה בצורת השכל :

26 והראיה כי הצורות המוחשות נסתרות בצורות המושכלות הראות התבניות והגוונים בחיוני והצמח והדומם מרשום הנפש והטבע בהם וכן הראות הצבעים והתבניות ואומר בכלל הראות כל הצורות המלאכותיות מהנפש המדברת ואם אמר אומר אולי שאלו הצורות מתחדשות במורכבים מהתקבץ היסודות על יחס [6] לא מרשומי העצמים הפשוטים [אמרתי] אלו היו אלו הצבעים [7] והתבניות מתחדשות מהיסודות היו נמצאים

[1] ובאור השמש המשול [2] הכמלאות [3] ושהעצם [4] לצורה הנפשית המושגת
[5] הצורה הנפשית המושגת [6] עליהם [7] ואלו היו אלו הטבעים

המתפשט בו וזה הדבר דומה באויר כי האויר כל מה שירחק מהלכו מהראות ימנע על הראות הפלוש בו ולא ישיג מה שאחריו מהצורות הנראות מפני הכפל שטחי האויר וריבויים ועל כן יתגשם ויהיה חוצץ בין הראות ובין הנראה ובהפך כל מה שיקרב מהלכו יפלש בו כח הראות ויקרטהו וכן הדבר באור המתפשט בחמר [1] כי כל מה שישפל [החמר] יתגשם ולא יפלש האור בו על שלמותו וכן המאמר בכל חלקי היסוד [2] כלומר שאי אפשר שיפלש האור בחלקיו השפלים כמו בעליונים ואמתת זה הענין כי הדבר כשיהיה [זך] יהיה יותר שומר למינו ויותר חזק ויותר [נראה] וכשיתערב עמו זולתו יפעל בו וישנהו ממה שהוא עליו מהזכות והנקיון וכן המאמר באור המתפשט ביסוד כי כל מה שיהיה זך גמור נקי מהיסוד יהיה יותר שלם ויותר חזק וכן עוד כל מה שהיה ממנו מתערב לחלק הזך מהיסוד [יהיה יותר שומר למינו ויותר חזק ויותר קיים ממה שהיה מתערב לחלק העב] וזה יורה אותך כי [השנוי] הנופל באור המתפשט ביסוד אמנם הוא מפני היסוד לא מפני האור בעצמו וזה דומה באור השמש המעורב באפל או בבגד הרקיק הלבן כשילבש אותו גוף שחור כי אז לא יהיה נראה הלובן מפני נצוח השחרות ודומה באור המפלש בשלש אשישות זכוכית על דרך משל כי האשישה השנית מועטת האור [3] מהראשונה וכן השלישית מועטת האור מהשנית ומן המבואר כי אין זה מפני הולשת האור בעצמו אלא מפני האשישות שהן מחיצות מונעות לפלוש האור כי הן גשמיות עבות ועל זה ההקש יתחייב שיהיה חסרון צורות העצמים וחלוקם לא מפני האור בעצמו אלא מפני היסוד שהוא גופני בצרופו אל הצורה וכשיהיה הדבר כן אם כן מהמבואר כי האור בעצמו דבר אחד ואמנם יקרה לו עכירות כמו שיקרה

[1] בהחמר [2] וכן המאמר ביסוד [3] כי האשישה השניה והשלישית מועטות האור

שהיא בו ומיחדת אותו כלומר אוחזת אותו משיתפרק ושיתרבה ומכאן נאמר כי האחדות כוללת לכל דבר ומצויה בכל דבר :

21 וכללות הצורה מתפשט בכללות עצם היסוד שוקע בחלקיו כולם ודומה באור השוקע בכללות עצם הגשם [1] המפלש בו ובכמות המתפשט בעצם השוקע בו :

22 והחלוף והחלוק הנופל בצורות אינו מפני הצורה בעצמה אלא מפני היסוד הנושא אותה כי אם היתה בכאן אחדות [ראשונה גמורה בלתי מתחלקת פועלת לעצמה ההחיב שתהיה בכאן אחדות] הוכפת לה [2] חמרית מתחלקת והיא הצורה הכללית הנשואה ביסוד הכללי והתחייב שתהיה זו [3] האחדות עם זה מתרבה מתחלקת מפני היסוד הנושא אותה ואע"פ שהיא בעצמה אחדות ואמנם התחייב שתהיה זו האחדות חמרית מפני שהיא תוכפת [4] לאחדות הראשתה הגמורה ארצה לומר שהיא מחודשת לה ומאחר שהיתה זו האחדות כלומר הצורה הכללית חמרית התחלקה מפני היסוד [5] הנושא אותה לא מפני עצמה ביאור זה כי מאחר שהיתה הצורה אור גמור והיה חלוקה ורבויה מחייבים חולשת האור המתפשט ביסוד ועכירותו ועוביו ואומר בכלל שנוי אמצעותו מראשיתו ושנוי אחריתו מאמצעותו ולא היה בכאן דבר אחר זולתי היסוד והאור המתפשט בו כלומר הצורה התבאר בזה כי החולשה והעובי והעכירות ואומר בכלל האפל שיקרה לאור המתפשט ביסוד אמנם היה מפני היסוד לא מפני הצורה בעצמה ומפני זה היו מקצת העצמים יותר יודעים ויותר שלמים ממקצתם כלומר מפני עכירות החמר ועוביו לא מפני הצורה בעצמה כי הידיעה וההכרה לצורה לא ליסוד והצורה [6] אור גמור והיסוד בהפך וכל מה שירק היסוד ועולה למעלה מפני פלוש האור בו היה אותו העצם יותר יודע ויותר שלם כשכל והנפש ובהפך ואמנם היסוד כל מה שושפל יתעבה מפני ריחוק מהלכו מהאור

[1] עצם האויר הגשם [2] התוכף אותה [3] שיהיה זה [4] תוספת [5] הצורה [6] כי הצורה

ויסוד העצמים המורכבים וסגולת השנים משגת לו מזה הצד והנה התבאר כי הצורה במעלת האחד ושהיסוד במעלת השנים וכשיהיה הדבר כן והיה היסוד והצורה הם שרש הכל מהמבואר כי השלשה[1] שרש הכל :

19 וצורת השכל דומה לצורת האחד מאחר שהיה משיג למוקדמה האחת וצורת הנפש דומה לשנים מאחר שהיה מתנועעת מהמוקדמות אל התולדת ומההוא הוא[2] אל הזולת וצורת הנפש החיונית דומה אל השלשה מאחר שהיתה משגת הגוף[3] בעל השלשה מרחקים באמצעות שלשה דברים והם בנית והגוון והתנועה וצורת הטבע דומה אל הארבעה מאחר שהיתה הטבע בעל כחות ארבעה ואומר בכלל כי כשתסתכל כל הנמצאים תמצאם בנויים על טבע המספר מסודרים עליו ותמצאם כולם[4] נופלים תחת צורת השכל שהיא האחדות מאחר שהיה כל המספר נופל תחת האחדות ומפני זה היתה צורת השכל ועצמו אוספת לכל דבר ומקפת בכל דבר :

20 ונמשך אחר זה שתהיה הצורה הכללית רשום לאחד שהוא אמת ישתבח מתפשט בכל היסוד ומקיף עליו כי מאחר שהיתה האחדות הראשונה אחת על האמתה והיתה פועלת לעצמה כלומר שאינה פועלת מצד דבר אחר התחייב שתהיה בכאן אחדות תוכפת[5] לה והיא ראשון האחדיות הנספרות והיא הצורה הכללית המקיימת לעצם כללות המינים וארצה לומר המין הכללי אשר נתן לכל[6] מין [עצמותו וכל המינים משותפים בענינו כי א אפשר לכל מין] ממיני העצמים הפשוטים והמורכבים משיהיה בעל צורה מקיימת לעצמו וזה הענין המקיים[7] לכולם הוא הצורה הכללית כלומר האחדות התוכפת[8] לאחדות הפועלת ועל כן נאמר כי הצורה אוחזת היסוד ומקיימת אותו מאחר שהיתה הצורה היא האחדות והיתה האחדות היא האוחזת[9] לכל והמקיימה אותו כי היא אוספת לעצם מה

[1] הם השלשה [2] ומההויה [3] שהיתה בגוף משגת [4] כללים [5] תוספת [6] כל [7] המקויים
[8] התוספת [9] האוחזת אותו

ואוחז אותו ומועיל אותו המציאות ומקיף בו ומצוי בכל חלקיו ונשוא בדבר המונח לו והוא למעלה מהדבר המונח לו וכן אלו הסגולות נמצאות[1] בצורה מאחר שהיתה הצורה מקיימת לעצם מה שהיא בו ומועילה לו המציאות ואוחזת אותו ומקפת בו ונמצאת בכל חלקיו ונשואה ביסוד המונח לו והיא למעלה מהיסוד והיסוד למטה ממנה :

18 ואינו מהנכון לומר כי האחדות הוא שרש הכל מאחר שהיה האחדות צורה בלבד ואין הכל צורה בלבד אלא צורה ויסוד אלא הנכון לומר כי השלשה הם שרש הכל ויהיה האחד נוכח הצורה ויהיו השנים נוכח היסוד וכבר בארתי לך כי סגולות האחד נמצאות[2] בצורה והוא כי הצורה מקיימת היסוד אשר היא לו צורה ומקפת בו ומצויה בכל חלקיו ונשואה[3] בדבר המונח לה אבל מציאות סגולות השנים ביסוד הוא כפי מה שאומר ואומר כי השנים מונחים תחת האחד והאחד למעלה מהם וכן היסוד מונח תחת הצורה והצורה למעלה ממנו ועוד כי הצורה אחרת והשנים רבוי מחולק וכן היסוד מתרבה מחולק ומפני זה[4] היסודות סבה לרבוי הדברים וחלוקם מאחר כי היה המונח במדרגת השנים ועוד כי סגולת הצורה אחת והיא הקיום לעצם וסגולות[5] היסוד שתים האחת הנשיאה[6] לצורה וזו הסגולה מנגדת לסגולת הצורה והוא כי בנשיאת [היסוד] לצורה ובקיום הצורה[7] לעצם היסוד קיום עצם כל דבר וישלם טבעו וזו הסגולה מצואה ליסוד מהאחד הראשון שהוא מנגד לאחד הצורה וארצה לומר באחד חצי השנים ששמנו אותם נוכח היסוד והסגולה השנית ליסוד הוא החלוק והרבוי כי הצורה תתחלק ותתרבה ביסוד וזו הסגולה מצויה ביסוד מהאחד השני כלומר חצי השנים במצורף אל האחד הראשון ומצרופו אליו היו השנים ובהיות השנים היה החלוק והרבוי ועוד כי היסוד נחלק חלוק ראשון על שני חלקים נוכח טבע השנים ארצה לומר יסוד העצמים הפשוטים

[1] הנמצאות [2] נמצאים [3] ומצויה [4] מפני זה כי [5] וסגולת [6] הנושא [7] לצורה

המוחשים ויסודות המושכלות עד שהיו כולם יסוד אחד ואם לכל יסוד אחד התחייב שיהיו סגולותיו נמצאות בכל וכשתחקור כל העצמים תמצא סגולות היסוד הראשון ורשומיו נמצאים בהם כי תמצא הגשם עצם נושא לצורות רבות מה־לפות וויתר ממנו הטבע והנפשות החיוניות כי אלו הן הרושמות[1] לצורות בגשם וויתר מזה הנפש המדברת והשכל כי כל הצורות נמצאות[2] בהם ואומר בכלל כי כל העצמים כל מה שיעלו יהיו יותר קימים וויתר אוספים לצורות ויהיו יותר דומים ביסוד הראשון הנושא לכל הצורות משאר העצמים שתחתם כי אתה כשתסתכל בזה הצד כלומר פלוש אלו הסגולות בעצמים והמשכם בהם וקיומם והתאמתם בעצם כל מה שתעלה מדרגתו ויקרב[3] מהקצה העליון יתבאר אז כי הסגולות משולחות ובאות מיסוד הראשון הכללי הכולל לכל העצמים והמקיף עליהם והמועיל[4] אותם שמו וגדרו וכשתעיין עוד כי כל הדברים הרבים[5] מבקשים להתאחדם יתבאר עוד כי היסוד הנושא לכל אחד כי לא היו החלקים הרבים[6] מבקשים להתאחד לולי שהכל העוצר[7] אותם והקם בהם אחד :

16 ומאחר שהיו כל הנמצאים מחולפים בצורה והיה[8] כל מה שהיה מחולף בצורה יתחייב שיהיה מוסכם ביסוד התחייב מזה שיהיה יסוד הנמצאים יסוד אחד וצריך שתקיש[9] הצורה הכללית על היסוד הכללי [שהוא אחד ותדע כי הצורה הכללית תקיים לעצם היסוד הכללי] וכשיהיה[10] [זה] כן התחייב שיהיה עצם כל אחד מהם מחויב בחיוב עצם האחר :

17 ולא נמצא עצם היסוד ערום מהצורה וכן לא ימצא עצם הצורה קם בזולתי היסוד כהרף עין ובזה ראיה חזקה כי[11] עצם כל אחד מחויב[12] בחיוב עצם האחר ועיין בסגולות האחרות כי אתה תמצאם מחוברות[13] בצורה כי האחרות מקיים הרבוי

[1] הרשומות [2] הכמלאות [3] מדרגתם ויקרבו [4] הראשון כללי כולל ...... ומקיף עליהן ומועיל אותן [5] רבים [6] רבים [7] עוצר [8] והיו [9] שתקיים [10] וכשתהיה [41] כי כל [12] מחויבת [13] תמלאה מחוברת

מרובק נמשך מהקצה העליון אל הקצה השפל ויהיה הקצה השפל מורכב מיסוד וצורה יתבאר בזה כי כל הנמצא מאצל הקצה העליון אל הקצה השפל מורכב מיסוד וצורה :

12 והנח[1] כי היסודות שלשה מהם היסוד הפשוט הרוחני אשר אין יסוד פשוט ממנו והוא אשר לא ילבש הצורה ומהם המורכב הגשמי אשר אין מורכב[2] יותר ממנו ומהם האמצעי ביניהם וענין אמרי ביסוד הראשון שלא לבש הצורה כי היסוד אשר לבש הצורה רוחני פשוט אלא שהוא זולתי היסוד שלא לבש הצורה כמו שאמר אפלטון :

13 והיסוד הגשמי והוא הכמות הנושא לצורת התבנית והגוון אינו[3] צורה לגוף הנושא אותו[4] כמו שהיה האיכות והוא התבנית והגוון צורה לו[5] וכמו שהיה הגוף המופשט[6] והוא יותר פשוט מהגשם בעל האיכיות יסוד נושא לאיכות יתחייב שיהיה צורה ליסוד אחר רקיק ממנו מאחר שהיה נתך אליו עד שיגיע ההתוך אל היסוד הפשוט על האמתה :

14 והשפל[7] מהעצמים צורה לעליון מהם והעליון[8] מהם יסוד נושא לשפל עד שיגיע אל היסוד הראשון הפשוט על האמתה וימשך אחר זה שהיסוד[9] הראשון הנושא לכל אחד ומאחר שהתבאר כי מה שהוא מהעצמים[10] יסוד לשפל הוא[11] צורה לעליון התבאר בזה כי כל המונחים ואע"פ שהם יסודות מונחים מצד כלומר שהרקיק מהעצמים מונח לעבה מהם כי הם כולם צורות נשואות ביסוד הראשון וידעת כי [אי] אפשר להם מבלתי יסוד ראשון נושא לכל מצד שהיו בעלי תכלית עומדים[12] אצל תכלית אחת ואז תצטרך בהכרח לומר שיש כבאן יסוד ראשון נושא לכולם והוא היסוד הראשון הכללי שחקרנו אותו והתבאר בזה כי החלוף בעצמים אמנם היה בצורה לא ביסוד כי הצורות רבות והיסוד אחד :

15 והיסוד הראשון הנושא לכל אחד מצד שחבר בין יסודות

[1] והנה [2] גשמי [3] איכה [4] אותה [5] להם [6] מופשט [7] והשפלים [8] והעליון [9] שהוא היסוד [10] כי מה שהעלמים [11] כי [12] עומדות

השפל משולח מהעליון והתחייב מזה שיהיו העגולות[1] [המוחשות משולחות מהעגולות המושכלות והתחייב מזה שיהיו העגולות המושכלות מורכבות מיסוד וצורה כמו שהעגולות המוחשורת מורכבות מיסוד וצורה והתבאר שאי אפשר שיהיה העצם הרוחני יסוד בלבד או צורה בלבד אלא מורכב משניהם] ויתבאר לך זה עוד מצד היות העצמים המושכלים משתתפים בצד ומחולפים מצד אחר ויתחייב מזה שיהיו מוסכמים ביסוד מחולפים בצורה ויתבאר לך עוד כי הבורא לדברים מהחיוב שיהיה אחד בלבד ומחויב עוד שיהיה הבורא מחולף לנברא ואלו היה בורא היות יסוד בלבד או צורה בלבד היה הומה לאחר ואין אמצעי ביניהם כי השנים תחת האחד :

9 ויתבאר זה עוד מצד שהדברים[2] זולתי מחולפים מכל צד ולא מוסכמים מכל צד ומצד היות כל דבר מושכל נחלק לשני דברים כלומר תאר ומתואר ומצד היות השכל לא ישיג דבר אלא בעל יסוד וצורה[3] והראיה על זה כי אחרון מה שיגיע השכל אליו[4] בהשגה היא השנת הגנס והפרק ובזה ראיה כי היסוד והצורה הם תכלית הדברים ועוד כי השכל כשידע הדבר הוא מקיף [בו] מצד שיש לו תכלה אצלו ולא יהיה לדבר תכלה אלא בצורתו כי מה שאין לו תכלה אין לו צורה יוגדר בו ויפורק מזולתו ועל כן היה העצם הקדמון אין לו תכלה כי אין צורה לו :

10 וכלל זה השער הוא מה שאומר[5] כי אם היה החלק מהכל אם כן חלקי הדבר מכללותם בלא ספק וכשיהיו החלקים מיסוד וצורה הכל כמו כן מיסוד וצורה :

11 וממה שיבאר[6] עוד כי הדברים כולם מורכבים מיסוד וצורה הוא כי הגשם המסודר בקצה השפל מורכב מיסוד וצורה כלומר שהוא עצם בעל השלשה מרחקים[7] ואם היה כל הנמצא

[1] והתחייב מזה שיהיו העגולות המושכלות מפני היות השפל משולח מהעליון והתחייב שיהיה מחומר וצורה [2] הדברים [3] והצורה [4] ההשכל אליו [5] שאמר [6] שיתבאר [7] השלשה החלקים מרחקים

שהוא שפל ממנו והפשוט אפשר שיהיה מורכב למה שהוא למעלה ממנו :

6 וכשיהיה השכל הפרטי[1] מורכב מיסוד וצורה [יתחייב מפני זה שהשכל הכללי מורכב מיסוד וצורה] ושפטנו על[2] מציאות השכל הכללי ממציאות השכל הפרטי אבל מאחר שהתבאר כי] כל אחד מהעצמים הפשוטים מורכב מיסוד וצורה התבאר[3] כי השכל מורכב מהם ועל כן צריך שנעיין בחבור[4] יסודות אלו העצמים הכלליים ונעריך[5] מקצתם במקצתם וכן צריך שנעיין עוד בחבור צורות אלו העצמים [ונעריך מקצתן במקצתן כיסודות העצמים] המוחשים וצורותיהם עד אשר כשיהיו נערכים לנו יסודות אלו העצמים [המושכלים וצורותיהם ויתאחדו לנו חלקי היסוד הרוחני נעיין אז] בחבור היסוד הרוחני ביסוד[6] הגשמי וחבור הצורה הרוחנית בצורה הגשמית עד כשנעשה זה יתאחדו לנו חלקי היסוד הכללי וחלקי הצורה הכללית יתבשרו לנו התאחדות היסוד הכללי והצורה הכללית נעיין אז בכל אחד מהם לבדו :

7 והיסוד אי אפשר שיהא נמצא ערום מהצורה מפני היות המציאות לדבר אמנם יהיה מצד הצורה והראיה על זה כי הנמצא או שיהיה מושכל או מוחש והחוש והשכל לא ידבקו בזולתי הצורה המוחשת או המושכלת וסבת זה כי הצורות המוחשית והמושכלות הוצעות בין צורות[7] השכל והנפש ובין היסודות הנושאים[8] לצורות המוחשות והיסודות הנושאים לצורות המושכלות ומפני זה לא ידבקו [הצורות] ביסודות אלא בצורות כי הן הפוגשות אלו באלו כל שכן שהן מתדמות מתהגנסות[9] :

8 ונשוב למה שהיינו בו מהחקירה והיא כי אין במושכלות זולתי היסוד והצורה ונאמר כי כבר התבאר במה שקדם כי

[1] הכללי [2] ושפטנו מפני זה כי השכל הכללי מהשכל הפרטי ישפטנו על וכו' [3] מלבד שהתבאר [4] ועל כן כשנעיין בהם בחבור [5] ונעיין [6] בחבור [7] צורת
[8] הנשאות [9] מתעבות

ביסוד ומתחלפים בצורה כי כשיהיו פעולות אלו העצמים מחולפות אין ספק שצורותיהם מחולפות ולא יעבור שיהיו יסודות אלו העצמים מחולפים מפני היות כולם פשוטים רוחניים ומפני היות החלוף בצורה ואין ליסוד הפשוט בעצמו צורה:

2 ומה שצריך שתצייר אותו מהצורות הרוחניות שהן כולן צורה אחת אין חלוף בהן בעצמן כי הן רוחניות גמורות ואמנם נפל בהן החלוף מצד היסוד הנושא אותן ואם היה קרוב מהשלמות היה רקיק והיתה הצורה הנשואה בו בתכלית הפשיטות והרוחנות ובהפך ושים הדמיון בזה אור השמש והוא כי זה האור אחד בעצמו ואם פגש אויר נקי רקיק עבר בו ונראה בהפך הראותו באויר העכור שאינו זך וכן המאמר בצורה:

3 וממה שיתבאר בו כי העצמים הפשוטים שהם [עליונים] מהעצמים[1] המורכבים הם מורכבים מיסוד וצורה הוא כי השפלים מהעליונים ושהשפלים דמיון לעליונים כי אם השפל מהעליון יתחייב [שיהיו] מעלות העצמים הגשמיים נוכח מעלות העצמים [הרוחניים] וכמו שהעצם הגשמי מסודר על שלש מדרגות והם הגשם העבה והגשם הרקיק והיסוד והצורה שמהם הורכב כמו כן העצם הרוחני מסודר על שלש מדרגות הראשונה העצם הרוחני התוכף לעצם הגשמי ואחר כך העצם הרוחני שהוא יותר רוחנות[2] ממנו ואחר כך היסוד והצורה שהורכב מהם:

4 והראיה כי העליון נמצא בשפל הוא כי העליונים יתנו לשפלים שמותיהם וגדריהם ועוד כי השכל יפרק הצורות מהגשמות ובזה ראיה כי הצורות הנשואות בעצם המורכב משולחות מהעצמים הפשוטים:

5 ואם אינו נמנע שיהיה המורכב פשוט לא יהיה נמנע שיהיה הפשוט [מורכב] מאחר שהמורכב יהיה פשוט למה

[1] העלמים [2] רוחנית

כמציאות כל הגשמים קיימים בגוף הגלגל עצורים בו וחזרת העצם הרוחני על עצמו בההשארות וההתמדה כחזרת הגלגל על עצמו בההעתקה והסבוב :

44 וכשתרצה לצייר בנין הכל כלומר הגשם הכללי והעצמים הרוחניים המקיפים בו הסתכל בבנין האדם כי לך בו הקש וזה כי גוף האדם נוכח הגוף הכללי והעצמים הרוחניים המניעים אותו [1] נוכח העצמים [2] הכלליים המניעים לגוף הכללי והשפל מאלו העצמים עובד לעליון ומשועבד אליו עד שתגיע התנועה לעצם השכל ותמצא השכל מנהיג מושל עליהם [3] ותמצא כל העצמים המניעים לגוף האדם נמשכים אחריו ומשועבדים לו [והוא] המושל [4] עליהם והשופט בהם ומזה [5] יתגלה לך סוד גדול וענין נכבד והוא כי תנועת השפל מהעצמים הכלליים היא [6] מפני [תנועת] העליון מהם ועבודתו להם ושהם משועבדים להם מזה הצד עד שתגיע התנועה אל העצם העליון וימצאו כל העצמים עובדים אותו ומשועבדים אליו ונמשכים אחריו עומדים אצל דברו ואני חושב כי הנהגת הנפש הפרטית נמשכת אחר הנהגת העולם הכללי וזו היא הדרך להגיע אל ההצלחה השלמה והשגת התענוג האמתי שהוא כונתנו :

לקוטי המאמר הרביעי

1 **אמר** ואם היה השפל משולח מהעליון אם כן כל מה שבשפל יתחייב שיהיה בעליון [7] כלומר כי העגולות הגשמיות נוכח העגולות הרוחניות ושאלו משולחות מהן וכשיהיו העגולות הגשמיות בעלות יסוד וצורה יתחייב שיהיו העגולות הרוחניות כן והראיה על כי [8] העצמים הרוחניים משתתפים

[1] אותם [2] הגופים [3] המנהיג מושל אותו עליו [4] והמושל [5] והנהגת הנפש הפרטית נמשכת אחר העולם הכללי ומזה וכול' [6] הוא [7] יש יתחייב בעליון [8] זה כי

השכל בנפש ודבקות מקצת חלקי הגוף כלומר התבנית והגוון והכמות והעצם וסדורם מקצתם במקצתם והקש על זה כי בהתאחד המקרה בגשם והתאחד המקרה בנפש והנפש בגשם ראיה על התאחד העצמים הרוחניים מקצתם במקצתם וכן בתוספת ההתאחדות כל מה שיתרקק הגשם ראיה על זה כמו כן :

41 ואמנם נקראו אלו העצמים הפשוטים גלגלים ועגולות מפני היות מקצתם למעלה ממקצתם והיו מקצתם מקיפים במקצתם וענין זו ההקפה כהקפת הנושא בנשוא והעלה בעלול והיודע בידוע :

42 ועיין בכח הטבעי כי תמצאהו מקיף בגשם כי הוא פועל בו והיה הגוף נפעל לו לבש אותו ועיין בנפש הצומחת כי תמצאה פועלת בטבע ומושלת עליו ותמצא הטבע עצור בה[1] מתרשם ממנה[2] וכן השכל והנפש המדברת כל אחד מהם מקיף בכל מה שתחתיו מאלו העצמים ויודע בו ושוקע בו ומושל עליו ויותר מכל עצם השכל מפני[3] רקיקותו ושלמותו ותקח ראיה מכל אלו העצמים הפרטיים על כי מקצת העצמים הכלליים כמו כן מקיף במקצת וכולם מקיפים בעצם המורכב על זה הצד כהקפת[4] הנפש בגוף והקפת השכל בנפש כלומר כי השפל מאלו העצמים קיים בעליון מהם ישאהו ויציירנו[5] ושהנפש הכללית תשא כל העולם הגופני ותצייר כל מה שבו ותראהו כמו שנפשותינו הפרטיות נושאות גופותינו ותציירנה אותם ותראינה[6] כל מה שבהם ויותר מזה הרבה השכל הכללי כפי שלמותו והתפשטו וכבוד עצמו ומזה הצד יתבאר איכות ידיעת הפועל הראשון י"ת וי"ת בכל הנמצאים והיאך הדברים קיימים כולם בידיעתו :

43 ומזה[7] מבואר כי הענין המושכל מהקפת העצם הרוחני בעצם הגשמי הוא מציאות העצם הגשמי קיים בו עצור ממנו

[1] בו [2] ממנו [3] ומפני [4] כלומר בהקפת [5] ויצייר בו [6] ותצייר אותם ותראה
[7] ומזה

37 ואומר בכלל כי כשתרצה לצייר אלו העצמים והתפשט[1] עצמך בהם והקפתו אותם תצטרך שתעלה במחשבתך אל המושכל האחרון ותנקה ותטהר אותה[2] מטנוף המוחשים ותפרה[3] ממאסר הטבע ותגיע בכח שכלך תכלית מה שאפשר לך להשיגו מאמתת העצם המושכל עד כאלו תפשיט עצמך מהעצם המוחש ותהיה כאלו אתה אינך[4] יודע בו ואז יהיה עצמך מקיף בכל העולם הגופני ותשים אותו בזוית מזויות נפשך כי אתה כשתפעל זה תשקיף על קטנות שיעור המוחש אצל גודל המושכל ואז יהיו העצמים הרוחניים מונחים בין ידיך קמים בין עיניך [ותראה אותם מקיפים בך קמים עליך] ותראה[5] עצמך כאלו הוא הם[6] ופעם תחשוב שאתה חלק מהם מפני הקשרך בעצם הגשמי ופעם תחשוב שאתה כללם ושאין הפרש בינך ובינם מפני התאחד עצמך בעצמיהם ודבקות צורתך בצורותיהם ואם עלית במדרגות העצמים המושכלים תמצא הגופים המוחשים בצירוף אליהם בתכלית המיעוט והקטנות[7] ותראה העולם הגשמי בכללו ישוט בהם[8] כאלו הוא ספינה בים או עוף באויר :

38 ואם העלית אל היסוד הכללי וחסית בצלו שם תראה [פלא] כל הפלא ותחרץ על זה והשתדל בו כי זהו הכונה המכוונת אליה בנפש האנושית ושם הוא התענוג העצום וההצלחה הגדולה :

39 והרצון הוא הכח הפועל לאלו העצמים יש לו[9] תכלה מצד הפעל ואין לו תכלה מצד העצם וכשיהיה כן יהיה פעלו יש לו תכלה ואמנם היה לרצון תכלה מצד הפעל כי הפעל יש לו ראשית והמאמר בעצם השכל בהפך והוא כי יש לו ראשית[10] מפני שהוא מחודש ואין לו אחרית כי הוא פשוט ומפני שאינו בעל זמן :

40 והסתכל בדבקות האור באויר ודבקות הנפש בגוף ודבקות

[1] ושיתפשט [2] אותו [3] ותפרדהו [4] עתה אינו [5] ותראה אותה [6] קם [7] ותכלית הקטנות [8] ישוט בו כאומר לך [9] לה [10] ראשית

ואין צריך שתחזור השנוי בכח לעצם הכח אלא לעצם הדבר המקבל פעלו וכשיהיה היסוד קרוב מהמקור יהיה יותר מקבל לפעלו מהרחוק[1] :

34 וכשתרצה לצייר זה פתאום עלה מהשפל אל העליון כי אז תראה הנמצא יותר רקיק ויותר פשוט וחזק התאחדות אם היה היסוד [ואם] היה הצורה הצורה ואם התנועה התנועה ושים[2] הנראה ראיה על הנעלם והקש במורכב על הפשוט ובעלול על העלה כי כשתפעל זה תגיע למְבוקשך בזה הענין :

35 ושים הדמיון בגוף הכללי המוחלט וכן הוא על האמתה מאחר שהיה השפל דמיון לעליון כי אתה כשתעיין בהרכבת הגוף[3] המוחלט וסדור חלקיו[4] יקל עליך ציורך ערך העצמים הפשוטים וסדורם :

36 ושים היסוד הראשון[5] נוכח העצם הנושא לכל צורות הגשם מאחר שיהיה היסוד נושא לכל הצורות ושים עצם השכל נוכח הכמות מאחר [שיהיה] השכל בעל שתי כחות ועל כן יקרה לו החלוק ושים עצם הנפש נוכח התבנית המקיף בכמות ושים עצם הטבע נוכח הגוון שהוא אחרון חלקי הגוף כמו שהטבע אחרון העצמים הפשוטים וחדוש הגוון כמו כן אמנם היה מִמנו[6] וכמו שהראות כל מה שיעבור הגוון וישקע בתבנית והכמות [והעצם] יסתר ממנו הנמצא ויתעלם לרקיקותו וכל מה שיחזור מהעצם ויצא[7] ל הכמות ומהכמות ל התבנית ומהתבנית[8] אל הגוון יהיה גם אצלו הנמצא ויתגלה לעוביו [כמו כן כישקע השכל במה שהוא אחר העצם הנושא לנאמרות ר״ל בעצמים הרוחניים עד שיגיע אל היסוד אשר הוא נוכח העצם יסתר ממנו הנמצא ויתעלם לרקיקותו וכל מה שיחזור מהיסוד ויצא אל הקרוב מהעצמים יראה ויתגלה לעוביו] וזה הדמיון יקל עליך[9] ציור ערך העצמים הרוחניים על מעלותיהם :

[1] מהריחוק [2] ישים [3] גוף [4] החלקיו [5] המשוש [6] מהם [7] וימלט [8] והתבנית עליה

תרבק בצורות הגשמים הדומות[1] לה ברקיקות ומפשטת אותם מצוריותיהם הגשמיות והנפש הצומחת דבקה בעצמי הגופים להדמותה להם בעובי ודקרבה והמשוש :

30 ופעל הנפש החיונית שהיא תרגיש[2] בצורות הגשמים העבים [בזמן] והתנועה במקום[3] והרמת קול והנעימות מאין סדר מורה[4] על ענין ופעל הנפש המדברת ההרגשה בצורות המושכלות הרקיקות והתנועה במושכלות בלא זמן ובלא מקום [והרמת קול והנעימות בסדר ובחבור מורה על ענין ופעל השכל השגת כל הצורות המושכלות בלא זמן ובלא מקום] מאין בקשה ולא צורך אחר זולתי עצמו כי הוא תם ושלם :

31 ומה שצריך שתרעהו כי העיון בעצמים הפשוטים והעמידה על מה שאפשר להשיגו מהידיעה בהם היא המנוחה הגדולה והתענוג הגדול[5] לנפש המדברת וכפי כח הנפש בידיעתם והשוטטות בהם והעמידה על צורותיהם וסגולותיהם וההכרה ברשומיהם ופעולותיהם יהיה כחה בידיעת הבנורת כלומר האלהות והדבקות בה[6] והשתדל להסתכל בעצמים הפשוטים תכלית השתדלותך כל שכן בעצם הנפש והשכל כי הם נושאים לכל דבר ובהם צורת כל דבר :

32 והעצמים הפשוטים כל מה שישפלו יתגסו עד שהם מתגשמים[7] ונעצרים וכן העצמים המורכבים תמצאם על זה התאר ואיך היה אפשר שיחלש הכח האלהי ושישתנה ושיתגשם ושיהיה [פעל] הפועל הראשון יתקדש בקצת העצמים יותר נראה [מאשר הוא] במקצתם עם היות הכח האלהי תכלית כל כח ושלמות ותכלית כל יכולת :

33 ואי אפשר[8] שיחלש הכח האלהי אלא בהשתוקק הכחות אליו עלו למעלה והיה השפל צל וקבול היסוד לצורה מהכח הפועל[9] אמנם יהיה כפי הכנרת היסוד לזה ואלו היה מוכן לקבול צורה אחת שלמה בלא חלוף לא יחלש[10] הכח מעשותו

[1] הדומים [2] תחדש [3] במקומה [4] ולא מורה [5] והתנועה הגדולה [6] בו [7] שמתגשמים
[8] ואפשר [9] אל הפועל [10] יועיל

הנשואות בעצם המורכב ובין הצורות הרוחניות המצואות בעצם השכל והראיה על זה כי עצם השכל ישיג ההויה בכל הדברים כלומר הצורה האחרותית הפשוטה והיא הסוגים והמינים ועצם הנפש ישיג הזולת כלומר הפרקים והסגולות והמקרים הלקוחים מהחושים ומפני זה היתה הנפש כשתרצה לדעת מהות הדבר תרבק[1] בשכל ותתאחד בו כדי שיועילה ההויה הפשוטה וכשתרבק הנפש בשכל תשתוה צורתו לצורת הנפש כי היה הסוג הויה והיה הפרק קם בצורת הנפש כי היה הפרק זולת וישוה האחד לאחר כלומר כי הסוג הקם בשכל ישוה לפרק הקם בעצם הנפש ואז תרגיש הנפש במהות הדבר לרבקות פשוטות[2] המהות כלומר הסוג והפרק בעצמה ואז תתם לו הידיעה במהות הדבר כלומר גדרו :

27 ואין הצורות עוברות על הנפש כעבור האור על האויר מבלתי שיהיו עצמיות בה כמו שחשבו רבים כי לולי שהצורות בנפש עצמיות לא היו מתאחדות בה ולא היו יוצאות אל הפעל ומה שיורה על זה כי עצם הנפש יקבל[3] הצורה השכלית מעצם השכל בחלום נפשית כלומר דמיונית ואחרי כן תראה אותה בהקיץ גופנית יסודית ועל זה הדמיון יוקש כל השפל בעליון עד שיגיע אל היסוד הראשון הנושא הכל והשפלים מהעצמים לובשים לאור העליונים מהם והכל לובש לאור הפועל הראשון י״ת ורשום העליונים בשפלים נראה בצמח מתנועת הגידול והזון וההולדה והרשום המושג לטבע המשיכה והשנוי והאחיזה והדחיה והרשום המושג לנפש [הצומחת] ההולדה והגידול :

28 ופעל הטבע חסר מפעל הנפש הצומחת כי הנפש הצומחת תניע הגוף בכל קצותיו ואין הטבע כן והרשום המושג לנפש החיונית החוש והתנועה והיא תניע הגוף בכללו ותעתיקהו במקום בכללו והנפש הצומחת תניע חלקי הגוף :

29 ויתרונות הנפש החיונית על הנפש הצומחת כי היא

[1] כלומר תדבק [3] פשיטות [3] לורת הכפש תקבל

בגרם שחור או אדום התגוון בגוונו והשתנה אצל החוש ואע"פ שאיני בעצמו כן :

23 ומדרך הצורה שתהיה נמשכת ליסוד בהחתמה [1] וקבולה התבנית ומאחר [2] שהיה היסוד בעצמו גשמי התחייב שתהיה הצורה החוזרת עליו מהעצם הרוחני כמו כן גשמית ועוד כי מדרך הצורה הפלוש והשקיעה ביסוד המקבל אותה כשיהיה מוכן לקבלה מפני פלוש הצורה הראשונה האוספה לכל הצורות ושקיעתה ביסוד הראשון ואם יהיה היסוד עב [3] תחלש [הצורה] מלפלש ומלהתפשט בו ויתקבץ עצם הצורה אז ולא יתפזר ותראה אל החוש בהתקבצה כי הדבר כשיתקבץ יתגשם ויראה אל החוש ובהפך כשיתפזר עצמו יתרקק ויסתר מהחוש והסברא שתקיש בה חזרת הצורות הרוחניות על היסוד הגופני והראות הצורות הגשמיות אז [4] ביסוד הגופני הוא החזרת האור על הגרמים והראות אז [5] גווני הגרמים :

24 ומאחר שהיתה הנפש בין עצם השכל והחוש התחייב שתהיה כשתטה אל החוש תעדר השגת מה שבשכל וכן כשתטה אל השכל תעדר [השגת] מה שבחוש כי כל אחד משתי הקצוות נבדל מהאחר וכשתפנה אל האחר תחזור [מן] האחר :

25 והענין המושכל מקימת [6] כל הצורות המוחשורת בצורת הנפש הוא התאחד [כל הצורות] בצורתה כלומר שצורת הנפש בטבעה והויתה עצם אוסף לעצם כל צורה אסיפה [7] עצמית מצד שהיו כל הצורות מתאחדות בענין הצורה כי כולן צורות והן משתתפות בענין הצורה והיה ענין הצורה מתאחד בצורת הנפש כי שתיהן צורות והצורות הפרטיות כלומר כל המוחשות מתאחדות בצורה הכללית כלומר האוספת לכל הצורות ואלו הצורות התאחדו [8] בצורת הנפש מצד התאחד הצורה הכללית האוספת אותן [9] בצורת הנפש :

26 ואלו הצורות בעצם הנפש אמצעיות בין הצורות הגשמיות

[1] בה חתומה [2] מאחר [3] עבה [4] או [5] או [6] מקיימת [7] אסופה [8] או הצורה הכללית תתאחד [9] אותה

כלומר שצורותיהם בה בלא יסודותיהם וצורות הדברים נמצאות בשכל יותר פשוטות ומציאותן יותר כולל ויתחייב שיהיו כל[1] הצורות [השפלות] נמצאות בצורות העליונות מדרגה אחר מדרגה עד שיגיע אל הצורה[2] הכללית בה כל הצורות אלא שאותן הצורות אינן במקום ואלו במקום ואותן הצורות מתאחדות בהתאחד העצם הרוחני ואלו מפורקות לפירוק העצם הגשמי:

21 ואם תאמר אם השפל דומה לעליון והשפל נמצא בעליון היאך אפשר שיהיו העשרה הסוגים הגשמיים בעצם הפשוט הרוחני הסתכל בקצה השפל מהנמצא כלומר כל אחד מהסוגים העשרה ועיין כמו כן בקצה העליון ממנו [כי] אתה תמצא לכל אחד מהסוגים העשרה הנמצאים בקצה השפל מה שהוא נכחו בקצה העליון ותמצא היסוד הכללי נוכח העצם ותמצא הכמות נוכח צורת השכל וכמו כן תמצאהו נוכח האחדיות הנמצאות בצורות העצמים ותמצא מיניו השבעה[3] נוכח מספר העצמים הפשוטים השבעה כלומר היסוד והצורה והשכל והנפשות והטבע ונוכח מספר כחות כל אחד מאלו העצמים ותמצא האיכות נוכח פרקי אלו העצמים וצורותיהם ותמצא הצירוף נוכח היותם עלות ועלולות ותמצא הזמן נוכח הדהר ותמצא המקום נוכח מעלות אלו העצמים בקדימתם ואיחורם ותמצא ההנחה נוכח הנשיאה[4] ותמצא הפועל נוכח הרושם מאלו העצמים ונוכח המועיל והמחדש ותמצא הנפעל נוכח המתרשם מהעצמים והמקבל[5] התועלת ותמצא הקנין נוכח [מציאות] הצורה הכללית ביסוד הכללי ומציאות כל אחת[6] מצורות העצמים הפשוטים ביסוד הנושא אותה[7] ונוכח מציאות הכחות המסוגלים בכל אחד מאלו העצמים וזה יורה כי צורות העצם המורכב משולחות מצורות העצמים הפשוטים:

22 ואלו הצורות התגשמו והיו בזה התאר מפני דבקותם בעצם הגשמי ודומות לבגד הלבן הרקיק הטהור כי כשידבק

[1] כולן [2] צורה [3] מיניהם השבעה הפשוטים [4] הנשואה [5] המקבלים [6] אחד
[7] אותם

יחדיו ואם היה קצתו פועל וקצתו מקבל יהיה מקצתו רוחני ומקצתו גשמי וכל העצם הנושא לנאמרות גשמי ואם כן אין ממנו סדר פעל :

17 מופת· כל עצם רוחני בעל צורה וכל עצם רוחני רקיק וכל רקיק תשולח [1] ממנו צורתו ותשפע [ואם כן העצם הרוחני תשולח ממנו צורתו ותשפע] ואחר כך נקדם זו התולדה ונאמר העצם הרוחני תשולח ממנו צורתו ותשפע וכל מה שתשולח ממנו צורתו ותשפע תחזור אותה הצורה על מה שהוא נכחה ויקבל אותה ותהיה התולדה כי העצם הרוחני תחזור צורתו על מה שהוא נכחה ויקבל אותה ואחר כך [2] נחבר בזו התולדה זה המאמר ונאמר כי כל מה שחזרה צורתו על מה שהיה מקבל אותה תהיה אותה הצורה מפלשת במקבל אותה ומקפת בו כשיהיה עצמו עצם דק ותהיה התולדה כי העצם הרוחני תפליש [3] צורתו בעצם הנושא לנאמרות ותקיף בו ואחר כך נקדם זו התולדה ונאמר צורת העצם הרוחני מפלשת בעצם הנושא לנאמרות ומקפת בו והצורה הנשואה בעצם הנושא לנאמרות מפלשת ומקפת בו [ותהיה] התולדה כי הצורה הנשואה בעצם הנושא לנאמרות היא צורת העצם הרוחני :

18 מופת· כל מה שהיה מקבל לצורות רבורת אין בעצמו צורה אחת מסוגלת בו והעצם הפשוט כשכל והנפש והטבע והיסוד מקבל [4] לצורות רבות ואם כן אין לאחד [מהם] צורה אחת [מסוגלת בו] :

19 מופת· השכל והנפש יודעים כל דבר והידיעה קימת [5] צורת הידוע בנפש והשכל ואם כן השכל והנפש בהם צורת כל דבר קמה וקימת כל צורה בהם תהיה בהתאחדות [6] ואם כן כל הצורות מתאחדות בשכל והנפש וההתאחדורת יהיה בדמות ואם כן הצורות דומות לשכל והנפש :

20 מופת· הדברים המוחשים נמצאים בנפש מציאות פשוט

[1] משולח [2] ויקבל אותה ותהיה מקבל לצורתו ואחר כך וכו׳ [3] תעבור [4] מקבלים [5] קיימת [6] בהתאחדיות

ודמיון שלוח הצורה מהעצם הפשוט הרוחני ורשומיה ביסוד הגשמי האור המשולח מהשמש השוקע באויר המפלש בו ואינו נראה בו לרקיקותו עד שיפגש גוף קשה כמו הארץ ואז יהיה האור נראה לחוש כי אין לו פלוש בחלקיה ויתפזר בהם אלא עמד על חיצון הגוף והתקבץ עצמו והתחזק ראותו ועל זה הדמיון יפלש מאורות העצמים הפשוטים וישתלחו קצתם בקצתם ואינם נראים לחוש מפני רקיקות כל אחד מאלו העצמים ופשיטותו עד שיגיע פלוש המאורות אל היסוד ואז יהיה נראה האור אל החוש מפני עובי העצם הגשמי ומזה יעלה האדם אל הידיעה כי כל הצורות הנשואות ביסוד הכללי נמצאות בעצם הכח הנותן אותן כלומר הרצון מציאות פשוט יותר ממה[1] שהן ביסוד הראשון המקבל אותן אלא מאחר שהיה היסוד הראשון בטבעו חולף[2] לעצם הרצון[3] והיה דומה בגוף כשיצורף אליו התחייב שיהיה רשומו ביסוד נראה כמו שהיה[4] רשום העצמים המושכלים בגופים נראה והתחייב[5] שיהיה הרצון מוציא[6] למה שבעצמו ונותן[7] אותו ליסוד כמו שהיו העצמים המושכלים מוציאים למה שבעצמם ונותנים אותו לגופים אלא שהרצון פועל בלא זמן ובלא תנועה ובלא כלי ולא מקום והעצמים המושכלים פועלים הפך זה ומפני זה היו העצמים הפשוטים ואומר בכלל כל העצמים הפועלים יפעלו מה שיפעלו מפני הפעל[8] הראשון המניע לכל והמפלש [בכל] ומזה הצד יעמוד על הידיעה בפלוש הכח הראשון והפעל[9] הראשון בכל הנמצאים כי כשהיה כח העצמים הפשוטים ובכלל[10] כח כל הנמצאים ישולח וישקע ויפלש[11] בכל כל שכן כח הפיעל הראשון י"ת וי"ת ובעבור זה נאמר כי הפועל הראשון י"ת וי"ת נמצא בכל לא יתרוקן ממנו דבר מהדברים:

16 וכל פעל הוא מכח רוחני וכל קבול הוא מכח גשמי ואם היה העצם פועל מצד שהוא מקבל יהיה רוחני גשמי

[1] מה [2] החולף [3] הראשון [4] שהיה נראה [5] בהתחייב [6] תוציא [7] נותן [8] כלומר מפני הפועל [9] והפועל [10] בכלל [11] ויפלט

ועוד מאחר שהיתה הצורה יותר דקה מהיסוד והוא מדרך הרקיק שהיה מפלש ושוקע במה שהוא נכחו[1] התחייב שתהיה כל צורה מפלשת שוקעת בכל מה שהוא נכחה ולעומתה:

13 והעצם הגשמי נמנע שישפיע עצמו לעובי הכמות ואפלתו ואע"פ שהכמורת ישפיע צלו[2] על הגופים שהם[3] נכחו עד כשימצא גוף מרוק ישלח עליו צורתו[4] כל שכן שיתחייב מזה ההקש שיהיה העצם הרוחני הנקי מהכמות יותר הגון בשיהיה משפיע לעצמו וכחו ואורו:

14 וכשתעיין שאין לעצם [הפשוט] תכלה ותעיין כחו ותדקדק פלושו ושקעו בדבר הפוגש בו המוכן לקבלו[5] ותשקול בינו ובין העצם הגשמי תמצא העצם הגשמי נמנע[6] שיהיה נמצא בכל מקום וחלש משיהיה[7] מפלש בדברים ותמצא העצם הפשוט [כלומר] עצם הנפש הכללית מפולש בכל[8] העולם ושוקע בו [וכן תמצא עצם השכל מפולש בכל העולם ושוקע בו] וסבת זה רקיקות כל אחד מהשני עצמים וכחו ואורו ומפני זה היה עצם השכל שוקע בפנימיות הדברים ומפלש בהם וכל שכן שיתחייב לפי זה ההקש שיהיה כח האלוה ישתבח ויתקדש מפלש בכל ומקיף בכל ופועל בכל בלא זמן:

15 ומאחר שהיה זה העצם גוף מוחש מורכב התחייב שיהיה רשום העצם הרוחני בו מוחש אלא שזה הרשום אינו גשמי במוחלט ולא רוחני במוחלט אלא הוא אמצעי בין שתי הקצוות כגידול והחוש והתנועה והגוונים והתבניות המקבלים הרשומים בעצמים המורכבים מעצמים הפשוטים כי אלו הרשומים אינם גשמיים במוחלט ולא רוחניים במוחלט כי הם מושגים בחושים ויתחייב מזה המאמר שיהיו כל הצורות המוחשות בעצם[9] הגשמי רשום מהעצם המושכל הרוחני והיו אלו הצורות מוחשות מפני שהיסוד המקבל אותם קרוב בטבעו מהגשמות ושאלו הצורות בעצם הרוחני המושכל יותר פשוטות[10] ממה שהן ביסוד

1 לנכחו 2 לו 3 שם 4 ישלח עצמו וצורתו 5 לקבולו 6 מוכע 7 מי שהיה 8 לכל
9 ביסוד 10 פשוט

המשולח מהשמש באויר כי זה האור יעבור גדר השמש וימשך עם האויר והשמש בעצמה אינהּ עוברת גדרה [1] ובמעלת הכח הנפשי המשולח מהכח המדבר שמשכנו במוח [2] בעצבים [ובעורקים] כי זה הכח [3] מפליש [4] בכל חלקי הגוף מתפשט בו ואע״פ שעצם הנפש בעצמו אינו נמשך ולא מתפשט וכן כל אחד מהעצמים הפשוטים ימשכו ניצוצותיו ואורו [5] ויפליש במה שלמטה ממנו והעצם עם כל זה שוקד על מעלתו ואינו עובר גדרו [6] :

11 וכשיהיו העצמים השפלים יוצאים מהעצמים העליונים יציאת הכח מהדבר החזק לא יציאת העצם מהעצם יתחייב מזה שלא יהיו [7] העצמים העליונים יחסרו עם הוית העצמים השפלים מהם וכן יתחייב שלא יבדלו מעצמיהם אלו הכחות כלומר העצמים השפלים ואע״פ שהם משולחים מהם כמו שחמימות האש לא יחסר [8] ולא יבדל ממנה אע״פ שהיא מולידה חמימות באויר הקרוב ממנה ואין אותו החמימות החמימות ההוא [9] בעינו מפני שהאש תסתלק וישאר זה החמימות באויר ומפני כי השני מונחים מחולפים ומפני שהחמימות הנולד באויר מחולף מחמימות האש בחוזק וכן אור השמש כשיתפשט על הארץ [10] [לא יחסר מאור השמש הנשוא בעצמו ואע״פ שהוא משולח ממנו והאור המתפשט על הארץ] אינו האור הנשוא בעצמו [11] בעינו והראיה על זה חלוף השני מונחים והשני אורים [12] בחוזק ובחולשה :

12 וכלל המאמר הזה כי [ההשפעה] הראשונה המקפת על כל העצמים היא המחייבת להשפעות מקצת העצמים על מקצתם ודמיון זה השמש כי היא משפעת בעצמה כלומר בלא אמצעי ומשלחת לניצוציה מפני זה הסבה בעינה כלומר מפני היות הכל נופל [13] תחת ההשפעה הראשונה ושהכל משועבד לה

[1] והשמש בעצמה ואינם עוברים לגדרם [2] שמשכנה הכח [3] בעצבים לא בגידים על כי הגידים מתנועעים לא מניעים כי זה הכח [4] מפלשת [5] ואוריו [6] לגדרו [7] יהיה [8] כמו שהחמימות יחסר [9] היא חמימות [10] היא הבק כל הארץ [11] בעצם [12] אורים [13] חו גדר

לגשם כי הנפש והרוח אמצעיים ביניהם ועל זה יוקש סדור העולם הגדול ·כלומר שאין העצם הפשוט והנכבד דבק לגשם והוא העצם הנושא לנאמרות :

7 מופת· תנועת העצם הנושא לנאמרות בזמן והזמן נופל תחת הדהר והפועל הראשון למעלה מהדהר ועל כן הדהר אמצעי בינו ובין העצם והדהר דהר לדבר ומדה לבעל מדה ואם [כן] יש בכאן דבר אמצעי בין הפועל הראשון ובין העצם הנושא לנאמרות הדהר מדתו ואם כן אין העצם הנושא לנאמרות מדובק בפועל הראשון :

8 וכשיהיה הגס לא ידבק ברקיק אלא באמצעי דומה לשתי הקצוות ולא יקבל רשומו אלא באמצעות כגשם[1] האדם [שלא יקבל רשום הנפש המדברת אלא באמצעות הרוח החיוני וכן לא יקבל האדם השכל אלא באמצעות הנפש המדברת] וככח[2] הרואה שלא ידבק[3] בגופים אלא באמצעות הבבה[4] והאויר הדק וכנפש הכללית שלא תדבק בגופים אלא באמצעות הגלגל האמצעי בין הרוחנות והגשמות יתבאר בזה עוד כי בין העצם הנושא לנאמרות ובין הפועל הראשון עצמים אמצעיים :

9 וכשיהיו הגופים קצתם נכבדים מקצתם והיה העליון מהם יותר נכבד מהשפל התחייב מזה שיהיה הקצוי מהנמצאים בעליונות יותר נכבד מהם ויותר חזק והקצוי בשפלות הגרוע שבהם והחלש ויהיה יחס הקצה העליון מהמוחשים אל הקצה העליון מהמושכלות הוא יחס הקצה השפל מהמוחשים אל הקצה העליון מהם [ובזה תדע היות עצמים פשוטים אמצעיים בין הפועל הראשון ובין העצם הנושא למאמרות] :

10 העצמים[5] הפשוטים עצמם אינם משולחים אלא כחותיהם וניצוציהם הם המשולחים והנמשכים כי היו עצמי כל אחד מהעצמים מוגדרים עצורים אינם נמשכים ללא ·תכלה אלא שהניצוצות משתלחים מהם ויעברו גדריהם מפני היותם תחת השפע הראשון המשולח מהרצון והוא במעלת האור[6]

[1] הגשם [2] וכח [3] תדבק [4] הכבד [5] אבל העצמים [6] במעלתו הכוגה האור

והאחרון הוא הראשון וענין ההבדל בהם סלוק הדמות ובסלוק הדמות יסתלק הדבקות מפני שהדבקות יהיה בדמות :

2 והראיה על מציאות העצמים הפשוטים קשה מאוד ונקדם המופתים המורים שיש בין הפועל הראשון ובין הפעול האחרון עצם אמצעי · מופת · הפועל [הראשון] הוא ראשון הדברים וראשון [הדברים] נבדל לאחרונם[1] [והעצם הנושא לנאמרות התשע הוא אחרון הדברים] אם כן הפועל הראשון נבדל לעצם[2] הנושא לנאמרות התשע ואחר נקדם זו התולדה ונאמר הפועל הראשון נבדל לעצם הנושא לנאמרות התשע וכל שני דברים נבדלים כלומר שיש ביניהם הבדל יש ביניהם אמצעי זולתו[3] היו דבר אחד ולא היו נבדלים [אם כן יש אמצעי בין הפועל הראשון ובין העצם הנושא לנאמרות התשע] :

3 והנפש נבדלת לגוף ולולי הרוח האמצעי ביניהם לא היה דבק כל אחד מהם באחר :

4 ואלו היה הפועל הראשון נבדל לעצם הנושא לנאמרות מבלתי שיהיה ביניהם אמצעי לא היה אפשר שידבקו וכשלא ידבקו לא ישאר העצם כהרף עין · מופת · הפועל הראשון י״ת הוא האחד האמתי[4] אשר אין רבוי בו והעצם הנושא לנאמרות בתכלית הרבוי ואין אחריו דבר יהיה יותר חזק הרבוי וכל רבוי מורכב יתך אל האחד אם כן אי אפשר בלא אמצעיים בין האחד האמתי[5] והרבוי המורכב · מופת · כל פועל אמנם יפעל מה שדומה לו והעצם הפשוט דומה לפועל[6] הראשון ואם כן הפועל הראשון [אמנם] יפעל העצם הפשוט :

5 כל מה שירד למטה בעצם יתרבה עם הירידה ויתאחד עם הסלוק ומהחיוב[8] שיגיע אל ההתאחדות האמתי ויתחייב שיהיה העצם המתרבה מגיע לעצם מתאחד על האמתה :

6 העולם הקטן דמיון העולם הגדול בכדור והבנין ואין עצם השכל שהוא דק פשוט ונכבד מכל[9] עצמי העולם הקטן דבק

[1] לאחרונים [2] אם כן הפועל הראשון לדברים נבדל לאחרונים והעצם [3] וזולתם
[4] האמת [5] האמת [6] לעולם [7] ויתיחד [8] כי מהחיוב [9] הכל

29 וצריך שתקיש קימת העצם הגשמי הכללי בעצם הרוחני הכללי בקימת הגוף בנפש וכמו שהנפש מקפת[1] בגוף ונושאה אותו כמו כן העצם הרוחני [הכללי] מקיף בגוף העולם הכללי ונושא אותו[2] וכמו שהנפש מפורקת[3] בעצמה מהגוף והיא דבקה בו מבלתי שתמשש אותו כמו כן העצם הרוחני מפורק בעצמו מגוף העולם והוא מדובק בו מבלתי שימשש אותו :

30 והענין המושכל מדבקות העצם הרוחני בעצם הגשמי ואומר בכלל דבקות מקצת העצמים הרוחניים במקצת וקימת מקצתם במקצתם הוא כדבקות האור או האש באויר ודבקות הגוון והתבנית בכמות והכמות בעצם ודבקות המקרים הרוחניים בעצמים הרוחניים כי כשיתחייב שיהיה חיצון הדברים דמיון לפנימי יתחייב שיהיה דבקות [חלקי העצמים הגשמיים כגוון והתבנית והכמות והעצם מקצתם במקצת וקימת מקצתם במקצתם דמיון לדבקות] העצמים הרוחניים [מקצתם במקצת וקימת מקצתם במקצתם :

31 ואין במושכלות הכלליות והפרטיות אלא היסוד והצורה :

לקוטי המאמר השלישי

1 אמר וצריך שנבאר במופת כי בין הפועל הראשון ישתבח ובין העצם הנושא למאמרות[4] עצם אמצעי ונניח בזה זה השורש המונח והוא כי אם היה ראשון הדברים[5] הנמצאים הוא הפועל הראשון אשר אין פועל [לו] והיה אחרונם הוא הפעול האחרון אין פעול לו ראשון[6] הדברים יש הבדל בינו ובין אחרונם [בעצם ובפעל כי אם לא היה בין ראשון הדברים ואחרונם] הבדל יהיה הראשון הוא האחרון

[1] מוקפת [2] אותה [3] מפורקת [4] לנושא במאמרות [5] הראשון דברים [6] כי ראשון

בפשיטותו ודקותו כי היה אותו העצם משכן להתחלת האחדות ותחלתה והיה זה העצם משכן להכליתה ואחריתה ואינו עוזר שתהיה התכלה דומה להתחלה מפני שהתכלה התחייב שתהיה תכלה לכח התחלה והפסקה :

27 ודמיון מה שזכרתי מפשיטות העצם מאצל שלוחו אל הטבע והתגשמו מאצל הטבע אל המרכז דמיון המים הרצים שמקצתם עמוקים [ממקצתם] כי מקצתם רקיקים וקלים ומקצתם אפלים עבים כחתיכת העופרת המותכת באש כשמוציאים אותה כי מקצתה נתכת מרוקקת יפלש אותה הראות ומקצתה בהפך ואנו רואים למראית העין חלוף האחריות ביסוד הנושא כי נמצא חלקי האש בתכלית ההתאחד[1] והפשיטות והמצוע עד שתדמה צורתה דבר אחד אין רבוי בה ונמצא[2] חלקי האויר והמים יותר חלוקים[3] ומפוזרים עד שחלקיהם ואחריותם[4] מושגים למראית העין ובזה קרוב לידיעה במה שזכרתי מהכמות הנשוא בעצם מהוה מהתקבץ האחדים הכפולים ועל כן נאמר הרכבת העולם קמה מכתיבת המספר והאותיות באויר :

28 וכל צורה מצורות העצמים הפשוטים אחת לא תקבל החלוק כי איך תקבל החלוק והיה דבר [אחד] אמנם התחלק האחדות בכמות מפני העצם המונח לה[5] הלא תראה כי כל האחריות[6] [אשר עליהם תחלק הכמות יסכימו בצורת האחדות] ואמנם התחלפו במונח להם והראיה על זה כי האחדות היא המקיימת[7] ליסוד ובה הוא מיוחד והיא אוחזת[8] אותו וכשיהיה היסוד רקיק פשוט רחוק מהפזור והפרוק תשוה לו האחדות ותסכים עמה ותהיה הוא והיא[9] דבר אחד זולתי מחולק בפעל וכשיהיה היסוד עב[10] חליש לא ישתוה לו האחדות ותחלש מליחד אותו ומלקבץ עצמו ויתפרק היסוד מאחוז האחדות ויתפזר ותתרבה[11] האחדות אז ותתחלק :

[1] התאחד [2] ונמצאים [3] חלקים [4] והתאחדותם [5] המונח לה המונח [6] התאחדיות [7] המקבלת [8] והאוחזת [9] הוא הוא [10] עבה [11] ויתרבה

כל מה שתהיה רחוקה מהאחדות הראשונה תהיה חזקת הרבוי יותר הרכבה ועל כן היתה האחדות המקיימת ליסוד השכל אחת ופשוטה זולתי מתחלקת ולא מתרבה ואע״פ שהיא מתחלקת במקרה והיתה זו האחדות יותר פשיטות [1] והתאחדות משאר האחדיות [2] המקיימות לשאר העצמים מפני היותה בפאת עליונות. האחדות הראשונה הפועלת אותה ועל כן היה עצם השכל ישיג כל הדברים באחדות עצמו המקיים [3] אותו כי היתה אחדותו מקפת בכל האחדיות המקיימות לעצם כל [4] דבר וזה [כי] כל האחדיות מתרבות כפולות מהאחדות הראשונה הנבראת והיתה האחדות הראשונה הנבראת מקיימת היא לעצמיהם ועצמי האחדיות המתרבות קמו מעצם האחדות האחת ומפני זה היא מצואה אצלם קמה בהם ועל כן היו צורות [5] כל הדברים מצואות [6] אצל צורת השכל ונושאה אותם ואוספת אותם כי היתה אחדותו הפשוטה אוספת בעצמה לכל האחדיות [7] והיו צורות כל הדברים אינן זולתי האחדיות המתרבות והראיה על זה כי לא ימלט דבר מהמושכל והמוחש משיהיה אחד או הרבה ומאחר שהיתה האחדות הנשואה [ביסוד השכל] כפי מה שזכרנו מהפשיטות והיחוד התחייב שתכפל האחדות הנשואה ביסוד הנפש ושתתרבה [8] כי היתה מסודרת זו האחדות למטה ממדרגת [9] האחדות הנשואה ביסוד השכל וכן התחייב שתכפל האחדות ותתרבה ושיקרה לה השנוי והחלוף בשאר מדרגות היסוד הנושא אותה [10] כפי ירידת מדרגת היסוד אל המקום [התחתון] ורחוקו מהמקום העליון עד שתגיע אל היסוד הנושא לכמות כלומר עצם זה העולם ונכפלו בו והתחלקו ונוספו והתרחקו [11] ביסוד הנושא אותם כי השתעבדו לאחדות הפועלת והתעבה העצם מפני זה והתגשם [12] ונעצר בעצמו והיה זה העצם השפל בעביו וגסותו מנגד לעצם העליון

[1] פשוטה [2] האחדתיות [3] המקויים [4] בכל [5] מציאות [6] מציאות [7] האחדות
[8] שיכפלו האחדיות הנשואות ביסוד הנפש ושיתרבו [9] ממדרגות [10] אותם
[11] והתרחקו [12] התגשם

יותר עב[1] ויותר גס וכל מה שיעלה[2] יהיה יותר זך ויותר רקיק :

24 ולא יסופק לך במה שאמרנו כי העצם מקום לכמות כי אמרנו זה להודיע שהוא נושא אותו ושקימתו וקיומו בו כי אינו נמנע שיאמר בעצם שאינו גוף שהוא מקום [לגוף] כשיהיה נושא אותו כמו שאינו נמנע שיאמר בגוף שהוא [מקום] למה שאינו גוף כגוונים והתבניות והקוים והשטחים ושאר המקרים הגופנים אע״פ שהמקום הידוע יחייב דבקות שני גופים ואלו המקרים אינם גופים :

25 והמקום בכלל יאמר על שני מינים רוחני וגופני וכשתרצה לצייר איכות קימת[3] העצם הפשוט בעצם הפשוט והיאך יהיה האחד[4] מהם מקום לאחר צייר קימת הגוונים והתבניות בשטחים וקימת[5] השטחים בגרמים ויותר רקיק מזה קימת המקרים הפשוטים בעצמים הפשוטים כמקרים הנשואים בנפש כי אלו המקרים קמים בנפש[6] והנפש מקום להם וזכור השרש שהנחנו בזה והוא כי הנראה מהדברים דמיון לנסתר מהם ויתחייב מזה השרש שיהיה המקום החצון השפל המיון למקום הפנימי העליון וכן שאר מה שבין הקצוות מהמעלות :

26 ומאחר שהיתה האחדות הראשונה אחדות לעצמה היתה פועלת לאחדות היא למטה ממנה ומאחר שהיתה זו האחדות מחודשת לאחדות הראשונה האמתית והיתה אותה האחדות אין התחלה לה ולא תכלה ולא שנוי בה ולא חלוף התחייב שתהיה האחדות המתרשמת לה כלומר המחודשת בעלת התחלה ותכלה והתחייב שישיגה השנוי והחלוף ועל כן אינה דומה לאחדות השלמה על האמתה וקרה לה הרבוי והחלוף והשנוי והתחייב שתהיה נחלקת בעלת[7] מדרגות מחולפות וכל מה שתהיה האחדות קרובה אל האחדות הראשונה על האמתה יהיה היסוד המצויר בה חזק[8] התאחדות ויותר פשיטות ובהפך

[1] עבה [2] שיעלם [3] קיימת [4] המקום האחד [5] קיימת [6] בנפש זה [7] בעלות [8] חחק

21 ואם תשאל[1] היאך מציאות זה העצם ובאי זה מקום תצייר[2] מציאותו תדע[3] כי אין כל דבר[4] מצטרך בקיומו למקום גופני כי מה שאינו גוף והוא עצם פשוט הוא מתקיים בעלתו הנושאה אותו ויתחייב שתהיה העלה פשוטה דומה ואין העצם בעצמו גוף ויהיה לו מקום אלא הוא המקום לכמות אשר בו יהיה המקום על האמתה ואם תאמר אם המקום יהיה בכמות היאך יעבור עם זה המאמר שהעצם[5] מקום לכמות עם היות המקום יחייב דבקות שטח גוף בשטח גוף אחר ואין לעצם בעצמו שטח בו ידבק[6] בכמות כי העצם אינו גוף :

22 והתשובה כי תצטרך בציור אמתות הדברים שלא תהפוך צורות שפליהם על [צורות] עליוניהם וכשתמצא תאר מה באישים או המינים או הסוגים [הקרובים אלינו אל תחשוב שתמצא זה התאר במה שבעליונים מן האישים או המינים או הסוגים] ואע"פ שהתארים הנמצאים בשפלים מפלשים מהעליונים אינם נמצאים בשפלים בצורה שנמצאים בה בעליונים[7] וזה שרש כולל ומתפשט בכל ונמשך בו מהעליון אל השפל :

23 וקימת[8] הדברים הנמצאים וקיומם יהיה על תשע מדרגות הראשונה קימת הדברים כולם בידיעת הקדמון ישתבח ותחת זה קימת הצורה הכללית ביסוד הכללי ותחת זה קימת העצמים הפשוטים קצתם בקצתם ותחת זה קימת המקרים הפשוטים בעצמים הפשוטים ותחת זה קימת הכמות בעצם ותחת זה קימת השטחים בגרמים וקימת הקוים בשטחים וקימת הנקודות בקוים ותחת זה קימת הגוונים והתבניות בשטחים ותחת זה קימת מקצת חלקי הגופים[9] המתדמים החלקים במקצת ותחת זה קימת מקצת הגופים במקצתם[10] וזהו המקום[11] הידוע והנה כל [מה] שישפל וירד מהפשוטים אל המורכבים

[1] תשכל [2] מצייר [3] ידע [4] כי אין כל דבר מצטרך בקיומו למקום דבר כי אין כל דבר וכול' [5] והיאך ··· בשהעצם [6] שטח והבין [7] ואינם נמצאים בצורה הנמצאת בהם בעליונים [8] וקיימת [9] הסוגים [10] ותחת זה קימת במקצת הגופים [11] מקום

שיהיה בין שני הדברים דמות מה [1] ואם היה זה העצם מעצם הטבע מהחיוב שיהיה בין העצם ובין הטבע דמות מה :

17 וכשידע האדם מהות זה העצם ידע עם זה למותו כי הלמות נמצא אצל המהות והמאמר בלמות הנמצאים הוא מידיעת הרצון והלמות יחייב העלה אשר בעבורה יצא כל אחד מהסוגים והמינים והאישים מהכח אל הפעל והתכלית אשר עמד אצלה כל אחד מהם :

18 ומאחר שהיה הרצון הוא המניע לכל הצורות הנשואות ביסוד והמפלש אותם אל התכלית הקצוית מהיסוד מפני היות הרצון מפלש ומקיף בכל והיתה הצורה נמשכת ומשועבדת לו התחייב מזה שיהיה התטבעות [2] חלקי הצורה כלומר הפרקים המקיימים למינים והחלוקים [3] אותם והתרשמם ביסוד כפי מה שברצון [4] ממנו :

19 וזה מעיד על סוד גדול והוא כי כל הנמצאים כלם עצורים ברצון ותלויים בו מפני היות כל צורה מצורות הנמצאים התרשמה [5] ביסוד ומצוע התטבעותה בו ואומר בכלל מצוע בנגוד [6] הצורות ביסוד והיותם שקולים כי הרצון [7] יעצור אותם. ויעמידם [8] אצל הגדרים והתכליות שעמדו אצלם והיו [9] הצורות מצד הרצון מתוקנות מתמצעות ויהיו עם זה מוכרחות לו עצורות בו ודמיון זה חלוק העצם לפשוט ומורכב וחלוק הפשוט אל השכל והנפש ואל הצורה והחומר וחלוק המורכב לצומח וזולתי צומח ולחי [10] וזולתי חי ושאר הנגודים הנמצאים בין הפרקים החולקים ליסוד והמקיימים אותו :

20 ואי אפשר שתעמוד על סוד [11] הרצון אלא אחר שתדע כללות היסוד והצורה כי הרצון הוא הפועל ליסוד והצורה והמניע אותם ומעלת [12] המאמר ברצון מהמאמר ביסוד והצורה מעלת המאמר [13] בשכל מהמאמר בנפש ומעלת המאמר בשכל מהמאמר בנפש מעלת [14] המאמר ביסוד והצורה מהמאמר בשכל :

[1] דמותה [2] ההתטבעות [3] והחלוקים [4] שהרצון [5] בהתרשמה [6] כנגד [7] לרצון
[8] ויעמידה [9] יהיו [10] וחי [11] שתעמוד בסוד [12] ופעולות [13] החומר [14] ומעלת

המושכלים מפני שהוא מסודר בקצה השפל מהעצמים ושהוא נפעל והיו שאר העצמים פועלים והראיה שזה העצם נפעל אינו פועל כי כל פועל מלבד הפועל הראשון יצטרך בפעלו למונח יהיה מקבל לפעלו ואין תחת זה העצם עצם אחר יהיה מקבל לפעלו מפני שזה העצם הוא תכלית הנמצא התחתונה והוא במעלת המרכז לשאר העצמים המושכלים ועוד כי הכמות תעצור [1] אותו מהתנועה ותמנעהו מההליכה להשתוותה עליו ושהוא [2] שקוע בתוכה ועל כן הוא דומה בלהבת האש העכורה ברטיבות המעורבת בה המונעת ממהירות התנועה ובאויר המעונן הנמנע מפלוש האור [3] ועל כן היה רשום העצם נראה כשיהיה המזג רקיק [4] ויוכן [5] לקבול רשומו וארצה לומר ברשומו פלוש [רשומי העצמים השכליים בו ואז נראה] רשום העצמים הרוחניים בגוף למבטם בו ושהם קורעים אותו ודומה בשמש כשתפלש המחיצות ותקרע אותם ועם מה שעצר הכמות זה העצם [6] ומנע [7] אותו מהפעל היה עצמו נעדר התנועה לריחוקו ממקור התנועה ושרשה ולא הגיעה אליו מהכח הפועל [8] המניע לדברים מה שיהיה בו מניע פועל והתחייב מפני זה שיהיה עומד זולתי מניע ואע"פ שהיה מתנועע כלומר נפעל והראיה כי הכמות ימנע העצם הנושא אותו מהתנועה כי הגוף כל מה שיתוסף כמותו יהיה יותר כבד וקשה להתנועע :

15 וזה הדבר פעם יקרא עצם ופעם יקרא יסוד וההפרש בין שם העצם והיסוד כי [שם] היסוד נופל על הדבר המוכן לקבל הצורה שלא קבל אותה עדיין ושם העצם נופל על היסוד שקבל צורה מה והיה באותה הצורה עצם מסוגל :

16 וזה העצם הוא הדבר הנושא לצורת הכמות וטבע זה העצם שופע מעצם אחר עליון ממנו והוא עצם הטבע ועצמו משולח מעצם הטבע ואם תרצה אמור שהוא המדרגה [9] השפלה מהטבע או הכח השפל מכחותיו וכל דבר יהיה מדבר מהחיוב

[1] יעצור [2] וכשהוא [3] האויר [4] דקיק [5] ויוכל [6] זה העצם ושכה אותו
[7] כמלא [8] מהכח אל הפעל [9] ממדרגה

צורת הכמות נושאה לכל צורות הגוף ומקריו והם בה[1] נמצאים וכמו שהתבנית תכלית צורת הכמות והגדר המקיף בו [כמו כן הידיעה תכלית צורת השכל והגדר המקיף בו] ואמנם היתה ידיעת[2] השכל התבנית בו מפני שהיא התכלית[3] המקפת בו דומה בתבנית המקפת בגוף כי כמו שהגוף כשיפגש גוף אחר וידבק בו אמנם יפגש אותו[4] וידבק בו בתבניתו כמו כן השכל כשיפגש שכל אחר וידבק בו[5] אמנם יפגיש אותו וידבק בו בידיעתו וכמו שצורת הכמות תתך אל הנקודה והאחדות כמו כן צורת השכל תתך אל היסוד והאחדות וכמו שצורת הכמות כשיעיין השכל בה ימצא אותה העליונה שבצורות והקרובה אל העצם וימצא שאר הצורות למטה ממנה [כמו כן צורת השכל כשתעיין בעצמה תמצא עצמה העליונה שבצורות והקרובה אל היסוד ותמצא שאר הצורות למטה ממנה] וכמו שיש מהצורות מה[6] שהוא מתחייב [ליסוד] אינו נבדל ממנו[7] כצורת השכל והעצמים הפשוטים ומהם מה שהוא זולתי מתחייב [כצורות היסודות כמו כן צורות העצם מהם מה שהוא זולתי מתחייב] כגוון והתבנית המסוגלים ומה שדומה להם מהמקרים ומהם מה שהוא מתחייב ככמות המתחייב לעצם וכמו שצורות[8] היסוד הן הפוגשות לשכל כמו כן צורות העצם הן הפוגשות לחוש וכן שאר מה שבין אלו שתי הקצוות מהדמות[9]:

14 ולמה[10] שאנחנו בו מהוצאת הידיעה ביסוד והצורה אינך צריך מהידיעה בנאמרות ליותר מהידיעה בסוגיהם [ומיניהם] ופרקיהם וסגולותיהם ושתופם וחלופם והידיעה כי כל אלו הסוגים צורות לעצם המונח להם אבל תהיה השגחתך בעיון בעצם הנושא אותם והפליג ביגע שכלך בו מפני היותו מושכל אינו מוחש ושהידיעה בו קודמת לידיעה בכל העצמים המושכלים אלא שאע"פ שזה העצם מנשכל אין מעלתי מעלת שאר

[1] גם [2] היתה תבנית ידיעת [3] שהוא תכלית [4] אמנם ירגיש [5] כשיפגש אותו תבנית היה וידבק בו [6] כמו [7] מהצורה [8] שהצורות [9] מהכמות [10] ומה

בידיעה שעולה מהקצה השפל מהנמצאים אל הקצה העליון מהם והיה כל מה שהוא בקצה השפל יבא מהקצה העליון צריך שנשים כל מה שמצאנו אותו בקצה השפל הקש וראיה על זה שבקצה העליון מאחר שהיה השפל דמיון לעליון אשר שולח ממנו ומאחר שהשפל משולח מהעליון התחייב שיהיה דמיון לו ועוד נבאר כי השפל משולח מהעליון וכשיהיה הדבר כן ועמדנו על הדמות שבין שתי הקצוות תתבאר לנו הידיעה בנסתר מצד הנראה ומאחר שכונתנו לעלות אל הקצה העליון מתנמצא כלומר היסוד הכללי הנושא לכל הדברים והצורה הכללית הנשואה בו שהם[1] תכלית הנמצא מצדנו והם התחלתו מצד הבורא אותם י״ת וי״ת והסתכלנו בקצה השפל כלומר היסוד הנושא לנאמרות התשע מצאנו אותו שהוא נכחו ושוה לו וכמו כן מצאנו צורת הכמות הנשואה בזה העצם נוכח הצורה הכללית כלומר צורת השכל הנשואה ביסוד הראשון הכללי וכאלו הקצה העליון [גרם השמש והתחתון] ניצוציה המתפשטים על עגולת הארץ :

13 ותראה היאך אלו שתי הקצוות זה נוכח זה כשתסתכל בסגולות היסוד הכללי כי אתה תמצא [אותן] ביסוד השפל כלומר הקימה בעצם והאחדות והנשיאה לחלוף ושאר סגולותיו והנוכח [כמו כן] בין שתי הצורות כי כמו שהצורה הראשונה תחדש כשתדבק ביסוד [העליון מין השכל וקיום עצמו כמו כן צורת הכמות תחדש כשתדבק ביסוד] השפל מין[2] הגוף וקיום עצמו אם[3] כן צורת הכמות [תהיה נוכח צורת השכל וביאור זה כי צורת השכל אחדות פשוטה וצורת הכמות] הרבה אחדיות[4] מורכבות וכמו שצורת השכל אינה נבדלת מהיסוד העליון כמו כן צורת הכמות מתפשטת[5] בכללות עצם היסוד השפל וכמו שצורת [השכל] מכסה ליסוד העליון ומקפת עליו כמו[6] כן צורת הכמות מכסה ליסוד השפל ומקפת עליו וכמו שצורת השכל[7] נושאה לכל הצורות וכל הצורות נשואות בה כמו כן

[1] שהוא [2] מן [3] כמו [4] במרכבות אחדיותו [5] מתפשטות [6] וכמו [7] השפל

מהם ואז יתבאר לך כי כל הדברים הנמצאים ביסוד הראשון הם חלקים לו ותראה כי היסוד הראשון כללי [1] להם ושמקצת אלו הדברים חלקים למקצת עד שתדמה כי היסוד הראשון הנושא ספר רשום וכתוב ואז תראה שכלך מקיף בכל הדברים ועליהם [2] כפי יכולת האדם :

11 וזה העצם הנושא למאמרות התשע הוא פתח העיון במה שנעלם [3] מהחושים מפני שזה העצם היה [4] ממה שאצל הדברים המוחשים במעלה ועוד כי זה העצם המצויר במאמרות התשע הוא הדמיון המונח לראיה על הנסתר ואני אתן לך כלל מספיק יורה על מה שאחריו ואומר כי מאחר שהיתה הנפש נעדרת לידיעת המקרים השניים והעצמים השניים מעת הקשרה בגוף ואחר כך קנתה אותם כשראתה המקרים הראשונים והעצמים הראשונים ושוטטת בהם ועברה בהם התבאר בזה כי הוחקו לה המקרים הראשונים והעצמים [הראשונים] כלומר עולם הטבע והוכנו לה החושים בעבור שתשיג [5] בהם המקרים הראשונים והעצמים הראשונים עד אשר כשתשיג הנפש אותם תשיג בהם [המקרים השניים ו] העצמים השניים ועל כן היה האדם כל מה שקנה ידיעת המוחשים מעת נולד בזה העולם נוסף בהן שכלו ויצא מהכח אל הפעל כי הצורות המוחשות יתטבעו בכלים להדמותם בהם ויהיו הצורות הנטבעות בכלים יתטבעו עוד בכח הדמיון בדקיקות ופשיטות יותר ממה שהוטבעו בכלים וכמו כן יתטבעו [6] בעצם הנפש בדקיקות ופשיטות יותר ממה שהוטבעו בכח הדמיון ואז היה יחס הצורות המוחשות לנפש יחס הספר הכתוב [7] לקורא [כי] כשיחוש הראות אותיותיו ורשומיו תזכור הנפש עניני אותם הרשומים ואמתתם [8] וזה ראיה כי עצם הנושא לנאמרות התשע הוא הדמיון המונח לראיה על הנסתר :

12 ואתן לזה [שרש] תשען עליו והוא כשתהיה כונתנו

[1] כללו [2] עליהם [3] שנעלים [4] מפני שזה היה העלם [5] שישיג [6] יתטבע
[7] הסופר הכותב [8] ואמתותיהם

לכל הדברים ממה שתחתיו ועל כן יתחייב [שיהיה] עצמו יותר דק ויותר נקי מכל העצמים שתחתיו :

7 וכשלא יהיה לשכל צורה מסוגלת בעצמו והיה משיג לכל הצורות תמיד התחייב מזה שיהיו צורות כל הדברים צורות לעצמו וכשיהיו [1] כל הצורות צורות לעצם השכל והיו מפורקות אצל השכל התחייב מזה שיהיו מפורקות בעצמיהן :

8 וכל מה שיקיף בו החוש והשכל מצורות הנמצאים מפורקות בעצמיהן מפני שהן מפורקות אצל החוש והשכל ואע"פ שאינן מפורקות במציאות כי כל הנמצאים מתאחדים מחוברים ודמיון פירוק העצמים והמקרים המושכלים [2] וחלופיהן בעצמיהן [ואצל השכל ואע"פ שהם מתאחדים במציאות כדמיון פירוק הגשמים והמקרים המוחשים וחלופיהן בעצמיהן ואצל החוש] ואע"פ שהם מתאחדים במציאות כגון והתבנית והגוף כי כל אחד מאלה הדברים מפורק מהאחר בעצמו ואע"פ שכולם מתאחדים במציאות וכן המאמר בכמות והעצם הנושא אותו [3] כי הכמות מפורק בעצמו ואצל השכל מהעצם הנושא אותו [ואע"פ] שהם מתאחדים יחדיו במציאות ודמיון התאחדות הכמות בעצם דמיון התאחדות הגון והתבנית בכמות ואע"פ שהם מפורקים מהעצם בעצמם ואצל השכל כפירוק כל אחד מהגון והתבנית מהכמות בעצם ואצל החוש ואע"פ שאינם מפורקים במציאות :

9 והכמות בכללו נשוא בעצם וכן כל העצמים המושכלים נשואים מקצתם במקצתם כהנשא [4] התבנית והגון בכמות וכהנשא הכמות בעצם :

10 וכל הצורות [נשואות] ביסוד הראשון כהנשא התבנית והגון ומה שדומה לזה מהמקרים בכמות וכהנשא הכמות בעצם ומשם [5] יתבאר לך שהחיצון [6] מהנמצאים דמיון לפנימי

[1] וכשיהיו כל הצורות לעצמו וכשיהיו וכו' [2] המשכלות [3] אותם
[4] כמשא [5] ושם [6] החיצון

הרוחני ויתחייב מזה שיהיה הגלגל בכל מה שבו קם בעצם הרוחני ושיהיה העצם הרוחני נושא אותו :

4 ויתחייב שיהיו הצורות האישיות הטבעיות קמות בצורה הכללית הטבעית [והצורה הכללית הטבעית קמה בצורה הכללית הגלגלית] והצורה הכללית הגלגלית קמה בצורה הכללית הגשמית והצורה הכללית [הגשמית] קמה בצורה הכללית הרוחנית :

5 אם היה עצם השכל יודע לעצמו התחייב שתהיה צורת האמת[1] נשואה בעצמו ומפני זה היה השכל מכיר זו הצורה הכרה[2] לא יספק בה מפני היות זו הצורה נשואה בעצמו לא תרחק ממנו ועל כן היה עצם הנפש מכיר לצורת האמת במקצת העתים מפני קרבה מעצם[3] השכל כלומר קרבת טבעה מטבעו ושהוא דומה לו והיתה הנפש החיונית לא תכיר זו הצורה הכרה שלימה אלא לפי הדמיון מפני ריחוקה מהשכל כלומר ריחוק טבעה מטבעו והוא דומה בראות כי כשירחק מהמוחש תסתפק עליו הצורה ולא יאמרת אותה וכשיהיה הדבר כמו שאמרנו כלומר שהשכל ישיג צורת האמת בעצמו מפני היותה נשואה בעצמו והיתה השגתו לדברים וידיעתו בהם יחייב הקפתו בהם ושהוא סובב אותם יהיה נמנע שישיג השכל דבר הוא מסודר למעלה ממדרגתו ואם אין זה במוחלט מפני שהשכל אפשר שישיג מה שלמעלה ממנו מצד שהוא קיים [בו] כלומר השגת העלול לעלה ולא ישיגהו מצד שהוא מקיף בו כלומר השגת העלה לעלול ואם היה השכל משיג כל העצמים התחייב מזה שיהיה למעלה מהם וכשיהיה למעלה יתחייב שיהיה מקיף בהם ואם היה מקיף התחייב שיהיה כולם בו ויתחייב שיהיה משיג אותם :

6 וכל מה שיהיה הדבר יותר רקיק ועצמו יותר זך יהיה קבולו יותר חזק והשגתו לדברים והשכל קבולו חזק והשגתו

[1] האמת [2] הכרה [3] מלורת

יסוד לצורות הנשואות בו כלומר התבניות והגוונים ושאר המקרים ושיהיו אלו הדברים צורה לו כמו כן התחייב שיהיה בכאן דבר אחד הוא יסוד לגשמות ושיהיה הגשמות צורה לו ויהיה הקש הגשמות ליסוד הנשא אותה הוא הקש הצורה הכללית כלומר התבניות והגוונים אל הגשמות הנושא להן ועל כן יתחייב שיהיה בכאן יסוד המוחש [1] הוא הנושא לצורת הגשם ואתן לך בהוצאת הדיעה בצורות והיסודות סדר כללי והוא שתצייר כתות הנמצאים זו למעלה מזו ומקצתן מקיפות למקצתן ומקצתן נושאות למקצתן ויקיפו בהן שתי קצוות האחת במעלה והאחת במטה ומה שהיה מהן בקצה העליון מקיף בכל כמו היסוד הכללי יהיה יסוד נושא בלבד ומה שהיה מהן בקצה השפל כצורה המוחשה יהיה צורה נשואה [2] בלבד ומה שיהיה אמצעי בין שתי הקצוות יהיה העליון[3] והרקיק מהן יסוד לשפל והגס והיה השפל והגס צורה לו וכפי זה יתחייב שיהיה גשמות העולם שהוא יסוד נראה נושא לצורה הנשואה בו צורה נשואה ביסוד הפנימי שאנו מדברים בו ועל זה ההקש יהיה זה היסוד צורה למה שאחריו עד שיגיע הדבר אל היסוד הראשון המקיף בכל הדברים :

2 ושם הגוף [4] לבדו ראיה על מציאות היסוד הנושא לגשמות כי כשתתאר הדבר בשהוא גשם תקיים [5] תאר ומתואר כתארך [6] הגוף בשהוא מגוון או בעל [תבנית] וקיימת בזה עוד תאר [7] ומתואר וכשתגדור אותו תאמר שהוא הארוך והרחב והעמוק [8] ותקיים דבר ארוך [ורחב] ועמוק :

3 והיסוד האישי [9] המלאכותי [נשוא ביסוד האישי הטבעי והיסוד האישי הטבעי נשוא ביסוד הכללי הטבעי והיסוד הכללי הטבעי נשוא ביסוד הגלגלי והיסוד הגלגלי] נשוא ביסוד הכללי הגופני והיסוד הכללי הגופני נשוא ביסוד הכללי

[1] יסוד הוא המוחש [2] מוחשה [3] עליון [4] שהגוף [5] וקיים [6] כשתי אורך
[7] מתאר [8] והעומק [9] האישי תרוחכי

וכן החלוף בין הנמצאים הפנימיים אמנם נפל בצורות [הפנימיות אם כן החלוף אמנם יהיה בצורות הנמצאים אך העצם הפנימי לא יקבל הצורות] כלומר היסוד הראשון הכללי הוא אחד אין חלוף בו ודמיון זה הנזם והעגיל והחותם הנעשים מהזהב כי צורותיהם מחולפות והיסוד הנושא אותם אחד ואין עצמו זולתי עצם אחד [1] וכן הנמצאים מחולפים בצורה והיסוד הנושא אותם אחד:

8 ואמנם אמרנו שהיסוד נמצא כשתצורף [2] אליו הצורה [3] הרוחנית אבל בעצמו אינו הגון למציאות שהוא הגון לו כשתדבק [4] בו הצורה כלומר המציאות בפעל אבל אם היה אי [5] אפשר בלתו הוא הגון למציאות אחר כלומר המציאות בכח:

9 היסוד ד׳ מינים וכן הצורה היסוד האישי המלאכותי והיסוד האישי הטבעי והיסוד הכללי הטבעי הנושא להויה והיסוד הגלגלי ונוכח לכל אחד מאלו היסודות הצורה הנשואה בו:

10 ואלו המינים מהיסודות [והצורות] אע״פ שהם מחולפים [6] הם כולם מסכימים בענין היסוד והצורה ואין במוחשים הטבעיים הכלליים [והפרטיים] זולתי היסוד והצורה:

לקוטי המאמר השני

1 **אמר** והוצאת הידיעה במציאות היסוד הגופני כלומר העצם הנושא לגשמות העולם יהיה בהקש למה שקדם מהמאמר ביסודות כי אם העולם עצם גשמי כמו שהיה הגשם עצם בעל תבנית וגוון יתחייב מזה שיהא הגוף

[1] האחד [2] כשיצרפנו [3] צורה [4] כשידבק [5] ולא [6] מחולפים במוחשים

היא המונחת לידיעות ומשגת לכל הדברים בכחותיה המפלשים בכל וכשתעיין בחכמת הנפש תדע מעלתה והשארותה והקפתה בדברים עד שתתמה מעצמה כי תראהו נושא לכל הדברים ואע״פ שזה על צד מהצדדים ואז תרגיש כי עצמך מקיף בכל מה שתדע אותו מהדברים הנמצאים והדברים הנמצאים שידעת אותם קמים בעצמך על צד מהצדדים ואז תרגיש עצמך מקיף בכל מה שתדע אותו ותראה עצמך מקיף בכל העולם במהירות יותר מהרף עין ולא היית עושה זה לולי שעצם הנפש עצם דק וחזק מפלש לכל הדברים ושהוא משכן לכל הדברים :

5 והידיעה המכוונת בהוית האדם היא הידיעה בכל כפי שהוא ובלבר הידיעה בעצם הראשון הנושא והמניע אותו והידיעה באמתת העצם מופשטת מהפעלים ההווים ממנו הוא [דבר] נמנע והידיעה במציאותו מתואר בפעלים ההווים ממנו אפשר והיתה הידיעה באמתת העצם נמנעת מפני שהוא למעלה מכל דבר ומפני שאין לו תכלה :

6 ואם היה לדברים[1] כולם יסוד כללי יתחייב [לו] מהסגולות שיהיה נמצא עומד בנפשו אחר[2] העצם נושא לחלוף נותן לכל עצמו ושמו והונחה לו[3] המציאות מפני[4] שהנעדר לא יהיה[5] יסוד לנמצא והונחה לו[6] הקימה בעצם מפני שלא ילך הדבר לאין תכלה אלו היה היסוד קם[7] בזולתו והונחה לו[8] האחדות מפני שאנחנו נבקש[9] יסוד אחד לדברים כולם והנשיאה לחלוף מפני שהחלוף יהיה בצורות והצורות אינן קמות בעצמיהן והנתינה לכל עצמו ושמו מפני שהיותו נושא לכל יחייב[10] היותו נמצא בכל וכשיהיה נמצא בכל יתחייב[11] שיתן לכל עצמו ושמו :

7 והחלוף בין הנמצאים הנראים הוא נופל בצורות הנראות

[1] ואם היה לו דברים [2] ואחרי [3] והוא נותן לו [4] ומפני [5] יהיה לו [6] והוא נותן לו [7] אם [8] ואם נותן לו [9] לבקש [10] יתחייב [11] יחייב

לקוטי המאמר הראשון

1 **אמר** ומאחר שהיה החלק היודע מחלקי האדם הוא הנכבד שבחלקיו על כן מה שצריך לו שיבקש הוא הידיעה ומה שצריך שיבקש אותו מהידיעה הוא הידיעה בעצמו כדי שידע בו שאר הדברים שאינם [1] עצמו כי עצמו [2] מקיף בדברים ומפלש בהם והיו הדברים נופלים תחת כחותיו וצריך עם כל זה שיבקש ידיעת העלה האחרונה אשר בעבורה היה כדי שישיג בה ההצלחה כי להוית האדם עלה אחרונה בעבורה היה כי הכל נופל תחת רצון האחד י״ת וי״ת :

2 והרצון כח אלהי בורא ומניע לכל ואי אפשר[3] שיתרוקן דבר ממנו ובידיעה והמעשה תרבק הנפש בעולם העליון מפני שהידיעה מצרכת המעשה והמעשה [4] מרחיק הנפש מהפכיה המפסידים אותה ומשיב [5] אותה לטבעה ועצמה ואומר בכלל כי הידיעה והמעשה יפרו הנפש ממאסר הטבע ומנקים אותה מעכירותה ואפלתה ואז תשוב לעולמה העליון :

3 ואין במציאות אלא שלשה כלומר היסוד והצורה והעצם הראשון והרצון האמצעי בין שתי הקצוות והסבה שאין במציאות אלא אלו השלשה מפני שאי אפשר לעלול מעלה ומאמצעי ביניהם והעלה היא העצם הראשון והעלול הוא היסוד והצורה והאמצעי ביניהם הוא הרצון ודמיון היסוד והצורה דמיון גוף האדם וצורתו כלומר חבור אבריו ודמיון הרצון הנפש ודמיון העצם הראשון השכל :

4 וההגון שבדברים בשיתחילו בתחלה לעיין בו אחר ידיעת מלאכת המופת ומה שתועלתו יותר גדולה העיון בעצם הנפש וכחותיה ומקריה וכל מה שישיגה וידבק בה מפני היות הנפש

1 שאיכה 2 עלם 3 ואפשר 4 והיה מעשה 5 ומשיבים

הקדמת המעתיק

ארסטו במאמר שנים עשר ממה שאחר הטבע כי הקדמונים היו משימים יסוד לדברים הנצחיים ואמר הוא כל מה שיש לו יסוד הוא מורכב ויש בו אפשרות ואמר כי מהחיוב שלא יהיה יסוד אלא לכל שיש להם הויה והפסד וישתנו קצתם לקצתם · ואני לקטתי לקוטים מדבריו ובאלה הלקוטים נכללה כל דעתו :

לקוטי

ספר מקוֹר חיים

הקדמת המעתיק

אמר שם טוב ב"ר יוסף ז"ל בן פלקירא עיינתי בספר שחבר החכם ר' שלמה ז"ל בן גבירול הנקרא מקור החיים והנראה לי כי הוא נמשך באותן הדעות אחר דעת הקדמונים מחכמי המחקר כמו שנזכר בספר שחבר בנדקלים בעצמים החמשה וזה הספר בנוי על כי יש לכל העצמים הרוחניים יסוד רוחני והצורה תבא ממעלה והיסוד מקבל אותה מלמטה כלומר שהיסוד מונח והצורה נשואה עליו · ומצאתי שכתב

לקוטים

מן

ספר מקור חיים

לר׳ שלמה ז״ל בן גבירול

אשר לקטם והעתיקם מלשון ערב ללשון עבר החכם
ר׳ שם טוב ז״ל בן פלקירא

העתקתים מתוך ספר כ״י באוצר הספרים אשר בפאריס והגהתים בעיון נמרץ
לתקן שגיאות הסופר כי רבו ולמלא כל חסרון על פי העתקה רומית כ״י
אני הצעיר שלמה בן מו״ה אליעזר ז״ל מונק

פאריס
שנת ה׳ ת׳ר״י״ז לב״ע